周作人传

（修订版）　　钱理群○著

Biography of Zhou Zuoren

图书在版编目（CIP）数据

周作人传 / 钱理群著. —— 北京：华文出版社，2013.1(2019.1重印)

ISBN 978-7-5075-3911-0

Ⅰ．①周⋯Ⅱ．①钱⋯Ⅲ．①周作人（1885～1967）－传记 Ⅳ．①K825.6

中国版本图书馆CIP数据核字（2012）第306524号

周作人传
ZHOU ZUOREN ZHUAN

作　　者：钱理群
选题策划：李红强
责任编辑：张明华
出版发行：华文出版社
社　　址：北京市西城区广外大街 305 号 8 区 2 号楼
邮政编码：100055
网　　址：http://www.hwcbs.com.cn
投稿信箱：qiao-mai@163.com
电　　话：总 编 室 010-58336239　发 行 部 010-58336267
编 辑 部 010-63421256
经　　销：新华书店
印　　刷：北京明恒达印务有限公司
开　　本：787×1092　1/16
印　　张：29.75
字　　数：432 千字
版　　次：2013 年 1 月第 1 版
印　　次：2019 年 1 月第 4 次印刷
标准书号：ISBN 978-7-5075-3911-0
定　　价：60.00 元

未经许可，不得以任何方式复制或抄袭本书部分或全部内容
版权所有　侵权必究
本书若有印装质量问题，请与发行部联系调换

再版前言

本书"写毕于1989年3月7日(农历己巳年正月三十日)晨,正值作者五十寿辰"。现在,一晃二十三年,我也由盛年进入老年。回顾书出版后的遭遇,更是感慨万端。先是遭到围攻,横加"为汉奸辩护"的罪名;后来,在九十年代的商业大潮以及自由主义大行其时的时代思潮里,周作人突然大红大紫,我对周作人的某些批判性审视,又变得不合时宜。我也不愿意凑热闹,遂多年不在公开场合谈周作人,唯私下把玩其作,随手写下心得,最后积成《读周作人》一书。加上与《周作人传》同时写的《周作人论》,算是有了一个我的"周作人研究三部曲"。《周作人论》与《读周作人》近年已由中华书局和新华出版社先后再版(改题为《周作人二十一讲》和《钱理群读周作人》),现在蒙华文出版社李红强先生的厚爱,又将《周作人传》再版,自是倍感欣慰。我也借此重读旧作,却有恍若隔世之感:八十年代思想解放和相对自由的气氛之下,那样的从容、淡定的心态和笔调,潜入历史、人性深处的沉思的写作与生命状态,如今几乎已很难重现了。我为之惆怅不已,并深感历史的无情。但在苦涩中仍有一点自慰:当年所写下的感受与思考,经过这二十多年的时间淘洗,大体还站得住,只少数地方略有补充与修改,另引文及出处、错字等改动了百余处。此书再版,自然要面对新的读者,特别是年轻一代的读者,他们对本书,以及所描述的传主及其时代和历史,将会有怎样的反应和评价,也是我颇为好奇的。

钱理群

2012年9月22日

目录

第一章　说不尽的童年——在绍兴　/1
（1885.1—1901.8）

　　一、最初的记忆　/1

　　二、台门之内　/3

　　三、十字街头（上）　/15

　　四、十字街头（下）　/21

　　五、家庭变故中的记忆　/30

　　六、变革时代的最初选择　/48

第二章　发现新大陆——在南京　/65
（1901.8—1906.6）

　　一、"不过如此"　/65

　　二、一把"火"烧起来　/71

　　三、徘徊中的追求　/82

第三章　第二故乡——在日本　/95
（1906.6—1911.秋）

　　一、第一瞥的印象　/95

　　二、买书、读书与译书　/99

　　三、初试锋芒　/107

　　四、师友之间　/111

　　五、婚后　/119

六、赤羽桥边 /127

第四章　"卧治"时期——在绍兴 /131
（1911.秋—1917.4）

一、大风暴里的孤独者 /131
二、寂寞中的默默耕耘 /137
三、《异域文谈》及其他 /141
四、"起怀旧之思" /143

第五章　大时代的弄潮儿——在北京（一） /150
（1917.4—1920.12）

一、从绍兴到北京 /150
二、亲历复辟事件 /154
三、卯字号的名人 /157
四、"开新纪元"的工作 /162
五、《贞操论》及其他 /166
六、新的信仰 /168
七、"小河"的忧虑 /173
八、"六三"事件 /178
九、"新村"运动 /181
十、儿童的发现与歌谣的征集 /189

第六章　历史的进退之间——在北京（二） /193
（1921.1—1927.10）

一、病中的彷徨 /193
二、"自己的园地" /200
三、"主张信教自由宣言"的风波 /204
四、新与旧之争 /209
五、"胜业"——人的研究 /214
六、爱罗先珂 /218
七、情感的波澜 /224

八、兄弟失和 /228

九、"教训之无用" /236

十、"又回到民族主义" /247

十一、《语丝》的工作 /250

十二、若子的病 /253

十三、卷入时代旋涡中 /255

十四、《国语文学谈》里的反思 /261

十五、"两个鬼" /263

十六、"谢本师"与"何必" /267

十七、在血的屠戮中 /271

第七章 苦雨斋里的老人——在北平（三） /279
(1927.11—1937.7)

一、凡人的悲哀 /279

二、若子之死 /287

三、《骆驼草》 /289

四、《中国新文学的源流》 /296

五、五十自寿诗 /303

六、东京之行 /308

七、风雨故人来 /313

八、"杂糅中见调和" /322

九、"蔼理斯的时代"及其他 /329

十、"日本店"的开张与关门 /339

第八章 走向深渊——在北平（四） /346
(1937.7—1945.12)

一、又一个"苏武"？ /346

二、终于"下水" /355

三、"中国的思想问题" /369

四、江南之行 /376

五、"反动老作家" /380

六、"道义事功化" /386
七、无生老母的信息 /392

第九章 老虎桥边——在北平、南京 /404
(1945.12.6—1949.1.26)

一、入狱与审判 /404
二、《老虎桥杂诗》及其他 /411

第十章 人生最后一程——在上海、北京 /420
(1949.1.27—1967.5.6)

一、横浜桥边 /420
二、《亦报》随笔 /426
三、"腰斩"以后 /436
四、"出土文物" /442
五、"寿则多辱" /449
六、"忘却斜阳" /454
七、最后岁月 /459

参考书（篇）目 /465

第一章　说不尽的童年

——在绍兴

（1885.1—1901.8）

一、最初的记忆

光绪甲申年十二月初一，即 1885 年 1 月 16 日，绍兴东昌坊口新台门周家，又一个婴儿呱呱坠地。

"我的诞生是极平凡的"——1961 年，七十六岁老翁周知堂写他的《回想录》时，反复强调，"没有什么事先的奇瑞，也没见恶的朕兆。"

然而，伴随这婴儿降世的，却是一个浪漫的传说。

一位堂房的阿叔，那天出去夜游，夜半归来，走进内堂大门，仿佛看见一个白须老人站在那里，转瞬却不见了。——这可能是他醉眼矇眬中，把什么看花，也许根本就是一个幻觉，但他却相信了。因为，后半夜，周家门内，真的出生了一个婴儿，而且是男的。

于是，一个流言悄悄传开：这男孩是老和尚投胎转世的——至于什么时候"白须老人"变成了"老和尚"，那就谁也弄不清楚，谁也不想去弄清楚了。

于是，这婴儿刚刚出世，手脚都还没有来得及伸展，就叽叽喳喳有了吉凶、臧否两种议论——

"老和尚转世，不是'头世人'。这孩子命中注定，比那些头次做人什么也不懂的，要深谙人情世故，有出息！"

"不过，老和尚转世，总有点'特别'，特别就不免顽梗，这……"又有人发出担忧。

不管人们怎么说,这"老和尚"的形象深深地印在周家兴房老二——樾寿①的心上了。以至于五十年后,他在写"自寿诗"时,首联就写下了"前世出家今在家,不将袍子换袈裟"两句,由此掀起一场轩然大波——自然,这都是后话。

小樾寿睁开眼睛,环顾这新奇的世界时,他看见了什么呢?

……遥远的、最初的记忆似乎是模糊的,又仿佛格外地清晰。

周作人只记得两件事:他和他的妹妹②睡在一起,有一回看见她脚上大拇指,圆圆的、短短的,太可爱了,便情不自禁地咬了一口。妹妹大声哭起来,大人急忙赶来,才知道是二哥哥的恶作剧。但他有没有因此而挨打呢?周作人怎么也记不得了。

另一个忘不掉的记忆是,从小总是生病,长得十分瘦小,老是吃不够,也许患的就是"馋痨病"。稍大一些才知道,这是因为没有奶吃,雇了一个奶妈,而这奶妈原来也没有什么奶水,为骗得小孩不闹,便在门口买种种东西给他吃,结果自然是消化不良,瘦弱得要死,看见什么东西又都要吃。为了对症服药,大人便什么都不给吃,只准吃饭和腌鸭蛋。处于这恶性循环中的小孩一定是很痛苦的。但周作人说他"已经完全不记得了"。

儿童的最初记忆,人的最初记忆,大抵都离不开本能的欲求。但谁会料到,对"人的本能"的重视,竟会成为周作人以后人生选择的基础呢?

现实的问题倒是,这个世界能够容得下这位有着强烈的本能欲望的、瘦小的儿童吗?又能给他的成长提供什么呢?

答案似乎是现成的:只要翻开历史教科书,就不难看到,这"小和尚"出世的1885年初,正是光绪甲申冬季之立春以前。周作人后来回忆说:"甲申这一年在中国史上不是一个好的年头儿,整三百年前流寇进北京,崇祯皇帝缢死于煤山。六十年前有马江之役,事情虽然没有怎么闹大,但是前有咸丰

---

① 这是周作人祖父给取的名字。据周作人说,这"樾"字,"原来乃是一个在旗的京官的姓,碰巧去访问我的祖父。那一天里他得到家信,报告我的诞生,于是就拿来做了我的小名。其后拣一个木旁的同音的字,加上了'寿'字,那么连我的'书名'就有了。但是不凑巧,木部找不着好看的一个字,只有木旁的一个樾字,既不好写,也没有什么意思,就被派给我做了名字"。(《知堂回想录·五三,我的笔名》)

② 妹妹叫端姑,1887年生,1888年因天花夭逝,年未满周岁。

庚申之火烧圆明园,后有光绪庚子之联军入京,四十年间四五次的外患,差不多甲申居于中间。"①在甲申本年,中法战争以中国签订屈辱条约为结束。这确实是一个内外交困的时代。整个国家、民族正无可避免地走着历史的下坡路,统治中国几千年的封建制度处于整体崩溃的前夕。

但能否由此推出一个结论:周作人的童年必然是充满着危机、苦难呢?

不能,现实生活的逻辑绝没有纯粹思辨的推理这么简单:不仅历史发展趋势的实现需要一个过程,而且,在中国这样的大国,外患造成的影响波及浙东山区,也还要一段时间。这就是说,尽管时代的大气候已是山雨欲来风满楼,周作人故乡的小气候,却暂时风平浪静,维持着封建末世的太平景象。

于是,出现了周作人短暂的金色的童年。

"中国最后一代传统的知识分子"这一命题就具有了双重含义:这一代人既感受到了传统文化的没落与腐朽,又最后一次直接领悟着以后缺乏系统的传统教育的几代人所无法感受的传统文化的内在魅力。

"夕阳无限好,只是近黄昏。"尽管已"近黄昏","夕阳"的最后一瞥,仍然是撩人情思的。

二、台门之内

周作人稍稍懂事以后,就注意到,居住在大台门内的每一个家族成员,晚上外出都要点上大灯笼,摇晃的烛光把淡黄色灯壳上三个黑色的大字映照得分外醒目:"汝南周"。它所唤起的,是一个古老家族的充满温馨而又略带凄凉的回忆……

据周作人祖父周福清会试履历上所说,始祖"元公,宋封汝南伯,元封道国公,学者称濂溪先生,从祀文庙"。灯笼上的"汝南"指的就是宋代理学大师,以"出淤泥而不染"的《爱莲说》而名垂史册的周敦颐的爵位。周作人后来写有《数典诗》,其三即是歌咏这位祖父所说的"始祖"的。诗云:"清逸先

---

① 周作人:《立春以前·立春以前》,上海太平书局1945年8月第1版,第173页。

生百世师,通书读过愧无知。年来翻遍濂溪集,只记篷窗夜雨诗。"并有如下小注:"……著有《濂溪集》七卷,内有《通书》、《太极图说》,后者在说明天地之根源,研究万物之始终,这是他对于宇宙的看法。《通书》是发挥《太极图说》的原理,从他的宇宙观推到人类社会之伦理。"①以周敦颐为始祖,周氏家族有八百多年的历史。

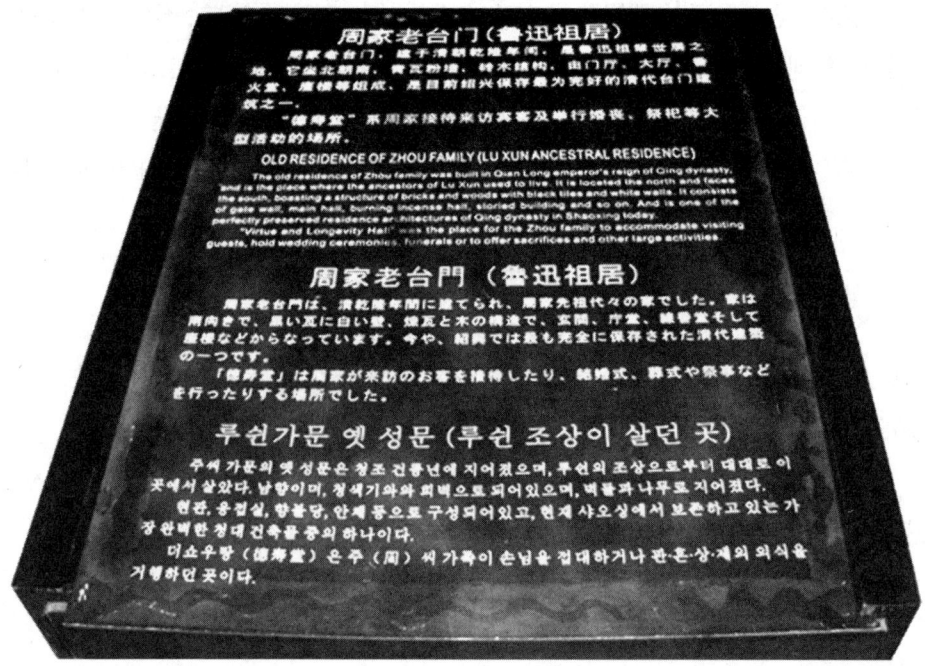

周家老台门

但周作人的三弟周建人对"汝南周"另有自己的理解:"我相信我们原籍是河南省汝南县";宋朝"徽、钦二帝被金兵挟持而去,康王赵构在爱国将领宗泽等人的保卫下,在今天的河南商丘(那时称南京)即位,史称南宋。可是,赵构仍不想抗战,反而仓皇南逃,不久,金兵长驱直入,赵构只得逃到越州(绍兴);后来,又逃到明州(宁波)","周家的祖先也有可能为了躲避金兵,从汝南来到绍兴落户……那么,我们家族已经有七百多年的历史了"。②

---

① 诗载 1969 年 7 月《明报》第 43 期,收《知堂杂诗抄》,岳麓书社 1987 年 1 月第 1 版,第 22 页(所引小注未录入)。
② 周建人:《鲁迅故家的败落》,湖南人民出版社 1984 年 7 月第 1 版,第 13~14 页。

第一章　说不尽的童年——在绍兴
(1885.1—1901.8)

但按家谱记载,又有另一种说法:始祖周逸斋于明朝正德年间(1506—1521)定居会稽竹园桥,距今已有四百年的历史。周作人在《数典诗》中咏道:"清道桥头百姓家,逸斋遗教是桑麻。关门不管周朝事,数典何因学画蛇。"并自注云:"吾家始迁祖居越城清道桥(俗称青黛桥),名已逸,家谱中追称之曰逸斋公,时在明正德年间,以前悉不可考。周氏例称出于周公,吾家则存疑,虽郡望亦称汝南,但以逸斋公为第一世,至不佞才十四世也。"如此,周作人是相信家谱的说法的。

祖父福清公在1899年(时鲁迅十九岁,周作人十五岁)曾在给他的两个孙子的"恒训"中,关于家史说了如下一段话:"予族明万历时,家已小康(述先公祭田,俱万历年置),累世耕读。至乾隆年,分老七房、小七房(韫山公生七子),合有田万余亩,当铺十余所,称大大族焉。逮嘉道时,族中多效奢侈,遂失其产。"①福清公这里所讲的周氏家族由兴至衰的历史大抵是真实的,待到鲁迅、周作人这一代出世时,周氏家族已经像《红楼梦》里王熙凤所说的那样,外表上"轰轰烈烈",内里"不过也是个空架子"了。但刘姥姥说的也对,"瘦死的骆驼比马还大",尽管往日的豪华排场已经消尽,但也依然可以不愁吃,不愁穿,过着精神与物质都有余裕的消闲生活——这种小康局面正是养育周作人的最适宜的土壤。

周作人后来回忆说:"我觉得很是运气的是,在故乡过了我的儿童时代……本来已是破落大家,本家的景况都不大好,不过故旧的乡风还是存在,逢时逢节的行事仍旧不少,这给我留下一个很深的印象。"②

每一个民族都有自己的传统节日,而中国这个历史悠久的文明古国,节日却分外的频繁,并且别有情趣。周作人的家乡绍兴过"四时八节"都有一套礼仪。所谓"四时",即春分、夏至、秋分、冬至;所谓"八节",即元宵、清明、立夏、端午、中秋、重阳、立冬、年节。"四时八节"的礼仪,据绍兴地方志记载,大约可以追溯到春秋末的吴越风俗。因此,过"四时八节",对终岁劳累的人们来说,自然是一次精神的放松与休息,地方与民族的文化传统也就悄悄地融解在各种半是祭祀、半是娱乐的活动中,潜移默化地滋润、影响着一

---

① 周介孚:《恒训》,载《鲁迅研究资料》9辑,现存鲁迅手抄本。
② 周作人:《立春以前·立春以前》,第173~174页。

代又一代人的心灵。传统节日在周作人的童年,存留下如许斑斓、炫目的色彩,直到晚年,周作人还为之心荡神移,写下了一首又一首"儿童杂事诗"。尽管这已是落日对于晨曦的追忆,但依然可以让人们感受到那没有随着时光流逝,而永远积淀下来的传统文化特具的魅力。

于是,在烟雾缭绕、鞭炮繁响之中,在忙碌而欢乐的人群中间,我们仿佛看见了:周作人和他的小伙伴们在跳着,唱着,叫着,笑着……

上元设供蜡高烧,堂屋光明胜早朝。
买得鸡灯无用处,厨房去看煮元宵。①

元宵,土话叫"汤圆"。绍兴有"上灯汤圆落灯糕"的俗语,绍兴的元宵香甜可口,邻近的宁波汤圆更驰名中外,逗人馋涎。

中元鬼节款精灵,莲叶莲华幻作灯。
明日虽扔今日点,满街望去碧澄澄。②

虽说是"鬼节",却无幢幢鬼影;莲花幻化,街衢一片碧澄,是颇有些诗意的了。

元宵节一过,"龙灯蟹鹞去迢迢,关进书房耐寂寥"③。一动一静,一热一冷,一放一收之间,又升腾起了新的企盼:"盼到清明三月节,上坟船里看姣姣。"④

可不是么,绍兴儿童歌云:"正月灯,二月鹞,三月上坟船里看姣姣。"清明时节,桃红柳绿,万木更苏,正是踏青的好时节。不料,在元代异族统治下,这里的人民被视为南宋遗民,贬为最下等的"南人",妇女竟被剥夺了踏青的权利。人民遂借扫墓之名,进行变相踏青,清明节就成了扫墓节。范啸风《越谚》卷中风俗部下记曰:"清明前后,大备船筵鼓乐,男女儿孙尽室赴

---

① 周作人:《知堂杂诗抄・儿童杂事诗・甲之四,上元》,第60页。
② 周作人:《知堂杂诗抄・儿童杂事诗・甲之二三,中元》,第64页。
③④ 周作人:《知堂杂诗抄・儿童杂事诗・甲之六,上学》,第60页。

第一章 说不尽的童年——在绍兴
(1885.1—1901.8)

墓,近宗晚眷助祭罗拜,称谓上坟市。"绍兴人一向认为"礼多人不怪",清明扫墓礼仪十分隆重,①那繁缛的规矩排场自然是儿童不感兴趣的,孩子们所念念不忘的是扫墓郊游中的野食与野趣。周作人有如下的记忆:"扫墓归来日未迟,南门门外雨如丝。烧鹅吃罢闲无事,绕遍坟头数百狮。"据说,"百狮坟头在南门外,扫墓时多就地泊舟会饮。不知是谁家茔墓,石工壮丽,相传云共凿有百狮,但细数之亦才有五六十耳。"②扫墓中的会餐亦有特别的规定,范啸风《越谚》卷中饮食类,下列有六荤四素、五荤五素名目,注云:"此荤素两全之席,总以十碗头为一席,吉事用全荤,忏事用全素,此席用之祭扫为多,以妇女多持斋也。"据周作人回忆:"此等家常酒席的菜与宴会颇不相同,如白切肉、扣鸡、醋熘鱼、小炒、细炒、素鸡、香菇鳝、金钩之类,皆质朴有味,虽出厨司之手,却尚少市气,故为可取。在'上坟酒'中还有一种食味,似特别不可少者,乃是熏鹅……以醋和酱油蘸食,别有风味。其制法虽与烧鸭相似,惟鸭稍华贵,宜于红灯绿酒,鹅则更具野趣,在野外舟中啖之,正相称耳。"③假如到跳山去扫墓,那就更有趣味。那里是汉大吉摩崖石刻所在地,有好长一段山路。往年都是骑在佣人肩上,一路招摇而过。如今独自坐"山兜轿"(此"为山行乘物,两竹杠间悬片板作座位,绳系木棍为踏镫,二人舁之,其轻便"),那才更神气呢。"跳山扫墓比春游,岁岁乘肩不自由。喜得居然称长大,今年独自坐山兜。"④扫墓的悲凉之气早已被春游的自由欢乐一扫而空了。

清明之后是立夏。绍兴有立夏日"称人"的习俗,大概原来于立秋日当重称一回,以资比较,但民间似忘其意义。此外还要吃"健脚笋",即以淡笋纳柴火中烧熟,去壳食尽一株。诗云:"新装杠秤好称人,却喜今年重几斤。吃过一株健脚笋,更加蹦跳有精神。"⑤

接着就是端午,这是"八节"中的大节。每逢农历五月初五这一天,人们

---

① 参看周遐寿(周作人):《鲁迅的故家·八一,扫墓·八二,祝文》,《药味集·上坟船》。
② 周作人:《知堂杂诗抄·儿童杂事诗·甲之七,春扫墓及自注》,第60页。
③ 周作人:《药味集·上坟船》,收《周作人散文精编》上册,浙江文艺出版社1994年10月第1版,第130~131页。
④ 周作人:《知堂杂诗抄·儿童杂事诗·甲之九,扫墓三》,第61页。
⑤ 周作人:《知堂杂诗抄·儿童杂事诗·甲之十二,立夏》,第62页。

一大早就用葛蒲剪出的宝剑和用纹艾制成的旌旗插在门框上,中间还有一张姜太公神位,说是"姜太公神位在此,百无禁忌,诸邪回避"。中午,用香蒲、柏子、青艾作香料,熏烟消毒,有的还用杂有雄黄的烧酒溃洒,于是有吃"五黄"(黄鳝、黄鱼、黄瓜、黄梅、雄黄)的习惯,给小孩额上用雄黄写"王"字,以及分香袋、香球的习俗。这一切,在周作人的记忆里,都升华为迷人的诗:"蒲剑艾旗忙半日,分来香袋与香球。雄黄额上书王字,喜听人称老虎头。"①"端午须当吃五黄,枇杷石首待新尝。黄瓜好配黄梅子,更有雄黄烧酒香。"②

中秋又是一大节日。中秋赏月,绍兴家家在宴请"月亮婆婆"时,除习常的水果、月饼外,还特地摆上老南瓜,给宴会增添别一种乡土气息。绍兴的月饼有"荤油大月",重达十斤、二十斤,素月饼中则有干菜月饼和用豆沙作料的。大者径尺许,与木盘等大,都深为素食的老年人所喜爱。而周作人念念不忘的恰恰也是素月饼,诗云:"红烛高香供月华,如盘月饼配南瓜。虽然惯吃红绫饼,却爱神前素夹沙。"③

重阳登高,亦是一年中的盛事。但登高饮菊花酒赋咏菊花诗,这似乎都是大人们的娱乐,与小孩无涉,因此,在周作人这里也没有留下记忆。"四时八节"中的立冬和立夏一样,只是个时令节气,仅有一个整理加固祖坟的习俗,儿童更不关心,周作人也就无诗了。

最令人神往的,自然是年节。绍兴有一句俗话:"大人忙种田,小孩忙过年",这是千真万确的。绍兴还有一首歌谣:"二十夜,连连夜,点起红灯做绣鞋,绣鞋做好拜爷爷。"到了农历十二月二十日以后,做母亲的即接连开夜车,为孩子们赶做新衣新鞋,节日气氛就已经很浓了。年节的礼仪自然是十分繁杂的,有"送灶"、"祝福"、"分岁"、"辞岁"、"拜岁"等等。只有后两项是孩子感兴趣的,周作人都写有诗:"昨夜新收压岁钱,板方一百枕头边。大街玩具商量买,先要金鱼三脚蟾。"④"下乡作客拜新年,半日猴儿着小冠。待得

---

① 周作人:《知堂杂诗抄·儿童杂事诗·甲之十四》,第62页。
② 周作人:《知堂杂诗抄·儿童杂事诗·甲之十三》,第62页。
③ 周作人:《知堂杂诗抄·儿童杂事诗·甲之二四,中秋》,第64页。
④ 周作人:《知堂杂诗抄·儿童杂事诗·甲之二,新年二》,第59页,自注:"大钱方整者名曰板方,金鱼等皆用火漆所制,每枚值钱三五文。"

第一章 说不尽的童年——在绍兴
(1885.1—1901.8)

归舟双桨动,打开帽盒吃桃缠。"①

每一个节日,都在周作人幼稚的心灵里,埋下一串串具有声、色、香、味之美的回忆。周作人在又过了一个"甲子"之后,回想这一段充满节日之乐的童年生活时说:"对于鬼神与人的接待,节候之变换,风物之欣赏,人事与自然各方面之了解,都由此得到启示。我想假如那十年间关在教室里正式的上课,学问大概可以比现在多一点吧,然而这些了解恐怕要减少不少了。这一部分知识,在乡间花了很大的工夫学习来的,至今还是于我很有用处。"②正是在对童年生活中这些多彩的节日的忘不掉的记忆里,我们发现了许多而后构成周作人思想要素的最初萌芽。在传统的"四时八节"里,每一个节日都与气候的变换联系在一起。人事的变迁与自然的变化之间形成了神秘的对应关系,周作人的"伦理之自然化"的思想显然于此得到启发。每一个节日,不单纯是娱乐,都含有某种祭祀与祭神、祭祖、祭民族英雄的意义。一次次子孙与祖先、人与鬼的精神对话,创造出人鬼相融、古今共存的世界,自然产生超时空感,童年时代留下的祖先鬼魂的阴影而后就变成了"故鬼重来"的历史命题。然而,每一个节日又确确实实是终岁劳累以后的精神松弛与情绪发泄。周作人表示很欣赏"四时八节"中"节"的称谓:它表示了"以节为至善"的观念。③的确,中国的传统节日,不同于西方(乃至日本)的狂欢,是调节而非放纵,追求灵肉和谐的中和之美。周作人在形成他的"生活之艺术"的人生哲学时,童年时代艺术化的节日生活,无疑是起了某种潜在的暗示作用的——但,这都是几十年后的事。眼前,对于这位周家兴房的槐寿二少爷来说,一切都还没有发生,他只是觉得,生活就像过节一般好玩而已。④

而且,在周家新台门内,好玩的不只是过节,还有对于大自然的最初发现。

---

① 周作人:《知堂杂诗抄·儿童杂事诗·甲之三,新年三》,第59页,自注:"新年客去,例送茶食一盒置舟中,纸盒圆扁,形如日帽盒,俗即以纸帽盒称之。合锦点心中,以核桃缠松仁缠为上品,余亦只是云片糕、炒米糕之类而已。"
②③ 周作人:《立春以前·立春以前》,第174、175~176页。
④ "好玩",以后也由生活的直感变成了"周作人思想"的要素,这更是小槐寿所绝没有想到的。

鲁迅在《故乡》里，曾经以童年时代自己在深宅大院里的生活与少年闰土在海边的生活作对比，并且发出了这样的感叹："啊！闰土的心里有无穷无尽的稀奇的事，都是我往常的朋友所不知道的，他们不知道一些事，闰土在海边时，他们都和我一样只看见院子里高墙上的四角的天空。"其实，这只有部分的"真理"：即使是四面高墙的院子里，仍然有一个人力所不及的自然的世界，不仅因为大自然的勃勃生机是扼杀不了的，只要有大地，有空气，就有大自然，而且，儿童对大自然有着成年人所不及的特殊的敏感。没有乐感的耳朵是没有音乐的，而对于对大自然有着天生的感应的儿童，则到处都可以发现自然——一点不错，是发现。儿童第一次来到这个世界，便处处都有新鲜的发现，这种发现构成了诗的最初因素。发现首先是自然的发现，自然诗的发现。没有比儿童从天性上更接近自然的了。而周作人，这种接近自然的天性是发展得更为充分的。

鲁迅对于自然的敏感也并不亚于乃弟。这是他在周家新台门后园里发现的大自然的乐园——

百草园

不必说碧绿的菜畦，光滑的石井栏，高大的皂荚树，紫红的桑葚；也不必说鸣蝉在树叶里长吟，肥胖的黄蜂伏在菜花上，轻捷的叫天子（云雀）忽然从草间直窜向云霄里去了。单是周围的短短的泥墙根一带，就有无限趣味。油蛉在这里低唱，蟋蟀们在这里弹琴……何首乌根藤和木莲藤缠络着，木莲有莲房一般的果实，何首乌是有像人形的，吃了便可以成仙，我于是常常拔它起来，牵连不断地拔起来，也曾因此弄坏了泥墙，却从来没有见有过一块根像人样……

第一章　说不尽的童年——在绍兴
（1885.1—1901.8）

——通过直感与想象,在自然中注目于菜畦的"碧绿",桑椹的"紫红",蜂与菜花的"金黄",感觉到鸣蝉的"长吟",蟋蟀的"弹琴"与油蛉的"低唱",这都是诗人对大自然声、色之美的感受、体验与记忆。而周作人呢,面对同一个百草园,却有另一种眼光——

木莲藤缠绕上树,长得很高,结的莲房似的果实,可以用井水揉搓,做成凉粉一类的东西,叫做木莲豆腐,不过容易坏肚,所以不大有人敢吃。何首乌和覆盆子都生在"泥墙根",特别是大小园交界这一带……据医书上说,有一个姓何的老人因为常吃这一种块根,头发不白而黑,因此就称为何首乌,当初不一定要像人形的。《野菜博录》中说它可以救荒,以竹刀切作片,米泔浸经宿,换水煮去苦味,大抵也只当土豆吃罢了。①

蟋蟀是蛐蛐的官名,它单独时名为叫,在雌雄相对,低声吟唱的时候则云弹琴……普通的蛐蛐之外,还有一种头如梅花瓣的,俗名棺材头蛐蛐,看见就打杀,不知道它们会叫不会叫。又有一种油唧蛉,北方叫做油壶芦,似蟋蟀而肥大,虽然不厌恶它,却也永不饲养,它们只会嘘嘘的直声叫,弹琴的本领我可以保证它们是没有的……②

——注目于动植物的实用价值,热心于动植物体态、功能与名称的考证,例如蟋蟀的各种类型:这都是一个爱智者而非诗人的发现与记忆。
"瓜皮满地绿沉沉,桂树中庭有午荫。蹑足低头忙奔走,捉来几许活苍蝇。"③即使是局仄的门前小院,几乎容不下大自然的生存,童年时代的周作人也能从垃圾堆上的苍蝇里,获取丰富的乐趣与知识。直到成年以后,还写下了一段动情的回忆——

---

① 周遐寿(周作人):《鲁迅的故家·百草园·五,园里的植物》,第7~8页。
② 周遐寿(周作人):《鲁迅的故家·百草园·六,园里的动物》,第9页。
③ 周作人:《知堂杂诗抄·儿童杂事诗·甲之二十,苍蝇》,第64页。

苍蝇不是一件很可爱的东西,但我们在做小孩子的时候都有点喜欢他。我同兄弟常在夏天乘大人们午睡,在院子里弃着香瓜皮瓢的地方捉苍蝇——苍蝇共有三种,饭苍蝇太小,麻苍蝇有蛆太脏,只有金苍蝇可用。金苍蝇即青蝇,小儿谜中所谓"头戴红缨帽,身穿紫罗袍"者是也。我们把他捉来,摘一片月季花的叶,用月季的刺钉在背上,便见绿叶在桌上蠕蠕而动……我们又把他的背竖穿在细竹丝上,取灯心草一小段,放在脚的中间,他便上下颠倒的舞弄,名曰"戏棍";又或用白纸条缠在肠上,纵使飞去,但见空中一片片的白纸乱飞,很是好看。倘若捉到一个年富力强的苍蝇,用快剪将头切下,他的身子便仍旧飞去。希腊路吉亚诺思的《苍蝇颂》中说,"苍蝇在被切去了头之后,也能生活好些时光",大约二千年前的小孩已经是这样的玩耍的了。①

这最后一句关于希腊哲人的联想自然是成年以后追忆时加上的,幼年时的周作人没有这样的知识,也没有这样的历史感。但是,那精细的观察与描写,那"领解万物感受一切"的"安详的容止。"②,以及戏弄苍蝇中所表现出来的近乎冷漠的冷静态度,是小櫆寿的,却也可以从中看到成年周作人的某些特征。

幼年时代的周作人,既从传统节日的乡风世俗里体验到生活的野趣,又从对大自然的直接观察中感受到生命的勃勃生机。这大千世界首先赋予他的是现世之美,是自然状态的美,一种生气贯注的和谐美。这就使周作人的心灵从一开始就与中国的传统哲学、传统美学取得了内在的契合:这对周作人一生的发展自然是至关重要的。

但当幼年的周作人几分喜悦几分惊奇地打量周围的一切时,他所看到的,绝不只是现世之美;他面对的是一个已经变成僵尸的封建王朝,一个已经开始败落的封建大家族。于是,他耳闻目睹的不能不是现世的种种丑恶。即使在他尽情享受自然、人生之美时,他也不能不隐隐地感到人世间存在着另一种力量(尽管小櫆寿此时还不能明确指出这是一种什么力量)在压抑着

---

① 周作人:《雨天的书·苍蝇》,第52页。
② 周作人:《雨天的书·生活之艺术》,第88页。

第一章　说不尽的童年——在绍兴
(1885.1—1901.8)

美的生机。

于是,在周作人童年的记忆里,不可避免地留下了永远抹不掉的重重阴影。

幼年的周作人是与他的祖母住在一起的,给他以不可磨灭的印象的,正是祖母的"受苦"形象——

> 她的瘦长的虔敬的脸上丝丝刻着苦痛的痕迹,从祖父怒骂的话里又令我想见她前半生的不幸。① 我心目中的女人一生的运命便是这祖母悲痛而平常的影像。②
>
> 我的祖母……在有妾的专制家庭中,自有其别的苦境……那种苦忍守礼,如不坐石条、不饮龙眼汤的事,正是常有。至于生平不见笑容,更是不佞所亲知灼见者也。③

周作人从祖母"苦忍守礼"里,第一次领悟到封建礼教压抑人的本性的残酷,第一次唤起了对于妇女命运的关注与同情。

留在幼年周作人记忆里的另一个阴惨印象,是关于"蓝门里的故事"。

百草园的后园门口,一进门,西边是工具间,东边是灶头,经过一条小夹弄,西边有两间屋,一间是鲁迅小时候读过书的地方,别号橘子屋(因为朝西的窗外有一个小天井,长着一棵橘子树),两间的另一间,因为两扇门是蓝色的,通称蓝门。在孩子的记忆里,蓝门永远是"离奇而阴惨"的。直到晚年,周作人还仿佛看见:"蓝门紧闭,主人不知何去,夜色昏黄,楼窗空处不晓

---

① 据周作人介绍,"她母家姓蒋,住在陆放翁故居所在地的鲁墟,是介孚公(周作人祖父)的后妻,也是伯宜公(周作人父亲)的继母。她原先是"翰林太太","后来遗弃在家。介孚公做着京官,前后蓄妾好些人,末后带了回去,终年地咒骂欺凌她,真是不可忍受的"(《鲁迅小说里的人物〈彷徨〉衍义·祖母》)。这里所讲"她前半生的不幸",即指"被遗弃"之事。据周作人在《鲁迅的故家·百草园·四四,祖母二》中所说,鲁迅《孤独者》里主人公魏连殳为祖母奔丧,即是以鲁迅自己的祖母为根据的。足见这位蒋姓祖母给鲁迅、周作人兄弟都留下了终生难忘的印象。又,据周作人在《知堂回想录·风暴的余波》中回忆:"至于对于祖母,(祖父)则更是毫不客气地破口大骂了,有一回听他说出了长毛姣姣,还令糊地说了一句房闱隐语,那时见祖母哭了起来,说'你这成什么话呢',就走进她的卧房去了。我当初不懂,后来知道蒋老太太的家曾经一度陷入太平军中,祖父所说的即是此事。"

② 周作人:《谈虎集·抱犊谷通信》,第261页。

③ 周作人:《秉烛谈·〈双节堂庸训〉》,第31页。

得是鸟是蝙蝠飞进飞出,或者有猫头鹰似的狐狸似的嘴脸在窗沿上出现……"①

"蓝门"的主人是周作人的堂房爷爷②,平常称他明爷爷,本名叫子京,却是鲁迅的第一位老师。多年应试不中,开办私塾,也因为学问太差,混不下去,终于疯了。③ 开始是演出鲁迅《白光》里的悲剧,以后常在半夜里发作,每次都是大批巴掌,用前额磕墙,大声说不肖子孙,反复不已。次早出来,脑壳肿破,神情凄惨,惘惘然出门径去,没有人敢同他搭话。到最后那一天,他先来一套自责自打,随后拿剪刀戳破喉咙,在胸前刺上五六个小孔,用纸浸煤油点火,伏在上边烧了一会儿,再从桥边投入水里,高叫曰:"老牛落水哉。"开初街坊都不敢近前,落水后才把他捞起,送回蓝门里去,过了一日才死。④这是周作人亲眼目睹的第一个"死",一个封建科举制度的牺牲品凄惨而无价值的"死"。子京自称"不肖子孙",自责自打以至自杀,对于同样是封建大家族子孙的周作人,虽是一时不能理解,却仿佛恐怖的恶魔一般沉重地压在心头,久久不能移开。

周家新台门内另一位在周作人的幼小心灵里留下了阴暗印象的人物是四七叔,他是礼房的第三代。直到晚年,周作人都不能忘怀他那一眼看去便"可以知道他是鸦片大瘾"的脸相,每在傍晚常看见他从外边回来,一手捏着尺许长的潮烟管,一手拿了一大"猫砭碗"的酒。⑤ 身穿破旧龌龊的竹布长衫,头上歪戴了一顶瘪进的瓜皮秋帽,十足是一副瘪三气,嘴里还唱着小调,孩子们只听懂几句:"我有一把苗叶刀,能水战,能火战,也能夜战……"⑥但是据老辈说来,他并不是向来如此的,有一个时候相当的漂亮,也有点能干。周作人就记得,曾与伯升叔一起请他写过字。虽因多年不动笔,手是抖的,

---

① 周遐寿(周作人):《鲁迅的故家·百草园·一四,蓝门》,第 20 页。
② 周作人祖父是兴房第二代,"蓝门的主人"是立房第二代。
③ 据周作人回忆,一次他教鲁迅读《孟子》,"讲到《孟子》引《公刘》诗云:'乃裹糇粮',他说这是表示公刘有那么穷困,他把活狲袋的粮食也咕的一下挤了出来,装在囊橐里带走"。"公刘抢活狲的果子"的故事传开,使子京极为狼狈。(《鲁迅的故家·百草园·一六,橘子屋读书二》,第 22 页。)
④ 参看周遐寿(周作人):《鲁迅的故家·百草园·一九,子京的末路》,第 25~26 页。
⑤ 据周作人自注:"砭当是槽字的转变,指喂养动物的食器。"(《鲁迅的故家·百草园·六五,四七》,第 87 页。)
⑥ 周建人:《鲁迅故家的败落》,第 18 页。

但看得出他的底子还在,比起义房的伯文叔自夸的颜欧体要好得多。但是,染上鸦片瘾以后,他终于成为"人不人,鬼不鬼"了。在把自己的一份房屋也典了出去之后,搬进百草园东北角堆柴草的"三间头"住去了。百草园里传说有一条大火练蛇,是要扑灯光的,夏天野草长得三四尺高,他于晚间在这当中来去自如,却也没有发生任何意外,这在周作人这样的孩子们看来,倒也是很可佩服的。不知什么时候,他又从"三间头"搬到全族公用的大书房里,此时他已经到了山穷水尽的地步:到冬天,赎出棉被,当进破竹布衫;到夏天赎出竹布长衫,又当进破棉被。有时到了冬天,手里没钱,棉被赎不出,到夜里,冻得没有办法睡觉,他就屈膝坐在床上,破棉袄披在身上,把手脚都包进,就这样坐到天亮。天将明时,冷入骨髓,实在受不住,就扯着喉咙大喊起来:"冻杀哉,冻杀哉。"邻人好心送给他棉花褥,他不多几天又送进了当铺。一个冬天,四七叔没有出来,别人进他屋里去看,发现他已死在床上。蜷局着,人已经僵了,皮包骨头,就像一具骷髅。大人们都发出感叹,说四七不是冻死的,而是死于鸦片烟。绍兴正有这样的俗语:"穿,威风;吃,受用;赌,对冲;嫖,脱空;烟(指鸦片),送终。"

年幼的周作人,对于中国封建传统的理解,正是与这一个个惨烈的记忆联系在一起的。在他的心目中,科举、鸦片、养妾还有缠足,构成了中国传统文化中最残酷、非人性的部分。这对周作人是一条线:以后,他无论怎样向现实妥协,但对这些摧残人(特别是妇女)的天性的丑物,他是绝不妥协的;对于这一类的丑物的复辟,他也是绝对不能容忍的。

三、十字街头(上)

对于幼年时代的周作人,台门之内,是一个世界——一个充满现世之美,却又处处散发着死尸气息的世界;台门外面,又是一个世界——一个也许更具吸引力、更有活力的、熙熙攘攘的世界。

台门所在的东昌坊是一条东西街,所谓东昌坊,是街西端的十字路口。在路口有个栅门,一到夜里,就关栅门,一般人只能从栅门的小门里进出。往南是都亭桥,往北是塔子桥,往西是秋官第、大云桥,往东就是东昌坊。

周作人说:"我从小就是十字街头的人。……吸尽了街头的空气,所差者只没有在相公殿里宿过夜。因此我虽不能称为道地的'街之子',但总是与街有缘,并不是非戴上耳朵套不能出门的人物。我之所以喜欢多事,缺少绅士态度,大抵即由于此,从前祖父也骂我这是下贱之相。"①这里所说的"街头的空气",即是指与市民阶层的市民文化和民间文化的精神联系,这是培育周作人的另一个不可或缺的土壤与文化背景。

这是一条不长的街道,不过十几户人家。但,一家一个世界,在日常生活的谈笑哭骂间,蕴含着市民社会特有的悲欢。

十字街头的东南角是一家老铺:德兴酒店②。只有一间门面,门口有一个曲尺形柜台。靠墙放着玫瑰烧、五加皮等酒瓶,直柜台下面放酒坛,横柜台临街,台上有半截栅栏,栅栏里放着过酒胚。进柜台就是雅座,几个长板凳、条凳,可以坐十来个人。周作人记得,"有一回,大概是七八岁的时候,独自一人走到德兴去,在后边雅座里找着先君正和一位远房堂伯在喝老酒。他们称赞我能干,分下酒的鸡肫豆给我吃。那时的长方板桌与长凳,高脚的浅酒碗,装下酒盐豆等的黄沙粗碟,我都记得很清楚……连带的使我不能忘记的是酒店所有的各种过酒胚,下酒的小吃……"③于是,周作人又有了这样亲切的回忆——

小时候在故乡酒店常以一文钱买一包鸡肫豆,用细草纸包作纤足状,内有豆可二十粒,乃是黄豆盐煮漉干,软硬得中,自有风味。④

此外现成的炒洋花生、豆腐干⑤、咸豆豉等大略具备。但是说也奇

---

① 周作人:《雨天的书·十字街头的塔》,第65页。
② 另一家酒店就是鲁迅笔下的咸亨酒店,设在周家新台门对面,是周作人远房本家一个秀才开设的,但没有多久就关了门。
③ 周作人:《过去的工作·东昌坊故事》,第33页。
④ 周作人:《书房一角·看书余记·二九,记盐豆》,第102页。
⑤ 关于小酒店里的豆腐干,周作人还有这样的有趣的回忆:"小时候听念佛老太婆说,阴间里豆腐干每块二百文。"这透露出阴间物价极高的意思,并说明"阴间的人尚在吃豆腐干,则他物准是,其情状当与阳世也无甚殊异。"(《苦口甘口·读〈鬼神论〉》,香港实用书局1973年11月版,第128页)至于特别提出豆腐干而不云火腿、皮蛋者,乃是念佛老太婆的本色。

第一章 说不尽的童年——在绍兴
(1885.1—1901.8)

怪,这里没有荤腥味,连皮蛋也没有,不要说鱼干鸟肉了。本来这是卖酒附带喝酒,与饭馆不同,是平民的所在,并不准备阔客的降临,所以只有简单的食品和朴陋的设备正相称。①

此外还有一两种则是小菜类的东西,人家买去可以作临时的下饭,也是很便利的事。……其二名曰时萝卜,以萝卜带皮切长条,用盐略腌,再以红霉豆腐卤渍之,随时取食。此皆是极平常的食物,然在素朴之中自有真味,而皆出自酒店店头,或亦可见酒人之真能知味也。②

在十字路口的东北角,有一个水果摊,主人名莲生,所以大家并其人与摊称之曰水果莲生。东昌坊距离大街很远,临时想买点东西只好上水果莲生那里去,其价钱较贵,也可以说是无怪的。但也就因此有人说水果莲生所卖的水果是仙丹,所以那么贵,又一转水果莲生也被称作华佗了,因为仙丹当然只有华佗那里发售。其实,所谓华佗"仙丹"都是最普通的水果,销路最好的自然是甘蔗、荸荠,其中更以甘蔗为大宗。此外还有初夏时节的樱桃,体格瘦小,面色苍白,引不起诗人的兴趣来的,却大为孩子们所赏识,一堆一堆的也要销去不少。直到晚年,周作人还深情地回忆说:"我至今不稀罕苹果与梨,但对于小时候所吃的粗水果,还觉得有点留恋。顶上不了台盘的黄菱肉,大抵只有起码的水果店里才有,我却是最感觉有味,因为那是代表土产品的……所谓土膏露气尚未全失,比起远路来的异果自有另外一种好处。"③

和水果摊在一起的,还有麻花摊,这也是周作人幼时爱光顾的地方。他介绍说:"乡间制麻花不曰店而曰摊,盖大抵简陋,只两高凳架木板,于其上和面搓条,傍一炉可烙烧饼,一油锅炸麻花,""做麻花的手执一小木棍,用以摊赶湿面,却时时空敲木板,滴答有声调,此为麻花摊的一种特色,可以代呼

---

①② 周作人:《过去的工作·东昌坊故事》,第34页。
③ 周作人:《知堂集外文·亦报随笔·556,甘蔗荸荠》,岳麓书社1988年1月第1版,第623页。

声,告诉人家正在开淘有火热麻花吃也。""麻花摊所制各物殆多系寒具之遗,在今日亦是最平民化的食物,因为到处皆有的缘故,不见得会令人引起乡思。"但勾起周作人回忆的,却是"小时候曾听老妪们说过",这类油炸条面食,或呼为"油炸鬼"①,据说"当日秦桧既死,百姓怒不能释,因以面肖形炸而食之,日久其形渐脱,其音渐转,所以名为油炸鬼,语亦近似"②——但周作人对这类传统是不以为然的,他以为,"这骂秦桧的风气是从《说岳》及其戏文里出来的"③。

德兴酒店往东依次是高全货油炸店,箍桶店,十字路口西南角是泰山堂药店店主兼给人看风水的申屠泉的住宅,高文锦家住宅,荣生轿行。再往东就是小船埠头,依次向东又是傅澄记米店、咸亨酒店与屠家小店。这屠家小店在东昌坊街上是颇有些名气的。它的名气来自多方面,最吸引小孩子们的,自然是它的出售品:夜糖。正像周作人自己所说:"绍兴如无夜糖,不知小人们当更如何寂寞,盖此与炙糕二者实是儿童的恩物,无论野孩子与大家子弟都是不可缺少者也。夜糖的名义不可解,其实只是圆形的硬糖,平常亦称圆眼糖,因形似龙眼故,亦有尖角者,则称粽子糖,共有红白黄三色,每粒价一钱……梨膏糖每块需四文,寻常小孩多不敢问津。此外还有一钱可买者有茄脯与梅饼。以砂糖煮茄子,略晾干……切为适当的长条,而不能无大小,小儿多较量择取之,是为茄脯。梅饼者,黄梅与甘草同煮,连核捣烂,范为饼如新铸一分铜币大,吮食之别有风味,可与青盐梅竞爽也。卖糖者大率用担,但非是肩挑,实只一筐,俗名桥篮,上列木匣,分格盛糖,盖以玻璃,有木架交叉如交椅,置篮其上,以待顾客。行则叠架夹胁下,左臂操筐,俗语曰桥。虚左手持一小锣,右手执木片如笏状,击之声镗镗然,此即卖糖之信号也。小儿闻之惊心动魄,殆不下于货郎之惊闺与唤娇娘焉。"④几十年后回想起来,既有"想见当年立门口,茄脯梅饼遍亲尝"⑤的甜蜜,亦有"儿童围作圈,探囊竞买啖。亦有贫家儿,衔指倚门看。所缺一文钱,无奈英雄汉"⑥的

---

①③ 周作人:《苦竹杂记·谈油炸鬼》,第79页。
② 张林西:《琐事闲录》续编,收周作人《苦竹杂记·谈油炸鬼》,第79页。
④ 周作人:《药味集·卖糖》,收《周作人散文精编》上册,第120~121页。
⑤ 周作人:《知堂杂诗抄·儿童杂事诗·丙之二十二,果饼四》,第80页。
⑥ 周作人:《知堂杂诗抄·往昔三十首·五之四,炙糕担》,第36页。

第一章 说不尽的童年——在绍兴
(1885.1—1901.8)

感慨。

东昌坊街头引人注目的铺面还有两家,一是前面已经提到的荣生轿行。这一家并不卖"货",却卖"力",店里的一乘轿是出租用的。主人名叫荣生,可能姓樊,但大家都叫他"做不杀的荣生",这是因为他终日终年地卖苦力,不知歇息。有人来租轿,他马上和他弟兄两人抬轿。抬完轿,马上贩水果,挑了担沿街叫卖。谁家死了人,他赶去入殓,抬棺材。一到秋天,他又赶到大教场去当一名操练兵。有火灾的时候,他又忙着救火。从天不亮起床,到天黑睡觉,一刻不停,样样活路都做,而且都是重活。人称"做不杀"(即"做不死"),既含着同情,又有几分称羡之意。这位"做不杀的荣生"是有资格充当市民"英雄"的。

在辛劳程度上,能够与"做不杀的荣生"媲美的,大概只有屠家小店的东邻,也是这条街的最后一户人家——王咬脐锡箔店的店伙。绍兴素有"锡半城"之称,说的是大多数绍兴人都以锡箔业为生。所谓"锡箔",即是"冥币"。据说,元顺帝时,在大江大海航行的商人,每遇风浪,就将长方形的锡砖抛入水中,用以镇压江神、海神;到明太祖时才出现锡箔。锡箔制作中最辛苦的是打箔:用一头小一头大的铁榔头将小而厚的锡块打成薄而大的锡箔纸(一块锡铸件,一般能打三千二百张锡箔纸),以便"砑"在一种黄色的当地土纸上。从事这重活的大半是当地农民,他们种田和打短工不够维持一家生活,不得不到城里来打箔。除吃饭以外,他们不停地挥锤,于是,从黑暗、潮湿、低矮的木板房里,整天传出来沉重而凝滞的打箔声:"当,当,当……"

东昌坊这条街并不阔,周作人幼年时走出台门就看见这些做锡箔的、担轿的、摇船的、做木作的、做泥水作的、箍桶的以及小商小贩……清早起来,就都在忙碌,如果有一天闲着,他们反而要发愁了。一到黄昏,他们就在暮色苍茫中吃晚饭——绍兴的风俗是一日三餐煮饭吃的。老百姓往往托了一碗饭站着吃,饭碗上放着一长条乌黑的干菜——整棵的白菜晒干,吃饭时和米一起"焐"(焖)熟,一叶叶撕下来,就那么咬着吃。如是茄子、茭白之类,还浇上麻油、酱油,吃起来味道就特别好,与用刀切的迥然不同。此外的吃食就是腌菜、霉苋菜梗、红霉豆腐、臭霉豆腐之类。人们常常是吃完饭以后,油灯也舍不得点,摸黑把碗筷收拾好,就休息了。据周作人回忆说,风尚所致,连周家台门内"曾祖母不必说,祖母房里在辛丑年①总还是点着香油灯的","大抵小时候睡得很早,后来的习惯也不在灯下做什么事情,无论用功还是游玩,所以对于灯缺少亲近的感觉。古人云,'青灯有味似儿时',那是很幸福的经验,我却是没有"。②有时夜里提着灯笼回来,只见这些破败的陋屋沉浸在夜幕里,只有十字路口向西的地方,高高悬挂着一盏长方形玻璃灯,玻璃上写着四个大字:"清火洋烟"。这是一鸦片烟馆,这盏灯是通宵不灭的,灯下依稀可辨的是一条长长的石板路,年久光滑,并且已凿出一层,颇不便行走。如是盛夏,石板都热得像木板似的晒干,两头翘起,因此,绍兴有"知了喳喳叫,石板两头翘,懒惰女客困盹觉"的歌谣。稍远处,隐没在黑暗中的是石桥,城内的石桥差不多都只有两三级,有的还与马路相平,底下只可通小船而已;而阴影投射于石板路上的,是砖墙瓦屋,瓦是一片片的放在屋上,夜深人静,时时发出格格的回响声,那是猫在屋瓦上走过。如下大雨,则雨落在瓦上,瀑布似的掉下来,人们常用竹水溜引进预备好的大缸里,即是上等的茶水。雨后石板铺成的大街上,常传出"橐橐"的声音,那是偶尔在深夜里仍在街上的行人,穿旧钉鞋行走在上面的声音……

在此以后,周作人多次怀着深情回忆起绍兴(以及江南一带)的石板路,以为它在民间生活中十分普遍,"随处出现",是令人感到亲切"有趣味的"。③实际上,令周作人追怀不已的,还是通过这石板路所展示的十字街头的生活方式。

周作人这样说过:"读外乡人游越的文章,大抵众口一词地讥笑土人之臭食,其实这是不足怪的。绍兴中等以下的人家大都能安贫贱,敝衣恶食,终岁勤劳,其所食者除米而外,唯菜与盐,盖亦自然之势耳。"周作人又说:"《邵氏闻见录》云,汪信民常言,人常咬得菜根则百事可做。……咬得菜根,吾乡的平民足以当之……咬了菜根是否百事可做,我不能确说,但是我觉得这是颇有意义的,第一可以食贫,第二可以习苦,而实在却也有

---

① 1901年,周作人十七岁。
② 周遐寿(周作人):《鲁迅的故家·百草园·九二,灯火二》,第124～125页。
③ 参看周作人:《夜读抄·清嘉录》《过去的工作·石板路》。

清淡的滋味。"①

　　这里所说"安贫贱,敝衣恶食,终岁勤劳",以及"食贫"与"习苦"都是周作人对故乡绍兴平民生活方式的一个概括。联系前述周作人幼年对十字街头生活的记忆,可以看出,绍兴平民生活方式包括"终岁劳苦"与"素朴简单中有真味"这两个侧面,用以后周作人关于"生活之艺术"的分析是属于"自然地简易地生活"②一类。这种平民化的生活方式体现了一种平民化的文化传统与平民化的文化性格。它在绍兴自有其深厚的历史文化的根源。鲁迅在《〈越铎〉出世辞》里曾经热烈地赞颂了故乡人民"复存大禹卓苦勤劳之风";而据史书记载,禹、墨又是一脉相传的:"'禹大圣也,而形劳天下也如此。'使后世之墨者,多以裘褐为衣,以跂蹻为服,日夜不休,以自苦为极。"③绍兴平民上述勤劳卓苦的生活方式,十字街头的市风,显然有禹、墨遗风。

四、十字街头(下)

　　十字街头尽管物质生活十分清苦,但也有自己的文化生活。

　　最流行的自然是地方戏曲。东昌坊街头颇有名气的屠家小店,除了兜售夜糖迷住了一大群小孩之外,女店主宝林大娘与她的女儿宝姑娘也招引了不少青年、壮年以至老年顾客。宝林大娘当年有"草舍美人"、"豆腐西施"的艳名,因此被写进了鲁迅的《故乡》。而今徐娘半老,却也不甘寂寞,每年都出面募款,在她小店对过搭起台来,请街上的盲女,也杂有个别瞽男,唱"花调"〔又称"话词(市)"〕。④ 这些盲女平时集居在马五桥一带,招牌上写着"三品词调"四字,外出演唱时,头发梳得油光可鉴,脚着绣花鞋,穿着过时的服饰。她们唱的"花调"类似"弹词",七字一句或五字一句,大抵是二女一

---

①　周作人:《看云集·苋菜梗》,岳麓书社1988年9月长沙第1版,第34页。
②　周作人:《雨天的书·生活之艺术》,第87页。
③　参看《庄子·杂篇·天下》。
④　参看周作人《谈龙集·关于"市本"》,岳麓书社1989年1月第1版,"花调"历史相当悠久,南宋陆游:"斜阳古柳赵家庄,负鼓盲翁正作场。死后是非谁管得,满村听说蔡中郎。"元代诗人瞿存斋也有"陌头盲女无愁恨,能拨琵琶说赵家"。

男,弹琵琶、扬琴。演唱的内容通常是佛教通俗教义的宝卷,如"花明宝卷"、"刘香宝卷"之类。宝林大娘现在已经收心念佛,颇热心于佛事。所谓"宣宝卷"即是在悲凉楚怆的演唱中,在人人闻之动容之间,宣扬"刻苦修行,今生赎罪"为中心的妇女佛教观。却不想这一年一度的演唱,也会产生悲剧。悲剧主人公即是宝林大娘的女儿宝姑娘。她本终日坐在小店里砑纸,可是听熟了宝卷,竟然影响了她的人生观,并且毅然拒绝与她从小许配的山里的远亲成婚,最后闹到对方来抢婚。经过种种波折,还是解除了婚约,一时间成了街头的最大新闻。宝姑娘从此躲在小楼上,不与世人相见,最后郁病而死。这种事给幼年的周作人以极其深刻的印象,几十年后,他在报上看到家乡再次发生"少女抢婚死亡"事件的消息,竟唤起了他潜在的记忆——

> 我记起四十年前的旧事来。在故乡邻家里就见过这样的少女,拒绝结婚,茹素诵经,抑郁早卒,而其所信受爱读的也即是《刘香宝卷》。小时候听宝卷,多在这屠家门外,她的老母是发起的会首。此外也见过些灰色的女人,其悲剧的显晦大小虽不一样,但是一样的暗淡阴沉,都抱着一种小乘的佛教人生观,以宝卷为经史,以尼庵为归宿。此种灰色的印象留得很深,虽然为时光所掩盖,不大显现出来了,这回忽然又复遇见,数十年时间恍如一瞬,不禁愕然,有别一意义的今昔之感。①

正是从这"灰色的印象"——灰色的女人、灰色的人生、灰色的哲学——里,一种人生的苦味悄悄地浸入周作人的血液。

但对于幼年周作人,家乡的戏曲所留下的印象却并不这样灰色,甚至可以说是恰恰相反的。

在老台门对面有一大片空地,这一片地面上原来是有房子的,属于和房。据说不知在哪一年发生过一次火灾,把所有毗连的房子统统烧光了,留下一堆瓦砾。在这一片白地上,有时有人来变大戏法,这块空地就成为附近居民娱乐的场地。周作人幼年时代在这里经常看到的是绍兴地方戏有名的

---

① 周作人:《瓜豆集·〈刘香女〉》,岳麓书社1989年10月第1版,第30~31页。

第一章 说不尽的童年——在绍兴
(1885.1—1901.8)

"大班"与"目连戏"。

按这里的风俗,每年七月半,都要由覆盆桥周家发起,请"绍兴大班"(又称"绍班")来演戏。有文班与武班,文班叫高调班(又叫高腔),武班叫乱弹班。据周作人介绍,绍兴大班演出的最大特点是:"虽然中间尽有悲欢离合,近似悲剧的片段,但结末总是欢喜会合,以大团圆收场。"①这类演出大都是为了祭神,演出形式的最大特点是在正戏前后都有着固定套式的开场戏与结尾戏。开场戏要演"五场头":"庆寿"(祝贺延年益寿)、"跳加官"(祝愿官运亨通)、"跳魁星"(祝颂登科及第)、"小赐福"(赐予福音)、"掘藏"(即"调财神",恭喜发财),当地叫"讨彩戏",歌祝人们"福、禄、寿、财"。按周作人的说法,就是"极尽人生的大望"。在正戏结束以后,接着就出来了一生一旦,匆匆向外边纳头便拜,表示"拜堂"之意,也即是说这一天的戏算是完了。观众也都了解这个意思,在喜乐声中,看见两人交拜,便说"拜堂"了,纷纷准备走散。周作人说:"这种习惯不晓得别处有没有,小时候看绍兴戏文,记得如此,这说来已经是五十年前事了。"②更难忘的,自然是这种戏剧演出形式中所蕴含的喜剧趣味。与鲁迅、胡适对中国传统戏剧中大团圆结局的批判态度相反,周作人显然十分赞赏这类大团圆,以为是表现了一种喜剧价值的。周作人的这一评价与上述幼年时代的记忆应该是一脉相承的。绍兴大班的正戏别有特色,多是扮演锄强扶弱、表忠锄奸、抗敌御外的历史故事,唱腔豪放、高亢、激昂,表演则简洁明快,鲜明强烈,这也是表现了绍兴民性刚烈坚毅之一面的。

另一类演出是目连戏。传说七月份酆都城鬼门关打开,阎罗大王让小鬼到人间玩玩,所以这戏是演给鬼看的。周作人把目连戏叫作"纯民众"的戏剧,因为"所用言语系道地土话,所着服装皆极简陋陈旧,故俗称衣冠不整为'目连行头';演戏的人皆非职业的优伶,大抵是水村的农夫,也有木工瓦匠舟子轿夫之流混杂其中,临时组织成班,到了秋风起时,便即解散,各作自己的事去了"。③目连戏演的是"目连救母"的故事,这是一个佛教传说,宣扬的也是生死轮回、因果报应的封建迷信观念,自然引不起孩子们及观众的兴

---

①② 周作人:《知堂集外文·四九年以后·喜剧的价值》,第316页。
③ 周作人:《谈龙集·谈"目连戏"》,第79页。

趣。观众们注目的是目连戏中的穿插戏。据老艺人说，目连戏是出劝善戏，所以戏班在外去演出时，常把耳闻目睹的恶事记录下来，编进目连戏中去。全剧共有一百二三十折之多。穿插戏多是讽刺社会恶行现象的讽喻性喜剧。周作人回忆说，"占目连全剧十分之九地位的插曲，差不多都是一个个喜剧化的笑话，社会家庭的讽刺画……我还是五十年前在长庆寺前的路亭台上看过最后的一次，只演了半日一夜，所以插曲省去了不少，大部分也已忘记了。但是有些还约略记得，如'泥水作打墙'、'张蛮打爹'，还如什么人给地主当佣工，当初说定挑水是十六文一担，后来不知怎么一来，变成了一文十六担了。又如说富家中堂挂着条幅，上写'太阳出起红澎澎'一首猥亵的诗，也满是讽刺的意思……"①在另一处，周作人还有更真切的回忆——

  这些场面中有名的，有"背疯妇"，一人扮面如女子，胸前别着一老人头，饰为老翁背其疯媳妇而行。有"泥水作打墙"，瓦匠终于把自己封进墙里去。……有"张蛮打爹"，张蛮的爹被打，对众说道："从前我们打爹的时候，爹逃了就算了，现在呢，爹逃了还是追着要打！"这正是常见的"世道衰微，人心不古"两句话的最妙的通俗解释。又有人走进富室厅堂里，见所挂堂幅高声念道：太阳出起红溯溯，新妇潽浴公来张。公公唉，䈰来张；婆婆也有哼！"唔，'唐伯虎题'。高雅，高雅！"

周作人并且发表了如下议论——

  这些滑稽当然不很"高雅"，然而多是壮健的，与士流之扭捏的不同，这可以说是民众的滑稽趣味的特色……在我们知道的范围以内，这是中国现存的惟一的宗教剧……全本的目的却显然是在表扬佛法，仔细想起来说是水陆道场或道士的"炼度"的一种戏剧化也不为过。……滑稽分子的喧宾夺主，原是自然的趋势。②

---

① 周作人：《知堂集外文·四九年以后·关于目连戏》，第137~138页。
② 周作人：《谈龙集·谈"目连戏"》，第80~81页。

第一章 说不尽的童年——在绍兴
(1885.1—1901.8)

无论如何,通过目连戏的演出,"民众的滑稽趣味"深深渗入了周作人心灵深处。

除了目连戏外,还有迎神赛会。这是鲁迅在他《五猖会》里作过有色有声的描写的。但在周作人的回忆里,却"已经很简单了"——

> 迎会之日,先挨家分神马,午后各铺户于门口设香烛以俟。会伙最先为开道的锣与头牌,次为高照即大纛,高可二三丈,用绸缎刺绣,中贯大猫竹,一人持之以行,四周有多人拉纤或执叉随护,重量当有百余斤,而持者自若。时或游戏,放着肩际以至鼻上,称为嬉高照。有黄伞制亦极华丽,不必尽是黄色……次有音乐队,名曰大敲棚,木棚雕镂如床,上有顶,四周有帘幔,棚内四角有人舁以行,乐人在内亦且走且奏乐,乐器均缚置棚中也。……有高跷,略与他处相同,所扮有滚凳,活捉张三,皆可笑。又有送夜头一场,一人持畚箕,上列烛台酒饭碗,无常鬼随之。无常鬼有二人,一即活无常,白衣高冠,草鞋,持破芭蕉扇,一即死有分,如《玉历钞传》所记,民间别称之曰死无常……活无常这里乃有家属,其一曰活无常嫂,白衣敷脂粉,为一年轻女人,其二曰阿领,云是拖油瓶也……而其衣服容貌乃与活无常一律,但年岁小耳。此一行即不在街心演作追逐,只迤逦走过,亦令观者不禁失笑,老百姓之诙谐亦正于此可见。台阁饰小儿女扮戏曲故事,或坐或立,抬之而行,又有骑马上者,儿时仿佛听说叫塘报,却已记忆不真……①

给周作人留下记忆的似乎也是迎神赛会演出中的"老百姓的诙谐"。

以后,周作人对绍兴迎神赛会的历史及其中所反映的民性,还作过一番考察。南宋时陆游即有"到家更约西邻女,明日河桥看赛神"的诗句,足见绍兴迎神赛会历史之悠久。周作人在明末清初张岱《陶庵梦忆》里也发现了关于当时绍兴迎神赛会的盛况,其中一条曰——

---

① 周作人:《药堂杂文·关于祭神迎会》,收《周作人散文精编》上册,第145页。

> 壬申七月,村村祷雨,日日扮潮神海鬼,争唾之。余里中扮《水浒》……于是分头四出,寻黑矮汉,寻梢长大汉,寻头陀,寻胖大和尚,寻茁壮妇人,寻姣长妇人,寻青面,寻歪头,寻赤须,寻美髯,寻黑大汉,寻赤脸长须,大索城中。无则之郭、之村、之山僻、之邻府州县,用重价聘之,得三十六人。梁山泊好汉,个个呵活,臻臻至至,人马称娖而行,观者兜截遮拦,直欲看杀卫玠。

这引起了周作人的"今昔之感"。他说:"明朝人即使别无足取,他们的狂至少总是值得佩服的,这一种狂到现今就一点儿都不存留了。"①也许在绍兴民间的艺术中,还多少保留着这种毫无小家子气的生命狂态,这应该是周作人终生喜爱故乡民间艺术的一个重要原因。

除了民间戏曲之外,绍兴还流传着大量民间笑话。这些笑话,也充满了喜剧趣味。在绍兴,最流行的是徐文长的故事。周作人从小就听乡人讲徐文长的故事,觉得颇有趣味,久想记录下来,却不知怎的,终于不果。待到周作人真的写出《徐文长的故事》,却已经是中年以后的事了。但那故事的"气味"依然保留着。从小即以出众的记忆闻名的周作人,几乎记得一字不差——

> 徐文长买白菜,卖菜的说一文一斤,他说一文两斤,卖菜的粗鲁地答说,"那只好买粪吃",徐文长便不再计较,说他要照讨价买下了。可是称来称去费了许多工夫,卖菜的觉得很饿了,等徐文长进去算账之后,他看桌上有两个烧饼,便拿来吃了。徐文长出来,向桌上张望。卖菜的便说:"这里两个烧饼是我借吃了。"徐文长顿足道:"了不得,这是砒霜烧饼,我拿来药老鼠的。"卖菜的十分惊慌道:"那怎么好呢?"徐文长道:"现在已经来不及叫医生,听说医砒毒只有粪清最好,你还是到粪缸那里吃一点吧。"卖菜的性命要紧,只能去吃。徐文长遂对他说:"究竟是谁吃了粪呢?"

---

① 周作人:《泽泻集·陶庵梦忆序》,岳麓书社1987年7月第1版,第11页。

第一章 说不尽的童年——在绍兴
(1885.1—1901.8)

这故事不过是毫无理由地捉弄人而已,自然没有更深的意义。然而,周作人却从中看到了一种民间道德。他说:"老百姓的思想还有好些和野蛮人相像,他们相信力就是理,无论用了什么体力智力或魔力,只要能取得胜利,即是英雄,对于愚笨孱弱的失败者没有什么同情"①,于是,在对愚弱者的失败的嘲弄里显示出"智力的优胜",从而达到一种自我肯定。周作人认为,这对于那些经常处于失败地位的小市民,"或者可以作精神体操之一助",这大概就是徐文长的故事使人喜乐的原因吧。

在周作人记录的,小时候听到的《徐文长的故事》还有这样一则——

> 有一个人去找徐文长,说他的女儿喜欢站在门口,屡诫不听,问他有什么好法子。徐文长说只要花三文钱,便可替他矫正女儿的坏脾气。那父亲很高兴,拿出三文钱交给徐文长,他便去买了一文钱的豆腐和两文钱的酱油,托在两只手上,赤着背,从那女儿的门外走过,正走到她的前面。徐文长把肚子一瘪,裤子掉了下来,他便嚷着说:"啊呀,裤子掉了,我的两只手不得空,大姑娘,请你替我系一系好吧?"那姑娘跑进屋里去,以后不再站门口了。

这故事就不止是恶作剧,而且粗俗得有几分猥亵了。而周作人正要为这粗俗与猥亵辩护。他说:"我的意思是在'正经地'介绍老百姓的笑话,我不好替他们代为'斧政'。他们的粗俗不雅至少还是壮健的,与早熟或老衰的那种病的佻荡不同。"②这无疑对那些病态的文化熏陶出来的病态的知识分子含有几分嘲弄的意思。周作人甚至怀着一种自豪的心情,宣布"天下只有天真的小儿与壮健的天才(如拉勃来、歌德,若斯威夫德便有点病态的了)才有欣赏粗俗话的资格"③。至于徐文长故事中的"猥亵趣味",在周作人看来更是一种普遍性的现象,因为在野蛮民族,各国缺少教育的人民中间,猥

---

①② 周作人:《〈徐文长的故事〉小引及其他》,收《知堂序跋》,岳麓书社 1987 年 2 月第 1 版,第 17 页。
③ 周作人:《"小五哥"的故事·附记》,1925 年 9 月 13 日《语丝》第 53 期,收《周作人集外文》上集,第 779 页。

亵的笑话向来是非常通行的。这是社会"男女关系很不圆满"的产物,"过着端庄的生活而总不能忘情于欢乐,于是惟一的方法是意淫"。猥亵的笑话、歌谣等等"即是他们的梦,他们的法悦"①,自然,上述认识都是周作人接触了西方现代科学特别是性心理学以后所获得的理性认识,是幼年时代周作人不可能达到的;但这种民间的粗俗不雅而又是健壮的猥亵趣味潜入了他幼小的心灵,却是事实。实际上,每一个在幼年时代(或者更长时间)有机会接触到民间文化的中国人,何尝不曾多多少少感受过甚至津津乐道于这种猥亵趣味呢?但是,当人们一旦变雅,就不屑(或不敢、不愿)承认这一段审美历史了。而周作人不但老老实实承认,写入自己回忆中,而且仍然津津乐道,这就有点惊世骇俗了。

  这种包孕于民间戏剧、笑话中的喜剧趣味、猥亵趣味,同时也是一种语言趣味;幼时所受的家乡戏剧、笑话的熏陶,更是语言的熏陶。周作人曾经特地说明:"故乡的山水风物,因为熟习亲近的缘故,的确可以令人流连记忆,不过这如隔绝了便愈久愈疏,即使或者会得形诸梦寐,事实上却总是没有什么关系了。在另一方面他给予我们一个极大的影响,就是想要摆脱也无从摆脱的,那即是言语。普通提起方言似乎多注重那特殊的声音,我所觉得有兴趣的乃在其词与句,即名物云谓以及表现方式。我尝猜想一个人的文章往往暗中受他方言的支配,假如他不去模拟而真是诚实的表现自己。"②周作人幼年时代受地方文化影响的一个重要方面,即是地方方言通过各种途径(包括地方戏曲、笑话)对他的思想、情感,以至性格、文风的潜移默化。鲁迅曾谈到他从小对迎神赛会中的无常"口头的硬语与谐谈"的欣赏与陶醉。③ 周作人也说:"乡间的人常喜讲'舛辞'及'冷语',可以说是'目连趣味'的余流。"④所谓"硬语"、"舛辞"与"谐谈"、"冷语",都是对绍兴方言特色的一种概括。所谓"硬语"、"舛辞"就是绍兴话入声多,有一股"硬"气;但绍兴话也并非全部硬音,也有软的。绍兴话可谓"软硬兼施","快慢相间",

---

① 周作人:《谈龙集·猥亵的歌谣》,第73页。
② 周作人:《风雨谈·绍兴儿歌述略·序》,岳麓书社1987年7月第1版,第165页。
③ 鲁迅:《朝花夕拾·无常》,收《鲁迅全集》第2卷,人民文学出版社1981年北京版,第272页。
④ 周作人:《谈龙集·谈"目连戏"》,第80页。

第一章 说不尽的童年——在绍兴
(1885.1—1901.8)

形成一种特殊的腔调。这在一定程度上是表现了绍兴地方刚柔相济,以刚为主的民性特征的。与此相联系的,是绍兴话中骂人的话特别多,开口"贼胚",闭口"娘杀",用一句绍兴话,就是"骂人当饭吃"。鲁迅作品中七斤嫂与杨二嫂如果合演一台戏,将会是骂语连篇,别有兴味的。周作人记下的则是绍兴"女人骂街"的趣闻。据说这是一位自称无名人的文人"暂居绍兴一古寺中"所见——

> 戊申,与寺僧负暄楼头。适邻有农人妇曝菜篱落间,遗失数把,疑人窃取之,坐门外鸡栖上骂多时,听其抑扬顿挫,备极行文之妙。初开口如饿鹰叫雪,嘴尖吭长,而言重语狠,直欲一句骂倒。久之意懒神疲,念艺圃辛勤,顾物伤惜,喷喷呶呶,且詈且诉,若惊犬之吠风,忽断复续。旋有小儿唤娘吃饭,妇推门而起,将入却立,蓦地忿上心来,顿足大骂,声暴如雷,气急如火,如金鼓之末音,促节加厉,欲奋袂而起舞。余骇然回视,戛然已止,箸响碗鸣,门掩户闭。僧曰:此妇当堕落。余曰:适读白乐天琵琶行与苏东坡赤壁赋终篇也。①

周作人由此而发表了一番议论:"本来在生物中母兽是特别厉害的,不过这只解释得泼字,骂街的本领却别有由来,我想这里总可以见她们政治天才之百一吧。希腊市民从哲人研求辩学,市场公会乃能滔滔陈说,参与政事,亦不能如村妇之口占急就,而井井有条,自成节奏也。中国士大夫十载寒窗,专做赋得文章,讨武驱鳄诸文胸中烂熟,故要写劾奏讪谤之文,摇笔可成,若仓促相骂,便易失措,大抵只能大骂混账王八蛋,不是叫拿名片送县,只好亲自动手相打矣。两相比较,去之天壤。"②如此,吸引周作人的,就不仅是家乡方言中的滔滔不绝、自成节奏的骂人的硬语,而且是透过硬语所表现的民间性格与智慧的魅力。

绍兴方言中的诙谐感也是引人注目的。鲁迅曾经说:"警句或炼话,讥刺和滑稽,十之九是出于下等人之口的,所以他必用土话。"③鲁迅又说,"方

---

① ② 周作人:《秉烛后谈·女人骂街》,文收北平新民印书馆1944年版,第133~134页。
③ 鲁迅:《且介亭杂文·答〈戏〉周刊编者信》,收《鲁迅全集》第6卷,第145页。

言土语里,很有些意味深长的话,我们那里叫'炼话',用起来是很有意思的,恰如文言的用古典,听者也觉得趣味津津。"①"炼话"即指俗语,包括谚语、歇后语等。而其中是最多诙谐、幽默的。周作人回忆说:"《越谚·骂詈讥讽之谚第十六》中有东瓜雕猪砦一语,注云诡随。幼时常闻祖母说此语,文稍繁而意亦更明显,设为二人应对的词云:东瓜好雕猪砦吗?好雕的,好雕的。猪要吃的吧?要吃的,要吃的。盖讽刺随口附和,不负责任者也。砦即槽,家畜的食器。"②这即是绍兴"炼话"里的幽默趣味。

贯串于绍兴地方戏剧、笑话以至地方方言里的"硬气"与"诙谐"构成了绍兴地方平民文化最基本的特色。这对于周作人的思想、性格以至文风的形成,显然有着深刻的影响。但对这十字街头的影响也不可作过高的估价。周作人在自觉不自觉地接受十字街头影响的同时,又竭力地排斥着这种影响,以保持自己的独立。他曾在《十字街头的塔》里特地声明——

> 我在十字街头久混,到底还没有入他们的帮,挤在市民中间,有点不舒服,也有点危险(怕被他们挤坏我的眼镜),所以最好还是坐在角楼上,喝过两斤黄酒,望着马路吆喝几声,以出心中闷声,不高兴时便关上楼窗,临写自己的《九成宫》,多么自由而且写意。③

他既曾混迹于十字街头,又不愿"跟着街头人群去瞎撞胡混"。径直地说,对街头群众怀着疑惧,他就只能躲在"十字街头的塔"里,过着半是绅士、半是流氓的生活,与民间的市民文化既有联系,又存在隔阂——这就构成了周作人内在矛盾的这一面。

五、家庭变故中的记忆

1893年,灾难终于降临到这个古老的行将崩溃的大家族。

---

① 鲁迅:《且介亭杂文·门外文谈》,收《鲁迅全集》第6卷,第97页。
② 周作人:《书房一角·越谚》,收《知堂书话》,岳麓书社1986年4月版,第700页。
③ 周作人:《雨天的书·十字街头的塔》,第66页。

第一章　说不尽的童年——在绍兴
(1885.1—1901.8)

十月寒秋季节，九岁的周作人正躲在厅房里与凤升叔一起读书——教师是义房广蕃公公的儿子伯文叔，他没有考上秀才，只是个文童，对学生并不严厉，早晚到厅房来一次，其余时间都听任两个孩子在厅堂里读书或玩耍。突然台门外传来一阵异乎寻常的喧闹声。周作人与伯文叔闻声赶出去，只见两个衙门差役高嚷着"捉拿犯官周福清……"径直闯进来。

这真如晴天霹雳，把全家人都震呆了。年幼的周作人怎么也弄不清这是怎么一回事，只是从大人的惊慌的脸色中隐约感到事态的严重性。但不等他弄清缘由，当天晚上，就和大哥一起被送到皇甫庄外婆家。年底，又随大舅父怡堂一家迁居小皋埠的娱园。直到很久以后，周作人才被告知，祖父犯的是科场代人行贿罪，这在当时是司空见惯的，但一经败露，便需严究。把他们兄弟俩送到舅舅家，也是为了避难。

尽管这些年一直有"狼来了"的呼声，这回真的"狼来了"——这是周氏家族无可避免地走向没落的转折点。鲁迅说："有谁从小康人家而坠入困顿的么，我以为在这途路中，大概可以看见世人的真面目。"① ——对于这时已经十三岁，并且是周家长孙的鲁迅来说，祖父的被捕，以及随后的避难生活，使他睁开了眼，清醒认识社会与人生本来面目的开端。但年仅九岁的周作人却没有因此醒来，还继续做着他"蔷薇色的梦"——童年时代的美梦。于是，逃难对他来说，是一次愉快的旅行，是一连串新鲜的印象、感觉，一连串美好的记忆。

在周作人的记忆里，外婆在皇甫庄只有半所房屋，房屋主是有名的《越谚》的作者范啸风。现在挤着外婆及大舅一家、小舅一家，因为没有地方歇宿，只好让周作人与小舅父的老仆妇塘妈妈挤在一处。这是在一间宽而空的阁楼上，一张大眠床里，此外有一个朱红漆的皮制方枕头，最特别的是上边镂空有一个窟窿，可以安放一只耳朵进去，当时觉得很有趣味，这事始终记得。其他的一切，"浑浑噩噩的"，什么都记不清了。②

最难忘的自然是娱园。娱园的主人皋社诗人秦秋渔是周作人大舅鲁悦堂的岳父，周作人正是随着大舅一家借住娱园的。娱园建筑于咸丰丁巳年

---

① 鲁迅:《呐喊·自序》,收《鲁迅全集》第 1 卷,第 415 页。
② 周作人:《知堂回想录·六,逃难》,香港三育图书文具公司 1974 年 4 月第 1 版,第 15 页。

(1857年),在历史上是一个名园。据王眉叔《娱园记》说,是"在水石庄,枕碧湖,带平林,广约顷许。曲构云缭,疏筑花幕。竹高出墙,树古当户,离离蔚蔚,号为胜区"。周作人与鲁迅一起避难于此时,娱园已经荒芜,遍地都长了荒草,不能想见当年"秋夜连吟"的风趣了。曾名极一时的微云楼,看去只是普通的楼房罢了。另外在院子里挖了一个一丈左右见方的水池,池边一间单面开着门窗的房子,匾额题曰:"潭水山房",实在看了很是阴郁。但在年幼的周作人的印象里,"我们所见只是废墟,但也觉得非常有趣,儿童的感觉原自要比大人新鲜,而且在故乡少有这样游乐之地,也是一个原因"[1]。当然,更使周作人兴奋的是,在这里,他有了一大群游玩的伙伴:大舅家的佩绅表哥、珠表姐,以及小舅家的琴表姐、意表姐、林表妹和昭表妹,琴表姐年龄与鲁迅相仿,意表姐比周作人稍大。表兄妹们平时很难有相聚机会,如今聚集在一起,自有一番乐趣。

不到一年时间,风头一过,周作人就带着许许多多新鲜的印象回到新台门内,并且很快也进了三味书屋,正式开始了他的无忧无虑,也许是更为丰富的读书生活。

据周作人自己回忆:"我自己是哪一年起头读的,已经记不清了,只记得从过的先生都是本家,最早的一位号叫花塍,是老秀才,他是吸鸦片烟的……第二个号子京,做的怪文章……第三个的名字可以不说,他是以杀尽革命党为职志的,言行暴力的人……但是从这三位先生我都没有学到什么东西。到了十一岁(即1895年——引者注)时,往三味书屋去附读,那才是正式读书的起头。"读书,自然是读经开始,由此,周作人开始接触到了中国的正统文化。周作人读的第一本经书是"上中",即《中庸》的上半本,而中国正统文化中对周作人影响最深的正是中庸之道,这是很有意思的。据周作人说,到十三岁那年(即1897年底),他就读完了《论语》、《孟子》、《诗经》、《易经》及《书经》的一部分,但"我总不会写,也看不懂书,至于礼教的精义尤其茫然"[2]。鲁迅也有过类似的说法:"孔孟的书我读得最早,最熟,然而倒

---

[1] 周作人:《雨天的书·娱园》,第41页。
[2] 周作人:《谈虎集·我学国文的经验》,第236~237页。

第一章 说不尽的童年——在绍兴
(1885.1—1901.8)

似乎和我不相干。"①这些对于我们了解周氏兄弟思想的发展自然有很大的意义(下文还会有详细分析),但对此也不能作过分机械的理解。事实上,以儒学为中心的封建正统文化的影响,是这一代人无论怎样也无法摆脱的。周作人自己就有过十分真切的回忆——

> 不佞小时候读《诗经》,若不能多背诵了解,但读到这几篇如《王风·彼黍离离》、《中谷有蓷》、《有兔爰爰》、《唐风·山有枢》、《桧风·隰有苌楚》,辄不禁愀然不乐。同时亦读唐诗,却……并不令人起身世之感,如《国风》诸篇也。②
>
> 小时候读贾谊《鵩鸟赋》,前面有两句云:"庚子日斜兮鵩集余舍,止于坐隅兮貌甚闲暇。"心里觉得稀罕,这怪鸟的态度真怪。后来过了多少年,才明白过来,闲适原来是忧郁的东西……③

少年周作人从《诗经》以来的传统诗文里,感受到"愀然不乐"的"忧郁",这是对中国传统文化精微处的一种敏锐的直观把握。尽管此时他还不可能对之作出理性上的明确解释,但传统文化中的忧患意识已于不知不觉之中渗入他的血肉之中。如果说周作人在他的童年时代从传统节日中已经领悟到中国传统乐感文化那一面,现在,他又从典籍中感受到了传统的忧患意识。后者对于前者恰恰是一个必要的补充,这两方面对于周作人个人气质的形成都有着决定性的影响。

当然,对此时的周作人来说,忧郁的因子还是潜藏着的,他的生活的主调仍然是欢乐的,充满了儿童的情趣。于是,在他的记忆的画册里,又印下了一页页喧闹的、彩色的印象——

> 那时所读的是"中下"和唐诗,当然不懂什么,但在路上及塾中得到多少见闻,使幼稚的心能够建筑起空想的世界来,慰藉那忧患寂寞的童

---

① 鲁迅:《坟·写在〈坟〉后面》,收《鲁迅全集》第1卷,第285页。
② 周作人:《秉烛谈·读风臆补》,第15页。
③ 周作人:《立春以前·风雨后谈·序》,收《知堂序跋》,第155页。

年,是很可怀念的。

　　从家里到塾中不过隔着十家门面,其中有一家的主人头大身矮,家中又养着一只不经见的山羊(后来才知道这是养着压禳火灾的),便觉得很有一种超自然的气味。同学里面有一个身子很长,虽然头也同平常人一样的大,但在全身比例上就似乎很小了。又有一个长辈,因为吸鸦片烟的缘故,耸着两肩,仿佛在大衫下横着一根棒似的。这几个现实的人,在那时看了都有点异样,于是拿来戏剧化了。在有两株桂花树的院子里,扮演这日常的童话剧。"大头"不幸地被想象为凶恶的巨人,带领着山羊,占据了岩穴,扰害别人,小头和耸肩的两个朋友便各仗了法术去征服他。"小头"从石窟缝里伸进头去窥探他的动静,"耸肩"等他出来,只用肩一夹,就把他装在肩窝里捉了来了。这些思想尽管荒唐,而且很有唐突那几位本人的地方,但在那时觉得非常愉快,用现代的话来讲,演着这剧的时候实在是得到充实生活的少数瞬间之一。①

　　在乙未年鲁迅是十五岁了,对于童话分子(虽然那时还没有这名目)还很是爱好……有一时期鲁迅早就寝而不即睡,招人共话,最普通的是说仙山。这时大抵看些《十洲》、《洞冥》等书,有"赤蚁如象"的话,便想象居住山中,有天然楼阁,巨蚁供使令,名阿赤阿黑,能神变,又炼玉可以补骨肉,起死回生。似以神仙家为本,而废除道教的封建气,完全童话化为以利用厚生为主的理想乡,每晚继续的讲,颇极细微,可惜除上记几点之外,全都已记不得了。②

这几乎是永远难忘的,直到晚年所写的《儿童杂事诗》里,周作人仍然表示了不胜怀念的心情——

　　　　幻想山居亦大奇,相从赤豹与文狸。
　　　　床头话久浑忘睡,一任檐前拙鸟飞。
　　　　　(注:空想神异境界,互相告语,每至忘寝。儿童迟睡,大人辄警告之曰,拙鸟飞过了。谓过

---

① 周作人:《自己的园地·儿童剧》,岳麓书社1987年7月第1版,第103~104页。
② 周遐寿(周作人):《鲁迅的故家·百草园·四二,童话》,第55~56页。

第一章　说不尽的童年——在绍兴
(1885.1—1901.8)

此不睡,将转成拙笨也。拙鸟是一空想的怪鸟,或只是鸟之拙者,故飞迟归晚,亦未可知。但体味当时语气,则似以前说为近耳。)①

　　曼倩诙谐有嗣响,诺皋神异喜重听。
　　大头天话更番说,最爱捕鱼十弟兄。
　　(注:为儿童说故事,多奇诡荒唐,称曰大头天话,即今所谓童话也。十兄弟均奇人,有长脚阔嘴大眼等名。长脚入海捕鱼,阔嘴一尝而尽,大眼泣下,遂成洪水,乃悉被冲去云云。)②

　　老虎无端作外婆,大因可奈阿三何。
　　天教热雨从天降,拽下猴儿着地拖。
　　(注:老虎外婆为最普通的童话,云老虎幻为外婆,潜入人家,子女为所唤。大女伪言如厕,登树逃匿。虎不能上,乃往召猴来。猴以绳索套着颈间,径上树去。女惶迫遗溺着猴头上。猴大呼热热,虎误听为拽,即拽索急走,及后停步审视则猴已被勒而死矣。俗称猴子曰阿三。)③

　　周作人的这种念念不忘是有充分理由的。正像他自己所说,唯独有了演神话戏、编童话故事这类活动,儿童时代生活才是正常的。而通过这些活动进行的空想、幻想训练,对周氏兄弟思维的发展,文学的发展,更是有深远的影响。人们不难注意到,上述演戏活动与深夜编神话故事,都是以鲁迅为主的,周作人只扮演追随者的角色。这不仅因为他们年龄的差异,而且也表现出他们不同的禀赋:在周氏兄弟之间,鲁迅的想象力是更为丰富的。周作人后来一再说自己不是诗人,"我的头脑是散文的,唯物的"④。这奇异的童话世界的创造者主要是鲁迅,欣赏者、解释者、研究者却是周作人。他们兄弟禀赋、天资的不同,遂有了这样自然的分工。

　　小兄弟周建人有时也参加哥哥们的游戏。他对两个哥哥的观察更是有趣的——

　　(大约是1894年新年),我们三兄弟商量好,把压岁钱凑在一起,合

---

① 周作人:《知堂杂诗抄·儿童杂事诗·丙之六,故事三》,第76页。
② 周作人:《知堂杂诗抄·儿童杂事诗·丙之四,故事一》,第75页。
③ 周作人:《知堂杂诗抄·儿童杂事诗·丙之五,故事二》,第75页。
④ 周作人:《永日集·桃园跋》,岳麓书社1988年9月第1版,第71页。

买了一本《海仙画谱》。……买来以后,我就把这件事讲给我父亲听了……(父亲)便叫拿来给他看看,大哥便拿给父亲看了。他翻看了一会,似乎也颇有兴趣的样子,不做一声地还给大哥了。以后,我大哥便叫我谄人……他叫了我几次,见我没有什么表示,以为我还不懂"谄人"的意思,就不再叫了……又叫我"十足犯贱"……(这意思)是通俗的,当然懂,但我不睬他,他也不叫了。①

二哥却自小性情和顺,不固执己见,很好相处。②

大概没有起绰号、给人以难堪这类事吧。从小弟弟的观察里,显出了大哥的尖刻、不饶人,与二哥的宽容:二人个性的差异是鲜明的。

正当周家三兄弟暂时沉浸在儿童的欢乐中,逐渐淡忘了由于祖父入狱带来的令人恐怖的噩梦时,父亲不知怎的突然狂吐起血来。他坐在后房间的北窗下,血就吐在北窗外的小天井里。吐了一阵之后,就没有再吐。由此开始,直至父亲逝世,周家一直在暗伏着不安的平静中过着日子。父亲的病与死像一个巨大的阴影笼罩着整个家庭。

母亲自然是首当其冲,鲁迅作为长子,也承受了巨大的精神重负。在鲁迅的记忆里,这是又一次惨痛的刺激,又一个难以愈合的精神创伤。以后,他在《父亲的病》里,沉痛地写下了在出入当铺间,默默地为父亲买药、觅药中痛苦的内心体验。在《五猖会》里,又写出了父亲的严厉、不近情理,任意扼杀儿童的天性:"我至今一想起,还诧异我的父亲何以要在那时候叫我来背书。"面对着父子之间可怕的隔膜,鲁迅只感到莫名的悲哀。

周作人也曾和鲁迅一起四处奔波,搜寻那些奇怪的药引。但这对他来说,不过是另一种游戏。在他的记忆里,父亲总是慈爱的——

他看去似乎很是严正,实际却并不厉害,他没有打过小孩……③

---

① 周建人:《鲁迅故家的败落·十,艰难的日子》,第 99 页。
② 周建人:《鲁迅与周作人》,载《新文学史料》1983 年第 4 期。
③ 周遐寿(周作人):《鲁迅的故家·百草园·三〇,伯宜公》,第 39 页。

第一章　说不尽的童年——在绍兴
（1885.1—1901.8）

鲁迅画了不少的漫画……随后便塞在小床的垫被底下……有一天，不晓得怎么的被伯宜公找到了，翻开看时，好些画中有一幅画着一个人倒在地上，胸口刺着一支箭，上有题字曰"射死八斤"①。他叫了鲁迅去问，可是并不严厉，还有些笑嘻嘻的，他大概很了解儿童反抗的心理，所以并不责罚，结果只是把这页撕去了。此外还有些怪画②，只是没有题字，所以他也不曾问。③

（伯宜公）平常吃酒起头的时候总是兴致很好，有时给小孩们讲故事，又把他下酒的水果分给一点吃……他所讲的故事以《聊斋》为多……④

先父在日，住故乡老屋中，隔窗望邻家竹园，常为言其志愿，欲得一小楼，清闲幽寂，可以读书。但先父侘傺不得意，如卜者所云，"性高于天命薄于纸"，才过本寿，遽以痼疾卒。……所云理想的书室仅留其影像于我的脑中而已。⑤

在周作人记忆中的这个"没有打过小孩"、"很了解儿童反抗的心理"的和蔼、宽容的父亲，时有退隐之意的伯宜公，自然是经过周作人主观心灵折射后的形象。他是属于周作人的：既不如鲁迅笔下那样严厉而不通人情，与周建人的回忆也不尽相同。在周建人的记忆里，父亲并不打骂孩子，也不和母亲吵架拌嘴，只是独自生闷气。有时候无缘无故地发起脾气来，把瓷器、饭碗、菜碗、酒杯都掷出窗外。脸色是这样的阴沉，忧郁，压抑，悲伤，好像已

---

①　八斤系周家隔壁邻居沈四太太家的小孩，比鲁迅大三四岁，夏天时常赤身露体，手里拿着自己做的竹枪跳上跳下地乱戳，口里不断地说："戳杀伊，戳杀伊"，鲁迅因而画此漫画，以示反抗。
②　周作人在《知堂回想录·一九一，拾遗（乙）》中回忆，这幅怪画"画着一个小人儿手里提了一串东西，像是乡下卖麻花、油条的用竹丝穿着……这实在乃是怪画，是卖淫的一种童话化的画。乡下这种不雅驯的话很是普通，所谓倚门卖笑俗语便称曰'卖必'，但是怎么卖法在小儿心中便是疑问，意谓必是像桃子、杏子似的一个个的卖给人，于是便加以童话化，从水果摊里铡甘蔗得到暗示，随割随长，所以可以卖去好几个一串。这种初看似猥亵而实是天真烂漫的思想，不晓得是从哪里来的，现在想起来也有点不可思议，可是却是实在的事情"。（第644～645页）
③　周遐寿（周作人）：《鲁迅的故家·百草园·二五，漫画与画谱》，第33～34页。
④　周遐寿（周作人）：《鲁迅的故家·百草园·二六，烟与酒》，第35页。
⑤　周作人：《夜读抄·小引》，岳麓书社1988年9月第1版，第1页。

看透了人生,憎恶这世间,但他不责备任何人,似乎只怨恨自己。临终前,他按在自己身上的那只手,轻轻地抬起来,又轻轻地落下,这样重复几次,一边嘴里喃喃地说:"呆子孙,呆子孙!"……①

有意思的是,尽管周作人再三申明伯宜公"没有打过小孩",但周建人却清楚地记得,有一次周作人与凤升叔吵架,"祖父听到后生起气来,对我父亲说:'伯宜啊,我和你约法三章,凤升不好归我教训,櫆寿不好归你教训',说着拖了凤升叔进屋去了,父亲……便扯了二哥到大堂前……要二哥朝着牌位跪下,一边打一边骂:'打死你这不肖子孙!周家怎么会有你这样的子孙?'这是我父亲第一次打孩子,也是惟一的一次。我二哥不久就好像完全忘记了这件事……"②

对比周氏三兄弟对于父亲的不同回忆,其不同的侧重面,是可以显示出他们彼此性格、心境的不同的。从另一面也可以了解他们每个人与父亲心灵的沟通。

不久,周作人的生活又发生了重大变化。1897年——这一年周作人刚好十三岁,祖父从监狱里发出命令:由于原来同宋姨太一起随侍的凤升叔已经去南京读书,决定周作人去杭州侍读。周作人与宋姨太一起寄寓在花牌楼,每隔两三天去监狱看望一次祖父,平日自己用功。这一段生活,留下的是一个极为阴暗的回忆——

> 那时环境总是太暗淡了,后来想起时常是从花牌楼到杭州府的一条路,发现自己在这中间,一个身服父亲的重丧的小孩隔日去探望在监的祖父。我每想到杭州,常不免感到些忧郁……③

这可能是周作人第一次不是从书本上,而是从自身经验中,体味到人生的忧郁。因此,它是终生难忘的。直到晚年所写的杂事诗里,仍然笼罩着这抹不掉的阴影——

---

① 周建人:《鲁迅故家的败落》,第112~118页。
② 同上,第76~77页。
③ 周作人:《永日集·燕知草·跋》,岳麓书社1988年9月长沙第1版,第77~78页。

第一章 说不尽的童年——在绍兴
(1885.1—1901.8)

> 素衣出门去,踽踽欲何之。
> 行过银元局,乃至司狱司。
> 狱吏各相识,出入无言词。
> 径至祖父室,起居呈文诗。
> ……
> 温语教写读,野史任翻披。
> 十日二三去,朝出而暮归。
> 荏苒至除夕,侍食归去迟。
> 灯下才食毕,会值收封时。
> 再拜别祖父,径出圜木扉。
> 夜过塔儿头,举目情凄而。
> 登楼倚床坐,情景与昔违。
> 暗淡灯光里,遂与一岁辞。①

但阴暗的日子里也时有阳光注入,这使得周作人这一段生活仍然保持着金色童年所特有的蔷薇色,尽管颜色已经消退了不少。

周作人在花牌楼的生活,使他意外地获得了生活在一群妇女包围中的人生经验。如果说幼年时代周作人对于祖母不幸命运的记忆,是凭着儿童的敏感而留下的粗略印象,那么,现在,实地的近距离地观察,就有了更为深切的体验,这使他对妇女的了解与同情达到了一个新的深度。妇女问题最终成为周作人的基本人生命题,他在花牌楼的生活经验至少是打下了基础的。因此,周作人晚年回首往事时,这样写道——

> 吾怀花牌楼,难忘诸妇女。
> 主妇有好友,东邻石家妇。
> 自言嫁山东,会逢老姑怒。
> 强分连理枝,卖与宁波贾。

---

① 周作人:《知堂杂诗抄·丙戌丁亥杂诗·花牌楼之二》,第47~48页。

后夫幸见怜,前夫情难负。
生作活切头①,无人知此苦。
佣妇有宋媪,一再丧其侣。
最后从轿夫,肩头肉成阜。
数月一来见,呐呐语不吐。
但言生意薄,各不能相顾。
隔壁姚氏妪,土著操杭语。
老年苦孤独,瘦影行踽踽。
留得干女儿,盈盈十四五。
家住清波门,随意自来去。
天时入夏秋,恶疾猛如虎。
婉娈杨三姑,一日归黄土。
主妇生北平,髫年侍祖父。
嫁得穷京官,庶几尚得所。
应是命不由,适值暴风雨。
中年终下堂,漂泊不知处。②
人生良大难,到处闻凄楚。
不暇哀前人,但为后人惧。③

周作人对于花牌楼众妇女的同情中,显然还含着一种兴奋,一丝喜悦,因为正是在这里,他有了初恋的人生经验。初恋的对象就是诗中所说"盈盈十四五"的"婉娈杨三姑"。据说,虽然宋姨太太与杨三姑的养母姚宅老妇感情很坏,彼此都不交口,但是三姑娘并不管这些事,仍旧推进门来游戏。她大抵先到楼上去,和宋姨太搭讪一回,随后走下楼来,站在周作人同仆人阮升公用的一张板桌旁边,抱着名叫"三花"的一只大猫,看周作人影写陆润庠

---

① 绍兴民间称妇人再醮者为"二婚头",其有夫尚存在者则为"活切头"。
② 据周作人在《知堂回想录》中回忆,祖父于1904年去世,宋姨太遂觉得难于家居,渐渐"不安于室",乃于宣统己酉年(1909年)冬天得到主母的谅解,辞别而去。最初据说是跟了一个自称姜太公后人的本地小流氓走的,可是后来那人眼瞎了,所以她的下落也就不得而知了。
③ 周作人:《知堂杂诗抄·丙戌丁亥杂诗·花牌楼之三》,第48~49页。

第一章 说不尽的童年——在绍兴
(1885.1—1901.8)

的木刻的字帖。但这就已经足以引起一个从未与异性接近、却又是异常敏感的少年种种感觉、种种想象、种种情绪的微妙变化了——

> 我不曾和她谈过一句话,也不曾仔细的看过她的面貌与姿态。大约我在那时已经很是近视,但是还有一层缘故,虽然非意识的对于她很是感到亲近,一面却似乎为她的光辉所掩,开不起眼来去端详她了。①

在初恋中,女方总是被男方置于至高无上的地位,采仰视态度,这与以后妇女在家庭中的服从地位形成了有趣的对比。这种对初恋对象的崇敬心理,大概就是母系社会意识的一种留传吧。

> 在此刻回想起来,仿佛是一个尖面庞,乌眼睛,瘦小身材,而且有尖小的脚的少女,并没有什么殊胜的地方,但是在我的性的生活里总是第一个人,使我于自己以外感到对于别人的爱着,引起我没有明了的性之概念的,对于异性的恋慕的第一人了。②

又是"此刻(即事后)回想",又是"仿佛",说明所注意、钦慕的,不是一个具体的女性,而是抽象的,在想象中被理想化的女性。而且,这时的"女性"已不再是童年时代平等嬉戏的伙伴,而是被明确地意识到的异性,是作为恋慕的对象、性意识的诱发者的存在:这都是初恋中对女性的观察视角、心理的微妙变化。

> 我在那时候当然是"丑小鸭",自然也是知道的,但是终不以此而减灭我的热情。每逢她抱着猫来看我写字,我便不自觉的振作起来,用了平常所无的努力去映写,感着一种无所希求的迷蒙的喜乐。并不问她是否爱我,或者也还不知道自己是爱着她,总是对于她的存在感到亲近喜悦,并且愿为她有所尽力,这是当时实在的心情,也是她所给我的赐

---

①② 周作人:《雨天的书·初恋》,第38~39页。

物了。在她是怎样不能知道,自己的情绪大约只是淡淡的一种恋慕,始终没有想到男女关系的问题。①

这里有"喜悦"与"兴奋",但它是"一种无所希求的迷蒙的喜乐"。这种迷蒙的,甚至带一点神秘色彩的情感世界,自然不同于与朋友(包括女性朋友)之间的友谊的爱所引起的更为单纯,也更为明朗的喜悦,但它是"淡淡的一种恋慕",又有别于热恋中的昏迷、狂热状态。正是这初恋中的喜悦与兴奋逐渐唤醒了男性的自我意识:一种连自己也把握不住的自我表现欲和取悦对方的欲求。

有一天晚上,宋姨太忽然又发表对于姚姓的憎恨,末了说道,"阿三那小东西,也不是好货,将来总要流落到拱辰桥去做婊子的。"我不很明白做婊子这些是什么事情,但当时听了心里想道,"她如果真是流落做了,我必定去救她出来。"②

这时,男性意识已经逐渐占了上风,自觉、不自觉地把对方当作保护对象了。这是在恋爱过程中必然发生的微妙变化。

大半年的光阴这样的消费过了。到了七八月里因为母亲生病,我便离开杭州回家去了。一个月以后,阮升告假回去,顺便到我家里,说起花牌楼的事情,说道"杨家三姑娘患霍乱死了",我那时也很觉得不快,想象她的悲惨的死相,但同时又却似乎很是安静,仿佛心里有一块大石头已经放下了。③

这已足以证明:所发生的不过是一次初恋。但是,"仿佛心里有一块大石头已经放下了","仿佛"而已,仍然留下了一点淡淡的惆怅,又夹杂着淡淡的喜悦。

---

①②③　周作人:《雨天的书·初恋》,第39页。

第一章 说不尽的童年——在绍兴
(1885.1—1901.8)

很多年以后,周作人在回忆杭州时,仍然这么说:"我与杭州没有很深的情分,十四五岁曾经住过两个年头,虽然因了幼稚的心的感动,提起塔儿头与清波门都还感到一种亲近,本来很是嫌憎的杭州话也并不觉得怎么讨厌……我总还是颇有乡曲之见的人,对于浙江的事物很有点好奇心,特别是杭州——我所不愿多想的杭州的我所不知道的事情,却很愿意听,有如听人家说失却的情人的行踪与近状,能够得到一种寂寞的悦乐。"①这里所说的塔儿头离花牌楼很近,而清波门就是杨三姑娘的居住地。显然,周作人对他少年时代的这一段感情生活是极为珍视的。性的觉醒,本是一种正常生理、心理现象,自古有之,人人皆有。但对性的觉醒的珍视与自觉,却不能不是一种现代意识。对于周作人及其同代人来说,性的觉醒与人的觉醒是互相联系的;对性的觉醒的敏感与自觉,构成了周作人思想的一个重要特点。

在这种心情下,周作人对于祖父的回忆,也是美好的。祖父介孚公本名致福,后改名福清,是翰林出身,曾外放江西金溪县任知县。因顶撞上司被参劾革职,又遵例捐升内阁中书,当了几年京官,终因科场案入狱,由于屡经官场沉浮,郁郁不得志,在周家新台门内是以脾气暴躁与乖戾著称的。但在周作人的眼里,这位祖父确实不同于其他长辈,在不同寻常之中,自有其可爱可敬之处——

祖父(在狱中)有时也坐下看书,可是总是在室外走动的时候居多。我亦不知道是否在狱神祠中闲坐,总之出去时间很久,大概是同禁卒们谈笑,或者还同强盗们谈谈。他平时很喜欢骂人,自呆皇帝昏太后(即是光绪和西太后)起头直骂到亲族中的后辈,但是我却不曾听见他骂过强盗或是牢头禁子。他常讲骂人的笑话,大半是他自己编造的。我还记得一则讲教书先生的苦况,云有人问西席,听说贵东家多有珍宝,先生谅必知其一二。答说我只知道有三件宝贝,是豆腐山一座,吐血鸡一只,能言牛一头。他并没有给富家坐过馆,所以不是自己的经验,这只是替别人不平而已。②

---

① 周作人:《永日集·燕知草·跋》,第77~78页。
② 周作人:《知堂乙酉文编·五十年前杭州府狱》,香港三育图书文具公司1961年第1版,第91~92页。

我的祖父是光绪初年的翰林……他不曾听到国语文学这些名称，但是他的教育法却很特别。他当然仍教子弟做时文，惟第一步的方法是教人自由读书，特别是奖励读小说，以为最能使人"通"。等到通了之后，要弄别的东西便无所不可了。他所保举的小说，是《西游记》、《镜花缘》、《儒林外史》这几种，这也就是我最初所读的书。（以前也曾念过《四子全书》，不过那只是"念"罢了。）①

周作人祖父母画像

---

① 周作人：《自己的园地·〈镜花缘〉》，第113~115页。

第一章　说不尽的童年——在绍兴
(1885.1—1901.8)

　　介孚公自由读书的主张与实践,无异在传统教育的封闭体系内打开了一个缺口,对周氏兄弟成长的影响,恐怕是介孚公本人也未曾料及的。

　　尽管周作人很早就接触了《诗经》与唐诗①,但《诗经》完全是当作"经"来读的;对于周作人,他真正接触文学,是从小说开始的,这个起点本身就大异于传统文人,而是与他所生活的时代——戊戌变法前后,小说在文学中的地位的日益提高相适应的,或者说是反映了文学发展的一种潜在的趋势。据周作人回忆,他是在十一二岁时,在三味书屋读书期间,开始读《镜花缘》的。在杭州侍读时,更读了不少小说,好的坏的都有。由《儒林外史》、《西游记》等渐至《三国演义》,转到《聊斋志异》。"聊斋"之后,自然是那些《夜谈随录》等等假聊斋,一变而转入《阅微草堂笔记》。这样,旧派文言小说的两派都已入门。据周作人说,在《镜花缘》中,最吸引他的是多九公,"因为他能识得一切的奇事和异物","九头的鸟,一足的牛,实在是荒唐无稽的话,但又是怎样的愉快啊"。② 不止是《镜花缘》,连《西游记》、《封神榜》之类,周作人都是把它们当作"童话"来读的,使少年周作人入迷的正是这些作品中的荒唐的话,在这一点上自有特别的趣味。读《聊斋志异》,周作人最注意的,自然是其中的"文言的趣味",③他同时也很欣赏作者"姑妄言之姑妄听之"的态度与主张,以为"是极妙的话"。④后来周作人自己对于少年时代的这种读书趣味作了这样的解释:"对于神异故事之原始的要求,长在我们的血脉里",因此,这类荒唐、空想的作品,"在现代人的心里仍有一种新鲜的引力"。⑤这就是说,在周作人看来,这种喜爱奇幻的空想的读书兴趣,不仅与年龄特征有关,而且表现了现代人的心理与审美要求,这里是隐隐地透露出时代变革的某种信息的。周作人还说,他在《西游记》、《镜花缘》、《儒林外史》里看出,"作者有很多地方都很用些幽默,所以更显得有意思",由于"中国向

---

　　① 周作人回忆,1898 年前后,介孚公曾把一部木版钦定《唐宋诗醇》寄回家中,其中夹着一张纸条,上面写道:"初学先诵白居易诗,取其明白易晓,味淡而永。再诵陆游诗,志高词壮,且多越事。再诵苏诗,笔力雄健,词足达意。再诵李白诗,思致清逸。如杜之艰深,韩之奇崛,不能学亦不必学也。示樟寿诸孙。"(《知堂集外文·四九年以后·〈唐宋诗醇〉与鲁迅旧诗》)
　　②④⑤ 周作人:《自己的园地·〈镜花缘〉》,第 113～115 页。
　　③ 周作人曾说:"教我懂文言,并略知文言的趣味者,实在是这'聊斋',并非什么经书,或是《古文析义》之流。"(《谈虎集·我学国文的经验》)

来缺少讽刺滑稽的作品",这类作品几乎是"惟一的好成绩"。① 对传统文学中特殊因素的关注,这本身也是隐含着一种变革的要求。

周作人回忆说,在读完了旧派文言小说以后,就"自然而然地跑到《唐代丛书》里边去了"。② 《唐代丛书》是所谓"杂学"的入门课本,而周作人对"杂学"的兴趣是早已开始了的。早在1893年,九岁的周作人随鲁迅一起避难时,就在皇甫庄第一次接触《毛诗品物图考》这类闲书,并且第一次看到报纸——上海出版的《申报》。以后又在族人琴逸公那里初次见到《毛诗陆氏草木鸟兽虫鱼疏》。十一岁至十三岁在三味书屋读书时,在鲁迅影响下,周作人开始抄书,所抄的就是《唐代丛书》中的《百药谱》和《黑心符》。鲁迅所抄录的则有陆羽《茶经》三卷、陆龟蒙《耒耜经》与李翱《五木经》及花木录的谱录《说郛录要》。以后,周作人又得到了平常不见经传的西湖花隐翁的《秘存花镜》。这是关于花木的小论文,有对于自然与人事的巧妙的观察,有平明而新颖的文字表现,周作人爱不释手,甚至比喻说,"与初恋的心境有点相像"③。这些讲岁时风土物产、博物的杂学类的图书,"本是世俗陋书……在那时却是发现了一个新天地"④。

发现的新天地还有乡贤著作。据周作人自己说,他是在杭州侍读时,首先读到《砚云甲编》中的《陶庵梦忆》,心甚喜之,"为后来蒐集乡人著作之始基。"⑤ 首先自然是读张岱的其他著作,如《於越三不朽图赞》、《琅嬛文集》、《西湖梦寻》之类。给周作人留下深刻印象的是,《於越三不朽图赞》里"姚长子"的形象,这"是一个穷民,以身长得此诨名(真名因此不传),遇倭寇之难成为义民"⑥,这大概是周作人最初接触到吴越一带的反抗传统吧。从乡贤著作中,周作人直接受到了地方历史文化的熏陶。他曾把明清以来浙江思想文化界概括为飘逸与深刻两大潮流:"第一种如名士清谈,庄谐杂出,或清丽,或幽玄,或奔放,不必定含妙理而自觉可喜。第二种如老吏断狱,下笔

---

① 周作人:《知堂回想录·一九五,拾遗(己)》,第664~665页。
② 周作人:《谈虎集·我学国文的经验》,第238页。
③ 周作人:《夜读抄·花镜》,岳麓书社1988年9月第1版,第92页。
④ 周遐寿(周作人):《鲁迅的故家·百草园·五三,抄书》,第70页。
⑤ 周作人:《过去的工作·关于竹枝词》,第1页。
⑥ 周作人:《雨天的书·日本的海贼》,第59页。

第一章　说不尽的童年——在绍兴
（1885.1—1901.8）

辛辣，其特色不在词华，在其着眼的洞彻与措语的犀利。"前者如徐渭（文长）、王思任（谑庵）、张岱（宗子）、袁枚（子才）、李慈铭（莼客）、俞樾（曲园），后者如毛西河、章实斋、赵益甫、章太炎等。① 周作人本人，显然于这两大潮流都是有所吸取，但又似乎更偏向于飘逸一派。

周作人所说的深刻派与所谓绍兴师爷传统有着更密切的联系。周作人曾对师爷传统的影响作过如下说明："我们一族住在绍兴只有十四世……这四百年间越中风土的影响大约很深，成就了我的不可拔除的浙东性，这就是世人所通称的'师爷气'。本来师爷与钱店官同是绍兴出产的坏东西，民国以来已逐渐减少，但是他那法家的苛刻的态度，并不限于职业，却弥漫于乡间，仿佛成为一种潮流，清朝的章实斋、李越缦即是这派的代表，他们都有一种喜骂人的脾气。"② 所谓"师爷"，即幕友、幕僚，这是旧地方政府或军队里的参谋、书记或办理司法、钱粮等事务的专职人员。军政僚属对于他们尊如上宾，称为"老夫子"。对于一般胥吏来说，他们是自己长官的师宾，因此称之曰"师老爷"，简称"师爷"。明清时期绍兴人当师爷的遍布全国，有"无绍不成衙"之说，"绍兴师爷"之名因此大盛。衙门的师爷因其司职的不同分账房师爷、刑名师爷、书启师爷、钱谷师爷等，而最突出的是刑名师爷（地方上的讼师也包括在内），素有刀笔吏之称。有时人们讲"绍兴师爷"也专指"刑名师爷"。作为一种社会分工，刑名师爷以司法为专职，在长期的职业性训练中，逐渐形成了一套特殊的思维方式、心理素质，以至文风，如周作人所说的"满口柴胡，殊少敦厚温和之气"的"师爷气"，嫉恶如仇、睚眦必报、易怒多疑、苛刻严峻的性格，冷静、周密的思维方式，谙熟人情世故、法律条文，多谋善断的才干，以及缜密、犀利的"师爷笔法"等等。而周作人把"绍兴师爷"的苛刻性格称之为"法家的苛刻"，则是点明了作为绍兴地方文化特色之一的师爷传统与法家的内在联系。

周作人一面从小从与祖父、乡人（据统计，周氏家族中有十来位绍兴师爷）的接触，以及乡贤著作的阅读中，不同程度地接受了绍兴师爷的传统，并因无以摆脱身上的师爷气而饮恨终生，另一面，他又从不回避自己对绍兴文

---

① 周作人：《谈龙集·地方与文艺》，第10页。
② 周作人：《雨天的书·自序二》，第3页。

47

化传统中飘逸派的倾心。他在评论张岱(宗子)《陶庵梦忆》时抱怨说:"不知从什么时候起的,绍兴的风水变了的缘故罢,本地所出的人才几乎限于师爷与钱店官这两种,专以苛细精干见长,那种豪放的气象已全然消失。"①"豪放"之气确实是绍兴人的传统气质。曾为"饮中八仙"之一的唐朝名诗人贺知章即是一例。胡适曾引述《旧唐书》,说他"性放旷,善谈笑……晚年尤加纵诞,无复规检。自号'四明狂客'……遨游里巷,醉后属词,动成卷轴,文不加点,咸有可观。……天宝三载,知章因病恍惚,乃上疏请度为道士,求还乡里"②。流风所及,明清两代"吴越遗老"也"多放恣",为桐城派正统文人所"甚恨"③。这种放恣之风,正是对传统经学的一种反叛,是经学统治地位的松动,也是道与佛对儒的渗入,从根本上说,周作人与鲁迅的杂学兴趣,也是统属于这放恣之风的。正像周作人自己反复说的,他(以及鲁迅)的治学道路,是一条"从旁门入"的"野路子",他的读书趣味的选择,以至人生选择,遵行的是"非正宗的别择法"。这就是说,历史发展到了周作人这一代,封建正统文化对它自身土壤里所培育出来的知识分子中的最杰出者,已经失去了吸引力。当然,现在所发生的反叛,仍然是在传统文化结构内部的一种调整,还不可能发生根本性的否定。这一代人,一直要到真正接触到了与中国传统文化异质的西方文化体系,进入世界文化的新系统,他们的反叛性的文化性格才可能发展到十分自觉的程度,并产生建设性的新的文化性格——而这一历史转折点,是一天天地逼近了。

六、变革时代的最初选择

1898年2月18日(戊戌正月二十八日),十四岁的周作人开始记日记。少年周作人此刻在关注什么?他在思索什么呢?

> 二月初七(即开始记日记的第十天)日记:"下午接越函……函云诸

---

① 周作人:《泽泻集·陶庵梦忆序》,第11~12页。
② 胡适:《白话文学史》,岳麓书社1986年1月第1版,第266页。
③ 周作人:《药堂语录·九烟遗集》,收《知堂书话》下册,第600页。

第一章 说不尽的童年——在绍兴
（1885.1—1901.8）

暨武童刺死洋人四名。"

二月十五日："闻诸暨之事,惟拆教堂,余俱讹传。"

三月朔日："下午接绍二十九日函……云有《新知报》内有瓜分中国一图,言英、日、俄、法、德五国,谋由扬子江先取白门,瓜分其地,得浙英也。"

三月十六日："报云,俄欲占东三省,英欲占浙。"①

鲁迅的来信,使周作人第一次面对帝国主义瓜分中国的严峻现实。这恰是周作人与西方世界的第一次接触。尽管在此以前,绍兴已经有了英美教会办的教堂,传教士、修女也曾到周家来劝说入教,但他(她)们的传教活动与周作人家族和个人都没有任何关系,也没有产生什么影响;而现在,他们的家乡——浙江也成为帝国主义瓜分的对象,这就直接威胁到国家、民族、家族,以至个人的生死存亡。周作人在他刚刚接触人生、思考社会问题时,就与同时代人一起,感受到了如此强烈的民族危机感,这对他心灵世界的影响是深刻而长远的。由于西方文化是伴随着帝国主义军舰火炮强制输入的,这一代人在接受西方文化时,就难以摆脱那刻骨铭心的民族屈辱感,因而不可避免地要陷入理性(意识到西方文化的先进性,而趋于主动接受)与情感(面对"先生老是侵略学生"的事实而趋向于阻拒)的矛盾,徘徊于二者之间。而且只要人们仅仅从落后国家的本民族观念出发,这种矛盾的接受心态就不可改变。

在面临外患的同时,周作人及其同代人,必然面对国内的动乱。于是,周作人这一年的日记里,又不断出现了如下记载——

三月十六日："下午接金陵函……云二月后大雪五次,道殣相望,徐海尤甚,大小盗案共四十余件。"

四月初五："接玉泉公公初四日函,云测水牌、瓦窑头等聚众毁米店,昌安、五云二门尤甚,傅恒记亦毁。"

---

① 《周作人日记》(影印本)上册,大象出版社1996年12月第1版,第3~6页。

四月十二日:"温州民毁官衙土局,拒兵劫米。"

四月十七日:"山东沂州乱,广东刘毅募勇五千,鼓噪索粮。"

四月二十四日:"直隶大名府土匪起。"

四月二十五日:"闻宁波民变,殴鄞县、慈溪二令;又潮州乱,知府被戕云。"①

正是在1898年,由于帝国主义瓜分中国的狂潮激起的民族危机,迅速地转化为社会危机。这一年,天时不正,造成了灾荒,更加剧了社会危机,终于爆发了以捣毁教堂与饥民民变为主要内容的社会大动乱。这年冬天,绍兴四乡农民首先涌进城来,每人手里拿着一支香,跪在绍兴府衙门的两旁,请求减免租粮。据礼房的衡廷叔说,农民跪香,被知府程赞清派散兵游勇打散,农民们呼天抢地,号啕痛哭。白门里里外外议论纷纷,老年人都摇头叹气,说太平天国要重演了。

接着就是周作人日记里所记载的绍兴饥民抢米事件。据目击者说,饥民们聚集在米店前,米店老板一看形势不对,连忙上排门,这反而激怒了饥民,纷纷厉声大骂:"伢(我们)末(虚词)饿煞,㑚(你们)末(虚词)把米放起来卖好价钿……"骂了一阵以后,领头的说:"搡!"大家就冲进去,把店门、木栅、招牌搡掉,出一口气,但没有敢抢米。接着又去"搡""大家"(大地主人家),饥民们把辫子盘起,挽起鬆鬆头,赤膊,光脚,穿一条破裤冲进去。厅堂里外乱搡一气,却没有进内房。知府程赞清当夜杀掉了一个十六岁的小理发匠,说他乘势拿了一个铜脚炉。

这时,周作人虽在杭州,但家乡发生的这一切,不能不引起他的关注与震动。外忧内乱的时代终于到来,无忧无虑的金色的童年生活结束了。

1900年初,周作人回绍兴过年。因为接连下雨,河水涨得很高,携带行李不便,没有及时回杭州。约定日期来接,却一等再等,老不见人来。原来祖父在狱中是租看《申报》的,消息比较灵通,他最先预感到大风暴的到来,就决定让周作人暂避在绍兴。果然,到四月份,就传开了闹义和拳的消息,

---

① 《周作人日记》(影印本)上册,第6、8、9页。

第一章 说不尽的童年——在绍兴
(1885.1—1901.8)

整个绍兴府城,立即人心惶惶,好像大祸就要临头似的。周作人日记里,又出现了如下记载——

庚子年(1900年)四月十九日日记:"闻天津义和拳匪三百人,拆毁洋房、电杆,铁路下松桩三百里,顷刻变为麸炭。为首姓郜,盖妖术也。又闻天津水师学堂亦已拆毁。此等教匪,虽有扶清灭洋之语,然总是国家之顽民也。"

四月二十四日日记:"接江南函,云拳匪滋事是实,并无妖术,想是谣传也。"

五月初五日记:"闻拳匪与夷人开仗,洋人三北,今决于十六上海大战。倘拳匪不胜,洋人必下杭州。因此绍人多有自杭逃归者。时势如此,深切杞忧。"

五月初六日记:"闻近处教堂与洋人皆逃去,想必有确信或拳匪得胜,闻之喜悦累日。又闻洋人愿贴中国银六百兆求和,义和有款十四条,洋人已依十二条云。"

五月初八日记:"晨大云桥忽有洋人独行,路人见之,哗为洋鬼子,俱已逐出,今此何为者?俱噪逐之,洋人趋蹶而逃,几为所执。后经人劝解,始获逃脱。追者五六十人……夜,鸣山叔以义和告示及申电童谣见示,因录得一纸。"①

周作人还在这几天日记的书眉上,用大字写着:"驱逐洋人在此时矣","非我族类,其心必异","卧榻之侧,岂容他人酣睡?"足见其情绪之激昂。

不久,这座偏远的县城也发生了骚乱。周作人在五月二十三日的日记中这样写着:"七下钟,余在双犀轩纳凉,忽闻总府点名守城,山会本府均同在稽山旱门防堵云。台州殷万登了之称报父仇兼拆教堂,已在邗村过宿,距城只七八十里矣。余闻之骇然。少顷渭叔亦来,因遣人去探,所云亦然。街上人声不绝,多有连夜逃避城外者。船价大贵,大者每只七八元,家中疑惧

---

① 《周作人日记》(影印本)上册,第144~148页。

周作人1900年5月24日日记手稿影印

颇甚,不能成寐,十二下钟始寝。闻城门船只进出纳洋一元,九城门合计总有千余元云,天气甚热。"同日又记:"讹言益伙,人心摇摇。谦婶拟逃避城外,后闻少平,因此不果然。对门傅澄记、间壁张永兴均已逃避矣。"第二天日记中又写着:"闻本府出示,禁止讹言,云并无其事,百姓安业不得惊慌云云,人心少定。昨日傅、张二姓逃出在外,下午逡巡自归,闻之不觉大噱。……渭叔云,有人自横溪上来者,俱云无事,未知昨宵从何而起。"①

① 《周作人日记》(影印本)上册,第150~152页。

第一章 说不尽的童年——在绍兴
(1885.1—1901.8)

这小小的风波,毋宁说是一次社会动乱的演习。以后鲁迅以此为素材,写了小说《怀旧》;而对于周作人,却是一次永远难忘的人生体验。由帝国主义侵略引起的社会动乱,已经不是遥远的与己无关的传闻,而是耳闻目睹,并且直接影响着自己生活的现实。时代向周作人及其同代知识分子提出了一个尖锐的问题:如何对待帝国主义的侵略,以及必然引起的人民的反抗,并由此造成的社会动乱。周作人后来在总结自己这一段的思想发展时说:"我……最早是尊王攘夷的思想"①,"它表示是赞成义和拳的'灭洋'的,就是主张排外,这坏的方面是'沙文主义',但也有好的方面,便是民族革命与反帝国主义的,但它又怀疑乃是'顽民',恐他的'扶清'不真实,则又是保皇思想了。这两重的思想实在糊涂得很。"②这确实是"两重的思想":外对于西方世界,既坚持反抗帝国主义侵略的民族主义,又有盲目排外的沙文主义;内对于人民,既视之为抗击外来侵略者的力量而寄以希望,又视为威胁封建统治的"拳匪""顽民"、破坏社会安定的力量而心怀疑惧。在此前后,周作人曾购得清代人李小池著《思痛记》一书。此书历述太平天国运动所造成的破坏,给周作人以极其强烈的印象。直至四十年后,他仍这样回忆:"李小池著《思痛记》二卷,余于戊戌冬间买得一册,于今已四十余年矣,时出披阅,有自己鞭尸之痛。……洪杨之事,今世艳称,不知其惨痛乃如此……惟此记所书殆可与《扬州十日记》竞爽,思之尤可畏惧,此意正亦不忍言也。"③周作人将《思痛记》与《扬州十日记》并论,在他看来,异族侵略者的杀戮与本国"暴民"的破坏是同样令人发指与不能忍受的。这里固然包含了对中国国民性某些弱点(比如残忍性、狂热性、向弱者发泄愤火)的深刻观察与把握,同时也表示着对于人民自发反抗力量的本能的疑惧。这是来自"十字街头"的周作人却始终与"十字街头"若即若离、最终走到对立面的最根本的原因。这种疑惧感将终生追随着周作人。

在社会发生动乱的同时,周作人的故家也一天天地显出败落相。就在这样的背景下,周作人的感情又受到一次巨大的冲击:全家最钟爱的四弟突然逝世。周作人在全家排行第二,上有长兄樟寿(树人),下有三弟松寿(建

---

① 周作人:《雨天的书·元旦试笔》,第121页。
② 周作人:《知堂回想录·二三,义和拳》,第60页。
③ 周作人:《书房一角·看书偶记·〈思痛记〉》,收《知堂书话》下册,第737页。

人)与四弟椿寿。周作人与鲁迅、建人相差均三四岁,三人朝夕共处,可谓"兄弟怡怡",而与鲁迅似更为相知。四弟椿寿出世时,周作人已九岁。据周作人后来为这位四弟所作"小传",椿寿在兄弟四人中才华最为出众:"生而灵警,见生人不啼,甲午之春(注:时弟二岁),即能言语,性孝友奇杰。三四岁教之唐诗,上口成诵,能属对,皆出人意表。教又能搦管作字,奇劲非常,人见之皆以为宿学者所书也。以是人咸以大器期之。"①这里所述也许含有若干夸大的成分,但包括周作人在内的全家对四弟分外宠爱并寄以厚望,则是事实。椿寿长得方头大耳,十分结实,却不想戊戌之冬,偶患风寒,即气喘不止,卧床三日而遽逝,年仅六岁。这突然而至的死亡,把全家人都惊呆了。不知所措之间,周作人在当天日记中,仅写了"四弟以患喘逝,时方辰时,抚摩大哭,悲感不胜"寥寥几字。第二天下葬时,周作人木立在寒风中,看着庆叔用砖砌好了四弟的坟,坟前立着碑,碑上写着"亡弟荫轩处士之墓　兄樟寿立"。不远处,是一岁即殇的三妹的小坟,碑上刻着父亲伯宜公亲笔写的"亡女端姑之墓"几个字。坟葬在南门外龟山,龟山临河那一边有一个废庙,里面安放着祖母孙氏和父亲的灵柩。这是周作人第一次面对死亡(在此之前,父亲的死并没有给他留下深刻印象),一个年轻的、充满希望的生命,就这样随随便便地被夺去了,这印象是惨痛、酷烈的。从四弟墓地归来,周作人长久地沉默不语。母亲思念四弟心切,叫周作人请人来画了四弟的遗像,挂在房间里——至今仍挂在北京西三条母亲卧室的墙上。周作人仍然沉默不语,以至于连日来日记上仅有"忘录"二字。近二十天后,才勉力写出了几句悼诗——

　　世人纵有回天力,难使弟兄无离别。发冲冠,泪沾臆,欲问昊天天不语。(《有感》)

　　闻君手有回生术,手足断时可能续？闻君橐有起死丹,兄弟无者可复还？(《读〈华佗传〉有感》)②

　　空庭寂寞伴青灯,倍觉凄其感不胜。犹忆当年丹桂下,凭栏听唱一颗星。(《冬夜有感》)

---

① 周作人辛丑日记抄录《逍遥处士小传》,收《周作人日记》(影印本)上册,第301页。
② 《周作人日记》(影印本)上册,第15页。

第一章 说不尽的童年——在绍兴
(1885.1—1901.8)

不愿来生再为人,免受人间离别苦。……形尚在目前,人竟归何处?……(《长短句》)①

这可以说是周作人最早的创作。但却很难相信是出于周作人笔下:竟用了如许夸张的词句,而且不加节制地表现了一种过于急切、悲愤的情感。正像他自己在日记里的自我评价所说:"戊戌之冬,四弟患喘以逝,满腹牢骚,无处发泄,故冬以至春迄皆悲感,即所作俚词亦甚凄,甚哀飒,间有过激之语","句庸而感深"。诗的意境与词句都是陈陈相因,摆脱不了传统的框架,并无创造性,但感情却热烈、真挚,当然也是夸张了的。

幼弟的早夭,为什么竟引起周作人如此强烈的反应?实际上,周作人也是在借酒浇愁,这仅是他情感的一个喷发口。

请读己亥(1899 年)十月三十日这段日记:"转瞬仲冬,学术无进,而马齿将增,不觉恧然。又因大哥在宁,四弟长别,则又不觉黯然。而不知回肠几折矣。"②这是时代的动荡,家庭的变迁,个人前途的渺茫引起的一种惆怅。再加上进入青春期以后所特有的莫名的焦躁与感伤,使周作人的精神生活、感情世界,第一次蒙上了一层浓重的阴影。

周作人面临选择——艰难的人生选择。

路该怎么走呢?

首先的选择,也是最容易的:走传统为知识分子安排好的老路——应试仕途。

周作人对这条路曾寄予很大希望。他写过一首诗:"飘飘两腋觉风生,搔首看时识是君。满腹经纶皆在握,遍身锦绣尽成文。上天定有冲天翮,下世还为救世臣。自叹无能不如汝,羡君平步上青云。"③他还做过一个梦:"黎明梦一家匾上题'花甲登科'四字。"④对于"朝为田舍郎,暮登天子堂"的平步上青云的仕途竟至如此神往,这表现了周作人与知识分子传统割不断的

---

① 《周作人日记》(影印本)上册,第 25 页。
② 同上,第 84～85 页。
③ 周作人:《题〈天官风筝〉》,录己亥三月十五日日记,收《周作人日记》(影印本)上册,第 35～36 页。
④ 《周作人日记》(影印本)上册,第 112 页。

联系,也显示了他内心深处的平庸——这平庸将害他一生。

于是,周作人几乎是以一种虔诚的心情去应试——这是清王朝以八股取士的最后一次考试。

这是交织着胜利与失败、希望与绝望的令人哭笑不得的记录:戊戌年(1898年)十二月,己亥年(1899年)十一月,庚子年(1900年)十二月连续三年,经过反复的考试,周作人终于落榜。周氏族人中仅义房仲翔考取了第四十名即末名秀才。

也许因为是最后一次,赴考的情景在周作人心中一直留有十分鲜明的印象,到晚年也不曾忘记——

正是大寒的时节,考试的前一天在半夜里起床……将考篮托付给同去的工人,自己只提着一盏考灯,是四方的玻璃灯,中间点着一支洋蜡烛;周身是一副"考相公"装束,棉袍棉马褂棉鞋,头上披着"风兜"……

(到了考场),叫人代去点名接了卷子回来,一面安排考具。……不久便封门了,是时天色也已是鱼肚白,快要天亮了,题目也就发下,这是写了贴在一块板上,由人扶擎着走的。题目有了便要开始作文,于是场中一时便静了下来,但闻咿唔之声随之而起;不过这与前回的很有不同,以前的喧嚣是热闹,现在则有点凄凉之感罢了……

冬天日短,快近冬至了,下午的太阳特别跑得快,一会儿看着就要下山去了。这时候就显得特别紧张,咿唔之声也格外凄楚。在暮色苍然之中,点点灯火逐渐增加,望过去真如许多鬼火,连成一片;在这半明不灭的火光里,透出呻吟似的声音来,的确要疑非人境。……等到真正放班了,才算了结,自放头班以至溜四班,场内的人悉数出去了……①

读书求官的仕途也就埋葬在这阴暗的记忆里了。

那么,回到家里,固守家业,行不行呢?

周作人日记中又出现了如下记载——

---

① 周作人:《知堂回想录·二一,县考的杂碎,二二,县考的杂碎(续)》,第54~56页。

第一章 说不尽的童年——在绍兴
（1885.1—1901.8）

戊戌(1898年)十一月三十日："小雨。往城收租。午晴。六和庄午飧,收谷二十五袋,托荇舫叔收劳家封三户,谷八袋。"①

己亥(1899年)十一月二十一日："阴。黎明早餐,同仲翔叔下舟,至诸家湾收租,吃点心,租水九分二。风甚冷而又甚大,衣服少穿,寒风砭骨,颇不能支。又至六禾庄,午餐尝新谷,共收二十袋。下午放舟回家……"②

己亥十一月二十二日："晨大雨。往五云门外收租,先至后丁,佃户甚劣,颇费气力,至上午始收讫。又至昌安,食乌肉……上午雨止,下午小雨,风。共收租二十五袋另。至家已晚……"③

己亥十二月十一日："晴。下午往会稽县完粮。银3.462元,米1.038元,共洋4.5元。"④

由于父亲早死,鲁迅这时正在南京求学,周作人不得不担负起全家的主要责任,收租与完粮,就是必须完成的任务之一。周作人也全力以赴地去做了,但他显然于此毫无兴趣。不仅农民的困苦引不起他的同情,收租本身也使他感到"颇费气力",以致成为沉重的精神负担。他当然不愿意一辈子充当靠收租吃饭的周家二少爷。

周家台门内的生活使周作人彻底失望,于是,他一度——仅仅是一度——走向"十字街头"。用周作人的话来说,"几乎成了小流氓"。"小流氓"在绍兴的土语里叫"破脚骨"。周作人介绍说："这个名词的本意不甚明了,望文生义地看去,大约因为时常要被打破脚骨,所以这样称的吧。"⑤据说,一个人要变成"破脚骨",须有相当的训练,与古代武士的修行一样,不是很容易的事。"破脚骨"生活里最重要的事件是挨打,所以非有十足的忍苦忍辱的勇气,不能成为一个像样的"破脚骨"。而且,他们也有自己的道德,崇尚义与勇,即使并非同帮,只要在酒楼茶馆会过一两面,他们便算是有交情,不再来暗算,而且有时还肯保护。周作人有一个堂叔,身上有

---

① 《周作人日记》(影印本)上册,第17~18页。
②③④ 同上,第93、93、99页。
⑤ 周作人:《雨天的书·破脚骨》,第56页。

一百块钱,要派什么用场,结果全部输光,还写了一张"欠一百块钱"的欠条;万般无奈,就托人去找了这一方"破脚骨"的总头目,把那班赌徒打了一顿,借据也销毁了,把一百元现洋作为请酒席的钱花掉了。鲁迅曾评价说:"这绍兴的'破脚骨',倒很有古时候武士侠客的遗风。孟尝君、春申君门下有食客数千,其中有一些鸡鸣狗盗之徒,大概也是这些人吧。"①我们曾经说过,十字街头有禹墨遗风。中国古代,"禹——墨——侠"是一脉相承的,因此,更确切地说,绍兴的市风是承继着禹、墨、侠的余绪的。鲁迅与周作人幼年时读过《绿野仙踪》,这时正迷恋于《七剑十三侠》②这一类侠盗传奇,鲁迅甚至自名为戛剑生,以示对侠义传统的向往。周作人在找不到出路的情况下,也结识了一位名叫姜渭河、人称阿九的小"破脚骨"。此人自称姜太公的后代,开始是跟着周作人读书,后来两人就一起在城内外闲逛,但不真正惹事。游荡到半夜,就在近地吃点夜宵。有一回正在张永兴寿材老板开设的荤粥摊上吃粥时,阿九忽然正色问道:"这里边你们下了什么?"店主愕然不知所对,阿九才慢慢说道:"我想起你们的本行来,生怕这里弄点花样",暗示店主在粥里下了毒药,店主人听他这说明,不禁失笑。这就是小"破脚骨"的一点把戏,实在含有不少诙谐。周作人说:"我从他的种种言行之中,着实学了些流氓的手法。"③但如此游荡,也不是长久之事,必须另寻出路。

周作人择路的苦闷有增无减,只有逃到大自然里去。

早在1899年春,十五岁的周作人与母亲、三弟同往小阜埠外祖母处叩岁,义随茗山叔至调马场扫墓,"一路鸟语花香,山环水绕,枫叶凌霜,杉枝带雨",不禁雅兴大发,在当日日记中写道:"倘得筑茅屋三椽,环以笋墙一带,古书千卷,同志数人,以为隐居之意,而吾将终老乎!"④这自然多少带有故作隐逸之态的成分。但当他在现实中一再碰壁,情不自禁地嬉游于山水之间,就越来越带有躲避的性质了。

---

① 转引自周建人:《鲁迅故家的败落》,第273~274页。
② 周作人己亥年九月二十八日日记:"上午至试前文奎堂,购《七剑十三侠》一部,凡六本……阅一过,颇新奇可喜。"收《周作人日记》(影印本)上册,第69页。
③ 周作人:《知堂回想录·二四,几乎成了小流氓》,第64页。
④ 《周作人日记》(影印本)上册,第37~38页。

第一章 说不尽的童年——在绍兴
(1885.1—1901.8)

于是,又有了庚子(1900年)九月与辛丑(1901年)五月两次出游安桥——

庚子四月初十日记:"上午至昌安门外趁船,下午到安桥。小雨。因近地里赵有戏,舅父辈均去,余亦去看,演《双玉镜》。晚同七斤公公至其熟识家吃点心……又在里赵看戏,夜半冷甚……"①

庚子四月十五日:"晴。下午嬉大湖,又同七斤公公至坂抽(读绸)蚕豆……在书房睡。人声既静,但闻犬吠如豹,四野蛙声相应答,如合节拍,声嚷嚷然。倏响倏轻,夜半闻之,令人胆怯,至三更始熟睡。及晨起,则已红日三竿矣。"②

庚子四月十七日:"……夜同七斤公公说鬼。二更小雨。"③

庚子四月二十四日:"晴。下午同七斤公公至镇塘殿一游。饮烧酒一盏,红彻于颊,酣醉欲睡。食枇杷,归家已晚。夜又嬉马吊,夜半始寝。"④

庚子四月二十六日:"……天气热甚,戴七斤公公凉帽,赤膊科头,踞箕舱下,同舟人见之,皆不能识,疑为舟子,可发一笑。石尤风甚,大舟底砰砰有声,撑播不定。行至龙天庙,日色如火,小雨数点……"⑤

庚子四月二十八日:"……傍晚天色如淡烟,小雨簌簌,余方指点云物,忽黄云一片,从东北隅飞起,至中央散布四方。天色淡黄,风声呼呼,隐约从东北起,急掩柴门,少顷则百窍怒号,江河震沸,窗屋皆摇。林木摩戛作声甚厉,又兼雨声,对面相语不能闻,雷电煜如,耸人毛发。屋上尘土簌簌落脊上,初尚不知,约炊斗黍时,风止,摸身上皆是,可发一笑。所谓惊定始知痛也。近处船舍,其半为风吹坠,至一更始止。雷亦渐轻,二更许则石上皆燥。此真可谓怪风也,天气顿凉。"⑥

辛丑(1901年)五月初八:"晨同三弟往探花桥乘埠船……辰刻抵安桥。"⑦

---

①②③④⑤⑥⑦ 《周作人日记》(影印本)上册,第135、137、138、139~140、140、141、236~237页。

辛丑五月初十："大雨，水高尺余，岸上有水，明堂内亦满，桥皆低下，舟不能过，率皆从桥脚上行，岸上水没及髁，为二三年来未有之事也。"①

辛丑五月十二日："……夜同戴翁至屋后田中摸鱼，得鲫二尾。"②

安桥是周作人母亲的家乡，距绍兴城昌安门外东北十八公里外，靠近曹娥江，出口就是杭州湾。不仅村外是一片水，村里也是汊、港、湖、荡、溇密布，从城里去安桥，自然也要坐船：这是一个真正的水乡。

周作人回忆道——

水乡不必说了，便是城里也都是河道，差不多与大街小巷平行着，一叶渔舟，沿河高呼"鱼荷虾荷"，在门口河埠头就可以买到，若是大一点的有如胖头鱼、鲢鱼、鲫鱼之类，自然在早市更为齐全便利……古人称越人断发文身，与蛟龙斗，与蛙龟处，现在不是那样了，但其与水族的情分还是很不错的。③

水乡对于周作人来说，自然不仅是水而已；令人追怀的，是水中的人与水相联系的生活方式。周作人说得好："我们本是水乡的居民……仿佛觉得生活的美与悦乐之背景里都有水在，由水而生的草木次之，禽虫又次之。"④周作人只要提起水，眼前必然要浮现出上述日记里所记载的水上嬉戏生活：看戏、斗牌、摸鱼、观潮、喝酒、吃豆、说鬼、谈天……还有平静如水，透明如水的七斤公公、六一公公、戴翁……这一切浑然融为一个整体，构成了一种特殊的文化：它内在的纯净、自然、风趣、清澈、透明、柔和，以及它外在的青、白颜色，汩汩水声，都滋润着周作人的心田，影响着他的气质与文风。吸引周作人的，还有水的哲学。周作人不止一次地说过，"鄙人是中国东南水乡的人民，对水很有情分，可是也十分知道水的利害。《小河》的题材即由此而

---

①② 《周作人日记》（影印本）上册，第237页。
③　周作人：《知堂集外文·亦报随笔·吃鱼》，第50页。
④　周作人：《风雨谈·北平的春天》，岳麓书社1987年7月第1版，第147页。

第一章 说不尽的童年——在绍兴
(1885.1—1901.8)

出。古人云,民犹水也,水能载舟,亦能覆舟。法国路易十六云,朕死之后有洪水来"①。周作人把这称之为"古老的忧虑"。谈到过江的危险时,周作人又说:"这在我们水乡的居民,这算得什么事呢,实在是,也哪里顾得这许多呢? 身边四面都是河港,出门一步都是用船,一层薄板底下,便是没有空气的水。我们暂时称强便只在水上的一刻,而一生中却是时时刻刻都可以落到水中去,若要怕它,岂不是没有功夫做别的事情了吗?"②这时时刻刻都可以落到水中去的忧虑,也可以说是现代的忧虑吧! 而由这忧虑激发起来的奋斗力量,也是属于水的:周作人要我们"从积极方面去想",去看看"那些渡船上的'老大'",他们不"都是饱经风险过来的"吗?③"周作人的哲学、气质、文风与水的关系",这是一篇大文章。周作人即将与少年时代告别时,所度过的这一段水乡生活,就是这篇文章的一个开头。

在走向大千世界之前,周作人对于故乡的最后一瞥中,永远铭刻在心上的,还有禹陵的形象。查周作人日记,庚子年(1900年)二月(阴历)与辛丑年(1901年)二月(阴历),周作人曾有几次禹陵之游——

庚子二月十三日日记:"晴。上午余与咸孙、荷孙兄往稽山门乘船,每人五文,乘至禹王庙下。游禹穴,颇热闹。至空石亭,风甚大,走石飞沙,凛然其不可留。亭上一碑折断,贔屃头亦为碑压断矣。时方修庙,砖石如雨,头颅几为敲破。又至天南第一镇,游人极少,啜茶一瓯而返回。至禹陵……少顷,至宋小梅处测字(系一老妪,年七十余,颇准,字亦颇佳,亦一奇人也),下午又趁船回城,至稽山门上岸。……(禹陵外殿从右转入门,里许有一亭,中一碑上书'大禹陵'三字,又有一亭一碑,书'古斋台'三字,未知何义也。南镇有一碑,书'秀带岩壑'四字,系乾隆御笔也。)"④

辛丑二月初五日记:"……晨同伟和出稽山门,行至禹王庙,少憩,又至天南第一镇,即由径上山。山甚高,岭如螺旋,约四五千级。将至

---

① 周作人:《知堂回想录·一三一,小河与新村(中)》,第380页。
②③ 周作人:《知堂回想录·二八,西兴渡江》,第74页。
④ 《周作人日记》(影印本)上册,第116~117页。

顶,有两石并立,下剩穴可容一人出入。至顶有庙,则炉峰之观音殿也。少顷下山,至南镇少坐,即至禹庙,观岣嵝碑。又至两庑,观各朝告祭碑。由小门入,上百步阶瞻禹像,高可一丈,字甚高,蟪蛄鸣其上,吱吱不歇。即出,又由外殿之右门入,见有一亭,刻'大禹陵'三字,左侧蓬蒿间有一碣,刻'禹穴'二字,系康熙中会稽县昝霱林所书也。又有一院立碣,书'斋台'二字,未知何义。又登空石亭,石上犹有皇庆元年题字,名字则漫漶,不可考矣。亭畔有二碑,下有赑屃负之游竣。又至外殿观纯庙御碑。……又至禹穴各处一游……下午回家。"①

周作人说过,"古圣先王中我只佩服一个大禹,其次是越大夫范蠡"。他认为《论语》中"卑宫室而尽力乎沟洫",《庄子》"禹大圣也……使后世之墨者,多以裘褐为衣,以跂蹻为服,日夜不休,以自苦为极",都足以"写出一个大政治家,儒而近墨的伟大人物"。② 实际上,在周作人的心目中,禹是集中了吴越地方文化以至整个中国传统文化的精粹的。因此,对于周作人思乡的蛊惑中,除了故乡的水、故乡的吃食(例如夜糖之类)之外,故乡的名胜中首先就是与禹有关的遗迹。耐人寻味的是,周作人以后每忆及禹陵,总要想起"殿上多蝙蝠,昼夜鸣叫不息,或曰亦栖于禹像耳中,不知其审"③。也许周作人是像日本俳句所说,"带了什么败残之憾或历史的悲愁那种情调",去看"蝙蝠在暮色中飞翔",自然浮起了"别种的意趣"吧。④

尽管由于或多或少地有了某种历史的悲愁感,故乡的山水平添了别一种色彩,但是,对于年仅十六七岁的周作人,尚未探寻过的未知世界毕竟是更有诱惑力的。周作人即使要回到大自然中来,也得要在他在现实生活中碰得头破血流以后。

而眼前的现实——日趋败落的大家庭生活,却越来越不堪忍受了。特

---

① 《周作人日记》(影印本)上册,第 202~204 页。
② 周作人:《药味集·禹迹寺》,收《周作人散文精编》上册,浙江文艺出版社 1994 年 10 月第 1 版,第 123、125 页。
③ 周作人:《儿童杂事诗·丙之十一,玩具二·小注》,收《知堂杂诗抄》,第 77 页。参看《看云集·关于蝙蝠》,《药味集·禹迹寺》。
④ 周作人:《看云集·关于蝙蝠》,第 49 页。

别是当祖父异想天开,要让周作人每天早晨到菜场买菜,在全部着短衣的人群中,一人穿着白色夏布长衫,带着几个装菜的菜篮,挤在鱼摊菜担之间,周作人更感到受着无形的虐待,再加上大家族中无休止的逸言与内争,又产生了无以摆脱的窒息之感。周作人终于在辛丑(1901年)四月十九日的日记里写道:"连日郁郁不快,故日记亦多挂漏,未知何时得乘长风破万里浪作海外游也!毛锥误我,行当投笔执戈,从事域外,安得郁郁居此,与草木同朽哉?"①周作人显然直观地感觉到,整个封建社会(包括封建家族制度)已经走到了自己生命的尽头,从而发出了绝不与草木同朽的觉醒的呼声。这标志着,封建大家族最优秀的子弟终于实现了由浪子向逆子的转变,从而在其内部出现了埋葬封建家族制度的新生力量。

周作人"从事域外"、"作海外游"的眼光也是全新的。中国传统知识分子在对现实感到失望时,总是把目光转向过去:或三皇五帝时代或历史上的盛世,希望在封建体系内部的调整中找到出路。而19世纪末、20世纪以来,中国被迫打开大门,面对与中国传统异质的西方体系,中国知识分子就有了新的选择。周作人是幸运的,有大哥在前面为他开路。1900—1901年间,兄弟俩曾有诗唱和,互相鼓励。1900年3月,周作人收到鲁迅自南京寄来《别诸弟三首》,其三曰:"从来一别又经年,万里长风送客船。我有一言应记取,文章得失不由天。"周作人读后大受鼓舞,不能成寐。次年正月,鲁迅寒假结束由绍兴返回南京,周作人"送大哥至舟,执手言别,心中黯然",夜作《送戛剑生往白(步别诸弟三首原韵)》,其三曰:"家食于今又一年,羡人破浪泛楼船。自惭鱼鹿终无就,欲拟灵均问昊天。"②鲁迅收到此诗,每欲"把笔,辄黯然而止",最后终成《别诸弟》又三章,其三曰:"春风容易送韶年,一棹烟波夜驶船。何事脊令偏傲我,时随帆顶过长天。"③在诗信往来中,周氏兄弟互相理解、支持,一再表达共同的心愿与意志:是船,总要乘风破浪;是鹰,定会冲掠长天!1901年7月12日,周作人收到鲁迅的南京来信,"说已禀叔祖④,使

---

① 《周作人日记》(影印本)上册,第231~232页。
② 同上,第199页。
③ 鲁迅:《集外集拾遗补编·别诸弟三首》,收《鲁迅全集》第8卷,第474页。
④ 叔祖,即周庆蕃,字椒生,时为江南水师学堂国文教习兼管轮堂监督。

予往宁充(水师学堂)额外生,并嘱予八月中同封燮臣出去。又叔祖致大父函,亦说此事,并云已为予改名作人。"①周作人终于获得机会,将要冲出牢笼了!

同月二十日,离家前,周作人最后一次来到安桥,并由六一公公陪同至镇塘殿观潮。周作人在当天日记里写道——

少顷,潮头自远而至,势如万马奔腾,澎湃之声骇人耳目;其浪高约壹贰丈,如万顷玻璃,独立不仆,真宇宙奇观也。

此时,周作人注目于钱塘江潮的是"万马奔腾"的气势,"独立不仆"的精神,视其为"宇宙"之奇境。这胸襟与眼光表明:周家新台门内兴房"二少爷"的时代已经结束,一个新的时代开始了。

但这天日记的最后一句,却是——

夜,同六一公公闲谈。②

---

① 据周作人在《知堂回想录·五三,我的笔名》中解释:"我既然决定进水师学堂,监督公用了'周王寿考,遐不作人'的典故,给我更名",故曰"作人"。
② 《周作人日记》(影印本)上册,第248页。

第二章 发现新大陆

——在南京

（1901.8—1906.6）

一、"不过如此"

辛丑（1901年）七月二十八日（阴历），周作人怀着"乘长风破万里浪"的梦想，离开了家门。当他乘着夜航船，①在船夫"靠塘来"或"靠下去"的吆喝声中，渐渐入睡时，他充满了对外面的世界的新鲜感，既怀着期待，又有几分胆怯。

但他看见了什么呢？

在上海。当时十里洋场上所特有的东西，第一是洋房和红头巡捕，其次多的便是"野鸡"。她们散居在各处弄堂里，但聚集最多的地方乃是四马路一带，而以青莲阁茶楼为总汇。周作人一行人于辛丑八月初二晨到上海，上午即至青莲阁。周作人自己承认，"'醉翁之意不在酒'，目的乃是看女人。"②茶楼上内部售鸦片烟，青莲阁外却有一个特别的书摊，摆摊的绰号叫做"野鸡大王"，除普通书报以外，还带卖各种革命刊物——周作人因此而大开眼界。当晚，周作人等又到四马路春仙茶园看戏，演《天水关》、《蝴蝶杯》二剧。周作人说："那京戏里老生的唱法，在一个字的母音上拉长了变把戏，

---

① 周作人在《知堂回想录·二七，夜航船》里说明："绍兴和江浙一带都是水乡，交通以船为主……这便是埠船。以白天开行者为限，若是夜里行船的则称为夜航船。"

② 以上引文来自《知堂回想录·三〇，青莲阁》，第79~80页。

这和中医的医理一样,我是至今不敢领教的。"①周作人一行人离开上海前,却发生了一件意外的事:同行人沈某被扒手摸去一个包裹。上海的流氓、扒手是有帮会的,他们对旅客或暗偷、或明敲竹杠。他们不全是本地人,以苏北一带为多。当年行路,提起这批结成帮会的"江北流氓",是无人不感到头痛与畏惧的。即使到了晚年,八十老翁周作人回忆及此,还似乎心有余悸。②

总之,上海也不过如此——比绍兴更腐朽、更黑暗,而且多了一些半殖民地的恶臭。用周作人自己的话来说:"所见到感到的只有那浑浊污黑的河水,烟雾昏沉的天空,和喧嚣杂乱的人声而已。"③

那么,学校又如何呢?

周作人一行于阴历八月初二到南京下关经过惠民桥,沿马路进城,过了仪凤门走不多远,就可以望见机器厂的大烟筒。仔细一看,烟筒却不冒烟——据说终年如此,这令人有些奇怪。但不管怎样,烟筒是矗立在那里,那即是"我们的水师学堂"了。不久就看见大门,两边两个大柱,写着"中流砥柱"、"大雅扶轮"八个大字,周作人又不免感到一阵兴奋。江南水师学堂是1895年中日甲午战争发生之前,于1890年(光绪十六年)由曾国荃创建的,同时建办的还有设立在刘公岛的北洋水师学堂。④ 这是中国的洋务派准备迎战虎视眈眈的敌人,加强中国海军实力所做的一次努力。应该说开办者是雄心勃勃的,学校内分三科,即驾驶、管轮和鱼雷(1901年时,鱼雷班已停办)。乍一看,学校建设也是颇具规模,除一般学校必有的教员、学生宿舍、饭厅外,教室分"汉文讲堂"与"洋文讲堂",有一所小洋房是专给英国教习住的,据说都是英国皇家海军的尉官。学校还设有洋枪库、机器厂、鱼雷厂,据说学生可以在里面实习。雨天操场上竖立着一根桅杆,底下张着粗索的网,这也是供学生平时练习的。这些设施,周作人都是第一次接触,颇感到新鲜。但也有让人纳闷的地方:机器厂烟囱不冒烟不去说,鱼雷厂厂门里

---

① 引文均来自《知堂回想录·三〇,青莲阁》,第79~80页。
② 参看知堂:《帮会的片鳞》,原载香港《新晚报》1964年8月24日,收《知堂集外文·四九年以后》,第591~592页。
③ 周作人:《知堂回想录·二九,拱辰桥》,第76页。
④ 《清史稿·兵七》:光绪十六年(1890年),"八月,北洋设水师学堂于刘公岛,南洋设水师学堂于南京"。

第二章 发现新大陆——在南京
(1901.8—1906.6)

边两旁放着几个红色油漆的水雷,看去似乎是有了年纪的东西,每天只见许多工匠在那里来回摩擦,不知干的是什么。更不解的是,这里名为水师学堂,却没有海——只有一根桅杆,也无水——听说在鱼雷堂旁边原先有一个游泳池,因为溺死过两个年龄小的学生,总办下令将它填平。填平倒也罢了,却又在上面改建一所关帝庙,让它来镇压不祥。庙旁还有一座焚化字纸的砖炉,炉口上横写着四个大字:"敬惜字纸"。而且每年夏历七月十五中元节(鬼节)学校总要请一群和尚到雨天操场来放焰口,这大概也是为了保佑全校师生平安吧。不过,洋教习与关帝爷并驾齐驱,洋学生念洋文与老和尚放焰口混在一起,总给人以滑稽之感。也许这正是得了"中学为体,西学为用"的神韵,不伦不类恰是这类学校必要的特征。

  周作人初六到南京,初九即参加额外生的考试。考题是作论一篇,题云《云从龙风从虎论》,与中国传统旧学堂竟无异样。以后的复试更是十足的八股题《虽百世而可知也论》。复试的结果不曾发表,传出来的内部消息,说是一位名叫胡鼎的同学荣列榜首,原因却颇古怪:他在胡乱抄了一通古书之后,文章结尾处,突然一转,说西洋有一种新的学问,叫作哲学,凭了这个,就可以推知百世以后的事。他这样生拉硬扯,大概唬住了不知哲学为何物的国文教员,以其中西合璧而给了最高分。待周作人终于"挂牌准补副额",成为正式学生以后,才发现学校的课程也是中西合璧的:学科分洋文、汉文两大类。一星期中五天上洋文课,一天上汉文课。洋文中间包括英语、数学、物理、化学等中学课程,以至驾驶、管轮各班专业知识,因为用的都是英文,所以总名如此。至于汉文课,仅看分班考试的题目即可见一斑:"问孟子曰,我四十不动心,又曰,我善养吾浩然之气;平时用功,此心此气究如何分析?如何相通?试详言之。"周作人后来写《知堂回想录》忆及这一段时忍不住加了一句:"列位看了这些题目,有不对我们这班苦学生表示同情的么?"

  还是鲁迅看得透彻,所谓"上午'声光化电',下午'子曰诗云'"的"折衷",不过是要"学了外国本领,保存中国旧习"。① 在学校待久了,就逐渐发现,这里名为"新学",骨子里却处处是旧的。最使学生不能忍受的,是学校

---

① 鲁迅:《热风·随感录·四十八》,收《鲁迅全集》第1卷,第337~338页。

的官场化。首先,学生分班就是仿照官阶拟定的。全校分头、二、三班,录取的新生称为额外生,只能充当候补,即要等正式学生遇缺,才能补入高一级的班次。而低级班与高级班简直就是两个不可逾越的等级。当一个三班生,卧室是一桌、一凳、一床,床板只有两块,头、二班学生桌凳增加两倍,床板也多到三块。平时开早饭的号声一响,低班生就得立刻奔到饭厅里去,高班生则依然高卧不起,因为厨房里自会有人托着长方形的木盘,把稀饭和一碟腌菜萝卜或酱莴苣送上门来。午饭和晚饭本来是八人一桌的,而高班生每桌最多坐六人,并且座位都有一定,席间可以从容谈笑,不必互相抢夺,狼吞虎咽。低级班可就狼狈了,一到饭厅,急急地乱跑,好像是晚上寻不着窠的鸡,只要在桌间见到一个空位,便赶紧坐下去,有时好容易找到了位置,而一碗雪里蕻上面的几片肥肉早已不翼而飞了。高班生不仅上讲堂时夹着一堆大而且厚的洋书,昂昂然,使低班生不敢正视,就算空着手,也一定要将肘弯撑开,像螃蟹似的。这时,低班生只好忍住气,跟着屁股,慢慢位移,很少有敢于僭越的。学生中还分驾驶班与轮管班,前者毕业可以做到船长,后者最多当个大副,终是船长的下属。这就决定着驾驶生与轮管生之间的不平等与无休止的矛盾与冲突。周氏兄弟好不容易冲出了等级森严的封建大家庭,现在又重新落入学校的等级制度中,这不仅令人难以忍受,而且产生一种深刻的失望。鲁迅以"乌烟瘴气"四字概括了学校的一切,终于愤而离开水师学堂,转入陆军矿路学堂。

周作人则不同。他总能够从失望中寻找某些补偿,"在不完全的现世享乐一点美与和谐"①。在水师学堂生活一片乌烟瘴气之中,他也寻出了其中的乐趣。就像他自己在几十年后所写的打油诗《夏日怀旧》里所说:"昔日南京住,匆匆过五年。炎威虽可畏,风趣却堪传。喜得空庭寂,难销永日闲。"在另一篇题为《怀旧》的文章里,他也这样说:"水师学堂是我在本国学过的惟一的学校,所以回想与怀恋很多。"怀恋什么呢? 无非是"在校时的自由宽懈的日子"——这"自由宽懈的日子"与幼时的小康生活,都是最适合于周作人个性发展的。

---

① 周作人:《雨天的书·喝茶》,第48页。

第二章　发现新大陆——在南京
(1901.8—1906.6)

有趣的是,自由宽懈的学生生活中,周作人念念不忘的,首先是吃食之美。周作人是否称得上美食家,这可以另作讨论;但他对吃食的兴趣却是始终如一的。中国传统士大夫文化本离不开吃食,周作人抓住了这一点,算是享受了一生。但某种程度上,对吃食之美无止境的追求也贻害了他一生。

事实上,周作人在离开家乡到学校的途中,就注意到并且享受到了与家乡不同的江南小吃风味——

> 杭沪道上的糕团,实在顶不能忘记的了。这种糕团乃是一种湿点心,是用糯米或粳米粉蒸成,与用麦粉所做的馒头烧麦相对,似乎是南方特有的东西,我说南方还应修正,因为我在嘉兴和苏州看见过它,在南京便没有了。北京所谓饽饽,乃全是干点心而已。大概因为儿时吃惯了"炙糕担"上的东西,所以对于糕团觉得很有情分。
>
> 此外在沪宁路上,觉得特别记得的是,在镇江码头停泊的时节……那时便有一种行贩,曼声地说:"晚米稀饭,阿要吃晚米稀饭。"说也奇怪,我没有一回吃过它,因此终于不知道这晚米稀饭是怎么一个味道,但想象它总不会得坏,而且也就永远的记住了它。怕得稀饭里会放进"迷子"这一类东西去,所以不敢去请教的么?这未必是为此,只是偶然失掉这机会罢了。①

周作人写这段文字时是1961年,以七十七岁的高龄,对五十年前未能吃过的晚米稀饭仍记得这般清楚,并流露出如此多的遗憾,这都令人惊异。

在刻板的学生生活中,一日之间,周作人最盼望的是上午十点课间休息、出操回来、吃过晚饭之后这两段时间,因为这都与小吃有关:早晨吃了两碗稀饭,到十点下课往往肚里饿得咕噜噜地叫,这时正好叫听差到学校门口买一个铜元的山东烧饼(当时叫"侉饼"),一个铜元的辣酱和醋,拿烧饼蘸着吃,吃得又香又辣又酸又充饥,真比山珍海味还鲜。不过,据周作人说,那十点钟时候所吃的点心当然不止这一种。有更阔气的人,吃十二文一件的广

---

① 周作人:《知堂回想录·三二,路上的吃食》,第85~86页。

东点心,一口气吃上四个,也抵不过一只侉饼;周作人却觉得殊无足取,还不如大饼油条的实惠。① 至于出操回来,吃过晚饭之后这一段学生自己支配的时间,有点儿零钱的时候,买点儿白酒和花生米或是牛肉,吃喝一顿,也是一种快乐。所谓"举杯倾白酒,买肉费青钱"②,自是乐在其中。

当然,作为学生急不可耐、日夜盼望的还是星期日。每到这一天,照例是宿舍一空,凡是家住城南的学生都回家去了,一部分手头宽裕的也上夫子庙去游玩,其次也于午后出城到下关去,只是真的穷得连一两毛钱都没有的,才留在学校里闲坐。这所谓周末空气,在星期六下午便已出现,出操回来之后,本城学生便纷纷告假回去,大抵要在星期日点名前才回校来。但也有少数的节俭家,特别要吃了星期六的晚饭才走,次日也于饭前赶回学堂。鲁迅曾挖苦说,在阴间七月半开放地狱门,有些鬼魂于饭后出来,到了十六那天跑回地狱去吃晚饭。可以说是刻画尽致。周作人往城南去大抵是先步行到鼓楼,吃过小点心,再雇车到夫子庙,在得月台吃茶和代午餐的馒头面,游玩一番之后,迤逦走到北门桥,买一包油鸡、咸水鸭,坐车回学堂时,饭已开过。听差给留下一大碗饭,开水一泡,如同游是两个人,刚好吃得很饱、很香。如是去下关,就可以步行来回,到江边一转,看上下水轮船的热闹之后,在一家镇江扬州茶馆坐下,吃几个素包子,确是价廉物美。

吃食之美中,最注重的自然是喝茶。夫子庙的得月台,下关的镇江扬州茶馆,都是典型的江南茶馆。周作人曾专门作文谈论其中的茶食——

> 喝茶时所吃的东西应当是轻淡的"茶食"……江南茶馆中有一种"干丝",用豆腐干切成细丝,加姜丝酱油,重汤炖热,上浇麻油,出以供客,其利益为"堂倌"所独有。豆腐干中本有一种"茶干",今变而为丝,亦颇与茶相宜。在南京时常食此品,据云有某寺方丈所制为最,虽也曾尝试,却已忘记,所记得者乃是下关的江天阁而已。学生们的习惯,平常"干丝"既出,大抵不即食,等到麻油再加,开水重换之后,始行举箸,

---

① 周作人:《知堂回想录·三七,上饭厅》,第97~98页。
② 周作人:《知堂杂诗抄·老虎桥杂诗补遗·夏日怀旧》,第20页。

最为合适,因为一到即罄,次碗继至,不遑应酬,否则麻油三浇,旋即撤去,怒形于色,未免使客不欢而散,茶意都消了。①

可见无论喝茶,还是吃茶食,都重在其意。如周作人说,茶食是要有资格的:干丝即因其朴素、清淡而为茶食中之上品。扩大了看,周作人念念不忘学堂生活中的食品,无论课间休息时的侉饼,或假日中的咸水鸭、素包子,乃至旅途中的糕团,无不是朴素而清淡的。这固然与穷学生的节省有关,实则是故意"往清茶淡饭中寻其固有之味"②。这与周作人幼年时代所熟悉并醉心的家乡"于素朴中有真味"的吃食趣味也是一致的。这是一种平民化的趣味,但却另有几分雅趣在。

二、一把"火"烧起来

记日无余事,翻书尽一编。
夕凉坐廊下,夜雨溺门前。
板榻不觉热,油灯空自煎。
时逢击柝叟,隔牖问安眠。③

如果不是生活中突然出现了"一本书",周作人的学堂生涯,也许就像这首《夏日怀旧》里所描写的那样,悠闲而自在地过下去了。

转折的消息是周作人辛丑十二月二十四日(即 1902 年 2 月 2 日)日记里透露的:

晚大哥忽至,携来赫胥黎《天演论》④一本,译笔甚好。夜同读《苏报》等,至十二点钟始睡。

---

① ② 周作人:《雨天的书·喝茶》,第 49~50 页。
③ 周作人:《知堂杂诗抄·老虎桥杂诗补遗·夏日怀旧》,第 20 页。
④ 在《天演论》之后,周作人又接触到了日本加藤弘之的《物竞论》。他在壬寅正月三十日日记中写道:"夜阅《物竞论》少许,虽不甚解,而尚微知其意理,以意揣之,解者三四,颇增兴会。因恐污坏,即藏不观。"

第二天记:"……又看《天演论》二篇",以后又陆续有"看赫胥黎《天演论》少许"(壬寅正月二十二日)、"下午看《天演论》"(壬寅二月初四、十一月初九)等记载。

谁也说不清周作人在阅读这白纸石印的原本价五百文整的小册子时,他的复杂心情与万般感触。但与周作人同时接触《天演论》的鲁迅,却留下了一个生动的记录——

>   翻开一看,是写得很好的字,开首便道:"赫胥黎独处一室之中,在英伦之南,背山而面野,槛外诸境,历历如在机下。乃悬想二千年前,当罗马大将恺彻未到时,此间有何景物?计惟有天造草昧……"
>   哦!原来世界上竟还有一个赫胥黎坐在书房那么想,而且想得那么新鲜?一口气读下去,"物竞""天择"也出来了,苏格拉第,柏拉图也出来了,斯多噶也出来了……①

展开在面前的,是这样一个神奇的未知世界,怎能不令这些莘莘学子心向往之呢?

有趣的是,怀有这样心情的,不只是周氏兄弟。比他们稍晚,1906年还在上海澄衷学堂求学的胡适,在第一次读到《天演论》时,也是"高兴得很"。据胡适说,"几年之中",《天演论》的思想,"像野火一样,延烧着许多少年人的心和血。'天演'、'物竞'、'淘汰'、'天择'等等术语,都渐渐成了报纸文章的熟语,渐渐成了一班爱国志士的'口头禅'。还有许多人爱用这种名词作自己或儿女的名字",风气所及,原名胡洪骍的胡适,也从"物竞天择适者生存"中择取了"适"字作自己的表字("适之")与笔名。②

可以毫不夸张地说,正是《天演论》这本薄薄的小册子,影响了中国几代知识分子,成为他们最初觉醒的启蒙书。

《天演论》风靡一时的魔力究竟在哪里?

差不多五十年后,周作人在为悼念母亲而写的《先母事略》里,回忆了一

---

① 鲁迅:《朝花夕拾·琐记》,收《鲁迅全集》第2卷,人民文学出版社1981年版,第296页。
② 胡适:《四十自述》,上海书店影印本,1987年2月,亚东图书馆1939年版,第99~100页。

第二章 发现新大陆——在南京
(1901.8—1906.6)

段往事：甲午战争的失败，曾使周作人的父亲大为震惊，他"感念时艰"，为民族的危亡忧虑万分，惟有寄希望于自己的子女。"尝言，吾有子四人，当遣其出海外求学，一往西洋，一往东洋耳"，"向西方寻求民族自救之路"——周作人父亲所表达的这一愿望，反映了1895年甲午战争后时代的共同要求，表明中国人对于西方的学习，由科学技术转向学术思想；《天演论》正是中国知识分子从西方求来的第一个思想武器，它给人们在现实生活中强烈感受到的民族危机感，提供了自然科学的理论根据。正像胡适在《四十自述》里所说，"读这书的人，很少能了解赫胥黎在科学史和思想史上的贡献。他们能了解的只是那'优胜劣败'的公式在国际政治上的意义。在中国屡次战败之后，在庚子辛丑大耻辱之后，这个'优胜劣败，适者生存'的公式确是一个当头棒喝，给了无数人一种绝大的刺激"；日人稻叶君山在所著《清朝史》中断言，"若以近代之革新为起端于1895之候，则《天演论》者，正溯此思潮的源头，而注以活水也"，这是很有道理的。

对于周作人这一代，《天演论》还提供了一个与中国传统的奴隶哲学截然相反的全新的人生哲学，即自强、自力、自立、自主的进取的奋斗的哲学。周作人这样的血气方刚的年轻人，当读到"进者存而传焉，不进者病而亡焉……人欲图存，必用其才力心思，以与是妨生者为斗"①时，是不能不怦然心跳的。

于是，周作人的日记里，出现了全新的语言、全新的思想。"吾国青年当自励"（壬寅七月十四日日记）、"一切权我自主之，别人不得干涉。"（《不柯之纪事日记前言》）西方民主主义、个人主义现代思想终于在古老的东方大国知识青年心灵深处得到了历史的感应。

在周作人醉心于严复，如饥似渴地读他所翻译的《原富》、《名学》等西方学术名作②的同时，又为梁启超所吸引。周作人在日记中这样描述他对梁启超主办的《清议报》的向往："上午看《清议报》通论两卷，共二百余帧，议

---

① 《天演论·导言十五，摄旨·按语》。
② 据周作人日记：壬寅正月三十日："大哥函……外又书一缚，斯密亚丹《原富》甲、乙、丙三本，亦佳"；同年六月二十日、七月二十五日日记均有读《原富》的记载。又，壬寅七月初四："金粟斋有严又陵译《名学部甲》出售……是书系英伦穆勒约翰原著，豫兄来函云其书甚好，嘱购阅。"同年七月初八，七月十三日、十四日、十六日、二十二日，十月初一日记中均有阅读《名学》的记载。

论精当,奇辟,足以当头之棒喝,为之起舞者数日。"而且,梁启超的影响很快就超过了严复,尽管严复的思想深度远远超过了梁启超。那个时代,要求的是梁启超这样的思想启蒙家、宣传鼓动家的热情,而不是学者的学理。

于是,我们又读到了周作人的如下日记——

壬寅七月初三:"夜向同学黄君明第借得《新民丛报》十一号,阅之,内好书甚多,率皆饮冰子所著。看至半夜,不忍就枕。善哉!善哉!令我有余慕矣!"①

壬寅七月初四:"上午抄《饮冰室诗话》、《尺牍》及摘录《新罗马传奇》、《新民说》等,至午竟。下午发致韵仙,托买《饮冰自由书》、《中国魂》二书……"

壬寅七月初六:"上午……郑君则善亦来,带报甚多,往借得《国民报》、《译书汇编》、《文言报》等。……夜借得《自由书》一册阅之,美不胜收,至四更始阅半本,即睡。"

壬寅七月初七:"上午《自由书》看竟,换得《新民报》二册……下午看报。夜还,灯下看《波兰战史》……"

壬寅七月初八:"晨……坐车到夫子庙明达书庄买穆勒《名学部甲》二本,八角;日本《维新英雄儿女奇遇记》一本,二角;《露漱格兰小传》一本,三角;共小洋一元四……夜阅《奇遇记》、《露漱传》,甚佳,夜半看讫,睡。"

初九:"……下午看《新民报》,至晚竟四本。夜看《帝国主义》一卷,四更睡。"

初十:"上午看《露漱小传》,下午摘抄《新民报》,夜看《说部》。"

十一日:"上午看《新民报》。下午看赫胥黎《天演论》一卷,夜阅竟……夜半倦甚睡。"

十二日:"上午看报。……下午看穆勒《名学》三篇,苦不甚解。夜看七期《新民丛报》一册,原十册已看竟,欲觅他书看,醒睡遍寻无可阅

---

① 《周作人日记》(影印本)上册,第344页。

者,不得已就寝。是日黄昏,闻促织鸣。"

十三日:"上午看《名学》一卷。午大雨甚厉,下午雨犹不止。看《国民报》两册,词意危竦,一字一血,睡狮睡狮,曷其醒焉!"

十四日:"上午阅《名学》乙卷,睡少顷。下午看新会梁任公启超所著《现世界大势论》一卷,四月出版,后附《灭国新法论》,词旨危切,吾国青年当自励焉。又看那特《政治学》上编一卷。"①

我们几乎是逐日摘抄了周作人的日记。对于周作人这一代人,这是一次久违了的激情喷发。中国的传统旧学,早已失去了魅力,激发不起任何热情与想象力。经过一阵失落的痛苦与寻求的焦躁之后,这一代人终于在严复、梁启超所介绍的西方新学里,找到了智慧与激情的新的原动力。这发现新大陆的巨大喜悦,和民族危亡的沉重与民族自救的激昂融合一起,所产生的强烈而深沉的感情力量是震撼人心的。对于周作人个人,长期压抑的个性的一个侧面,终于得到了一次难得的表现机会。周作人在他的日记里写道:"(同学)胡韵仙……与何君……评予内蕴不露,接物谦和,予哑然笑其皮相也。"②他们哪里知道,就在周作人谦和的外表下,正包蕴着怎样的一团炙人的火!这种内在的激烈,是周作人思想、性格不可或缺的方面,与乃兄鲁迅是一脉相通的。

在周作人那个时代,以至整个中国20世纪,现实政治斗争问题具有更大的迫切性。因此,当我们在周作人日记里很快就读到了下列急进的政治言论,是一点也用不着惊异的:"上午看《劝学篇》少许,即弃去。剽窃唾余,毫无足取;且其立意,甚主专制,斥民权自由平等之说,生成奴隶根性。此书一出,独夫之心,日益骄固,可恨也。"③在另一篇日记里,周作人更对满清专制政权的实际统治者、炙手可热的那拉氏表示蔑视,怒斥其为"人妖","我支那之冤业"④——洋务派苦心经营的水师学堂的年轻学生就这样坚决地否定了师长们的"中学为体,西学为用"的改良主义路线;昨日的"尊王攘夷"派,很短的时间内,就彻底否定了封建专制

---

①②③④ 《周作人日记》(影印本)上册,第 344~346、319、348、383 页。

政治体制,成为西方资产阶级的盟友,坚定的东方民主主义派;刚刚学会、掌握尚不熟练的民权、自由、平等之说,竟然轻而易举地击败了统治中国几千年的封建专制主义思想。这一切,都是近代思想发展史上的典型现象。

在周作人的日记里,又有了如下记录——

> 下午……接家信,促归考,即作复,历陈利害,坚却不赴。①
>
> 下午作论,文机钝塞,半日不成一字。饭后始乱写得百余字,草率了事。顾予甚喜,此予改良之发端,亦进步之实证也。今是昨非,我已深自忏悔;然欲心存所得,必当尽弃昔日章句之学方可,予之拼与八股尊神绝交者,其义如此。②

抗拒应试,与八股尊神绝交,这都标志着周作人与中国知识分子传统道路的决裂。而且,终其一生,周作人与八股尊神及其各类变种,从不曾妥协过,由此而形成周作人思想的一大特色。处在思想急剧变动的时代,今是而昨非的自我否定与忏悔,更是这一代人的典型心态。

如果不加说明,就很难想象,下面这首诗竟出于周作人之手——

> 焚书未尽秦皇死,复辟犹存哲士悲。
> 降世惟知珍腐鼠,穷经毕竟负须糜。
> 文章自古无真理,典籍于今多丐词。
> 学界茫茫谁革命,仰天长啸酒酣时。③

这简直是一篇"学界革命"也即思想革命的宣言书。而周作人所呼唤的革命的内容、外在表现形式都是极端与偏激的:无论是"文章自古无真理,典籍于今多丐词"的全盘否定,还是对秦始皇焚书的无条件肯定,都属于过论。周作人自己也意识到"当不见斥为丧心病狂",但他接着表示:"即斥为丧心

---

①②③ 《周作人日记》(影印本)上册,第343、361~362、362页。

病狂,亦余所不辞者也。"①这与尔后周作人奉为圭臬的中庸之道是格格不入的。这里自然有时代气氛与梁启超的影响,但确也反映了周作人内在气质本有极端这一面。

而且,还不止于言词的激烈。这一代人最热衷的是,迅速地将思想转换为行动。周作人与他的同学胡韵仙、李昭文、江尚佑等人立即组织起来,共同订阅由当时最负盛名的革命学者章太炎主编的《苏报》,举行演讲、辩论。②周作人后来回忆说:"《苏报》上最热闹的是学堂里的风潮,几乎是天天都有的。风潮中最有名的是'南洋公学'的学生退学。以后陆续的各地都发生了。仿佛是不闹风潮,不闹到退学,便不成其为学堂的样子,这是很有点可笑的,却也是实在的事情。"③有一天周作人在《苏报》上看见一则"浙江大学堂散学事"的报道,意外地发现参加风潮的学生中竟有自己的中表妹,大为振奋,在日记中写道:"吾乡学界之力潮膨胀也,自立之机或兆于此,为之大喜。"于是,提笔写下了"致浙江退学诸君"函一纸,"劝组织军队,与东京、上海响应"。④ 光鼓励别人造反自然不过瘾,周作人与同伴又商量着致函吴稚晖,要求参加上海组织的义勇军,⑤直接投身到排满拒俄的实际革命运动中去。据周作人说:"过了多少天之后接得吴公的一封回信,大意说诸位的意思甚好,俟组织就绪时当再奉闻云云。后来义勇军未曾成立,这问题自然也了结了。"⑥

热血沸腾的年轻人于是又寻找新的喷发口——

> 晨起方束装拟往城南,忽江尚佑君匆遽来白,云韵仙因昨作《颍考

---

① 《周作人日记》(影印本)上册,第362页。
② 周作人癸卯四月初五日记中生动地记载了他们演讲、辩论的情形:"夜偕李昭文至胡君处所听江尚佑的演说时事及辩说孔子,甚有条理。虽予倔强,素不信孔,初不因此转移。然其说亦有见,亦不得不谓之是也。予恶儒之性已如磐石矣。姑妄听之,非真心折也。"收《周作人日记》(影印本)上册,第390页。
③ 周作人:《知堂回想录·四四,风潮(二)》,第113页。
④ 同①,第392~393页。
⑤ 1903年4月沙俄向清政府提出七项要求,妄图永远控制东三省,建立所谓"黄色俄罗斯"。4月27日,上海各界在张园召开拒俄大会,通电反对沙俄改约。29日,中国留日学生在东京召开大会,成立拒俄义勇军。上海也酝酿成立拒俄义勇军,为首者为蔡元培、章太炎、吴稚晖等。
⑥ 周作人:《风雨谈·旧日记抄》,第160页。

叔茅焦论》,痛骂那拉氏,驾驶学生监责之,事大决裂。予亟驰往,韵仙已退去,收拾衣装,有退学之势。予在彼处坐至午始回。下午因游有禀制台之言,予等四人至诵堂商量方略,约二下钟共出门往卢龙山僻处一游,日暮始返。灯下作函三通,其一报告《苏报》总撰述。①

这件事自然也是不了了之。但周作人等此时是不知气馁为何物的。任何最细小的行动,只要具有反抗的意义,都能使他们兴奋不已——

剃头,予嫌发太多,令剃去三分之一,留发不多。伦父本将失笑,然余惟不屑与垂大尾者为伍,故以此以示区别。彼松辫子刘海箍者必指我为狂夫,我不顾也,我甚愿也。②

过庙,予与侠畊(即胡韵仙)毁其神,折其首,快极快极,大笑而回。③

这自然都有点故作狂态。但反抗的年轻人确实从这类自我与环境的对立、独异的行为中感到一种快意。所谓"快极快极,大笑而回",自是充满了把握了真理、所向披靡的年轻人的一代豪情的。

而且年轻人的不满是全面的。大至国家专制制度,小至学校内部的不平等,都激起他们的义愤,唤起变革的热情。对于水师学堂的乌烟瘴气,周作人们此时已经不能容忍。壬寅冬学校总办换人,新上任的黎锦彝比较年轻,给学校带来某种新机。周作人等上书请求随同黎总办前往日本考察,遭拒绝以后,又上条陈,提出改革学堂的种种建议。官僚们却于改革缺少兴趣,自然都如石沉大海。而学校当局却越来越顽固地与学生对立。某一天,学校突然挂牌宣布革除驾驶班的学生陈保康,理由是他的作文里有"老师"二字,"意存讽刺";接着又扣发驾驶班学生吴某赡银,并停止其春间所加给的俸银一两,理由则近乎荒唐:"以穿响鞋故。"这无异于火上加油。学校原来已经存在的高低班不平等的矛盾,此时也日趋尖锐,学生中不断发生争斗。校方竟借学生间的矛盾,大举搜检学生宿舍,这对刚刚觉醒到个性尊严

---

①②③ 《周作人日记》(影印本)上册,第393、388、390页。

第二章　发现新大陆——在南京
（1901.8—1906.6）

的周作人及其同伴,更是一次公开的挑战。周作人在当日日记中怒不可遏地写道:"呜呼,我学生乃被犬彘诬为贼,我学生乃与犬彘为伍!呜呼,我八十人何一人无血性也!呜呼!夜至韵仙处谈此事……今日学界风潮如今其急,而司教育诸君犹昏不知醒,彼其将溺于洪水之祸而矣!"①

于是,一场短兵相接的斗争已经不可避免。

导火线却与鲁迅有关。癸卯三月十二日,周作人接鲁迅日本来信,"述弘文散学事②,姚监督亦以事逃去,可笑。"同时又收到鲁迅"断发照相"一张,上有"寄意寒星荃不察,我以我血荐轩辕"等句。周作人读后顿时热血沸腾,连日深夜不眠。一日,自印名片,书"周鹤狂"三字,又"夜看诗,饮烧春,大嚼牛肉,遂醉卧,时十下钟。大雨,有雷,电火明灭良久始止"③。同伴也争相来访,并索观陆师弘文同学摄影,对弘文学潮事也有议论。不想却因此而惊动校方,终演成当面冲突——

> 七下钟,学生监来召予,即往。伊因西园述弘文散学事,大恐惧,切责予两人,令予作信,诡造谣言,促之回国。予不得已,草草作数十字付之,乃潜作函述此事,力阻其行,托李君明日付日邮。呜呼!支那危亡之现象既已如此,而顽固之老大犹沉沉大醉,三年之内支那不亡吾不信也。伊并谓日后黎总办若派人东游,必阻我之行。嗟乎,大丈夫生不得志,乃为奴隶,受压制之苦乎!我誓必脱此羁绊。倘事可成,则亦已耳;不然,必与之反对,不甘忻忻伣伣居于此也。予在此希望只此一举,今若不成,吾复何望,行当退学返里,志已决矣。吮笔书此,愤气填膺……。至漏四下灯欲尽矣,遂睡。④

这又是一个不眠之夜。国家民族的危亡与个人前途之受阻同时煎熬着周作人,真可谓"风声、雨声、读书声,声声入耳;家事、国事、天下事,事事关心"。但此时已非彼时,20世纪初的知识青年决不会重演明末士大夫文人的

---

①③④ 《周作人日记》(影印本)上册,第382、385、386页。
② 1903年3月,由于日本弘文学院院方对学生屡次要求改革普通科课程的意见不予理睬,五十余名学生集体退学,形成学潮,鲁迅也参加其中。

历史悲剧。① 周作人在愤激之后,升腾而起的是更加坚定的反抗决心与更加高昂的斗争热情。"三年之内,支那(按,实指满清政府)不亡,吾不信也"②,周作人显然预感到(确切地说,是期待着)历史大转折的逼近,大有与封建旧王朝、旧制度决一死战的劲头。这股劲头于1903年4月达于顶点,大抵维持到是年7月。

这年暑假,鲁迅第一次回国,周作人也赶回绍兴,会同一直在家的周建人,兄弟三人获得了一次难得的相聚的机会。③ 暑假结束以后,鲁迅与周作人一起离开家乡。周作人在上海却遇到了终生难忘的一件事——

>　　上午乘车……途中经公园,地甚敞,青葱满目,白人游息其中者,无不有自得之意。惟中国人不得入,门悬金字牌一,大书"犬与华人不准入"七字。哀我华人与犬为伍。园之四围皆铁栅,环而窥者甚多,无一甚不平者,奈何竟血冷至此!④

大概这一代(以及以后几代)中国知识分子永远都不会忘记这"犬与华人不准入"的奇耻大辱。中国知识分子如饥似渴地向西方学习现代文明,而西方侵略者实行的民族歧视政策,则把一代又一代的中国知识分子推向自己的对立面,成为西方殖民政策的掘墓人。周作人此时感到难以忍受的,不仅是民族的屈辱,更是本国同胞的血冷与麻木。这可以说是20世纪中国先进知识分子的双重痛苦。鲁迅早已强烈地感受到这一点,并且在日本与许寿裳的讨论中提出了"改造国民性"的历史命题。周作人却是第一次自觉意识于此——或许这里也有鲁迅的影响吧?

回到南京不久,7月29日日记中又有了"三山街同人之谈话"的记载——

---

① 但二十年后,周作人却感到自己与明末士大夫文人有更多的共鸣。
② 《周作人日记》(影印本)上册,第386页。
③ 详见周建人:《鲁迅故家的败落·一八,我们不是乌大菱壳》,第193~201页。
④ 周作人癸卯七月二十日日记:《公园之感情》,收《周作人日记》(影印本)上册,第395页。

第二章 发现新大陆——在南京
(1901.8—1906.6)

前一日得锷刚函,命予与复九至城南聚会。次日偕胡侠耕、复九二人至承恩寺万城酒楼,为张伟如邀午餐,会者十六人。食毕至刘寿昆处共拍一照,以为纪念。名列后(略)。散后复至铁汤池晤张伯纯,及回城北已晚。①

出现了一大批陌生的名字,这本身就提供了一个重要的讯息:周作人已经走出了狭窄的学校大门,开始扩大他的活动范围。据周作人介绍,其中刘寿昆者,暗中在做联络革命的工作,②因此,在一定意义上,这次聚会是已经参加、或正在向往革命的青年人的暗中聚集,而这样的革命力量的聚集,在20世纪初的中国各大城市里颇为普遍,而且是决定着未来中国的命运的。以后这一群人又有"江干两次之话别"与"共吊明故宫"的两次活动,前者是为去日本留学的同人饯行,"珍重而别,少顷鼓轮而去,烟波淼渺,转瞬不见,同人皆愉快非常,无惜别伤离之意。"③而后者是更有意义的——

共往吊明故宫,行约四五里至宫外,荒草离离,□风拂面,令人凄绝。宫墙半皆坍塌,御沟流水尚清。至方正学祠看血迹碑,满目凄凉,不堪久驻,即出……④

周作人不曾多着一字,但那强烈的、不可遏止的民族主义情绪却从这"满目凄凉"的画面中喷涌而出,这是决定了以后周作人日本之行的方向的。

在周作人的人生历程上,1902年2月至1903年10月这一年半左右的时间,是具有特殊意义的。从读《天演论》开始的对西方文化的广泛接触,犹如发现新大陆,周作人开始迈入了新世界。它首先表现出来的精神特征是思想的激烈,感情的奔放以及强烈的行动欲望。应该说,这是体现了20世纪中国知识分子思想发展道路的一般规律的:人们往往从西方最新文化中抓住一点真理,甚至来不及认真消化,就凭着一股爱国主义、民族主义的激情,拿来运用于现实政治问题的思考,迅速得出急进的政治结论,并且立刻转化

---

① ③ ④ 《周作人日记》(影印本)上册,第396页。
② 周作人:《知堂回想录·四七,生病后》,第122页。

为最坚决的实际行动。这是一个政治性、情感性、实践性压倒一切的时代，人们关注的是激情支配下的政治实践活动，而不是纯粹的学理、思辨的思考。因此，这一代知识分子对西方文化的把握，既是深刻的——就其十分敏锐地、甚至是凭着直觉抓住的那本质的一点而言；又是肤浅、浮光掠影的——就其对西方文化的整体结构及其学理的严格内涵的认识而言。对于周作人个人来说，这个时期生活中浓重的英雄主义、理想主义、浪漫主义的色调，在他的人生历程中，几乎是独异的，他第一次，也是最后一次对革命实践活动表现出如此巨大的热情。他很快就退回到宁静的书斋——周作人本质上是个文人，而非战士；这是他与鲁迅及许多左翼知识分子的一个基本不同点。

三、徘徊中的追求

促成周作人的这种转变的契机，却是1903年10月一次偶发的大病。这场病来得很猛：一个星期天突然昏不知人，而且医药无效。数日后送外国教会开办的鼓楼医院求治，医院待遇却特别的糟，一夕即出。最后还是寄居在革命党朋友刘寿昆的书店里，治疗多日，才稍有起色。回校不久，忽病又作，足大肿，自膝以下胀如盅，良久不消，不得已才随刚解职的椒生公返回家乡。隔一天由周作人少时即已熟悉的"做不杀荣生"抬轿，到附近诸暨的名医包越潮诊所治疗，看了一个多月，腿上的肿才渐渐消除。不料左侧颈上，耳朵背后，又突然生一大疽，俗名叫"发际"，这是颇难治疗，而且十分危险的。幸而南街的外科医生李介甫给开了刀，月余后始愈。前后足足病了四个月，"病魔缠绕可为久矣"。①

周作人在病中中断了日记，仅有"病榻之杂记"寥寥数语，此后也几乎不谈这场意外的大病，因此，很难确切地说出在长达四个月的与病魔的搏斗中，周作人的思绪究竟如何。但有一点是肯定的：在1903年10月达到顶峰的周作人几欲冲决而出的革命激情，因这场大病而陡受遏制。也许病中一

---

① 周作人：《四阅月之病魔》，收《周作人日记》（影印本）上册，第397页。

第二章 发现新大陆——在南京
（1901.8—1906.6）

再发生的突然事故——病刚愈突发足肿,肿才消又生大疽,由之而产生的磨人的痛苦,使周作人看到、想到人世的另一面,这是他原先处于理想主义的亢奋状态时所不曾思及的。也许在漫长而悠闲的治病、养病生活中,因外界刺激而冲动起来的周作人渐渐地平息下来,恢复了自我的常态,原先深刻地影响着周作人,而被激进思潮暂时压抑着的传统思想,又重新升腾起来……总之,在周作人病愈后回到南京不久,我们就在他的日记中,看到了如下内心的解剖——

> 三月杪为学事经营三日,嗣忽不成,令我绝望,觉我无复有脑,无复有血,神经为病,历三数日,有世事皆恶之思想,而觉前此之种种为大谬,为自苦,故我自谥为愚夫。佛说从前种种事,譬如今日死,以后种种事,譬如今日生,善哉善哉。又饶舌矣,我以后乐天。①

引起周作人思想变迁的直接原因是要求出国学习受阻,但这里所流露的"觉前此之种种为大谬,为自苦"的自我否定与忏悔,悲天与乐天的矛盾冲突,恐非一时的刺激所致,大概也曾在病中折磨过周作人吧。

1904年夏,周作人回家度假,又遇到了家庭生活中的突变:他的祖父介孚公于7月13日(阴历六月初一)遽然逝世。

祖父身体一向强健,这年5月却生了病,看样子好像感冒,发热,有点气急,人似乎还有精神。然而,曾经给鲁迅父亲看过病、并被鲁迅写进《父亲的病》一文中的名医何廉臣,把了脉,看过舌苔后,却意外地对祖父说:"你可以准备后事了。"介孚公平静地接受了这一事实。他把同辈的熊三公公叫来,托付说:"人总是要死的,我年六十八,不算短寿,也可以了。如今家境不太好,办后事量力而为吧!总要为活人着想,丧事从简。"在写完自己最后的日记后,他躺下了。过了几天,到7月13日这天早上,他对随侍在旁的周建人说了声"我起不来了",当晚即安宁地熟睡不醒。以后,在清理他的书籍时,家人发现了他留下的一副挽联,是他亲笔写的:"死后有知,地下相逢多骨

---

① 周作人:《三月中之感情及思想之变迁》,收《周作人日记》(影印本)上册,第401~402页。

肉。生原无补,世间何时立纲常!"据鲁迅解释,上联是说"活着的人,和他并不亲热",下联则表示"人世间的纲常已紊乱了,活着也没有什么用处"。那么,鲁迅、周作人的祖父是看到了随着封建纲常的必然瓦解,自己的时代已经结束,既无可奈何,却又平静地离开这个世界的。这与他们的父亲以至子京爷爷临终时以"不肖子孙"、"呆子孙"自责,同样给后人留下了极其强烈的印象与刺激。

对于周作人,打击也许是格外沉重的。由于周作人曾经在杭州陪伴祖父有一年之久,祖父对他的影响以及他对祖父的感情都胜过父亲。而且由于父亲早逝,鲁迅远在日本,沉重的责任自然落在周作人身上。尽管介孚公生前已经有丧事从简的安排,但也仅是不开吊而已,一切习俗总还是照旧的。先是弄"门讣",在大门口钉上麻布,以示报丧。接着是入殓:作为孝孙的周作人,穿上十三件殓衣,两手交叉放在腹前,旁边有两人扶着,一人手里张伞,一人则行鼓乐导孝子至马河边,扔铜钱铁钉各一,打起半桶水来,这叫"买水";回到家里,给死者胸前揩抹身体三次,表示揩去死者生前所受污辱,还其干净身体,去见祖宗。殓衣也是明朝服装,梳好头,穿上内衣内裤,再由孝孙捧着死者的头,左右有两个人给死者穿衣服,殓衣也有十三件。胸前挂一袋,叫招文袋,放进死者爱好的东西——祖父的古玩玉器所剩无几,都留给了泮庶祖母,因此,只放了一些图章、信件之类的东西。接着就是包殓,用带子将上身、腰部和脚部捆住。祭毕,把尸体两脚踏在棺材底,盖上寿被,然后,用石灰包把头部、四周空隙的地方塞实,盖上棺材盖,用法砝涂上生漆和生面粉,塞进合榫处,就把棺材密封了。再祭香烛和饭菜,以后每天要上饭三次,到出丧为止。另外,还要供阴差饭,柩前挂白布幔,叫孝帘,中悬祖父遗像,叫神像,桌子系绣花缎桌帏,桌上供五事,摆九云箩,供祭菜。死后七日开始做道场,到五七由道士作炼度的法事,白天只念道经,对着三清(道教所尊三位神,即玉清元始天尊,上清灵宝道君,太清太上老君)的画像行礼。到了夜里,所有道士都装束登场,身披鹤氅,头戴道冠,上边插着金如意,手执牙笏,足踏禹步。① 头一夜是上表,周作人作为"孝孙"背着表文,在大道士

---

① 这道士的"禹步"大概给周作人留下了极深的印象:四十年后,已经是日伪督办的周作人在对南京学生讲演时,曾当场表演了"禹步"的姿势。

率领下,请求为死者赎罪,俯伏在坛下,约莫个把钟头,据说这是大入定,神魂到天上面圣去了。第二夜是破地狱,四五尺见方的纸糊的酆都城,放在大厅当中,大道士走来作法,念完咒,把手里的木制七星剑戳进纸糊的城门,把它撕得粉碎。由小道士扮演的各种鬼魂,纷纷登场,作种种引人发笑的表情动作。第三夜炼幡,把记着死者姓名的幡折叠好,外边层层用盐卤浸过的耐火包装,每一层里藏一件纸糊的五彩东西,包十层,扎得像莲蓬似的,左右两对金童玉女,也是一层层包扎好,这三样东西放在柴堆上烧炼,在适宜时间抖掉外壳,把夹着的彩物挥舞一会儿,又烧掉,到烧到最后一层,即是主幡(里面有一张介孚公的像),最后把炼出来的三道幡,送到灵前,供了起来,象征介孚公已从血污池中超度得救。断七之后,便是出殡。在起灵时,棺材头上放一粗碗,棺材一举起,就用这碗猛力向材头击成粉碎……

  周作人和他的弟弟周建人后来都回忆说,祖父的丧礼相当冷清,送葬的人也很少。在和尚道士念经拜忏的扰攘嘈杂之中,透露出的这死者的寂寞,是能给人以重压的。筋疲力尽的周作人默默地、机械地完成着人们按祖传习俗规定他必须完成的种种动作,他的内心大约只是一片空白。然而,在一切都按规矩结束,拜完了,哭够了以后,突然沉静下来,周作人也许会回想起祖父的一生吧。或许这位一向好骂人、好给人以难堪的祖父——几年前曾强迫周作人穿着长衫买菜,一年前还辱骂鲁迅、周作人、周建人三兄弟是"乌大菱壳氽到一起来了"①——因为这死之清醒与寂寞,而引起周作人的夹带着悲凉的温煦的回忆吧。的确,祖父骂起人来好用比喻、典故,相当刻薄②(这对周氏兄弟后来论战时的"骂人"大概有一种潜移默化的影响),但他内心深处对于自己的孙子是别有一种爱的。以后周作人多次回忆起,1899年祖父还在杭州的狱中的时候,写给子孙的"恒训"。"恒训"的结尾几句话:"予性介,运复蹇,不能积财以封殖,爰将生平所闻见者,可法可鉴持身保家

---

  ① 据周建人《鲁迅故家的败落》第204页里说明:"我们家乡是水乡,河港里都是菱。人们吃了菱,往往把菱壳倒回河港里,这菱壳就漂浮在水面上,日子一久,就发黑。因此,这'乌大菱壳'是垃圾或废物的意思。"
  ② 周作人曾这样分析祖父的"骂人":"介孚公爱骂人,自然是家里的人最感痛苦……一般人听了也不愉快,因为不但骂的话没有什么好听,有时话里也会有刺,听的人疑心是指桑骂槐,那就更有点难受了。他的骂人……似乎很特别,但我推想也可能是师爷学风的余留。"(《鲁迅的故家·百草园·六一,恒训》,第81页。)

之道,备述此编","作我子孙居家之鉴,为成为败,在自择耳",写尽了这位一生坎坷,身历盛衰的老人内心的寂寞、苍凉以及对子孙的挚爱与厚望,周作人们读了是不能不悄然动容的。鲁迅曾于1899年11月30日至12月,在江南陆师学堂学习时,将介孚公的"恒训"恭录下来①,大概也是出于这种心情。"恒训"中所说的人生经验确无深刻之处,但其再三告诫子孙勿忘祖辈乃多有恒产的大户大家,必要洁身自好,勿游惰,②不结会聚党……却对周作人有一种潜在的近乎神秘的影响,特别是在他过于偏斜于十字街头的流氓、叛徒时,他就要回想起"恒训",并感到自己血缘里的贵族传统的牵制力量。

对于大病之后的周作人,这种传统的牵制力也许是别具一种魅力的。甚至祖父丧礼中繁缛的礼节风俗,在使他疲惫不堪之后,追忆起来也会浮起一缕淡淡的温馨之情。也许正是出于对传统的追怀,也许是亲历的病与死引起形而上的人生意义探索的兴趣,周作人于1905年初开始读起佛经来。③

1936年周作人在《读戒律》(收《风雨谈》)中这样回忆说——

> 我读佛经最初还是在三十多年前……这头一次所买的佛经,我记得一种是《楞严经》,一种是《诸佛要集经》与《投身饲饿虎经》等三经问卷,第二次再到金陵刻经处请求教示,据云顶好修净土宗,而以读《起信论》为入手,那时所买的大抵便是论及注疏,一大张的图或者即是对于西土向往。可是我看了《起信论》不大好懂,净土宗又不怎么喜欢,虽然他的意思我是觉得可以懂的……

在《知堂回想录》中,周作人谈到读佛经的最初经验时,却是这么说的——

---

① 鲁迅的手抄本现存北京鲁迅博物馆。
② "恒训"中有一段话是周作人以后时时提及的:"少年看戏,三日夜归,倦甚。我父斥曰:'汝有用精神,为下贱戏子所耗,何昏庸至此。'自后,逢歌戏筵席,辄忆前训,即托故速归。"
③ 周作人日记:甲辰十二月初九:"下午归,经延龄巷,购经二卷";十二月十一日:"购佛学书目提要";十二月十八日:"往城南购书物……又西方接引图……得佛学书目表一册";十二月十九日:"看《起信论》一段,又《纂注》十四页",收《周作人日记》(影印本)上册,第403~404页。

第二章　发现新大陆——在南京
（1901.8—1906.6）

其实我根本是个"少信"的人，无从起信，所以始终看了"不入"，于我很有影响的乃是投身饲虎的故事。这件浪漫的本生故事一直在我的记忆上留一痕迹。①

实际上周作人所受佛经的影响是远不止于此的。差不多在此同时，周作人日记里出现了如下思想自白："世有轮回，吾愿吾慰，今生不得志，可待来生，来生又可待来生，如掷五琼（骰也），屡么必一六，而今已矣。偶尔为人，忽焉而生，忽焉而死，成败利钝，一而不再，始图再励，其可得乎？然此持悲观之言，尚未身历日暮途穷之境者也。彼惊弓之鸟，又更当何如？破甑覆水，自达人视之，旷必也，然不可令伤心人见之。……人生几何？百年一瞬，乃偏于悲惨世界断送一生，较吾辈之感慨，更何如耶？落花返枝，如此庄严世界，吾惟于梦中或见之耳。"②

诚然，这差不多是佛教教义的肤浅的演义，但对周作人，他的思考方向却由此而发生转移：从现实政治层面的关注转向抽象的人生哲学的思考。

最初的思考既是幼稚的，又是严肃的：把个人放在无限的时空中来考察，二十岁的周作人首先注意到的事实是："世界之有我矣，已二十年矣；然二十年以前无我也，二十年以后亦必无我也。则我之为我，亦仅如轻尘栖弱草，弹指终归寂灭耳"③，这种人生无常的宿命感一开始就带有浓重的虚无主义的感伤倾向；由此而得出的结论是："一切竞争必可省"④，一切为国家、民族、社会以至个人的努力都是徒劳，即使因为"七情所感，哀乐无端，拉杂记之"，"亦未始非蜉蝣世界之一消遣法也。"⑤周作人在这一年除夕之夜所写的日记里，把自己的人生哲学概括为在"乐生"与"乐死"之间的徘徊："岁又就阑，予之感情为何如乎？盖无非一乐生主义而已。除夕予有诗云：'东风三月烟花好，秋意千山云树幽。冬最无情今归去，明朝又得及春游。'可以见之。然予之主义，非仅乐生（此乐主快乐说），直并乐死（主欢乐说）。小除诗

---

① 周作人：《知堂回想录·六三，五年间的回顾》，第169页。在周作人的记忆中再次出现"投身饲虎"的意象是在四十年后，即周作人投身事敌以后：他显然希望从这一意象中获得一种历史的悲壮感。详见本书第八章与第九章有关部分。
②③④⑤ 《周作人日记》（影印本）上册，第404、402、403、402页。

云:'一年倏就除,风物何凄紧。百岁良悠悠,白日催人尽。既不为大椿,便应如朝菌。一死息群生,何处向灵蠢。'可以见之。"①所谓乐生不过是古人所说的及时行乐,而乐死的达观,也是古已有之的。

在另一篇日记里,谈及现实是非,则有更浓重的老庄哲学的气味:"天下之事无定名,皆记号而已。……某也我也人也,吾乌从而分别之,安用是怒不怒为? 天下无真是非,以习见与不习见为断。虽然,安知人之所习见以为是者,我不以为非,所不习见以为非者,我不以为是,人我之见,既不能同,则是非之名,乌从而立乎? 以一己之所是非,而以为是非人者,非妄人则老学究也",从相对主义的眼光看来,自然是要取消"是非"这一命题本身的。自以为超越了是非,也超越了生死,再来看尚未彻悟,仍为某种目的、追求辛苦转辗的人世间,自然要产生一种悲悯之感;因此,周作人在日记中,紧接着写道:"世人吾昔觉其可恶,则今见其可悲,茫茫大陆,荆蕙不齐,孰为猿鹤,孰为沙虫,要之皆可怜儿也。"②总之,人生无常,无可作为,是非难定,人世可悯:这构成了周作人心灵深处一个永远除不去的阴影,他后世的消极在这里埋下了最初的根。

以后,周作人在回顾自己这一段思想历程时,特地提出了金圣叹的影响,③这是颇值得注意的。据清代王应奎《柳南随笔》载,金圣叹在获罪坐斩前,"闻圣叹将死,大叹诧曰,断头,至痛也。籍家,至惨也。而圣叹以不意得之,大奇! 于是一笑受刑,其妻子亦遣戍边塞云。"将人间至痛至惨之事,以"玩笑"待之,或者如鲁迅所说,"从血泊里寻出闲适来"④:这就是金圣叹的人生态度。前述周作人之视生死为"游戏"里,金圣叹的影响是十分明显的。人生观上的虚无主义的玩世态度,与政治上的急进立场构成了这一时期周作人的一个内在矛盾。而这一矛盾,同样也不是属于周作人一人的。

周作人在另一处日记里,将自己大病前后的思想,作了一个概括:"近年我之思想大变。昔主强权,今主悲悯;昔主欧化,今主国粹。"并说:"今者,或

---

① 《周作人日记》(影印本)上册,第405页。
② 周作人:《顽石日记》甲辰二月初七日记,收《周作人日记》(影印本)上册,第409页。
③ 周作人:《知堂回想录·六三,五年间的回顾》,第167页。
④ 鲁迅:《且介亭杂文·病后杂谈·四》,收《鲁迅全集》第6卷,第170页。

第二章 发现新大陆——在南京
(1901.8—1906.6)

乃瞀于西学,至欲唾弃国学,过矣。"①周作人把自己思想上的变化,最后归之于在东、西方文化选择上的转移(即所谓"欧化"与"国粹")是抓住了要害的。在现代中国,知识分子道路的选择,总是与对东、西方文化的选择联系在一起。在欧化与国粹间徘徊,构成了周作人这样的知识分子思想上的一个最深刻的矛盾。现在在周作人身上所发生的事,是在接受西方文化以后,第一次向传统文化的倾斜,以后在周作人的人生旅途中还要多次发生这样的倾斜。

于是,我们又读到这样一段感情的真实记录:"过朝天宫,见人于小池塘内捕鱼,劳而所得不多,大抵公鳅鱼之属耳。忆故乡菱荡钓鱼鲦之景,宁可再得,令人不觉有故园之思。"②这里显然含着怀旧的意味。在周作人心目中,故乡正渐渐与传统文化融为一体。此后,每当向传统的倾斜,总要以"故园之思"相伴随:这几乎成为周作人思想、感情发展的一个规律了。

于是,周作人从热衷于政治活动转向文学活动,由梁启超转向林纾,就是很自然的了。

说起来,在清末思想界的先驱者中,周作人最早接触的还是林纾。在周作人读到严复译《天演论》前九天,即辛丑(1901年)十二月十三日,周作人日记中就透露了这一信息:"正午大哥来,带来书四部。下午……看《包探案》、《长生术》……夜看《巴黎茶花女遗事》";据周作人谈,《包探案》即科南达利所著《福尔摩斯侦探案》,《长生术》是哈葛德所著蛮荒小说之一,《巴黎茶花女遗事》则为林琴南译本。这是周作人接触林琴南与西方文学的开端。鲁迅在回顾近代中国知识分子接触西方文学的历史时曾说:在最初阶段,"我们曾在梁启超所办的《时务报》上,看见了《福尔摩斯包探案》的变幻,又在《新小说》上,看见了焦士威奴所做的号称科学小说的《海底旅行》之类的新奇。后来林琴南大译英国哈葛德的小说了,我们又看见了伦敦小姐之缠绵和非洲野蛮之古怪"。③这说明,最初翻译介绍与阅读西方文学时,人们注

---

① 周作人:《顽石日记》甲辰岁十二月十二日日记,收《周作人日记》(影印本)上册,第403页。
② 同上,第410页。
③ 鲁迅:《南腔北调集·祝中俄文字之交》,《鲁迅全集》第4卷,人民文学出版社1981年北京版,第459页。

意的中心还是"变幻"、"新奇"、"缠绵"与"古怪"的异国趣味。这样的时代文学选择兴趣,对周作人开始文学活动的方向的确定,无疑是有重大影响的。更重要的是,周作人不是在1902年2月至1903年10月自身革命情绪高涨时开始文学活动,而是在1904年末、1905年初革命情绪低落,转向游戏人生的时刻提笔从事译述的。这样,周作人的文学活动从一开始就带有浓重的个人趣味的色彩。至于以后走上文学救国的道路,是到了日本以后,更多地受了鲁迅影响的结果。

据周作人自己回忆,1904年夏,他因祖父的丧事,在家耽搁较久,便应约于9月中旬,到绍兴附近的东湖通艺学堂教英语——后来演出了惊天动地的一幕的著名革命烈士徐锡麟曾以此为革命根据地。两个月后,周作人又回到学校,而学校教学依然那么麻木,引不起半点兴趣。于是又开始读杂书。首先读的两本新书,一是英国伦敦纽恩士公司发行的《天方夜谭》插图本,装订颇为华丽,其中有阿拉廷拿着神灯和阿里巴巴的女奴指挥着短刀跳舞的图。周作人是一直把这本《天方夜谭》看作是"真正的民间文学","由多年说话人的安排与听众的取舍,使它更是丰富纯熟"。[①] 在对《天方夜谭》的欣赏里,显然包含着周作人的平民趣味。这一时期周作人最爱读的另一本书是中国的《酉阳杂俎》。周作人介绍说:"它实在杂得可以,也广博得可以,举凡我所觉得有兴味的什么神话传说、民俗童话、传奇故事,以及草木虫鱼,无不具备,可作各种趣味知识的入门。"[②]这读书的选择又是一种以趣味为中心的中外结合。

据周作人说,这英文本的《天方夜谭》,还引起了他"对于外国文的兴趣",进而又转入"文法之兴趣"。学堂最初用的是商务印书馆的薄纸单面的《华英字典》;后来得到严复的《英文汉诂》,那许多叫"析辞"的详细解说,曾使周作人惊叹不已。学堂又发给一本1901年第四十版的"马孙"英文法;二十年后,别的什么机器书都不知去向了,唯独这本书仍保存在书架上,足见影响之深。周作人说他常像读小说一样读文法书,甚至愿意和人打赌,只要有一本《古英文法》,就可以到随便什么地方愉快地消遣一个长夏。周作人

---

① 周遐寿(周作人):《鲁迅小说里的人物·随录二·学堂生活》,第208页。
② 周作人:《知堂回想录·五一,我的新书(一)》,第135~136页。

第二章 发现新大陆——在南京
（1901.8—1906.6）

是把读文法书作为对思维能力的训练的，他说研究词的变化与语法结构，可以"养成分析综合的能力"，他相信英人培因的说法，"文法是名学（即逻辑学）的一部分，于学者极有好处"。① 这大概也是受了严复翻译穆勒《名学》的影响，由此而形成了周作人对于语言终生不变的兴趣。广博的语言知识，对于语言的特殊敏感，都注定了周作人将成为一个语言艺术家。而周作人从学习西方语言的开始，就注意同时引入西方的思维方式，以达到对传统思维方式的改造，这眼光就颇不一般，这对他的翻译思想的形成，自然有大的意义，这无疑是一个很高的起点。

周作人由读书的兴趣，进而激发起创作的冲动，终于技痒而一心想把《天方夜谭》里的几篇故事翻译出来。于是有了《侠女奴》的译本。先是在1904年连载于《女子世界》，后又于1905年由女子世界社出版，署名却是"萍云女士译"。卷头说明写道："有曼绮那者波斯之一女奴也，机警有急智，其主人偶入盗穴为所杀，盗复迹至其家，曼绮那以计悉歼之。其英勇之气颇与中国红线女侠类，沉沉奴隶海，乃有此奇物，亟从欧文移译之，以告世之奴骨天成者"②，那么，在奇侠的趣味中也还是包含了一些反"奴骨"的意义在内的。受着《侠女奴》成功的鼓舞，周作人接着又翻译出版了美国安介·亚伦坡（今译爱伦·坡）的小说《玉虫缘》（原名《山羊图》），这回署名是"碧罗女士"。这是一本"还没有侦探小说时代的侦探小说"，③但周作人感兴趣的，不止是曲折复杂的情节，更是"人称鬼才"的作者瑰异的风格里，别有一种"文字的趣味"——这恰恰是表现了周作人语言艺术家的气质的。爱伦·坡是美国现代主义小说的先驱者之一，周作人在他刚刚崭露头角时，就注目于他，并介绍到中国来，这自然是很有眼光的。直到晚年，已是八十老翁的周作人重阅这早年的译本时，仍不避敝帚自珍之嫌，将其中一段译文一字不动地抄录在《知堂回想录》里。他是有理由爱惜这最初的译作的，因为对于周作人以趣味（包括内容、风格与文字的趣味）为中心的文学活动，这毕竟是一个良好的开端。

---

① 周作人:《雨天的书·文法之趣味》,第150页。
② 周作人:《知堂回想录·五一,我的新书（一）》,第137页。
③ 周作人:《知堂回想录·五二,我的新书（二）》,第140页。

以后周作人又先后发表了短篇小说《女猎人》①和长篇小说《孤儿记》②等作品。这些都是译述,具有一半以上的创作成分。前者参照英国生德夫人《南非搏狮记》写成,选择南非作背景,这自然是前述林译哈葛德蛮荒小说的影响。在小说《约言》中点明,小说虽有所本,但"大半组以己意","作者因吾国女子日趋文弱,故组以理想而造此篇"。这样,这篇描写一位女猎人英勇搏狮的故事就具有了一种特殊的价值:作家在思想与艺术上都有了自己的自觉追求。在《约言》中,周作人热情地为理想精神张扬:"闻之理想者,事实之母。吾今日作此想,安知他日无是人继起实践之",正是这具有实践性的理想精神赋予小说以浪漫主义、英雄主义的光彩。③ 但作者又申明:他的主人公"女猎人,无名之英雄也。必先无名之英雄多而后有名的英雄出",这样的无名英雄观,又使小说透露出新时代的某些消息。而小说所张扬的理想,系从进化论推衍而出又有所发展:"第一主义当立精神健全,而其二则必须体魄健全","强权世界,腕力与脑力并重,何事不如此"。人们很容易就联想起尔后在五四时期风行一时的空想社会主义理想与文学的改造国民性主题,这里孕育着的正是新思潮的萌芽。作为一篇短篇小说,《女猎人》无疑是粗糙的,它的自觉意义的追求,也许超过了作品本身。

今天的读者大概会对《孤儿记》更感兴趣。这篇小说是"感于嚣俄(雨果)《哀史》(即《悲惨世界》)而作"。据周作人后来回忆,在《天方夜谭》之后,"我又得了几本文学书,但都是陀勒插画的《神曲·地狱篇》,凯拉尔的《英雄崇拜论》之类,没有法子可以利用。那时苏子谷在上海报上译《惨世界》,梁任公又在《新小说》上常讲起嚣俄,我就成了嚣俄的崇拜者,苦心孤诣地搜求他的著作,好容易设法凑了十六块钱买到一部八册的美国版的嚣俄选集,这是不曾见过的一部大书"④。由模仿哈葛德的蛮荒小说到转向崇拜雨果,这本身就标示着周作人这一代人对于西方文学及西方文化理解上的

---

① 1905年4月17日作,载1905年《女子世界》第二年1号,署名会稽萍云女士。
② 1905年5~6月间作,后由上海小说林书店出版,为"小本小说"第一册。
③ 在周作人作《女猎人》三天后,他在朋友处遇见了刚回国的秋瑾女士,畅谈多时。"夜见唱歌,有'愿借百万头'句,秋女士云,特未知肯借末?"(1905年3月21日周作人日记)据当时印象,一切言动悉如常人,和服夹衣,下着紫红裙。没想到以后秋瑾竟作出了惊天动地的英雄事业。
④ 周作人:《雨天的书·学校生活的一叶》,第36~37页。

第二章 发现新大陆——在南京
(1901.8—1906.6)

逐渐深入。据周作人说，《孤儿记》写了一半，等到小主人阿番长大以后，就没有办法再写下去，结果只好从雨果一篇短篇小说中偷了一部分，作为故事的结束。而整篇小说的构思更是明显地得之于《悲惨世界》的启示。但周作人仍然没有放弃显示自己独立创造性的努力，在"缘起、绪言、识语"里对这个雨果式的故事作出了自己的独特阐释。他反复强调，"茫茫大地，是众生者有一日一人不得脱离苦趣，斯世界亦一日不能进于文明。固无论强权之说未能中于吾心，而亦万不能引多数幸福之言，于五十百步生分别者也"，"当其渐演渐进，姑无论进何所止，抑或乌托邦之可期，而人类悲哀，亦奚能绝迹于大地"。他不是从历史乐观主义，而是从历史悲观主义方面去理解进化论，得出了"人生异趣，而忧患同趣。世界永存，则罪恶与苦难亦未有尽也"的结论。对于作为进化论思想核心的生存竞争，周作人更充满了矛盾。他一面承认"天演之义大矣哉"，同时又哀叹说："然而酷亦甚矣"，在他看来，"以强弱为衡，而以竞争为纽，世界故复有宁日"。对于竞争的这种反感与恐惧，与前述对人类前途的忧患，和周作人这一时期的悲观、虚无、感伤情绪是一致的，更多地表现了周作人与传统的精神联系这一面，与在《女猎人》中所表现的自强自立的英雄主义、浪漫主义精神，形成鲜明的对比。这在某种程度上，也是显示了周作人思想上深刻的矛盾的。不过，《孤儿记》序言里引述雨果的一句话却是很有意思的："此书为全世界而作"。这表明，此时周作人所思虑的，不仅是中国一国的民族苦难，而是全世界的苦难，他的忧患意识既是民族的，又具有全人类性。这恐怕正是周作人在南京求学的主要收获：他在这里发现了新大陆，初步接触了与中国传统文化异质的西方文化体系，在亲身感受到的东、西方文化撞击中，既唤醒了他的民族意识，又使他具有了向全世界开放的胸襟与眼光，这标志着周作人从传统知识分子向现代知识分子迈出了最初的、也是决定性的一步。

也正因为有了世界性的胸襟与眼光，水师学堂"中学为体，西学为用"的半新半旧的格局对周作人就越来越成为一种限制，并且越来越难以忍受。于是，周作人又第二次滋生了冲出牢笼的强烈欲求。在这方面，鲁迅仍然是他的榜样。周作人曾在他的日记里抄录了学友胡韵仙送别鲁迅的七绝三章，其中有"英雄大志总难侔，夸向东瀛作远游。极目中原深暮色，回天责任在君流"等句，这是表现了鲁迅、周作人这一代人的"壮哉大志"的。① 周作人为实现远游东瀛的理想，做过多次努力，却总不成功。直到1905年冬才出现了一个北京练兵处要派学生出国学海军的机会，并因此在1905年12月中旬至1906年1月中旬专赴北京应考。这是周作人第一次到北京，除了对京剧的恶感之外并没有留下什么深刻的印象。又经过难耐的等待，终于在1906年秋获准去日本学习建筑。

　　这年春天，周作人将青少年时代在故乡所写的诗整理成册，题为《秋草闲吟》。也许周作人已经意识到，人生道路上又要面临一次新的转折。那么，重理旧稿，一面是埋藏，一面也算是留恋吧。他在《序》中写道："龟山之松柏何青青耶，茶花其如故耶？秋草苍黄，如入梦寐，春风虽至，绿意如何？过南郭之原，其能无惘惘而雪涕也。"②正如周作人自己所说，"在这里青年期的伤感的色彩还是很浓厚"③，并且掩饰不住对故乡的怀念之情。周作人大概终生都无法摆脱思乡的蛊惑，总要时时反顾，这是一点办法也没有的。

---

　　① 　周作人：壬寅二月十五日日记，收《周作人日记》（影印本）上册，第321页。
　　②③　周作人：《知堂回想录·六三，五年间的回顾》，第169页。

第三章 第二故乡

—— 在日本

（1906.6—1911. 秋）

一、第一瞥的印象

　　直到真的踏上了征程——1906年6月，周作人、鲁迅与两个同乡结伴由绍兴出发，经由上海直去东京，周作人仍然不能摆脱思乡之情的纠缠。夜航船遇见对面来船，纤夫照例发出带着浓重乡音的"靠塘来"、"靠下去"的呼唤……情况似乎与五年前周作人由绍兴去南京时一样，但此时周作人听来，却别是一番滋味在心头。同行的大哥也是沉默着——他刚刚奉命完婚，痛苦与憎恨压得他不言、不笑，更给这终于盼来的旅行增添了无形的沉重。

　　但当海轮驶出吴淞口，周作人一人站在甲板上，面对大海，向茫茫的远方（那是他想象中的日本）眺望时，他又感到一种期待的兴奋。1906年，正是明治三十九年，日俄战争结束后的一年；由于战胜了不可一世的俄国熊，日本在同样渴求民族自存的中国知识分子的眼里，陡然增加了几分神秘的色彩：这个东方邻国究竟掌握了什么秘密武器，使自己自立于世界民族之林，足以与西方列强对抗呢？

　　因此，当初到东京的那一天傍晚，周作人跟随着鲁迅，来到鲁迅寄宿的本乡汤岛二丁目的伏见馆时，他是充满了好奇心的。应声而出的，是一个十五六岁的日本少女——据鲁迅介绍，这是馆主人的妹子兼作下女工作的乾荣子；她是来给客人搬运皮包和送茶水的。周作人只向她投去一瞥，就怔住了——他看见的竟是一双赤足,轻盈地自然地在屋里走来走去。周作人立刻想起了故园水乡的妇女,她们是常常赤着脚的。那首著名的《江南好》词也同时浮现:"江南好,大脚果如仙。衫布裙绸腰帕翠,环银钗玉鬓花偏。一溜走如烟",周作人禁不住微笑了。就在这刹那间,紧张,好奇……都消失了,只剩下一丝淡淡的温馨。周作人甚至觉得,一切都没有发生:他没有漂洋过海来到陌生的异国异地,他仍然留在自己的家乡亲人中间。就是眼前这位他所见到的第一个日本人,这唤作"乾荣子"的少女,也使他想起了娱园里的郦表姐。那一年因为舅父的独子娶亲,中表兄弟姐妹聚集一起。隐秘地怀抱着对美丽的郦表姐的情意,自视为"丑小鸭"的周作人曾仿佛无意似的拿起她的一件雪青纺绸衫穿了跳起舞来。而此刻,周作人对乾荣子的一瞥,竟也产生了类似的扰乱与兴奋。而且奇怪得很,周作人似乎没有看清乾荣子的面容,仅留下一个朦胧的姿态,只有一双赤足在跳跃、闪动……

周作人真的爱上了什么吗?他一时说不清:是爱上了这位少女,还是她的祖国?总之,周作人当时只觉着亲切罢了。以后,对于前一种爱,周作人一直讳莫如深,仅在一些文章的字里行间留下一些蛛丝马迹。因此,我们的以上描写,也多有猜测之言;而后者,周作人却是频频谈及的。直到三十年后,周作人为日本纪元2600年纪念作《日本之再认识》仍津津乐道于日本的"赤足之美":"我相信日本民间赤脚的风俗总是极好的,出外固然穿上木屐或草履,在室内席上便白足行走,这实在是一种很健全很美的事。我所嫌恶中国恶俗之一是女子的缠足,所以反动的总是赞美赤脚,想起两足白如霜不著鸦头袜之句,觉得青莲居士毕竟是可人,在中国古人中殊不可多得……"

这样,周作人就从普通人的日常生活习惯敏锐地领悟了日本文化的某些神韵。而且,他还隐隐地感到中国文化中已经消失(甚至走到反面)的某些习俗、传统依然保留在日本:这发现给周作人带来的喜悦是难言的。

当周作人被安排在鲁迅栖身之处——楼上朝南这一旁靠近西端的房间,他仔细打量四周时,又产生了新的惊异:地上仅铺着草席。后来周作人才知道,每席长2米宽1米,室之大小以席数计算,鲁迅的住房约四席半,一室面积才9平方米,比维摩斗室还小十分之二。屋内窗户都用格子糊以薄纸,可称纸窗;其他则两面裱糊暗色厚纸,用以间隔,可云纸屏。室内还有

第三章 第二故乡——在日本
(1906.6—1911.秋)

"阁",即壁橱,分上下层,分贮被褥及衣箱杂物;有"床笫",即壁龛而大,却不睡人,只用堆积书报。此外,仅一张小几,二三坐褥而已;小几却特别小,别人的大抵普通是 1 米长,0.7 米宽,鲁迅的这张长只 0.7 米,宽不到半米,有两个小抽斗,放剪刀、表和零钱,桌上一块长方的小砚台,上有木盖,是日本一般小学生所用。对于习惯于屋内堆满桌椅箱橱的中国人,这样的陈设未免过于简陋。但住了一两天,周作人就立刻感到了它的适用。坐在几前读书写字,前后左右凡有空地都可安放书卷纸张,等于一张大书桌;客来遍地可坐,六七人不算拥挤,倦时随便卧倒,不必另备沙发。深夜从壁橱取被摊开,便即正式睡觉,何等的随意简便。周作人不禁遐想:倘若地处远村,还可以凭窗看山,或著浴衣躺在席上,一边品茶,一边静听林涛流水声,又可享受一番旧日的长闲的风趣。于是,周作人再一次感到了日本简朴适用的住房特别便于简易生活,这与幼年时代已经习以为常的乡人"简单中有真味"的生活方式之间,存在着某种内在的相通……

待到房主人送上每日的吃食时,更加深了周作人的这种亲切感。应该说,日本下宿生活是相当清苦的,每天早上两片面包加黄油,中午和晚上两餐饭,萝卜、竹笋而外,绝少肉食。平常的肉只是猪、牛与鸡,羊肉简直无处买,鹅、鸭也极不常见。中国留学生到日本,吃到日本饭菜那么清淡、枯槁,没有油水,常大惊小怪。周作人却不以为苦,倒觉得这有别一种风趣。他说:"吾乡穷苦,人民努力日吃三顿饭,惟以腌菜、臭豆腐、螺蛳为菜,故不怕咸与臭,亦不嗜油如命",吃日本的清茶淡饭,反倒吃得滋滋有味。日本食物的又一特色为"冷",周作人所住的伏见馆倒是供应热饭的,而当时日本一般中下等人家大抵只煮早饭,家人之为官吏、教员、工匠、学生者皆裹饭而出,名曰"便当"。匣中盛饭,另一格盛菜,上者有鱼,否则梅干一二而已。傍晚归来,有的连晚饭也不煮,仅吃早晨所余,冬夜苦寒,就用热苦茶淘饭,以腌菜和泽庵渍等为佐,自有清淡而甘香的风味。对于食物中国人大概喜热忌冷,留学生看了"便当"以及茶淘饭的吃法,没有一个不头痛的。但对于周作人,却唤起了他幼时的回忆:十二三岁时,他在杭州陪侍祖父,每天一顿稀饭和两顿干饭的定时食每感不足,就只有偷冷饭吃,独自到灶头,从挂着的饭篮里拣大块的饭直往嘴里送。当时觉得"这淡饭的滋味简直无物可比,可以说是一生所吃过的东西里的最美味"①。如今回想起来,是既辛酸,又略带甜味的。联想起"咬得菜根,则百事可做"那句中国古话,周作人甚至觉得这里包含着某种人类(无论是中国人,还是日本人)共通的人生哲理,那就更耐人寻味了。

  精于吃食的周作人就这样在日本的吃食中发现了一种新的趣味。在伏见馆安顿下来以后,他就随着鲁迅走街串巷,去寻觅日本吃食之美。这自然是有收获的:离汤岛不远的青木堂有卖猪肉的"琉球煮",其实煮法也不特别,大抵同中国差不多,其不搁糖的一点或者与绍兴相似。在本乡一处小店里曾买到寄售的大垣名产柿羊羹,装在对劈开的毛竹内,上贴竹箬作盖,倒真是价廉物美。本乡三丁目的藤村制的栗馒头与羊羹是比较名贵的,虽是豆米的成品,那优雅的形色,朴素的味道,很合于茶食的资格,各色的羊羹大有特殊的风味。最普通的是落花生,那是随便什么小店都可以买到的……周作人甚至产生了考证的兴趣,他发现落花生,中国传说来自扶桑,而日本则俗名南京豆,暗示出自中国,而此事正有类例,同是一瓜,在中国称倭瓜(又通称南瓜),日本则称唐茄子;②羊羹"制出唐浮屠",传入日本后,成为日本的特产,在中国反而失传,由日本再传入中国后,反成为东洋点心了。③ 周作人由此而打开一个思路:日本"有些东西可以与故乡的什么相比,有些又即是中国某处的什么。这样一想就很有意思。如味噌汁与干菜汤,金山寺味噌与豆板酱,福神渍与酱咯哒,牛蒡独活与芦笋,盐鲑与勒鲞,皆相似的食物也。又如大德寺纳豆即咸豆豉,泽庵渍即福建的黄土萝卜,蒟蒻即四川的黑豆腐,刺身即广东的鱼生,寿司即古昔的鱼鲊,其制法见于《齐民要术》,此其间又含有文化交流的历史"④。这就是说,周作人寻到的不仅是日本的吃食之美,更是中日文化交流史的一页页饶有兴味的记录——这确实是"不但可吃,也更可思索"⑤的。

  就这样,周作人一到日本,就和鲁迅一样,很自然地选择了"完全日本

---

  ① 周作人:《知堂回想录·十五,花牌楼(上)》,第39页。
  ② 周作人:《药堂语录·落花生》,收《周作人散文精编》下册,第254~255页。
  ③ 周作人:《知堂杂诗抄·丙戌丁亥杂诗·茶食》,第53页。
  ④⑤ 周作人:《苦竹杂记·日本的衣食住》,第162页。

第三章 第二故乡——在日本
(1906.6—1911.秋)

化"的生活方式。周作人后来回忆说："有好些留学生过不惯日本人的生活，住在下宿里要用桌椅，有人买不起卧床，至于爬上壁橱(户棚)去睡觉，吃的也非热饭不可，这种人常为我们所非笑，因为我们觉得不能吃苦何必出外，而且到日本来单学一点技术回去，结局也终是皮毛，如不从生活上去体验，对于日本事情便无法深知的。"①周氏兄弟当时住的是日本普通下宿，上学时穿学生服，平常只是穿和服着木屐，下雨时或穿皮鞋，后来也改用高齿屐(足驮)了。一日两餐吃的是下宿的饭，在校时带饭盒。总之衣、食、住各方面过的全是日本生活，不但没有什么不便，惯了还觉得很有趣。这里不仅包含了对日本人民普通生活的切身体验，而且还是对日本生活中保留的中国古俗、中国民间的原始的生活方式的重温，从而达到一种心灵的契合。周作人说："我自己在东京住了六年，便不曾回过一次家，我称东京为第二故乡，也就是这个缘故"②；他还说："我们在日本的感觉，一半是异域，一半却是古昔，而这古昔乃是健全地活在异域的，所以不是梦幻似的空假"。③ 这感觉是真实的：尽管只是第一瞥的印象，对于周作人，日本已不再是神秘的异乡。一般的留学生往往注目于日本文化所受西方的影响，强调中日文化之异，而周作人却如此注目于中日文化的沟通，从这方面说，周作人的第一感觉又是独特的。

二、买书、读书与译书

在伏见馆住下以后，要做的第一件事是学习日本话。于是，就进了中华留学生会馆组织的讲习班，大约一星期只是去上三四次课，一则是懒，二则老师讲得颇慢，脱了几堂课没有什么关系：彼此都很马虎。第二年又改进法政大学的特别预科，教授日文以及英、算、历史等浅近学科，周作人都多少学过点，所以没有兴味去听。缴了一年的学费，事实上去上学的日子几乎才有百分之几，但考试时，却居然考了第二名。学校的功课引不起兴趣，只是几位教日语的老师，给周作人留下了好的印象。三十年后，周作人还写了题为《市河先生》的文章，称颂当年的老师为"近于旧式的好人物的模型"，并且对

---

①② 周作人：《药堂杂文·留学的回忆》，北平新民印书馆1944年1月第1版，第94~95页。
③ 周作人：《苦竹杂记·日本的衣食住》，第156页。

这类人物"恐怕渐渐地要少下去了",表示"可惜"。

学校的功课是平淡的,周作人周围的留学生生活却是热闹而充满戏剧性的。就在周作人到达东京的第二年夏天,爆发了徐锡麟因刺杀恩铭失败而被挖心的事件,不久又传来了秋瑾姑娘被杀的消息,因为都是绍兴同乡,自然在绍兴留学生中引起了强烈的反响。在绍兴同乡会召开的抗议会上,围绕是否发电报给满清政府而展开了激烈的争论。徐锡麟事件后,到鲁迅、周作人迁入的新居本乡东竹町的中越馆访问的客人陡然增加,而且大都是与革命案件有关的人。首先是在东湖里与徐锡麟一同练习路劫,准备在绍兴城关门造反的陈子英,他是绍兴闻警逃回东京的。还有游说两浙绿林豪侠起义,外号叫"焕皇帝"的陶焕卿。此外还有他的本家陶望潮,后来成为章太炎女婿的龚未生,此时都很热心于革命事业,也时常跑来谈天。陶焕卿甚至有一回匆匆跑来,让周氏兄弟代为保管联络革命的文件。鲁迅也正是在这一时期,秘密地参加了光复会,成为革命党的一员。

周作人虽然佩服、同情这班革命朋友,直到晚年,他还撰文赞扬陶焕卿的"刻苦耐劳,做事认真",以及他的不知疲倦的革命精神;①他自己也时常参加朋友间的谈话,但也仅止谈话而已。对于革命的实际行动,周作人已经失去了昔日的热情。也许正是因为周作人始终与这班东京朋友保持一定的距离,他才给人以"甚是高傲,像一只鹤似的"的印象,鲁迅并因此给周作人取了一个"都路"(日本语"鹤")的绰号。周作人解放后给上海《亦报》写文章,用了"鹤生"的笔名,其典故即出于此②——自然,这都是后话。

周作人所向往的,仍然是不问世事的、悠闲自在的读书生活。应该说,他的这一理想,只有到了日本,才得到真正实现的机会。当时的中国,早已是放不下一张平静的书桌了,身处中国的现实中,要耳塞目闭不问一切,几乎是不可能的。只有在日本,与中国现实社会较为隔离,暂时忘却了现实的丑恶,才容易保存美的印象。再者,周作人在日本,无论什么事(特别是对外交涉)都由鲁迅代办,用不着自己费心,既没有遇见公寓老板或是

---

① 周作人:《知堂集外文·亦报随笔·焕强盗与蒋二秃子》,第27页。
② 周作人:《知堂回想录·八五,蒋抑卮》,第230页。

第三章　第二故乡——在日本
(1906.6—1911. 秋)

警察的欺侮,也没有更大的国际事件,如鲁迅所碰到的日俄战争中杀中国人的刺激。在兄长的保护下,周作人在日本过着自足、平稳、清闲、无忧无虑的日子。

此时,周作人生活中,唯一的事情,也是最主要的乐趣,就是逛书店。

东京的书店也确有魅力。除著名的坐落在日本桥三丁目的丸善书店外,单就周作人先后住过的伏见馆、中越馆及1909年初迁入的"伍舍"(本乡西片町十番地丙字19号)附近,神田、本乡一带,就有许多书店、书摊。挨家地看去,往往可以花去大半天的时间,也是消遣之一法。逛的日子多了,也就熟悉了这些书店的个性。有时闭目一想,仿佛一个个"人"似的,站在面前,供你指点评品,倒是颇有情趣的。比如说吧,丸善书店,楼上并不很大,四壁是书架,中间好些长桌上摊着新到的书,任凭客人自由翻阅。有时站在角落里书架背后查上半天书也没人注意,选了一两本书要算账时还找不到人,须得高声叫伙计来,或者要劳那位不良于行的店老板下田君亲自过来招呼。这种不大监视客人的君子风是令人愉快的。神田一带书店就不这样。大概因为那里学生太多,不免良莠不齐,书店老板与小伙计也更显得精明,跪坐在账桌一隅,目光炯炯,监视着看书的人。鲁迅说这很像是大蜘蛛蹲踞在网中心,样子很有点可怕。坐落在神田专卖洋书的中西屋,尽管它离周作人寓所比丸善要近得多,但周作人他们总不愿常去,就因为伙计跟得太凶。据说有一回一位知名的文人进去看书,被监视得生起气来,大喝道,你们以为客人都是小偷么!这大概就是警察式的店风吧,也可以简称为"警风"。当然,多做几次交易,有点儿熟识了,情况就会好得多。同样坐落在神田的相模屋的主人小泽民三郎,就肯替读者往丸善去取书(因为他曾在那里当过学徒),由此而得到周作人的信任,辛亥革命前周作人回到故乡后,一切洋书与杂志的购买也全托他代办,直到1916年小泽君逝世为止。此外,本乡的南江堂以出售德文书著称,东京堂常有日本新刊书与杂志,文求堂多中文旧书,郁文堂、南阳堂总分店则以卖洋书出名,都是各具特色,也是周作人、鲁迅(还有许寿裳)经常光顾的。怀中有点钱,就像技痒一样,总要蹭到书店去逛一趟,每回都是搜刮一空而归,于是,相视一笑:"又完了!"说话时很有点幽默气,而内里却含着苦味:这就是所谓穷学生的苦趣吧。

但就是这点苦趣,也不是经常有的,因为每月三十一元的留学费本省不出几文钱来买书,因此,更多的情况还是囊中空空逛书店,往往像小孩走过杂货摊,只好颓然而返。这就更增添几分惆怅了。

买书,自然是为了读书,那才是真正的乐趣所在,何况这些书都是在国内绝难买到,甚至从不曾听说过的呢。近代日本素有世界窗口之称。日本的出版界、读书界对西方的思想文化潮流有着特殊的敏感,每有新书(特别是影响时代风气的著作)即以最快的速度翻译、出版。这对于刚刚发现新大陆、对于西方文化充满饥渴感的周作人,自然是一个极大的便利与诱惑。周作人后来专门写有《旧书回想录》(收《书房一角》)、《我的杂学》(收《苦口甘口》,后转录于《知堂回想录》)等文,怀着一点爱恋,回忆当年在日本购书、读书的历史。每一部书都为他打开了一个新世界,影响着尔后人生道路的选择。因此,这部东京购书读书史也可以当作外来文化接受史,以至周作人思想发展的历史来读的。

据周作人回忆,他于1906年到东京后,在本乡相模屋旧书店买的第一本旧小说是匈加利(今译匈牙利)作家育珂摩耳原作、美国薄格思译的《髑髅所说》。匈牙利是一向不为人们所注意的弱小国家;育珂摩耳不但是匈牙利著名文学家,被称为匈牙利的司各特,而且是一个革命家。因此,周作人首先选择了育珂摩耳的作品,无疑是标志着周作人读书兴趣与眼光的重要转折的。我们说过,南京求学时期的周作人和当时大多数知识青年一样,在梁启超、林琴南的影响下,曾醉心于"《福尔摩斯

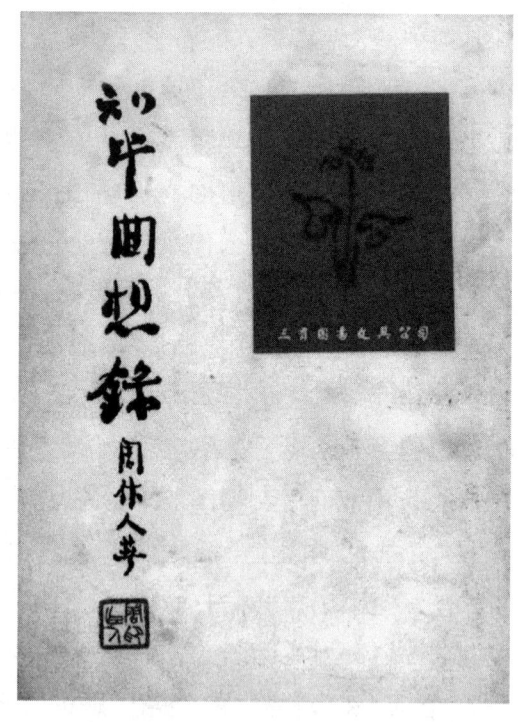

香港三育图书文具公司1980年出版的《知堂回想录》封面

第三章 第二故乡——在日本
(1906.6—1911. 秋)

包探案》的变幻"与英国哈葛德小说中"伦敦小姐之缠绵和菲洲野蛮之古怪",①这也是反映了那时的时代读书风尚的。现在,在弥漫于东京留学生界的强烈的民族主义情绪的感染之下,周作人把目光转向与中国一样处于帝国主义压迫下的东方弱小国家,是十分自然的。正如鲁迅所说,"包探,冒险家,英国姑娘,菲洲野蛮的故事,是只能当醉饱之后,在发胀的身体上搔搔痒的,然而我们的一部分的青年却已经觉得压迫,只有痛楚,他要挣扎,用不着痒痒的抚摩,只在寻切实的指示了"②。周作人后来回忆说:"那时我的志趣乃在所谓大陆文学,或是弱小民族文学,不过借英文做个居中传话的媒婆而已……俄国不算弱小,其时正是专制与革命对抗的时候,中国人自然就引为同病的朋友,弱小民族盖是后起的名称,实在我们所喜欢的乃是被压迫的民族之文学耳。"③当时日本文坛上有马场孤蝶等人在谈大陆文学,可是英译本在书店里还是很缺少,搜求极是不易,除俄国的小说尚有几种可得外,东欧、北欧的则难得一见,英译本原来就很寥寥。周作人只得根据英国倍寇的《小说指南》,抄出书名来,托丸善书店去订购,费了许多气力与时光,才得到几种波兰、保加利亚、芬兰、匈牙利、希腊、波思尼亚的作品。特别是匈牙利育珂摩耳的小说,英译本的印刷装帧极为讲究,以后一直作为"藏书中的佳品"为周作人所珍藏。此外,为周作人所挚爱的作家,还有俄国的果戈理与迦尔洵,波兰的显克微支。周作人说,他们的作品有时可以十年不读,但心里还是永不忘记。对陀思妥耶夫斯基也极是佩服,可是有点敬畏,向来不敢轻易翻动,也就逐渐疏远了。周作人另一个兴趣就是读文学史著作,据他自己后来回忆说:"摩斐尔(Morfill)的《早期斯拉夫文学小史》、克罗巴金的《俄国文学史》、勃兰兑思(Brandes)的《波兰印象记》、赖息(Emil Reich)的《匈加利文学史论》,这些都是四五十年前的旧书,于我却很有情分,回想当日读书时的感激历历如昨日,给予我的好处亦终未亡失。"④周作人这里讲的"情分",是颇有意思的,他在另一处文章中,又称之为"结缘"。⑤ 可以说,周作人以及现

---

① ② 鲁迅:《南腔北调集·祝中俄文字之交》,收《鲁迅全集》第4卷,第459~460页。
③ 周作人:《瓜豆集·东京的书店》,第73页。
④ 周作人:《苦口甘口·我的杂学》,第62、67、69页。
⑤ 周作人:《瓜豆集·结缘豆》,第182页。

代中国知识分子,正是通过文学这根纽带,与世界被压迫民族结下了不解之缘的,这正是20世纪中国走向世界的一个极其重要的方面。

周作人刚到东京,下宿里就收到丸善书店送来的一包西书,这是鲁迅在回国前订购的。包内有一本美国该莱(Gayley)编的《英文学里的古典神话》引起了周作人的注意。周作人由这本书第一次懂得了希腊神话的大概,卷首并说及古今各派的不同解释,又使周作人获得了安特路朗的人类学派的知识。不久,周作人从中西书屋出售的"银丛书"里购得了安特路朗的《习俗与神话》和《神话仪式和宗教》。安特路朗人类学派的发现,对于周作人一生文化选择与人生选择无疑是一个带有根本性的转折。正像周作人自己所说:"我因了安特路朗的人类学派的解说,不但懂得了神话及其同类的故事,而且也知道了文化人类学",而"我对人类学稍有一点兴味,这原因并不是为学,大抵只是为人"。① 如果说,前述被压迫民族文学的发现,使周作人冲破了中国传统文化中的家族本位主义,与20世纪世界性民族解放运动潮流取得了精神的呼应;那么,现在,人类学的发现,更使得周作人冲破国家、民族的狭窄范围,进入了对于人的自身的思考。这不仅是对以"把人不当作人"为主要特征的中国专制主义传统文化的更根本的否定,而且融入了20世纪世界性的人的觉醒与解放的潮流,达到了更高的境界。周作人从人类学出发,围绕着对人的认识,把知识的触角伸向相当广阔的领域,这包括道德观念起源发展史、生物学、性心理学、儿童文学、童话学、医学史、妖术史、民俗学等等新的现代学科,他悉心研究了一大批这些学科的经典性著作,如弗来则(J. G. Frazer)的《金枝》、蔼理斯(Havelock Ellis)的《性心理研究》、威思忒玛克(Westermarck)《道德观念起源发达史》、怀德(Gilbert White)的《色尔彭的自然史》、哈忒阑(Hartland)的《童话的科学》、麦扣洛克(Macculloch)的《小说之童年》等等,周作人因此而大开眼界,获得了一次精神的大解放,所引起的思想震动,显然超过了南京求学时期读《天演论》带来的震动。周作人干脆把蔼理斯的《性心理研究》称为"我的启蒙之书","我读了之后眼上的鳞片倏忽落下,对于人生与社会成立了一种见解。"②这些话并不过分,周

---

① 周作人:《苦口甘口·我的杂学》,第62、67、69页。
② 周作人:《瓜豆集·东京的书店》,第74页。

作人一生的思想文化活动正是以这一时期这类广泛的阅读为基础的。

由阅读的兴趣转向翻译,也是自然的。鲁迅的促进作用似乎也不可忽视。创办出版杂志,开始一种新的文学活动,这是鲁迅在1906年春天从仙台医学校退学以后所决定的新方针。在筹办《新生》杂志时,周作人无疑是鲁迅最忠实的合作者,原定五名发起人中最后只剩下三人,其中就有周作人,他还专门为《新生》写了一篇《三辰神话》。《新生》夭折后,鲁迅感到了"如置身毫无边际的荒原"的"寂寞",而"这寂寞又一天天地长大起来,如大毒蛇,缠住了……灵魂"。① 这时,默默地支持着鲁迅的,唯有周作人。周作人后来这样回忆他们兄弟俩一起从事翻译工作的情景:"阴冷的冬天,在中越馆的空洞的大架间里,我专管翻译起草,鲁迅修改誊正,都一点都不感到困乏或是寒冷;只是很有兴趣的说说笑笑,谈论里边的故事……"②周氏兄弟合作的结果是颇为显赫的:先后译出了《红星佚史》(〔英〕哈葛德·安特路朗著)、《劲草》(〔俄〕托尔斯泰著)、《匈奴奇士录》(〔匈牙利〕育珂摩耳著)、《炭画》(〔波兰〕显克微支著)、《黄蔷薇》(〔匈牙利〕育珂摩耳著)等多种著作,③约有三四十万字,自然都是俄国与被压迫民族的文学。而作为兄弟合作里程碑的,则是1909年2月、6月先后出版的《域外小说集》一二册,书印得相当考究,用一种呢布似的厚纸,蓝色的罗纱纸作书面,上面印着德国的图案画:一个穿着希腊古装的妇女在弹着琴弦,背景是光芒四射的朝阳,一只鸟儿正向高空飞翔。题字是陈师曾依照《说文》所写的五个篆文,书的本文也用上好洋纸,装订只切下边,留着旁边不切,可是定价却很便宜,写明是"小银圆二角",即是小洋两角。卷首有序言一篇,断言"异域文术新宗,自此始入华土",气象是阔大的。这自是出于鲁迅的手笔。全书三十七篇中,周作人翻译的约占三分之二,除王尔德、爱伦·坡、莫泊桑等英、美、法作家外,主要是俄国及北欧、东欧等弱小民族作家,计有:契诃夫、迦尔洵、安特莱夫、梭罗古勃、安徒生、显克微支、哀禾等人。

---

① 鲁迅:《呐喊·自序》,收《鲁迅全集》第1卷,第417页。
② 周作人:《知堂回想录·七八,翻译小说(下)》,第211页。
③ 《红星佚史》,上海商务印书馆1907年11月第1版;《匈奴奇士录》,商务印书馆1908年9月第1版;《炭画》,上海文明书局1914年4月第1版;《黄蔷薇》,上海商务印书馆1927年8月第1版;《劲草》未出版,原稿佚失。

1920年3月,《域外小说集》新版时,鲁迅在序言中说:"我们在日本留学时候,有一种茫漠的希望,以为文艺可以转移性情,改造社会的,因为这意见,便自然而然地想到介绍外国新文学这一件事。"这大抵也代表了周作人的意思。但也仅是大抵而言,周氏兄弟在合作中仍然存在着某些差异。据周作人回忆,"住在伍舍里与鲁迅两个人,白天逼在一间六席的房子里,气闷得很,不想做工作,因此与鲁迅起过冲突。他老催促我译书,我却只是沉默地消极对付,有一天他忽然愤激起来,挥起他的老拳,在我头上打上几下,便由许季茀(按,即许寿裳)赶来劝开了。"①恐怕不能简单地把周氏兄弟的冲突归之于彼此性情的不同,无论是鲁迅的急躁,还是周作人的懒惰。鲁迅曾把译书比作普罗米修斯的"偷火",他是将其视为严肃的事业,将自己的整个生命都投入其中的。对国家、民族、社会以至学术、文学本身的强烈责任感、使命感,使他不仅不断地催促周作人,更用鞭子无情地抽打、督促着自己,把别人和自己都弄得很苦。周作人曾回忆,鲁迅每晚都要在洋油灯下熬夜,看书,写作,"到什么时候睡觉,别人不大晓得,因为大抵都先睡了。到了明天早晨,房东来拿洋灯,整理炭盆,只见盆里插满了烟蒂头,像是一个大马蜂窠,就这上面估计起来,也约略可以想见那夜是相当的深了。"②这里所提供给人们的,正是一个废寝忘食的献身者的形象。对于周作人,他也许并不否认,甚至一定程度也在积极追求译书的社会效果,但他更多的是出于一己的兴趣,他是以兴之所至的态度来从事译作,不可能那么严肃、认真,他只愿自然、自在地过着消闲的生活。③不愿以任何外在的东西——哪怕是译书这样的有价值的思想文化活动——来束缚自己。也许这才是周作人在鲁迅逼迫下常常感到气闷,以致终于消极怠工的更根本性的原因。

然而,周作人的性格是温顺、随和的,尽管偶有反抗,他仍然是服从于长

---

① 周作人:《知堂回想录·八三,邬波尼沙陀》,第223页。
② 周遐寿(周作人):《鲁迅的故家》,第176页。
③ 和鲁迅相反,周作人从不熬夜。周作人说他"不喜'落夜',或云'熬夜'","刚坐到二更便要瞌睡起来了。从前无论舌耕或笔耕的时代,什么事只在白天扰攘中搞了,到了晚饭后就只打算睡觉。枕上翻开旧书,多也不过一册。等到亥子之交,夜读正入佳境的时候已经困足了一大觉。"(《知堂集外文·亦报随笔·夜读的境界》)

兄,把自己的活动纳入到鲁迅所从事的启蒙事业中——至少说,在日本时期是如此。

三、初试锋芒

于是,又有了周氏兄弟在《河南》杂志上的协同作战。

大约在1907—1908年间,鲁迅与周作人以《天义报》与《河南》等杂志为阵地,发表了一批文章,其中鲁迅《人之历史》(载1907年12月《河南》1号)、《摩罗诗力说》(载1908年2月与3月《河南》2、3号)、《文化偏至论》(载1908年8月《河南》7号),周作人《论俄国革命与虚无主义之别》(载1907年11月《天义报》11、12期合刊)、《论文章之意义暨其使命因及中国近时论文之失》(载1908年5月、6月《河南》4、5号)、《哀弦篇》(载1908年《河南》9号)等,在当时虽然并没有引起多大社会反响,但却都是中国现代思想史与文学史上的重要文献。应该说,这是一次有目的、有计划地显示力量的集体行动(鲁迅的好友许寿裳也与之配合,在《河南》上发表了《兴国精神之史曜》一文,署名"旒其",这是鲁迅提议的笔名,是俄文"人"的意思)。①周作人把这些文章称之为《新生》的甲编,是很有道理的。②

重要的是,周氏兄弟终于在中国现代思想文化领域发出了自己的独立的声音。在此之前,他们仅是严复、梁启超、章太炎等人的学生而已。

当然,中心意识仍然是鲁迅的。鲁迅的"立人"思想像一根红线贯串于这一时期鲁迅、周作人以及许寿裳的文章中。周作人在他的《读书杂拾(二)》③里与鲁迅的《文化偏至论》相呼应,把批判锋芒指向"重物质而轻精神"的倾向:"中国比来人多言学,顾竞趋实质,凡有事物非是以私用厚生效可立待者,咸弃斥而不为……虽然明达之士于物质之足蚀精神亦既有知者,

---

① 周作人晚年在谈到当时向《河南》投稿情况时说:"我们投稿其目的固然其一在于发挥文学上的主张,其二则重在经济,冀得稿费补助生活。"(《致吴海发信》,载《鲁迅研究动态》1987年第9期)
② 周作人:《知堂回想录·八一,河南——新生甲编》,第217页。
③ 载《天义报》第8、9、10期合刊。

而或乃仍斥文章为小道,此故亦惑也","吾观中国,比走挈挈于实业工商者众,窃深为寒心也"。在《哀弦篇》里,周作人又与鲁迅《摩罗诗力说》、《文化偏至论》持同一立场,呼唤先觉者的出现:"诗人者,国之先知,以预言诏民,而民听之……是故民以诗人为导师,诗人亦视民如一体,群己之间,不存阻阂,性解者即爱国者也。"周作人《论文章之意义暨其使命因及中国近时论文之失》这篇皇皇大文,更是将这一时期鲁迅和他自己的文艺观系统化,提出了一个"改造民族灵魂"为中心的文艺思想体系,强调"文章者,国民精神之所寄也","文章或革,思想得舒,国民精神进于美大,此未来之冀也",这显然是把鲁迅"立人"思想具体化了。而周作人由此而引出的对以孔孟儒学为中心的封建传统文化的批判,则尤其值得注意。周作人在《论文章之意义暨其使命因及中国近时论文之失》中,指斥"孔子以儒教之宗,承帝王教法……夭阏国民思想之春华,阴以为帝王之右肋。推其后祸,犹秦火也",因而大声疾呼:文章改革,思想解放,"其术无他,亦惟夺之一人,公诸百姓而已",必"摈儒者于门外"。这在反封建的根本方向上自然是与鲁迅一致的,而其激烈的程度甚至超过了鲁迅。如此看来,这一时期周作人虽然与实际政治活动保持一定距离,但仍保留着一个彻底的民主主义者、急进的思想家的品格。这种将思想与政治实践分离的倾向,几乎决定了以后周作人在中国思想文化界所要扮演的角色。

  鲁迅、周作人发表文章的阵地——无论是《天义报》,还是《河南》,都是具有无政府主义倾向的刊物。这个事实使我们注意到在当时的日本留学生界,以至日本思想界,无政府主义思潮的广泛影响。有关材料告诉我们,20世纪初,刚刚建立的第一个日本社会主义政党——社会民主党内曾展开过以片山潜、田添铁二为首的议会政策派与幸德秋水为代表的无政府主义派的论争。周作人来日本时,曾受做革命运动的朋友孙竹丹之托,带去了一把黄砂的茶壶和一件羊皮背心,送给宫崎寅藏。鲁迅曾因此与宫崎两次会见,其中一次就在日本社会主义者所办的平民新闻社内,并买了一套《社会主义研究》。据周作人说,"当时通称社会主义的共产主义的经典是马克思的《资本论》,因为是以经济立脚的,一般的青年学生都感觉不易懂。倒是不大科学的,多有空想的无政府共产主义比较的更有吸引力。因此,幸德秋水(传次郎)和大杉荣的势力,在学生中间也就比堺枯川为大。"① 就是在中国留学生中,无政府主义思潮也是颇具吸引力的。在中国知识分子思想发展道路中,无政府主义常常起了很重要的桥梁作用,成为知识分子接受新思潮的一个开端,或者说,在各种新思潮纷至沓来之时,对知识分子最具有诱惑力的,往往是无政府主义。鲁迅与周作人也不例外。1907 年 11 月,周作人曾奉鲁迅之命,在《天义报》上发表《论俄国革命与虚无主义之别》一文,为虚无主义(也即无政府主义)辩护。文章指出:"混虚无主义于恐怖手段,此大误也。"为此,周作人作了索本求源的工作,指出虚无主义一语"始见于都介涅夫名著《父与子》中,后遂通行,论者用以自号,而政府则以统指畔人"。② 周作人强调,"虚无主义纯为求诚之学,根于唯物论宗,为哲学之一枝,去伪振敝,其效至溥","俄国世事以来,家庭专制极重,盖以久用奴制,积习甚深,莫可挽救,有虚无主义起,将冲决而悉破之"。这里,周作人与鲁迅显然是将无政府主义(虚无主义)作为反封建专制主义的思想武器来理解与接受的。

  人们往往将无政府主义视为铁板一块,而不注意无政府主义不同派别之间的差异,这是不正确的。作为无政府主义发源地的欧洲本土,无政府主义就先后分为三个派别,一是施蒂纳(Stirner)和蒲鲁东(Proudhon)的无政府个人主义,一是巴枯宁(Bakunin)的无政府工团主义,一是克鲁泡特金(Kropotkin)的无政府共产主义。在 20 世纪初中国留日学生中影响最大的是无政府个人主义与无政府共产主义。著名的早期无政府主义者刘师培就曾经作过这样明确的划分:"无政府主义虽为吾等所确认,然于个人无政府主义不同,于共产、社会二主义,均有所采。惟彼等所宣无政府,在于恢复人类完全之自由;而吾之言无政府,则兼重实行人类完全之平等。盖人人均平等,则人人均自由。固社会主义之仅重财产平等者不同,亦与纵乐学派之主张个人自由者不同也。"③

  饶有兴味的是,周氏兄弟恰好在无政府主义两大派别中,作出了不同的

---

  ① 周作人:《知堂集外文·四九年以后·鲁迅与社会主义者》,第 602~603 页。
  ② 后来鲁迅在《马上支日记》里说得更明确:"虚无主义……是都介涅夫给创立出来的名目,指不信神,不信宗教,否定一切传统和权威,要复归那出于自由意志的生活的人物而言。"
  ③ 刘师培:《无政府主义之平等观》,载 1907 年 7 月、8 月、9 月《天义报》第四、五、七期。

倾向性选择。

鲁迅无疑是倾心于施蒂纳的无政府个人主义的。他在《文化偏至论》中热烈地赞颂施蒂纳(鲁迅译为"斯契纳尔")与尼采(鲁迅译为"尼佉")、克尔凯郭尔(鲁迅译为"契开迦尔")等同为"神思宗之至新者"、"先觉善斗之士"。他说:"德人斯契纳尔乃先以极端之个人主义现于世。谓真之进步,在于己之足下……自由之得以力,而力即在乎个人,亦即资财,亦即权利。故苟有外力来被,则无间出于寡人,或出于众庶,皆专制也";鲁迅同时尖锐地批评了"使天下人人归于一致,社会之内,荡无高卑"的社会平等观,以为其结果必然是"夷峻而不湮卑,若信至程度大同,必在前此进步水平以下……风潮剥蚀,全体以沦于凡庸"。鲁迅思想的重心显然在强调个人的自由意志,而于施蒂纳的"惟一者"——不承认"除我以外的任何其他的权利来源",不论是上帝、国家、自然、人、神权、人权等等,有着强烈的共鸣。

周作人则更醉心于克鲁泡特金。这一时期周作人翻译了克鲁泡特金《西伯利亚纪行》(载1908年10月10日出版的《民报》24期)。他发表在《天义报》上的《论俄国革命与虚无主义之别》一文中就摘引了克鲁泡特金《一个革命者的自叙》里的许多材料。这样,周作人就成为克鲁泡特金的理论在中国最早的传播者之一。周作人后来在总结这一时期的思想时,列举对自己最有影响的思想家与文学家,最先举出的就是"旧公爵而信无政府主义"的克鲁泡特金。① 他说:"克鲁泡特金的著作我也读过《面包的获得》等,又从《在英法狱中》一书译出一篇《西伯利亚纪行》,登在《民报》第24期上……我最喜欢的还是别的两种,即《一个革命者的自叙》与《德国文学的理想与事实》。"② 克鲁泡特金强调人的本能是互助的、性善的,他从互助进化的观点出发,鼓吹建立无政府共产主义社会。他的中国信徒就公开宣扬:"无政府则剿灭私产制度,实行共产主义,人人各尽所能,各取所需,贫富之阶级既平,金钱之竞争自绝。此时生活平等、工作自由,争夺之社会,一变而为协爱"的社会。③ 这种主张"社会协爱",具有浓厚的空想社会主义色彩的理论,

---

①② 周作人:《关于自己》(1937年7月22日),收《周作人集外文》下集,第507、509页。
③ 师复:《无政府浅说》,载《晦鸣录》第1期,收《无政府主义在中国》,湖南人民出版社,第242~243页。

与具有温和个性的周作人一拍即合。周作人在他的文章中引人注目地从不提及施蒂纳,并且表示"不喜欢演剧式的东西",尼采"那种格调与文章就不大合我的胃口"。① 周作人不满的可能不只是"格调与文章"。尼采以及与他类似的施蒂纳思想中对于个人主观意志的极端强调,"刚愎主义",不惜"偏于一极",②这当然不合"庶得中庸"的周作人的胃口。鲁迅在《文化偏至论》中曾说:"明哲之士(按,当时指尼采、施蒂纳等人)……知古人所设具足调协之人,决不能得之今世,惟有意力轶众,所当希求。"与这一论断相反,周作人在这一时期所写的文章里,所反复强调的,正是人的物质与精神、情与理的"协调"、全面发展,所谓"人生之始,首在求生,衣服饮食居处之需,为生活所必取","适文明渐进,养生既全","而神明之地欻然觉不足,则美术兴焉",所追求的,正是一种毫无偏执的、匀和的生存方式。③ 这与克鲁泡特金的"协爱"在精神上是相通的,甚至可以看作是周作人在五四时期所提倡的新村运动的先声。

四、师友之间

当时在东京,实际上已经形成了一个以鲁迅为中心的文人圈子。早在1907年11月,由鲁迅的革命朋友陶望潮发起,周氏兄弟与许寿裳、陈子英、汪公权④一起学习俄文,算是一次集体行动。教员是因参加革命而亡命日本,名叫密玛理亚孔特夫人的俄国女人,学生大都是倾向革命的,学习目的也很明确:正如周作人所说,"我们学俄文为的是佩服它的求自由的革命精神及其文学",⑤因此,这次学习,政治色彩是十分浓重的。看来周作人并非其中的积极推动者,他是随大流的。因此,俄文班最后中途夭折,俄文学习

---

① 周作人:《瓜豆集·关于鲁迅之二》,第171页。
② 鲁迅:《坟·文化偏至论》,收《鲁迅全集》第1卷,第50、55页。
③ "中庸"、"匀和"、"折中"、"持平"、反"极端"、反"失衡",以及反"偏倚"等等,都是周作人在《论文章之意义暨其使命因及中国近时论文之失》一文中反复使用的概念。
④ 汪公权系刘师培的亲戚,后在上海为同盟会人所暗杀,是陶望潮拉来的。
⑤ 周作人:《知堂回想录·七九,学俄文》,第214页,按周作人在《关于鲁迅之二》中回忆说:"那时日本翻译俄国文学尚不甚发达……每月初各种杂志出版,我们便忙着寻找,如有一篇关于俄国文学的介绍或翻译,一定要去买来,把这篇拆出保存。"

中途而废，在周作人都似乎无所谓，后来提起此事，他也用"散伙了事"四字一笔带过。

真正引起周作人兴趣，并对他产生了影响的，还是第二年（1908年）夏，集体往民报社听章太炎先生讲课。

周作人早在南京读书期间，就因为《苏报》案对章太炎产生了钦慕之情，但他当时主要还是梁启超、严复的学生。据周作人回忆，到了东京以后，开始大家仍然十分看重严复，"直到后来……看见《民报》上章太炎先生的文章，说严几道的译文'载飞载鸣'，不脱八股文习气，这才恍然大悟，不再佩服了"①。这是由梁、严转向章太炎的开端。

事实上，日本时期的鲁迅、周作人，是处于章太炎的强大影响下的。无论是"重个人，张精神"思想的形成，还是对于无政府主义（虚无主义）思潮的关注，都或多或少、或明或暗地从章太炎那里接受过启示。据周作人说，他发表在《民报》二十一期的斯谛普虐克的小说《一文钱》是经过章太炎先生亲笔修改的。那么，在去民报社听讲前，周作人即已与章太炎相识，介绍人应该是周作人与鲁迅的住宿地中越馆、伍舍的常客龚未生，他是章太炎的女婿。据周作人说，太炎先生还通过龚未生，请周作人根据德人德意生（Deussen）的《吠檀多哲学论》的英译本，翻译印度的奥义书。② 周作人建议直接译邬波尼沙陀本文，由他自己口译，太炎先生笔述，先生亦欣然赞同。可惜后来因迁延而未能实现，周作人失去了一次与太炎先生合作的机会，是引为终生憾事的。

但终于有了亲聆教诲的机会，事情是由鲁迅发动的。当时章太炎在东京一面主持同盟会的机关报《民报》，一面办国学讲习班，借神田地方的大成中学讲堂定期讲学，在留学生界很有影响。鲁迅与许寿裳和龚未生说起，想听章先生讲书，怕大班太杂沓，龚未生遂与太炎先生商量，每星期日午前在民报社另开一班，先生也欣然应允。前往听讲的，除"伍舍"的周氏兄弟、许寿裳、钱家治外，自然有龚未生，闻讯赶来参加的还有钱夏（后改名玄同）、朱

---

① 周作人：《鲁迅的青年时代·鲁迅与清末文坛》，中国青年出版社1957年3月第1版，第77页。
② 周作人：《知堂回想录·八三，邬波尼沙陀》，第222页。

第三章 第二故乡——在日本
（1906.6—1911.秋）

希祖、朱宗莱，一共八人。民报社在小石川区新小川町，一间八席的房子，当中放了一张矮桌子；先生坐一面，学生围着三面听。用的书是《说文解字》，一个字一个字地讲下去，有的沿用旧说，有的发挥新义，文字学本来是很枯燥的，太炎先生讲起来，却很有趣味。例如，说"鬼"字，先生意鬼头即是死人头颅，学生中遂有人附会谓厶字即像零星骨殖，先生亦不反对。过后细想先生之说也自有道理：古时鬼的观念当是具体的，与后世说魂说气不同，所以可能最初即是死人或枯骨，鬼字形象足以当之，各民族原始图画中多以枯骸表示死神，可为旁证。① 中国文字中本来有些素朴的说法，太炎先生也便笑嘻嘻地加以申明。如卷八尸部中"尼"字，据说原意训䢉，即后世的"昵"字，而许慎"从后近之也"的话很有点怪里怪气，这里也就不能说得更好，而且又拉扯上孔夫子的"尼丘"来说，所以更显得不大雅驯了。据说太炎先生爱发脾气，那是对着有钱有势的阔人的；对于青年学生却是很好，随便谈笑，同家人朋友一般。夏天盘膝坐在席上，光着膀子，只穿一件长背心，留着一点泥鳅胡须，笑嘻嘻地讲书，庄谐杂出，看去好像是一尊庙里的哈喇菩萨。课余休息时，太炎先生常说些闲话，有时也发妙论，使满座皆惊。一次突然对弟子讲起他对法律的意见，据他说旧刑律对于盗窃罪的判罪以所偷多少为标准，这是很不公平的。因为这只是为富人的利益着想，于道理上也说不通，所以他主张论赃应以失主的财产为比例，假如他只有一百块钱，被偷了五十便是损失百分之五十，但是有百万家财的被偷去一万元，那只是百分之一，比偷五十元的罪要轻得多。弟子们听了这话都觉得有理，却不知道是否真的行得通，因为都不是学政法的，也就不能赞一辞，只得姑妄听之——先生的本意也在姑妄说之。先生又常对人们只知请他讲学表示不满，一再十分认真地对弟子们说，你们不知道我，我所长的是在谈政治。弟子们对他这方面的著作，特别是发表在《民报》上的，都热心地读过，也没有什么反对，不过心里还是觉得老夫子的伟大第一是反满清，其二是有学问，实在看不出他有多大的政治才能。②

先生也很民主，讲课、闲谈时，常要学生发表意见。最喜欢发言的自然

---

① 参看周作人：《知堂集外文·亦报随笔·鬼头》，第166～167页。
② 周作人：《知堂集外文·亦报随笔·章太炎的法律》，第41页。

是钱玄同,他常常当着先生面,打开他的"话匣子"(这是后来同窗们送给他的一个别号,形容他话多而急的状态),就不知停歇,而且指手画脚的,仿佛是在坐席上乱爬,鲁迅、许寿裳便给他起了"爬来爬去"的雅号。后来据钱玄同自己说,他有时和太炎先生谈论,在大家散了之后仍旧不走,谈到晚上便在《民报》社里住宿,接着谈论。谈什么呢?无非是文字复古的方法。太炎先生与钱玄同都主张名物云谓,凡字必求其"本字",并且应该用最正确的字体把它写出来。这可是个难题,因为当时甲骨文还未发现,钟鼎文又是太炎先生所不相信的。临了太炎先生提出用小篆的办法。但这也有问题:小篆见于《说文》的字数太少,又照例不能用偏旁凑合自己来创造。后来经过苦心研究,钱玄同总算是写出一部"小篆精写"的周文之(沐润)的《说文窥管》,"其中犹有阙字未补,误字未正",一部楷体篆书的太炎先生的《小学答问》,一部《新出三体石经考》(收入《章氏丛书》续编),太炎先生特地手书题跋其后云:"吴兴钱夏,前为余写《小学答问》,字体依附正篆,裁别至严,胜于张力臣之写《音学五书》"①——不过,这已经是三十年后的事了。

《说文解字》讲完以后,还讲《庄子》,周作人却不大记得了,也许他只听讲《说文》,以后就没有去吧。周作人晚年说起此事时,并不感遗憾。他说:"这《庄子》的讲义,后来有一部分整理成书,便是《齐物论释》,乃是运用他广博的佛学知识来加以说明的,属于佛教的圆通部门;虽然是很可佩服,不过对于个人没有多少兴趣,所以对于没有听这《庄子》讲义并不觉得有什么懊悔。实在倒还是这中国文字的知识,给予我不少的益处,是我所十分感谢的。"②认真说起来,给周作人以深刻影响的,还是渗透在太炎先生讲学中的复古精神。周作人曾听钱玄同或龚未生说起,太炎先生居东京时,每早听外边卖鲜豆豉的呼声,总要对弟子们说:"这是卖什么的?natto,natto,叫得那么凄凉!"③这件事,给周作人留下了很深的印象。以后周作人说,这卖鲜豆豉的呼声,与北京寒夜深更卖硬面饽饽的叫卖声十分相近,而那凄凉的声声叫唤,最能引起抱有亡国之恨的游子的共鸣。周作人又听说,钱玄同的哥哥钱

---

① 参见周作人:《钱玄同的复古与反复古》,文收《知堂集外文·四九年以后》,第607~608页。
② 周作人:《知堂回想录·八〇,民报社听讲》,第216~217页。
③ 周作人:《夜读抄·〈一岁货声〉之余》,第59页。

第三章　第二故乡——在日本
（1906.6—1911.秋）

念劬与夏穗卿先生在东京街上走路，看见店铺招牌的某文句或某字体，常指点慨叹，谓犹存唐代遗风，非现今中国所有。周作人本人也有类似的体验，当中国留学生在日本的日常生活中，发现自己民族已经失去了的古风犹存时，是不能不勾起思古之幽情的。这种复古情绪与民族主义思潮交织在一起，几乎支配了当时的日本中国留学生界。早在1903年《浙江潮》上就有人著文宣称："今日者，民族主义发达之时代也，而中国首当其冲，故今日而再不以民族主义提倡于吾中国，则吾中国乃真亡也。"[①]周作人自己也说，他"读了《新民丛报》、《民报》、《革命军》、《新广东》之类，一变而为排满（以及复古），坚持民族主义者计有十年之久"[②]。而民族主义当时有双重意义，对外是反对帝国主义侵略和奴役，对内则是反对清朝统治者对于汉族及其他民族的压迫与统治，以及其所实行的"宁赠友邦，不与家奴"的卖国主义政策。"外抗列强"与"内覆清廷"就成为当时民族主义的两大口号。正是在"反清"旗帜下，一些汉族知识分子产生了"恢复汉族统治正统"的幻想。章太炎就是在这样的背景下，提出了"光复"的口号，声称"吾所谓革命者，非革命也，曰光复也，光复中国之种族也"。1906年章太炎出狱访日，又进一步号召用"国粹""激励种性"，"增进爱国热肠"，亲自主持国学讲习会，以"复古"即恢复汉族传统文化作为反对满清统治的思想武器。这在当时的爱国留学生看来，是顺理成章的事。周作人后来回忆说："我那时又是民族革命一信徒，凡民族主义必会有复古思想在里边，我们反对清朝，觉得清朝以前或元朝以前的差不多都是好的……"[③]在受到章太炎的直接教诲后，周作人在一段时间十分热衷于各种复古的试验。十年后，他在一篇题为《我的复古的经验》的文章里，这样回顾当年的种种努力——

> 最初读严几道、林琴南的译书，觉得这种以诸子之文写夷人的话的办法非常正当，便竭力的学他……随后听了太炎先生的教诲，更进一

---

① 余一：《民族主义论》，收《辛亥革命前十年时论选集》第1卷，下编，三联书店1966年4月第1版，第485页。
② 周作人：《雨天的书·元旦试笔》，第121页。
③ 周作人：《知堂回想录·六七，日本的衣食住（上）》，第179页。

步,改去那"载飞载鸣"的调子,换上许多古字(如踢写作蹋,耶写作邪之类)——多谢这种努力,《域外小说集》的原版只卖去了二十部。这是我复古的第一支路。

　　《新约》在中国有文理与官话两种译本,官话本固然看不起,就是文理本也觉得不满足,因为文章还欠"古",比不上周秦诸子和佛经的古雅。我于是决意"越俎"来改译,足有三年工夫预备这件工作,读希腊文,①预定先译《四福音书》及《伊索寓言》,因为这时候对于林琴南君的伊索译本也嫌他欠古了!——到了后来,觉得圣书白话本已经很好,文理也可不必,更没有改译之必要:这是后话。以上是我的复古的第二支路。

　　以前我作古文,都用一句一圈的点句法。后来想到希腊古人都是整块的连写,不分句读段落,也不分字,觉得很是古朴,可以取法;中国文章的写法正是这样,可谓不谋而合,用圈点句殊欠古雅……因此我就主张取消圈点的办法,一篇文章必须整块的连写到底(虽然仍有题目,不能彻底的遵循古法)……这是我的复古的第三支路。②

　　而且,这种复古的精神,并非周作人个人所独有,大抵同时代同职业的人多有此种倾向。章太炎《说文》班里的同学钱玄同直到辛亥革命前后,还在故乡浙江作《深衣冠服说》,考究古深衣的制度,并且身体力行,自己做了一套,某一天,戴上"玄冠",穿上"深衣",系上"大带"上办公所去,朋友们从此传为笑柄。周作人那一代人年轻时的复古试验,在后来者的眼里,不免觉得可笑,但在当时却是很正经地做着,而且做得很彻底,可谓言行一致。用周作人自己的话说,"我们这样的复古,耗费了不少时间与精力,但也因此得到一个极大的利益,便是'此路不通'的一个教训"③;而那执著的理想主义的追求,更是令人追怀不已的。

---

　　① 1908年秋,周作人进了美国教会办的立教大学,学正统古希腊文,教本用的是怀德的《初步希腊文》,以后是克什诺芬的《进军记》,有时还到与立教大学有关系的'三一学院'听希腊文的'福音书'讲义,这乃那时代的希腊白话义"。

　　②③　周作人:《雨天的书·我的复古的经验》,第115～116页。

第三章 第二故乡——在日本
(1906.6—1911.秋)

大概民报社听讲以后,周氏兄弟、许寿裳这一伙与太炎先生之间就建立起一种朋友般的信任。1908年,章太炎有了为难之处——日本当局借口《民报》编辑换人未报官厅,将报社封门,还判了社长章太炎罚金一百五十元,如过限不交,改处惩役。拖到最后一天,罚金仍无着落。晚上龚未生来到鲁迅、周作人等住的伍舍求助,但大家都是穷官费生,面面相觑,毫无办法。最后还是许寿裳想起,湖北留学生陈某替张之洞经手译印国文会的《支那经济全书》,毕业回去时尚未完了,托他代办,存折上有二三百元钱,为救老夫子之急,只得把这钱暂时移用一下。太炎先生终得免于去做工,大家也为能替老师效劳而感到欣慰。①

周作人最难忘的,还是追随太炎先生学梵文事。那是1909年春夏之间,龚未生突然带来太炎先生的一封信。信面系用篆文所写,其文云:

豫才兄鉴:数日未晤,梵师密史罗已来,准于十六日上午十时开课,此
启明
间人数无多,二君望临期来赴。此半月学费弟已垫出,毋庸急急也。手
书。即颂撰祉。

麟顿首 十四

太炎先生态度如此诚恳,周氏兄弟一时竟不知该说什么好。到了十六日那天上午,周作人如约赶到预定的讲课地点——智度寺,老师也即刻来了,学生就只太炎先生与周作人两人。教师开始在洋纸上画出字母来,再教发音。章太炎与周作人都一一照样描下来,一面念着。可是字形难记,音也难学,字数不多,简直有点弄不清楚。到了中午十二点,停止讲授了,教师另在纸上写了一行梵字,用英语说明道"我替他拼名字",对太炎先生看看,随口念道:"披遏耳羌",太炎先生与周作人相视茫然。教师又重复一遍,周作人这才省悟,忙说道:"他的名字是章炳麟,不是披遏耳羌",可是教师似乎听惯了英文的拼法,总以为那是对的,解释不清楚,只能就此了事。据周作人说,这"一师二徒"的梵文班他只去过两次,因为觉得太难,恐不能学成,所以

---

① 周遐寿(周作人):《鲁迅的故家·民报案》,第172页。

也就中止了。

　　这算是辜负了太炎先生的一片诚意,但周作人却由此对太炎先生有了更深的了解。1936年,太炎先生去世以后,周作人拖了半年之久,勉力写了

1936年9月,周作人、马裕藻、钱玄同、沈士远、朱逷先、沈兼士、许寿裳等太炎弟子合影。(由左至右)

一篇悼念文章,题目就是《记太炎先生学梵文事》,文章最后说——

> 太炎先生以朴学大师兼治佛法,又以依自不依他为标准,故推重法相与禅宗,而净土秘密二宗独所不取,此即与普通信徒大异……且先生不但承认佛教出于婆罗门正宗……又欲翻读吠檀多奥义书,中年以后发心学习梵天语,不辞以外道为师,此种博大精进的精神,实为凡人所不能及,足为后学之模范者也。我于太炎先生的学问与思想,未能知其百一,但此伟大的气象得以懂得一点,即此一点却已使我获益匪浅矣。

　　这就是周作人心目中的章太炎:既"依自不依他",坚持思想独立自主性,又兼收各家,"不辞以外道为师",俨然博大精进的大师气象。

　　这正是:虽不能至,心向往之。

五、婚后

　　1909年大约8月间,周作人与羽太信子结婚。对于周作人的终身大事可惜我们仅能郑重地写上这一句。喜欢谈论自己的周作人,对自己的婚姻,却没有留下一个字。我们也不便多做臆测,只能暂付阙如。

　　我们所知道的是,周作人结婚不久,鲁迅即归国到杭州去教书。据说鲁迅曾对先期回国的许寿裳说:"你回国很好,我也只好回国去,因为起孟将结婚,从此费用增多,我不能不去谋事,庶几有所资助。"①

　　有鲁迅在,处处都仰仗大哥,一切对外交涉,都由鲁迅代办,简直用不着周作人说话。现在,鲁迅走了,什么都得自己操办,而且首先得学日本语——当然,不再是书本上的日本文,而是在"实社会上流动着的语言"。②

　　而且,日本语本身也是在变化着的。据说,开头几年,日本文还比较容易了解,虽然已经不是梁启超提倡"和文汉读法"的时代,只需倒钩过来读便好,但日本语中汉字还很多,没有什么限制,中国人学起来常觉得可以事半功倍。后来就逐渐演变,汉字减少,假名(字母)增多,不再是可以"眼学"的文,而是须要用耳朵来听的话了。

　　"实社会上流动着的语言"存在于何处呢?论理最好是来读现代的小说或戏曲,但这范围很大,不晓得从哪里下手是好。周作人于是下决心到民间世俗文学里去寻觅学习活的日本语的途径。恰好在周作人所住的本乡西片町街尽头的铃木亭正是日本称作"寄席"的杂耍场。闲来到"寄席"去听"落语",便成了周作人的一种娱乐,也可以说是权当作上学吧。"落语"就是中国的单口相声,不过在中国纯是个人间的消遣,杂耍场上不曾听说过有此一项卖技,它为士大夫所不齿,复不见著录。日本"落语"其初原只是说笑话,供一座的娱乐,及后乃有人在路旁设肆卖艺,又转而定期登台,于是演者非一人,故事亦渐冗长。日本落语家有三游亭与柳家二派,周作人曾见柳家小

---

① 许寿裳:《亡友鲁迅印象记》,收《鲁迅研究学术论著资料汇编》第4卷,中国文联出版公司1986年8月1版,第516页。
② 周作人:《知堂回想录·八七,学日本语(续)》,第233页。

官升高座,俨然如村塾师,徐徐陈说,如讲《论语》,而听者忍俊不禁。也有更为花哨的,这就是黄公度《日本国志》卷三十六《礼俗志三》所记:说话人(落语家之通称)"手必弄扇子,忽笑忽泣,或歌或醉,张手流目,踦膝扭腰,为女子样,学伧荒语,假声写形,虚怪作势,于人情世态靡不曲尽,其歇语必使人捧腹绝倒,故曰落语"。日本关根默庵著《江户之落语》这样描述"落语"之魅力:"一碗白汤,一柄折扇,三寸舌根轻动,则种种世态人情,入耳触目,感兴觉快,落语之力诚可与浴后的茗香熏烟等也。"对于周作人,自然别有一种意义:他在轻松的娱乐休息中,既欣赏了日本口语的表现力,又感悟到世态人情中日本文化的神韵。①

从"落语"中,周作人惊喜地发现了日本民情与语言文字中的谐趣。这在中国本不缺乏,却被道学家们几乎摧毁殆尽。在周作人看来,诙谐的风趣的缺匮,是人性(民性)"不健全的一个征候",也是"道学与八股把握住了人心的证据"。②他于是更自觉地去寻找日本文化中的谐趣,又发现了"川柳"与"狂言"。"川柳"产生于近世的江户时代,算起来也有二百多年的历史,与"落语"的起源几乎同时。"川柳"是七五七音组成的日本的讽刺诗,其特点是"注重诙谐味及文字的戏弄",③它的趣味有一半在诗形上面,倘若只存意思而缺了形式,便失了特色。周作人选中它来学日本语,是明智的。据周作人说:"好的川柳,其妙处全在确实地抓住情景的要点,毫不客气而又很有含蓄地投掷出去,使读者感到一种小的针刺,又正如吃到一点芥末,辣得眼泪出来,却霎时过去了,并不像青椒那样的粘缠。'川柳'揭穿人情之机微,根本上并没有什么恶意,我们看了那里所写的世相,不禁点头微笑,但一面因了这些人情弱点,或者反觉得人间之更为可爱"④,常在破颜一笑之后,又感到一种淡淡的哀愁,这就是所谓"有情的滑稽"吧。"狂言"是日本中古的民间喜剧,这时正相当于中国明朝。据说"狂言"与"能乐"(其剧本脚本即是谣曲)同出于中国的"散乐"(到日本讹传为"猿乐"),又受元曲若干影响。"能乐"多悲剧,"狂言"则只取"猿乐"中较为轻松诙谐的内容,在演"能乐"的时候,在两个悲剧中间演出,且多用当时的口语。观看"狂言"表演,周作

---

①② 周作人:《风雨谈·日本的落语》,岳麓书社1987年7月长沙第1版,第89、92页。
③④ 周作人:《谈龙集·日本的讽刺诗》,第115页。

第三章 第二故乡——在日本
（1906.6—1911.秋）

人很容易地就联想起他故乡的目连戏，自然有一种亲切感。"狂言"所表现的下层人民的价值、审美判断每每与社会俗见相反，这是周作人所特别感兴趣的。他曾在好几篇文章里指出，"'狂言'中的公侯率皆粗俗"——侯爷出去赏花，学做吟诗，却全都搞错了（《侯爷赏花》）；"僧道多堕落"——和尚们都由名僧变成了秃贼，大抵因为犯了色戒，被徒弟揭发，弄得下不了台（《骨皮》等）；"鬼神亦被玩弄欺骗"——蓬莱岛的鬼过节时到人间来，迷恋女人，被骗去了一切宝贝，末了给豆子打了出来（《立春》）。甚至连中国传说中凶狂得令人生畏的雷公，在"狂言"里也显得滑稽可笑：从空中失脚落地，跌坏了腰骨，庸医给他打针，疼得啊啊地叫唤，这才能够飞上天去（《雷公》）……"狂言"虽多有滑稽成分，但趣味淳朴而且淡白，没有陷入俗恶，日本民间文学这种壮健特质是周作人最为欣赏的，这也正与他从小养成的平民趣味相契合。

从欣赏民间文学里的滑稽趣味开始，周作人进而转向对日本文人文学中的"俳谐"的关注。他时常去买新出版的杂志来看，也从旧书地摊上找些旧的来，随便翻阅。"俳谐"乃是"俳谐连歌"的缩称，将短歌的三十一音分作五七五及七七两节，由两个人各作一节，连续下去，其中常含有诙谐的意思。后来觉得一首连歌中间，只要发句，即五七五的第一节，也可以独立成诗，是为俳句。这些弄俳谐的人所写的文章，又称俳文。这样，俳谐连歌、俳句、俳文，就成为一种"俳谐体"。其实，俳谐的名称倒是出于中国。《史记·滑稽列传·索隐》云："姚察云，滑稽犹俳谐也"，杜甫集中也有"戏作俳谐体遣闷二首"之说。俳谐体，无论诗歌、散文，最大特点是"用常语写俗事"，用周作人的说法，便是"自由驱使雅俗和汉语，于杂糅中见调和"。周作人的兴趣确实首先在其语言特色，然后通过语言而进入其内蕴，即是周作人所说的"俳境"。周作人将其归结为高远清雅的俳境，谐谑讽刺，以及介于这中间的蕴藉而诙谐的趣味。周作人尝在日本俳句大师松尾芭蕉与谢芜村的作品，正冈子规、永井荷风、户川秋骨、岛崎藤村、文泉子、谷崎润一郎等的俳文随笔中，反复体验、吟味其中的俳境禅趣，陶醉其间，几不能自制。他忘情地写道：文字"那么和平敦厚，而又清澈明净，脱离庸俗而不显出新异"，[①]"纵然飘

[①] 周作人：《立春以前·明治文学之追忆》，第74页。

逸幽默,里边透露出诚恳深刻的思想与经验。自芭蕉、一茶以至子规,无不如此"。① 直觉告诉他:他正由此而进入日本文化的殿堂。

周作人说过:"对于东京与明治时代,我仿佛颇有情分,因此略想知道它的人情物色,延长一点便进到江户与德川幕府时代。"②于是,周作人进而为江户德川时代的浮世绘所吸引。帮助周作人最初认识浮世绘的是宫武外骨主编、雅俗文库发行的杂志《此花》。据周作人介绍,宫武外骨是明治大正时代著述界的一位奇人,其刊物多木刻插画,涉及笔祸史、私刑类纂、赌博史、猥亵风俗史等,其中《川柳语汇》即是周作人了解川柳的入门书。宫武外骨编的《此花》是专门介绍浮世绘的月刊,陆续出了两年,又编刻了好些画册。尽管能够看到的大多是复刻本,也已经使周作人觉得够有趣味的了。浮世绘的多种形式——线画、着色画、木刻画,唤起了周作人童年时代的美好回忆。当年他在鲁迅影响下,也曾沉迷于中国民间剪纸、木刻艺术之中。现在吸引周作人的,除了这些浮世绘的画家离开了正统画派,艺术上自成一家外,还在于所画的市井风俗:背景是市井,人物多是女人,除了一部分画优伶面貌外,女人又多以妓女为主,因此一看浮世绘,便总容易牵连想到吉原(东京公娼所在地)游廊——周作人所醉心的"落语"、"川柳"与吉原的关系也同样密切。周作人注意到,浮世绘的画面尽管很是富丽,色彩也很艳美,但里边常有一抹暗影。这一发现,使周作人似乎又进入了俳境,而且他隐隐觉得,这与中国传统艺术似乎存在着某种神似。直到后来,周作人有机会读到了俳文大家永井荷风的《江户艺术论》第一章"论浮世绘之鉴赏",才恍然大悟。永井荷风是这样写的——

> 我反省自己是什么呢? 我非威耳哈伦似的比利时人,而是日本人也。生来就和他们的运命及境遇迥异的东洋人也。……使威耳哈伦感奋的那滴着鲜血的肥羊肉与芳醇的蒲桃酒与强壮的妇女之绘,于我有什么用呢? 呜呼,我爱浮世绘。苦海十年为亲卖身的游女的绘姿使我泣。凭倚竹窗茫茫然看着流水的艺妓的姿态使我喜。卖宵夜面的纸

---

① 周作人:《苦竹杂记·〈冬天的蝇〉》,第3页。
② 周作人:《苦口甘口·我的杂学》,第81页。

第三章 第二故乡——在日本
(1906.6—1911.秋)

灯,寂寞的停留着的河边的夜景使我醉。雨夜啼月的杜鹃,阵雨中散落的秋天树叶,落花飘风的钟声,途中日暮的山路的雪,凡是无常,无告,无望的,使人无端嗟叹此世只是一梦的,这样的一切东西,于我都是可亲,于我都是可怀。

永井荷风这段话大概当年是使周作人很震动了一下的,给他留下的是终生难忘的印象,以至在文章中不断引用,晚年写《知堂回想录》时也不厌其烦地前后抄了两遍。周作人是有理由这样做的,因为永井荷风对浮世绘绘画意境的描述,高度提炼出了日本文化、中国文化以至东方文化的精神。这里所表现的人与人的关系,人与自然的关系,关于生命价值、人生意义的哲学思考,寂寞的、幽玄的、凄苦的、梦一般的,却又流泻着内在情热的意境,以及泣、喜、醉、叹、亲、怀的情感心绪,都是东方式的。周作人用"东洋人的悲哀"来加以概括,这表现了生活于绵绵无尽的历史与现实的苦难中的东方人悲天悯人的忧患意识,以及在无常、无告、无望中执著追求的现世精神与韧性力量。想来周作人在得出"东洋人的悲哀"这一概念时,他会感到一阵无以言传的喜悦:在他心目中,日本文化的整体面貌逐渐清晰起来;另一面,在与中国文化、东方文化的交融中,又不免有些面貌模糊,仿佛这既清晰又模糊的图景正是周作人所追求的。

周作人对日本文化的这种感觉、印象,在他阅读日本当代文学作品时,又进一步得到加强与丰富。据周作人说,他刚到日本在伏见馆下宿时,就看到鲁迅陆续买来夏目漱石的著作单行本《我是猫》(上册)、《漾虚集》及《鹑笼》。当时东京《朝日新闻》正在连载夏目漱石的《虞美人》,为了先睹为快,就把平时常看的学生报《读卖新闻》改订为《朝日新闻》,这是周作人接触日本当代文学(即明治时代文学)的开端。但当时的周作人平日里读的仍以英文书为多,对于日本当代文学还未甚了解。当周作人把兴趣转移到日本语言的学习时,他首先注意到的,仍然是夏目漱石的作品。他躲在赤羽桥边的小楼上,偷懒不去上课,悄悄地读夏目的小说。他最爱读的还是《我是猫》与《哥儿》,也常劝学日文的朋友们读,因为这是夏目的早期代表作,描写日本学生生活及社会,可以增加见识的。此番重读,周作人发现夏目的小说具有一种独立的特色,或者可以说是英国绅士的幽默与江户子的洒脱的结合。夏目专攻英文学,通和汉古典,又与正冈子规一起做俳句与写生文,把这一切合用在小说上面,就形成了上述风格,而且使他的文字与口气难得恰好领解——这正符合从口语入手想看看文学作品的周作人的要求。周作人说,他读夏目的书,"可喜的却并不一定是意思,有时便只为文章觉得令人流连不忍放手"。据说,在日本文学中,"夏目而外,这样的似乎很少,后辈中只是志贺直哉有些风味,其次或者是佐藤春夫吧"。① 周作人就曾琢磨过夏目的《哥儿》书名的文字、语气及翻译②:"《哥儿》原题云 Botchan,查其本源盖出于坊,读若 Bo,本是坊巷,转为僧坊,继而居僧坊者称曰坊样,小儿头圆如僧亦曰坊样,由 Bosama 又读作 Bochama,再转为 Botchan,即书名的原语。但 Bochama 一面为对小儿亲爱的称呼,哥儿一语略可相对,但另一面又用以讥笑不通世故者,中国虽亦有公子哥儿之语,但终未能恰好,盖此二语之通俗性相差颇远也"。③ 对日本文字精微处的反复玩味,这在周作人是一种乐趣。他在夏目文字的把玩中,既感受到日本语言的从容与美(鲁迅在《将译〈桃色的云〉以前的几句话》里说:"日本语实在比中国语更优婉"),又领悟到夏目小说独有的低回趣味——里面也同样渗透着"东洋人的悲哀"。

周作人对于夏目漱石同时代的作家森鸥外,也是欣赏其"文章的清淡而腴润,也正是一样的超绝",而作品中透露出的"对于万事总存着游戏的心情","理智的人的透明的虚无的思想",更是引起周作人共鸣的。周作人说,森鸥外著作中,使他注意的还有《性的生活》,发表于文艺杂志《昴》1 卷 7 号(1899 年 7 月),而《昴》杂志正是周作人在日本时常读的。④ 夏目、森鸥外之外,周作人承认,"我的确很受过《白桦》的影响,不过这还是在文艺一方

---

① 周作人:《看云集·〈文学论〉·译本序》,第 150~151 页。
② 周作人在讲日本语言特色时,十分强调"语气":"日本语中特别有一种所谓敬语……他于真正表示恭敬之外,还用以显示口气郑重的程度,在学话的人不免略有困难……(但)这却有很大的好处,因为读者能够从这上面感到人物与事情的状态,可以省去好些无谓的说明。还有日本女人说话也有一种特殊的地方,与男子不一样,在文章的对话中特别有便利,也是别国的言语里所没有的。"(《苦竹杂记·文字的趣味二》)
③ 周作人:《苦竹杂记·〈我是猫〉》,第 176~177 页。
④ 周作人:《谈龙集·森鸥外博士》,第 24~25 页。

面居多"。① 白桦派诸子中,诚如日本研究者山田敬三《鲁迅世界》中所说,"从素质方面讲,周作人十分接近武者小路,而鲁迅则对有岛武郎有着更亲近的感情。"②周作人与武者小路实笃更密切的联系是在五四以后,那已是后话。

以后,周作人在总结他的以学习日本语为中心的这段自学经历时说:学习日本语,"其来源大抵是家庭的说话,看小说,看报,听说书与笑话,没有讲堂的严格的训练,但是后面有社会的背景,所以还似乎比较容易学习。这样学来了的言语,有如一棵草花,即使是石竹花也罢,是有根的盆栽,与插瓶的大理菊不同";他又说:"我看日本文的书,并不专是为得通过了这文字去抓住其中的知识,乃是因为对于此事物感觉有点兴趣,连文字来赏味,有时这文字亦为其佳味之一分子,不很可以分离",他最后总结说,"我的关于日本的杂览既然多以情趣为本,自然其态度也与求知识稍有殊异,文字或者仍是敲门的一块砖头;不过对于砖也会得看看花纹式样,不见得用了立即扔在一旁。"③周作人走的正是这样一条路:怀着探求日本风土人情与语言文字趣味的双重热情,从日本民间俗文学入手,进而研究文人的雅文学,由表及里地深入到日本文化中去。他由此而达到的,是对于日本文化的相当深入、也相当深刻的把握。这几乎是同时代的许多中国留日知识分子不可企及的。周作人被认为是深知日本的"日本通",绝非偶然。

正因为深入了,而不是只看到些皮相,周作人对日本文化的关注点就不再是日本善于吸收外来文化的特点(周作人当然并不否认这一点),而是日本文化自身的独立特色。以后,每谈及日本文化,周作人就要反复强调这一点:"日本古今的文化诚然是取材于中国与西洋,都经过一番调剂,成为他自己的东西,正如罗马文明之出于希腊而自成一家(或者日本的成功还过于罗马),所以我们尽可以说日本自有他的文明,在艺术与生活方面更为显著。"④周作人指出,日本语言也自有独立性,"本来日本语与中国语在系统上毫无

---

① 周作人:《药堂杂文·关于日本画家》,第100页。
② 山田敬三:《鲁迅的世界》,山东人民出版社1983年1月第1版,第168页。
③ 周作人:《苦口甘口·我的杂学》,第88~89页。
④ 周作人:《谈虎集·日本与中国》,第294页。

关系,只因日本采用中国文化,也就借了汉字过去,至今沿用"①,因此,在周作人看来,"日本文中夹着汉字是使中国人不能深切地了解日本的一个障害",就因为它很容易使中国人忽视日本文化(包括日本语言)的独立性,而把它仅仅看作是中国文化(汉语)的附属。周作人总结他的经验,归结为一点,要真正研究、把握日本语言,就"须知道这语言也有他的生命,多少要对于他感到一种爱好与理解"②。对于日本文化,也是如此。爱好与理解的关键在于尊重,尊重日本文化、语言的独立个性。这才是周作人对日本文化(包括日本语言)的把握能够达到如此深度的真正原因。

也正是从尊重异己者——他人、别民族的独立个性出发,周作人才能够对日本文化与外来文化特别是中国文化的相通,作出科学的把握。周作人来到东京,从对日本衣食住的第一瞥的印象,就使他直感到这种相通。现在,当他深入到日本雅、俗文学,日本文化的内蕴以后,这种亲切感就愈加强烈。他说:"大约因为文化相近的缘故,我总觉得日本文学于我们中国人也比较相近,如短歌俳句以及稍富日本趣味的散文与小说也均能多少使我们了解与享受。"③周作人以复古主义的观点来观察日本文化,从中日文化的共同处,他发现了东方文化的神韵。这时,他的眼光已经不局限于中国一个国家,或者中国、日本一两个民族,而注目于作为人类文化组成部分的东方文化。与此同时,周作人又开始学习希腊语,研究作为西方文化起源的希腊文化。他进而发现,希腊文化与日本文化,以至中国文化之间也存在某种契合。正是在这样的背景下,周作人对蔼理斯的如下论断产生浓厚的兴趣:"希腊人曾将不喜裸体这件事看作波斯人及其他夷人的一种特性。日本人——别一时代与风土的希腊人——也并不想到避忌裸体"。周作人由此而产生联想,他说:"我常想,世间鞋类里边最善美的要算希腊古代的山大拉,闲适的是日本的下驮,经济的是中国的南方的草鞋,而皮鞋之流不与也。凡此皆取其不隐藏,不装饰,只是任其自然,却亦不至于不适用与不美观"。④

---

① 周作人:《苦竹杂记·〈和文汉读法〉》,第179页。
② 周作人:《苦竹杂记·关于日本语》,第166、168页。
③ 周作人:《苦茶随笔·与谢野先生纪念》,岳麓书社1987年7月长沙第1版,第106~107页。
④ 周作人:《药味集·日本之再认识》,第239页。

"任其自然",这正是希腊文化、日本文化以及中国远古文化的共同特点。周作人后来还谈到他在日本期间研究希腊文化时,深受哈理孙希腊神话论观点的影响,以为"希腊的民族不是受祭司支配,而是受诗人支配的。结果便由他们把那些粗材都修造成为美的影像了"①。渗透于希腊文化中的对于美的注重,与日本文化中的人情美也有相似之处。② 这就是说,周作人在作为人类文化发源地的希腊与中国,以及深受中国文化影响的日本,都发现了类似的文化特点。这有助于他的"人类文化"概念的形成。周作人于是开始摆脱从一家一乡一国一民族的角度考察文化的局限,而获得了一定程度的超越,这一超越,对于现代知识分子是不可或缺的。他对于日本以及日本文化的感情也就由直观的亲切感上升到一个新的高度——

> 我们去留学的时候,一句话都不懂,单身走入外国的都会去,当然会要感到孤独困苦,我却并不如此,对于那地方与时代的空气不久便感到协和,而且也觉得可喜,所以我曾称东京是我的第二故乡,颇多留恋之意。1911年春间,所作古诗中有句云,远游不思归,久客恋异乡,即致此意。③

在这里,他的出发点,是将日本文化与中国文化作为人类同一文化类型来看待的。他的"故乡"的概念与情感,已经发生了极其微妙的变化:以一种更加宽泛的人类之爱代替了相对狭隘的故乡、民族之爱。尽管这一时期周作人基本上是一个民族主义者,但这种变化对于周作人以后的发展显然是至关重要的。

六、赤羽桥边

1910年,在周作人离开日本前一年,他买了一本书:《远野物语》,日本柳

---

① 周作人:《苦口甘口·我的杂学》,第64页。
② 周作人在《雨天的书·人情之美》中说:"日本国民性的优点据我看……即是富于人情",这也是"使我们对于它的文化感到亲近的地方"。
③ 周作人:《药味集·日本之再认识》,第231页。

田国男著。这是刚出版的新书,共总刊三百五十部。周作人所有的是291号。因为书面略有墨痕,想要另换一本,书店的人说这是编号的,只能顺序出售。这件小事周作人一直没有忘记,直到晚年还津津乐道。最难忘的自然是这本书给周作人指示了民俗学的丰富趣味,尤其是柳田国男强调的"乡土研究",使周作人懂得了,要真正了解一国的文化,必须深入到普通人民生活街头巷尾里去。

1910年11月,周作人全家搬出了本乡区,到了留学生极少的麻布区森元町。直接的原因自然是经济的关系,①柳田国男"乡土研究"的启示,至少也是一个潜在的因素吧。

据周作人说,本乡区在东京呼为"山手",意云靠山的地方,即是高地。西片町更是知识阶级聚居之地,周作人居住的吕之七号,就是夏目漱石曾经住过的。由本乡西片町搬到麻布,虽然不能算是出了乔木,迁于幽谷,但也确实是根本改变了环境:这里更接近平民。周作人打了一个比方,说在本乡居住的时候,似乎坐在二等火车上,各自摆出绅士的架子,彼此不相接谈。在森元町,大家都是火车里的三等的乘客。都无什么间隙,看见就打招呼,也随便地说话。一些市井间的琐闻俗事,也就传了进来:这正是周作人所乐于知道的。

据周作人说,他在森元町过的是"游惰的生活"②,这是一种最适合周作人的生活方式。白天偷懒不去上课(这时周作人名义上仍是立教大学的学生,森元町距立教大学不远)的时候,就躲在小楼上读各种小说;晚饭后,或者到附近三田看夜店,或者上神田、神保町一带逛旧书店。周作人一直珍藏着的日本著名的俳文家文泉子的《如梦记》,就是在三田散步时无意中购得的。周作人恍惚记得,卖这本书的书店是特别卑陋的,似乎只以小学儿童为主顾,于其小书架上不意得见此书,当时是很有些出乎意料的。往神田去须步行到芝公园桥坐电车,终点是赤羽桥。有时白昼往来,即在芝公园桥的前

---

① 周作人说,麻布的房屋比较简陋,前门临街,里边是六席的一间,右手三席,后面是厨房与厕所,楼上三席和六席各一间,但是房租却很便宜,仿佛只是十元日金,比本乡的几乎要便宜一半的样子。

② 周作人:《知堂回想录·九〇,大逆事件》,第245页。

第三章 第二故乡——在日本
（1906.6—1911. 秋）

一站增上寺下车,进了山门,从寺的左侧走出后门,出芝公园就到寓所,这一条路据周作人说,称得起"城市山林",是别有风味的。但是一到傍晚后门就关上了,所以这条路在夜间是不能利用的。周作人在三十多年后写的《留学的回忆》里说:"我对于这几条路不知怎的很有点留恋,这样的例在本国却还不多,只有在南京学校的时候,礼拜日放假往城南去玩,夜里回来,从鼓楼到三牌楼马路两旁都是高大的树,浓荫覆地,阒无人声,仿佛随时可以有绿林豪客蹿出来的样子。我们二三同学独在这中间且谈且走,虽是另外一种情景,却也还深深地记得,约略可以相比也。"

自然,最难忘的,还是这里的人。右邻裱糊工的女儿就很引得周作人的兴趣。她因为与自己的后母不和,渐渐流为"不良少女"。每天午后,胡同里就听见有男子在吹口哨,她便溜出门去,到附近的芝公园里与她的那些男女同志会合。晚上父亲回来,听了后母的诉说,照例来一通大嚷大骂,以至痛打,但有什么用呢?第二天到那时候,口哨又来了,弱小的心灵恍如受了符咒的诱惑,不知不觉间仍旧冲了出去,结果又是一场吵闹。有邻居劝她:"你何妨也规矩点,省得你父亲那样生气呢?"她却笑嘻嘻地回答:"你不知道在外边玩耍是多么有趣呢!"周作人在一旁听见了,觉得很有意思。他想,这日本女孩子的话是值得人们去思索、玩味的。

赤羽桥左边,还有一位理发师。周作人也常去光顾,虽然不曾谈什么天。这位理发师据说也有妻子,却独自住着,店面设备很考究,也颇清净,价格也格外的高。人们都传闻他有神经病,周作人每隔两三星期去理一次发,却也没有发现他有什么异常的行动。但此人性情乖戾与孤独,大概是确定无疑的。周作人把他叫作"畸人",这也算得上市井人物之一吧。

那么,周作人生活在这一群人中间,应该是十分地自如的。可惜那时候写的文章已经没有存留了;晚年周作人写《知堂回想录》时,从故纸中找得一纸,却无题。其文曰:

庚戌秋日,偕内人、内弟重久及保坂氏媪早出,往大隅川钓鱼。经蓬莱町,出驹入病院前,途渐寂静,隘但容车,两旁皆树木杂草,如在山岭间。径尽忽豁朗,出一悬崖上,即是田端。下视田野罗列,草色尚青,屋宇点缀其间，左折循崖而下为大路，夹路流水涓涓然。行未十丈许，雨忽集，以雨具不足，踌躇久之遂决行。前有田家售杂品，拟求竹笠，问之无应者。重久言当冒雨独行，乃分果饵与之使去，而自先归。遂至田端驿，乘电车至巢鸭，欲附马车而待久不至，保坂媪请先行。未几车至即乘之。意媪去未远，留意观之，见前有人折旗负包而行，呼之果媪也。令同乘。至铃本亭前下车，雨已小霁。归家饥甚。发食合取团饭啖之甚旨，其味为未尝有也。未几雨复大至，旁午重久亦返，言至川畔而雨甚，因走至羽太家假伞而归，所持饵壶钓竿，则已弃之矣。是日为月曜，十月顷也。

这已经是地道的日本"写生文"了，虽然周作人自觉幽默味不足。无论如何，周作人是相当的日本化了，或者说他终于找到了自我与日本文化（以及中国传统文化）的契合点：这才是最重要的。

而此次日本之游的最后印象，却在周作人的日本观上留下一层阴影。那是1910年1月24日，周作人正在立教大学赤门前行走，突然听见新闻的号外呼声，买来一看，不觉愕然立定了。报上所载是关于"大逆事件"的裁判与执行的消息。当局以共谋"大逆"（即谋杀天皇）的罪名突然逮捕了具有无政府主义倾向的社会主义者幸德秋水为首的二十四人，其实他们之间并无联系，查获的证物只是洋铁罐和几根铁丝、火药及盐酸少许，却一律处以死刑；次日又由天皇特饬减刑，只将一半人处死，一半减为无期徒刑，以示天恩尚厚。这手段凶恶可憎，也实在拙笨得可怜，周作人为之大为震惊。但它确也赤裸裸地暴露了日本现实生活中反人道的一面，周作人却由此而隐隐感到了日本文化中封建武断专制的阴影。若干年后，他又读到永井荷风在大逆事件后所写的一段话："现在虽云时代全已变革，要之只是外观罢了，若以合理的眼光，一看破其外衣，则武断政治的精神与百年以前毫无所异。"他终于明白：日本，作为一个东方国家，与中国一样背着封建武断政治精神的传统的重负，这使得东方国家的变革不能不是空前艰难的。意识到这一点，周作人感到分外的沉重。这种沉重感使他从理想回到现实，把他记忆中许多美好的印象冲淡了许多……

第四章 "卧治"时期

——在绍兴

（1911. 秋—1917. 4）

一、大风暴里的孤独者

如果不是因为母亲与大哥的催促，周作人也许就在赤羽桥边守着自己的日本夫人，这么一直过着游惰的生活，同时编织着超然于世的梦。

但有一个现实他却不能回避：经济，说白了就是钱。当他写信给鲁迅，说自己打算在日本"略习法文"——他对学习语言的兴趣总是很浓的——时，鲁迅的回答却是："法文不能变米肉"。鲁迅同时告诉他，头一年（1910年）已经将祖宗留下的祭田卖绝，资亦早罄，现在家里已是山穷水尽，无力维持他继续读书了。深爱并深知二弟的鲁迅当然知道用这样的方式击碎他的梦，未免过于残酷，但鲁迅也自有难言的苦衷。他在写给许寿裳的信中谈到此事时说："使二年前而作此语，当自击，然今兹思想转变实已如是，颇自悯叹也。"比起乃弟来，鲁迅更有勇气吞下现实的苦果。

于是，在鲁迅亲自上日本劝说、敦促之后，周作人于1911年9月偕夫人羽太信子回到绍兴。

然而，周作人已经认不得自己的家乡了。那盏写着"汝南周"几个大字的灯笼依然挂在那里，但那昔日消闲的生活、醉人的诗意哪里去了？眼前只是一片败落景象。人们虽还穿着大衫，但不是油污，就是破洞。只听见台门里的年幼的子孙们喊："饿杀哉！饿杀哉！"喊得人们心慌意乱。走过城里的街道,所看见的是矮破的房屋,褴褛的人群,还有那么多的残废人,那么多啼饥号寒、挨打受虐待的孩子。街上打架的,相骂的,女人披头散发,男人互扯辫子,扭结一起,仿佛有什么深仇大恨……

周作人木然地看着、听着这一切。回到家乡,生活在亲人中间,他竟然有一种陌生感。直觉告诉他:他心中的"中国"不在这里——这里太嘈杂、太混乱,也太肮脏、太狭窄;属于他自己的"中国"应该是充满诗意古趣,自由而自然的。在异国的日本,他曾经觅到了它,如今一踏上故土,它就失落了,仿佛被那茫茫的大海吞没。这种心理的错乱给周作人带来惶恐不安,但他又摆脱不了对于相对完整地保存着故国古俗的异土怀念之情的蛊惑……

周作人是如此的沉湎于自我感情矛盾中不能自拔,以致对身边的暴风雨竟至于几乎熟视无睹。就在周作人归国后的第二个月,辛亥革命爆发了,接着浙江省城也起义了,只隔着一条钱塘江的绍兴陷入一片混乱。但周作人连门都没有出,只躲在家里抄整本的刘义庆的《幽明录》。从日本带回的书堆里,翻检出一年前所写《大隅川钓鱼记事》,周作人仿佛又经历了那场始而悠悠、继而滂沱的东京雨……不禁感慨万千,在文后加上一段附记——

居东京六年,今夏返越,虽归故土,弥益寂寥;追念昔游,时有怅触。宗邦为疏,而异地为亲,岂人情乎?心有不能自假,欲记其残缺已自慰焉,而文情不副,感兴已隔。用知怀旧之美,如虹霓色,不可以名。一己且尔,若示他人,更何能感?……

家乡的疏离,他人的不理解,都使周作人感到一种难耐的孤独。怀旧日本不足靠,只能"任其飘泊太虚,时与神会,欣赏其美",聊以自慰罢了。

几天后,周作人夜不成寐,又披衣而起,赋诗一首——

远游不思归,久客恋异乡。
寂寂三田道,衰柳徒苍黄。
旧梦不可道,但令心暗伤。

第四章 "卧治"时期——在绍兴
(1911.秋—1917.4)

此时周作人的心境可谓悲凉已极。

查周作人日记,写上述文章、旧诗的日期是 10 月 22 日与 10 月 28 日。这正是绍兴光复的日子。据三弟周建人回忆,绍兴城内已是一片沸腾——

> 军队很快地上了岸,立刻向城内进发。兵士都穿蓝色的军服,戴蓝色的布帽,打裹腿,穿草鞋,拿淡黄色的枪,都是崭新的。带队的人骑马,服装不一律。有的穿暗色的军服,戴着帽子,有的穿淡黄色的军服,光着头皮……
>
> 这时候是应该睡觉的时候了,但人却越来越多,密密麻麻地站在路的两旁,中间只留一条狭狭的路,让队伍过去。没有街灯的地方,人们都提着灯,有的是桅杆灯,有的是方形玻璃灯,有的是纸灯笼,也有照火把的。在人群中,有老人和小孩,也有和尚。经过法国教堂相近的地方,还有传教士,一手拿着灯,一手拿着白旗,上面写"欢迎"字样……"革命胜利万岁"、"中国万岁"、"共和万岁"口号声此起彼落,人们像喝了醇酒,都兴奋了,陶醉了。①

在热血沸腾的大时代气氛中,冷静如鲁迅者都感到"很有希望"而卷入浪潮之中;相形之下,此刻仍然关在书斋里,与古书做伴的周作人就越发显得孤独了。

周作人也许是鉴于南京时期的经验,对革命实际行动始终是冷漠,或者说是心怀疑虑的。但他也并非对辛亥革命漠不关心,作为一个现代中国知识分子,他当然清楚自己的命运是与中国的变革事业联系在一起的。他一面冷眼旁观,一面思索着。这是拉开距离的观察,自然比陷入其中者要冷静得多。周作人内心深处,对于中国的变革及中国的革命者,始终是怀疑的。早在日本时期,他在写《〈炭画〉小序》时,就暗示中国的许多所谓革新事业,必定是一个"羊头村"——"挂羊头,卖狗肉"而已。即使是陶成章这样很熟悉的革命者,周作人固然佩服他的"要使天下人都有饭吃"的抱负与革命精

---

① 周建人:《鲁迅故家的败落》,第 317 页。

神,从旁看去,却又觉得有些可怕,似乎是明太祖一流的人物。章太炎曾戏称其为"焕皇帝"或"焕强盗",鲁迅也曾与许寿裳评论他说:"假如焕卿一旦造反成功,做了皇帝,我们这班老朋友恐怕都不能幸免",周作人必定是同意这一观察的,他对以后的革命者恐怕也持类似的看法吧?周作人所以没有直接投入辛亥革命热潮之中,应该与此有关:他要"看一看"。他果然看见,光复了的绍兴城在一阵喧闹之后,一切依然如旧。军政分府成立以后,王金发手下的人只知弄权敛钱,其中有三个姓王的尤甚,老百姓失望之余就利用戏文上的句子"可恨三王太无礼"来表达他们的愤懑。教育界更是一团糟,应运而生的"自由党"(即《阿Q正传》里的柿油党)头目做了教育科长,其余人物也是一丘之貉。周作人的思考则更深入一些。他由此而看到了"种业"即传统习惯的历史惰性的可怕力量。于是,他向在他看来是过于乐观了的乡人们发出了如下警告——

  今者千载一时,会更始之际,予不知华土之民,其能洗心涤虑,以趣新生乎?抑仍将仦仦伣伣,以求禄位乎?……当察越之君子,何以自建?越之野人,何以自安?公仆之政,何所别于君侯?国士之行,何所异于臣妾?……国人性格之良窳,智虑之蒙启,可于是见之。如其善也,斯于越之光,亦夏族之福;若或不然,利欲之私,终为吾毒,则是因果相寻,无可诛责;惟有撮灰散顶,诅先民之罪恶而已。……今瞻禹城,乃亦惟种业因陈,为之蔽耳,虽有斧柯,其能伐自然之律而夷之乎?吾为此惧。①

周作人的疑惧是双重的:既忧虑于"智虑之蒙"未启,国民之不觉醒,又担心所谓"公仆"云云,徒有其名,而无所"别于君侯",他把这些都归之于"种业因陈",似乎这是无可改变的"自然之律"。这确乎如周作人后来所说,"大有定命论一派的倾向,虽然不是漆黑一团的人生观,总之是对于前途的不大乐观。"②但人们仍然在周作人的忧虑疑惧中看到一种期待。他自觉意

---

① 周作人:《望越篇》,收《周作人集外文》上集,第117~118页。
② 周作人:《知堂回想录·九五,望越篇》,第266页。

第四章 "卧治"时期——在绍兴
（1911. 秋—1917. 4）

识到,对于积重难返的古老中国,这是一次千载难逢的变革的大好时机。尽管周作人力图使自己冷漠,但他却无法摆脱对于这一代人几乎是与生俱在的使命感。

周作人这篇题为《望越篇》的文章发表在由鲁迅的学生主办的《越铎日报》上,以后周作人还陆续发表了一批文章。其中《民国之征何在》一篇尤值得注意。文章写道——

> 昔秋女士被逮,无定谳,遽遭残贼,天下共愤,今得昭复。而章介眉以种种嫌疑,久经拘讯,亦狱无定谳,而议籍其家。自一面言之,可谓天道好远,且一面言之,亦何解于以暴易暴乎!此矛盾之一例也。更统观全局,则官威如故,民瘼未苏……呜呼!昔为异族,今为同气;昔为专制,今为共和。以今较昔,其异安在?由今之道,无变今之俗。

这是一个令人战栗的发现:"昔为异族,今为同气;昔为专制,今为共和",眼花缭乱的变动中,骨子里根本无变,共和不过是专制的变种,昔为异族的奴隶,今又成了同气的奴隶,中国的历史重又发生了一次循环。这历史循环的发现,与其说是理论上的概括（它显然缺乏理论表述上的准确性）,不如说是周作人的一种直观的感受,但却是相当准确地把握了中国近现代历史的某些实质。① 周作人对"以暴易暴"似乎特别敏感,对于他来说,无论对任何人,施加不受法律限制的暴力,都是对人权的侵犯,是绝对不能允许的。周作人终生坚持这一原则。这对他的政治选择与判断,几乎起了决定性的作用。

显然,周作人的这些发现、感受,连同他的忧虑、疑惧,都是大大超前的。不仅当时大多数沉默的国民不能理解,而且也为同时代先驱者中的大多数（他们还陶醉于胜利的凯歌中）所拒绝,当周作人大声疾呼:"呜呼!于越古国,而今而后,为报仇雪耻之乡耶?为藏垢纳污之地耶?危乎危乎!虽然,

---

① 鲁迅在十多年后的 1925 年也有类似的发现与感受:"我觉得仿佛久没有所谓中华民国。我觉得革命以前,我是做奴隶;革命以后不多久,就受了奴隶的骗,变成他们的奴隶了。我觉得有许多民国国民是民国的敌人。……我觉得什么都要重新做过。"(《华盖集·忽然想到·三》)

往者不可谏,来者犹可追也"①,得不到任何响应,就几乎是必然的了。周作人也终于陷入了鲁迅在《呐喊·自序》里所说的寂寞与孤独之中——

> 如置身毫无边际的荒原,无可措手的了;这是怎样的悲哀呵,我于是以我所感到者为寂寞。
> 这寂寞又一天一天的长大起来,如大毒蛇,缠住我的灵魂了。

周作人和他的大哥的心毕竟是相通的。

因此,当浙江省军政府教育司沈钧儒司长委任周作人任某科课长,后又改任本省视学,周作人态度始终消极,就是可以理解的。周作人因为家事——1912 年 5 月,羽太信子为他生了一个男孩,取名为丰一;这不仅是周作人,也是周家全家的一件大事——迟至 1912 年 6 月才到杭州赴任;住在教育司办公处楼门口一间阴暗的小屋里,每日就只是在楼上坐着,看自己带来的书或翻译自己喜欢的作品。② 看倦了,写累了,就随便倒卧在床上,几乎足不出户,全不管视学职务范围内的视察工作。当时也在教育司的钱玄同(其时还叫钱夏,号中季),因此给周作人加了一个考语,说是在那里"卧治",这倒是十分确切的。而周作人自己,则不断地埋怨住房里蚊子太多,而且终于害了疟疾,蚊子的横行却有增无减,一面吃药,一面被叮,也不是办法,终于告假回家,而且再没有回去过。这回到杭州出差,大概前后有一个月光景,拿过一回薪水,是大洋九十元,乃是浙江军政府新发的军用票。周作人用这笔钱在清和坊的抱经堂买了一部广东朱笔套印的《陶渊明集》,余款正好移作从杭州回绍兴的旅费。

回到绍兴不久,就听到范爱农溺水而死的消息。这年 7 月 10 日,范爱农同了《民兴报》的朋友乘舟往城外游玩,有人说是酒醉失足落水,但颇有自杀的嫌疑,因为据说他能够游水,不会被淹死的。噩耗传来,周作人黯然良久,自不免颇多感慨。他清楚地记得,绍兴军政分府成立,恢复师范学堂,委派

---

① 周作人:《尔越人毋念先民之训》,收《周作人集外文》上集,第 123 页。
② 据周作人在《知堂回想录》中回忆,他在杭州教育司任职期间,翻译了波兰显克微支的《酋长》,蔼夫达利阿谛斯的《老泰诺思》、《秘密之爱》、《同命》,须华勃的《拟曲》等作品。

鲁迅为校长,爱农为监学,因为学堂在南街,距东昌坊不远,在办公完毕后,范爱农便身着棉袍,头戴农夫所用的卷边毡帽,下雨时穿着钉鞋,拿着雨伞,一直走到里堂前,来找鲁迅聊天。鲁老太太便为他们预备一点家乡菜,拿出老酒来,听主客高谈阔论。那时,他们的情绪是颇为激昂的。但好景不长,军政分府本来对学校不很重视,而且因为有鲁迅有旧学生在办报,多说闲话,更不高兴。不久鲁迅即自动脱离,只留下范爱农一人,最后他也被排挤而愤然离校。周作人从旧信堆中翻出范爱农于1912年3月27日写给鲁迅的一封信,信中有"如此世界,实何生为;盖吾辈生成傲骨,未能随波逐流,惟死而已,端无生理"等语,那么,他是早已有了厌世的倾向了……

几天以后,周作人写出了《哀爱农先生》一诗,与鲁迅的《哀范爱农》同时发表在8月28日的《民兴日报》上。其词云:

> 天下无独行,举世成委靡。皓皓范夫子,生此寂寞时。傲骨遭俗忌,屡见蝼蚁欺。坎凛终一世,毕生清水湄。会闻此人死,令我心伤悲。峨峨使君辈,长生亦若为。①

周作人同时也在"哀"自己。

二、寂寞中的默默耕耘

1912年总算安然过去,中华民国也居然立住,但大权已落袁世凯之手,这自然预伏着危机。果然,1913年春天,便传来了宋教仁被暗杀的消息。这件新闻,周作人记在3月23日日记里,而他平时日记里都是不记政治要闻的;足见宋教仁被刺是引起了思想上的某种震动的。也许是由此敏感到,国事将发生逆转,黑暗时代逼近了吧?就在这一天,日记中还有"下午陈津门②

---

① 据鲁迅8月2日日记所记:"委靡"为"委縻","寂寞"为"叔季","俗忌"为"俗嫉","蝼蚁"为"蝼螘","坎凛"为"侘傺","终一世"为"终一细","会闻"为"今闻","峨峨"为"扰扰","若为"为"尔为"。按,鲁迅日记所记应更接近周作人初稿。

② 陈津门,时为绍兴县教育会副会长。

君来,云教育会选余为会长,只暂担任"的记载。不到一周,又有浙江省立第五中学校教员蒋庸生来访,邀为浙江省立第五中学教英语,周作人不久即接到该校校长的正式聘书。① 从此,周作人结束了闲居生活,在浙江省立第五中学任教达四年之久。周作人在教育界求职,首先自然是为了养家糊口,客观上也有躲避政治风浪的意义在内。

周作人这时确实也无意于介入政治。无论教书,还是教育会任职,都只是敷衍而已,他的真正兴趣还在自己读闲书,抄古书。但县署每月给教育会五十元的津贴,总得做点事,于是,就办起《绍兴县教育会月刊》来。周作人自己也于课余为月刊写写稿,既是出于积习,聊慰寂寞,经济上也略有补贴。既要作文,总得说自己的话;周作人所能说的,自然是从西方接受的新思想。于是,周作人重又开始了思想启蒙——虽然此时他主观上的热情已减退了许多。

周作人最初的翻译与著述多是有关儿童教育的理论。他在《儿童问题之初解》(载《绍兴县教育会月刊》第6号)一文中这样写道——

> 一国兴衰之大故,虽原因复杂……然考国人思想,视儿童重轻何如,要亦一重因也。盖儿童者,未来之国民,是所以承继先业,即所以开发新化,如其善遂,斯旧邦可新,绝国可续,不然,则虽当盛时而赫赫文明难为之继……东方国俗,尚古守旧,重老而轻少,乃致民志颓丧,无由上征……彼以儿童属于家族,而不知外有社会;以儿童属于祖先,而不知上之有民族,以是之民为国后盾,虽闭关之世,犹或不可,况在今乎!②

这里,字里行间充满了强烈的民族主义和爱国主义情绪。周作人把儿童视为"未来之国民",将儿童教育与民族的兴亡直接联系起来:这正是这一时期他的教育思想的基本出发点。③ 同时,这里每一句话都把批判的锋芒指

---

① 聘书规定:"教授时间每周十四小时","月俸墨银伍拾元","但教授至十四小时以外,按时加俸"。

② 文收《周作人集外文》上集,第165~166页。

③ 周作人也从这一角度提出了尊重妇女的问题。他曾介绍了英人戈斯德在《民种改良之教育》一文中的如下观点:"凡男子对于女子之尊敬,其原当本于生理的基础,以为女子之身,即为将来儿童之寄宿……当视女子为未来之良母,民族发达,实是攸赖。"(文载《绍兴县教育会月刊》1号)

第四章 "卧治"时期——在绍兴
(1911.秋—1917.4)

向以儒学为中心的封建传统文化及其儿童观,周作人教育理论所具有的这种彻底的反封建性质,使他成为中国现代教育学的奠基者之一。

周作人这一时期有关教育的译著中,始终贯串着两个互相关联的思想,一是顺应自然本性的发展:"教育之力,但得顺其固有之性,而激励助长之,又或束制之,使就范围,不能变更其性"①;二是尊重儿童的独立个性,即确认"盖儿童者大人之胚体,而非大人之缩形"②,由此而建立的教育原则,必然是"以儿童为本位"③。这确实是显示了周作人思考的特色的:他首先是把儿童作为一个独立的人来看待的,因此,他所强调的"顺应自然本性"与"尊重独立个性"的命题,已经超出了儿童的范围,而具有人的普遍意义。周作人对儿童教育的考察,就最终归结于对于人的思考与关注:这才是周作人真正兴趣所在。

周作人早在关注儿童教育问题之前,就开始了童话研究:他的第一篇论文《童话研究》④就写在他任职浙江第五中学以前。以后他陆续写了《童话略论》、《古童话释义》及《儿歌之研究》等论文。⑤ 周作人早在日本时期就因为安特路朗的影响而阅读了哈忒阑(Hartland)的《童话之科学》与麦扣洛克(Macculloch)的《小说之童年》等专著,并用心搜寻各国童话,其中尤以欧亚诸国,如土耳其、俄国的童话为多。后来周作人在东京又得到了高岛平三郎编的《歌咏儿童的文学》及所著《儿童研究》——其时儿童学在日本也刚开始发展。并由高岛平三郎的介绍,读了塞莱(Sully)的《幼儿时期之研究》等书,由此产生了对儿童学与儿童文学的浓厚兴趣。这一时期所写的《童话研究》等论文,即是周作人独立介绍、研究童话理论及中国童话的尝试。周作人根据安特路朗人类学派的观点,强调"童话者,原人之文学,亦即儿童之文学,以个体发生与系统发生同序,故二者感情趣味约略相同","童话者不过神话世说之一支,其流行区域非仅限于儿童……在农民社会流行亦广,以其心理

---

① 周作人:《遗传与教育》,载《绍兴县教育会月刊》1号。
② 周作人:《儿童研究导言》,载《绍兴县教育会月刊》3号。
③ 周作人:《成绩展览会意见书》,载《绍兴县教育会月刊》9号。
④ 见周作人1912年10月2日日记:"下午,作《童话研究》了。"
⑤ 《童话略论》载《绍兴县教育会月刊》1号(1913年10月15日),并转载《教育部编纂处月刊》1卷8册(1914年9月);《儿歌之研究》载《绍兴县教育会月刊》4号(1914年1月20日);《古童话释义》载《绍兴县教育会月刊》7号(1914年4月20日)。

单纯,同于小儿,与原始思想合也"。① 周作人的兴趣正在于儿童与原始人(以至农民)、童话与原始文化(以至民间文化)之间所存在的内在的相通。周作人对童话与儿童文学的迷恋,实质上是表现了他对于不受任何人为束缚的原始的、自然状态的人,以及未被曲扭、未经粉饰的原始文化的神往。他认为,正是在原始人与文学里保存着人与文学的"自然之本相"。周作人后来说:"我所想知道一点的都是关于野蛮人的事,一是古野蛮,二是小野蛮,三是文明的野蛮。"②那么,这一时期周作人的有关童话与小儿的研究,是真正可以说是属于他个人的研究。周作人曾翻译了日本新井道太郎的《小儿争斗之研究》③,并写有《玩具研究》等文④。在《小儿争斗之研究译者序》里,周作人说:"盖儿童者小野蛮也。自居小天地中,善遂其生,惟以自力解决一切。其斗也,犹野人之战,所以自卫其权利,求胜于凡众,其间亦自有法律,自有道德为之调御",对于儿童以及原始人自力、自卫、自尊、自重的精神,以及他们所拥有的生活方式、生活秩序的倾慕之情,溢于言表。这里显然存在着一种潜台词:对于封建传统束缚下的自我及民族扭曲的人性,不自由的心灵,病态的生活方式与生活秩序,怀着不满、厌倦以至痛恨,却又无可奈何。周作人也许觉得,只有沉浸在儿童以及原始人的世界里,他内心的痛苦、孤寂才稍稍得以缓解,稀释,他才那样地津津乐道于儿童的玩具的色彩之类:"就色彩言,长者以淡泊之色为尚,而在小儿则以刺激过弱,不觉其美。盖小儿如野人然,喜浓厚之正色者也。"⑤对于他来说,这类研究意义不在于具体得出什么结论:它本身就构成了一种自我解脱。

周作人在童话与儿童学的研究中还发现了趣味的极端重要性。他曾介绍过日本学者黑田鹏信在所著《游戏与教育》中提出的如下观点:艺术不但起源于"游戏冲动","即艺术制作之态度中,亦必多少含有游戏分子","小儿生活,半为游戏,教育之事,亦当寓于其中,"故提倡"趣味之教育,曰美学是也"。⑥将"游戏"与"趣味"引入教育,明确地提出"美育"的要求,这构成

---

① 周作人:《儿童文学小论·童话略论》,岳麓书社1989年6月第1版,第4～5页。
② 周作人:《苦口甘口·我的杂学》,第71页。
③ 载《绍兴县教育会月刊》5号、6号、7号、8号。
④⑤ 周作人:《玩具研究》,载《绍兴县教育会月刊》5号。
⑥ 载《绍兴县教育会月刊》2号。

第四章 "卧治"时期——在绍兴
(1911.秋—1917.4)

了周作人这一时期教育思想的另一个重要方面。1914年7月,周作人在鲁迅筹办全国第一次儿童艺术展览会的启示下,亲自主持的绍兴县小学校成绩展览会,就是这一教育思想的具体实践。这也可以说是周作人在绍兴县任教育会会长期间的主要治绩吧。周作人在亲自拟定的《成绩展览会意见书》里规定:"儿童教育,本依其自动之性,加以激励,引之入胜,而其造诣所及,要仍以兴趣之浅深为导制,""今对于征集成绩品之希望,在于保存本真,以儿童为本位。"这次绍兴教育史上空前未有的展览会取得了意外的成功。除学生课堂作业外,还展出了大量学生课外活动中的各类美术、工艺作品。周作人特地撰写《学校成绩展览会杂记》[①]一文,一一评点:"取材颇多趣味","于疏末处见其真率","真纯可取,其稚气殊不可及也","乡村儿童便于自然观察,胜于城市远矣"等等,可谓赞不绝口。一旦从各种人为的束缚下解放出来,儿童(以至"人")就释放出如此巨大的创造才能,这确实令人鼓舞。对于周作人来说,这出于儿童之手的自然、真率的天籁之作,是在令人窒息的空气中吹入的阵阵清风。他或许从这里看到了某种希望吧?

三、《异域文谈》及其他

周作人在他的《童话研究》一文中,得出这样的结论:"童话者,其能在表见,所希在享受,撄激心灵,令起追求以上遂也。是余效益,皆为副支,本末失正,斯昧其义,""此固人类之同然,而艺文真谛亦即在是"。这对于他在日本已经形成的具有浓厚民族功利主义色彩的"改造民族灵魂"的文学观,虽然暂时还构不成一种否定,但确是一种必要的补充与扩展。于是,周作人在考察"小说与社会"的关系时,就有了新的认识。他这样概括世界小说散文发展的趋势:"其范围亦转隘,由普遍而为单一,由通俗而化正雅,著作之的,不依社会嗜好之所在,而以个人艺术之趣味为准"。在他看来,中国小说发展"犹在元始时代,仍犹市井平话,以凡众知识为标准","盖社会之中不肖者,恒多于贤,使务为悦俗,以一般趣味为主,则自降而愈下,流弊所至,有不

[①] 载《绍兴县教育会月刊》10号。

可不危者,因亦害及人心,斯亦其所也。"这里,实际上提出了两个命题:文学是重个人趣味的,而非社会效用的;是贵族化(雅),而非平民化(俗)的。这个人趣味与社会效用、贵族化与平民化、雅与俗之争,本来是反映了现代文学的基本矛盾的,中国现代作家(包括周作人)正是不断徘徊于二者之间。此一时期的周作人,虽然在《小说与社会》①一文中,明显地偏斜于"个人趣味"与文学的贵族化方面,但他仍然没有、也不可能根本放弃更注重文学社会效用与文学的平民化的民族功利主义的文学观,因此,影响着、支配着这一时期周作人文学活动的,可以说是双重的文学观念。有趣的是,这一时期周作人唯一的一篇创作小说《江村夜话》②,却是典型的社会小说,反映农村豪富对农民的压迫,表现了对农民命运的关注与同情,与同时期鲁迅所写、用周作人笔名发表的《怀旧》一起,是可以看作五四"为社会人生的文学"的滥觞的。

周作人继续着在日本时期即已开始的介绍俄国与被压迫民族文学的工作。他几经周折,终于于1914年4月出版了在日本翻译的波兰作家显克微支的《炭画》,并且发表了《艺文杂话》③,向中国文坛系统地介绍了裴伦(今译拜伦)、绥夫兼柯(今译谢甫琴珂)、密克微支(今译密支凯维支)、萨复、师梨(今译雪莱)、裴彖飞(今译裴多菲)、赫纳(今译海涅)等诗人。将周作人的《艺文杂话》与在日本写的《哀弦篇》和鲁迅的《摩罗诗力说》作一比较,是很有兴味的。自然,周作人也是重视拜伦作为一个"革命诗人"、密支凯维支作为一个"复仇诗人"的意义,但他在这些诗人身上更发现了别一种特色与价值:"列国文人,行事不同,而文情如一,莫不有哀声逸响,迸发其间,故其国虽亦有黯澹之色,而尚无灰死之象焉。"④在周作人看来,"哀莫大于心之死","无悲哀"也即"无觉悟","盖哀弦断响,而人生永寂,"悲歌当哭,自含着一种力量,所谓"苍凉哀怨,绝望之中有激扬发越之音在焉"⑤。这样,周作人对俄国与被压迫民族文学以及西方文学的观察,就获得了与鲁迅不同的

---

① 载《绍兴县教育会月刊》5号。
② 载《中华小说界》1卷7期。
③ 同上,1卷2期。
④⑤ 周作人:《哀弦篇》,载《河南》9期。

角度:他所发现的,是与"争天抗俗"、"力足以振人"的"恶魔"之美异趣的哀怨、温雅之美;因此他赞颂绥夫兼柯"其小诗写人生哀怨,悱恻动人"①,显克微支的小说"文情哀怨,斯真波兰之文章"②,欣赏赫纳(海涅)的诗"能以常言,抒其覃思,佳字明瑟,而句复温丽雅驯"③,即使是拜伦这样的"革命诗人",周作人也是注目其"文情颇美"④。对于这类内蕴着力的哀怨、温雅之美的发现与重视,恰恰是与周作人自己的个性,以及他在中国、日本文学中所发现的"东洋人的悲哀"相沟通的。他显然是将自己的美学趣味贯注于他对异域文学的翻译、介绍之中。

周作人另一个翻译、介绍的兴奋点是希腊文学。在前述《艺文杂话》所介绍的诗人中就有与荷马并称的希腊女诗人萨复,以及和我战国同期的希腊牧歌诗人谛阿克列多思,以后周作人还写了《希腊女诗人》与《希腊之牧歌》作专门介绍。同样产生于古希腊(相当于中国汉代)的《拟曲》也是周作人首先介绍的。据周作人说,"拟曲亦诗之一种,仿传奇之体,而甚简短,多写日常琐事"⑤。周作人热衷于介绍作为西方文化发源地的希腊文学,自然与他这一时期对原始文化、儿童文学的兴趣直接相关,带有更大的个人兴趣色彩。他说萨复的诗"太放逸",谛阿克列多思的作品"简短奇古",⑥特别欣赏希腊拟曲"妙能穿人情之微"⑦,都是着眼于希腊诗人们作品中所表现的远古时代的希腊人的自然状态的人性之美的。

周作人于1915年10月将他这一时期的译著精选之后,编成《异域文谈》一书,交小说月报社出版。

四、"起怀旧之思"

1914年1月,周作人在他主持的《绍兴县教育会月刊》4号上发表了"启事",征求绍兴儿歌童话,其文曰——

---

①③④⑥　周作人:《艺文杂话》,载《中华小说界》1卷2期。
②　周作人:《哀弦篇》,载《河南》9期。
⑤⑦　周作人:《希腊拟曲》三首,载《中华小说界》1卷10期。

> 作人今欲采集儿歌童话,录为一编。以存越国土风之特色,为民俗研究、儿童教育之资材。即大人读之,如闻天籁,起怀旧之思。儿时钓游故地,风雨异时,朋侪之嬉戏,母姊之话言,犹景象宛在,颜色可亲,亦一乐也。第兹事体繁重,非一人才力所能及,尚希当世方闻之士,举其所知,曲赐教益,得以有成,实为大幸。

这是周作人将儿童文学的研究与乡土风俗的调查结合的一次尝试。实际上,早在1912年周作人归国初期已开始了民歌、儿歌的搜集①。阐扬家乡文化的课题,更是在日本时期就已经提出的,所谓"吾言爱国,必自爱乡始"②,构成了民族主义、复古主义思潮的有机组成部分,周作人自然是早已跃跃欲试的。但真要认真实行起来,却注定要碰壁:因为在这动荡的年代,一般人很难懂得这类文化基本建设工作的意义,一些徒作空言的革命者更不屑一顾。周作人"启事"登出后,响应者仅一人,③算是聊胜于无。这样,周作人就不得不独自默默耕耘。当然,支持者仍是有的,远在北京的鲁迅,时时关注着二弟的工作,在"启事"发表后,即寄来所录儿歌六首及注文。④

周作人已经习惯于这种寂寞了,他甚至从中感到一种乐趣。仿佛是有意与世俗抗衡,周作人更全面地展开了他对乡土文化的探寻。

首先着手的自然是绍兴儿歌的搜集、整理。凡是自己下决心要做的,一定做到底,这是周作人自小养成的习惯,大概也是显示了他性格中刚的一面吧。从1913年开始,到1915年春,周作人就将草稿大致写定,历时二年有余。周作人后来说,他之搜集绍兴儿歌,大抵兴趣所在一是言语,二是名物,

---

① 1912年12月16日周作人日记:"……归又搜山歌,可八十余种。"
1912年12月18日周作人日记:"检山歌中有汝河山歌全编十八套,首尾完具,可为标本……"
1913年1月19日周作人日记:"录童谣,就古谣谚分别取之。"
1913年1月20日周作人日记:"抄越谚孺歌。"
1913年1月23日周作人日记:"下午录天籁所记童谣,夜毕,凡七十首,颇杂,当更分择。"
1913年1月29日周作人日记:"夜录儿童谜语数则。"
② 《江苏同乡会并始记事》。
③ 据《绍兴县教育会月刊》6号:"搜集儿歌童话报告:二月十日得漓渚野逸君函。"
④ 鲁迅手迹原件影印本载《民间文学》1956年10月号。

第四章 "卧治"时期——在绍兴
(1911.秋—1917.4)

三是风俗。在周作人看来,故乡给我们以极大影响,想要摆脱也无从摆脱的,就是言语;普通提起方言多只注重那特殊的声音,但真正有趣的还是其词与句,即名物云谓及表现方式,一个人假如想诚实地表现自己,他的文章总是暗中受他方言支配的。① 因此,周作人搜集绍兴儿歌,用力处却在就语言、名物方面作笺注。但这项工作迁延很久,1936年5月写过一篇《绍兴儿歌述略序》,至1958年9月才正式完稿,距离起意搜集,已是四十五度春秋。而且最后终未出版,连与世人见面的机会也没有:此书的命运可谓坎坷。

周作人回国不久即开始帮助鲁迅翻看古书类书,抄录《古小说钩沉》和《会稽郡故书杂集》,此项工作延续了很久。在1914—1915年周作人日记里,我们读到了如下记载——

  一九一四年六月二十五日:上午架凉棚,就《嘉泰志》抄《会稽记》逸文,午了。下午抄《云溪杂记》了。

  一九一四年六月二十六日:寄北京函,附逸文四纸。

  一九一四年十一月十七日:至大路取北京十日寄书一包,内……《会稽故书杂集》稿三本。

  一九一四年十一月二十三日:晚校《会稽故书》稿(上)了。

  一九一四年十一月二十五日:上午出校至清道桥许广记,定刻《故书杂集》。

  一九一四年十二月十九日:许广记送稿上卷二十九页来,傍晚校了。

  一九一五年三月六日:晚校《故书杂集》(下)了。

  一九一五年六月十四日:许广记送《杂集》九十册来……晚阅《杂集》一过。

  一九一五年六月十五日:上午寄北京书两包,内《杂集》二十本,又寄赠浙江图书馆一本,分赠朱偫侠、祝霞城、陈伯祥、孙福源、越铎报社、叒社各一本……

---

① 周作人:《风雨谈·绍兴儿歌述略序》,第165~166页。

至此，鲁迅辑录《会稽郡故书杂集》一事算是大功告成。周作人积极参与其事，从材料的搜集到校对，直到联系刊刻，确实出了大力。序言发表及全书付刊时，鲁迅执意署周作人的名字，是把此书看作是他们兄弟合作的产物。鲁迅去世后，周作人将此事公布，并予高度评价："这一件小事我以为很有点意义。这就是证明他做事全不为名誉，只是由于自己的爱好。这是求学问弄艺术的最高的态度"①。这自然是包含了他自己当时的一些牢骚在内的。不过《会稽郡故书杂集》确实是可以看作鲁迅与周作人兄弟友情的纪念碑的。可惜，1919年冬，全家预备迁北京，鲁迅一人回家整理，将堆在楼上的《会稽郡故书杂集》木板误认为是废物而付之一炬，《会稽郡故书杂集》终成绝版。序言则收入《鲁迅全集》，记录着周氏兄弟当年的共同追求：

  十年已后，归于会稽。禹勾践之遗迹故在。士女敖嬉，瞵睨而过，殆将无所眷念，曾何夸饰之云，而土风不加美。是故叙述名德，著其贤能，记注陵泉，传其典实，使后人穆然有思古之情，古作者之用心至矣！

也许是受鲁迅辑录《会稽郡故书杂集》的启发，周作人自己于1915年初起，开始搜集山阴、会稽籍的同乡著作，②后来又转而辑录有关越中古文献，以《读书杂录》为总题，于《绍兴教育杂志》连载，前后一年之久。③ 现录《范啸风》一篇片断以见其一斑——

  范寅自号扁舟子，前清副榜，居皇甫庄，与外祖家邻。儿时往游，闻其集童谣，召邻右小儿，令竞歌唱，酬以果饵，盖时正编《越谚》也……《越谚》虽有遗漏，用字亦未尽恰当，但空前之作，亦难能而可贵……《越谚》中之童谣，可五十章，重要者大旨已具，且信口记述，不加改饰，至为

---

① 周作人：《瓜豆集·关于鲁迅》，第159页。
② 周作人曾说他的故乡"是山阴、会稽两县，清末合并称作绍兴县，但是我不很喜欢这个名称，除官文书如履历等外总不常用"，"我讨厌的是那浮夸的吉语，有如钱庄的招牌"。（《风雨谈·三部乡土诗》）周作人在《三部乡土诗》中还谈到他搜集同乡人著作的原则："不过偶然遇见的时候把他买来，也不是每书必买，价目太贵时大抵作罢。"
③ 分别载《绍兴教育杂志》4、5、6、8、9、11、16期，时间约1915年2月始，1916年2月止。1936年又以《越中文献杂录》为题再载于《越风》1卷6期。

第四章 "卧治"时期——在绍兴
（1911. 秋—1917. 4）

有识,贤于吕氏《演小儿语》远矣。①

至于山阴、会稽籍乡人著作的搜寻,虽收获不丰,偶有发现,却也足以使周作人兴奋累日了。他后来多次谈及的山阴王思任著《谑庵文饭小品》就是在大路口的一家熟识的书摊,用了两三角钱买到的一本残书。书中《游杭州诸胜记》、《先后游吾越诸胜记》等文是使周作人称羡不已的;据说"其好处在于表现之鲜新与设想之奇辟","他所独有的特点大约可以说是谑罢。以诙谐手法写文章,到谑庵的境界,的确是大成就"。②周作人搜集的张岱《三不朽图赞》中曾说起王思任"少年狂放,以谑浪忤人",并赞曰:"拾芥功名,生花彩笔。以文为饭,以弈为律。谑不避虐,钱不讳癖。"周作人真正赏识的大概正是这种人生境界。他后来谈到另一本同乡人著作《筜庵文选》时,对他这一时期的搜集兴趣作了一个概括:"盖大都是所谓吴越间遗老尤放恣的一派,深为桐城派人所不喜者也"③,所强调的也是人生的"放恣"状态。这实际上都可以看作是周作人的一种理想与追求的;不过它的表现形式却是思乡怀古的幽情。

周作人这时对故乡的古迹也突然爆发出一阵热情。在《绍兴县教育会月刊》上先后发表了好几篇古迹调查,并特地撰文《论保存古迹》:"古物者,西人称曰纪念物,以其为国民文化之所留遗,足为纪念,流连抚视,令人突然起怀古之思,如承史教也。"他严厉指责"以破迷信为言,至不惜种火古庙,椎仆金人而后快"的幼稚行为,以为"破迷信者,在于改革敝习,而非拔除宗教"。在周作人看来,对于宗教的形而上追求,正是人不可或缺的。古迹所能唤起的,不仅是怀古的情思,更是形而上的遐想,这是周作人所看重的。

一个时期,周作人还热衷于金石拓本的搜集,这也是鲁迅的兴趣引发的。据周作人说,他所搜集的,除拓本外,都是些金石"小品",制作精工,价值颇高,却又价格低廉,为经济能力所允许,且又轻巧,便于欣赏。这类金石小品,金属的有古钱与古镜,石类则有石砖,尽有很好的文字图样,却又在毫

---

① 文收《周作人集外文》上集,第 202~203 页。
② 周作人:《夜读抄·〈文饭小品〉》,第 126~127 页。
③ 周作人:《风雨谈·陶筜庵论竟陵派》,第 80 页。

不经意之中得之。随便翻开 1915 年间周作人日记，有关搜集金石小品的记载随处可见，而每一记载，都能唤起周作人一连串美好的回忆：

一九一五年三月十一日：在仓桥，买跳山建初摩崖妙相寺石佛背铭，共五纸，当寄至北京。

一九一五年五月十七日：在马五桥下小店，得残砖一，文曰"凤凰三年七"（下缺），又一砖完好无文，但作泉纹。下午拓凤凰砖文二纸，盖吴时物，阅《古砖图解》，饮酒，食罗汉豆。

一九一五年六月十八日：下午晴……往大街表里访古画，无所得……又于古董店得瓷杯一，买饼干而返，饮善酿酒……

一九一五年六月二十三日：在贯珠楼红木店得汉砖二，计洋一元。令为上蜡，约廿八、九取。文一曰"马卫将作"，一曰"建宁元年八月十日造作"，皆萧山、杭坞山物，光绪丙申出土，距今共一千七百四十八年矣。归后饮酒，阅《汉碑篆额》一过……

一九一五年七月四日：在涤园饮茶。遂至山阴县前吃馄饨。返登怪山，于塔下得断砖二：一云塔砖，一云护国禅师月汇。侧文已残，但存"嘉、信、三、块、魁"五字，携归。获护国禅师砖，重久为特往持来，晚拓二本，当系梁时物也。

一九一五年八月十七日：上午晴，往大街，于大路地摊上得吉语大泉一枚，值三角，文曰"龟鹤齐寿"。罗泌谓字壮劲如大观泉，信然。在景仁堂得铜镜三，明日往取。晚拓泉文一纸，阅《石桥氏镜の话》。

每一次寻访所得，都给周作人带来发现的喜悦。马五桥下小店得到的那块残砖系乡人得之溪水中，文字小有磨灭，弥增古趣。"凤凰"三年为公元 274 年，系孙皓年号，过了六年，皓遂降于晋，去做所谓降王了。周作人得此"凤凰砖"，当更爱惜。周作人后来还得过一块南齐永明砖，他在一篇题记里说："大沼枕山句云，一种风流吾最爱，南朝人物晚唐诗。此意余甚喜之，古人不可见，尚得见此古物，亦大幸矣。"而大路口摊头购得的吉语大泉，其钱直径九厘米，字作六朝楷体，甚有雅趣；周作人尝手拓制锌板，印成信封，但

第四章 "卧治"时期——在绍兴
(1911.秋—1917.4)

因龟字适居中央,如写信时适当姓名之前,虑或犯忌讳,故终未使用。细心的读者自会注意到,周作人寻访拓本金石每有所获,必小饮数杯,伴之以罗汉豆之类的家乡小菜,在微醺之中,恍惚古今之间:周作人要的就是这味儿或境界。

因此,对于周作人,辛亥革命大风暴中的孤独感、寂寞感只是暂时的;他很快就在读书写作、追怀先贤、赏玩古董之中,寻到了生活的乐趣,获取了心理的平衡。在绍兴教书这四年,周作人在辛亥革命与五四运动之间的历史波谷空隙之中,依然过着自由宽懈的日子,与南京、日本时期也并无实质的差异。但他默默耕耘的文化教育事业,无论是他的儿童学、童话学研究,还是他对俄国、东欧、希腊文学的介绍,都在客观上为五四新文化运动做着准备,尽管他自己对此毫无自觉。

第五章 大时代的弄潮儿
——在北京（一）
（1917.4—1920.12）

一、从绍兴到北京

1916年11月，周作人日记中记载着：

> 二十二日……知蔡君来访。
> 二十三日……往笔飞弄回访蔡鹤卿、谷清二君，不值。
> 二十六日……午后往花巷觉民舞台听蔡先生演说。
> 二十七日……下午同津门往笔飞弄访蔡先生，不值。
> 二十九日……九时蔡鹤卿先生来演说，至午毕。

这是周作人与蔡元培的初次交往。但周作人几乎从童年时就知道蔡元培的名字。蔡元培是周作人的小同乡，家住城内笔飞弄，他是清朝的翰林，同时又是乱党，这就给人以"怪"的印象。周作人小时偶然在家里翻到蔡元培的一本朱卷，文章很是奇特，篇幅很短，却令人看不懂，总之是不守八股文的规矩，这自然也是"怪"。至于说他主张"共产共妻"，那就更骇人听闻了，却也无形中提高了蔡元培在周作人这一代人的心目中的地位，使他们觉得蔡元培是"知识阶级里少有的人物"。周作人原有一次与蔡元培合作的机会：光绪末年的乙巳年间，绍兴当地人请蔡元培去办学务公所，蔡元培便托

第五章 大时代的弄潮儿——在北京（一）
（1917.4—1920.12）

人请周作人帮忙，周作人因不愿休学而拒绝了他；没多久，蔡元培自己也被赶到德国去了。此次蔡元培归国，就任北京大学校长，自有一番打算。就职前来绍兴省亲，在这里不意间遇见了尚在家乡服务的周作人。他们这次相见，似乎也没有谈论什么重要的话题，但双方都留下了好的印象，却是肯定的。周作人当然不会想到，他以后的命运的变化，竟由此而开始。

蔡元培由绍兴回京后，就大刀阔斧地着手于北京大学的改造。他首先打出的旗帜是"学术平等"与"思想自由"，设立英法德俄各国文学系，俾得多了解各国文化，同时广泛延揽各方人才。这时，有人（周作人估计是许寿裳）推荐周作人任新开设的希腊文学史与古英文课的教员，蔡元培自然欣然同意。于是，经过几番书信往来，周作人决定离家北上。

这次远离家乡与前两次不同，并非周作人主动要求，因此既没有给他带来多少兴奋，也无所谓期待。行前，曾任江南水师学堂管轮监督的叔祖椒生公——周作人即因他之力而第一次逃出家乡的——突然去世，周作人从绍兴启程北上之日，①恰值椒生公的"五七"，中午往拜后，傍晚即下船，心中不觉蒙上一层阴影。周作人从绍兴出发，先乘船去宁波，目的是看望从小在一起的伯升叔，此次叔侄相见，回首当年，自不免一番唏嘘，不料竟成永诀——几年后，伯升叔在宁波病逝，年仅三十七岁。事后回想起来，周作人才意识到，与童年时代、南京求学时期关系密切的伯升叔、椒生公恰于此时"过去"，似乎在表示时间的一个段落：人生途程的准备时期终于结束，由此开始了独立的人生之路。这次北行，恰是一个大转折。②

这确实是一个关键时刻。此时（1917年），历史几经挣扎，终于走出辛亥革命失败后的低谷，新的革命高潮的准备阶段——新文化运动正勃然兴起。周作人恰于此时，由东南一隅的绍兴来到下一个历史潮流发源地北京，这正是不失时机的转移。历史低潮时期，远离政治中心，可以利用那里统治相对薄弱的条件，进行历史的沉思，积蓄力量；而到了历史高潮时期，则必须置身于政治文化的中心，投身于时代潮流的旋涡中。唯有在那里，在各种思潮、力量的巨大撞击中，个人的才华、智慧才能得到全面的展开，尽性的发挥，人

---

① 即1917年3月27日。
② 参看周作人《知堂回想录·一〇五，去乡的途中（一）》，第296、298页。

的生命也就获得了光辉灿烂的闪现——虽然只是历史的一瞬间,但这瞬间闪现却是能够照亮整个人生历程的。在这个意义上,周作人这一代人应该说是历史的幸运儿,他们赶上了中国现代历史上最光辉灿烂的瞬间——"五四",这历史的青春时期。周作人的幸运更在于他抓住了难得的历史机遇,为时代的潮流推动,成了弄潮儿——虽然,他对此本无自觉,也非自愿。

自然,这都是后话。历史的光辉伟大是它成为过去式后才显现出来的;历史的正在进行式却往往是平凡的,在当时人的眼中甚至是暗淡而充满矛盾的。周作人从绍兴到北京途中,以及初到北京的印象与内心感受就是如此。旅途中的种种不便①,在上海码头遇窃引起的不快②且不说,从下关一渡过了长江,似乎一切风景都变了相,顿然现出北方的相貌,叫人增加作客之感。到了北京,住在鲁迅客居的绍兴县馆补树书屋里。绍兴县馆当时在北京宣武门外南半截胡同,北头叫北半截胡同,出口即是有名的菜市口——前清时代的杀人的地方,虽然民国以来已改在天桥,但仍使人心有余悸。补树书屋在会馆南边的两个院子的里进,前面是仰蕺堂,供奉着先贤牌位,后边是希贤阁,据说供着文昌魁星,差不多整个书屋都包围在鬼神窝中,也给人以重压感。补树书屋偏南一室原是鲁迅住的,周作人来北京以后,他便让了出来,自己另住北头那一间。房屋都是旧式,窗门是和合式的,上下都是花格糊纸,没有玻璃。屋内相当阴暗,院子里有一株大槐树,倒是绿阴满院。据说在多年前有一位姨太太吊死于此;夏秋之间有许多槐树虫,成虫从树上吐丝挂下时,在空中摆荡,人们也有称为"吊死鬼"的。这里的幽静是周作人喜欢的,但处处感到一股阴森的冷气,这却颇影响情绪。周作人最初接触的北京人,是会馆里的老长班和他的儿子,后者就是周作人与鲁迅在补树书屋用的听差。鲁迅叫长班为"老太爷",儿子则戏称为"公子",周作人觉得这两个诨名倒是恰如其分。长班状貌清瘦,显得是吸鸦片烟的,但因是世袭的长班,熟谙会馆的一切历史掌故(老长班就对鲁迅讲了好些祖父介孚公的轶闻趣事),而且自有一种派头,仿佛是一位太史公出身的京官。而那位"公子"

---

① 当时从绍兴到北京要分四段走:先乘船至上海;再在上海北站乘车到南京下关,称沪宁路;再渡船过江,从浦口直到天津,称津浦线;再改乘京奉铁路,才能到达北京。
② 详见周作人:《知堂回想录·一〇六,从上海到北京》,第300~301页。

第五章 大时代的弄潮儿——在北京(一)
(1917.4—1920.12)

呢,办事之巧妙而混,常令人气愤而又哭笑不得。其实,周作人来北京前即已领教过他的本领:临行前突然同时收到一封平信(内附汇票九十元),一封挂号信,内只一纸《群强报》,不具寄者姓名,不知何为。仔细琢磨,才恍然大悟:寄汇票本应寄挂号,这位"公子"却忘记了,就将报纸一片装入信封,追补挂号,拿了回执可以消差,至于收信人得到这样的怪信,将如何惊疑,他就不管了。周作人由此而领教了北京听差的哲学:他有那么一种从容不迫的态度,无论什么困难的事都有应付的办法,自己可以免了老爷的责骂;至于达到这目的的手段则在所不问。周作人觉得,这种高明的手法也只是在"辇毂之下"才有,若是绍兴小地方,那还似乎没有。周作人于是通过这位从容而狡黠的"公子"听差第一次获得了对北京文化的感性认识,这倒是料所不及的收获——五四时期剧作家丁西林也是通过写一位听差来展示"北京的空气",这也算是英雄所见略同吧。

周作人每到一处,首先注意的是吃食,而北京的吃食给他的第一印象却不甚佳。会馆里平常吃茶一直不用茶壶,只是在一只上大下小的茶盅内放一点茶叶,泡上开水,也没有盖,请客人吃的也只是这一种。饭托会馆长班代办,菜就叫那"公子"随意去做,自然不会好吃。在胡同的口外有一家有名的饭馆,就是李越缦等有些名人都赏识过的广和居,据说有潘鱼、砂锅豆腐等名菜,周作人却不曾问津。通常吃的是炸丸子、酸辣汤之类,拿进来时如不加说明,便要怀疑是从什么蹩脚的小饭馆里叫来的,因为那盘碗实在坏得可以。价钱倒是便宜,只几个铜元。原来这些吃食都只供饱肚,满足人的生理需要,原没有欣赏吃食艺术的意味在内。周作人觉得有几分别扭者,正为此;但限于经济,暂时也顾不了这许多。

北京会馆生活的最初印象中,唯一留下了多少有点情趣的回忆是兄弟俩深夜捉猫的事。会馆虽是旧屋,老鼠却不多见,倒是不知道谁家的猫常来骚扰,特别是交尾时的嗥叫,手续竟有这么繁重,往往叫人心烦,整夜睡不着觉。鲁迅与周作人兄弟俩常大怒而起,周作人搬了小茶几,在后檐下放好,鲁迅便上去用竹竿痛打,把它们打散,但也不能长治久安,往往过了一会儿又回来了,于是乎再打。尽管当时怒不可遏,事后想起来却觉得未免认真得可笑,仿佛又都回到了儿童时代一般。直到晚年,周作人在香港报刊上撰文回忆这段往事,①仍觉得别有情趣。

周作人对北京的第一印象并不见佳,自然与他当时的心绪直接有关。周作人到北京第三日即叫了一辆来回的洋车,前往马神庙北京大学,访问蔡元培校长,接洽公事。不料校长不在校,待要去寻校长住家时,却因为口音的误听,车夫竟拉错了地方。第二日再去,仍未见到蔡校长。第三日蔡元培亲自登门回访,却告之以学期中间不能添加新课,还是来担任点什么预科的国文作文吧。周作人听了大为丧气,只能含糊答应考虑后再说。这本是用不着什么考虑,周作人当即想定再在北京玩几天,还是回绍兴去——也许在潜意识里,他仍然摆脱不了故乡的蛊惑。如果他果真就此回去,远离即将成为新文化发源地的北京,周作人一生的历史也许会显示另一种面貌吧。然而,他最后毕竟仍然留下了:蔡元培想出了一个折衷办法,让周作人暂在北大附设的国史编纂处担任编纂之职,月薪一百二十元。如此妥善安排,周作人自然只有从命,蔡元培也就为以后的北京新文场保留了一员大将:人的命运常常就这样为某种偶然因素所左右。但灾难似乎没有就此离开周作人,刚上任一月余,即生了一场不大不小的病:最初高烧不退,疑为猩红热,最后确诊为麻疹,不过一场虚惊。后来鲁迅以此为素材,写成小说《弟兄》,研究者们也就经常提及这场关系并非重大的"病"了。

二、亲历复辟事件

真正重要的,是病愈一月后发生的震惊中外的张勋复辟事件。周作人说:"当初在绍兴的时候,也曾遇见过不少大事件,如辛亥革命、洪宪帝制等,但因处在偏陬,'天高皇帝远',对于政治事情关心不够,所以似乎影响不很大,过后已就没有什么了。但是在北京情形就很不同,无论大小事情,都是在眼前演出,看得较近较真,影响也就要深远得多;所以复辟一案虽然时间不长,实际的害处也不及帝制大,可是给人的刺激却大得多,这便是我在北

---

① 周作人:《猫打架》,载《新晚报》1964年5月5日。后收《知堂集外文·四九年以后》,第557~559页。

第五章　大时代的弄潮儿——在北京(一)
(1917.4—1920.12)

京亲身经历的结果了"。① 这是一个相当重要的说明。处于政治旋涡的中心地带,想远离政治,政治也会找上门来,根本不可能回避。北京城市文化中强烈的政治色彩第一次显示出对于周作人深刻而巨大的影响力。

周作人永远也不会忘记,张勋复辟丑剧开场的那一天——7月1日是星期日,因为是夏天,兄弟俩起来得相当的早,正预备往琉璃厂去。"公子"听差进来报告说:"外边都挂了龙旗了。"尽管这一段复辟的空气已相当浓,这消息本在意料之中,但仍然感到满身的不愉快——周作人说,这是一种没法子形容的感情。当天日记即有"晚饮酒大醉,吃醉鱼干,铭伯先生所送也"的记载,此外未多著一字,却足以透露出内心的烦闷。鲁迅有些教育界的朋友,最初打算走避,有的想南下,有的想往天津。鲁迅虽辞去了佥事职,表明自己的政治态度,但因没有资力逃难,只好与周作人一起在北京坐等。在事变前,周作人曾走访蔡元培先生,问他对时局的看法和意见,蔡先生只简单表示:只要不复辟,我总是不走的。蔡元培镇定自若的态度给周作人留下了很深的印象,他自己也是以这种精神来应对这次复辟事件的吧。在周作人日记中,只留下了如下简短的记录——

> 七日晴。上午有飞机掷弹于宫城。十一时同大哥移居崇文门内船板胡同新华饭店。
>
> 九日阴。托齐君打电至家,报平安。夜,店中人警备,云闻枪声。
>
> 十二日晴。晨四时半闻炮轰声,下午二时顷止,闻天坛诸处皆下,复辟之事凡十一日半而了矣。出至八宝胡同,拟买点心,值店闭,至崇文门大街亦然,遂返。晚同大哥至义兴局吃饭,以店中居奇也。
>
> 十三日晴。上午同大哥往访铭伯、季茀二君,饭后至会馆一转,下午三时后回饭店,途中见中华门圜复挂上五色旗,东城已有,城外未有。晚饮酒,夜甚热。
>
> 十四日晴。上午十时先返寓,大哥随亦来,令齐坤往取铺盖来,途中五色旗已遍矣。改悬竹帘于补树书屋门外,稍觉凉爽。

---

① 周作人:《知堂回想录·一一三,复辟前后(二)》,第323页。

日记里屡次提到龙旗与五色旗,这是表示了一种感情的。正如周作人自己所说,龙旗"当时因为这是代表满清的势力的,所以看了发生一种憎恶;后来看见临时粗制的龙旗,画的龙有些简直像一条死鳗,心里很是痛快。及至五色旗重又挂上,自然是惊喜之余,情见乎辞了。可是后来这五色旗变成了北洋军阀的旗帜,便又觉得不顺眼"①,不过,那毕竟是后来的事。

张勋复辟事件就这样结束了。但在周作人、鲁迅和他们的友人中间,复辟事件的阴影却怎么也抹不掉,拂不去。他们热烈地讨论,痛苦地思索,久久不能平静。人们自然会注意到鲁迅的《风波》——直到1920年10月,他仍然在消化这场复辟风波;甚至到1936年,鲁迅逝世前还在为人们"逐渐遗忘"复辟事件而感到忧虑与愤慨。② 周作人于二十年后在故纸堆中,翻出了当时写的两首诗,并抄录于60年代所写的《知堂回想录》中——

其一:"天坛未洒孤臣血,地窖难招帝子魂。一觉苍黄中夜梦,又闻蛙蛤吠前门。"

其二:"落花时节无多日,遥望南天有泪痕。槐茧未成秋叶老,闲繙土偶坐黄昏。"

诚如周作人所说,诗中的一些具体史实已属不可考,③但诗中那嘲讽中内含着的强烈的历史悲凉感,即使时过境迁,今天的人们仍然不难领悟。

大概从这年的8月起,鲁迅、周作人在东京时代的老同学钱玄同便经常来会馆访问,④通常是午后四时来,吃过晚饭,谈到十一二点钟,回师大寄宿去。聊天的话题自然十分广泛;但中心却常不离张勋复辟事件,以及由此而引起的思考。据周作人回忆,这正是钱玄同(一定程度上也包括鲁迅、周作人)由复古往反复古方向更坚定地前进的一个转折关口。钱玄同自己在写

---

① 周作人:《知堂回想录·一一四,复辟前后(三)》,第329页。
② 鲁迅:《且介亭杂文·病后杂谈之余·四》,收《鲁迅全集》第6卷,第189页。
③ 据周作人在《知堂回想录·一一四,复辟前后(三)》中回忆,当时张勋率辫子兵驻在天坛,战败乃只身逃入东交民巷,前门为商会所在地,本事不能复详,大抵当时多有奇谈怪话。第二首云南天何事,已不复记忆,时寓居绍兴会馆,院中有大槐树,夏日槐蚕满地,穴土作茧。"土偶"即劳弗尔著《支那土偶考》第一册,时刚从丸善书店寄来,诗中"闲繙"的即是此书。
④ 查周作人日记:8月中的9、17、27日来了三次,9月以后每月都至少来一次。

给周作人的一封信中也回忆说,在张勋复辟后,他曾与周氏兄弟"在绍兴会馆的某院子中槐树底下"谈过许多"偏激话"。① 谈话的详尽内容今天自然无从考实,但根据周作人、钱玄同的有关回忆,仍然可以知其大略。谈话中大约有提倡"非圣"、"逆伦",积极铲除"东方化",用合力来"用夷变夏"之类的主张,②而钱玄同所谓"偏激"言论大抵有二,一是"烧毁中国书",③二是"应废除汉字"。据说鲁迅曾对钱玄同说,中国最好改用一种外国文字如德文;若办不到,则仍写汉文并多羼入外国文的字句。④ 鲁迅的《狂人日记》与钱玄同的《中国今后之文字问题》都发表在复辟事件后的一年,其内容显然都曾在补树书屋里讨论过。钱玄同就是在《中国今后之文字问题》里提出"欲使中国不亡,欲使中国民族为20世纪文明之民族,必以废孔学,灭道教为根本之解决,而废记载孔门学说及道教妖言之汉文,尤为根本解决之根本解决"这样的惊人之论。钱玄同特地申明,这并非完全是他个人的意见,他是"代朋友立言",而"朋友"指的就是鲁迅。尽管有关回忆都只提到鲁迅与钱玄同,但可以肯定,周作人即使不是上述偏激言论的发明者,也并无异议。周作人自己则把他从张勋复辟事件中引出的教训归结为一点:"因为经历这次事变,深深感觉中国改革之尚未成功,有思想革命之必要。"⑤这都说明,周氏兄弟与钱玄同在补树书屋槐树下的讨论,是为尔后他们在新文化运动中的辉煌战斗做好了思想上的准备的。

三、卯字号的名人

1917年9月4日,复辟事件结束后不到两个月,周作人收到了北京大学的正式聘书,上面写着"敬聘周作人先生为文科教授,兼国史编纂处纂辑员",并言定教授月薪二百四十元,随后可以加到二百八十元为止。担任的课程是欧洲文学史(每周三学时)与罗马文学史(每周三学时),一星期六小

---

① ② ③ 见钱玄同1923年7月9日《致周作人书》,转引自周作人:《钱玄同的复古与反复古》,收《知堂集外文·四九年以后》,第616页。
④ 参考《记钱玄同先生关于语文问题的谈话》,原载《文化与教育》(旬刊)27期(1934年8月10日),转引自曹述敬:《钱玄同年谱》,齐鲁书社1986年8月济南第1版,第32页。
⑤ 周作人:《知堂回想录·一一二,复辟前后(一)》,第319页。

时的课,连同现编讲义,也是够忙的。此时周作人才从地方中学出来,一下子就进到最高学府,有些不知如何是好,只有求助于鲁迅的合作。大抵是周作人在白天里把草稿起好,到晚上等鲁迅修正字句之后,第二天再来誊正并起草。如是继续下去,在六天里总可以完成所需要的稿件(约稿纸二十张),交到学校油印备用。这样经过一年的光阴,计草成希腊文学要略一卷,罗马文学一卷,欧洲中古至 18 世纪文学一卷,合成一册《欧洲文学史》,作为北京大学丛书之三,由商务印书馆出版。这算是周作人的第一部学术著作,也是他们兄弟合作的一个纪念吧。

北大那时于文科以外,还设立了研究所。于 1917 年 12 月开始,凡分哲学、中文及英文三门,由教员拟定题目,分教员共同研究及学生研究两种。周作人参加了"改良文字问题"与"小说研究"两组,前者名单上有钱玄同、马裕藻、刘文典等人,却一直没有开过会。后者有胡适、刘半农、周作人等,他们都作过报告。① 周作人的讲题是《日本近三十年小说之发达》。这些报告正式发表后在学术界与创作界都产生了很大影响,成为中国现代小说理论的奠基之作。

周作人通过自己的学术与教学活动,终于为北京大学所承认,② 也成为"卯字号的名人"。所谓"卯字号",是北大文科教员的预备室,一排平房,一个人一间。蔡元培主持校政后,除聘李大钊为图书馆馆长、陈独秀为文科学长外,还聘请了一大批新、旧派名人任文科教员,"卯字号"也就成了群贤会集的场所,留下了许多为文学史家津津乐道的逸事。其中最有名的是所谓"两个老兔子和三个小兔子的事":文科学长陈独秀与主讲中国文学史的朱希祖,他们同生于己卯年(1879 年),时已三十八岁,算是年龄较大的,称为"老兔子";"小兔子"则指胡适、刘半农与刘文典,他们是辛卯年(1891 年)生,还不满二十六岁,都是翩翩少年。"老、小兔子"中,除朱希祖当年同在民报社听太炎先生讲课以外,其余四位周作人都是初识。陈独秀原只是个"新名士",北京御用报纸因此攻击他不谨细行,常作狭邪之游,这大约是有根据

---

① 胡适讲题为《论短篇小说》,刘半农讲题是《论下等人小说》。
② 据周作人回忆,同为北大教员的刘半农,英美派的绅士如胡适等就很看他不起,明嘲暗讽,使他不安于位。可见一个外来教员要在北大立足,也并不容易。

第五章 大时代的弄潮儿——在北京(一)
（1917.4—1920.12）

的。他主持的早期《青年杂志》(后改名为《新青年》)也没有什么急进主张，周作人初来北京时，鲁迅曾以《新青年》数则见示，并转述许寿裳的话道："这里面颇有谬论，可以一驳"，周作人看了却觉得没有什么谬论，可也看不出什么特色。经过复辟事件的刺激，陈独秀决心把《新青年》所提倡的新文化运动推进一步，由文体改革进而发展为思想革命，这与鲁迅、周作人的意见正不谋而合，陈独秀自然也颇器重周氏兄弟。从美国归来的胡适，晚于周作人，在这一年8月出任北大教授。在此之前，他就在《新青年》上发表《文学改良刍议》①而名噪一时，此时与周作人同在研究所小说组，来往不算不多，关键时刻彼此也能互相支持，但始终有一段距离，保持着一种淡如水的君子之交，周作人后来说他们之间"交浅"而不妨"言深"，②大体是符合实际的。"兔子"们中，最为投合的，自然是刘半农。刘半农后来回忆二人初见时的情景："余已二十七，岂明已三十三。时余穿鱼皮鞋，独存上海少年滑头气。岂明则蓄浓髯，戴大绒帽，披马夫式大衣，俨然一俄国英雄也"。③ 这第一次见面是在刘半农临时借住的教员休息室后面的一间屋子里，周作人去看他，刘半农即拿出他所作《灵霞馆笔记》(时正在《新青年》陆续发表)的资料，原是些极为普通的东西，但经过他的安排组织，却成为很可诵读的散文，周作人当时就很佩服他的聪明才力，并且注意到这位新同事"头大，眼有芒角"，以为遇到了一位"奇才"。刘半农确实不失江南才子气，虽然有志革新，却在谈话中时时露出羡慕红袖添香的口气，周作人便用了钱玄同加的讽刺，将他的号改为龚孝拱的"半伦"，因为龚孝拱不承认五伦，只剩下一妾，所以自认只有半个"伦"了。刘半农却不生气，在朋友的攻击下，也逐渐放弃了才子佳人的旧感情、旧思想。周作人却由此认识了刘半农的"真"："他不装假，肯说话，不投机，不怕骂，一方面却是天真烂漫，对什么人都无恶意"；这与鲁迅说刘半农"浅"而"如一条清溪，澄澈见底"，④都是真正的知人之论。刘半农也以周

---

① 载《新青年》2卷5号，1917年10月出版。
② 1929年8月30日《周作人致胡适书》，收《知堂书馆》，华夏出版社1994年9月北京第1版，第130页。
③ 刘半农：《记砚兄之称》，收《刘半农文选》，人民文学出版社1986年12月北京第1版，第288页。
④ 鲁迅：《且介亭杂文·忆刘半农君》，收《鲁迅全集》第6卷，第72页。

氏兄弟为知己。1918年旧历除夕,刘半农就是与周氏兄弟一起欢聚守岁的,刘半农还专门写了一首诗,登在《新青年》4卷3号上——

> 主人周氏兄弟,与我谈天:——
> 欲招缪撒,欲造"蒲鞭",
> 说今年已尽,
> 这等事,待来年。①

周氏兄弟与刘半农这一代人显然已经做好准备,迎接中国新文化运动高潮的到来。

鲁迅、周作人补树书屋的座上常客,刘半农之外,首推钱玄同。鲁迅曾这样描写他来访的情景:"将手提的大皮夹放在破桌上,脱下长衫,对面坐下了,因为怕狗,似乎心房还在怦怦的跳动"②,接下来,自然是谈天。于是,就有了那著名的关于"铁屋子"的谈话。谈话的结果是众所周知的:鲁迅终于走出沉默,写出中国第一篇现代白话小说《狂人日记》,发表于1918年5月出版的《新青年》4卷5号;周作人也第一次用白话翻译了古希腊谛阿克列多思的牧歌第十,以《古诗今译》为题,发表于《新青年》4卷2号,时间比鲁迅要早三个月,在某种意义上,周作人是为鲁迅打先锋的。

从此,周作人与钱玄同、刘半农成了终生不渝的好友。从表面上看,三人性格颇不相同:钱玄同偏激,刘半农活泼,周作人则平和;但在内质上却有更多的相通。如像周作人所说,钱玄同尽管言词偏激,论古严格,"若是和他商量现实问题,却又是最通人情世故,了解事情的中道的人"③。三人都极富幽默感,证明着他们是达到了思想和文化境界的同一层次的。他们之间的谈话、书信往来中,总是庄谐杂出,令人捧腹或会心。刘半农曾说他与钱玄同"我们两个宝贝是一见面就要抬杠的,真是有生之年,即抬杠之日"。并戏

---

① 刘半农自注:"(1)缪撒,拉丁文作'Musa',希腊文艺女神之一,掌文艺美术者也。(2)蒲鞭一栏,日本杂志中有之,盖与'介绍新刊'对待,用消极法笃促翻译界之进步者,余与周氏兄弟(豫才、启明)均有在《新青年》增设此栏之意。惟恐一时恐有窒碍未易实行耳。"
② 鲁迅:《呐喊·自序》,收《鲁迅全集》第1卷,第418页。
③ 周作人:《钱玄同的复古与反复古》,收《知堂集外文·四九年以后》,第617页。

第五章　大时代的弄潮儿——在北京(一)
(1917.4—1920.12)

作打油诗一首:"闻说杠堪抬,无人不抬杠。有杠必须抬,不抬何用杠。抬自由他抬,杠还是我杠。请看抬杠人,人亦抬其杠。"①每当钱、刘大抬其杠时,周作人总在旁微笑倾听,表示着一种理解与欣赏。有一回周作人向刘半农借俄国小说集《争自由的波浪》及一本瑞典戏剧作品,刘半农的回信却使周作人吃了一惊:信无笺牍,但以二纸黏合如奏册,封面题签曰"昭代名伶院本残卷",本文竟是一场"戏":"(生)咳,方六爷②呀,方六爷呀,(唱西皮慢板)你所要,借的书,我今奉上。这其间,一本是,俄国文章。那一本,瑞典国,小摊黄。只恨我,有了他,一年以上。都未曾,打开来,看个端详。(白)如今你提到了他,(唱)不由得,小半农,眼泪汪汪。(白)咳,半农呀,半农呀,你真不用功也。(唱)但愿你,将他去,莫辜负他。拜一拜,手儿啊,你就借去了罢。"——从这字里行间的幽默感里是不难感到作者的可爱之处的。

1918年3月出版的《新青年》4卷3号载《本志编辑部启事》,宣布"本志自4卷1号起……所有撰译,悉由编辑部同人共同担任,不另赐稿"。这实际上是标志着"新青年"同人集团的正式形成。其主要成员除陈独秀、李大钊、胡适、钱玄同、刘半农等之外,鲁迅、周作人兄弟是格外引人注目的——历史终于把周作人(以及鲁迅和他的朋友们)推到了时代新潮的最前列。

"卯字号"和北大讲堂的名人中,"新青年"同人之外,也有它的对立面——蔡元培先生是主张"兼收并蓄"的。那位著名的辜鸿铭就是人们公认的"北大顶古怪的人物"。他的祖上大约是华侨,所以他的母亲是西洋人,他生得一副深眼睛高鼻子的洋人相貌,头上一撮黄头毛,却编了一条小辫子。冬天穿枣红宁绸的大袖方马褂,上戴瓜皮帽,是颇引人注目的。尤其妙的是那包车的车夫,不知从哪里乡下特地去找了来的,或者是徐州辫子兵的遗留,也是一条背拖大辫子的汉子,同课堂上的主人正好是一对。他在红楼的大门外坐在车兜上等着,也不失为一个特殊的人物。另一位著名的复古派人物便是黄季刚。他是章太炎门下的大弟子,乃是周作人的大师兄,他的国学造诣是数一数二的。可他的脾气乖僻,正与他的学问成正比。当时在北大的章门同学曾做柏梁体的诗分咏校内名人,送给黄季刚的一句是"八部书

---

① 刘半农:《与疑古玄同抬杠》,1926年6月27日《语丝》第85期。
② "方六",系指周作人。

外皆狗屁",所谓"八部书"是他所信奉的经典,即是《毛诗》、《左传》、《周礼》、《说文解字》、《广韵》、《史记》、《汉书》和《文选》,似乎还应加上《文心雕龙》,其余皆为异己,他就一律谩骂,所谓"皆狗屁"也。刘师培是被称为北大"旧派"之首的。他在东京办《天义报》、《河南》时,周作人即投过稿,但无直接交涉。他在北大教书时,给人印象最深的却是他的字。刘师培写起文章来,真是下笔千言,细注引证,头头是道,没有做不好的文章。字却写得实在可怕,几乎像小孩子描红似的,而且不讲笔顺,不成字样。周作人说,当时北大文科教员里,以恶札而论,刘师培要算第一,他自己就是第二名了——其实周作人的字也是自成一体的。当时北大新旧派的斗争十分激烈,发展到白热化程度,即为著名的"林蔡之争"。首当其冲的自然是蔡元培,后来李大钊等也写了文章。周氏兄弟虽然没有参加,却一直关注着事态的发展。周作人曾收藏有鲁迅1919年4月19日写给他的一封信,信中说:"……大学无甚事,新旧冲突事已见于路透电,大有化为世界之意,闻电文系节述世(按,指蔡元培)与禽男(按,指林琴南)函文,断语则云可见大学有与时俱进之意,与从前之专任旧人旧事者不同云云,似颇阿世也。"新旧冲突中周氏兄弟无疑是站在新派这一边的,而且他们很快就成为其中的大将。

四、"开新纪元"的工作

1918年4月19日,周作人在北京大学文科研究所小说组作了题为《日本近三十年小说之发达》的讲演。[①] 除概括介绍了日本小说发展的历史外,他反复强调一点:"中国讲新小说也二十多年了,算起来却毫无成绩",其原因是"不肯自己去学人,只愿别人来像我,即使勉强去学,也仍是打定老主意,以'中学为体,西学为用'","我们要想救这弊病,须得摆脱历史的因袭思想,真心的先去模仿别人。随后自能从模仿中蜕化出独创的文学来,日本就是个榜样",结论是:"目下切要办法,也便是提倡翻译及研究外国著作"。这一番话,具有某种纲领性:周作人这一代人在拒绝与否定他们的前辈——梁

---

① 讲稿载《新青年》5卷1号(1918年7月15日出版),后收入《艺术与生活》。

第五章　大时代的弄潮儿——在北京(一)
(1917.4—1920.12)

启超、林纾们"中学为体,西学为用"的道路的同时,作出了自己时代的新的战略选择:从全面、充分地翻译、介绍与研究外国著作入手,摆脱历史的因袭思想,"放开度量,大胆地,无畏地,将新文化尽量地吸收"①,以此作为中国现代文学革命的突破口。

因此,周作人《新青年》时期的文学活动以希腊"古诗今译"为开端,他首先以杰出的翻译家身份出现在五四文坛上,这都不是偶然的。据周作人介绍,《古诗今译》及《题记》都经过鲁迅修改;那么,《古诗今译·题记》所提出的翻译观,可以视为他们的共同宣言——

> 什法师说,译书如嚼饭哺人,原是不错。真要译得好,只有不译。若译它时,总有两件缺点,但我说,这却正是翻译的要素。一,不及原本,因为已经译成中国语。如果还同原文一样好,除非请谛阿克列多思学了中国文自己来做。二,不像汉文——有声调好读的文章——因为原是外国著作。如果用汉文一般样式,那就是我随意乱改的胡涂文,算不了真翻译。

这宣言显然是针对林纾的。正像周作人在另一篇文章里所说,林纾这类翻译名家"把外国异教的著作,都变作班马文章,孔孟道德",不过是"抱定老本领旧思想"而已②,而周氏兄弟强调"不像汉文",即是试图通过翻译,输入与中国传统异质的新的思维方式与新的语法、词汇,以弥补中国思维、语言不精密的不足。周氏兄弟著名的"直译"法即是在这样的指导思想下产生的。③尽管对于"直译"法的评价历来褒贬不一,但有一点却可以肯定:周氏兄弟在翻译、介绍外国著作时,首先着眼于思维与语言,强调中国传统思维方式及语言的改造,这是别具眼光的。

---

①　鲁迅:《坟·看镜有感》,收《鲁迅全集》第 1 卷,第 200 页。
②　周作人:《安得森的"十之九"》,载《新青年》5 卷 3 号。
③　周作人在 1918 年 11 月 8 日答某君信中对他与鲁迅的直译主张作了这样的概括:"我以为此后译本……当竭力保存原作的风气习惯语言条理,最好是逐字译,不得已也应逐句译,宁可'中不像中,西不像西',不必改头换面。"(载《新青年》5 卷 6 号,文题为《文学改良与孔教》,文收《周作人集外文》上集,第 284 页。)

周作人 1918 年 1 月至 1919 年 12 月间翻译的小说后来集为《点滴》一书。① 全书二十一篇作品中,俄国与波兰、南非、匈加利(今译匈牙利)等被压迫民族文学作品占 70% 以上,其中俄国作家契诃夫的《可爱的人》、库普林《晚间的来客》、安特莱夫的《齿痛》、波兰作家显克微支的《酋长》等在五四时期都产生了很大影响。周作人此时热衷于介绍俄国与被压迫民族文学,可以说是一种自觉的努力。他在《文学上的俄国与中国》等演讲里,曾一再强调"中国的特别国情与西欧稍异,与俄国却多相同的地方"②,"背着过去的历史,生在现今的境地,自然与唯美及快乐主义不能多有同情","我相信人生的文学实在是现今中国惟一的需要。"③但周作人理解的"人生的文学",是贯注着人道主义精神的。因此,他在为《点滴》所作的序里,曾将此书(也即周作人这一时期的翻译工作)的特点归结为"直译的文体"与"人道主义精神"。特别有意思的是,周作人强调"一个固定的模型底下的统一是不可能,也是不可堪的",他提倡的是"多面多样的人道主义的文学",认为这才是"真正的理想的文学"。因此,周作人对于作品的选择,是不拘一格的,译了人生观绝不相同的梭罗古勃与库普林,又译了对于女子解放问题与易卜生不同的斯忒林培格。这表现了五四那个时代及周作人个人开放的眼光与宽容的心态,是以后时代的人很难企及的。

周作人在每一作品后面,常用"译者附记"的形式,简要地写出他对作品的评价,其艺术感受之精微,审美趣味的宽阔,是令人叹服的。这里姑举几例——

> 梭罗古勃以"死之赞美者"见称于世……然非丑恶可怖之死,而为庄严美大的衣之母,盖以人生之可畏甚于死,而死能救人于人生也。④

> 其艺术以求诚为归,故所谓自白,皆抒写本心,毫无粉饰……对于

---

① 《点滴》,1920 年 8 月北京大学出版社初版。1928 年 11 月改由开明书店出版,书名改为《空大鼓》,内容也作了一些调整。
② 周作人:《艺术与生活·文学上的俄国与中国》,岳麓书社 1989 年 6 月版,第 72 页。
③ 周作人:《艺术与生活·新文学的要求》,第 19 页。
④ 俄梭罗古勃《童子林之奇迹》译者说明,载 1918 年 3 月 15 日《新青年》4 卷 3 号。

世间,揭发隐忧,亦无讳忌。①

　　叙事和言情,无不美妙,写民间忧患这几篇尤好。事多惨者,然文章极奇诡,能用轻妙诙谐的笔,写他出来,所谓笑中有泪,正如果戈理一般。②

　　这些,自然都是周作人作为翻译家对于翻译对象的独特发现,同时也是对于读者的积极引导,周作人显然希望把正在学步的中国新文学引向多元化的自由发展的道路③。

　　另一面,周作人也是在通过翻译发现与表现自己。人们很容易就注意到,无论在翻译对象的选择,还是译者附记中的表白,都常流露出其他历史时期少有的亮色。例如,周作人在《点滴·后记》里强调所选作品的共同倾向:"无论乐观,或是悲观,他们对于人生总取一种真挚的态度,希求完全的解决"。在《皇帝之公园·后记》里,周作人更以赞赏的口吻肯定了俄国作家库普林"颇近乐观"的人生理想:"将来有一个时候,世上更无主奴,无损伤残疾,无恶意,无恶行;无有哀怜,亦无有怨恨,人人都是神……自由高尚的爱成为世界的宗教"。在《铁圈·后记》里,周作人又这样反驳梭罗古勃的悲观主义与虚无主义:"我的意见,不能全与著者相同,以为人的世界究竟是在这真实的世界一面,须能与'小鬼'奋斗,才是惟一的办法。"这些,固然是五四理想主义、乐观主义时代精神的折射,同样,也是折射了周作人主观心灵世界的:他从来没有像五四时期这样,沉湎于理想的追求,并采取了如此积极、进取的人生态度——时代与周作人本人,都进入了历史的青春期。

　　1919年12月,《新青年》6卷6期发表了钱玄同《关于新文学的三件要事》的通信,文章提到周作人的翻译工作时说:"周启明君翻译外国小说,照

---

① 瑞典斯武林培格《不自然淘汰》译者前记,载1918年8月15日《新青年》5卷2号。
② 波兰显克微支《酋长》后记,载1918年10月15日《新青年》5卷4号。
③ 后来,周作人更在理论上明确提出要做"古今中外"派。他说:"我不相信艺术上会有一尊,或是正统,所以不但是一人一派的主张觉得不免太隘,便是一国一族的产物,也不能说是尽了世间的美善,足以满足我们的全要求。"(《现代小说译丛序言》)周作人的翻译范围也日趋广泛,他对19世纪末、20世纪初酝酿兴起的西方现代主义文艺思潮及创作,表现了特殊的关注,最早介绍了波特莱尔、果尔蒙等法国象征派诗人,产生了很大影响。

原文直译，不敢稍以己变更。他既不愿用那'达诣'的办法，借外国人学中国人说话的调子；尤不屑像那'清室举人'的办法，叫外国文人都变成蒲松龄的不通徒弟，我以为他在中国近年的翻译界中，是开新纪元的。"——周作人的翻译贡献，终于得到了学术界的承认。①

五、《贞操论》及其他

作为一代思想启蒙者，周作人的关注点自然不止于文学，他们要从西方引入的，更是新思想、新道德。发表于1918年5月15日《新青年》4卷5号的周作人的译作《贞操论》，则表现了周作人的个人特色——他最感兴趣的，始终是性道德问题与妇女问题。

周作人在《译者前言》中高度赞扬原作者与谢野晶子"是现今日本第一流女批评家，极进步，极自由，极真实，极平正的大妇人"，表示"我确信这篇文中，纯是健全的思想"，是正需要的"治病的药"。② 周作人似乎还很少用这样极端的语言，这自然是表示了他对《贞操论》一文的倾心的。

也许是《贞操论》宣布的新的两性道德观深深地吸引了周作人：夫妻之间仅有"性交"的"接续"，"精神上十分冷淡"，"又或肉体上也无关系，精神上也互相憎恶"，这样的没有爱情的婚姻和夫妻关系是不道德的；而"人心不能永久固定，恋爱也难免有解体的时候，就是用热烈的爱情结合的夫妇，未必便能永久一致"，"在这样的（新的）夫妻关系上，结婚这形式，便毫无用处。爱情结合，结了协同关系；爱情分裂，只须离散"——它不仅宣布了以"没有爱情"为主要特征的中国传统婚姻的不道德性，而且公开承认了解除不合理的传统婚姻关系的合道德性，从而确立了"结婚与离婚自由"的原则。这是被压抑、渴求解放的中国妇女的福音，这是一切在传统婚姻枷锁下痛苦挣扎着的中国人的福音。

---

① 1922年胡适在《五十年来中国之文学》里，认为1918年的文学革命，在建设方面，有两件事可记，一是"白话诗的试验"，二是"欧洲新文学的提倡"，后者以"周作人的成绩最好。他用的是直译的方法，严格的尽量保全原文的文法与口气。这种译法，近年来很有人仿效，是国语的欧化的一个起点"。

② 文收《周作人集外文》上集，第269、270页。

第五章　大时代的弄潮儿——在北京（一）
（1917.4—1920.12）

周作人翻译的《贞操论》一发表，中国的舆论界、思想界、文化教育界，无不为之震动。首先起来响应的是胡适。他在是年7月15日出版的《新青年》5卷1号上发表《贞操问题》一文，热烈地赞扬《贞操论》的发表，"这是东方文明史上一件极可贺的事"。胡适显然看出它在婚姻关系这样一个有关"人"的生命及"人生"的根本问题上所具有的革命意义：这是一个终于找到的缺口，由此可望导致整个封建伦理体系的崩溃。为扩大战果，胡适又抓住北洋军阀政府刚公布的所谓《中华民国褒扬条例》，不失时机地提出："贞操问题中，第一无道理的，便是这个替未婚夫守节和殉烈的风俗。"鲁迅也立即与之配合，在《新青年》5卷2号发表《我之节烈观》，明确提出了"自他两利"的新的道德原则，大声疾呼："要除去于人生毫无意义的苦痛。要除去制造并赏玩别人痛苦的昏迷和强暴"，"要人类都受正当的幸福！"这是新文化战线上一次非常漂亮的联合作战，在"提倡新道德，反对旧道德"的五四文化革命中，产生了深远的影响。

1918年10月，周作人又在《新青年》5卷4号上发表《随感录·三十四》①，系统地介绍了英国凯本德（Edward Carpenter）著《爱的成年》一书，对妇女解放问题进行了更深入的探讨。周作人完全同意凯本德的观点：妇女的解放，"必须以女子经济独立为基础"，因此，"女子的自由，到底须以社会的共产制度为基础；只有那种制度，能在女子为母的时候，供给养她，免得去倚靠男子专制的意思过活。"在这里，周作人从妇女解放的角度公开表示了对"社会的共产制度"的同情②，自是别有一种意义。同时，周作人又十分重视凯本德关于"以自由与诚实为本，改良两性关系"的意见，反复强调"人类的身体和一切本能欲求无不美善洁净"。在周作人看来，妇女的问题实际只有两件事，即经济的解放与性的解放，在某种意义上后者比前者更困难，也更重要。③ 这构成了周作人独特的妇女解放观。

---

① 后收入《谈龙集》时，改题为《爱的成年》。
② 当时，周作人及同时代人对"共产制度"的理解带有很浓厚的乌托邦成分。详见下文分析。
③ 周作人的这一思想在五四以后，有进一步的发挥。如指出"女子的这种屈服于男性标准下的性生活之损害决不下于经济方面的束缚"（《北沟沿通信》），强调"两性的性欲的差异，男子是平衡的，女性是间隙的……要实现这个结婚的爱，便只有这相互的调节一法，即改正两性关系，以女性为本位"。（《"结婚的爱"》）

1919年初，周作人在翻译了契诃夫的短篇小说《可爱的人》以后，又对契诃夫、托尔斯泰之间的一场争论感到了兴趣。契诃夫小说塑造了一个只知依赖丈夫而失去了自己独立性的妇女形象，称之为"可爱的人"，显然含有嘲讽与怜悯之意，这却引起了托尔斯泰的批评，认为小说女主人公恪守"爱男人，生儿育女"的本分，不应受到指责。俄罗斯两位文学巨人的争论反映了两种对立的妇女观；周作人则毫不犹豫地站在契诃夫这一边。他指出，妇女"对于丈夫儿女，是妻是母"，但"对于人类是个人，对于自己是'惟一者所有'。我辈不能一笔抹杀了伊的'人'，伊的'我'，教伊做专心奉事别人的物品"。周作人并宣布了他的理想："希望将来的女人""成为刚健独立，知力发达，有人格，有自我的女人，能同男子一样，做人类的事业，为自己及社会增进幸福"，"必须到这地步"才"真贯彻了人道主义"。把对妇女人的地位的确立，独立个性的确认，作为人道主义的重要内容，这同样反映了五四人道主义的时代特色：在五四，人的发现与妇女的发现、儿童的发现以及下层人民的发现，几乎是同时的。①

六、新的信仰

1918年11月27日，周作人日记中出现了一个重要记载："下午至学长室，议创办《每周评论》，十二月十四日出版，每月助刊资三元"。与会者主要有陈独秀、李大钊、胡适等人，都是《新青年》的同人。为什么要于《新青年》之外另办《每周评论》呢？这实在是出于形势的需要。此时，北大内部及社会上新旧两派的斗争已日趋白热化。1918年8月，《新青年》的同盟军，由北大新派学生主办的《新潮》杂志与北大旧派势力的大堡垒《国故月刊》同时出版，是一个重要的信号。在这种情况下，《新青年》一月出刊一次，且经常延期，就显得过分缓慢，于是有另办更为灵活、方便的周刊的动议。而且，《新青年》是以发表翻译、创作为主的，而此时提到议事日程上来的任务恰恰是：

---

① 五四以后，周作人对他的妇女解放思想又有了新的发展：在强调"女人是人"，具有与男人一样的独立性与尊严的同时，又强调"女人是女人"，指出："现代的大谬误是在一切以男子为标准，即妇女运动也逃不出这个圈子，故有女子以男性化为解放之现象。"（《谈虎集·北沟沿通信》）

第五章 大时代的弄潮儿——在北京（一）
（1917.4—1920.12）

加强对旧文学、错误思潮的攻击力，同时着手新文学自身的正面理论建设。《新青年》显然不足以担此重任，《每周评论》就这样应运而生。因此，陈独秀、李大钊、胡适等倡议出版《每周评论》，是新文化阵营的一个重要战略步骤。周作人恰恰又在这一关键时刻，充当了先锋，并由此而确立了他在五四新文化运动中的历史地位。

参加《每周评论》的筹备会后，不到一个月，周作人就写出了《人的文学》、《论黑幕》与《平民文学》三篇重要论文①，可见周作人早已胸有成竹，呼之欲出。这自然使陈独秀等大为振奋，陈独秀连忙写信给周作人，力赞"大著《人的文学》做得极好"②。《新青年》与《每周评论》也以最快的速度，在显著位置上发表了周作人的这几篇力作。③ 文章一出，不仅立即轰动当时的文坛，而且到1935年胡适还在《中国新文学大系·建设理论集·导言》里，称周作人的《人的文学》是"当时关于改革文学内容的一篇最重要的宣言"。胡适认为，中国新文学运动的一切理论都可以包括在"两个中心思想"的里面，"一个是我们要建立一个'活的文学'，一个是我们要建立一种'人的文学'"。他强调周作人这篇"最平实伟大的宣言"，"他的详细节目，至今还值得细读"。周作人的《人的文学》、《平民文学》以及以后陆续写出的《思想革命》（载1919年3月2日《每周评论》11期）、《新文学的要求》（载1920年1月8日《晨报副刊》）、《圣书与中国文学》（载1921年1月10日《小说月报》12卷1号）等文，构成了一个完整的体系，是最能显示五四时期周作人的思想特色的，并且是五四文学革命与思想革命的重要理论建树，现在已经成为历史性文献了。

周作人在《思想革命》一文中明确提出，"文学革命上，文字改革是第一步，思想改革是第二步，却比第一步更为重要"：这是他对辛亥革命，特别是张勋复辟事件历史经验的基本总结。以此为出发点，周作人把五四人的发现与文学的发现统一起来，把五四思想革命精神灌输到文学革命中

---

① 三文分别作于1918年12月7日、12月17日、12月20日。
② 陈独秀1918年12月14日《致周作人书》，后发表于周作人《过去的工作·实庵的尺牍》。
③ 《人的文学》，载《新青年》5卷6号（1918年12月15日）；《论黑幕》，载《每周评论》4期（1919年1月12日）；《平民文学》，载《每周评论》5期（1919年1月19日）。

去,在"人"的历史焦点上,找到了思想革命与文学革命的契合点。周作人在《人的文学》里特地强调,"人的文学,当以人的道德为本",这不仅显示了周作人自身着重从伦理道德的角度去探讨社会、人生、人性的特点,而且因此把五四新文化运动"反对旧文学,提倡新文学;反对旧道德,提倡新道德"两大旗帜互相联结起来。在此基础上,他建立起了一个"人学"理论构架。

周作人的"人学"结构有两大支柱。一是所谓"自然人性论",即强调"人是一种动物",又是"进化的动物";因此,"人"具有"肉"与"灵"二重性,即"以动物的生活为生存的基础","其内面生活,却渐与动物相远",具有精神的形而上的"灵"的追求与改造生活的理性力量,"兽性与神性,合起来便只是人性"。[①] 另一则是所谓"个人主义的人间本位主义",即强调"人"具有"个人与人类的两重性","只承认大的方面有人类,小的方面有我,是真实的。"[②]在"人类"与"个人"的关系上,则强调"从个人做起","要讲人道,爱人类,便须先使自己有人的资格,占得人的位置","个人爱人类,就只为人类中有了我,与我相关的缘故",因此,"利己而又利他,利他即是利己。"[③]所谓"人的文学"即是建筑在上述"人"的基本自觉基础上。周作人把它概括为两点:"一、这文学是人性的,不是兽性的,也不是神性的;""二、这文学是人类的,也是个人的,却不是种族的,国家的,乡土及家族的。"[④]

这样,无论对人自身的认识,还是对文学自身的认识,周作人都试图进行根本观念的变革,这也可以说是一场静悄悄的革命。其重点所在,首先是针对"存天理,灭人欲"的宋明理学的,强调人的"一切生活本能,都是美的,善的,应得到完全满足。凡有违反人性不自然的习惯制度,都应该排斥改正",[⑤]强调文学"应记载世间普通男女的悲欢成败",包括他(她)们的世俗情欲。[⑥]它同时又是反对封建家庭本位主义的,强调人与文学的至高无上的个人性,这就使周作人的思想大大接近了20世纪初鲁迅的"个人无政府主义"。周作人对文学发展的轨迹作了这样的描述:"古代的人类的文学,变为

[①][③][⑤] 周作人:《艺术与生活·人的文学》,第9~11、17、9~10页。
[②][④][⑥] 周作人:《艺术与生活·新文学的要求》,第19、22、19、21页。

第五章　大时代的弄潮儿——在北京(一)
(1917.4—1920.12)

阶级的文学;后来阶级的范围逐渐脱去,于是归结到个人的文学,也就是现代的人类的文学"。① 这个结论甚至是针对 20 世纪初周作人自己也曾经信奉的民族主义的,所要破除的不仅是家庭的偶像,而且包括种族的、国家的,以至乡土的偶像,而要建立起现代的人类的意识,②确认"人类的运命是同一的,所以我要顾虑我的运命,便同时须顾虑人类共同的运命。所以我们只能说时代,不能分中外。我们偶有创作,自然偏于见闻较确的中国一方面,其余大多数还须绍介译述外国的著作,扩大读者的精神,眼里看见了世界的人类,养成人的道德,实现人的生活"。③ 后来,周作人自己说:"五四时代我正梦想着世界主义,讲过许多迂远的话"④,大概也包括《人的文学》这些文章在内吧。

　　周作人精心构制的"人学"结构,实际上构成了他的一种信仰。周作人在少年中国学会讲演中就公开宣称,"这新时代的文学家是'偶像破坏者'。但他还有他的新宗教——人道主义的理想是他的信仰,人类的意志便是他的神。"⑤周作人在五四时期曾对宗教与文学的关系产生浓厚的兴趣,作过专门的研究。他认为"神人合一,物我无间的体验","入神"、"忘我"的境地,"是文学与宗教的共通点的所在"。周作人说:"基督教艺术的内容便是使人与神合一及人们互相合一的感情;"而在他看来,文学的基本目的与功能,就是沟通人们的心灵与感情世界。因此,他十分欣赏托尔斯泰关于"艺术家的目的,是将他见了自然或人生的时候所经验的感情,传给别人"的观点,他一再地引用安特莱夫的话来表达自己的文艺观:"我们的不幸,便是在大家对于别人的心灵、生命、苦痛、习惯、意向、愿望,都很少理解,而且几乎全无。我是治文学的,我之所以觉得文学的可尊,便因其最高上的事业,是在拭去一切的界限与距离。"⑥这是对于文学本质的一种浪漫主义的把握。⑦ 在五四时期,蔡元培曾提倡"以美育代宗教",周作人并不赞同;但他对于"人"、"人

---

①⑤　周作人:《艺术与生活・新文学的要求》,第 23 页。
②　周作人:《艺术与生活・平民的文学》,第 4 页。
③　周作人:《艺术与生活・人的文学》,第 17 页。
④　周作人:《雨天的书・元旦试笔》,第 121 页。
⑥　周作人:《艺术与生活・圣书与中国文学》,第 36 页。
⑦　周作人曾把他这一时期的文艺思想概括为"浪漫主义的文艺思想",以为其突出表现即在《人的文学》里面。(《知堂回想录・一三三,文学与宗教》)

的文学"、"人道主义"的信仰,确实使他这一时期的思想带有浓重的理想主义、浪漫主义色彩。周作人后来把它解释为一种"少年意气":"一个人在某一时期大抵要成为理想派,对于文艺与人生抱着一种什么主义"①,"我本来是无信仰的,不过以前还凭了少年的意气,有时候要高谈阔论地讲话"②。我们也可以承认周作人的这种解释:五四时期原本是提倡"少年精神"的,而且因此曾经给我们这个老大的中国,带来了新的希望。

作为"少年精神"的另一面,五四时期的先驱者是从不知收敛自己的锋芒的。即使是周作人,尽管有着温和的个性,尽管在他这一时期的著作中,也不时呼唤"中和",③但他仍然(至少有时是)锋芒毕露、咄咄逼人的。周作人在《人的文学》里,就相当激烈地批判与否定"非人的文学"。他一口气开列出十类"非人的文学",并且断言"在主义上,一切都该排斥"。④ 在他开列的应该排斥的书单上,《西游记》、《聊斋志异》、《水浒传》、《笑林广记》等均赫然在目;这就是同时代的一些先驱者都是不能同意的。⑤ 五四时期,对于中国旧戏的全盘否定,周作人也是始作俑者。在《人的文学》里,他就将旧戏列为"非人的文学"的集大成者;在此之前,他曾在与钱玄同的通信中,"论中国旧戏之应废",断言"中国戏多含原始的宗教的分子","有害于世道人心","没有存在的价值"。⑥ 后来钱玄同进一步提出遭到很多人非议的"全数封闭"论,⑦不能不说与周作人的鼓吹有关。而周作人的《论黑幕》、《再论黑幕》及《中国小说里的男女问题》等文章中,对黑幕小说与鸳鸯蝴蝶派小说的尖锐批判,更是被认为是体现了五四新文学的批判战斗精神的典范之作,为新文学的发展开辟了道路。周作人正是以这些所向披靡的战斗业绩,在人们心目中,树立起一个"五四战士"的形象。尽管他本人后来竭力想抹去

---

① 周作人:《艺术与生活·自序一》,第2页。
② 周作人:《艺术与生活·自序二》,收《知堂序跋》,第23页。
③ 周作人在《圣书与中国文学》的结尾就把他的理想归结为"中和":"现在我们用了多种表面不同而于人生都是必要的思想,调剂下去,或可以得到一个中和的结果。"
④ 周作人同时做了一个"保留":这些著作"在民族心理的研究上,原都极有价值。在文艺批评上,也有几种可以容许"。
⑤ 连最急进的钱玄同也给《水浒传》以极高评价。
⑥ 文载《新青年》5卷5号(1918年11月15日),题为《论中国旧戏之应废》,收《周作人集外文》上集,第272、273页。
⑦ 钱玄同:《随感录》,载《新青年》5卷1号。

这一形象,所向披靡本身大概就是周作人所厌恶的。也有人出于各种动机试图否认这一形象。这都是徒劳的。历史已经忠实地记下了这一事实:周作人曾经作为"战士"出现在五四新文学阵地上——对这一事实的评价,当可以作多方面的探讨。

无论将做什么评价,一个事实却是不可忽视的:周作人因此在五四时代的青年学生中享有极高的威信。五四学生运动领袖之一傅斯年,和他的战友康白情、俞平伯都是北京大学 1916 年级文学系的学生,据说,是周作人讲授的《欧洲文学史》将他们吸引到一起的。后来,他们与傅斯年的山东同乡罗家伦、杨振声,同宿舍的室友顾颉刚等共同发起组织了"新潮社",这是五四时期最有影响的学生社团之一。周作人无疑是"新潮社"的一位重要的精神导师;或者说,在老师辈的新青年社、每周评论社同人与学生辈的新潮社社友之间,周作人起到了桥梁作用。周作人的《人的文学》刚在《新青年》上刊出,傅斯年立刻在《新潮》上发表文章,将其与胡适的《易卜生主义》、《建设的文学革命论》以及陈独秀的《文学革命论》,同列为"文学革命的宣言书"。《新潮》1 卷 5 号还将周作人发表在《每周评论》上的新诗《背枪的人》与《京奉车中》转载。傅斯年并用"记者"的名义写了"附记",郑重推荐:"我们应该制造主义和艺术一贯的诗,不宜常常在新体裁里放进旧灵魂……所以现在把《每周评论》里的这两首诗选入,作个榜样。"1919 年 5 月,《新潮》2 卷 5 号刊出《本社特别启事》,宣布周作人为"新加入本社社员";以后,又被推为《新潮》主任编辑,时已在国外的傅斯年特地来信表示"极欢喜",并称"此后《新潮》实质上必进于前"。老师主动承担起学生留下的任务:这大概可算是五四时期代际合作的一个典范吧。①

七、"小河"的忧虑

1919 年 2 月 15 日出版的《新青年》6 卷 2 号,以头条位置发表了一首题

---

① 具有讽刺意味的是,三十六年后,中日战争结束,周作人以汉奸罪被捕,傅斯年正是国民党政府派驻北平学界的"接收大员"。周作人因此作《骑驴》一诗,中有"新潮余响久销沉"句,大概也有往事不堪回首之意吧。

为《小河》的新诗,这样的编排在《新青年》是少有的,自然引起了人们的注意。而当人们发现诗的作者是周作人时,更是感到惊异。这位平静的、温和的学人似乎很难与激情澎湃的诗人联系起来。事实上,周作人从童年时即已表现出他的思维是散文,而非诗的。周作人此刻也勉力写起白话新诗来,自有他的道理。鲁迅曾经说:"我其实是不喜欢做新诗的,只因为那时诗坛寂寞,所以打打边鼓,凑些热闹;待到称为诗人的一出现,就洗手不作了。"①周作人的情况也大抵如此。由于中国诗歌的传统势力过于强大,为了使白话新诗能够占领诗坛,《新青年》同人不得不协同作战。据周作人说,他这一时期写的白话新诗(包括《小河》在内)都经过鲁迅的反复吟咏、修改;周氏兄弟即使打打边鼓,也是严肃认真的。

从《小河》开始②,周作人连续写了不少白话新诗,如《微明》、《路上所见》、《北风》、《背枪的人》、《京奉车中》等,可谓一发不可收。周作人在《小河·前记》里即已申明,他的诗与法国波特莱尔提倡的散文诗"略略相像","不过那是用散文格式,现在却一行一行的分写了",而且"无韵","或者这算不得诗,也未可知;但这是没有什么关系。"尽管如此,人们仍然从周作人的朴素的诗句里,感到一种内在的诗情,虽不浓烈,却也清淡中含有底蕴。而散文化的形式却因此彻底摆脱了旧诗词格律的束缚,比之同一时期胡适的半新不旧的尝试体的诗,反而获得一种形式的自由与自然。后来朱自清说:"只有鲁迅氏兄弟全然摆脱了旧镣铐,周启明氏简直不大用韵,他们另走上'欧化'一路,"③所强调的也是鲁迅与周作人的新诗在形式上的变革意义。胡适甚至因此而将周作人的《小河》评为"新诗中的第一首杰作"④。周作人的《两个扫雪的人》、《背枪的人》、《京奉车中》、《画家》等诗是实践了他的"平民文学"的主张的,从普通人的平凡人生中去发现诗,把日常生活中种种真实印象引入诗中,这样的眼光与选材都是全新而极富启发性的。正如诗

---

① 鲁迅:《集外集·序言》,收《鲁迅全集》第7卷,第4页。
② 周作人在《小河》之前,就写了《两个扫雪的人》,但此诗发表于《小河》之后,因此,《小河》常被视为周作人的第一首白话新诗。
③ 朱自清:《中国新文学大系·诗集·导言》,良友图书印刷公司1935年10月上海第1版,第3页。
④ 胡适:《谈新诗》,收《中国新文学文库·建设理论集》,良友图书印刷公司1935年10月上海第1版,第295页。

第五章 大时代的弄潮儿——在北京(一)
(1917.4—1920.12)

评论家废名所说,"一时做新诗的人大家都觉得有新的诗可写了。"①废名并且以文学史家的身份断言"早些日子做新诗的人如果不是受了《尝试集》的影响,就是受了周作人先生的启发"②,这大体近于事实。至于说周作人不仅是新文学的重要理论家,而且以自己的新诗、散文创作,与鲁迅的小说一样,显示了新文学的实绩,这恐怕也不是夸大之辞。

不过,我们感到有趣的是,诗为心声,周作人的新诗所显示的是他的内心世界的一角。如果我们仅仅满足于展览一个战士的战斗业绩,而不去注意他的内心世界,特别是作为一个活生生的人的思想、感情、心理……上的矛盾,我们就太可怜了。我们已经说过,周作人在五四时期广泛多面而卓有成效的活动中,处处流露出他这一时期内在情感、心理中的乐观、积极、进取,有信仰、乐追求的"少年精神",这大抵是真实的;这在他的新诗创作中也时有表露。比如他的一首《北风》就是以象征的手法描写自己在"北风"中奋行的情景的,"但觉得这风沙也颇可赏玩","这猛烈的北风,也正是将来的春天的先兆",把他的以与困难拼搏为乐的精神是写得相当真切的。但仔细品味这一时期周作人的诗作,仍然可以感到一种隐隐的忧郁,这感觉在读《小河》时会更加深切。当"土堰坍了,水冲着坚固的石堰,还只是乱转",我们听见了"堰外田里的稻",一面皱眉一面悠悠地唱道——

> 我是一株稻,是一株可怜的小草,
> 我喜欢水来润泽我,
> 却怕他在我身上流过。
> ……
> 我愿他能够放出了石堰,
> 仍然稳稳地流着,
> 向我们微笑,
> 曲曲折折地尽量向前流着,
> 经过的两面地方,都变成一片锦绣。

---

①② 废名(冯文炳):《谈新诗》,人民文学出版社1984年2月版,第83、101~102页。

  他本是我的好朋友，
  只怕他如今不认识我了，
  他在地底里呻吟，
  听去虽然微细，却又如何可怕！
  这不像我朋友平日的声音，
  被轻风挽着走上沙滩上来时，
  快活的声音。
  我只怕他这回出来的时候，
  不认识从前的朋友了，
  便在我身上大踏步过去：
  我所以正在这里忧虑。

  既"喜欢水来润泽我"，"却怕他在我身上流过"；既对"他在地底里呻吟"表示同情，又本能地觉得"他"的呻吟"听去虽然微细，却又如何可怕"；既希望"他""微笑"着"稳稳地流着"，又害怕"他""不认识从前的朋友"，粗暴地"在我身上大踏步过去"——这"稻"对于"水"，怀着多么矛盾的心情啊。这一再重复的"怕"字，流露出怎样一种难以遏制的不安与忧虑！"稻"显然是周作人的自况，那么，"水"呢？

  直到二十五年后，周作人才在《苦茶庵打油诗》的《后记》里揭开"谜底"——

  孔子曰，仁者不忧，勇者不惧。吾侪小人诚不足与语仁勇，惟忧生悯乱，正是人情之常。……大抵忧惧的分子在我的诗里由来已久，最好的例子是那篇《小河》。……一句话就是那种古老的忧惧。这本是中国旧诗人的传统，不过不幸他们多是事后的哀伤，我们还算好一点的是将来的忧虑。……鄙人是中国东南水乡的人民，对于水很有情分，可是也十分知道水的利害，《小河》的题材即由此而出。古人云，民犹水也，水能载舟，亦能覆舟。法国路易十四云，朕等死之后有洪水来。其一戒惧如周公，其一放肆如隋炀，但二者的话其归趋则一，是一样的可怕。

第五章　大时代的弄潮儿——在北京（一）
(1917.4—1920.12)

《小河》的意象既来自"东南水乡"，那么，这至少在潜意识上是包含着某种思乡的情怀的。诗中"微笑"的，"稳稳的"，"曲曲折折地尽量向前流着"的，"被微风挽着走上河滩来时"发出"快活的声音"的"水"，是诗人从幼年起就已经熟悉了的，它寄托着诗人对于他的故乡，以及这块土地上的故乡人的爱的柔情。但此刻周作人已是脱离了幼时的天真、幻想，他以一个经历了义和团运动、辛亥革命、张勋复辟等历史动乱的，饱经风霜的过来人的眼光来反顾故乡的水以及它所象征的这块土地孕育的人民，就不只看见美与善，而且看到了残酷的、也许是更现实的另一面："水"一旦冲出堤堰"乱转"时，就会肆虐地吞没一切、裹挟一切与颠覆一切；而"呻吟"着的人民一旦摆脱束缚，陷入狂乱，也会爆发出"粗暴"的力，毁灭一切的。周作人说，这是"将来的忧虑"，这就是说，他已经预见到了新文化运动的发展，必然导致引起社会大动乱的人民政治革命，他正是为此而忧心忡忡。周作人这类知识分子的矛盾正是在这里：他们本能地对政治，特别是群众政治，以及必然与之联系在一起的革命暴力心怀疑惧，希望把自己的活动限制在思想文化范围内，而小心翼翼地与政治保持距离；但连他们自己也明白，这不过是自欺欺人：思想文化的启蒙必然导致被启蒙者变革现实的直接政治行动，这是启蒙者无法预先控制的。扩大了说，这是一切思想启蒙者必然面临的两难境地：或者与自己的启蒙对象一起前进——从思想走向行动，不仅必然按照行动（特别是政治行动）的逻辑对思想的纯正性作出某些必要的与不必要的修正、妥协（在行动逻辑中这两者本是难以划分的），而且还不可避免地为狂热的往往是偏激的群众所裹挟，给自己带来许多违心的烦恼，弄不好连自己也失去了启蒙者特有的理性精神，在与群众同化的过程中发生自我的异化。如果拒绝这样做，那又会最终被自己的启蒙对象无情地抛弃，而且自己据以安身立命的一切，甚至那张平静的书桌，也会被群众暴力毁于一旦——这正是启蒙的必然结果。

周作人就这样陷入了困惑：他一面把思想启蒙——唤起人的自觉，文学的自觉，作为一种信仰，理想，热情地为之献身，一面却为其几乎是必然产生的可怕后果而忧惧：这是怎样的苦境呢。周作人迟早要抛去这沉重的负担，即使必须同时卸下那战士的盔甲与桂冠。

八、"六三"事件

革命的政治风暴终于来临——1919年5月4日,中国近代史上具有划时代意义的五四学生运动爆发了。

这时,周作人正在东京。1919年初,周作人与鲁迅商定,将家从绍兴迁往北京。为了便于安排,周作人于4月告假先回绍兴,将那里的妻子和子女一共四人,送往日本东京母家。还没有来得及去逛上野公园,周作人听到五四的消息,赶回北京已经是5月18日了。虽然是五四以后,但那热烈的气氛仍然是感受着的,特别是亲眼目睹"六三"事件,更是给周作人留下了难忘的印象。后来,他这样回忆说——

> 那一天下午,我在北大新造的第一院,二楼中间的国文系教授室,那时作为教职员联合会办事室的一间屋里,听说政府捉了许多中小学生拘留各处,最近的北路便是第三院法科那里,于是陈百年、刘半农、王星拱和我四人便一同前去,自称系北大代表,慰问被捕学生,要求进去,结果自然是被拒绝,只在门前站着看了一会儿。三院前面南北两路断绝交通,隔着水沟(那时北河沿的沟还未填平)的东边空地上聚集了许多看热闹的,男女老幼都有,学生随时被军警押着送来,有的只是十三四岁的初中学生,走到门前,在门楼上的有些同学,便拍手高呼欢迎他,那看热闹的人也拍手相应。有的老太婆在擦眼泪,她眼看像她孙儿那样大的小学生被送进牢门(虽然这原是译学馆的门)里不见了,她怎能不心酸呢?……①

这是周作人第一次面对反动军警与爱国学生、反革命势力与群众的对立。在此之前,无论是义和团运动还是辛亥革命,他只是耳闻而未亲见。他置身于普通群众中间——在平时,周作人是自觉地意识到他与他们之间的

---

① 周作人:《知堂回想录·一二九,每周评论(下)》,第379~380页。

第五章　大时代的弄潮儿——在北京(一)
(1917.4—1920.12)

距离的;而此时,他却不能不为周围群众的情绪——对于反动军警的抗争,对爱国学生的同情所感染。甚至那擦眼泪的老太婆的辛酸,也引起了周作人的共鸣。这就是群众运动的魔力:自我的情感于不知不觉之间融会于群体的情绪之中。周作人初次获得这样的情感体验,他是既新奇又兴奋的,他甚至暂时摆脱了(或者说是忘却了)不断纠缠自己的疑惧心理,而让自己沉浸在热烈、高亢的幻觉之中。当晚,他即写下了《偶成》,对在"六三"运动中被捕的学生表示"敬意"。意犹未尽,又写诗对十月革命后的俄国表示向往。这一夜,一口气竟写成了《偶成》四首,这样的诗兴大发,在周作人是少有的。

以后几天也是在混乱中度过的:第二天是6月4日,下午二时至北大第二院理科赴职教员会,没有什么结果,又回到文科,门外已驻兵五棚,局势相当紧张了。5日下午,仍至文科,步行到前门内警察所门前,两旁的步道都挤满了,马路中间站立着许多军警。再往前看,只见有几队穿长衫的少年,每队有一面国旗,站在街心,正要作讲演,大队军警包围着他们,不让讲演。周作人还想上前,就被几个兵拦住了。周作人试图对一个士兵讲理:"那班人都是我们中国的公民,又没拿着武器,我走过去有什么危险呢?"那士兵倒也和气,回答说:"你别见怪,我们也是没法,请你略候一候,就可以过去了。"正说着,忽听一声怪叫,说道什么"往北走!"后面就是一阵铁蹄声:马队冲过来驱散行人了!有一老翁勃然大怒,高喊:"我们平民为什么路都不能走?!"要奔去马队拼命,旁边人连忙劝住。周作人还来不及反应,仿佛见右肩旁边,撞到了一个黄的马头。一时发了慌,随着周围人一齐向北直奔,后面还听得一阵马蹄声和怪叫。等到觉得危险已过,立定看时,已经在"履中"两个字的牌楼底下了。这才发现,慌乱之中口袋里十几个铜元都散失了……

这是周作人终生难忘的一段经历。周作人从未受过惊吓——即使幼年时祖父被捕,随着大哥避难,他因为年龄太小,只觉得是一次颇愉快的旅行。即使在异国日本,由于一切由大哥包办,也没有遇见公寓老板或是警察的欺侮。至于性命交关的追赶,更是没有遇着过。如今却在自己祖国的首都吃了这一大惊吓,周作人既觉出乎意料,又有一种难言的屈辱感。尽管那位态度和善的士兵给了周作人一些安慰:士兵中也有天良未泯的。但在光天化日之下,用马队冲击无辜的百姓,这毕竟太残酷、太无耻了。周作人几乎是第一次面对如此严峻的现实,他过去把世事、人心都看得过于美好与善良。但连周作人自己都觉得惊奇,经过这次惊吓,他并没有感到恐惧,甚至羡慕起那位不知名的老人来:他当时是何等勇敢地发出了正义的抗议之声啊!周作人暗暗地气自己:当时为什么没有想到去抗议,或者去劝说骑在马上的士兵呢?却只顾得自己逃命了。但反过来想,侥幸没有被马踏坏,毕竟是可喜的。在一"气"一"喜"之间,周作人突然觉得,这些士兵连同他们的指使者是够愚蠢的了,正是他们对于革命运动的无理镇压,不但给予革命者自身,也给予一般民众以最好的训练,使得他们了解并同情于革命,往往比运动本身更有效力。这次事件的意义不正在于此吗?回到会馆里,周作人在灯下做了一篇《前门遇马记》,半是抗议,半是嘲讽,算是自己对反动军警镇压行为的回答,并于次日亲自送交李大钊,请他编进《每周评论》。后来,李大钊告诉他:警察所曾派人到编辑处查问这篇文章。周作人听了也不感到有什么压力。他想起文章中最后一句话:"可是我决不悔此一行,因为这一回所得的教训与觉悟比所受的侮辱更大",他自然也不会后悔自己写了这篇文章:看来那骑在马上的人也隔衣觉着针刺了。

又过了几天,大约是6月12日吧,周作人绍兴第五中学的学生、现任《国民公报》副刊编辑的孙伏园前来报告:陈独秀因为在东安市场散发传单被警厅逮捕了。周作人没有任何犹豫,即与李辛白、王抚五等一起以北大代表的名义前去探监,遭拒绝而返。陈独秀出狱后,周作人又前去慰问。李大钊特地为祝贺陈独秀出狱写了一首诗——

  你今出狱了,
  ……
  却不见了你和我们手创的报纸。①
  可是你不必感慨,不必叹惜,
  我们现在有了很多的化身,同时奋起。
  好像花草的种子,

---

① 北洋军阀政府于是年8月查封了《每周评论》。

被风吹散在遍地。

这愤激、乐观的情绪也是属于周作人的。①

在革命运动到来之前满怀忧虑的周作人,在亲身经历了"六三"风暴之后,思想反而趋向激进,更加接近李大钊、陈独秀:这是很耐人寻味的。

九、"新村"运动

1919年7月2日,在五四风暴基本平息以后,周作人又从塘沽去东京,并于8月4日携同妻子儿女回国。周作人于1911年秋归国后,重踏日本国土,自然是一件大事。相隔八年之后,无论日本本土及周作人本人,都发生了相当大的变化,此番再来,自会有许多新的观察与新的感受。周作人回国后写了一组《游日本杂感》,在《国民公报》上连载,一时颇为人们所注目。周作人开章明义第一句话即说:"我的再到日本,与第一次相隔九年(按,实为八年),大略一看,已觉得情形改变了不少,第一件是思想界的革新,一直从前本来也有先觉的议论家和实行家,只是居少数,常在孤立的地位。现在的形势,却大抵出于民众的觉醒,所以前途更有希望……(在日本)德谟克拉西的思想,比在'民主'的中国更能理解传统"——这里显示的是一个中国的思想启蒙者的眼光:在赞扬日本思想界的"希望"时,显然对本国思想界有更大的期待。周作人又关注到"日本近来对于劳动问题也渐渐注意,但除了几个公正明白的人(政府及资本家或以为是危险人物,也未可知)以外,多还迷信着所谓温情主义,想行点'仁政',使他们感恩怀惠,不再胡闹,这种过时的方案,恐怕没有什么功效",这其实透露的是周作人本人对"劳动问题"即工农运动的关注,以及他的远非急进的态度。周作人在日期间,正值东京炮兵工厂同盟罢工,他曾专门写诗咏颂,表示了极大的同情与理解。② 他在《游日本杂感》中还写到自己在日本乘车时的感情体验:"在我看来,三等车室虽然略略拥挤,却比一等较为舒服,因为在这一班人中间,觉得颇平等,不像'上等'人的

---

① 李大钊:《欢迎独秀出狱》,载《新青年》6卷6号。
② 诗题为《东京炮兵工厂同盟罢工》,载1919年11月15日《新青年》6卷6号。

互相轻蔑疏远。"他强调自己在国内旅行时也有类似的感受:"我在江浙走路,从车窗里望见男女耕耘的情形,时常产生一种感触,觉得中国的生机还未灭尽,就只在这一班'四等贫民'中间。"这些,都表示出一种趋向:周作人的人道主义同情越来越趋向于以劳动者为主体的下层人民("四等贫民")。这与前述"六三"运动的实际感受大概总有点联系,也许还与这一时期周作人对社会主义思潮的热心有关。总之,对于周作人的思想发展,这毕竟是一个新的信息。

到日本,周作人不可能不注意日本文化。但他在继续赞赏日本古文化、国民性的"爱草木喜自然,淡泊潇洒,纤丽纤巧"的同时,似乎更注意日本现代文化所表现出来的"颓废"、"游荡"倾向,并表示了自己的保留态度。对于艺妓与游女,他也似乎无心欣赏她们美的艺术,而是更同情这些不幸的人"别一种奴隶的生活"。他的关注点似乎发生了某种转移:由关心日本本土文化的"本来面目",而转向也许是更为现实的日本文化受外来文化的影响而产生的某些弊端。他说:"日本维新前诸事多师法中国,养成了一种'礼教'的国,在家庭社会上,留下种种祸害。维新以来诸事师法德国,便又养成了那一种'强权'的国,又在国内国外,种下许多别的祸害。"他由此得出的结论也许是更有意思的,他认为,由于中国的自我封闭,中国文化很少受外国的影响。这样,中国除了历史的因袭以外,制度教育上几乎毫无新建设,虽然得不到维新的利,也还没有种下什么障碍,要行改革可望彻底。这自然不失为一种见解,至少是表明了周作人对于中国改革彻底性的期望,或者也表现了他因五四以来大量吸收外来文化而产生的一种隐忧吧。

周作人在日期间,最大的收获自然是他在 7 月 7 日至 7 月 11 日期间,对日本"新村"所在地石河内村的访问。

所谓"新村",是 1918 年由日本著名作家、思想家武者小路实笃在九州日向建立的一个空想社会主义的实验地。周作人在留日期间,就深为共产无政府主义所吸引。对他来说,接受"新村"的理想是很自然的。其实,周作人在赴日本参观新村以前,早于 1919 年 1 月就和日本新村本部有所接触,①并在 1919 年 4 月出版的《新青年》6 卷 3 号上发表了《日本的新村》一文,这

---

① 周作人日记:1919 年 1 月 6 日"阅新シキ村ノ生活";1919 年 1 月 10 日"寄新シキ村本部函,附金二円";1919 年 1 月 25 日"下午得新シキ村本部稻垣芳雄君十八日函"。

是中国关于日本新村运动的最初介绍。至于日本新村运动的组织者武者小路实笃,周作人更是钦慕已久。1911年,武者小路实笃主持的《白桦》杂志曾刊登广告,兜售1910年出版的《白桦》"罗丹专号",写信求购者中就有周作人,此事给武者小路实笃很深印象,后来在回忆录中专门提及。1918年,周作人刚开始给《新青年》写文章,就向中国读者介绍了武者小路实笃的话剧《一个青年的梦》,对武者小路实笃的"只要人人都是人类的相待,不是国家的相待",便可得永久的和平,但这事"非从民众觉醒不可"的"世界主义"理想有着强烈的共鸣。周作人在文章中还说了这样一段话:"现在无用也可播个将来的种子,即使播在石路上,种子不出时,也可聊破当时的沉闷,使人在冰冷的孤独生活中,感到一丝的温味,鼓舞鼓舞他的生意。"①这自然表现了他对武者小路实笃这样的人道主义思想家相当深刻的理解,自然也包含了周作人自身的体验在内。也许周作人也是把"新村"看作是"聊破当时的沉闷"的一种努力,而给以支持的吧。

1919年7月,当周作人一年之中作第二次东游时,他几乎是迫不及待地要去参观新村。后来在一篇题为《访日本新村记》的文章中,周作人这样描述初踏上"新村"所在地——位于九州东南部宫崎县的日向国——时的感受:

>　　(这里)一面临海,一面是山林,马车在这中间,沿着县道前进。我到这未知的土地,却如同曾经认识一般,发生一种愉悦的感情。因为我们都是"地之子",所以无论何处,只要是平和美丽的土地,便都有些认识。到了高锅,天又下雨了,我站在马车行门口的棚下,正想换车往高城,忽见一个劳动服装的人近前问道:"你可是北京来的周君吗?"我答道:"是。"他便说:"我是新村的兄弟们差来接你的。"旁边一个蓑衣少年也前来握手说:"我是横井。"这就是横井国三郎君,那一个是斋藤德三郎君。我自从进了日向已经很兴奋,此时更觉感动欣喜,不知怎么说才好,似乎平日梦想的世界,已经到来,这两人便是首先来通告的。现在虽然仍在旧世界居住,但即此部分的奇迹,已能够使我信念更加坚固,相信将来必有全体

---

① 周作人:《读武者小路君所作〈一个青年的梦〉》,收《周作人集外文》上集,第258、260页。

成功的一日。我们常感着同胞之爱,却多未感到同类之爱;这同类之爱的理论,在我虽也常常想到,至于经验,却是初次。新村的空气中,便只充满这爱,所以令人融醉,几于忘返,这真可谓不奇的奇迹了。

可以感到,周作人是怀着宗教般的热情到他的爱的理想国去朝圣的。当他置身于其间,并亲身体验到一种人类之爱——我们已经说过,他曾试图赋予日本文化以超越国家、民族界限的人类文化的品格,五四时期,他也以"世界民"自居——他内心的喜悦就是不可言说的,他说他"融醉"了,这真是再贴切不过的了。

而且这仅仅是开始——

当日他们多赴上城工作,我也随同前往。种过小麦的地,已经种下许多甘薯;未种的还有三分之二。各人脱去外衣,单留衬衫及短裤布袜,各自开掘。我和第五高等(学校)的学生,也学掘地,但觉得锄头很重,尽力掘去,吃土仍然不深,不到半时间,腰已痛了,右掌上又起了两个水泡,只得放下,到豆田拔草。恰好松本君拿了一篮甘薯苗走来,叫我帮着种植。先将薯苗切成六七寸长,横放地上,用手掘土埋好,只留萌芽二寸余露出地面。这事很容易,十余人从三时到六时,或掘或种,将所剩空地全已种满,都到下城岩边,洗了手脸,坐在石上,看 Boti 钻下水去拣起石子来,我也在水滨拾了两颗石子,一个绿色,一个灰色,中间夹着一条白线……回到中城在草地上同吃了麦饭,回到寓所,虽然很困倦,但精神却极愉快,觉得三十余年来未曾经过充实的生活。只有在半日才算能超越世间善恶,略知"人的生活"的幸福,真是一件极大的喜悦。还有一种理想,平时多被人笑为梦想,不能实现,就经验上说,却并非"不可能",这就是人类同胞的思想。我们平常专讲自利,又抱着谬见,以为非损人不能利己,遇见别人——别姓别县别省的人都是如此,别国的人更无论了——若不是心中图谋如何损害他,便猜忌怨恨,防自己被损。所以彼此都"剑拔弩张",互相疾视。倘能明白人类共同存在的道理,独乐与孤立是人间最大的不幸,以同类的互助与异类争存……

第五章 大时代的弄潮儿——在北京(一)
(1917.4—1920.12)

才是正当的办法,并耕合作,苦乐相共,无论哪一处的人,即此便是邻人,便是兄弟……我在村中,虽然已没有"敝国贵邦"的应酬,但终被当作客人,加以优待,这也就是歧视;若到田间工作,便觉如在故乡园中掘地种花,他们也认我为村中一个工人,更无区别。这种浑融的感情,要非实验不能知道;虽然还没有达到"汝即我"的境地,但因这经验,略得证明这理想的可能与实现的幸福,那又是我的极大喜悦与光荣了。

乡间的体力劳动对于一个来自喧嚣的现代社会的知识分子竟起了如此神秘的精神作用:仿佛是摆脱了一切外在束缚——身份,地位,人伦关系等等,只作为纯粹的"人"的个体,与同样纯粹的"自然"与"他人",自然地交往交流,周作人于是进入了悠然陶然的境界,这既是超越——超越利害,也超越世间善恶,又是融入——人、我,物、我的交融。这是周作人一直追求的人生境界,在现实中越无实现的可能,追求越是迫切。现在,周作人在日本新村仿佛找到了体现了他的理想原则的现实实体,尽管周作人并非没有看到武者小路实笃们惨淡经营的寂寞,他也说到了由于"千百年来的旧制度旧思想,深入人心,一时改不过来,所以一般的冷淡与误解,也未能免",但他宁愿看作是必有的却又是暂时的阻力,而不愿对理想原则本身产生任何怀疑——而在这"宁愿"与"不愿"之间,至少在情感的深处,是有着一种难言的苦味的。周作人后来慨然宣布:"我此次旅行,虽不能说有什么所得,但思想上因此稍稍扫除了阴暗的影,对于自己的理想,增加若干勇气",细心的读者自不难注意到周作人所谓"扫除了阴暗的影",不过"稍稍"而已。

无论如何,周作人总算有了自己的"乌托邦"。他从东京回到中国后,就成为中国新村运动最积极的鼓吹者与组织者。[①] 周作人以对他来说可谓空

[①] 1920年6月8日郑振铎致书周作人:"你是现时中国内极注意于新村问题的——也是实行新村组织的———个人。"(信载《中国现代文艺资料丛刊》5辑)郑振铎当时正与瞿秋白、耿匡(耿济之)等创办《新社会》,组织社会实进会,郑振铎在写给周作人信中表示"我们对于新村运动,很有研究——实行的兴味;我个人尤有想去实行的意思。"周作人果然应社会实进会之邀,作了《新村的理想与实际》的报告。由此开始了周作人与郑振铎的密切往来。郑振铎、周作人、耿济之后来都成为文学研究会的发起人,周作人日记中即有"至万宝盖(胡同)耿济之宅赴会"(1920年11月23日)的记载。以后文学研究会理论与创作中的"爱"与"美"的倾向,浓重的人道主义色彩,都与他们中不少成员所受空想社会主义思潮影响有关。

前的热情与干劲,到处做报告,写文章。诸如《访日本新村记》(载1919年10月《新潮》2卷1号)、《新村的精神》(1919年11月8日在天津学术讲演会讲演,载1919年11月23日—24日《觉悟》)、《新村运动的解说——对胡适先生的演说》(载1920年1月20日《晨报》)、《"工学主义"与新村的讨论》(载1920年3月28日《工学》1卷5号)、《新村的理想与实际》(1920年6月19日在社会实进会的讲演,载1920年6月23日—24日《晨报副刊》)、《读武者小路关于新村的著作》(载1920年12月5日《批评》4号)、《新村的讨论》(载1920年12月26日《批评》5号)等等,都是传诵一时的名文。在所有的文章或演说中,周作人反复强调一点,即"新村的理想,简单地说一句话,是人的生活"。① 而所谓"人的生活"应该是一种"和谐""互助"与"独立"、"协力"与"自由"的调和,"人类"的人与"个体"的人的统一,既"尽了对于人类的义务,却又完全发展自己个性"。② 这又是"物质"与"精神"、"肉"与"灵"的"调和","物质的方面是安全的生活,精神的方面是自由的发展",也就是"各尽所能,各取所需"的生活。③ 这同时还是"体力劳动"与"脑力劳动"的统一,"劳动"与"健康"的调和,周作人批评托尔斯泰的躬耕"专重'手的工作',排斥'脑的工作'",以为"不能说是十分圆满",④ 强调"新村"劳动"并非只是兑换口粮的工作",即不只是为了维持生存的需要,而是"一方面对于人类应尽的义务,一方面是在自己发展上必要的手段"。⑤ 可以看出,周作人宣布的"新村的理想"即"真正的人的生活的理想"与他这一时期所鼓吹的"人学"思想是完全一致的,却带有更加鲜明的空想社会主义的色彩。从表面上看,这是对五四时代思潮的一种呼应——李大钊在著名的《庶民的胜利》的讲演里曾经断言:"1917年的俄国革命是20世纪世界革命的先声","20世纪的群众运动……集中而成一种伟大不可抗的社会力,这种世界的社会力,在人间一有动荡,世界各处都有风靡云涌,山鸣谷应的样子",这几乎成为五四时期一切急进的知识分子的共同信念,以至于一时间"社会主义"成了一个"时髦的名词"。但在更深层次上,周作人提倡新村运动又恰恰出于对汹涌而至的社会主义群众运动的疑惧。他在第一篇有关新村运动的文

---

①③　周作人:《艺术与生活·新村的理想与实际》,第219页。
②④⑤　周作人:《艺术与生活·日本的新村》,第206、210、211页。

第五章　大时代的弄潮儿——在北京（一）
(1917.4—1920.12)

章里,引用了武者小路的一段话:"新时代应该来了。无论迟早,世界的革命,总要发生","对于这将来的时代,不先预备,必然要起革命,怕惧革命的人,除了努力使人渐渐实行人的生活以外,别无方法"。周作人显然于此深有共鸣,他也直言不讳地说:新村运动的好处在于,既"顺了必然的潮流",又可免"将来的革命"。① 周作人在另一封通信中也说得很清楚:"新村与别的社会改造不同的地方,是想和平地得到革命的结果",主张"缓进的方法",寄希望于"不劳而食"的"特殊阶级"的"翻然改悔",而反对"翻天覆地,惟铁与血"的暴力革命。② 既向往"社会主义",又畏惧"社会革命"的心理,是很能反映周作人这一类知识分子在 20 世纪历史大潮流面前的矛盾心境与处境的。

　　有意思的是,新村运动最坚决的支持者竟然是中国第一批马克思主义者,中国共产党的早期领导人,从年长一辈的李大钊,到年轻一代的毛泽东、蔡和森、恽代英等都是如此。周作人初来北京时,就对李大钊有一种特殊的亲切感。他回忆说,《新青年》同人相当不少,除二三人时常见面外,别的都不容易找。在第一院即红楼的,只有作为图书馆主任的李大钊,在上班时必定在那里,所以找他最适宜。他没有架子,令人可亲,平日所谈的也只是些平常的闲话。③ 作为一个过渡时代的先驱者,李大钊在思想言辞上尽管激烈,行为道德上却相当传统,俨然一位雅儒,这也是周作人感到亲切的原因吧。现在,又是李大钊对新村运动表示极大的兴趣。在周作人日记中就可以看到"守常函介李君来,属为绍介往新村"(1920 年 9 月 1 日)、"访守常,以新村绍介函交徐彦之君"(1920 年 6 月 28 日)等记载。李大钊与周作人还共同发起"工读互助团";"募款启事与简章"宣称,其宗旨在于"实行半工半读主义,庶几可以达教育与职业合一的理想",④可见"工读互助团"与"新村"同是实现空想社会主义理想的一种试验。李大钊与周作人在热心于空想社会主义这一点上如此一致,恐怕也非偶然。李大钊也是克鲁泡特金的崇拜者,直到 1919 年《新青年》6 卷 5 号上发表《我的马克思主义观》(同期

---

① 周作人:《艺术与生活·日本的新村》,第 208 页。
② 周作人:《新村的讨论》,载《批评》5 号("新村号"),收《周作人集外文》上集,第 321~323 页。
③ 参看周作人:《知堂回想录·一五三,坚冰至》,第 470 页。
④ 载《新青年》7 卷 2 号。

发表了周作人翻译的《俄国革命之哲学的基础》)里,还不放弃以克鲁泡特金的互助论来"补充"马克思主义阶级斗争学说的努力,而表现出一种注重伦理的运动与人道的运动的倾向。这又与中国传统文化存在着某种契合。这种契合在新村运动的理论上表现得也十分明显:周作人曾公开承认,"新村"的理想世界也就是中国传统的"大同社会",①而着重"道德改革"也恰恰"是新村运动的一种特色与实效"。② 正是在与传统文化割不断的联系中,周作人与中国早期马克思主义者之间有了惊人的一致——这恐怕是一般人所料想不及的吧。

而且,就连比较年轻的一辈如毛泽东、恽代英、蔡和森等,在他们接受马克思主义以前,也曾为新村运动所吸引,甚至可以说,新村运动成为他们走向马克思主义的一座桥梁:这也是很有意思的。

于是,1920 年 4 月 7 日周作人日记中出现了"毛泽东君来访"的记录。其时,毛泽东刚刚起草完建设新村的计划书,并将其中《学生之工作》一章发表于 1919 年 12 月出版的《湖南教育》月刊,趁第二次来北京之机,拜访中国新村运动的倡导人周作人,是很自然的。这是渴求真理的学生向自己尊重、信任的老师的一次例行访问,本不足怪。周作人也是按惯例写入日记,并没有引起格外的注意。只是后来,大概是新中国成立前夕,周作人预感到以后形势的变化,才把日记里的这个记载,连同《新青年》上发表《体育之研究》的作者"二十八画生"即毛泽东这样的新闻,一并向世人公布,以示炫耀。这倒是无意中暴露了周作人身上潜藏着的某种庸俗气。不过,那已是后话了。至于有人利用这条记录大做文章,制造毛泽东访问鲁迅的特大新闻,那更带有滑稽的色彩,还是不说了吧。

周作人所倡导的新村运动,在得到李大钊为首的早期马克思主义者的热烈赞同的同时,却在最意想不到的地方受到了冷遇或反对。几乎处处都充当他的后盾的大哥鲁迅首先毫不隐讳地表示了自己的冷淡。他在写给钱玄同的信中说,周作人宣传新村运动的文章"不是什么大文章,不必各处登载"。③ 在《头发的故事》里他更借小说主人公之口,提出了自己的质问:"改

---

① 周作人:《艺术与生活·日本的新村》,第 215 页。
② 周作人:《新村的精神》,载 1919 年 11 月 23 日至 24 日《民国日报·觉悟》副刊。
③ 鲁迅 1919 年 8 月 13 日《致钱玄同书》,收《鲁迅全集》第 11 卷,第 366 页。

革吗？武器在哪里？工读吗？工厂在哪里？""我要借了阿尔志跋绥夫的话问你们：你们将黄金时代的出现预约给这些人们的子孙了，但有什么给这些人们自己呢？"鲁迅显然不满意于周作人们对于乌托邦理想的过分沉溺，他是一直主张立足于现实的更切实的战斗的。周作人新村运动的另一个有力的反对者，是大名鼎鼎的胡适博士。胡适曾于1920年公开发表演说，指出周作人所鼓吹的新村主义实际上是孟子所宣扬的"穷则独善其身"的"独善的个人主义"，"想跳出这个社会去寻找一种超出现社会的理想生活"，"实在同山林隐逸的生活是根本相同的"。① 胡适的批评同样也击中了要害：在周作人急进的主张背后正隐藏着他与中国隐逸传统的深刻联系。另一面则也显示了胡适不同于周作人的个人气质与风格：胡适是知其不可为而为之的儒家入世哲学的忠实信徒，他有着更强的社会责任感，更自觉的介入意识与政治意识，他的人生态度始终是乐观与积极的。周作人则要消极，平和，也悲观得多。周作人后来曾著文反驳，说隐士"归隐、躬耕只是他们消极的消遣"，而新村运动则是"积极的实行他们泛劳动的主义"。② 这不过是表示周作人在五四时期确无隐逸之意而已；而最终却不免要走上那一路的。

十、儿童的发现与歌谣的征集

周作人在《知堂回想录》中说："在1920年我又开始——这说是开始，或者不如说是复活更是恰当，一种特殊的文学活动，这便是此处所说的儿童文学。"周作人的儿童文学研究确实是以绍兴时期为开端的，但它在五四时期的"复活"却别有意义——它最终完成了周作人对于人的研究。因此，周作人于1920年11月发表的《儿童的文学》一文与《人的文学》、《平民的文学》、《圣书与中国文学》③一起，成为周作人五四所建立的"人学"的主要代表作。

这是应孔德学校之邀所作的一次讲演。据周作人介绍，孔德学校是北

---

① 胡适：《非个人主义的新生活》，载1920年1月15日《时事新报》。
② 周作人：《新村运动的解说——对于胡适之先生的演说》，载1920年1月14日《晨报副刊》。
③ 《圣书与中国文学》发表于沈雁冰主持的《小说月报》12卷1号（革新号），从文学与宗教的关系上阐述了文学的本质，在五四产生了很大影响，以后周作人一直是《小说月报》的主要作者之一。

京大学同人开办的一所自小学至中学一贯的新式学校,以法国哲学家孔德命名,表示了一切取自由主义的教育方针。讲演是五四时期颇为流行的启蒙方式,我们在周作人日记中,经常可以看到"到××讲演"之类的记载。其中影响最大的,莫过于这次《儿童的文学》(1920年10月26日在孔德学校讲),与在此之后的《圣书与中国文学》(1920年11月30日在燕京大学文学会讲),在此之前的《新文学的要求》(1920年1月6日在北平少年中国学会讲),人们称之为周作人"三大文学讲演"。关于周作人的讲演风格,梁实秋有过一个回忆——

> 他坐在讲坛之上,低头伏案照着稿子宣读,而声音细小,坐在第一排的人也听不清楚。事后我知道他平常上课也是如此。一个人只要有真实学问,不善言词也不妨事,依然受人敬仰。①

周作人这次关于《儿童的文学》的讲演大概也是如此:当场效果未必好,发表后却引起了思想文化界的震动。早在《人的文学》里,周作人即指出:"欧洲关于这'人'的真理的发见,第一次是在15世纪","女人与小儿的发见,却迟至19世纪";而在中国,"人的问题,从来未经解决,女人小儿更不必说了"。这表明,周作人在五四时期对儿童问题的考察,已经从20世纪初及绍兴时代,偏于国家、民族繁衍的立场,转向"人"的健全发展的角度,即把"儿童的发现"作为"人的发现"的一个重要组成部分。周作人在他的讲演里,反复强调的正是这一点:"儿童在生理、心理上,虽然和大人有点不同,但他仍是完全的个人,有他自己的内外两面的生活。儿童期的二十几年的生活,一面固然是成人生活的准备,但一面也自有独立的意义与价值。"这里对于儿童生理与心理上的独立意义与价值的发现与肯定,至少在中国是具有划时代的意义的。正像周作人自己所说:"以前的人对于儿童多不能正当地理解,不是将他当作缩小的成人,拿'圣经贤传'尽量的灌下去,便将他看作不完全的小人,说小孩懂得什么,一笔抹杀,不去理他。"这里有两条原则,一

---

① 梁实秋:《忆岂明老人》,载《传记文学》1967年第11卷3期。

第五章　大时代的弄潮儿——在北京(一)
(1917.4—1920.12)

是把儿童当作"人",二是承认"儿童就是儿童"。由此而建立起来的儿童教育思想必然是"儿童本位主义"的,即"儿童教育,是应当依了他内外两面的生活的需要,适如其分地供给他,使他生活满足丰富",即"应当客观地理解他们,并加以相当的尊重"。周作人所提出的这些思想、原则,并非纯粹的学理,而首先具有反封建的实践意义。早在此之前——1919年3月,周作人在《每周评论》10期上发表的一篇文章中,就把中国传统道德归结为"祖先崇拜",并且提出了"祖先为子孙而生存,并非子孙为祖先而生存"的新的道德原则,这与鲁迅《我们现在怎样做父亲》(载1919年11月出版的《新青年》6卷6号)、胡适《再论"我的儿子"》(载1919年8月《每周评论》35号)也是互相配合的;与批判封建贞操观念的那场战斗一样,这也是五四时期反封建道德的一场硬仗。周作人、鲁迅、胡适是站在同一条战线上的。以后,对儿童及儿童文学的关注,就成为周作人的"胜业"。

当然,对周作人来说,更重要的还是实地的童话、神话、儿歌,以至由此而扩展开来的民间歌谣的研究。此类研究早在绍兴"卧治"时期即已开始,在五四时期最有意义与影响的,自然是关于歌谣的搜集与整理。这项活动是由卯字号里的朋友们鼓捣起来的,说不定正是他们几番高谈阔论的产儿。1918年2月1日《北京大学日刊》发表《北京大学征集歌谣简章》,同时宣布由刘半农、沈尹默、周作人负责编辑,钱玄同、沈兼士考订方言:事情就是这么简单地干起来了。反应却异乎寻常的热烈,短短两个月,就收到歌谣一千一百余则,以后在《北京大学日刊》上选载了一百四十八首,一时成为北京大学上自蔡元培校长,下至普通学生普遍关注的盛事。中间又经过一番曲折,到1920年底正式成立了北京大学歌谣研究会,由沈兼士、周作人共同主持。以后还举办了歌谣征集成果展览会,创办了《歌谣》周刊,周作人也被推为编辑之一。但周作人自己晚年回忆,他似乎没有做什么具体事,一切都是别人(例如刘半农、常惠等)操持的,这大抵是真实的。不过,《歌谣》的发刊词却是周作人起草的,他强调了歌谣民俗学与文学的双重意义,以歌谣为"国民心声",预言歌谣的搜集、整理将"引起未来的民族的诗的发展"。① 据说这篇

---

① 周作人:《〈歌谣〉发刊词》,收《周作人集外文》上集,第477、478页。

发刊词在当时及以后都曾起到了指导作用。不过,周作人本人最津津乐道,并且以为自己的主要贡献是提倡征集"猥亵的歌谣"。他在晚年所写的《一点回忆》里说,"猥亵的歌谣希望由大学来征集,这事似乎是不大可能"①,因此,提倡本身就具有一种反叛与反讽的意义。据说光周作人一人就积存有一小抽屉(他的合作者钱玄同、常惠可能收获更丰),尽管后来全然散失,但周作人写的《猥亵的歌谣》一文尚在,仍然留下了当年的战斗锋芒。

---

① 周作人:《知堂集外文·四九年以后》,第371页。

第六章 历史的进退之间

——在北京(二)

（1921.1—1927.10）

一、病中的彷徨

1921年1月至9月，周作人是在病床上度过的。据说，这回患的是肋膜炎。头三个月是在家中养病，因为赶写一篇文章病势加重，又在医院住了两个月，接着去西山碧云寺般若堂休养，直到这年9月21日才下山回到家里。

历史有时也会重复。1903年一场大病，使热血沸腾、渴望投入革命运动的周作人陡然冷静下来，开始面对悲惨的人生；眼下这一场大病又是周作人的思想、情绪从高潮跌入低潮的转折点。而这精神历程的陡转又是与时代的转变相适应的。

因为生的是肋膜炎，是胸部的疾病，多少和肺病有点关系。到了午后热度就高了起来，晚间几乎处于昏沉状态。这在生理上自然是极不舒服的，却适宜做诗。在疾苦呻吟之中，感觉特别敏锐，容易发生诗思，这也是"痛苦出诗人"之一例吧。总之，这一时期周作人的诗作特别丰富就是了。我们也就因此获得了窥探周作人内心世界的绝好机会。

最使周作人念念不忘的，却是那一番情景：大约黄昏时分，大哥像往常一样，满头大汗，夹着一蓝布包的书，悄悄来到床边；周作人微笑相迎，只指着桌上一叠稿纸，却没有力气多说一句话。大哥走过去，拿起稿纸，约略看了一遍,便低声地慢慢读了起来——

> 这过去的我的三个月的生命,哪里去了?
> 没有了,永远的走过去了!
> 我亲自听见他沉沉的缓缓的,一步一步的,在我的床头走过去了。
> 我坐起来,拿了一支笔,在纸上乱点。
> 想将他按在纸上,留下一些痕迹——
> 但是一行也不能写,
> 一行也不能写。
> 我仍是睡在床上,
> 亲自听见他沉沉的,缓缓的,一步一步的,在我的床头走过去了。

念完了,兄弟俩都沉默不语,似乎在聆听什么,仿佛真觉得有东西在走过去的样子。灵犀一点,周氏兄弟此时都感悟到了生命与历史的不可驻留,这是既给人以沉重感,又不免令人感到几分迷惘的。这首诗后来题为《过去的生命》。这是否意味着:周作人是在自觉地利用这场大病的契机,对"过去的生命"——它的存在方式、价值进行历史的反思呢?

可能是这样的吧。因为我们又读到了下列诗句:"我的梦太多了。/外面敲门的声音,/恰将我从梦中叫醒了。/你这冷酷的声音,/叫我去黑夜里游行吗?/啊,曙光在哪里呢?/我的力真太小了,/我怕要在黑夜里发了狂呢。"①然而,就在一年前,周作人还写过"北风在空中呜呜地叫,/马路旁发芽的杨柳,当着风不住地动摇:/这猛烈的北风,也正是将来春天的先兆"②呢。毫无疑问,现在,周作人再也没有那理想主义的"梦想者"的乐观、自信,他为一种自我怀疑的情绪所压倒了。所感到的,岂止是自己力量"太小了"呢?他在一封信里坦白承认:"我近来的思想动摇与混乱,可谓已至其极了。"③

医院的生活,特别是西山疗养生活,是宁静的。所租的屋在般若寺门里

---

① 周作人:《过去的生命·梦想者的悲哀》,岳麓书社1987年7月第1版,第25页。
② 周作人:《北风》,收《周作人诗全编笺注》,学林出版社1995年1月版,第404~405页。
③ 周作人:《雨天的书·山中杂信》(1921年6月15日),第126~127页。

第六章 历史的进退之间——在北京(二)
(1921.1—1927.10)

边的东偏,是三间西房,位置在高台上面,西墙外直临溪谷。东边有泉水,沿着寺流下来,溪上架着一座板桥。桥边有两三棵大树,成了凉棚,即便是正午也很凉快。马夫和乡民常坐在树下的石头上,谈天憩息。早晚散步时,到溪坑底里捡圆的小石头,或者立在桥上,看看溪水的流动,或者当马夫们的驴马中间,偶然出现几头带着小驴的母驴,欣赏一下那可爱而多少有点呆相的很长的脸,也是饶有兴味的。这里长闲逸豫的空气,原是可以平矜释躁的——无论在南京,还是在日本,周作人一直是过着这种"自由宽懈的日子"①:这本是属于他的生活方式。

但此刻的周作人却不能。

这不仅是因为一日里总有一个阴郁的时候,破坏这长闲逸豫的气氛:这便是下午清华园的邮差送报来后的半点钟。每天的报纸上,总是充满着不愉快的事情。周作人原本神经衰弱,易于激动,病后更甚,只要一看见报上所载社会骚乱、国事不宁的消息,稍加思索,便烦躁起来,几乎陷入发热状态。这天报纸上登载一条消息:前几天北京各校教员因抗议北洋军阀政府积欠教育经费而举行索薪游行,不料在新华门前被军警殴伤,政府发布命令,竟然宣布是教员自己"碰伤"。周作人从报上得知此事,一时竟为当局的凶残与厚颜无耻惊呆了。"碰伤"二字忽然化为一幅幅神奇的图画:披一身钢甲,甲上都是尖刺,不必自己动手,野兽纷纷负伤而去;突有一"见毒"的蛇,无须触及,只一见即中毒倒下;又有修炼得道的剑侠,站着不动,却以飞剑取人头于百步之外……周作人想笑却笑不出,因为"碰伤"倒下的都是自己的同事;周作人坐下来,想写点什么,却觉得笔尖下仿佛有鲜血涌出……②

其实,岂止是那下午阴郁的半点钟,周作人几乎时时处处,不由自主地就烦躁起来。比如说吧,周作人刚刚站在寺院附属的厨房门外的白杨树前,听着树叶在没有风的时候瑟瑟作响,沉湎于"白杨多悲风,萧萧愁杀人"的诗的意境中时,一个七八岁的小西洋人跟着宁波老妈子走进厨房来,又忽然来了两个小广东人,不由分说地接连打小西洋人的嘴巴,旁边人看不过去,把他们隔开两回,那位"攘夷"的勇士又冲过去,寻着要打嘴巴……顿时,周作

---

① 周作人:《雨天的书·怀旧》,第31页。
② 周作人:《泽泻集·碰伤》,第65~67页。

人刚才的浪漫思想也被打得不知去向,只是感到现实的切肤之痛——这样的"爱国"行为何等的可悲、可耻啊……就是在平静的院墙内,敏感的周作人也能感受到那时隐时显的并不和平的"战氛"。他一来就听说般若堂里的一个和尚,被方丈差人抓去,说他偷寺内的法物,先打了一顿,然后捆送到城内什么衙门去了,这件小事却逗起了周作人的深长的思索。他想道:"这和尚究竟偷东西没有,是别一个问题,但吊打恐总非佛家所宜。大约现在佛徒的戒律也同'儒业'的三纲五常一样,早已成为具文了。自己即使犯了永为弃物的波罗夷罪,并无妨碍,只要有权力,便可以处置别人,正如护持名教的人却打他的老父,世间也一点都不以为奇……"周作人的思绪一旦转向中国传统文化及现实生活的种种弊端,他就身不由己地烦躁起来……

连周作人自己都觉得奇怪,他的神经竟至如此的敏感,联想力又是这样地牵连不断:厨房里的马夫,一个普通的独身乡民,因患肺病陡然死去,他为之不安(也许是联想到普通人的生命价值的低贱);周围小店里的人立刻撕去死者的欠账,并且烧纸钱祭送,也使他感慨万端(也许是联想到人之易于被抹杀、忘却)。① 甚至间壁住着的两个卖汽水的人的争吵,也使他感到不宁。而当其中的伙计终于被辞退,周作人望着他彳亍地走下那长长石阶的后影,竟然感到,这位浮着亲切的微笑的狡黠的卖汽水的人内心的寂寞②——其实,真正感到寂寞的,何尝是这位游荡四方的年轻人呢?

不仅是人的命运,连大自然中的生物,也都能触动周作人的绵绵思绪。山中苍蝇之多,是出乎意料的。每到下午,在窗外群飞,嗡嗡作声,仿佛是蜜蜂的排衙。周作人将风门糊了冷布,紧紧关闭,但每一出入,总有几个混进屋里来;各处桌上摊着苍蝇纸,另外又用棕丝制的蝇拍追着打,还是不能绝灭。周作人以当年和鲁迅在补树书屋里追打猫的劲头与苍蝇搏斗。搏斗之余,却不免陷入种种遐想。他先是想起了英国诗人勃来克的《苍蝇》一诗,将蝇来比喻无常的人生。又不觉吟诵起日本的小林一茶的俳句:"不要打哪! 那苍蝇搓他的手,搓他的脚呢。"再联想到佛教"若虱走出,应作筒盛;若虱出筒,应作盖塞。随其寒暑,加以腻食将养之"的"戒律",终于引发出心底里的矛盾:"一面承认

---

① 周作人:《过去的生命·一个乡民的死》,第63~65页。
② 周作人:《过去的生命·卖汽水的人》,第66~70页。

第六章 历史的进退之间——在北京（二）
(1921.1—1927.10)

苍蝇是与我同具生命的众生之一，但一面又总当他是脚上带着许多有害的细菌，在头上面爬的痒痒的，一种可恶的小虫，心想除灭他。这个情与知的冲突，实在是无法调和，因为我笃信'赛老先生'的话，但也不想拿他的解剖刀去破坏诗人的美的世界，所以在这一点上，大约只好甘心且做蝙蝠派罢了。"①连绵的思绪牵连到这里，周作人内心的烦躁、不安，就再也摆脱不掉了。

周作人试图对自己内心的矛盾，作一番理性的清理，总觉得很难。他写过一首题为《歧路》的诗，诗中这样写道——

> 荒野上许多足迹
> 指示着前人走过的道路，
> 有向东的，有向西的，
> 也有一直向南去的。
> 这许多道路究竟到一同的去处吗？
> 我相信是这样的。
> 而我不能决定向哪一条路去，
> 只是睁了眼望着，站在歧路的中间。
> 我爱耶稣，
> 但我也爱摩西。
> 耶稣说，"有人打你的右脸，连左脸也转来由他打！"
> 摩西说，"以眼还眼，以牙还牙！"
> 吾师乎！吾师乎！
> 你们的言语怎样的确实啊！
> 我如果有力量，我必然跟耶稣背十字架去了，
> 我如果有较小的力量，我也跟摩西做士师去了。
> 但是懦弱的人，
> 你能做什么事呢？②

---

① 周作人：《雨天的书·山中杂信》，第129页。
② 周作人：《过去的生命·歧路》，第31页。

在给朋友的信中,周作人也这样解剖自己:"托尔斯泰的无我爱与尼采的超人,共产主义与善种学,耶佛孔老的教训与科学的例证,我都一样的喜欢尊重,却又不能调和统一起来,造成一条可以行的大路。我只将这各种思想,凌乱的堆在头里,真是乡间的杂货一料店了。"①

这或许能够说明一些问题。中国知识分子是怀着寻找救国图存真理的功利目的去接受外来文化思潮的;他们的选择既是以我为主,又不能不是多元的。可以说五四时期相当多的知识分子的头脑都是周作人所说的"杂货铺"。随着五四以后中国变革事业的深入,就迫使每一个知识分子对自己思想中所受庞杂的影响作一番清理,再作一次新的选择。周作人所面临的,正是这再选择的彷徨与苦闷。其实,周作人诗文中所说的多元兴趣、影响,也是可以作具体分析的。大体说来,所谓"托尔斯泰的无我爱"、"共产主义"、"耶佛孔老的教训"与"尼采的超人"、"善种学"、"科学的例证",所谓"耶稣"与"摩西",是代表了两种思潮的:前者是 18、19 世纪的人道主义思潮(其最急进的表现,就是空想社会主义),后者则是 19 世纪末、20 世纪初兴起的个性主义思潮。这与本书"第二故乡"一章所介绍过的 20 世纪初,流行于日本中国留学生中的无政府共产主义与无政府个人主义思潮自有一脉相承之处。只是周作人在日本时期更倾向于无政府共产主义。五四时期,周作人成为空想社会主义思潮的主要代表人物之一,与李大钊等早期共产党人在精神上有更多契合,都是这一倾向的自然发展。但同时,周作人又强调以"个人本位主义"为人道主义的根本,显示了另一种倾向。现在,周作人的矛盾恰恰要在同情下层人民,以"下者"、"弱者"为本,向往社会主义为特征的人道主义与强调"个人本位主义"的个性主义(个人无政府主义)之间作出一个新的选择。在选择过程中,周作人就不能不感到一种无所归依的彷徨。一时间,寻找归宿的愿望如此的强烈,以至于周作人住在般若堂中,早晚看到和尚做功课,都觉得并不烦扰,于自己似乎还有一种清醒的力量。他感到与这些和尚比较起来,自己好像上海许多有国籍的西商中间,夹着一个"无领事管束"的西人;因此,每当清早与黄昏听着清澈的磬声,他都觉得是"仿佛在催促我们无所信仰、无所归依的人,拣定一条道路精进

---

① 周作人:《雨天的书·山中杂信》,第 127 页。

向前"。这说明,此时周作人还没有从五四新文化战线真正退出,他仍然处于五四的强大影响之下。因而,他仍然没有放弃对于信仰的追求,他现在所面临的问题仅仅是对于多元信仰的再选择与调整而已。这样,在写给朋友的《山中杂信》中,周作人提出以基督教作为中国人民新的信仰的设想,也是顺理成章的。① 但客观地说,周作人此时内心深处已经对建立信仰的必要产生了某种怀疑。因此,他一面迫切地要为自己混乱的思想寻找一个统一的最后归宿,一面却一再地说:"或者世间本来没有思想上的'国道',也未可知","至于无领事管束,究竟是好是坏,我还想不明白",②看得出他在竭力地安慰与说服自己。这本是一时不容易想清楚的问题,最后也只能搁置起来:"现在决心放任,并不硬去统一,姑且看书消遣,这倒也还罢了",③"大约只好甘心做蝙蝠派罢了",④"真是无从说起,倒还不如不说也罢"⑤:总而言之,不求彻底解决。这大概是无可奈何之中的最后选择吧。

于是,在《山居杂诗》中,我们又读到了这样的诗——

>   一片槐树的碧绿的叶
>   现出一切的世界的神秘,
>   空中飞过的一个白翅膀的白蛉子
>   又牵动了我的惊异。
>   我仿佛会悟了这神秘的奥义,
>   却又实在未曾了知。
>   但我已经很是满足,
>   因为我得见了这个神秘了。

周作人暂时忘却了尘世的骚扰,也回避了内心的矛盾,只沉浸在自然中,在"神秘的奥义"的"会悟"里,寻求身心的平静。

而且,我们又读到了周作人的《对于小孩的祈祷》。这是用日文写的;也

---

① 但周作人仍有两条保留:"其一是这新宗教的神切不可与旧的神的观念去同化,以致变成一个西装的玉皇大帝;其二是切不可造成教阀,去妨碍自由思想的发达。"
②③④⑤ 周作人:《雨天的书·山中杂信》,第 127、141、129、130 页。

许周作人觉得悠婉的日本语更能表达他的情思吧——

> 小孩啊,小孩啊,
> 我对你们祈祷了。
> 你们是我的赎罪者。
> 请赎我的罪吧,
> 还有我所未能赎的先人的罪,
> 用了你们的笑。
> 你们的喜悦与幸福,
> 用了得能成为真正的人的矜夸。
> 在你们的前面,有一个美的花园。
> 从我的上头跳过去了,
> 平安的往那边去吧。
> 而且请赎我的罪吧——
> 我不能够到那边去了,
> 并且连那微茫的影子也容易望不见了的罪。

这时期,周作人还写了不少题为《小孩》的诗。显然,周作人把他的理想、希望、企求,都寄托给了将来,给了儿童:他们将成为"真正的人",有一个"美的花园"。在渴望着后来者从自己头上"跳过"的同时,也不能不为自身的命运感到悲哀。

二、"自己的园地"

1922年1月22日,周作人在《晨报副镌》上开辟了一个专栏,题曰"自己的园地"。这是周作人大病之后,第一个重要动作,自然是引人注目的。人们关心的是,经过几乎一年时间的病中的沉思、清理,周作人作出了什么样的新的选择?这位五四文坛重镇,有影响的批评家与作家,他将以什么样的姿态出现于五四以后的中国文坛呢?

第六章 历史的进退之间——在北京（二）
（1921.1—1927.10）

20 年代的周作人

周作人在他的第一篇、带有宣言性质的《自己的园地》里坦然宣布：要坚持"独立的艺术美与无形的功利"，"依了自己的心的倾向"，去种"自己的园地"。他以为，"这是尊重个性的正当办法"。相反，"倘若用了什么大名义，强迫人牺牲了个性去侍奉白痴的社会——美其名曰迎合社会心理——那简直与借了伦常之名强人忠君，借了国家之名强人战争一样的不合理了。"在两天前写的另一篇文章里，周作人把他的意思说得更加明白："我想现在讲文艺，第一重要的是'个人的解放'，其余的主义可以随便。"①

这就是说，周作人在以"同情下层人民，向往社会主义"为特征的人道主义思潮与"尊重个性独立与自由"的个性主义、自由主义思潮两者之间——这两种思潮在五四时期都同样吸引着他——作出了倾向性的选择。他放弃了自己五四"杂货铺"中最富有理想主义色彩、最激进的部分——空想社会主义，而保留与发展了他的个人本位主义思想。他几乎是凭着自己的本性，

---

① 周作人：《文艺的讨论》，收《周作人集外文》上集，第 374 页。

直觉地意识到,所谓"五四精神"的本质,乃是"个体的解放与自由",五四新文学的根本性质,乃是"个性的文学"。因此,此时的周作人,仍是热衷于五四精神、五四传统的,而且他自认为自己坚持的是五四精神的实质,他所剥离的空想社会主义不过是件不合身的外衣而已。

于是,当相当多的知识分子抛弃五四个性主义,走向无产阶级战斗的集体主义的时候,周作人高举起了"个性解放与自由"的旗帜。如果说五四时期的周作人,更多地扮演了一个历史、时代要求他扮演的角色,那么现在,周作人终于"依了自己的心的倾向",选定了自己的角色,开辟了"自己的园地",他开始找到了自己。

几乎是一发而不可收,周作人在《自己的园地》专栏下,连续发表了《文艺上的宽容》、《贵族的与平民的》、《诗的效用》、《文艺的统一》等文章。一年后,这些文章搜集成册时,周作人在《序言》里,说这里讲的都是"我所想说的话"。那么,周作人发自内心的要求究竟是什么呢?

他要求思想文化上的各种派别多元的自由的发展,反对以某一派思想为"正宗"的思想垄断——"正当的方法是听凭各种派别思想自由流行,去吸收同性质的人,尽量的发展……取放任态度,各走他的个性所吩咐他去走的路"[①]。

他要求思想与文艺上的宽容——"当自己求自由发展时,对于迫压的势力,不应取忍受的态度;当自己成了已成势力之后,对于他人的自由发展,不可不取宽容的态度"[②];"文艺的生命是自由不是平等,是分离不是合并,所以宽容是文艺发达的必要的条件","文学家过于尊信自己的流别,以为是惟一的'道',至于藐视别派为异端……与文艺的本性实在很相违背了"。[③]

他要求"保护少数"的"民主"——"不能以多数决的方法来下文艺的判决。君师的统一思想,定于一尊,固然应该反对;民众的统一思想,定于一尊,也是应该反对的。"[④]

[①] 周作人:《文学的讨论》,收《周作人集外文》上集,第387~388页。
[②][③] 周作人:《自己的园地·文艺上的宽容》,第8~9页。
[④] 周作人:《自己的园地·诗的效用》,第20页。

第六章 历史的进退之间——在北京(二)
(1921.1—1927.10)

他要求给作为时代精英的知识分子以"超越发展"的自由,他强调"真正的文学发达的时代必须多少含有贵族的精神",而所谓"贵族精神"便是尼采所说的"求胜意志","要求无限的超越的发展",①"文学家须是民众的引导者","是精神的贵族。"②

如此等等。

这是中国自由主义知识分子一次自觉的追求,一次独立的发言——自从严复翻译了约翰·穆勒的《自由论》,提出了自由的要求以后,中国要求个人自由的呼声就不曾被重视过,它总是被淹没在"民族独立与社会平等"的呼声中。为中国的进步独立平等富强而英勇斗争的中国革命政治家总是用中国民族独立的最高利益来说服知识分子自动放弃自己的个性自由。孙中山即这样说:"民族主义就是为国家争自由……个人不可太过自由。国家要得到完全自由……便要大家牺牲自由。"③而同样是充满民族与社会责任感,同样富有自我牺牲精神的中国知识分子也就往往服从于政治家的劝告,不断地在个性自由上作出让步。现在,周作人通过对五四精神独立而独特的消化,重又打出了自由主义与个性主义的旗帜。他仍然不能摆脱不被理解与接受的预感。他在一年后所写的《自己的园地·序》里,把自己对自由主义、个性主义的追求称作"无聊赖的闲谈";他承认自己"夹杂读书,胡乱作文"都是因为"寂寞",他希望"在文学上寻求慰安","自己的心情得到被理解的愉快"。他说:"或者国内有和我的心情相同的人,便将这本杂集呈献与他;倘若没有,也就罢了——反正寂寞之上没有更上的寂寞了。"

这使人想起半年前周作人写过的一篇文章,介绍日本著名诗人小林一茶,说他作品中"潜伏的悲哀很可玩味,如不感到这个,便不能说真已赏识了一茶的诗的真味"。④ 这"潜伏的悲哀"大概也是属于此时此地的周作人的吧?

---

① 周作人:《自己的园地·贵族的与平民的》,第 15、16 页。
② 周作人:《文学的讨论》,收《周作人集外文》上集,第 387 页。
③ 孙中山:《三民主义·民权主义》第二讲。
④ 周作人:《日本诗人一茶的诗》,载《小说月报》12 卷 11 号,1921 年 11 月 10 日出版。

三、"主张信教自由宣言"的风波

尽管周作人对世人的非议早已有精神准备,却不料分歧与论争却来得这样早,而且如此猛烈。

1922年3月17日,周作人像往常一样,随意翻阅《晨报》,却被第七版上一条新闻吸引了:这是一个叫"非基督教学生同盟"的组织3月9日发表的《宣言》。《宣言》宣布:世界基督教学生同盟定于本年4月1日在北京清华大学召开的第11次大会是"污蔑我国青年,欺骗我国人民,掠夺我国经济的强盗会议,故愤然组织这个同盟,决然与彼宣战"。宣言还说:世界资本主义为挽救其政治经济危机,"先后拥入中国,实行经济的侵略主义","现代的基督教及基督教会,就是这经济侵略的先锋队","在中国设立基督教青年会,无非要养成资本家的善良走狗",等等。周作人一边读,一边紧皱双眉:他从《宣言》的字里行间——"污蔑"、"宣战"、"走狗"之类——直觉地感到一种陈旧的似曾相识的气息,口气的"威严"有如专制时代的"诏檄露布",这使人感到一种压迫与恐怖——虽然,周作人十分清楚,他自己并不在被骂之列。

接连几天,报纸上都充斥着类似的消息:3月21日北京学界发起"非宗教大同盟",愤然宣布:"有宗教可无人类,有人类应无宗教,宗教与人类不能两立","我们深恶痛绝宗教之流毒于人类社会十百千倍于洪水猛兽"。一时间,全国学生界、知识界人士纷纷加入同盟,通电,宣言、公开谈话、声讨大会、新闻报道雪片般涌向报端,大有泰山压顶之势。据《晨报》报道,蔡元培、陈独秀、李大钊、吴虞、李石曾、周太玄、王星拱等等五四新文化运动的领袖人物都卷入这场"非宗教同盟"运动中。周作人隐隐地觉得,他将面对的,是一个有组织的集体行动;而李大钊等人的介入,又意味着分歧乃至分裂将发生在五四新文化运动内部。想到这些,周作人感到了一种压力。因此,他唯有沉默。

24日,周作人收到了钱玄同的来信。钱玄同以他惯有的尖锐与坦诚,在信中猛烈抨击非基督教同盟:"观其通电未免令人不寒而栗,中间措词,大有'灭此朝食'、'食肉寝皮'、'罄南山之竹……决东海之波……'、'歼彼小丑,

第六章 历史的进退之间——在北京(二)
(1921.1—1927.10)

巩我皇图'之气概","我很主张陈独秀和你(宗教与文学之关系)之说,恐怕'彼等'要将我归入'汉奸'之列了。但我宁可蒙'卫耶道'之名,却不愿蒙'改良拳匪'之名。"①对钱玄同的来信周作人并不感到意外,他早就感到了与钱玄同之间有一种特殊的默契。倒是钱玄同信中提到"陈独秀和你(宗教与文学之关系)之说",引起了周作人的回忆。他清楚地记得,自己在《圣书与中国文学》的讲演里就曾反复强调,不仅"艺术起源大半从宗教的仪式出来",而且文学与宗教都具有"入神"与"忘我"的共通点,"艺术必须是宗教的,才是最高上的艺术"。在最近所写的《山中杂信》中,也曾明确提出要以基督教去"一新中国的人心"。周作人还仿佛记得,陈独秀确曾在《新青年》上发表文章,主张以"美与宗教"来丰富、发展、引导人的"情感"的健全发展。② 在学理上对宗教(包括基督教)持理性的分析态度的中国知识分子为什么突然之间,又都卷入了这种非理性的反宗教狂热中了呢？周作人感到困惑不解。但唯其如此,自己更应该在一片混乱之中发出清醒的理性的声音吧,哪怕它暂时看来是那样的微小:对于这一点,周作人倒是无所顾忌,他向来认为真理常常是掌握在少数人手里的。

于是,1922年3月31日,一篇《主张信教自由宣言》赫然刊登在《晨报》上。《宣言》由周作人领衔,签名者有钱玄同、沈兼士、沈士远、马裕藻四人。《宣言》宣布——

> 我们不是任何宗教的信徒,我们不拥护任何宗教,也不赞成挑战地反对任何宗教。我们认为人们的信仰,应当有绝对的自由,不受任何人的干涉,除去法律的制裁以外。信教自由载在约法,知识阶级的人应首先遵守,至少也不应首先破坏。我们因此对于现在非基督教非宗教同盟运动表示反对。

由于周作人在五四新文化运动中的地位与影响,这《宣言》在进步青年中引起的震动,是可以想见的。于是,对周作人的不满、谴责又接踵而来,例

---

① 信载《中国现代文艺资料丛刊》5辑。
② 陈独秀:《基督教与中国人》,载《新青年》7卷3号。

如"中华心理学北京非基督教同盟"的会员就公开发表宣言,批评周作人等"把'信教自由'向我们受过或快要受过强迫宗教的束缚的人主张,未免认错了对象"。① 周作人当然不会屈从于舆论压力,他又发表《拥护宗教的嫌疑》一文,②进一步表明自己的目的不仅是"为维护约法上的信教自由",而是要进一步"维护个人的思想自由","我相信这即使只在纸上声讨的干涉信仰的事情,即为日后取缔思想——干涉信仰以外的思想的第一步。"周作人还说:"民国约法上的些少的自由,已经被大人先生们破坏了不少,这个信教自由虽然在袁世凯时代曾经有点动摇,总算保全到了今天,我不愿意被(皇帝)督军们所饶恕的这点自由再由知识阶级的人动手去破坏它。"这里所表现的是周作人这一类自由主义知识分子对于个人自由的渴望,以及他们对不论来自何方的对个人自由的干涉的敏感。尽管周作人态度十分诚恳、急切,但在当时却没有可能为被帝国主义侵略所激怒了的中国青年所理解。

  这里确实存在着可悲的认识误差。这是由于西方宗教思想的传入中国所具有的两重性引起的:一方面,它带来了西方文化中具有生命力的新成分,有力地冲击了中国封建传统文化;另一方面,由于它不是在正常的文化交流中传入中国,而是借助侵略的武力,强迫中国人民接受的,它的活动必然地具有不同程度的文化侵略性质,特别是宗教意识中的专断崇拜与中国封建传统观念结合,更成为一种阻碍中国人民觉醒的麻醉药。正是这两重性,很容易形成认识与行为上的分歧:学者们着重于前者,就较多地肯定了基督教传入中国的积极意义;而群众(特别是急进的青年学生)则更具体地感受着后者,并激发起一种爱国主义激情,反对基督教的传入。而正如周作人及五四先驱者们所预计到的那样,爱国主义是一种非理性的情感的东西。尤其是血气方刚的青年们一旦陷入这类非理性的宗教似的狂热中(尽管他们主观上是真诚地反宗教的),他们就越发容易趋于极端,并且对不同意见不能相容,表现出"群众专制"的倾向。于是,对于周作人等的谴责也就逐渐升级,直到暗示他们是"帝国主义的走狗":这样,周作人这类自由主义知识

---

① 见1921年4月1~3日《晨报》报道。
② 载1922年4月5日《晨报》。

分子与青年学生的矛盾就达到了几乎不可调和的地步。

对于这一切,周作人是坦然的:他从来没有如鲁迅那样对青年人寄予也许是过于急切的希望,他始终相信"在真理面前人人平等",不相信青年享有掌握真理的优先权,因此,他总是毫无顾忌地与青年据理力争。

当青年与周作人纠缠不清时,老将陈独秀出场了:他于4月2日发表了致周作人等人的《公开信》。直到此时,周作人才终于明白,自己面临着最严峻的选择。在此之前,周作人一直与以陈独秀为领袖的中国共产党人保持着相当友好的关系。五四时期,由于他的空想社会主义倾向,周作人与早期共产主义知识分子(包括李大钊、陈独秀等老一代领导人和邓中夏等年轻共产党人)的关系比鲁迅更为密切。当1921年初,陈独秀与胡适因为《新青年》越来越左倾而发生冲突时,周作人与鲁迅一起反对胡适"发表宣言说明不问政治"的主张。以后《新青年》南迁,由陈独秀(以后是陈望道)主编,不仅胡适,连钱玄同都对《新青年》表示冷淡时,又是周氏兄弟一如既往地支持《新青年》,以至陈望道在写给周作人的一封信中说:"'周氏兄弟'是我们上海、广州同人与一般读者所共同感谢的,"①陈独秀也在信中说:"北京同人料无人肯作文章了,唯有求助于你两位。"②而现在,周作人已经看出,所谓"非宗教同盟"、"反基督教同盟"都是有中国共产党的背景的。③ 因此,他所面临的这场论争,将直接影响他与中国共产党人的关系,这是不言而喻的。周作人对于中国共产党人为理想的献身精神,始终怀有最大的尊敬。因此,彼此关系的紧张化(弄不好还会因此导致决裂),是周作人所不情愿的。但是,他又从一哄而上的声讨中,察觉到用群众、多数的力量强迫他就范的企图,这不仅是他绝对不能接受,而且引起了他的极大反感,以至憎恨。在这一点上,周氏兄弟有着相类似的心理气质:对于无论来自哪一方的压力,他们唯有迎头痛击,而且压力越大,反击越猛。

但对于陈独秀的《公开信》,周作人是必须认真对付的。因为陈独秀自

---

①② 信载《中国现代文艺资料丛刊》5辑。
③ 这一点已为以后罗章龙的回忆所证实。当时担任北京大学中共负责人的罗章龙在《忆北京大学新闻学研究会与邵振青》(载《新闻研究资料》4辑)中回忆说:"非宗教运动"系中共北方区领导下的政治思想运动,"参加非宗教同盟者的北京大学教师蔡元培、陈独秀、李守常为公开对外代表人物,实际主持与组织者为中共北大支部诸同志。"

有他论战的雄辩力量。他如此反问道:"公等宣言颇尊重信仰者自由,但对于反宗教者的自由何以不加以容许?宗教果神圣不可侵犯吗?""此间反基督教学生开会已被捕房禁止,我们的言论集会的自由在哪里?基督教有许多强有力的后盾,又何劳公等为之要求自由?公等真尊重自由吗?请尊重弱者的自由,勿拿自由、人道主义许多礼物向强者献媚!"

这里,再一次出现了可悲的认识上的误差。周作人等是将自由(包括思想自由、信仰自由……)作为脱离了具体的社会历史条件,纯粹的、抽象的,同时又是至高无上的原则来看待的。因此,只要是对于自由的限制、干预,不论什么情况,都应受到同样的谴责。而陈独秀则以政治家的逻辑看待自由。他首先要问:在经济、政治思想文化的现实关系中,要求自由的双方各处在什么地位?他反对抽象地讨论自由,而要具体讨论:是压迫者(强者)对被压迫者(弱者)的自由,还是相反?分歧正是产生于政治家与纯粹思想家的不同逻辑之中。因双方各从自己的思想逻辑出发,他们都是理直气壮的。但陈独秀因此而将周作人他们的不同意见,看作是"敌对思想",断定他们是"向强者献媚",这种"不是同志、朋友,就是敌人"的思维逻辑就陷入了独断论,周作人敏锐地从中觉察到与封建专断主义极为类似的陈旧气息,在《复陈仲甫先生信》①中,他这样反击说:"先生们对于我们正当的私人言论反对,不特不蒙'加以容许',反而恶声相报,即明达如先生者尚不免痛骂我们为'献媚',其余更不必说;我相信这不能不说是对于个人思想自由的压迫的起头了。"周作人由此而得出结论:"思想自由的压迫不必一定要用政府的力,人民用了多数的力来干涉少数的异己者也即是压迫。"周作人幼时因义和团运动而产生的疑惧,在五四时期以小河为象征所表达的疑惧,现在仿佛在现实生活中得到了证实,他终于从理论与事实上都达到了反对"群众专制"的结论。正是在这场论战之后,周作人郑重宣布:要"保持理性的清明",不"裹到群众运动的涡卷里去"。② 这是一个重要的历史抉择:周作人至少是在理论上宣布了他将与中国共产党所领导的革命群众运动划清界限的意向。

---

① 陈独秀的公开信与周作人的复信以《信仰自由的讨论》为题,载 1922 年 4 月 11 日《晨报》。
② 周作人:《谈虎集·关于儿童的书》,第 280 页。

第六章 历史的进退之间——在北京(二)
(1921.1—1927.10)

对于周作人及其友人,这些抉择自然具有特殊严峻的意义:他们自身都是五四新文化运动的群众领袖人物;要从根本上否认群众运动,就必然要对五四新文化运动以及当时所采取的斗争战略、策略,作一番重新估价。陈独秀也正是抓住了这一点,在《再致周作人》等的公开信中,提出质问:"倘若先生们主张一切思想皆有不许别人反对的自由,若反对他便是侵犯了他的自由,便是'日后取缔信仰以外的思想的第一步';那么先生们早已犯过这毛病,因为好像先生们也曾经反对过旧思想、神鬼、孔教、军阀主义、复辟主义、古典文学及妇女守节等等,为什么现在我们反对基督教,先生们却翻转面孔来说:这是'日后取缔信仰以外的思想的第一步'呢?"①

面对陈独秀的论战逻辑,周作人自然明白:他要把自己的个性主义、自由主义立场坚持到底,就必须再向前推进一步:从根本上否认五四思想启蒙运动中的某些东西,也就是在一定程度上否认五四时期的"自己"。

周作人又该作何选择呢?

四、新与旧之争

周作人与陈独秀论战正酣时,1922 年 4 月 8 日,收到了一封钱玄同的来信。钱玄同以他特有的直率,表示了自己"近一年来时怀"的"杞忧":"看看'中国列宁'的言论,真觉害怕","这条'小河',一旦'洪水横流,泛滥于两岸',则我等'栗树'、'小草们'实在不免胆战心惊"。这已经十分清楚地表现了要与以中国共产党为首的所谓"过激派"分道的意图。钱玄同也直截了当地表示了他对五四时期"排斥孔教,排斥旧文学的态度"的反省:"我们以后,不要再用那'务以吾辈所主张者为绝对之是而不容他人之匡正'的态度来作'诎诎'之相了。前几年那种排斥孔教,排斥旧文学的态度很应改变。若有人肯研究孔教与旧文学,鳃理而整治之,这是求之不可得的事。即使那整理的人,佩服孔教与旧文学,只要所佩服的确是它们的精髓的一部分,也

---

① 陈独秀信载 1922 年 4 月 23 日《民国日报·觉悟》副刊。

是很正当,很应该的。但即使盲目地崇拜孔教与旧文学,只要是他一个人的信仰,不波及社会——波及社会,亦当以有害于社会为界——也应该听其自由。此意你以为然否?"

面对钱玄同来信中如此明晰的逻辑与结论——坚持"反对任何思想斗争"的自由主义原则,就必须得出这些结论,周作人却犹豫起来。钱玄同所说的"小河泛滥"的"隐忧"发明权本是属于周作人的。从内心深处,他实际上比钱玄同更加厌倦那无休止的思想斗争,早已奉行钱玄同在信中提出的"各人自扫门前雪"主义。但是,另一方面,周作人却无论怎样也摆脱不掉对五四新文化运动情感上精神上千丝万缕的联系,那是他以自己的理想、青春、生命全力投入了的,有着多少期待、企盼寄寓其间。而他现在却分明地感到,有一种力量正在试图否定五四精神,他甚至觉得,在"反宗教同盟"的极"左"言词中,也隐含着这种否定,这是他更为忧虑的。于是,尽管内心充满了同情,周作人却没有沿着钱玄同的思路走下去,而是提笔另写了一篇《思想界的倾向》,文章下面注明的时间是1922年4月10日,正是钱玄同来信后的第三天。文章劈头就说——

> 我看现在思想界的情形,推测将来的趋势,不禁使我深担杞忧,因为据我看来,这是一个国粹主义勃兴的局面,他的必然的两种倾向是复古与排外……

周作人想起了本年初与学衡派梅光迪、胡先骕的那场笔战。先是胡先骕写《评〈尝试集〉》一文,对新文学大加讨伐,文学研究会的沈雁冰立即来信,建议"乘此稍稍辩论",周作人于是用式芬的笔名写了《评〈尝试集〉匡谬》一文,文学研究会另一名骨干分子郑振铎在他所主持的《民国时报》副刊《学灯》转载了这篇文章,沈雁冰也在《小说月报》上同时转载:这可以算是文学研究会成立后一次不大不小的配合作战吧。

周作人又想起了他的老师章太炎。此时太炎先生正应江苏省教育会之邀,在上海主持讲"国学",实际上成了"复古运动的大本营"。周作人稍稍迟疑了一下,最后仍在文章中写道:"对于太炎先生的学问,我是极尊重的……

第六章 历史的进退之间——在北京(二)
(1921.1—1927.10)

太炎先生的讲学固然是好事,但我却忧虑他的结果未必能于整理国故的前途有十分的助力,只落得培养多少复古的种子,未免是很可惜的,"惋惜之中更含着一点沉重。文章的结尾处,才点到了眼前的现实:"现在所有的国粹主义的运动大抵是对于新文学的一种反抗,但我推想以后要改变一点色彩,将成为国家的传统主义,即是包含着一种对于异文化的反抗的意义⋯⋯"周作人写到这里,也许想的也是"非宗教同盟"运动吧。那么,周作人是把与"非宗教同盟"的论争和反对"国粹主义"联系在一起的。

周作人文章发表后,却意外地受到了胡适的批评。他在《读仲密君〈思想界的倾向〉》一文中指出:"现在的情形,并无'国粹主义勃兴'的事实。仲密君所举的许多事例,都只是退潮的一点回波,乐终的一点尾声","即使这一点回波果然能变成大浪,即使尾声之后果然还有震天的大响,那也不必使我们忧虑","我觉得仲密君太悲观了"。这里所表现的胡适式的乐观主义与周作人(也许还应加上鲁迅)式的悲观主义的分歧,是相当深刻,而且发人深省的——后来,周作人把胡适的批评作为自己文章的"附录"收入《谈虎集》中,这倒不失为宽容与大度。①

不过,尽管怀着悲观的预感,周作人总还是勉力作战的。因此,当在南方的郑振铎向他报告:"礼拜六派的势力,甚为盛大,"建议南北合作,予以反击时,周作人立刻"打开书房门,出来加入反反动运动",连续写了《复古的反动》、《恶趣味的毒害》、《读〈红杂志〉》、《读〈笑〉第三期》等文,重申:五四"新文化的精神""是评判的态度,是重新估定一切价值",而鸳鸯蝴蝶派"反新文化的小说,当然是非评判的,以服从传统为主的文学,可以说是'春秋大义'在文学里的表现",②决不允许其死灰复燃。周作人十分严肃地指出:"中国国民最大的毛病,除了好古与自大以外,要算是没有坚实的人生观,对于生命没有热爱。现在所要的便是一服兴奋剂,无论乐观也罢,悲观也罢,革命文学也罢,颓废文学也罢,总之要使人把人生看得极严肃,饮食男女以及起居作息都要迫切地做去,才是真正的做人的路道",而鸳鸯蝴蝶派文学恰

---

① 周作人与胡适文章均收入《谈虎集》,第84~88页。
② 周作人:《复古的反动》,收《周作人集外文》上集,第448、449页。

恰是宣扬"污毁一切的玩世与纵欲的人生观",①对中国人民是一服最大的毒剂。

当文坛上道学家们围攻新文学作品——郁达夫的《沉沦》、汪静之的《蕙的风》时,又是周作人挺身而出,写出了《"沉沦"》、《什么是不道德的文学》等文,为之辩护、呐喊。他尖锐地责问:"我不明白为什么性爱是如此丑恶,至于不能说起,至于会增加罪恶?"他指出:"无论凭了道德或法律的名去干涉艺术,都是法赛利人的行为",并且预言:"倚了传统的威势去压迫异端的文艺,当时可以暂占优势,但在后世看去往往只是自己'献丑'。"②

当一些人打着"爱国"的旗号,宣扬维护本国反动统治的国家主义时,周作人连续写了《还不如军国主义》、《提倡国货的心理》等文,继续五四时期即已开始的对于"国家"偶像的批判,强调"本国的强权至少也应与'仇国'同时排斥"。他尖锐地指出:"奴隶是谁也不愿做的,无论是什么人的,怎么样的奴隶,都不应该做。倘若一定要跪在旧主人的皮鞭底下,得了他的许可去骂间壁的奴主,那个人未免奴隶根性长得太深了。"③周作人的意思是十分明确的:既然五四运动已经把我们解放,那么,我们就再也不应重新回到奴隶地位中去。从1922年到1923年,周作人不遗余力地进行反复辟反复古的斗争,时间长达一年之久。这时期的周作人,虽然已经放弃了五四时期最急进的主张,但仍然作为五四传统的捍卫者出现在中国思想文化界。

因此,周作人对五四文学新人、新作的扶植,也同样是不遗余力的。他曾满怀深情地写道:"中国的新文学,我相信现在已经过了辩论时代,正是创造时代了","我们的责任,便是依了这条新的道路,努力的做下去,使各种的新兴文艺由幼稚而进于成熟,由淡薄而变为深厚。"④除前述为《沉沦》、《蕙的风》辩护外,周作人还将五四以后的新小说《一生》(叶绍钧)、《爱的实现》(冰心)、《孔乙己》(鲁迅)、《一个流浪人的新年》(成仿吾)译成日语,介绍到国外。周作人的扶植热情是一贯的,在他主编《语丝》时也培养了许多新人。

---

① 周作人:《恶趣味的毒害》,收《周作人集外文》上集,第451~452页。
② 周作人:《什么是不道德的文学》,收《周作人集外文》上集,第462、463页。
③ 周作人:《还不如军国主义》,收《周作人集外文》上集,第510页。
④ 周作人:《读"草堂"》,收《周作人集外文》上集,第485页。

第六章 历史的进退之间——在北京(二)
(1921.1—1927.10)

沈从文就曾谈到他的小说《贵生》发表在《语丝》上给他带来的喜悦。中国诗坛"怪杰"李金发模仿西方象征派诗歌的处女作,即是经周作人之手发表的。正是周作人首先预见到这异苑奇葩移植中国诗坛后将产生的巨大冲击力。

正因为如此,在五四时代成长起来的年轻人心目中,周作人与鲁迅兄弟俩几乎占有同样的地位:都是他们可以信赖的良师益友。周作人与五四的"赤子"湖畔诗人的关系即是一例。1922年3月湖畔诗社刚建立,汪静之与潘漠华立即写信给周作人,报告消息。周作人也应他们的要求,写了《介绍小诗集〈湖畔〉》的文章,为之鼓吹,并亲自联系在《晨报副刊》刊登广告,由北大出版部代售《湖畔》。以后另一位湖畔诗人应修人也致书周作人,称其为"启明我师",并说"我觉得你是十分可爱敬的而不是可敬爱的","你为甚这么和蔼?——使未识面的人都深深地感着你那诚挚的仁慈的爱"。在另一封信中,应修人还说:"在你面前无论怎样笨拙,都不要紧的,你是怎样地爱真率啊!""我只深深地祷祝北京快凉爽了,能少流些你的汗,就多静了些我的心",恳切而天真的言辞中活画出周作人当时在热烈追求真理的青年人心目中的形象,而信中所流露的对周作人孩子般的依恋之情也是十分动人的。

1923年7月1日,周作人又收到了钱玄同的一封来信。钱玄同特地注明,这一天正是张勋复辟的纪念日,他因而有了新的"反省":目睹这一年来中国思想文化界一次又一次地掀起封建复辟恶浪,"近来很动感情","觉得说来说去毕竟还是民国五六年间的《新青年》中陈仲甫的那些西方化的话最为不错,还是德谟克拉西和塞恩斯两先生最有道理"。① 一周以后,钱玄同又致书周作人,重申此意:"现在仍是应该积极去提倡'非圣'、'逆伦',应该去铲除'东方化',总而言之,非用全力来'用夷变夏'不可。我之烧毁中国书之偏谬精神又渐有复活之象,即张勋败后,我和你们兄弟两人在绍兴会馆的某院子中槐树底下所说的偏激话的精神又渐有复活之象焉。"② 读到这里,周作人也许会微微一笑吧。这位老友,又全面地回到五四的观点、立场,以至战略、策略,而且激烈态度依然不减当年。周作人后来评论钱玄同说:"在所谓

---

①② 钱玄同:致周作人书,转引自周作人《钱玄同的复古与反复古》,收《知堂集外文·四九年以后》,第614~616页。

新文化运动中间,主张反孔最为激烈,而且到后来没有变更的,莫过于他了。"①但同时,从钱玄同如此轻易地放弃了一年前所提出的"各人自扫门前雪"的精神,周作人却又不能不感到这位老友的简单与天真。周作人无疑是迷恋五四传统的,但一旦钱玄同如此明确地提出要返回五四去,周作人又不免踌躇、怀疑起来:真的除了回到当年"烧毁中国书"的偏激精神,全力"用夷变夏",就别无他路了吗?周作人甚至觉得自己的真意不但别人(包括钱玄同这样的老友)难以理解,而且自己一时也说不清。这又是怎么一回事呢?

五、"胜业"——人的研究

尽管周作人是以极其严肃的态度,认真地写着前述反对封建复古、保卫五四传统的文章,但他内心深处,却对它的真正价值抱有怀疑。周作人很明白,真正属于自己的,是另有所在的。早在1921年7月,还在西山养病时,他在一篇题为《胜业》的文章里,就已经流露过这样的意思。他说:"我的胜业,是在于停止制造(高谈阔论的话),而实做行贩。别人的思想,总比我的高明;别人的文章,总比我的美妙;我如弃暗投明,岂不是最胜的胜业吗?"他表示:"野和尚登高座妄谈般若,还不如在僧房里译述几章法句,"因此"决心要去修自己的胜业去了"。② 这里所用的都是周作人式的语言,需略作译解:所谓"高谈阔论"即是指思想政治性的议论,周作人以为这并非自己所长,亦非兴趣所在;周作人自称"野和尚",他的"胜业"是旁门左道的"杂学",而讲得最好的,还是"别人的文章",即西方以"人类学为中心的研究"。

于是,周作人在一篇文章里,提出了如下见解——

(在中国)大家都做着人,却几乎都不知道自己是人;或者自以为是"万物之灵"的人,却忘记了自己仍是一个生物。在这样的社会里,决不会发生真的自己的解放运动的:我相信必须个人对自己有了一种了解,

---

① 周作人:《钱玄同的复古与反复古》,收《知堂集外文·四九年以后》,第617页。
② 周作人:《谈虎集·胜业》,第47页。

第六章 历史的进退之间——在北京(二)
(1921.1—1927.10)

才能立定主意去追求正当的人的生活。希腊哲人达勒思的格言道,"知道你自己",可以说是最好的教训。①

周作人据此而提出了一个以研究"人"自身为中心的知识体系。周作人设想,在这个全新的知识体系里,应该包括以下几个方面:"第一组,关于个人者",包括"人身生理"(特别是性知识)、"医学史"及"心理学",以求从身心两方面了解人的个体;"第二组,关于人类及生物者",包括"生物学"(包括进化遗传诸说)、"社会学"(内含广义的人类学、民俗学、文化发达史及社会学)、"历史",以求多侧面地展开"人类"的本质;"第三组,关于自然现象者",包括"天文"、"地学"、"物理"、"化学",以求了解与人相关的一切自然现象,即人所生活的自然环境;"第四组,关于科学基本者",包括"数学"、"哲学",以求掌握科学地认识"人"及其生活的世界的基本工具;"第五组,艺术",包括"神话学"、"童话",以求了解幼年时期的人类,还包括"文学、艺术、艺术史、艺术概论",目的在"将艺术的意义应用在实际生活上,使大家有一点文学的风味",这是人的健全发展所必需的。② 这里注意的中心,是"个体"的人与"人类"的人,这个体意识与人类意识都是以家族社会为本位的封闭的中国封建社会里所不可能有的。从"生理"的与"心理"的层次,"肉"与"灵"的统一中去把握人的个体,从广泛的联系中去展开人类的人的生物学、社会学、历史学以及美学的本质,这全方位的考察视角所达到对于人自身的认识,都是真正现代的。

这确实是东方文明古国对西方文化起源地希腊哲人呼唤的一个历史性的回应。它同时显示着周作人及其同类知识分子对于五四精神的一种理解与坚持。在他们看来,"五四"从根底上是一个"人的解放"运动,而为着使五四为开端的"人的觉醒"坚持下去,就必须使人达到对自身的科学认识。这样,重建以"认识人自身"为中心的现代科学知识结构,对于坚持与发展五四传统就具有决定性的意义。这就是说,当相当部分知识分子从五四运动的救亡图存的政治层面出发,把五四思想革命转向以推翻反动国家机器为中

---

①② 周作人:《谈虎集·妇女运动与常识》,第 241~242、242~245 页。

心的实际政治革命时,周作人及其同类知识分子却坚持从学理上发展五四精神,转向更深入、广泛的学术研究与学科建设。这确实是两种不同的选择,它们各自有自己的意义与价值,并且互为补充;人为地将其对立起来,甚至用一方否定另一方,恐怕不是科学的态度。

周作人这一时期写了不少关于神话、关于童话、关于妇女、关于儿童的文章,究其实质,都是关于"人"、关于"人性"的健全发展的思考。这对于周作人,是说不尽的话题,是最得心应手的文题;他静静地思索,轻松地、从容地写来,常有奇思妙语从笔端喷出,让人惊喜,又叫人沉思。仿佛只有在这类文章中,才能实现周作人的追求——与不相识的友人作"庸人"的"闲谈",于毫不经意之中达到心的默契……

且让我们也参加到这类谈话中去吧。

关于爱。"爱慕,配偶与生产:这是极平凡极自然,但也是极神秘的事情","实在恋爱可以说是一种宗教感情","我们不信有人格的神,但因了恋爱而能了解'求神者'的心情,领会'入神'与'忘我'的幸福的境地",①"爱是给与,不是酬报",爱是一种"创作",必须不断"将新的生命吹进两人的爱情里去,破坏了重又建起","使恋爱年年保存这周围的浪漫的圆光……"②

关于女人。女人本是"圣母与淫女"的结合体,"对于妇女的狂荡之攻击与圣洁的要求,结果都是老流氓的变态心理的表现","人生有一点恶魔性,这才使生活有些意味,正如有一点神性之同样的重要……"③

关于儿童。儿童的"玩"总是兴之所至的,无目的、无意识,一切出于自然的本能的创作,"他这样地玩,不但是得了游戏的三昧,并且也到了艺术的化境。这种忘我地造作或享受之悦乐几乎具有宗教的高上的意义……我们走过了童年,赶不着艺术的人,不容易得到这个心境,但是虽不能至,心向往之……"④

---

① 周作人:《自己的园地·情诗》,第52页。
② 周作人:《自己的园地·爱的创作》,第127~129页。
③ 周作人:《谈虎集·北沟沿通信》,第257、258页。
④ 周作人:《陀螺·序》,《知堂序跋》,第233页,收《周作人散文精编》下编,第306页。

第六章 历史的进退之间——在北京（二）
（1921.1—1927.10）

还有，"儿童没有一个不是拜物教的，他相信草木能思想，猫狗能说话正是当然的事"，"就儿童本身上说，在他想象力发展的时代，确有这种空想作品的需要，我们大人无论凭了什么神呀皇帝呀国家呀的神圣之名，都没有剥夺他们的这需要的权利，正如我们没有剥夺他们衣食的权利一样。"①儿童的想象的世界必定是"荒唐的，怪异的，虚幻的"，"非现实的"，"有如雾里看花，形色变易"，甚至带些神秘的色彩。② 这些都是健全的人性所需要的："人间所同具的智与情应该平均发达才是，否则便是精神的畸形"③，"惊异在人是神圣的"④，"梦想是永远不死的。在恋爱中的青年与在黄昏下的老人都有他的梦想，虽然她们的颜色不同。人之子有时或者要反叛她，但终究要回到她的怀中来……"⑤

关于艺术。"古代的狂宴都证明古人很聪明的承认，日常道德的实生活的约束有时应当放松，使他不至于因为过紧而破裂。我们没有那狂宴了，但我们有艺术替代了他"，"艺术正是情绪的操练"，"艺术的效果大抵在调弄我们机体内不用的纤维，因此使他们达到一种谐和的满足之状态"；"艺术道德化之力，并不在他能够造出我们经验的一个怯弱的模拟品，却在于他的超过我们经验以外的能力，能够满足而且调和我们本性中不曾充足的活力"。⑥

…………

还可以连续不断地抄下去，就好像这倾心的交谈永远也没有完结……

周作人讲神话、童话、儿歌与谜语，说男人、女人、小儿与原始人，论文学、艺术、爱与性欲，都在追求着同一个目标：人性的和谐，精神的超越，说到底，是对"贵族精神"的一种自觉的追求，或者如周作人自己所说，是希望实现"平民的贵族化"即"凡人的超人化"，"因为凡人如不想化为超人，便要化为末人了"。⑦ 在周作人的主观追求中，这无疑是对五四"平民精神"的一个发展。然而，从另一面说，又是脱离中国现实的：中国的大多数老百姓，还停

---

①③　周作人：《自己的园地·阿丽思漫游奇境记》，岳麓书社1987年7月长沙第1版，第57页。
②　周作人：《自己的园地·儿童剧》，第105页。
④⑤　周作人：《自己的园地·镜花缘》，第115页。
⑥　周作人：《自己的园地·文艺与道德》，第88~90页。
⑦　周作人：《自己的园地·贵族的与平民的》，第16页。

留在求生而不得的原始阶段,时代所提出的任务仍然如鲁迅所说,"一要生存,二要温饱,三要发展";周作人此刻将发展置于首要位置,不能不说是超前的——不仅对大多数中国人是如此,即使是周作人这样的知识分子,又何尝不是如此。"心高飞着,身子却陷于泥淖之中",这难道不正是周作人这一代知识分子的写照吗?读着这一时期周作人上述空灵、超越的文字,你会感到——

一只孤独的鹤在高空掠过,发出声声唳叫……

六、爱罗先珂

正当周作人苦苦地寻求能够理解自己的"想象的友人"时,一位俄国盲诗人爱罗先珂出现在周作人的生活里,更确切地说,在鲁迅与周作人周氏兄弟的生活里。

我们在1922年2月24日周作人日记里,看到了如下记录:"郑、耿二君引爱罗先珂君来暂住东屋。"郑即郑振铎,耿即耿济之。爱罗先珂是俄国盲诗人,世界语学者。他并非世界上赫赫有名的诗人,他引人注目之处在于他的不平凡的经历:1914年离开俄国,先后在日本、暹罗(今泰国)、缅甸、印度等地漂泊。在印度,以带有无政府主义倾向的理由,被英国官方驱逐了。于是他来到日本,却又被日本当局驱逐,理由是有宣传危险思想的嫌疑。他于是想返回久别的祖国,历尽艰辛地走到赤塔,却没有得到入境的批准。他于是带着迷惘绝望的心情漂泊中国,先在哈尔滨,后又流向上海……爱罗先珂的这些遭遇,首先引起了鲁迅的注意,他曾写信给周作人:"大打特打之盲诗人之著作已到,今呈阅。虽略露骨,但似尚佳。我尚未及细看也。如此著作,我亦不觉其危险之至,何至于兴师动众而驱逐之乎。我或将来译之,亦未可定。"以后鲁迅果然翻译了爱罗先珂的《池边》、《春夜的梦》、《鱼的悲哀》……鲁迅与周作人还同时收到了日本朋友请他们转托胡愈之照顾爱罗先珂的信。这样,周氏兄弟与爱罗先珂未见面之前,彼此就已经十分了解了。这一回,也是在周氏兄弟推动下,蔡元培先生特聘爱罗先珂来北京大学教授世界语,并亲自安排他住在周氏兄弟家里。在此后一段时间里,爱罗先

第六章 历史的进退之间——在北京(二)
(1921.1—1927.10)

珂在各处的讲演,均用世界语,多由周作人作翻译兼向导。①鲁迅在继续翻译《爱罗先珂童话集》外,也经常陪同参观,兼作翻译。爱罗先珂与周氏兄弟可谓一见如故,这位异国游子很快就被这个家庭接受,成为其中和谐的一员。用周作人的话来说,"爱罗君寄住在我们家里,两方面都很是随便,觉得没有什么窒碍的地方。我们既不把他做宾客看待,他也很自然的和我们相处。过了几时,不知怎的学会侄儿们的称呼,差不多自居于小孩子的辈分了。"②

而且,这位诗人还以自己的方式影响着这个家庭和他的主人。爱罗先珂在北京仅住了四个月,就感到沙漠上的枯寂了。从表面上看,爱罗先珂的活动不算不多;在周作人的日记里,经常可以看到这样的记载:"下午菊农来同爱君至女子师范应文学会招讲演,完后照相"(1922年3月3日);"上午同爱君至北大三院讲演,并为爱罗先珂翻译"(1922年3月5日);"上午同爱君至孔德学校讲演……为之口译"(1922年5月1日);"至政法学校开世界语讲演会,为爱罗君翻译"(1922年6月11日)等等。但是,人们不过出于好奇,热闹一阵③,就置之不顾了。至于爱罗先珂所从事的世界语运动,运动者尽管热心,响应者却很寥寥。世界语课最初是在北大最大的讲堂里上课的,不久就觉得讲堂太大了,后来竟搬到一间最小的房间里去,听众也只剩了两位。世界语的俄国戏剧讲演——《饥饿王》,只讲了一次,就中止了,也无非是因为听者太少,教室太大了的缘故。爱罗先珂是一个极爱热闹的人,他当然对这类有意无意的冷落十分敏感。作为一个流浪诗人,古老中国一潭死水的生活方式,枯寂的生命形态,更使他感到窒息。于是,他怀抱着六弦琴,对着周氏兄弟诉苦了:"寂寞呀,寂寞呀,在沙漠上式的寂寞呀!"诗人痛苦的呼叫,竟引起了周氏兄弟的强烈共鸣,并引出了他们的无限感慨。周作人痛苦地自责说:"我们

---

① 周作人是在西山养病时学习世界语的,并已开始翻译用世界语写作的作品。据周作人说,"世界语这东西是一种理想的产物……人们大抵有种浪漫的思想,梦想世界大同,或者不如说消极的反对民族的隔离,所以有那样的要求。"(《知堂回想录·一三八,爱罗先珂(上)》)
② 周作人:《泽泻集·爱罗先珂君》,第36页。
③ 1922年3月4日《晨报》消息《昨日爱罗先珂之讲演》:"昨午后,雨雪霏霏,听众非常踊跃,下午一时前即有人等候,二时,礼堂已无隙地。"

所缺乏的,的确是心情上的润泽,然而不是他这敏感的不幸诗人也不能这样明显的感着,因为我们自己已经如仙人掌似的习惯于干枯了。"①鲁迅也说:"这应该是真实的,但在我却未曾感得;我住得久了,'入芝兰之室久而不闻其香',只以为很是嚷嚷罢了。然而我之所谓嚷嚷,或者也就是他之所谓寂寞吧。"②来自异国的这位敏感的诗人,他的"寂寞呀"一声呐喊,唤醒了或者加强了周氏兄弟对于已经习以为常的现存生命形态的不满,并由此激发了他们对理想的生命形态的思考与追求。于是,鲁迅也如爱罗先珂似的叫喊了——

> 是的,沙漠在这里。
> 没有花,没有诗,没有光,没有热。没有艺术,而且没有趣味,而且至于没有好奇心。
> 沉重的沙……
> 我是怎么一个怯弱的人啊。这时我想:假使我是一个歌人,我的声音怕要销沉了罢。
> ……
> 我是怎么一个褊狭的人啊。这时我想:倘使我是一个歌人,我怕要收藏了我的竖琴,沉默了我的歌声罢。……③

这大概也是周作人的心声吧?

中国传统生存方式里确实是什么也没有的:这是可怕的死寂,死寂到失去一切生命的活力;这是可怕的冷漠,冷漠到了忘记一切生活的欲望。一个人,一个民族,到了这种地步,距离死期不就不远了吗?

于是,鲁迅(还有周作人)感到了一种"沉默—死亡"的恐惧。鲁迅紧接着高喊一声:"我的反抗的歌啊",他是呼唤着反抗的生命活泉来滋润这"沙漠式的枯寂"的。他说,他要"站在沙漠上,看看飞沙走石,乐则

---

① 周作人:《泽泻集·爱罗先珂君》,第35页。
② 鲁迅:《呐喊·鸭的喜剧》,收《鲁迅全集》第1卷,第555页。
③ 鲁迅:《热风·为"俄国歌剧团"》,收《鲁迅全集》第1卷,第382、383页。

第六章 历史的进退之间——在北京(二)
(1921.1—1927.10)

大笑,悲则大叫,愤则大骂",即使因此换来"灵魂的荒凉和粗糙"也在所不惜。①

1922年5月23日,周作人(前排左三)、鲁迅(前排右三)、爱罗先珂(前排右四)在北京世界语学会合影。

周作人呢?他于爱罗先珂离开北京前夕,写过一篇题为《玩具》的文章,提出了他对理想的人生形态的思考,提倡一种"鉴赏家"的生活态度,即"超越功利问题,只凭了趣味的判断,寻求享乐",他认为,"在这博大的沙漠式的中国","仙人掌似的外粗粝而内腴润的生活是我们惟一的路,即使近于现在为世诟病的隐逸"。在周作人看来,追求"趣味"与"享乐",首先就是唤起生活的欲望,大胆地无所顾忌地去追求人所应该有的生命的欢乐,即使因此而走向"隐逸",也在所不惜。

周作人清楚地记得,那一个初夏的下午,他同着爱罗先珂在沟沿一带,踏着柔细的灰沙,在树阴下走着。不知怎的提起将来或有机会可以重往日本的话,爱罗先珂突然激昂起来,一再地说日本决不准他去……周作人因此了解了爱罗先珂对于日本恋慕之深,他沉默着——大概也在思念久违的"第

---

① 鲁迅:《华盖集·题记》,收《鲁迅全集》第3卷,第4、5页。

二故乡"里保存着的生活的艺术吧?

因此,当爱罗先珂买来了十几个蝌蚪子(它们因鲁迅的《鸭的喜剧》而非常出名)时,周作人想必是十分高兴的。他亲自开掘的长三尺、宽二尺的荷池从未养出半朵荷花来,曾经是全家人的笑柄,而现在终于有了它的真正主人。蝌蚪成群结队地在水里面游泳。常常踱来访问的,除爱罗先珂外,自然还有周作人;享受自然天趣的机会他是从不会放过的。于是,我们可以想见,当四岁的侄子"土步公"(爱罗先珂总是这么叫唤他的"诨名")前来报告小鸭吃蝌蚪的消息:"爱罗金哥君呀(侄子也总是这样称爱罗先珂),没有了,虾蟆的儿子!"爱罗先珂发出连声叹息:"唉,唉——",这时,周作人(也许还有鲁迅)也一定同样叹息着:"唉,唉!……"

在寂寞中,爱罗先珂思乡之情有增无减。终于于1922年7月寻着一个机会——往芬兰赴第十四次万国世界语大会,直奔故乡而去。周作人理解他的心情:"爱罗君是世界主义者,他对于久别的故乡却怀着十分迫切的恋慕,这虽然一见似乎是矛盾,却很能使我们感到深厚的人间味。"①也许正是出于对乡愁的理解与共鸣,爱罗先珂的离去,使周作人愈发感到寂寞;因此,爱罗先珂刚刚离去,不到十天,周作人就写了《送爱罗先珂君》,并于文章结尾处期待着:"到了秋天,他回来沙漠上弹琵琶,歌咏春天的力量,使我们有再听他歌声的机会。"②11月,周作人又作《怀爱罗先珂君》,劈头就说:"十月已经过去了,爱罗君还未回来。莫非他终于不回来了吗?"③鲁迅也按捺不住思念之情,写了《鸭的喜剧》,说是"现在又从夏末到了冬初,而爱罗先珂君还是绝无消息,不知道究竟在哪里了。只有四个鸭,却还在沙漠上'鸭鸭'地叫"。④

1922年11月4日,就在周作人写了《怀爱罗先珂君》之后第三天,爱罗先珂终于归来。不久就发生了"剧评事件"。热心肠的爱罗先珂观看了北京

---

①② 1922年7月14日作,载7月17日《晨报副镌》,收入《泽泻集》时,改题为《爱罗先珂君(一)》,岳麓书社1987年7月长沙第1版,第32,34页。

③ 1922年11月1日作,载11月7日《晨报副镌》,收入《泽泻集》时,改题为《爱罗先珂君(一)》,第35页。

④ 1922年10月作,载1922年12月出版的上海《妇女杂志》8卷12号。收《鲁迅全集》第1卷,人民文学出版社1981年北京第1版,第558页。

第六章 历史的进退之间——在北京(二)
(1921.1—1927.10)

大学学生与燕京女校学生的演出,并且热心地写了剧评。在文章中,照例直率地发表他的批评,感慨"在中国,没有好的戏剧……没有戏剧的国度是怎样寂寞的国度啊……"爱罗先珂的批评,与他对中国"沙漠式的寂寞、枯竭"的生活方式、生命形态的不满是一致的。然而,爱罗先珂(实际上也是周氏兄弟)的这一不满,却不能被北京大学的学生(他们自认是民族之精英,因而自我感觉始终良好)所理解,爱罗先珂善意的批评竟然招致了学生们的反感,报端上居然出现了北大学生写的《不敢盲从》这类攻击性的文字。爱罗先珂为之伤心不已自不用说,周氏兄弟也被激怒了。鲁迅拍案而起,"特地负责地申明:我敢将唾沫吐在生长在旧的道德和新的不道德里,借了新艺术的名而发挥其本来的旧的不道德的少年的脸上"[①],给污蔑者以迎头痛击。周作人也著文谆谆告诫:"我希望大家对于爱罗君一方面不要崇拜他为超人的英雄,一方面也不要加以人身的攻击,即使当作敌人也未始不可,但必须把他当作人看,而且不可失了人间对待残疾的人的礼仪。"[②]这一次冲突的对象是一群青年人,周氏兄弟一定从中感到了一种隔膜的悲哀吧?

爱罗先珂终于要离去,比他原定的计划提前了两个月。他说他想到树林去听故乡的夜莺的叫唤,周作人当然明白:他是厌倦于在北京听沙漠的风声,感到太寂寞无聊才离去的。因此不再硬去挽留。但唯其这样离去,就更令人惆怅:爱罗先珂一走了之了,而自己还得继续在这寂寞无聊中打发着日子……

周作人勉力写了一篇《再送爱罗先珂君》,鲁迅却没有再写一个字。

第二年,周作人又写了《苦雨》,文章提到了院子里的积水与深夜蛤蟆的叫声:"这回的大雨,只有两种人最是喜欢。第一是小孩们。他们喜欢水,却极不容易得到,现在看见院子里成了河,便成群结队地去'淌河'去。赤了足伸到水里去,实在很有点冷。但他们不怕,下到水里还不肯上来。大人见小孩们玩得有趣,也一个两个地加入,但是成绩却不甚佳,那一天滑倒了三个人,其中两个都是大人——其一为我的兄弟,其一是川岛君。第二种喜欢下

---

① 鲁迅:《看了魏建功君的〈不敢盲从〉以后的几句声明》,收《鲁迅全集》第8卷,第116页。
② 周作人:《爱罗先珂君的失明》,载1923年1月17日《晨报副镌》,收《周作人集外文》上集,第490页。

雨的则为蛤蟆……蛤蟆在水田里群叫,深夜静听,往往变成一种金属音,很是特别,又有时仿佛是狗叫,古人常称蛙蛤为吠,大约也是从实验而来。我们院子里的蛤蟆现在只见花条的一种,它的叫声更不漂亮,只是格格格这个叫法,可以说是革音,平常自一声至三声,不会更多,惟在下雨的早晨,听它一口气叫上十二三声,可见它是实在喜欢极了。"①

那么,周作人是否因此而想到爱罗先珂呢?爱罗君如果在,他一定会如川岛等大人一样加入到孩子戏水队伍中去,也一定会和周作人一起细听蛤蟆的叫唤……

也许周作人什么也不会想,因为他早就表示过:"漂泊孤独的诗人,我想你自己的悲哀也尽够担受了,我希望你不要为了住在沙漠上的人们再添加你的忧愁的重担也罢。"②

是的,再苦的酒也得独饮,悲哀的重负只有自己背起来,背起来……

1924年6月21日,周作人收到胡愈之的来信,信中说:"爱罗先珂君屡有信来,他在巴黎穷得无法,连三四十个法郎都很为难了。他先前写信来托先生向北大设法,不知办到没有?……上星期我已买了一千二百法郎汇票寄给他……"

周作人还能再说什么呢?

七、情感的波澜

关于生命形态与情感世界的自我审视与思考仍在继续……

1923年1月15日《晨报副刊》发表周作人的《昼梦》,这是一首《野草》式的散文诗——

我是怯弱的人,常感到人间的悲哀和惊恐。

严冬的早晨,在小胡同里走着,遇见一个十四五岁的小姑娘,充血的脸庞隐过了自然的红晕,黑眼睛里还留着处女的光辉,但是正如冰里

---

① 周作人:《雨天的书·苦雨》,第7~8页。
② 周作人:《泽泻集·爱罗先珂君(二)》,第36~37页。

第六章 历史的进退之间——在北京(二)
(1921.1—1927.10)

的花片,过于清寒了,——这悲哀的景象已经近于神圣了。

胡同口外站着候座的车夫,粗麻布似的手巾从头上包到下颔,灰尘的脸的中间,两只眼现出不测的深渊,仿佛又是冷灰底下的炭火,看不见地逼人,我的心似乎炙的寒颤了。

……

我在山上叫喊,却只有反响回来,告诉我的声音的可痛地微弱。

我往何处去祈求呢?只有未知之人与未知之神了。①

这"冰里的花片"、"冷灰底下的炭火"的意象是真正属于周作人的:无论是对自己"可痛地微弱"的存在的自觉意识,还是"悲哀"、"惊恐"的自我感觉,将伴随周作人一生,以至于成为他的表征。

两个多月以后,他又写出了《饮酒》,发表在 1923 年 3 月 17 日《晨报副镌》上——

你有酒么?
你有松香一般的粘酒,
有橄榄油似的软酒么?
我渴的几乎恶心
渴的将要瞌睡了
我总是口渴:
喝的只有那无味的凉水。

你有酒么?
你有恋爱的鲜红的酒,
有憎恶的墨黑的酒么?
那是上好的酒。
只怕是——我的心老了钝了,

---

① 周作人:《过去的生命·昼梦》,第59页。

喝着上好的酒,

也只如喝那无味的白水。①

这里充满了渴求——被爱罗先珂唤醒了的沙漠里的渴求。

"你有酒么?你有恋爱的鲜红的酒,有憎恶的墨黑的酒么?"——爱则大爱,如"鲜红的酒",憎则大憎,如"墨黑的酒",周作人心向往之的,就是这样一个浓烈、博大的感情世界。但"喝的只有那无味的凉水"——不仅生活本身是如此的冰凉、无味,已经"老了钝了"的心也已经不复容纳、承受充满欢乐与力量的真正的人生。这是怎样地令人"悲哀"和"惊恐"啊。

对于真正的爱的人生的渴求,又使周作人沉湎于对于初恋的回味之中——那纯洁、真诚、无暇,充满了生之原味的初恋啊,任何时候回想起来,都会让人心荡神摇,不能自已。

于是,1923年3月周作人写下了散文《初恋》;4月5日那一天清晨醒来,诗泉奔涌,又提笔写下:"我有过三个恋人……"②

周作人停下笔来,沉醉在甜美的回忆中——

我能够称你们为"恋人"吗?你们实在都不知道我在暗中的爱慕呀。但我仍要感谢你们,无意中"给我这苦甜的杯"……

啊,你,杭州城里杨家的三姑娘,每当你走到楼下抱着猫看我写字,总是使我"感着一种无所希求的迷朦的喜乐",而你终于被病菌夺去了生命,这"未嫁而死"的无味的人生,更给我带来了无名的惆怅……

啊,你,故乡二姨父家的平表姊,你父亲郦拜卿和我父亲原是"考友",每当大比之年,都是一起进出考场。你和我同年同月生,我称你为姊,你也称我为兄,那是怎样的亲密呀。都说母亲认你作女儿,是想要替代早逝的端妹,但她为什么不曾想到要认你作儿媳呢?你大概永远也不会知道,我本是一只丑小鸭,没有一个人注意的,但我却隐秘地怀抱着对你的情意,尽管我知道你自小就许给车家的公子车耕南,不容再有非分之想,但我总感着固执的牵引。这正是你所不知道的:庚子以前那一年,舅父的独子娶亲,中表都

---

① 周作人:《过去的生命·饮酒》,第55页。
② 周作人:《过去的生命·她们》,第51~52页。

第六章 历史的进退之间——在北京（二）
（1921.1—1927.10）

聚在一起，男的十四人，女的七人，其中就有你和我。一次，我们几个较为年少的偷偷跑到你们住的楼上，我跳闹，仿佛无意似的拿起你的一件纺绸穿了跳起舞来，你的小兄弟也一同闹着，却不曾看出破绽，我还为此得意了好久。但你终于嫁到车家，却与丈夫合不来，不久你公公也因钱财被盗、儿子被抢走而发疯了。你自己又流产出血过多，终成痼疾，你却拒绝就医，平静地面对死亡。我曾暗暗为你的不幸难过，却也无能为力。以后相见了几回，我又复出门，你不久就平安过去。听说你有一张早年的照片在母亲那里，我却不敢去要了来看，但你的影像总隐约的留在我的脑后，为我心中的火焰的余光所映照……

还有你，我的乾荣子，伏见馆主人的妹妹，"三个恋人"中，你是惟一还健在的；但我只知道你不知流落在什么地方，我也无心再去寻找，连你的面庞我都仿佛忘记，只留下一个朦胧的姿态。但这朦胧的却最牵动我的情思，愈是记不清了，也就愈不能忘记……

于是，周作人又提笔，专为"她"——朦胧中的乾荣子，写下了《高楼》一诗：

> 那高楼上的半年
> 她给我的多少烦恼。
> 只如无心的春风，
> 吹过一棵青青的小草。
> 她飘然的过去了，
> 却吹开了我的花朵。
> 我不怨她的无情——
> 长怀抱她那神秘的痴笑。①

---

① 周作人：《过去的生命·高楼》，第53页。在发表《她们》与《高楼》时，周作人写了一个《附记》声称"我平常很赞成青年人做情诗，但是自己做诗还是初次，我不怕道学家批评我有不道德的嫌疑——虽然略略的怕被上海的市侩选入他们的情诗集里去"。

是的,一切都"飘然的过去了",初恋的欢愉,连同青春的追求,只留下微苦的一丝温馨……

这温馨的感觉却长久地留在周作人的心头,吹不散,拂不去。直到这年10月,周作人还"学做情诗",写下一首《花》——

  我爱这百合花,
  她的香气薰的使人醉了,
  我愿两手捧住了她,
  便在这里睡了。
  我爱这蔷薇花,
  爱她那酽酒似的滋味,
  我便埋头在她中间,
  让我就此死罢。①

浓香,酽酒,爱与死——周作人所追求的,原来也有大喜与大悲的人生。

八、兄弟失和

正当周氏兄弟都在苦苦地反思自己的人生选择,以至自身的生存意义时——在这样的时刻,他们本应互相支持、补充,携手共进,却于一天早上,宣布决裂,从此,正如一位研究者所说,"东有启明,西有长庚","两星永不相见"。② 这样的结局,无论是鲁迅,还是周作人,都不曾料及,甚至可以说,是他们所不愿意接受的。

但事情毕竟还是发生了,而且来得那么突然。

查周作人与鲁迅日记,直到"失和"事件发生前夕,他们兄弟的感情都极

---

① 周作人:《过去的生命·花》,第57页。
② 见陈漱渝:《东有启明,西有长庚——鲁迅与周作人失和前后》(载《鲁迅研究动态》1985年5期)。此句语出《诗经·小雅·大东》。陈文引述了鲁迅母亲对许钦文四妹许羡苏所说一段话:"龙师父给鲁迅取了个法名——长庚,原是星名,绍兴叫'黄昏肖'。周作人叫启明,也是星名,叫'五更肖',两星永远不相见。"

第六章 历史的进退之间——在北京(二)
(1921.1—1927.10)

为融洽。这是 1923 年 1 月至 7 月的有关记载——

1 月 1 日,周氏兄弟共同邀请沈士远、沈尹默、张凤举、徐耀辰、孙伏园吃杂煮汁粉。据沈尹默回忆,五四前后,有一个相当长的时期,每逢元旦,八道湾周宅必定邀请友人宴集,座中大部分是北大同人,谈话范围极其广泛,有时也不免臧否当代人物……

1 月 17 日,《晨报副镌》同时发表周作人《爱罗先珂君的失明》与鲁迅《看了魏建功君的〈不敢盲从〉以后的几句声明》。

1 月 20 日,周作人与爱罗先珂共同宴请日本友人今村、井上、丸山、清水等,鲁迅也在座。

2 月 17 日,周作人约友人茶话,到者有郁达夫、张凤举、徐耀辰、沈士远、沈兼士、马幼渔、朱遏先等,鲁迅也在座。这是郁达夫与周氏兄弟第一次见面。

3 月 8 日,周作人在《晨报副镌》上发表《绿洲七·儿童剧》,文章忆及童年时代与鲁迅一起在桂花树下自编自演儿童剧的情景。

4 月 8 日,鲁迅、周作人携丰一共游中山公园,章川岛、李小峰亦在。

4 月 15 日,鲁迅、周作人共同出席《北京周报》总编丸山昏迷为 16 日归国的爱罗先珂与 20 日离京的藤塚邻举行的宴会。席间,爱罗先珂、鲁迅、周作人、徐祖正、藤塚邻等合影。宴会后又共同出席北大学生许钦文、董秋芳等组织的文艺社团春光社集会,鲁迅、周作人均为该社指导。

5 月 10 日,周作人与鲁迅小治肴酒共饮三弟建人,并邀孙伏园。这是周氏三兄弟最后一次欢聚。

5 月 13 日,上午周作人与鲁迅又同赴春光社集会。

5 月 14 日,日本东洋音乐学校讲师田边尚雄在北大二院讲《中国古乐之价值》,周作人口译,鲁迅也在座。

5 月 26 日,周作人治酒邀客,客人有泽村、丸山、徐耀辰、张凤举、沈士远、马幼渔等,鲁迅也在座。

6 月 3 日,《北京周报》六十七期发表以鲁迅与周作人的谈话为依据的《"面子"和"门钱"》,署名"两周氏谈"。

6 月 26 日,周作人与鲁迅在禄米仓张凤举家相遇,同饭。

6月29日,周作人与鲁迅同住北大新潮社,并与李小峰、孙伏园在北大第二院食堂就餐。

6月,鲁迅、周作人合译的《现代日本小说集》由商务印书馆初版发行,署周作人译,内收鲁迅译作十一篇,周作人译作十九篇。

7月3日,周作人与鲁迅同至东安市场,又至东交民巷书店,又至山本照相馆。买云冈石窟佛像写真十四枚,又正定本佛像写真三枚,共六元八角。

但在7月14日,鲁迅日记中突然出现了这样的记录:"是夜始改在自室吃饭,自具一肴,此可记也。"周作人日记中却无一字记此事,但这毕竟透露了一点"消息"。

7月17日,周作人日记记载:"阴。上午池上来诊。下午寄乔风函件,焦菊隐、王懋廷二君函。"周作人承认,这则日记原来大约还有约十个字涉及他与鲁迅矛盾的内容,但被他"用剪刀剪去了"。① 但"池上来诊"却颇值得注意:池上是常来八道湾看病的日本医生,周作人之妻羽太信子有癔病。据俞芳回忆,鲁太夫人曾对她说:"信子患有一种很奇怪的病:每当她身体不适,情绪不好或遇到不顺心的事,就要发作,先是大哭,接着就昏厥过去。"②那么,信子是否也发生了类似的病呢?这一天,周作人所住的后院里肯定是不宁静的。

7月18日,周作人给鲁迅写了一封信,全文是——

鲁迅先生:我昨日才知道,——但过去的事不必再说了。我不是基督徒,却幸而尚能担受得起,也不想责难,——大家都是可怜的人间,我以前的蔷薇的梦原来都是虚幻,现在所见的或者才是真的人生。我想订正我的思想,重新入新的生活。以后请不要再到后边院子里来,没有别的话。愿你安心,自重。七月十八日,作人。

据说,这天晚上细雨霏霏。周作人曾诉过深夜听雨之苦:"北京除了偶

---

① 周作人:《知堂回想录·一四一,不辩解说(下)》,第424页。
② 俞芳:《我所知道的芳子》,载《鲁迅研究动态》1987年7期。

第六章 历史的进退之间——在北京(二)
(1921.1—1927.10)

然有人高兴放几个爆仗以外,夜里总还安静,那样哗啦哗啦的雨声在我的耳朵已经不很习惯,所以时常被它惊醒,就是睡着也仿佛觉得耳边粘着面条似的东西,睡得很不痛快……"①那么,这一夜,周作人又有几度惊醒呢?

7月19日,周作人日记中有"寄乔风、凤举函,鲁迅函"一句。鲁迅日记中也只寥寥几字:"上午启孟自持信来,后邀欲问之,不至。"节制的简劲的叙述背后,又隐藏着怎样的情感的大风暴呢?

下午,一场大雨从天而降。

接着是沉默的一周。

7月26日鲁迅日记:"晴。上午往砖塔胡同看屋,下午收拾书籍。"鲁迅决心离开兄弟朝夕共处的八道湾了。

8月2日,周作人日记:"下午L夫妇移住砖塔胡同。"L即指鲁迅。同日,鲁迅日记:"雨,午后霁。下午携妇迁居砖塔胡同61号。"雨后的八道湾应是安谧的,仿佛一切都没有发生。当鲁迅向它投去最后一瞥,心里在想什么呢?

接着又是漫漫的难耐又难堪的沉默。

十个月以后,终于爆发——

1924年6月11日,鲁迅日记:"……下午往八道湾宅取书及什器,比进西厢,启孟及其妻突出骂詈殴打,又以电话招重久及张凤举、徐耀辰来,其妻向之述我罪状,多秽语,凡捏造未圆处,则启孟救正之。然后取书、器而出。"据说周作人拿起一尺高的狮形铜香炉向鲁迅头上打去,幸亏别人接住,抢开,才不致击中……

鲁迅、周作人兄弟一场,竟发展至"骂詈殴打",旁观者看来,简直难以置信。

当事人又何尝不是如此。细心的读者不难注意到,在失和事件从发生到发展的全过程中,鲁迅与周作人,始终处于神情恍惚、失控的状态中。周作人说:"我昨天才知道……"鲁迅则"邀欲问之",他们对事情的发生不仅毫无思想准备,甚至感到莫名其妙。以后的行动:搬家,相骂,以至殴打,都是

---

① 周作人:《雨天的书·苦雨》,第6页。

鬼使神差,自己也把握不住。仿佛两个人都在惊恐地问道:怎么了? 到底发生了什么?!……

真是谁也说不清楚。

周作人不说话了。鲁迅也不说话了。对于这件事,鲁迅本人在他生前没有一个字发表。周作人也一再表示:"不辩解。"他说:"大凡要说明我的不错,势必先说对方的错。不然也总要举出些隐秘的事来作材料,这都是不容易说得好,或者不大想说的,那么即使辩解得有效,但是说了这些寒伧话,也就够好笑,岂不是前门驱虎而后门进了狼吗?"①

于是,正像一位研究者所说,鲁迅与周作人失和这件事,就蒙上了一层神秘色彩②。这里仅能根据有关材料作一点探索。

鲁迅、周作人虽声明"不说",但暗示却是有的。1924 年 9 月,鲁迅辑成《俟堂专文杂集》,署名"宴之敖";1927 年 4 月,在所作《铸剑》中,又用"宴之敖"命名复仇者"黑的人"。据许广平回忆,鲁迅对这笔名有过一个解释:"宴"从门(家),从日,从女;"敖"从出,从放(《说文》作敫,游也,从出从放),意"即是被家里的日本女人逐出的"。那么,鲁迅是将兄弟失和的责任归之于周作人夫人的。

周作人前述"不辩解"的宣言中已经暗示:兄弟失和关系着一些"隐秘"而说出来又会使双方都陷入被动的事情。周作人晚年(1964 年 10 月 17 日)在写给香港友人鲍耀明的信中曾明确表示:1964 年香港友联出版公司出版的赵聪的《五四文坛点滴》,"大体可以说是公平翔实,甚是难得。关于我与鲁迅的问题,亦去事实不远,因为我当初写字条给他,原是只请他不再进我们的院子里就是了。"同年 11 月 16 日致鲍耀明的信又说:"鲁迅事件无从具体说明,惟参照《五四点滴》中所说及前次去信约略已可以明白。"查赵聪《五四文坛点滴》中有关周氏兄弟失和的文字,除引证鲁迅日记中有关兄弟失和的记载外,也仅有如下几句:"许寿裳说过,他们兄弟不和,坏在周作人那位日本太太身上,据说她很讨厌她这位大伯哥,不愿同他一道住。"——看来,周作人只肯定了一点:兄弟失和的原因是,他的夫人不愿同鲁迅一道住,至

---

① 周作人:《知堂回想录·一四〇,不辩解说(上)》,第 423 页。
② 陈漱渝:《东有启明,西有长庚》,载《鲁迅研究动态》1986 年第 5 期。

第六章 历史的进退之间——在北京(二)
(1921.1—1927.10)

于为何"不愿",周作人回避了。

再看看与鲁迅、周作人关系最为密切的有关人的看法。

鲁老太太曾对人说:"这样要好的弟兄都忽然不和,弄得不能在一幢房子里住下去,这真出于我意料之外。我想来想去,也想不出个道理来。我只记得:你们大先生对二太太(信子)当家,是有意见的,因为她排场太大,用钱没有计划,常常弄得家里入不敷出,要向别人去借,是不好的。"①

周建人在《鲁迅与周作人》一文中说,正好当年5月14日他离京赴沪,未能目击这场家庭纠纷,事后鲁迅也未跟他谈过;但他认为,鲁迅与周作人的分手,"不是表现在政见的不同,观点的分歧,而是起源于家庭间的纠纷"。

朱安夫人曾"很气愤地"向人说过:"她(信子)大声告诫她的孩子们,不要亲近我们,不要去找这两个'孤老头',不要吃他们的东西,让这两个'孤老头'冷清死。"②

许广平则在《鲁迅回忆录》"所谓兄弟"一节中说:"鲁迅在八道湾住的时候,起初每月工资不欠,不够时,就由他向朋友告贷,这样的人,在家庭收入方面是一个得力的助手",这时,家庭关系是好的,"后来,由于欠薪,加以干涉别的人事方面",就妨碍了周作人夫人信子的权威,"'讨厌起来了',于是就开始排挤鲁迅"。许广平回忆,鲁迅还对她说过,"我总以为不计较自己,总该家庭和睦了吧,在八道湾的时候,我的薪水,全部交给二太太,连同周作人的在内,每月约有六百元,然而大小病都要请日本医生来,过日子又不节约,所以总是不够用,要四处向朋友借,有时候借到手连忙持回家,就看见医生的汽车从家里开出来了,我就想:我用黄包车运来,怎敌得过用汽车运走的呢?"鲁迅还回忆说,周作人"曾经和信子吵过,信子一装死他就屈服了,他曾经说:'要天天创造新生活,则只好权其轻重,牺牲与长兄友好,换取家庭安静。'"许广平还回忆说,周作人"惟整日捧着书本,其余一切事情都可列入浪费精力之内,不闻不问。鲁迅曾经提到过,像周作人时常在孩子大哭于旁而能无动于衷依然看书的本领,我无论如何是做不到的"。

鲁迅的好友与周作人也有在日本同住的情谊的许寿裳在《亡友鲁迅印

---

① 俞芳:《我记忆中的鲁迅先生》。
② 俞芳:《周建人是怎样离开八道湾的》,载《鲁迅研究动态》1987年第8期。

象记》中说:"作人的妻羽太信子是有歇斯台里性的。她对于鲁迅,外貌恭顺,内怀忮忌。作人则心地胡涂,轻信妇人之言,不加体察。我虽竭力解释开导,竟无效果。致鲁迅不得已移居外客厅而他总不觉悟,鲁迅遣工役传言来谈,他又不出来;于是鲁迅又搬出而至砖塔胡同。从此两人不和,成为参商,一变从前'兄弟怡怡'的情态。"

同为鲁迅、周作人朋友的郁达夫在《回忆鲁迅》中说:"据(与周作人关系密切的张)凤举他们的判断,以为他们兄弟间的不睦,完全是两人的误解,周作人氏的那位日本夫人,甚至说鲁迅对她有失敬之处。但鲁迅有时候对我说:'我对启明,总老规劝他的,教他用钱应该节省一点,我们不得不想想将来。他对于经济,总是进一个花一个的,尤其是他那位夫人。'从这些地方,会合起来,大约他们反目的真因,也可以猜度到一二成了。"

当时与鲁迅、周作人双方都有密切交往的章廷谦(川岛)曾对鲁迅博物馆工作人员说:"鲁迅后来和周作人吵架了。事情的起因可能是,周作人老婆造谣说鲁迅调戏她。周作人老婆对我还说过:鲁迅在他们的卧室窗下听窗。这是根本不可能的事,因为窗前种满了鲜花。"①说到周作人夫人与鲁迅关系紧张的原因时,川岛则说:"主要是经济问题。她(羽太信子)挥霍得不痛快。"②

以上直接、间接的材料说明了什么呢?可能得出的结论仅仅是,鲁迅与周作人的失和不是出于政治、思想、人生选择上的分歧,而纯属家庭内部的纠纷。如果再要进一步判断其中的是非,就很难说了。尽管前述证人中有不少人偏向于对周作人夫人的谴责,本书作者却愿持更谨慎的态度。把一切罪责(大至国家兴亡,小至家庭离合)都归于女子,倒是中国的传统,但却为鲁迅、周作人一致反对。还是中国的一句古话说得对:"清官难断家务事,"对于家庭内部的纠纷,旁观者为什么一定要乱插嘴,当"法官"呢?在这个问题上,我们还是"各人自扫门前雪,休管他人瓦上霜"吧。

也许周氏兄弟对这件事的心理的、情感的反应,才是我们更应当关注的。

---

①② 转引自陈漱渝:《东有启明,西有长庚》。

第六章　历史的进退之间——在北京(二)
(1921.1—1927.10)

鲁迅在"被八道湾赶出后"(鲁迅语),即大病一场,前后达一个半月之久。而且,从 1923 年至 1927 年长达四年时间里,鲁迅一些文章的字里行间都透露出鲁迅对失和一事时时刻刻不能忘怀,每有触及,即引起揪心的苦痛与难忍的愤怒。① 折磨着鲁迅的,是一种被利用的感觉;他为他的所爱者作了最大限度的自我牺牲,在失去了利用价值之后,就被所爱者无情地放逐,这是鲁迅绝难忍受的。一时间,"眷意与决绝,爱抚与复仇,养育与歼除,祝福与咒诅"交织于心②……

周作人又如何呢? 从表面上看,他比鲁迅平静得多,他照样地作文,上课,出席各种会议。但 1924 年 6 月,在兄弟间大打出手后的第二个月,他写了一篇《破脚骨》。据川岛说,这是针对鲁迅的。在文章中,他暗示鲁迅是个"无赖子",并且作了一连串的"考证":"破脚骨官话曰无赖曰光棍,古语曰泼皮曰破落户,上海曰流氓,南京曰流尸曰青皮,日本曰歌罗支其,英国曰罗格……《英汉字典》中确将'流氓'这字释作劫掠者,盗贼等等也。"这恶毒的咒骂出自温雅的周作人,几乎是难以置信的;足见他心中怨恨之深。

折磨着周作人的,是一种强烈的上当受骗感。1923 年 7 月 25 日所写的《自己的园地·旧序》里,他重复了 7 月 18 日给鲁迅的字条里所说的"过去的蔷薇色的梦都是虚幻"这样的话。他确实有一种幻灭感:他觉着在受了自己最信任的人的欺骗以后,就很难再相信人生的美好和谐。所以他说"现在所见的"充满了残酷的、欺骗的、虚伪的不和谐,不完全的人生"或者才是真

---

① 我们可以把有关材料排列于下:
1923 年 8 月兄弟失和,鲁迅搬出八道湾,迁居砖塔胡同 61 号。
1923 年 10 月 1 日—11 月 18 日鲁迅大病。
1924 年 5 月鲁迅移居西三条胡同新居,因回八道湾取书,兄弟再次发生冲突。
1924 年 9 月鲁迅辑成《俟堂专文杂集》一书,署名"宴之敖",内含"被家里的日本女人驱逐出去"之意。
1925 年 3 月 16 日鲁迅《牺牲谟》发表,对专要别人牺牲的"利己主义者"予以嘲讽。
1925 年 6 月 29 日鲁迅作《颓败线的颤动》,表现了一个被家庭逐出的老女人的复仇意志。
1925 年 11 月 3 日鲁迅以周作人 1917 年在北京患病的经历作素材,写小说《兄弟》,无情地揭示所谓"兄弟怡怡"的不可靠。
1927 年 4 月 3 日鲁迅作《眉间尺》(收入《故事新编》时改为《铸剑》),用"宴之敖"命名复仇者"黑的人"。

② 鲁迅:《野草·颓败线的颤动》,《鲁迅全集》第 2 卷,第 206 页。

的人生"。但他在《自己的园地·旧序》里又说:"我已明知过去的蔷薇色的梦都是虚幻,但我还在寻求——这是人生的弱点……"他要"订正我的思想,重新入新的生活",这就是不再追求"蔷薇色"的浪漫主义的理想,而选择一条"在不完全的现世享乐一点美与和谐"的享乐主义的人生道路。这样,与自幼保护、指导着自己的大哥永远决裂,就意味着周作人与童年时代,以至青年时代的理想主义人生的真正诀别。

就这样,现代最具有智慧和独立个性,最相爱,也最相知的兄弟俩,都为被最爱的人欺骗与利用的幻觉而痛苦得不能自制。他们最相知,一旦发生误解就永远不可解;他们最相爱,一旦失去了爱,就只会转化为恨;他们最具有智慧,一旦为情感所左右,失去了理性,就会盲目得看不见一切,以至做出了最愚蠢的行为而不自知;他们最有独立个性,都是决定了什么就要干到底的男子汉,一旦开始错了,就只有一直滑下去,不会转弯,甚至也不会想到弥补,自然也无悔恨可言……

这里毫无是非曲直可分,只能说是同样美好的人性,同样强大的个性彼此冲突,而不可解脱的悲剧。应该说,周氏兄弟的冲突性质,开始仅仅是不同个性因误会而产生的冲突,在中外思想史、文学史上都不乏其例。发展的过程中,却受到了中国现代社会盛行的"不是朋友,就是敌人,不是革命,就是反革命"的思维方式的影响,周氏兄弟的不同选择,不同追求,不同风格,不同个性本可以互为补充,却变成了不能相容,不可调和,你死我活,非此即彼的矛盾,经过了这样的"改造",鲁迅、周作人才真正"互为参商";"东有启明,西有长庚,永不相见"本是迷信的说法,最后竟成事实。

九、"教训之无用"

1924年6月17日,《晨报副镌》138号《杂感》栏里发表两条"零碎事情",其中第一条是——

《天风堂集》与《一目斋文钞》忽于昌英之姒之日被"出了"!这句话是我从一个朋友给另一个朋友的信中偷看来的。话虽然简单,却

第六章　历史的进退之间——在北京(二)
(1921.1—1927.10)

包含了四个谜语。《每周评论》及《努力》上有一位作者别署"天风",又有一位作者别署"只眼",这两部书大概是他们作的吧。"ЧІら"也许是"禁止",我从这两部书的性质上推去,大概是不错的。但什么是"昌英之姒之日"呢?我连忙查《康熙字典》,看"姒"是什么字。啊,有了!字典"姒"字条下明明注着:《集韵》诸容切,音钟,夫之兄也。中国似有一位昌英女士,其夫曰端六先生,端六之兄不是端午吗?如果我这个谜没有猜错,那么,谜底必为《胡适文存》与《独秀文存》忽于端午日被禁止了。但我还没有听见此项消息。可恨我这句话是偷看来的。不然我可以向那位收信的或者发信的朋友问一问,如果他们还在北京。

这条杂感署名"夏",即钱玄同的本名。谜语其实就是钱玄同自己的创造,他故意运用曲笔,揭发了一个极为严重的事实:北洋军阀政府又开始"取缔新思想"了!其实早在1922年冬北洋政府国务会议就通过了"取缔新思想"案,决定以《新青年》及《每周评论》作为打击重点,后因议员受贿案及国会违宪案,全国为之哗然,内阁一再更易,"取缔新思想"案暂时搁起,到1924年又旧事重提。在1924年6月25日《晨报副镌》上所载"夏"(钱玄同)与胡适通信中,还透露在禁书之外,警察局还要"定期焚书"。"焚书坑儒"的历史阴影再一次笼罩在中国知识分子的头上。

被查禁的书中,除《胡适文存》、《独秀文存》外,还有周作人的《自己的园地》。

一个月以后,周作人写了一篇《问星处的预言》,除再次肯定自己"将被列入'黑表'外,还强调一点:"取缔思想"的,不仅是当局"衮衮诸公为然,便是青年也是如此,但看那种严厉地对付泰戈尔的情形就可知道,倘若有实权在手,大约泰翁纵不驱逐出境,《吉檀伽利》恐不免于没收禁止的罢。"他并且预言,"中国国民暂时要这样地昏聩、胡涂下去"。

这是中国自由知识分子面临的双重威胁,双重痛苦:一方面是掌握了政权的反动当局的镇压,对于写作出版自由的武力剥夺;一方面是不觉醒的民众所实行的"愚民的专制",用舆论的多数的力量限制自由。对于周作人,这不仅是现实的忧虑,更包含着对于将来的隐忧。这两方面都涉及对五四新文化运动启蒙特质的历史估价。思想启蒙必须具备一定的政治、经济条件与前提,这就是创作、出版自由及相应的经济保证。现在,出书即禁,言者有罪,又何谈启蒙?而启蒙的效果又如何呢?周作人不无痛心地用易卜生戏剧里的"重来"概念,来说明启蒙的对象根本不可能觉醒,"祖先的坏思想坏行为在子孙身上再现出来,好像是僵尸的出现。"①

不难想象,1924年2月,当周作人终于写下了"教训之无用"五个字时,他的心情是怎样的沉重:

> 希腊有过苏格拉底,印度有过释迦,中国有过孔老,他们都被尊为圣人,但是在现今的中国人民中间他们可以说是等于"不曾有过"。我想这原是当然的,正不必代为无谓地悼叹。这些伟人倘若真是不曾存在,我们现在当不知怎么的更是寂寞……(但若)期望他们教训的实现,有如枕边摸索好梦,不免近于痴人……②

在另一篇题为《不讨好的思想革命》的文章里,他这样谈到了中国思想启蒙者的命运——

> (他们)是个孤独的行人……在荒野上叫喊,不是白叫,便是惊动了熟睡的人们,吃一阵臭打。……因为中国现在政治不统一,而思想道德却是统一的,你想去动他一动,便要预备被那老老小小,男男女女,南南北北的人齐起作对,变成名教罪人……③

这是一个启蒙救国梦的破灭——又一个蔷薇色的梦。五四时期"指点江山,激扬文字,粪土当年万户侯"的周作人这一代启蒙者,第一次在反动的军警镇压面前,在沉默的国民的坚壁面前,感到自己的无力。

"一首诗吓不走孙传芳"(鲁迅语),一篇小说唤不醒民众,明知无用,还要坚持五四的启蒙方向吗?——摆在面前的问题就是如此的尖锐。

"寄意寒星荃不察,我以我血荐轩辕",以鲁迅为代表的中国革命知识分

---

① 周作人:《谈虎集·重来》,第69页。
② 周作人:《雨天的书·教训之无用》,第107页。
③ 周作人:《谈虎集·不讨好的思想革命》,第89页。

第六章 历史的进退之间——在北京(二)
(1921.1—1927.10)

子以知其不可为而为之的精神坚持五四启蒙道路,继续向国家、民族和人民奉献他们的苦恋与痴情。另一方面,他们也从历史的反思中得出了新的结论:一首诗诚然吓不走孙传芳,但"一炮就把孙传芳轰走了"。① 文学启蒙的先决条件不具备吗? 那么,就自己去创造条件,当务之急就是要用革命战争的血与火,推翻反动黑暗统治,实行政治经济制度的根本变革,争得思想与言论的自由及相应的经济保证。这样,以鲁迅为代表的中国革命知识分子就把他们的目光由直接的思想启蒙转向革命武装斗争。有的投笔从戎了(北伐战争时期大部分作家都走了这条路),有的坚守在文化、文学阵地上,也自觉地用自己手中的笔作为武器,为革命战争服务,即使因此而牺牲了艺术也在所不惜。

但周作人作为一个彻底的个性主义者,却有另一种思路,另一样选择。他后来在一封私人的信件里,承认自己缺乏热情,看见已无希望的事便默然而止,不再多说多做,因为终是徒劳。在他看来,革命知识分子对于祖国、社会、人民的苦恋与痴情,虽具有道德的崇高性,但毕竟是一种情绪化的类似宗教的情感。他曾因此而把真正的共产党人与同样具有献身精神的宗教徒相提并论,并始终对之表示一种尊重。② 但他自己,却不愿意将自己的个性牺牲于这类宗教性的信仰。他的逻辑其实也是简单明了的:既然文禁如此严重,就没有硬着头皮去碰,充当英雄的必要;既然看来愚蠢的大多数国民也不需要启蒙,那就更不必硬要扮演单相思的情人,还是各人自走自己的路为好。这样,周作人至少在理论上彻底放弃了对于国家、民族、社会、人民的任何宗教性的信仰与责任感,还原为纯粹的个体,把五四时期已经提出的"救出你自己"的个人本位主义原则发展到极端。周作人这一时期一再强调的所谓蔷薇色的梦的破灭,在最根本的意义上正是意味着他与童年以至五四时代的理想主义以及与此相联系的英雄主义的诀别。他自己后来也认为1924年是他思想以至人生态度发展的一个转折点,径直说来,"即梦想家与

---

① 鲁迅:《而已集·革命时代的文学》,《鲁迅全集》第3卷,第423页。
② 周作人说:"凡真正宗教家应该无一不是共产主义者……净土、天堂、蓬莱、乌托邦、无何有之乡,都只是这样一个共产社会……共产主义者正是与他们相似的一个宗教家,只是想在地上建起天国来,比他们略略性急一点。"(《谈虎集·外行的按语》)

传道者的气味渐渐地有点淡薄下去了"。他解释说:"一个人在某一时期大抵要成为理想派,对于文艺与人生抱着一种什么主义。我是梦想过乌托邦的,对于新村有着极大的憧憬,在文学上也有相当的主张。我至今还是尊敬日本新村的朋友,但觉得这种生活在满足自己的趣味之外恐怕没有多大觉世的效力,人道主义文学也正是如此……以前我所爱好的艺术与生活之某些相,现在我大抵仍是爱好,不过目的稍有转移,以前我似乎多喜欢那里边所隐现的主义,现在所爱的乃是在那艺术与生活自身罢了。"①当周作人作出了这样新的选择时,他有了一种轻松感:那多年压在身上的责任感、主义之类的东西陡然卸下,周作人突然发现,这些原本不属于他,他所需要的,可能真正就是生活自身吧。

正在周作人着手于对五四新文化运动的反思时,一个偶发的事件又深化了他的思考。北京大学一位杨姓教授向某女学生投送情书,某女士竟公之于众,居然引起"公愤","在便所里写启事的"有之;"张贴黄榜,发檄文"者有之。这一纯粹私人之事居然被渲染为"全校之不幸,全国女子之不幸","又称杨先生的信是教授式的强盗行为,威吓欺骗渔猎(?)女士的手段,大有灭此朝食,与众共弃之概。"周作人很自然地联想起两年前他与陈独秀的那场争论,钱玄同在给自己的信中,不是也说到《非基督教同盟宣言书》"中间措词,大有灭此朝食,食肉寝皮……之气概"吗?可见"多管别人闲事"的"群众专制"恐怕不是个别的偶然现象,已经形成风气,甚至可以说成为了一种传统,而这传统不能不上溯到五四。周作人这样写道:"五四运动是国民觉醒的起头,自有其相当之价值,但亦有极大的流弊,至今日而完全暴露",其中一个重要方面,即是"五四是一种群众运动,当然不免是感情用事"。② 在周作人看来,用群众运动的方式来解决最需要个人自由的思想问题,动辄施以"社会制裁","个人的言动饮食几乎无一不在群众监督之下",这只能把人们拉回到原始野蛮社会,因为动辄"社会制裁"恰好是"蛮性的遗留"。"各人自扫门前雪,莫管他家瓦上霜",最大限度地保障个人处理私事的自由,维护不容任何人侵入的个人领地,这才是现代文明社会的一个基本标志。从

---

① 周作人:《艺术与生活·自序一》,第2页。
② 周作人:《五四运动之功过》,文收《周作人集外文》上集,第720页。

第六章 历史的进退之间——在北京(二)
(1921.1—1927.10)

这样的观点看,那些理性不足、感情有余的年轻人,"忘记了自己的责任,都来干涉别人的事情,还自以为是头号的新文化,真是可怜悯者"。① 周作人怀着这种既可悯又可悲的心情反观五四传统,终于写下了《一封反对新文化的信》(收《谈虎集》),反对或许有些夸大其词,要与之告别却是真的。②

这自然是不容易的告别。周作人说他自己既找不到一个"单纯的信仰",又无法坚持"一个固执的偏见",只觉得"心里……空溯溯的……"③

到哪里去寻找心灵的归宿呢?

半年前,周作人曾写过一篇《寻路的人》。在那篇文章里,他提出"在悲哀中挣扎着,正是自然之路……路的终点是死,我们便挣扎着往那里去,也便是到那里以前不得不挣扎着"。他说:"我们谁不坐在敞车上走着呢? 有人以为是往天国去,正在歌笑;有的以为是下地狱去,正在悲哭;有的醉了,睡了。我们——只想缓缓地走着,看沿路景色,听人家谈论,尽量地享受这些应得的苦和乐……"④他是凭着一种直觉作出了顺着自然之路、享乐人生的选择的。而现在他需要理论上更深刻的说明……

这时候,他想起了蔼理斯的话。周作人早就说过,蔼理斯对于他有一种特殊的吸引力,他从蔼理斯著作中所得到的,"要比各种经典合起来所给的更多"。现在,处于寻路的困惑中的周作人,又打开了蔼理斯的《性的心理研究》,在该书第六卷跋文末尾,有这样一段话——

> 世上总常有人很热心地想攀住过去,也常有人热心的想攫取他们所想象的未来。但是明智的人,站在二者之间,能同情于他们,却知道我们是永远在于过渡时代。在无论何时,现在只是一个交点,为过去与未来相遇之处,我们对于二者都不能有什么争向。不能有世界而无传统,也不能有生命而无活动。……没有一刻无新的晨光在地上,也没有

---

① 周作人:《谈虎集·一封反对新文化的信》,第101~102页。
② 半年多以后,周作人又写有《十字街头的塔》,表达的也是同一意思:原在"十字街头久混",现在却不准备"跟着街头的群众去瞎撞胡混",从此要"在十字街头造起塔来住","依着自己的意见说一两句话"了。
③ 周作人:《雨天的书·一年的长进》,第118页。
④ 周作人:《谈虎集·寻路的人》,第230页。

一刻不见日没。最好是闲静地招呼那熹微的晨光,不必忙乱地奔向前去,也不要对于落日忘记感谢那曾为晨光之垂死的光明……

周作人反复吟味其中的意思,仿佛又有了新的体会。他突然觉得,复古派的遗老遗少们"热心地想攀住过去",自己及朋友们似的"热心的想攫取他们所想象的未来",在宇宙的顺程面前,都同样是过分的热心,因而不免有些可笑。过去为未来替代,如同晨曦之后是日落一样,都是自然的安排,一切人为的干预不仅多余,而且是愚蠢的。也许娴静地站在一旁,不介入,绝义务,只冷静观照,顺应自然,才是明智的人生选择吧。周作人忽有所得,欣然写下了《蔼理斯的话》,表示他终于找到了自己"最喜欢"的"一种很好的人生观"。①

……一天,周作人在西四牌楼以南走过,偶尔看见著名的异馥斋丈许高的独木招牌,怦然心动,不觉伫立细观,而不禁神往起来,这斑驳的木牌自然表示着这是义和团以前的老店,那模糊阴暗的字迹又引起周作人一种焚香静坐的安闲而丰腴的生活的幻想……可惜这只是刹那间的幻想,回到现实中来,周作人就抑制不住内心的失落感:生活只是极端的干燥粗鄙,别的不说,在这旧京城里,竟吃不到传统的好点心,所有的只是供人充饥的饽饽之类;人们仿佛不知道,人除了日用必需的东西以外,总要有些无用的游戏与享乐,生活才觉得有意思。例如,看夕阳,看秋河,看花,听雨,闻香,喝不求解渴的酒,吃不求饱的点心,都是"无用的装点",却体现了生活的别一种意义。这一切,本来构成了中国传统文化与传统生活方式不可缺少的一部分;如今却统统失落了,连最古老的京城也吃不到"包含历史的精炼的或颓废的点心"了。周作人忍不住想问一句:"北京的朋友们"啊,"能够告诉我两三家做得上好点心的饽饽铺吗?"②

……那一天,妻子往西单市场买菜回来,说起有荠菜在那里卖着;周作人才猛然想起:春天到了!并且不由得怀念起故乡绍兴来。荠菜是浙东人春天常吃的野菜,乡间不必说,就是城里只要有后园的人家都可以随时采

---

① 周作人:《雨天的书·蔼理斯的话》,第84~85页。
② 周作人:《雨天的书·北京的茶食》,第47~48页。

第六章 历史的进退之间——在北京（二）
（1921.1—1927.10）

食,妇女小儿各拿一把剪刀一只"苗篮",蹲在地上搜寻,是一种有趣味的游戏的工作。周作人仿佛还记得,小孩子们唱的一句童谣:"荠菜马兰头,姊姊嫁在后门头",如今念起来,似乎口里还保留着荠菜的清香……恍惚间又回到童年时代,那一连串遥远而又甜蜜的日子,好像尘封已久的旧物,突然显得如此地亲近,而又怅然若有所失。是啊,那故乡人的简单有真味的传统生活又哪里去了呢?……①

……夏天,向来少雨的北京突然连降大雨,夜里不知醒了几遍。回想起雨带来的种种灾难:后园西墙淋坍,"梁上君子"刚刚光顾,门口的南墙又被冲倒两三丈之宽;西屋的书房水也浸满全屋。水退之后,也还留下一种涨过大水以后的普遍的臭味,自己再也不能立即在那里写字……却又忽地追念起水乡的绍兴来:这一夜,倘在家乡,卧在乌篷船里,静听打篷的雨声,加上欸乃的橹声,以及"靠塘来,靠下去"的呼声,那将是怎样一种梦似的诗境!……周作人又回忆起一件往事:二十多年前往东浦吊父亲的保姆之丧,归途遇暴风雨,一叶扁舟在白鹅似的波浪中间滚过大树港,危险极也愉快极了。……周作人暗想:我大约还有好些"为鱼"的时候——至少也是断发文身时候的脾气罢,对于水竟如此的感到亲近,这种亲近可以说是出于人的原始本能。水对于周作人乃是人的生存的基本需要与前提,因此,在他的追求中,人的生活也是应该充满水的泽润与丰腴的;但这样的生活竟然只与童年时代相联系,是过于遥远了。就在这既亲切又怅惘的心绪下,周作人写下了《苦雨》,而且以后还将自己的书斋也命名为"苦雨斋"。——这是"苦恼",还是"苦恋",周作人自己也说不清楚……

……暑假,周作人应邀到济南讲学。虽然是第一次来到济南,却处处联系着"过去"。坐在特别快车内从北京往济南去,想的却是1906年乘京汉车往北京应练兵处的考试,沿途在车窗上买的鸭梨、烧鸡,以及在日本旅行时旧日的长闲的风趣。十点钟到济南站后,坐洋车进城;注意到的第一个街景,却是许多店铺都已关门,上着"排门",与家乡浙东相似,顿时亲切之感油然而生。就是游览著名的大明湖,也觉得它仿佛像南京的玄武湖,趵突泉的

---

① 周作人:《雨天的书·故乡的野菜》,第43~45页。

池水在雨后颇是浑浊,加上周围的石桥石路以及茶馆之类,周作人也觉得很像故乡的脂沟江。旅行结束,周作人对济南下了一个评语:"很有江南之风味","所以是颇愉快的地方"。这次济南之行,实际上是对于失落了的故乡,故乡的生活方式的一次追寻……①

……冬天,固然不再会有夏天似的倾盆大雨,只是阴沉的天底下,雨蜘蛛丝似的洒下来,也是怪令人气闷的。周作人又想起一年前所写的《雨天的书·自序》,文章这样写道——

> 在这样的时候,常引起一种空想,觉得如在江村小屋里,靠玻璃窗,烘着白炭火钵,喝清茶,同友人谈闲话,那是颇愉快的事。不过这些空想当然没有实现的希望,再看天色,也就越觉得阴沉。想要做点正经的工作,心思散漫,好像是出了气的烧酒,一点味道都没有,只好随便写一两行,并无别的意思,聊以对付这雨天的气闷光阴罢了……

一年过去了,阴沉的天色,连同一点味道都没有的淡然心情,似乎都没有变……在放弃了对于未来的追求以后,周作人同时也远离了那充满热情、热血、热泪、热恋的人生境界;他竭力地使自己沉浸在雨天般阴沉的、清冷的境地里,陷入怀旧的情思之中,苦苦地追寻这些年仿佛已经失落了的他自己的世界。直到这一年(1924 年)的年底,借着《语丝》创刊的机会,②周作人把他近一年的思索,归结为对"生活的艺术"的追求;他终于从蔼理斯的思想,也从中国的传统、故乡人的生活实践中,找到了最理想、也最适合于自己的生活方式。他说:"生活不是很容易的事。动物那样的,自然地简易地生活,是其一法;把生活当作一种艺术,微妙的美的生活,又是一法,二者之外别无道路","生活之艺术只在禁欲与纵欲的调和"。③ 在一个月以后所写的《喝茶》里,周作人又进一步把这种"生活之艺术"归结为"忙里偷闲,苦中作

---

① 周作人:《雨天的书·济南道中》之一至之三,第 140~141、144、148 页。
② 一般人都认为,《晨报副刊》的编者孙伏园发表鲁迅《我的失恋》与《晨报》负责人闹翻,愤然辞职,才又创办《语丝》的;其实孙伏园辞职的另一原因是《晨报》负责人将原来连载的周作人的《徐文长的故事》"腰斩"。
③ 周作人:《雨天的书·生活之艺术》,第 88~89 页。

第六章 历史的进退之间——在北京(二)
(1921.1—1927.10)

乐","在不完全的现世享乐一点美与和谐,在刹那间体会永久"的人生哲学。这一年年底,周作人又写了《死之默想》,把他的关于生活道路的追寻深入到对于生与死的思考。他申明自己"不很能够感到死之神秘,所以不觉得有思索十日十夜之必要,于形而上方面也就不能有所饶舌了";但他仍然说了以下一番话——

> 人世的快乐自然是很可贪恋的,但这似乎只在青年男女才深切的感到,像我们将近"不惑"的人,尝过了凡人的苦乐……也就不觉得还有舍不得的快乐。我现在的快乐只想在闲时喝一杯清茶,看点新书……
>
> ……因为少年时当过五六年的水兵,头脑中多少受了唯物论的影响,总觉得造不起"不死"这个观念来,虽然我很喜欢听荒唐的神话。即使照神话故事所讲,那种长生不老的生活我也一点儿都不喜欢。住在冷冰冰的金门玉阶的屋里,吃着五香牛肉一类的麟肝凤脯,天天游手好闲,不在松树下着棋,便同金童玉女厮混,也不见得有什么趣味,况且永远如此,更是单调而且困倦了。……大约我们还只好在这被容许的时光中,就在这平凡的境地中,寻得些须的安闲悦乐,即是无上幸福;至于"死后,如何?"的问题,乃是神秘派诗人的领域,我们平凡人对于成仙做鬼都不关心,于此自然就没有什么兴趣了。①

周作人关注的是"平凡的,现世的人生",从而排拒了任何英雄主义、理想主义的人生选择;他把关于生与死的思考留给了"神秘派诗人",也就使自己走到了20世纪现代哲学的门槛前而止步。

与此同时,周作人却对中国以至东方传统哲学表示了无限向往之情;正是在《生活之艺术》里,他发出了这样的号召——

> 中国现在所切要的是一种新的自由与新的节制,去建造中国的新文明,也就是复兴千年前的旧文明,也就是与西方文化之希腊文明相合

---

① 周作人:《雨天的书·死之默想》,第 16~17 页。

一了。……舍此中国别无得救之道。①

周作人后来又进一步说明:他所要"复兴"的是"本来的礼",也即"我空想中以为应当如此的礼",以及"理想中的中庸,即大胆而微妙地混合禁欲与纵欲"。②

周作人终于在中国"几千年的旧文明"里重新找到了自己。更确切地说,他是以人类文化的观点(这一点他仍然坚持了五四的传统),从中国文化与西方文化的契合点处,找到了心灵的归宿。

周作人在寻找自己的历史哲学与人生哲学时,也就同时在寻找着自己的艺术。五四时期周作人就写过不少杂文,他是《新青年》"随感录"专栏的主要作者之一,这些大都是浮躁凌厉之作,当时产生的影响并不亚于鲁迅;但周作人并不承认这些共性大于个性的应时之作属于自己。因此,当1921年1月1日发表《个人的文学》,大声疾呼:"创作不宜完全抹杀自己去模仿别人,个性是个人唯一的所有,而又与人类有根本上的共通点",同年6月发表《美文》,提倡以叙事、抒情为主的艺术性散文时,他实际上都是在呼唤着自己的艺术。但连他自己,也只是在这一时期才把上述理论倡导转换为艺术实践——时间已过了两三年。现在他摆脱了一切外在的责任,随意地写着《故乡的野菜》、《北京的茶食》,写着《苦雨》、《苍蝇》、《喝茶》,自由地抒写着自己,他才开始形成自己独特的艺术个性。批评家阿英就是将《苍蝇》的发表作为周作人散文创作以及整个现代散文创作发生根本转折的标志的。美学家朱光潜这样谈到他读了《雨天的书》以后的感受:"这书的特质,第一是清,第二是冷,第三是简洁","在现代中国作者中,周先生而外,很难找到第二个人能够做得清淡的小品文字。他究竟是有些年纪的人,还能领略闲中情趣。……在读过装模作样的新诗或形容词堆砌成的小说(应该说'创作')以后,让我们同周先生坐在一块,一口一口地啜着清茗,看看院子里花条虾蟆戏水,听他谈'故乡的野菜','北京的茶食',二十年前的江南水师学堂,和清波门外的杨三姑一类的故事,却是一大解

---

① 周作人:《雨天的书·生活之艺术》,第89页。
② 周作人:《礼的问题——给江绍原的信》,载1924年12月1日《语丝》第3期,收《周作人集外文》上集,第626页。

脱。"①这就是说,当周作人发现并正确地把握了自己时,世人也真正地发现并正确地把握了"他"。只有在这时,中国的文坛上才真正有了这个名叫"周作人"的散文艺术家。

十、"又回到民族主义"

综观周作人1924年的活动,可以发现一个有趣的现象:在周作人沉湎于怀旧的情思中,把目光转向旧传统时,他并不能真正忘却现实;而当他一再宣称"教训的无用",要转向追求一己的欢乐时,他却事实上并没有放弃自己的社会责任。

1924年2月24日,周作人以荆生的笔名在《晨报副刊》上发表文章,指出:社会各方面复旧的倾向正在加甚。

周作人并非危言耸听,翻开这一时期的报纸,到处是这样的消息:

△东大教授柳翼谋发表《什么是中国文化》的讲演,鼓吹三纲五常,梁启超并著文为之辩护。②

△王士珍等二十八人致参议院函,请政府"明令通国尊经,变通学制,除去师范中小学校读经讲经禁例"。③

△英专全体教职员宣言中给学生加上"纲常绝灭,礼义沦亡"的罪名。④

△东南大学国学院发表整理国学计划书,鼓吹"乐天主义"、"成仁主义",要以此"衡量现代之作品"。⑤

△上海澄衷中学国文会考出策论题,杨贤江撰文批评后,该校校长曹慕管"语无伦次不得要领"地对杨进行攻击。⑥

……

---

① 朱光潜:《〈雨天的书〉》,收《朱光潜全集》第8卷,安徽教育出版社1993年2月第1版,第191页。
② 转引自周作人:《复旧倾向之加甚》、《诗人的文化观》,载1924年2月24日、3月17日《晨报副镌》。
③ 转引自周作人:《"予欲无言"》,载1924年3月8日《晨报副镌》。
④ 转引自周作人:《学校的纲常》,载1924年1月13日《晨报副镌》。
⑤ 转引自周作人:《国学院之不通》,载1924年3月27日《晨报副镌》。
⑥ 转引自周作人:《论荒谬思想并不加多》,载1924年4月4日《晨报副镌》。

周作人对以上沉渣泛起十分敏感,可以说每一谬论刚一出笼,周作人即奋起反击,或揭露,或批判,怒斥之,嘲弄之,旗帜鲜明,态度坚决。他有最充分的理由这样大声责问:"孔教的气势日盛亦盛了,反对的方面怎样?《新青年》的老英雄哪里去了?非宗教同盟里的小英雄哪里去了……我在寒假里,写了十二篇的杂感,'臣力尽矣'!而奇怪事层出不穷,真令人应接不暇,倘若一一感下去,将连出恭睡觉的工夫都不够了,不亦可以已乎!"①周作人对于自己的孤军奋战,是既焦躁又自豪的。而我们却又看到了周作人"五四"当年的战斗英姿。这是发人深省的:用自己的生命、青春与热血写下的历史,形成的传统,是永远也割不断的;周作人可以在理论上对于"五四"采取更为严峻的批判、审视态度,而他在行动上却不能不继续按照"五四"的思想逻辑,以至行为方式去行事。这是一点办法也没有的。

于是,当1924年11月,冯玉祥国民军包围清室,逐去清帝,胡适与周作人这两位自由主义知识分子之间,发生了一次不大不小的争论。先是胡适写信给国民军支持的当时的北方政府提出抗议,以为北方政府既已与清室签有"保留清帝于清宫领地"的条约,现在随意撕毁,逐出清帝,是背约行为,"堂堂的民国,欺人之弱,乘人之丧,以强暴行之,这真是民国史上的一件最不名誉的事",胡适显然有意忽略溥仪的清帝身份,而将其看作是一个单纯的个体,合法公民的存在。因此,当他向当局提出抗议时,他自以为是在保卫弱者而反抗强权,保卫法律、条约的尊严而反对一切违法行为,这未尝没有道理;但帝国主义分子庄士敦立即致书胡适,表示"祝贺",却使胡适感到有几分尴尬。周作人当然懂得胡适的苦心,却不能赞同,他当即致书胡适,明确表示:"以经过二十年拖辫子的痛苦生活,受过革命及复辟的恐怖的经验的个人的眼光来看","以直报怨","驱逐清帝","这乃是极自然极正当的事",并且告诫胡适:"帝国主义的外国人都不是民国之友,是复辟的赞成人,中国人若听了他们的话,便是上了他们的老当。"②在周

---

① 周作人:《"予欲无言"》,载1924年3月8日《晨报副镌》,收《周作人集外文》上集,第580页。
② 周作人:《与胡适书二通》,收《周作人集外文》上集,第648~649页。

第六章　历史的进退之间——在北京(二)
(1921.1—1927.10)

作人的眼里,溥仪是与帝国主义相勾结的封建势力的代表,支配着周作人的,是对封建复辟的痛恨与警惕——周作人时时不能忘记张勋复辟的历史教训。后来,胡适给周作人复信中说,"我以为,此次若从容提议,多保存一点'绅士的行为',此事未尝不可以办到,只此一点,是你和我的不同。"①那么,胡、周之争中,与胡适所表现出的纯粹的绅士态度相比,周作人多少还露出点流氓气,尽管他骨子里也是绅士。胡、周之不同,大约也在于此罢。

在与胡适论战的同时,周作人还与乘此兴风作浪的日本军国主义者作了针锋相对的斗争。他在一篇文章里,这样反驳日本《顺天时报》散布的"中国'民心'反对废清帝号"的谬论:"他们所谓民心者,只是顺民和西崽的话,承主人意旨而照说者耳!"②周作人由此而反省自己:"五四时代我正梦想着世界主义,讲过许多迂远的话,去年春间收小范围,修改为亚洲主义,及清宫废号迁宫以后,遗老遗小以及日英帝国的浪人兴风作浪,诡计阴谋至今未已,我于是又悟出自己之迂腐,觉得民国根基未稳固,现在须得实事求是,从民族主义做起才好。"③周作人接着申明:自己是"为个人的生存起见主张民族主义",并且"只是个人的倾向,并不想到青年中去宣传",④他显然是期望着将民族主义与个性主义结合起来的。他同时又说:"没有受过民族革命思想的浸润并经过光复和复辟时恐怖之压迫者,对于我们这种心情大抵不能领解,或者还要以为太旧太非绅士态度"⑤,这大概是针对胡适的;周作人与反帝反封建的民族革命的历史联系显然要比胡适更为深刻。这决定了周作人要彻底摆脱(在行动上而不仅是思想上)民族主义立场,放弃对社会民族的责任感,还需要一个漫长的历史过程。

周作人 1925 年初在《语丝》9 期发表《元旦试笔》,公开宣布:"我的思想今年又回到民族主义上来了。"这自然是引人注目的。人们关注着周作人:他又将走向何处呢?

---

①　收《胡适书信集》(上),北京大学出版社 1996 年北京第 1 版,第 349 页。
②　周作人:《外国人与民心》,载 1924 年 12 月 9 日《晨报副镌》,收《周作人集外文》上集,第 639 页。
③④⑤　周作人:《雨天的书·元旦试笔》,第 121 页。

十一、《语丝》的工作

发表于1925年1月2日出版的《语丝》第9期的《元旦试笔》大概具有某种宣言书的性质,因为在宣布"回到民族主义"的同时,周作人还宣称自己是"三十而立"(这是说立起什么主张来),"四十而惑"(这一年周作人刚刚四十一岁):"以前我还以为我有着'自己的园地',去年便觉得有点可疑,现在则明明白白地知道并没有这一片园地了","目下还是老实自认是一个素人,把'文学家'的招牌收藏起来。"①这就是说,他要与"自己的园地"的时代告别,关闭"文学店",结束文学启蒙以至思想启蒙的努力。

那么,周作人将把自己的努力转向哪里呢?

几个月前,周作人在他起草的《语丝》发刊词上已经表现了他的选择意向。发刊词是这样写的——

> 我们并没有什么主义要宣传,对于政治经济问题也没有什么兴趣,我们所想做的只是冲破一点中国的生活和思想界的昏浊停滞的空气。我们个人的思想尽自不同,但对于一切专断与卑劣之反抗则没有差异。我们这个周刊的主张是提倡自由思想,独立判断,和美的生活。

这里,周作人重申了他新获得的立场:不热心于主义的宣传,而出发于生活自身的兴趣;以自由、独立的观点,着眼于"对于一切专断与卑劣的反抗",同时提倡人应该有的"美的生活"。

这样,周作人必然地再度转向他最热心的题目——"人"的研究,而这回他选择的突破口是"性心理的研究"。用周作人自己的话来说,"反抗专制的性道德是我所想做的事情",②"我所顶看不入眼而顶想批评的,是那些假道学、伪君子"③:这是他的真正兴趣与努力之所在。

---

① 周作人:《雨天的书·元旦试笔》,第120页。
② 周作人:《不宽容问题》,载《语丝》第42期,收《周作人集外文》上集,第756页。
③ 周作人:《我最》,载《语丝》第47期,收《周作人集外文》上集,第763页。

第六章 历史的进退之间——在北京(二)
(1921.1—1927.10)

在《语丝》第 5 期上,引人注目地发表了《女裤心理之研究》①,单就题目就是惊世骇俗的:在传统的性不净观里,不仅性交、性器官被视为污秽不洁,连能够联想起性交的女裤之类,也属忌讳之例,日常谈话中都避之不及,何况堂堂正正写在文章里,并用大字标为文题呢。而周作人正是从人们的这种忌讳开始他的批判。某教育会联合会郑重通过一项关于女学生制服"袖必齐腕,裙必及胫"的决议案。周作人一眼看穿,一语中的:"教育会诸公之取缔'豁敞脱露',正是畏惧肘膝的蛊惑力,"怕窥见人家而心荡神摇"。这就是周作人早在一篇文章里就已经指出的,人们的"重礼教","最大的(理由)是由于性意识之过强与克制力的过薄",极端的禁欲主义掩盖着的正是变态的放纵欲求。② 这样,道貌岸然的假道学就剥露出它的本来面目:不过是"一个戴着古衣冠的淫逸本体"。③ 周作人就有了最充分的理由,蔑视并斥责那些假道学家,伪君子——

> 你们依恃自己在传统道德面前是个完人,相信在圣庙中有你的份,便傲慢地来侮蔑你的弟妹,说"让我来裁判你",至多也总是说,"让我来饶恕你"。……你们伪君子们不知道自己也有弱点,只因或种种机缘所以未曾发露,却自信有足以凌驾众人的德行,更处处找寻人家的过失以衬贴自己的贤良,如把别人踏得愈低,则自己的身份也就抬得愈高……这是怎样可怜悯可嫌恶的东西!你们笑什么?你们也配笑么?……④

周作人在这里所概括的,已经不只是在性问题上的伪君子;一切自认在圣庙里有份,因而享有真理绝对垄断权,动辄裁判或饶恕别人的道德家、理论家,都可以在这面镜子里找到自己的影子。这是周作人写得最为尖锐,也最为沉重的文字。周作人一生始终是假道学不共戴天的敌人,别的事情周作人都可以让步,不介入,但只要涉及伪善的封建旧礼教,周作人就怒不可

---

① 此文收入《谈虎集》时改题为《论女裤》。
② 周作人:《谈虎集·重来》,第 70 页。
③ 周作人:《关于假道学》,收《周作人集外文》下集,第 139 页。
④ 周作人:《谈虎集·抱犊谷通信》,第 263～264 页。

遏,就再也不能采取旁观者的立场,说几句不负责任的风凉话;他不能不投身于其间,诅咒之,指斥之,呼喊之。

因此,他死死抓住鼓吹封建禁欲主义、性不净观的假道学不放;而且不满足于对其伪善性的道义揭露,进一步运用文化人类学、性心理道德观念变迁史等现代科学知识论证封建禁欲主义的反科学性。他在《语丝》上连续发表了《狗抓地毯》①、《抱犊谷通信》②等文章,向人们揭示了原始性禁忌与原始性崇拜的秘密:"野蛮人觉得植物的生育的手续与人类的相同,所以相信了性行为的仪式可以促进稻麦果实的繁衍。……德国某地秋收的时候,割稻的男女要同在地上打几个滚,即其一例";"他们非意识地相信两性关系有左右天行的神力,非常习的恋爱必将引起社会的灾祸,殃及全群,事关身命,所以才有那样猛烈的憎恨。"③这种原始性崇拜、性禁忌并没有随着人类的进步而消失,反而作为"蛮性的遗留"长期影响、支配着后来的婚姻制度、习俗以及性的观念、心理,形成了社会(民族)无意识的深层结构,这才是真正可悲的。后来,周作人还在《语丝》上组织过关于中国传统的闹房风俗的讨论。④ 周作人认为,所谓"闹房",实则是以性交与新妇为不洁,要借许多男人的阳气,闹一闹,冲一冲,邪气才肯逃避,这仍然是原始性禁忌的遗留。在这个基础上,周作人形成了一个极为重要的思想:对性过失过于严厉的社会制裁,以至对两性关系过多的社会关注,恰恰是社会不发展,还停留在原始阶段的表现。真正现代文明社会要尽可能地减少对于属于个人范围的事情的干预,男女之间的性关系,"只要不因此而生添痴狂低能以贻害社会,其余都是自己的责任,与公众没有什么关系,"出现了性过失,也仅仅关系当事人双方,"即使第三者可以从旁评论,也当体察而不当裁判"。⑤ 周作人当然知道,在现代中国,要实现建筑在个人责任感基础上的性关系的自由与宽容,是十分艰难的,但他仍寄希望于知识分子的理性;他说:"道德进步,并不靠迷信之加多而在于理性之清明。我们希望中国性道德的整饬,也就不希望训条

---

① 原载《语丝》第3期。
② 原载《语丝》第12期。
③ 周作人:《雨天的书·狗抓地毯》,第94~95页。
④ 见《语丝》第100期。
⑤ 周作人:《谈虎集·抱犊谷通信》,第262~263页。

的增加,只希望知识的解放与趣味的修养。科学之光与艺术之空气,几时才能侵入青年的心里,造成一种新的两性观念呢?"①

周作人所提出的问题,恐怕至今还没有得到圆满的回答;在当时,更是空谷足音。

于是,周作人更感到深深的寂寞了。

十二、若子的病

正当《抱犊谷通信》、《净观》、《道学艺术家的两派》、《与友人论性道德书》等文在《语丝》上陆续发表,大战假道学家时,他的家庭生活中又出现了震动,虽说是一场虚惊,但周作人感到的震撼,也许并不亚于兄弟失和。

1925年4月11日晚,周作人的爱女若子忽然发热,继之以大吐。黎明量体温,竟至40℃!八时左右即起了痉挛,全家上下乱成一团。妻抱着孩子,只是喊:"阿玉惊了,阿玉惊了!"弟媳(即妻的三妹)走到外边叫内弟重久起来,只说"阿玉死了",重久惊起,不觉堕落床下。等到医生赶来,才诊断疑为"流行性脑脊髓膜炎",十二时又复痉挛,心脏也非常衰弱,以致血行不良,皮肤现出黑色。次日病情虽不见变坏,但昼夜以来每两小时一回樟脑注射毫不见效,心脏还是衰弱,护士小姐永井君也忍不住躲着下泪,她觉得这小朋友快要为了什么而辞去这个家庭了。到第三天,病情仍未缓解,连医生山本先生也以为一定不行了。直到这天半夜十二时,才出现根本的转机。几天以来,经了两次的食盐注射,三十次以上的樟脑注射,身上拥着大小七个冰囊,在七十二小时之末总算已离开了死亡国土……

若子是周作人第二个女儿。周作人平时对于子女,一直是采取"任其自然发展"主义的,似乎并不显出过分的关心。他曾在一篇文章里谈到,子女们"尝过了人生的幸福和不幸,得到了她们各自的生活与恋爱,都是她们的自由以及责任,就是我们为父母的也不必而且不能管了","我的长女是二十二岁了,现在是处女非处女,我不知道,也没有知道之必要……我们把她教

---

① 周作人:《雨天的书·狗抓地毯》,第95页。

养成就之后,这身体就是她自己的,一切由她负责去处理,我们更不须过问。"①但也许只有在若子大病之后,一向自诩从未陷入情热的周作人,才发现自己身上,竟然蕴藏着如此强烈而热忱的亲女之爱。周作人后来回忆起,当若子处于垂危状态时,邮局送来《孔德学校旬刊》第3期,上面载有若子的文章,题目是:《晚上的月亮》:"晚上的月亮,很大又很明。我的两个弟弟说,'我们把月亮请下来,叫月亮抱我们到天上去玩。月亮给我们东西,我们很高兴。我们再拿到家里给母亲吃,母亲也一定高兴。'"此时此刻,读了这样一篇文章,人们真不知说什么好。周作人却突然想起,曾经使他感到极度悲伤的四弟椿寿的早夭:四弟在得急性肺炎的前两三天,也是固执地向着女佣追问天上的情形。周作人知道这都是迷信,脊梁上却禁不住发生冰冷的奇感。后来,昏迷中的若子突然提出想吃可可糖,周作人赶往哈德门去买,一路上也是时时为不祥的幻想所侵袭着。第三天勉强去学校,下午三点半刚要上课,听说家里有电话来叫,也是心里一紧,仿佛大难临头似的奔蹿而回。直到若子万死中逃得一生,周作人仍处于恍惚之中:一时竟弄不清这是从哪里来的力量,医呢,药呢,她自己或别人的不可知之力呢?……对于这未知之力,周作人只是感到惊异,紧张透了的心一时竟不易放松开来。直到若子病后的第十一日,周作人因稍头痛告假在家,在院子散步时,才见到白的紫的丁香已经盛开,山桃烂漫得开始憔悴了,东边路旁爱罗先珂回国前夕手植作为纪念的一株杏花已经零落净尽,只剩有好些绿蒂隐藏在嫩叶的底下。原来就在这彷徨惊恐的几天里,北京这好像敷衍人似的短促的春光已偷偷地走过去了,它唤起人们的是惋惜,惆怅,抑或感伤,已是说不清楚。对于周作人,引发而出的,恐怕不仅是压抑着的爱的本能;他还因为女儿的几死而复生,深化了对于死的思索。在若子病愈不久,曾经惦念着她的健康的老朋友,孔德学校十年级学生齐可却突然死别。周作人在《唁辞》里,这样写道:"死的悲痛不属于死者而在于生人","并不一定是在体察他灭亡之苦痛与悲哀,实在多是引动追怀,痛切地发生今昔存殁之感。无论怎样地相信神灭,或是厌世,这种感伤恐终不易摆脱。"因此,在周作人看来,死后的种种幻想,"却也是真的人情之美的表现";试想,倘若让死者的家人亲

---

① 周作人:《谈虎集·抱犊谷通信》,第261~262页。

友相信:百岁之后,或者乃至梦中夜里,仍得与已死的亲爱者相聚,相见,那将是怎样好的一种慰藉,而现代科学的洗礼,却剥夺了人们这种借助迷信而获取心灵平衡的权利,这幻想的破灭,又该是怎样的一种不幸呢?①

……周作人于是又感到了深深的悲哀。

十三、卷入时代旋涡中

尽管周作人内心深藏着难言的悲哀,外部世界却日渐从死寂的革命低谷中走出。以 1925 年五卅运动为起点,中国再度掀起了民族主义的革命热潮。而早已宣布自己成了民族主义者的周作人,几乎是不可避免地要卷入时代的旋涡中去。

开始,周作人仍然尽可能地保持冷静态度;他在一篇文章中公开承认:"我很惭愧自己对于这些运动的冷淡一点都不轻减",并且表示了对于前途的悲观:"我相信历史上不曾有过的事中国此后也不会有,将来舞台上所演的还是那几出戏,不过换了角色、衣服与看客",他说:"其实我何尝不希望中国会好起来?不过看不见好起来的征候,所以还不能希望罢了。"②但帝国主义杀害中国人的枪声却唤起了、激怒了周作人,使他再也不能不介入。于是,在北京大学学生会主撰的《京报》副刊《沪汉后援专刊》上,我们读到了周作人的如下文字:"关于这回上海英国人的行凶事件,我们十分愤慨。因为他们不拿中国人当人。我们希望国人力争,当与英国断绝经济关系(没有别的法子),至达到平等待遇的目的之日为止。"③出发点是维护中国人的尊严,与纯粹的民族主义立场并不完全相同;但那同仇敌忾的情绪却是与五卅时代气氛相一致的。而以周作人在思想文化界的影响,他的上述言论,就已经足以把他推到群众爱国运动的前沿,这大概是周作人所料不及的。但周作人的头脑始终是清醒的,并没有被盲目的排外情绪支配与淹没;相反,在运

---

① 周作人:《雨天的书·唁辞》,第 18、20 页。
② 周作人:《谈虎集·代快邮》,第 103、104 页。
③ 周作人:《对于上海事件之感言》,载 1925 年 6 月 20 日《京报副刊》,文收《周作人集外文》上集,第 714 页。

动全过程中,他一再地提醒人们:"此次反对英国……是反对那些不拿中国人当人的凶横的英国官僚,并不是各个的明白的英国人民,目的是在自卫,并不是报复。所以我们对于个人切不应有所迫害,对于英国的文化——学问艺术仍有相当的崇敬"①,切不可"由打倒英日帝国主义一转而为打倒英日,再转而打倒(照原义讲)英日人,三转而为打倒凡外国人了。"② 如此苦口婆心,显然是试图将理性精神注入群众运动之中,免其陷入盲目排外的狂热而误入歧途。周作人同时警告说:切不可因为"一致对外",而"对于军阀官僚没有反抗的表示";③尤其要警惕有人乘机大搞封建复辟,"以守国粹夸国光为爱国"。④ 这里所提出的如何将对外反帝与对内反封建相统一的问题,是有针对性的,正是在五卅运动高潮中,俞平伯与郑振铎展开过"雪耻与御侮"的论争;⑤俞平伯提出"欲御外侮,必先自雪其耻",而郑振铎主张当务之急是"唤醒群众"一致对外,进而批评俞平伯的主张必引起"国内的残杀,以减轻英人对于这次大残杀的责任"。周作人自然是站在俞平伯这一边的。他在一篇文章里,明确表示"我的意思是与平伯相近";他同样以为"反抗自己更重要得多",中国人"丧失了他们做人的资格",这"才真是国耻","自己不改悔也就决不能抵抗得过别人"。⑥他也同样地主张增强实力,"他们用机关枪打进来,我们用机关枪打出去"。⑦ 有趣的是,在五卅运动中,鲁迅的立场观点竟是与周作人惊人的相似,而且发挥得更为透彻。鲁迅引用一家报纸的社论:"一国当衰敝之际,总有两种意见不同的人。一是民气论者,侧重国民的气概,一是民力论者,专重国民的实力。前者多则国家终亦渐弱,后者多则将强";并且说:"我想,这是很不错的;而且我们应该时时记得的。"⑧他提醒人们,要警惕那些借口"一致对外"而乘机剥夺人民的扒手,⑨并告诫"点火的青年":"对于群众,在引起他们公愤之余,还须设法注入深沉的勇气,当鼓舞他

---

①②⑥ 周作人:《演讲传习所》,载1925年6月25日《京报副刊》,文收《周作人集外文》上集,第718页。
③④ 周作人:《谈虎集·代快邮》,第104~106页。
⑤ 《语丝》第32期俞平伯:《雪耻与御侮》,《文学周报》第180期郑振铎:《杂谭》,《语丝》第36期俞平伯:《质西谛君》,《语丝》第39期俞平伯:《答西谛君》,郑振铎:《答平伯君》等文。
⑦ 周作人:《文明与野蛮》,载1925年6月23日《京报副刊·沪江后援专刊》,收《周作人集外文》上集,第716页。
⑧⑨ 鲁迅:《华盖集·忽然想到》(十)(十一),《鲁迅全集》第3卷,第90、92页。

第六章 历史的进退之间——在北京(二)
(1921.1—1927.10)

们的感情的时候,还须竭力启发明白的理性"。① 因家庭纠纷而刚刚反目的周氏兄弟在重大的社会、政治问题上,又迅速地保持了一致,但彼此的关系并不因此而有丝毫改善:世界上的事情就是如此的复杂,有什么办法呢。

如果说五卅运动中的"雪耻与御侮"之争主要集中在政治层面,那么,1924—1925 年间在《语丝》等杂志副刊上同时展开的"国粹"与"欧化"之争,则是五四时期东、西方文化选择的继续与发展。论争首先是在周作人、刘半农与钱玄同之间展开的。《语丝》第 4 期(1924 年 12 月 8 日出版)发表周作人《致溥仪君书》,信中有"可惜中国国民内太多外国人","应该觉悟只有自己可靠",这意思与前述周作人反复强调的"复兴千年前的旧文明"是一致的。此信引起了刘半农的共鸣,他立即从巴黎来信表示支持。刘半农的来信以"巴黎通信"为题载《语丝》第 20 期(1925 年 3 月 30 日出版),同期发表了钱玄同《写在半农给启明的信底后面》,提出不同意见。文章针锋相对地提出,"中国国民内固然太多外国人,却也太多中国人",对于帝国主义的压迫是绝对应该抗拒的,但对于"国故"(最广义的)也绝对地应取"排斥"的态度。因此,钱玄同对鲁迅"要少——或者竟不——看中国书"的主张极表赞同,而宣称"我所爱的中国"是"欧化的中国";据钱玄同在《回语堂的信》(《语丝》第 23 期)中解释,"所谓欧化,便是全世界之现代文化,非欧洲人所私有。不过欧人闻道较早,比我们先走了几步。我们倘不甘'自外生成',唯有拼命追赶这位大哥"。周、刘、钱的这一次讨论涉及对东西方文化的态度,为以后进一步论争奠定了基础。1925 年 3 月 1 日,《京报副刊》上在"论国民文学的三封信"的总题下发表了穆木天、郑伯奇、周作人的通信。穆木天首先提出"我们要复活我们祖先的话语",实现"我们祖先传来的思想的极致","发掘我们民族的真髓";郑伯奇在回信中也强调"要追怀古代的光荣","向残虐无道的外国资本主义算总账",他们因此而提出了"国民文学"的口号,这显然是反映了当时日趋高涨的民族主义情绪中蕴含着的某种复古的倾向。周作人则一面肯定"中国人里面外国人太多,西崽气与家奴气太重,国民的自觉太没有","国民文学的呼声可以说是这种堕落面貌的一针兴奋剂",一面又提醒人们要"竭力发掘

---

① 鲁迅:《坟·杂忆》,《鲁迅全集》第 1 卷,第 225 页。

铲除自己的恶根性","提倡国民文学必须提倡个人主义",否则"容易变成狂信,这个结果是凡本国人的必好,凡别国的必坏,自己的国土是世界的中心"。周作人显然看出,并且警惕着封建复古主义的趋势复活,与他前述在政治上"反抗自己更重要得多"的观点是一致的。沉寂了几个月以后,1925年7月6日出版的《语丝》第34期又发表了周作人、穆木天、张定璜、钱玄同等的通信。穆木天仍然坚持"唤起已死了百千年的国民精神作坚牢的大石",钱玄同则力主"应该将过去的本国旧文化遗产拔去,将现代的世界新文化'全盘承受'"。周作人似乎于二者都有所反对,他说:"保存国粹正可不必,反正国民性不会消灭,提倡欧化也是虚空,因为天下不会有像两粒豆那样相似的民族","现在要紧的是唤起个人的与国民的自觉,尽量地研究介绍今古的文化,让它自由地渗进去,变成民族精神的滋养料,因此可望自动地发生出新汉族的文明来"。① 这也正是周作人一贯主张的"古今中外法"。而强调以"个人的自觉"为基础,这倒是这一时期周作人的中心思想。他认为,五四传统中最有价值,最应大加发扬的,是"救出你自己"的个人本位主义。那么,周作人在再度卷入了民族主义的时代热潮旋涡中时,他是仍然保持着自己的个人独立性的。在这个意义上,周作人是更加成熟了。

自然,对周作人产生更大冲击的,还是发端于五卅运动之前,在五卅运动以后又继续发展的女师大学潮。

关于女师大学潮的消息最早见诸1925年2月28日周作人日记:"女师旧生田、罗二女生来访,为女师大事也。"据周作人在《知堂回想录》中回忆,这时女师大反对校长杨荫榆的风潮已经很是高涨,渐有趋于决裂的态势;来访学生自称中立派,要求周作人代为斡旋,只要换掉校长,风潮便自平息。周作人当即将学生此意转告当时代理部务的教育部次长马叙伦,但不久内阁改组,改由章士钊出长教育,调解之事也就搁了下来。但周作人对女师大风潮仍持平息立场,并不热心于推波助澜。在4月17日所写的《与友人论性道德书》里,他还这样表白自己:"我实在可叹,是一个很缺少'热狂'的人,我的言论多少都有点游戏态度,我也喜欢弄一点过激的思想,拨草寻蛇地去向道学家寻事,但是

---

① 周作人:《雨天的书·与友人论国民文学书》,第106页。

第六章 历史的进退之间——在北京（二）
（1921.1—1927.10）

如法国拉勃来（Rabelais）那样只是到'要被火烤了为止'，未必有殉道的决心。"后来他写文章劝告女师大学生自治会六位被开除的学生，说学校当局固然可憎，"同学的义愤也不可久恃"，不如"决然舍去"，大可不必"做了群众运动的牺牲"，①也是这"不要被火烤"的意思。但周作人仍然最终被卷了进去：他先是参加女师大学生自治会召集的会议，与鲁迅一起被推为校务维持会会员，后又列名于鲁迅起草的《对于北京女子师范大学风潮宣言》，特别是 1925 年 8 月 1 日杨荫榆带兵回校，武力驱逐学生，周作人觉得再也不能沉默，终于挺身而出，公开谴责杨荫榆"丧心病狂，可谓至矣尽矣"，并点名道姓地指出："秋桐总长对于这回女师大事件决不能逃责。"②对于自己终不免卷入学潮中，周作人在著名的《与友人论章杨书》里有过说明："并不全由于对学生的同情，乃是出于对章杨的反感"，即反感其镇压学生"手段恶辣"，不满其发表"反对白话的'文以载道'论"，特别是章士钊出言轻薄，侮蔑女性人格，更使周作人难以容忍。他说："我现在对于学问艺术没有什么野心，目下的工作是想对于思想的专制与性道德的残酷加以反抗，明知这未必有效，更不足以救中国之亡，亦不过行其心之所安而已"③；这就是说，周作人的不介入，是以不妨碍他所追求的思想自由与性道德为原则的，超出这条线，他仍然要出而反抗。同时，他一再宣称，他的反抗是出于个人的自由选择，与出于爱国救亡的政治目的的有组织的反抗无关：周作人在卷入群众运动浪潮中时，仍然试图保持自己的个人独立性。④ 这样的努力似乎并不见效；因为群众运动的历史大潮有自己的客观逻辑，裹挟其中，也就身不由己，必须顺流而下，直奔某种结局（结论）。周作人就是如此：1925 年 8 月 13 日，他作为一个名叫张静淑的学生（此学生后来在"三·一八"惨案中身中四弹，险遭不测）的保证人，参加了教育部召开的家长会议，本来也无非是去看看当局的态度；但当出席会议的章士钊宣布要强行解散女师大，改为女

---

① 周作人：《女师大大改革论》，载 1925 年 8 月 3 日《京报副刊》，文收《周作人集外文》上集，第 734 页。
② 周作人：《续女师大改革论》，载 1925 年 8 月 5 日《京报副刊》，文收《周作人集外文》上集，第 737 页。
③ 周作人：《与友人论章杨书》，载 1925 年 8 月 12 日《京报副刊》，文收《周作人集外文》上集，第 744 页。
④ 周作人曾这样申明："我不是研究系，不是教育改进社"，"我不是无政府党或所谓共产党，也不是国民党"，"我的意见是根据我个人的特质加上外来的影响而合成"。（《答张岱年先生书》）

子大学,声色俱厉地要求与会家长"约束学生,服从命令",在座者皆默默无言时,他终于忍耐不住,带头发言抵制,与会者纷纷响应,一片"反对"之声,章士钊拂袖而去,周作人即被视为闹事者而推到了与当局短兵相接的第一线。第二日,周作人便为女师大学生自治会"代作呈文",显然成为学生风潮的推动者。正当此时,胡适联合一批北大教员,发表宣言,要求对章士钊一伙讲究"忠厚";周作人立即著文反驳,针锋相对地指出:"以忠厚待人可,以忠厚待害人之物则不可","应付老虎只有极简单的两条路,不剪除它则为虎作伥","古人有言,养虎自贻患,愿胡君留意"。文章最后竟然高呼:"宽容,宽容,几多罪恶假汝之名以行!提倡宽容之'流弊'亦大矣,可不戒欤?"①周作人大概已经忘记他自己也曾经热心地提倡过宽容。其实,周作人也未必真的放弃了他的宽容论,是形势发展到了这个地步,就必须说这样的话。因此,当这年十二月,段祺瑞下台,章士钊逃往天津,女师大爱国学生运动取得了初步胜利,周作人便立即著文,重弹"宽容"老调,甚至提出"不打落水狗"的主张,并且说:"一旦树倒猢狲散,更从哪里去找这班散了的,况且在平地上追赶猢狲,也有点无聊,卑劣,虽然我不是绅士,却也有我的体统与身份。"②而在同时写的《雨天的书·自序二》里,周作人干脆对自己"旧性难移,燕尾之服终不能掩羊脚,检阅旧作,满口柴胡,殊少敦厚温和之气"表示忏悔:他的自我天平明显地向绅士这一边倾斜。"不打落水狗"的主张一提出,尽管有林语堂表示赞同,但很快就遭到了鲁迅的迎头痛击;而被周作人宣布为"死老虎"的章士钊及其党徒也挫而不死,或者死而不僵:章士钊一伙在北京迅速成立"女大公理维持会",发表宣言,杀气腾腾地宣布要将女师大的教职员(当然包括周作人在内)"投畀豺虎"。仅此一举,也足以使周作人清醒。于是,12月20日,即《失题》一文发表十三天以后,周作人又以岂明的笔名在《京报副刊》上发表《大虫不死》一文,对"挂出不打死老虎的招牌"的"有绅士气的乱党"提出批评,实际上是进行公开的自我批判,承认"章士钊决不是孤生独立的,他是中国恶劣旧势力的代表,他背后有成千成万的坏人挨挤着,推着,他一个人偶然倒了,他背后……多数的无名之老

---

① 周作人:《忠厚的胡博士》,载1925年8月18日《京报副刊》。
② 周作人:《失题》,载1925年12月7日《语丝》第56期,收《周作人集外文》上集,第788页。

虎是不会倒的"①:周作人的自我再一次向流氓、叛徒这一面倾斜。徘徊于绅士与流氓、叛徒之间,不断地处于今是而昨非的自我否定中,正是历史大动荡的时代周作人这样的具有过渡色彩的知识分子必然的历史命运。

十四、《国语文学谈》里的反思

1925年12月,由于一个偶然的原因,"不谈文学,摘下招牌,已二年于兹"的周作人,从政治斗争的旋涡中暂时拔出来,对五四文学革命作了一次很有意思的反思,留下了一篇人们至今对其意义仍然认识不足的重要文章:《国语文学谈》。

所谓"偶然的原因",是孙伏园的约稿;孙伏园本是周作人在绍兴五中任英文教员时的学生,五四运动中,孙伏园先后任《晨报副刊》、《国民公报》与《京报副刊》编辑,周作人也就成了上述副刊主要撰稿人之一,时孙伏园正任《京报副刊》编辑,请周作人为纪念增刊作文,遂有此文产生。周作人在时隔七年以后,再来反思五四文学革命,抓住了语言问题,这本身就包含了他对五四文学革命的一种相当深刻的理解:五四文学变革是以文学语言的变革为开端的,五四那一代人也许比他们的后继者有着更强的形式感与形式变革的意识。周作人在五四时期所作的著名演说《圣书与中国文学》里,就是从"精神和形式的两面"来讨论中国新文学的,他认为中国新文学始终未能取得令人满意的建设性成就,"思想未成熟,固然是一个原因,没有适当的言词可以表现思想,也是一个重大的障害"。对于文学语言形式的注重,也还有周作人个人的原因。周作人从南京读书时期起,就对语言产生了持续的热情,他不但精通本国语言文字,而且熟谙日本语(包括古日语)、希腊语、英语(包括古英语)、世界语,他的语言才能、知识,都是同代作家所不可比拟的。正因为如此,他在思考、关注中国文学的发展时,总是首先从语言形式入手:这几乎成了他的思维习惯,而且往往能够抓住问题的症结。在这篇《国语文学谈》中,他一开始就这样旗帜鲜明地提出了问题——

---

① 文收《周作人集外文》上集,第792页。

我相信所谓古文与白话文都是华语的一种文章语,并不是绝对地不同的东西。

　　五四前后,古文还坐着正统宝位的时候,我们的恶骂力攻都是对的。到了已经逊位列入齐民,如还是不承认他是华语文学的一分子,正如中华民国人民还说满清一族是别国人,承认那以前住在紫禁城里的是他们的皇上,这未免有点错误了。

结论是:必须"把古文请进国语文学里来,改正以前关于国语文学的谬误观念"。

明确,坦白,直率,同时又是大胆的。

但周作人确实抓住了两个要害。他首先提醒人们注意:"古文与白话文……他们的差异大部分是文体的,文字与文法只是小部分",这就是说,五四文学语言的变革中,以白话文代替文言文,主要是一种文体的改变,在文字、语汇及文法上没有,也不可能发生根本改换,当然更谈不上重建一个新的语言体系。这是对五四文学语言变革的一个非常重要的总结,它在事实上就否认了五四时期钱玄同、鲁迅(也许还有周作人自己)所坚持的"废除汉字"的极端见解。[①] 周作人同时又明确表示:"中国现在还有好些人以为纯用老百姓的白话可以作文,我不敢附和。我想一国里当然只应有一种国语,但可以也是应当有两种语体,一是口语,一是文章语。口语是普通说话用的,为一般人民所共喻;文章语是写文章用的,须得有相当教养的人才能了解,这当然全以口语为基本,但是用字更丰富,组织更精密,使其适于表现复杂的思想感情之用,这在一般的日用口语是不胜任的。"周作人提醒人们注意,不能因为对于人民中蕴藏着的力量的充分肯定,而否认民间艺术与民众语言中确实存在的"言词贫弱,组织单纯,不能叙复杂的事实,抒微妙的情意"这类根本性的弱点。这里所涉及的问题,当然是更为重大,也更为根本的,这就是周作人早于1922年写的《国语改造的意见》里就已经提出了的,夸大民间语言价值的结果,很可能回复到晚清白话文运动的老路上:"以为提倡

[①] 参看本书第五章第二节。

国语乃是专在普及而不在提高,是准了现在大多数的民众智识的程度去定国语的形式的内容。"在周作人看来,在这些具体的语言变革理论背后,隐藏着的是出于感情作用的,夸大人民(以及民间艺术,民间语言)价值的浪漫主义倾向,以及把现代文学语言及现代文学创作仅仅归结为启蒙之力的"惟启蒙主义"倾向,这两种倾向是互相联系的,构成了五四传统的一个重要方面。周作人自己就是这种传统的开创者之一;但今天,他却以更加严峻的批判的眼光来看待这些传统的消极方面。① 这类批判性的反思,也是现实生活不断给以刺激的结果。如何看待人民,以及知识分子与人民的关系,这是从反宗教同盟论争中即已提出,并引起周作人反复思索的问题;周作人曾因为对人民的疑惧,而否定并拒绝了五四以来的群众运动,现在,又身不由己地卷入了群众运动的旋涡中,他的这类思考也就更加深入。当然,越是深入,问题就似乎显得越是复杂;思考、议论这类似乎是永恒的题目,是十分累人的。周作人不过是偶尔想到,随手写下而已。现实中,还要更严重得多,也迫切得多的问题,逼着他思考,应对,并迅速作出选择。

十五、"两个鬼"

与现代评论派诸君子的反目,对于周作人就是一个相当棘手的现实。周作人自己是这样说的:"我以前因张凤举的拉拢,与东吉祥诸君子谬托知己的有些来往,但是我的心里是有'两个鬼'潜伏着的,即所谓绅士鬼与流氓鬼。我曾经说过,'以开店而论,我这店是两个鬼品开的,而其股份与生意的分配,究竟绅士鬼还只居其小部分',所以去和道地的绅士们周旋,也仍旧是合不来的。有时流氓鬼要露出面来,结果终于翻脸,以至破口大骂;这虽是由于事势的必然,但使我由南转北,几乎作了一百八十度的大回旋,脱却绅士的'沙龙',加入从前那么想逃避的女校,终于成了代表,与女师大共存亡,

---

① 周作人在以后写的《重刊霓裳续谱序》里,再一次讨论了这一问题:"大家当时大为民众民族等观念所陶醉,故对于这一面的东西以感情作用而竭力表扬,或因反抗旧说而反拨地发挥,一切估价就自然难免有些过当,不过这在过程上恐怕也是不得已的事,或者可以说是当然的初步,到了现在却似乎应该更进一步,多少加重一点客观的态度,冷静地来探讨或赏玩这些事情了。"

我说命运之不可测就是如此。"①周作人说的全是实话:他原本是东吉祥胡同现代评论派诸君子的座上客;在周作人日记中时有这样的记录:"耀辰、凤举来,晚共宴张欣海、林玉堂、丁燮林、陈源、郁达夫及士远、尹默等十人,九时散去"(1923年11月3日),"往公园,赴现代评论社晚餐,共约四十人"(1924年6月24日),"赴现代评论社约餐"(1925年1月30日),直到1925年2月,周作人还与陈源、丁西林、张凤举等同游西山香山,同步登山共饮茶,关系已是相当密切了。这固然是张凤举从中推动,②最根本的,还是同为自由主义知识分子,气味相投的缘故。但当周作人列名于《对于北京女子师范大学风潮宣言》,陈源在《现代评论》上发表文章,扬言"北师大风潮……有某籍某系的人在暗中鼓动"时,他们彼此的关系就开始出现裂缝。周作人当即就写了《京兆人》一文予以反驳:"没有凡某籍人不能说校长不对的道理,所以我犯了法也还不明白其所以然,造这种先发制人的流言者之卑劣心理实在可怜极了。"破口大骂对方"卑劣",这在绅士的眼里,自然就有几分流氓气了。待到徐志摩于1926年1月在他主持的《晨报副刊》上发表《"闲话"引出来的"闲话"》,吹捧陈源是"分明私淑法朗士的……对女性的态度,那是太忠贞了",更引起了周作人的强烈反感。因为他刚刚从张凤举那里得知,陈源等人曾在私人的闲话中,有"现在的女学生都可以叫局"等轻薄之言,对比之下,周作人感到一种令人恶心的伪善。尊重妇女本是周作人至高无上的信条,对女性的侮辱是他最不能容忍的,表里不一的伪道学更使周作人怒不可遏。于是,本"喜欢弄一点过激的思想,拨草寻蛇地去向道学家寻事"③的周作人,终于忍耐不住,提笔写了《闲话的闲话之闲话》一文,投寄《晨报副刊》,揭露绅士们的"叫局"之说,并大声怒斥道:"许多所谓绅士压根儿就没有一点人气,还亏他们恬然自居于正人之列。"陈源自不会相让,连夜写信给周作人,否认有"叫局"之谈,要求公开澄清事实,并说:"先生兄弟两位捏造的事实,传布的'流言',本来已经说不胜说,多一个少一个也不要紧",无端地将

---

① 周作人:《知堂回想录·一四六,女师大与东吉祥(二)》,第444~445页。
② 张凤举,既是周作人"骆驼群"的一员,又与创造社有密切联系,时正积极推动创造社与现代评论社之间的合作。
③ 周作人:《雨天的书·与友人论性道德书》,第99页。

第六章 历史的进退之间——在北京(二)
(1921.1—1927.10)

鲁迅拉扯了进来。这就是著名的所谓"闲话"事件。此事后因张凤举不肯出来作证而不了了之。在激战中,胡适曾分别写信给鲁迅、周作人与陈源,出面调停,认为这是"'我们'自家人的一点小误解,一点小小猜嫌",原是不必如此大动干戈的。但胡适的"宽容"的呼吁似乎并没有得到双方的响应,①因为随着"三·一八"惨案的发生,斗争很快地趋于白热化了。

周作人的同情毫无疑问地是在"三·一八"惨案中受害者这一边的。据周作人回忆,事变发生的那天下午他往燕京大学上课,后听说因外交请愿而停课,正想回家,就碰见一位燕大学生受了伤逃回来,听他报告执政府枪击民众的情形,心里为之一震。自此以后,每天从记载谈话中听到的悲惨事实逐日增加,连他所熟知、为之担保的张静淑竟也因救护同学,连中四弹,而躺在医院里呻吟……这些都堆积在心上再也摆脱不开,一连几天,简直什么事都不能做。棺殓那天,周作人也去看了,万幸没有见到伤痕与血衣,只见用衾包裹好的两个人,只余脸上用一层薄纱蒙着,隐约可以望见面貌,似乎很安闲而庄严地沉睡着。死者中杨德群周作人并不认识,但刘和珍君却是面善的,这大半年来一直在听自己的课;如今看见她们并排睡着,不禁觉得十分可哀,好像是自己的两个女儿的姐姐死了似的。当封棺的时候,女同学出声哭泣之中,周作人陡然觉得空气十分的沉重,使呼吸都有些困难……他快步走了出来,思绪依然一片纷乱,忽而想起死者之惨苦与恐怖,忽而感到未完成的生活之破坏,忽而念及遗族之哀痛与损失……他想,凡青年夭折无不是可惜的,不过这一回特别的可惜,因为病死还是天行,而现在的戕害却是人功。人功的毁坏青春并不一定最可叹惜,只要是主

刘和珍(1904~1926),先后就读于南昌女子师范学校、北京女子师范大学,是北京学生运动的领袖之一。1926年在三·一八惨案中遇害。

---

① 周作人实际上也是有过动摇的。他在1925年秋写的一篇杂感里说:"今日在抽屉里找出祖父在己亥年所写的一册遗训,名曰恒训,见第一章中有这样一则:少年看戏三日夜,归倦甚。我父斥曰,汝有用精神为下贱戏子所耗,何昏愚至此。自后逢歌戏宴席,辄忆前训,即托故速归。我读了不禁觉得惭愧,好像是警告我不要多去和人纠缠似的。无论是同正人君子或学者文士相打,都没有什么意思,都是白费精神,与看戏三日夜是同样的昏愚。"

者自己愿意抛弃,而且去用以求得更大的东西,无论是恋爱或是自由。而这回的数十青年以有用可贵的生命不自主地被毁于无聊的请愿里,这是太可惜了……周作人甚至产生这样的痴想:"假若他们不死……"可惜,奇迹再也不会出现了。周作人也许从来没有像这一次这样频频地想到死,思索生命的价值与意义;他痛感"中国人似乎未知生命之重,故不知如何善舍其生命,而又随时随地被夺其生命而无所爱惜"。① 他想用比较轻松、幽默的语调去议论这回残酷而轻易的"死法"②,却依然掩饰不了那如铅般的心的沉重……周作人始终难忘"三·一八"惨案的第二天,下着小雪,铁狮子广场上还躺着好些尸体,身上盖着一层薄雪……这意象永远地"钉"在他的记忆里,年年想起,二十年后还在日记里写着③,在八十高龄所作《知堂回想录》里也不忘写下这沉重的一笔……④

正在这时,周作人读到了陈源发表在《现代评论》上的文章⑤,竟然暗示杨德群的死是被人利用与强迫的。周作人顿时觉得血涌了上来,他既吃惊又愤怒,在他的记忆里,五四以来,知识分子还从未有过如此露骨地为当局者张目的。这使他想起了郁达夫告诉他的"内部消息":《现代评论》社曾接受了章士钊转来的段祺瑞提供的一千元津贴。他于是再也不能对以陈源为代表的现代评论派的朋友有任何的尊敬,剩下的唯有蔑视。他写了《恕陈源》,谈到金钱的"魔力也就能买去被津贴者的自由与'良心',使他们不能不服从他的命令,陈源便是这样的可怜人之一。在这一点上,他同卫兵一样的不可能自主,我们应该恕而且还要可怜他的"。周作人同时尖锐地指出,陈源们"使用了明枪暗箭,替段政府出力,顺了通缉令的意旨,归罪于所谓群众领袖,转移大家的目光,减少攻击政府的力量,这种丑态是五四时代所没有的",知识分子的这种分化,"有了一部分'知识阶级'作段章的镖客,段政府自然就胆大",陈源们是难逃"帮凶"的罪责的。周作人本也是反对群众运动的,在这方面的观点与陈源们十分接近;但他现在自己已经卷入群众运动

---

① 周作人:《泽泻集·心中》,第54页。
② 周作人:《泽泻集·死法》,第46~49页。
③ 见周作人1945年3月18日的日记。
④ 周作人:《知堂回想录·一四九,三·一八》,第454~458页。
⑤ 陈源:《杨德群女士事件》,载《现代评论》第3卷第70期(1926年4月10日出版)。

中,必然在政治上与攻击群众运动及其领袖的陈源们划清界限,以至于站在完全敌对的立场。而且因为敏感到由此可能带来的危险而变得越发激昂了,"有朋友对我说,在这样的社会里,与那样阴险的人去为难,是颇危险的。自然,我也知道,但这是我的坏脾气,喜欢多说话,一时改不过来。至于危险呢,或者也就是通缉吧?因了言论而被通缉,倒也是很好玩的"。① 言词之中颇有股不怕死的豪气:这大概是周作人气质中师爷气、流氓气在起作用吧?不过,周作人也没有完全忘记自己的绅士身份。比如,"三·一八"惨案中,他的攻击目标始终只限于作为"现代评论社第一捧章的人"的陈源,而很少涉及现代评论派的其他人。而且,他很快就作了这样的声明:"我平常是对于私怨最不计较的,因了这与己无干的闲事却不惜抹了脸来与曾经有过交际的《现代评论》及陈源先生吵闹,这实在是我的一种坏脾气,虽坏而无可补救的脾气。"②现代评论派的诸君子对此似乎很能心领神会,他们对周作人始终持宽容态度,而死死纠住鲁迅不放,徐志摩在给周作人的信中,就说过:"只有令兄鲁迅先生的脾气不易捉摸,怕不易调和,我们又不易与他接近。"③应该说,徐志摩是有眼光的:周作人绅士气是鲁迅所没有的;因此,现代评论派、新月派诸君子与鲁迅无法合作,与周作人倒是有相通之处。这决定了他们之间可以合作,却又难以达到十分亲密、契合的地步;而且,要真正恢复合作,还要到 30 年代,周作人更自觉地排除身上的流氓气以后。

十六、"谢本师"与"何必"

在"三·一八"惨案殉难者全体追悼会上,周作人送上一副挽联,其辞曰:

　　赤化赤化,有些学界名流和新闻记者,还在那里诬陷

---

① 周作人:《陈源口中的杨德群女士》,载 1926 年 3 月 30 日《京报副刊》,收《周作人集外文》下集,第 59 页。
② 周作人:《论并非眦眦之仇》,载 1926 年 4 月 19 日《语丝》第 75 期,文收《周作人集外文》下集,第 71 页。
③ 信载《鲁迅研究资料》第 4 辑。

白死白死,所谓革命政府与帝国主义,原是一样东西

这里所使用的政治词汇在周作人著作里已经久违了;它的再度出现,正是表明,周作人既然已经卷入了政治斗争的旋涡中,那他就不可避免地受其影响,并且按照政治斗争的客观逻辑,得出某些政治结论,例如这里对北洋军阀政府与帝国主义的关系,对所谓"赤化"问题的看法等等,而周作人的结论与时代的先驱者又保持了大体的一致:这自然不是无关紧要的。在"三·一八"惨案中,周作人频频谈到了中日关系问题。在1924年与1925年间,周作人和北大沈尹默、张凤举等人和日本方面有关人士有过密切的接触,共同组织了"中日学术会"、"中日教育会"及同文学院,企图通过谈判促使日本方面将庚子赔款归还中国,发展中日文化事业。周作人晚年在《知堂回想录》中承认,他当时对于日本及中日关系是存有幻想的。但是日本对中国日益加紧的侵略行径,特别是"三·一八"惨案中日本军舰带领奉军入大沽口,炮击国民军,使周作人清醒过来。他终于认定"日本是真正的帝国主义的帝国",[1]"在现今(中日间)一强一弱的时候",讲"共存就是合并",只有"中国有了自觉,能够自强了",才有可能谈到中日的"亲善"。[2] 他甚至高呼:"中日文化事业委员会为甚还不自行解散?"直接号召中国人民起来进行"坚韧持久的排日运动"[3],进而"对于日本及朝鲜的革命运动加以积极的帮助"[4]。人们很难相信,此时如此慷慨激昂地振臂高呼者,竟是周作人。对于国内问题,周作人也采取了更加激进的态度。他猛烈地攻击胡适所主张的中立论,表示"我不相信世界上有所谓什么中立、公平等等事物,一个人的意见不是此就是彼,不是是就是非,没有两者都好或都不好的。有些人标榜中立,自称公平,这如不是真痴,便是假呆,不是无判断力的道地低能儿,便是假装超然,实在的意见及行动还是暗地偏袒一方的"[5]。他甚至与蔡元培辩论"应该实行阶级互助还是阶级争斗"?他斩钉截铁地表示"阶级争斗已是千真万确

---

[1][3] 周作人:《中日文化事业委员会为甚还不解散》,文收《周作人集外文》下集,第18、19页。
[2][4] 周作人:《排日——日本是中国的仇敌》,文收《周作人集外文》下集,第43、42页。
[5] 周作人:《国魂之学匪观》,载1926年1月10日《京报副刊》,收《周作人集外文》下集,第10页。

第六章 历史的进退之间——在北京(二)
(1921.1—1927.10)

的事实,并不是马克思捏造出来的","蔡先生倘若以为异阶级也可以互助,且可以由这样的互助而达到共产,我觉得这是太理想的了"。周作人进而作出了这样的断言:"我相信现在稍有知识的人(非所谓知识阶级)当无不赞成共产主义。"①周作人还宣布"近五六年中,我乃由理想的弭兵主义而变为理想的主战主义"。② 人们很容易就注意到,此时周作人尖锐批判的,无论中立论,还是克鲁泡特金的互助论,以至弭兵主义,都是他自己过去信奉或坚决主张的,因此,周作人的这些批判,带有极强的自我说服的性质,他是按照现实政治斗争的客观逻辑,来重新调整自己的思想。人们又分明感觉到,上述激进思想与周作人整个思想体系的不协调。周作人越来越为一种愤激的情绪所支配,他是不是正在失去自己呢?

1926—1927 年间的周作人就这样不仅与徐志摩、陈源等化友为敌,而且越过了胡适、蔡元培,独自向着反帝反封建的政治革命这一时代中心挺进了。正在这样的时刻,周作人演出了一出"谢本师"的历史剧。这一年,正当以孙中山为首的广东革命政府酝酿着发动北伐战争,周作人在日本时期求师过的章太炎突然与北洋军阀吴佩孚、孙传芳等打得火热,组织所谓"反赤救国大联合",自任"干事会"主席,发表宣言与通电,叫嚣"以北事付之奉、晋,而直军南下……与南省诸君共同讨伐""赤党"。③ 通电一出,全国舆论大哗。周作人立即在《语丝》第 94 期(1926 年 8 月 28 日出版)发表《"谢本师"》一文。文章首先说明自己"受了先生不小的影响,即使在思想与文章上没有明显的痕迹",也始终以先生为师;接着批评章太炎"好作不大高明的政治活动",以至"把'削平发逆'的'曾文正''奉作人伦模范'";最后严正表示"先生现在似乎已将四十余年来所主张的光复大义抛诸脑后了","这样的也就不是我的师。先生昔日曾作《谢本师》一文,对于俞曲园先生表示脱离,不意我现今亦不得不谢先生,殆非始料所及"。④ 那么,周作人是自觉地以章太炎"谢"俞曲园为榜样的,这也算是一种报应吧。但当年是俞曲园先将章太

---

① 周作人:《谈虎集·外行的按语》,第 157、158、159 页。
② 周作人:《别十与灭天罡》,载《语丝》第 45 期。
③ 转引自姜义华:《章太炎思想研究》,上海人民出版社 1985 年 8 月第 1 版,第 659 页。
④ 周作人:《"谢本师"》,收《周作人集外文》下集,第 117~118 页。

炎逐出门外,斥其"不孝不忠,非人类也",章太炎才据理反驳,进而"谢本师"的,情况与今日似乎并不完全相同。也许正是考虑到这一点,平时远比周作人急进的鲁迅,尽管对章太炎与孙传芳等混在一起也不以为然,却意外地保持了沉默。而一向温和、宽容的周作人,却作出了如此激烈的反应,这倒是非人们始料所及的。

在戏剧性地"谢本师"后不久,周作人又卷入了北京学界发生的一场不大不小的论战。周作人的好友刘半农写了一篇题为《老实说了吧》的文章,批评时下一些年轻人不肯认真读书,只会不顾事实地骂别人"如何腐败,如何开倒车",不肯下切实工夫认真创作,只会一本一本地写"悲哀,苦闷,无聊……"刘半农所指大概是当时一些急进的和颓废的青年吧,因此,遭到猛烈反击是可以想见的。刘半农又连续写了《为免除误会起见》与《"老实说了"的结果》,对"现在的青年们,比前清的皇帝还要凶得多",动辄"株连"一切而感慨不已。周作人也写了《何必》一文参加讨论;他当然赞同刘半农对青年的批评,但他却不赞同刘半农热心地"去执行他教授博士的指导青年的天职"。在他看来,不仅对青年的"指导是完全无用的",而且"大吹大擂地讲文学或思想革命",也都"有点迂阔";看到青年言行中有不中意之处,发表自己的意见是可以的,"倘若有人不以为然,让他不以为然罢了",为"免除误会"而辩解,"请大家来讨论解决",都是"不必"的。周作人显然又回到了他的"教训之无用"的立场上,所谓"不必"即是"绝义务";其中更隐含了对于年青一代深刻的不信任感,周作人分明感到,自己与年青一代缺乏共同可解的语码,这种无法通话、不可理喻的隔膜,是可悲的。①

这就是周作人这一代:既不相容于上一代,又隔膜于下一代,他们只是孤独地走着自己的路。周作人即使置身于时代旋涡中心,他仍然不能排解内心深处的孤独感与寂寞感。

---

① 1927年初,高长虹在与鲁迅纠缠不清的同时,还把矛头指向周作人,在《狂飙》上无端指责"岂明赞美外国作品,其别一意义,借之以否定中国现在之作品……岂明自谓老人,而无老人之宽大,乃有婢妾之嫉妒,对于我等青年创作,青年思想,则绝口不提"。周作人遂在《语丝》第115期发表《老人的苦运》,指出:"古时皇帝是不准人说他,现代'青年'是不准人不说他","其'专制'本质则一"。

第六章 历史的进退之间——在北京(二)
(1921.1—1927.10)

十七、在血的屠戮中

在"三·一八"惨案百日那一天,周作人写了《六月二十八日》一篇小文以作纪念。文章写道:"正如五四是解放运动的起头一样,这'三·一八'惨案乃是迫压反动的开始","这三四年来我天天在怕将有复古运动之发生,现在他真来了,三月十八日是他上任的日期,对于这种事情不大喜欢的人应当记取这个日子,永远放在心上。"①周作人的观察并非杞人忧天:"三·一八"惨案后,北京政府即下达通缉令,鲁迅、周作人都列名其中。形势逼得人不能不走:鲁迅到厦门去了,还有许多文人、学者都纷纷南下。周作人怎么办呢?1927年1月23日川岛给周作人的信中透露,林语堂原也有邀请周作人到厦门大学任教的计划。② 看来,周作人是有过南下的打算的。然而终于没有成行(是不是也是因为家累的缘故呢?),他留下了,在北京继续主持《语丝》工作。

1926年年底,周作人在《语丝》第104期发表了一篇题为《南北》的文章,发表了如下意见:"民国以来的混乱,不能按地与人来算账,应该找思想去算的。这不是两地方的人的战争,乃是思想的战争。南北之战,应该改称民主思想与酋长思想之战才对。"这大概概括了周作人对南方革命军与北方军阀之间的战争的基本看法,他所坚持的仍然是五四时期思想启蒙的立场。于是,周作人和他的朋友们利用《语丝》这块阵地,在揭露北洋军阀屠杀人民的暴政(如《养猪》)的同时,以相当大的精力继续批判国民性的弱点,这是五四开了头,而未能坚持下去的。周作人在好几篇文章里,都强调一点:"儒教绝不是中国文化的基础……他的注重人生实际,与迷信之理性化的一点或者可以说是代表中国民族之优点的,但这也已消灭,现代被大家所斥骂的'新文化运动'倒是这个精神复兴的表示",而"中国国民所有的只是道教思想,即萨满教",这是一种"专制的迷信",是陷入了原始的"嗜杀狂"的非理性主义的宗教狂热。周作人以为,"以维持礼教为业的名流与军阀,其

---

① 周作人:《六月二十八日》,收《周作人集外文》下集,第84页。
② 信收《鲁迅研究资料》第12辑。

所根据以肆行残暴者也只是根于这迷信的恐怖与嫌恶"。① 而中国"普通一般的市民总喜欢看杀人",也是"嗜杀狂"的潜意识的表现。② 至于一些"现代青年"容不得不同意见,专从言语文字外去寻找意义,定为罪案,更是典型的"酋长思想"。③ 周作人显然已经预感到,中国的大地上将要发生一场全民族的大残杀,又忧虑着专制主义的复活。而他只能通过对道教(萨满教)的批判,灌输科学的理性精神,但这也是杯水车薪,做比不做好而已。

周作人像当时困居北方的知识分子一样,时刻关注着南方革命政府的举止。但从那里传来的消息也不容乐观。有一天,他无意中看到了广东省政府解放婢女的一篇布告,竟是用骈文作的。周作人在哭笑不得之余,写了一篇题为《妙文》的短文。文章写道:"我想对该赤省政府之文稿人员致词曰,这何必呢? 这种叫人看了发冷的玩艺儿还是让孙联帅他们弄去罢。你们干脆地赤化就算,咬嚼这些文字作甚? 同时又想对联帅致词曰,您放心罢,他们赤党还在那里做骈文,可见是并不十分恶化,总不会是加伦指挥他们做的。我可以相信他们五年内不会共产。"④在嬉笑之中掩盖着的是一种极其深刻的失望:革命政府与孙联帅表面上打得如此热闹,内骨子的思想上竟如此相通,在中国,原不会有真正的"赤化",即真正彻底的改革的。……

周作人又想起了不久前收到的一封署名 CY 的南昌读者来信。信中说:"我本来回(家)来赶热闹"参加革命,却"终于提不起什么劲儿来","像这样天天听人'青天白日'彰明较著地高声大叫,'我是革命党,某是什么什么',都深觉人类这东西是丝毫不为自己顾面子的","我于是发现了自己,热闹的世界终不能为我所有,我还是回北京去罢。我恋慕北京有一种悠悠味儿……偶然翻开《自己的园地》来,见目录中的'娱园'二字,忽然很凄切地感着失恋了似的难受了","我想,军阀总容易除灭。你来要革命,也总得革革那些革命党的命,否则就将自己埋到故纸堆中去也使得"。周作人觉得自己

---

① 周作人:《谈虎集·清浦子爵之特殊理解》,第 322、323 页。
② 周作人:《谈虎集·宋二的照相》,第 131 页。
③ 周作人:《素朴一下子——呈常燕生君》,载《语丝》第 115 期,收《周作人集外文》下集,第 181 页。
④ 周作人:《妙文》,收《周作人集外文》下集,第 169~170 页。

第六章 历史的进退之间——在北京(二)
(1921.1—1927.10)

很能懂得这位要求革命,而又不能适应革命的年轻人的痛苦,他自己又何尝不是如此。20世纪以来自己经历过的"革命,革革命,革革革命……"的历史循环已经太多了,这悲剧性的怪圈何时才能真正打破呢?……

周作人突然感到很累。他后来在一篇文章中这样写道:"因为天天看报的缘故","头脑……已经疲倦极了","我不是政治家,又来讨论三民三爱三什么主义的优劣",实在太吃力,"但人是'政治的动物',我也就不免要留心来看看中国政治的消息。玉皇大帝,这是怎样的现状呀!我们在北京,从报上几乎看不到什么真的,或善的美的消息来。大抵这边的事都是'环球咸钦',那里的人全是'人神共愤',或者对的?或者不对?全要靠我们自己去想,却又往往想到昏头搭脑,还是莫名其妙"。① 周作人原本是爱智者,艺术家,真、善、美才是真正属于他的领域;要去(而且不得不去)关心复杂的,不免是肮脏的政治,实在是太难为他了。因此,"酱"在政治的旋涡里,周作人心向往之的,却依然是那悠长、闲适的读书生活。那位署名CY的读者来信,真正打动周作人的,正是这一点。他于是在给这位读者的回信中,写了这样一句话:"北京现在'圣道'统治之下,其好处且不说,他有一种悠长的趣味,这却是的确的。"②写完了,周作人不禁苦笑了一下,这"'圣道'统治"与"悠长的趣味"之间的关系,实在也是说不清,想不得的……后来,周作人还收到过一封读者来信,说"此刻现在的中国人,先生最饶有人情味,先生的言论最近于人的言论"。③ 周作人也是报以苦笑:"此刻现在"的中国,正在以人的生命做游戏,做生意,大讲"人情味"、"人的言论",不是太迂阔了吗?……

周作人又回想起刚刚过去的那个初寒的早晨,他怀着摆不脱的寂寞的乡情,自己给自己写信,写了那篇《乌篷船》,④仿佛又回到童年时代,"夜间睡在舱中,听水声橹声,来往船只的招呼声,以及乡间的犬吠鸡鸣"……他突然觉得,那"要看就看,要睡就睡,要喝酒就喝酒"的自由闲惬的生活太遥远了,也逐渐模糊了;但惟其遥远,模糊,不也就变得格外可亲了吗?……

---

① 周作人:《闲话拾遗·十五,"曳白"》,《语丝》第125期,收《周作人集外文》下集,第207页。
② 周作人:《检查过的私信》,载《语丝》第112期,收《周作人集外文》下集,第166页。
③ 周作人:《清高问题》,载《语丝》第118期。
④ 《乌篷船》收信人"子荣"系周作人笔名,因此这是自己给自己写信。

但外界传来的消息却越来越严峻,容不得周作人再做那样迂阔闲适的梦;因此,《乌篷船》这样的散文也只在1926年严冬的那个早晨闪了一闪,就再也写不出第二篇了。周作人忙于各方应付:今天写一篇"闲话",揭露国家主义的《醒狮周报》打着"内除国贼,外抗强敌"的口号,实质上是鼓吹"内除共党,外抗赤俄";①明天为读者来稿写编者按语,批判《顺天时报》宣扬"对支亲善"的虚伪性②;再隔几天又撰文揭露"北京的军警当局……逐日搜捕男女学生及教员,截至执笔时止大约已有四五十人"③;在另一篇《闲话拾遗》里,周作人又为南方国民党内左右派斗争的加剧,而发出了"'太平天国'的影子又似乎在演起头"的警告④……

要来的,终于来了。周作人日记中出现了这一页:"(1927年)4月6日,植树节,驼群同人至海甸旅行,在士远处午餐,下午回城。次日知守常被逮,4月26日与张挹兰等被执行死刑。"记载依然简洁,冷静,但背后的事实却铁铸般严峻,周作人确确实实被震撼了。对一切他都有了思想准备,但就是没有料到,牺牲竟落到了自己的畏友李大钊身上。一连几天,李大钊那"有些儒雅,有些朴质,也有些凡俗"⑤的面容都在周作人面前闪动,李大钊那和蔼、谦和、诚实的神态,周作人是永远忘不了的。对克鲁泡特金的信仰,对新村运动的兴趣……他们曾经有多少会心之处。尽管周作人后来对李大钊的选择有所保留,但他在内心深处却始终保持着对于李大钊的最大尊敬……现在,军阀们居然向李大钊开刀了!一时间,周作人甚至有了大难临头的感觉。

但接着就有流言。一向作为日本军国主义势力喉舌的《顺天时报》居然发表文章,肆意地向李大钊的英灵大泼污水,说什么"如果肯自甘淡泊,不作非分之想,以此文章和思想来教导一般后进,至少可以终身得一部分人的信仰和崇拜,如今却做了主义的牺牲……有何值得",并别有用心地煽动说:"在此国家多事的时候,我们还是苟全性命的好,不要再轻举妄动吧。"周作

---

① 周作人:《闲话集成·二七,国旗颂》,载《语丝》第112期。
② 罗汝兰:《读顺天时报》编者按,载《语丝》第122期。
③ 周作人:《灭赤救国》,载《语丝》第124期。
④ 周作人:《闲话拾遗·十八,命运》,载《语丝》第126期。
⑤ 鲁迅:《南腔北调集·〈守常全集〉题记》,《鲁迅全集》第4卷,第523页。

第六章　历史的进退之间——在北京(二)
(1921.1—1927.10)

人真正地愤怒了。他接连写了《偶感》、《日本人的好意》,奋起保卫李大钊的一世英名。他指出,李大钊是"以身殉主义",本"没有什么悔恨"可言①,中国自古就有"志士不忘在沟壑,勇士不忘丧其元"的遗训②,苟延残喘者有什么资格妄加评议。李大钊身为共产党的首领,而其"身后萧条乃若此",正是他"自甘淡泊"的证据,其高风亮节人们敬仰之不及,岂容逐利之徒说三道四。③周作人更列举日本的历史事实,说明日本人自己就有"轻视生死"的传统,而《顺天时报》的丑类"独来教诲中国人'苟全性命',这不能不说是别有用意,显系一种奴化的宣传"。④周作人的这些激愤之作,充满了凛然正气,不仅发扬了先烈的革命精神,也是自我生命、意志的全身心投入。周作人还和他的朋友们一起,保护了先烈的遗孤。先是让李大钊的长子李葆华住在周作人家中,后又将其送往日本留学。于是,人们在认识了李大钊的同时,对周作人内心世界的"那一角"也有了更深的理解。

李大钊的遇难仅是一个信号。周作人忧虑恐惧的民族大屠杀终于发生。南方"清党运动"中大批优秀青年惨遭杀害的消息报道雪片般飞向《语丝》编辑部,"因为在那边没有发表的自由,要求代为发表"。开始,周作人还想保持中立,宣称"我们对于国共两党的不合理的事都觉得应该非难",⑤但越来越多的报道渗透了如许鲜血,特别是其中有不少是周作人所熟知的学生的血,⑥周作人不能不感到那一个个有为青年死尸的沉重。而一些"不知世故的学生"从北方逃出去又投在网里,尤其令人感到怜悯与悲哀。他再也不能中立与沉默。他尤其不能沉默的是,在这样的骇人听闻的屠戮中,一些被称为中国知识分子良知的、他自己十分尊重的"大人物"竟然是始作俑者与作伥者。当他从报上得知,蔡元培、吴稚晖联名发议"清党",而一向鼓吹自由主义、人道主义的胡适之竟然对"清党"中大量斩首的事实视若无睹,却在上海发表演说,大谈中国还容忍人力车所以不能算是文明国。这都使周

---

① ③　周作人:《谈虎集·偶感》,第165页。
② ④　周作人:《谈虎集·日本人的好意》,第304~305页。
⑤　周作人:《闲话拾遗·三二,愚见》,载《语丝》第123期。
⑥　周作人在《偶感之三》中说:"燕大出身的顾陈二君是我所知道的文字思想上都很好的学生,在江浙一带为国民党出了许多力之后,据《燕大周刊》报告,已以左派的名义被杀了。北大的刘君在北京被捕一次,幸得放免,逃到南方去,近见报载上海捕'共党',看从英文译出的文字恐怕是她,不知吉凶如何。"

作人既吃惊又愤怒,从根柢上说,他感到了一种深刻的失望,以致恐怖:中国最优秀的知识分子都尚且如此视人的生命为儿戏,那这整个民族还有什么希望可言?他在一篇题为《怎么说才好》的文章里,写下了这样一段沉痛的文字:"我觉得中国人特别有一种杀乱党的嗜好,无论是满清的杀革党,洪宪的杀民党,现在的杀共党,不管是非曲直,总之都是杀得很起劲","最奇怪的是智识阶级的吴稚晖忽然会大发其杀人狂,而也是智识阶级的蔡、胡诸君身在上海,又视若无睹,此种现象,除中国人特嗜杀人说外,别无方法可以说明","把杀人当作目的,借了这个时候尽量地满足他的残酷贪淫的本性","这在中国总是一种根深蒂固的遗传病,上自皇帝将军,下至学者流氓,无不传染得很深很重,将来中国灭亡之根即在于此,决不是别的帝国主义等的关系"。① 就在不久以前,周作人还引用弗来则的话断言:"人类的真正主宰是发展知识的思想家",以为"这或者是唯一的安慰与希望",②而现在他又对曾被认为是中国知识分子代表的五四的先驱蔡元培、胡适等作了如此严峻的批判。这自然是不轻松的。不难想见,周作人是用了怎样的力量才独自吞下了这苦涩的果实。他于是再一次谈到疲倦:"近来不知怎的头脑十分疲倦,什么意见都没有","脑子……麻木不仁了,哪里还够得上写文章,不变成白痴已经要算运气"。③ 对于一个以思考为天职的知识分子,这种思想的疲惫、麻木是可怕的……

　　过了几天,周作人又在报纸上看到一条消息:天津清党时,上万人围观两名女革命者就刑,"甲问,'您老不是也上权仙去看出红差吗?'乙答,'是呀,听说还有两个大娘们儿啦,看她们光着膀子挨刀真有意思呀'……"放下报纸,周作人只觉得脑子里一片空白,整整一天,眼前总是摇晃着无数伸长脖子观看"出红差"的"民众"……他突然觉得,孙中山实在迂拙得可以,而口讲"三民主义"或"无产阶级专政",以为民众在我这一边的朋友们尤为愚不可及——他们(民众)所要求你们的,只是一件事,就是光着膀子挨刀很有意思!……随着"被愚弄感"升腾而起的,是一股无名的怨恨的火,他提笔写

---

① 周作人:《谈虎集·怎么说才好》,第175页。
② 周作人:《谈虎集·乡村与道教思想》,第209页。
③ 周作人:《丘浅次郎〈不及格与退学〉译者前记》,载《孔德》月刊第6期。

道:"我不愿帝国主义者说支那因此应该给他们去分吃,但我承认中国民族是亡有余辜,这实在是一个奴性天成的族类,凶残而卑怯,他们所需要者是压制与被压制,他们只知道奉能杀人及杀人给他们看的强人为主子。"①他要"诅咒"自己的民族! 对于曾经是民族主义者的周作人,最后竟走到这样的地步,他显然没有思想准备。他说自己连说废话的勇气都没有了,只觉得小时候读李小池的《思痛记》时有点相像……但他又不愿意将内心的绝望立即公之于众,也许他还在做一番自我挣扎吧。

尽管这时周作人已经预感到"吾辈罔识忌讳,干冒尊严,对于日本人与南京政府都要说些闲话,真正危乎殆哉,有如跳舞于火山之上"②,但他心有不甘,还要在"火山"上作最后的"跳舞":10 月 12 日作《国庆日颂》,"深感在中国生存之不易,到处要受监伺,危机四伏……令人有在火山上之感焉"③;10 月 15 日出版的《语丝》第 153 期发表《随感录·六五,功臣》,借一位老友之口,指出:"南方之事全败坏于清党","党既以清而转浑,政治军事均以不振,北伐事业转为一场春梦",而发动清党的吴蔡诸元老实为北洋"中央政府之功臣"。

一个星期以后,周作人在日记中记下历史的一笔:"北新书局因事停止营业,《语丝》停刊,154 期以后移交上海,由北新接办",这是意料之中的结局。两天之后,周作人与刘半农暂避菜厂胡同一日本友人家中。这是周作人一生中唯一的一次逃难,记忆自然是十分深刻的。同为难友的刘半农后来对于当年的避难生活有过真切的回忆:"红胡(按,指张作霖)入关主政,北新封,语丝停……余与岂明同避菜厂胡同一友人家。小厢三楹,中为膳食所,左为寝室,席地而卧,右为书室,室仅一桌,桌仅一砚。寝、食相对,枯坐而外,低头共砚写文而已,砚兄之称自此始。居停主人不许多友来视,能来者余妻岂明妻而外,仅有徐耀辰兄传递外界消息,日或三四至也。时为民国十六年,以 10 月 24 日去,越一星期归。"④周作人没有留下更多的文字回忆,

---

① 周作人:《谈虎集·诅咒》,第 173 页。
② 周作人:《随感录·三六,火山之上》,《语丝》第 148 期。
③ 周作人:《永日集·国庆日颂》,岳麓书社 1988 年 9 月长沙第 1 版,第 114 页。
④ 刘半农:《双凤凰砖斋小品文·五十四,记砚兄之称》,载《人间世》第 10 期。

在《知堂回想录》中也只是说:"所云菜厂在北河沿之东,是土肥原的旧居,居停主人(友人)即土肥原之后任某少佐也。"但可以肯定,在避难期间,周作人的思考一定是很多的,他终于在历史的进退之间作出了新的决断。——周作人的五四时代从此结束。

第七章 苦雨斋里的老人

——在北平(三)

(1927.11—1937.7)

一、凡人的悲哀

对于周作人,1928 年(或者还有 1929 年),是最寂寞,也最没劲儿的年月。他不断地向朋友们发出抱怨——

> 前月中旬,忽又患"回归热"……除看书消遣外,不能作一事。①

> 这一年里苦雨斋夜话的人只有疑古玄同与俞平伯二君……苦雨斋便也萧寂得同古寺一般。②

> 长雨殊闷人,院子里造了一个积水潭,不愁平地水高一尺了。但毕竟还是苦雨,不过是非物质的罢了,想兄亦有同感。③

---

① 周作人:1928 年 5 月 28 日《致钟敬文书》,载《民俗》周刊 13、14 期合刊,收《周作人集外文》下集,第 322 页。
② 周作人:1928 年 7 月 1 日《致章衣萍书》,载《语丝》4 卷 29 号,收《周作人集外文》下集,第 327 页。
③ 周作人:1928 年 8 月 12 日《致俞平伯书》,收《知堂书信》,华夏出版社 1994 年 9 月第 1 版,第 180 页。

> 近来苦于无闲思索,而且下笔板滞,甚不自满意,见人家挥洒自如,十分妒羡,有如武童生才举得起石墩,看在马上挥舞百六十斤大刀的壮士,能不汗颜邪。①

> 仆近来大懒散,虽自知或者于道更近,惟久不写文字,文人积习,终不自慊耳②。

一直到1930年,周作人已经开始从情绪的低谷中走出,回顾过去时,仍然发出了这样的感慨——

> 近六七年在北京,觉得世故渐深,将成"明哲",一九二九年几乎全不把笔,即以前所作亦多暮气,偶尔重读,不禁怃然……③

"几乎全不把笔",对于周作人,这是再严重不过的事。周作人不仅看书成癖,而且以写作作为生命存在方式,停笔不写,在某种程度上,就意味着思想,以致生命的停滞。

为疾病所累,固然是一个原因;但正如周作人自己所说,苦,更是非物质的。两年来,外界所发生的一切,不断地刺激着

上世纪八十年代末的苦雨斋

---

① 周作人:1928年10月20日《致俞平伯书》,文收《知堂书信》,第184页。
② 周作人:1929年10月13日《致废名书》,文收《知堂书信》,第209页。
③ 周作人:1930年2月1日《致胡适书》,文收《知堂书信》,第132页。

第七章　苦雨斋里的老人——在北平（三）
（1927.11—1937.7）

周作人的神经,使他一再地重复着一个感觉:历史发生了可怕的循环。仿佛他不是生活在"革命胜利"后的 1928 年,而是在北洋军阀统治下的反动时代,甚至是更早的"以前的以前"——

正月,正值戊辰新年,北京市民依然按年复一年的旧例,大放其爆竹,仿佛一切——张勋复辟、皖直、奉直的战仗,以及刚刚发生的清党,都不曾有过。"三·一八"惨案三周年,自然不会有人再提起;只有周作人默默地写着《"三·一八"的死者》这样的小文,感慨着:"'三·一八'惨案的死者恐怕终于是白死了。"周作人更从中国百姓"思想不发生一点变动","穷时承认该被打屁股","达时"必"打人屁股",想到"朱元璋以乞食僧升为皇帝,为暴君之一",以此"例今",那么,从五四起喊了多年的"民众政治",最终"还就是资产阶级专政,革命文学亦无异于无聊文士的应制",这样的循环又何时了结呢?[①]……

2 月,新到的杂志上刊登一条消息,说上海老百姓称"女学生"为"女革命"。而这年头,"革命"即有"杀头罪"。周作人立刻联想起自己曾写过一篇文章,说及在孙联帅(传芳)治下的上海老百姓是"称剪发女子为女革命"的。那么,今日在"革命政府"治下的老百姓比孙联帅时代的"顺民"是有过之而无不及了。于是,又产生一个问题:其实现在的"官革命"有些又"何尝不都是段、章、张、孙时代的顺官乎"?[②]

6 月,张作霖放弃北京,退出关外;阎锡山军队进占北京,南京政府宣布"统一告成",并将北京改称北平。周作人在给朋友的信中写道:"北京现已挂了青天白日旗了,但一切还都是以前的样子,什么都没有变革。有人问,不知究竟是北京的革命化呢,还是革命的北京化?"[③]在另一封信里,他又写道,"北京变也变得不少了……拥护五色旗者改成拥护青天白日的要人,老国家主义者早钻进首都里面去了……所苦的只是我辈。我……反对过拥护五色旗,到了现在翻了一个转身,拥护五色旗的成了真实同志,那么反对拥

---

① 周作人:《永日集·爆竹》,第 119~120 页。
② 周作人:《永日集·女革命》,第 121~122 页。
③ 周作人:《北京通信——致川岛》,载《语丝》4 卷 28 期,文收《周作人集外文》下集,改题为《北京与革命》,第 323 页。

护五色旗的岂不也就翻过来成为反革命了吗？我觉得似乎我辈的病根在于不善变，圣人有言，'穷则变，变则通'，所以我辈只落得一辈子的穷罢了。"①——这令人目瞪口呆的"变"与"不变"，这"革命，革革命，革革革命，革革革革命……"的"革命"循环闹剧，将演到何时呢？……

9月，周作人突然觉得自己还是生活在明代，自己不过是明代复社里的一个人，"世上如没有还魂夺舍的事，我想投胎总是真的，假如有人要演崇弘时代的戏，不必请戏子去扮，许多角色都可以从社会里去请来，叫他们自己演"。他于是写《历史》一文："天下最残酷的学问是历史。他能揭去我们眼上的鳞，虽然也使我们希望千百年后的将来会有进步。但同时将千百年前的黑影投在现在上面，使人对于死鬼之力不住地感到威吓。我读了中国历史，对于中国民族和我自己失去了九成以上的信仰与希望。'僵尸，僵尸！'我完全同感于阿尔文夫人的话……"②

几天以后，周作人在报纸上又看到一条消息：据说广东自黄节任教育厅长后，公开"禁止男女共学及女生剪发，厉行复古"。黄节是周作人所熟知的，原是《国粹学报》中人，他登台后厉行复古原是意料中事，周作人却由此浮想联翩："中国旧式读书人的头脑始终不能超出封建思想以外，这是一切的病根。然而十七年来封建思想正是中华民国的国是，就是在'国徽全改'的今日亦然，其势力远在三民主义之上。"③那么，封建鬼魂的"重来"就不免是必然……

10月，国庆之日，周作人连续三年作有关"国庆"的文章。除了北京城头的五色旗换成了青天白日旗外，似乎也别无变化。而南京政府九十八次会议又已明令规定以"国庆日"为"孔子纪念日"了。这就明示了"复古的反动的吉兆"。周作人却顿生杞天之虑："禁白话，禁女子剪发，禁男女同学……乃是反动与专制之先声，从前在奉、直、鲁各省曾实施过，经验过，大家都没有忘记，特别是我们在北平的人。此刻现在，风向转了，北方刚脱了复古的

---

① 周作人：《北京通信——致衣萍》，载《语丝》4卷29期，文收《周作人集外文》下集，第328～329页。
② 周作人：《永日集·历史》，第137页。
③ 周作人：《封建思想》，载《语丝》4卷39期，收《周作人集外文》下集，第332页。

鞭笞，革命发源的南方却渐渐起头来了。这风是自北而南呢，还是仍要由南返北而统一南北呢，我们惊弓之鸟的北京人，瞻望南天，实在不禁急杀恐慌杀。似乎中国现在还是在那一个大时代里，如《官场现形记》所说的'多磕头少说话'的时代……"①

12月，又一条社会新闻——所谓"捉奸杀奸"案，触动了周作人，他发出疑问："中国现在到底不知道还是什么时代，至少总还不像民国，连人权都没有，何论女权？"于是，他不能不面对这样的现实：现在"表面上是中华民国，也有了民国的法律了，然而上上下下都还是大清朝或以前的头脑"②。

而且，他很快就有了亲身体验：次年（1929年）4月19日，周作人去北平大学女子文理学院上课，遇法学院学生武力接收校址，竟被非法拘禁两个多小时。周作人后来写有《在女子学院被囚记》，说自己在北京所经的危险，已有五次之多，但以前都是受到军阀、军警、官僚们的威胁，而此次却是学法律的学生知法犯法，这又是怎么一回事呢？莫非昔日"老英雄"的鬼魂又复活在今日"小英雄"身上？！……

周作人突然有了一种彻底的幻灭感。在稍晚写的《伟大的捕风》里，他把这种幻灭感归结为："已有的事后必再有，已行的事后必再行，此人生之所以为虚空之虚空也欤？传道者的厌世盖无足怪。"以后又有了更明确的概括："我常想中国的历史多是循环的，思想也难逃此例。"③但同样无可怀疑的是，这更是彻底的清醒。这一两年间，周作人面对"故鬼重来"的现实，回顾五四以来走过的道路，他不止一次地嘲笑朋友（实际更包括自己）的天真的浪漫主义幻想。1928年初，他在前述题为《爆竹》的文章里说："现代的社会运动（按，这自然是指五四运动）当然是有科学根基的，但许多运动家还是浪漫派，往往把民众等字太理想化了，凭了民众之名发挥他的气焰，与凭了神的名没有多大不同，或者这在有点宗教性质的事业上也是不可免的罢？"④半年后，他重新回到这一话题上来："中国近来讲主义与问题的人都不免太浪

---

① 周作人：《永日集·国庆日颂》，第115页。
② 周作人：《永日集·杀奸》，第145页。
③ 周作人：《苦竹杂记·孔德学校纪念日的旧话》，第209页。
④ 周作人：《永日集·爆竹》，第120页。

漫一点,他们做着粉红色的梦,硬不肯承认说帐子外有黑暗。比如谈革命文学的朋友便最怕的是人生的黑暗……他们净嚷着光明到来了,农民都觉醒了,明天便是世界大革命! 至于农民实际生活是怎样的蒙昧,卑劣,自私,那是决不准说,说了即是有产阶级的诅咒。"他的结论是:要破除一切"迷信","从科学训练中"求得"直视事实的勇气",必须"睁大了眼冷静地看着""人与其生活的真相"。①

　　周作人的这番讲话显然是有针对性的:此时南方的太阳社、创造社的朋友正在围剿鲁迅,同时也旁及周作人。鲁迅在著名的《我的态度气量和年纪》里,就曾经愤怒地反驳那些指责他"无聊赖地跟他弟弟说几句人道主义的美丽的说话"的高论:"我的主张如何不论,即使相同,何以说话相同便是'无聊赖地'? 莫非一有'弟弟',就必须反对,一个讲革命,一个即该讲保皇,一个学地理,一个就得学天文吗?"此时周氏兄弟尽管在政治上的选择已经很不相同,但在坚持清醒的现实主义,反对幼稚的浪漫幻想这一点上,却又是惊人地一致:青年时代在更深刻的相类似的文化背景下形成的思维方式,乃至心理气质,比以后接受的政治观点,具有更大的稳定性。周氏兄弟在对现实与历史的考察中,产生了相类似的历史循环的直觉,这也许在理论的表述上是偏颇的,但比之被充分简化了的历史进化论,也许是具有更大的深刻性的。这使我们想起了:深刻的唯心主义比之肤浅的唯物主义,深刻的悲观主义比之肤浅的乐观主义,在人类思想发展史上,也许是具有更大的意义的。

　　对于周作人,此刻发生的悲剧性的幻灭与清醒是三重的:不仅是对国民党政权所代表的政党政治的幻灭与清醒,对五四先驱者一直寄以希望的民众政治的幻灭与清醒,更是对知识分子自我的幻灭与清醒。五四时期周作人曾经强调要剥去知识分子自我身上的英雄灵光,恢复平民本色,这是与五四"平民主义"思潮相一致的;但是,只要仍然强调知识分子的启蒙使命,知识分子身上的英雄色彩就不可能完全消退,而且,在五四以后,周作人同样出于对于民众的失望,重新强调了知识分子及自我作为民族精英的贵族性。

---

① 周作人:《永日集·妇女问题与东方文明等》,第96、97页。

第七章 苦雨斋里的老人——在北平(三)
(1927.11—1937.7)

而现在,他要做的,恰恰是不仅要否认知识分子对于民众的引导作用,而且要从根本上否认知识分子干预历史、时代、社会发展的任何可能性,从而把知识分子及自我从精英、贵族彻底还原为凡人,并由此获得一种"凡人的悲哀"的自我感觉。他在一篇题为《麻醉礼赞》的文章里说:"清醒地都看见听见,又无力高声大喊,此乃是凡人的悲哀。"在以后所写的一篇文章里,他又说这是一种"萧寂的微淡的哀愁",只有带着"败残之憾,或历史的悲愁那种情调来看",才能体味这哀愁里的"别种的意趣"。① 周作人正是怀着曾经做过种种努力,试图对历史运动施加自己的影响,而终于无效与无用的历史失败者的心绪来看待似乎不可捉摸,仿佛不受任何影响的无情的历史运动与现实,他于是产生了无能为力的悲哀,——这种无能为力,不仅是他自己,更是这一代知识分子,甚至就是知识分子与生俱有的。这悲哀自然是刻骨铭心的。但周作人仍然试图从中挣扎出来,他在《伟大的捕风》一文里,一面承认"多有智慧就多有愁烦,加增智识就加增忧伤",一面又强调"察明同类之狂妄和愚昧,与思索个人的老死病苦,一样是伟大的事业,积极的人可以当一种重大的工作,在消极的也不失为一种有趣的消遣。虚空尽由他虚空,知道他是虚空,而又偏去追迹,去察明,那么这是很有意义的,这实在可以当得起说是伟大的捕风"。明知终不免是"虚空"的"风",却仍然要去"捕"捉,②这与儒家的"知其不可为而为之"的进取精神是相通的,与鲁迅"绝望中抗战"的人生哲学也有相近之处。但周作人是以一个与一切社会的历史力量割断了联系,与历史运动自动脱节,纯粹的、孤立的个人(即所谓"凡人")的地位与身份去从事"伟大的捕风"的,因此,他的一切努力,不包含任何干预社会、历史的意图,而纯粹出于自我生存的充实的需要。他与鲁迅的区别也在于此。

1929年年末,周作人提出了著名的"闭门读书论"。这里既有着面对历史循环的无可奈何,又有在白色恐怖面前既不敢说话,却不能"忍耐着不说"的选择的两难,而在最后提出的"苟全性命于乱世是第一要紧"③这个命题里,周作人把个体生命价值置于第一位,这是处于乱世之中无所作为的知识

---

① 周作人:《看云集·关于蝙蝠》,第49页。
② 周作人:《看云集·伟大的捕风》,第53页。
③ 周作人:《永日集·闭门读书论》,第111页。

分子无可奈何的选择,但无可否认,也包含着浓厚的屈从于现实的意味,对于周作人,未尝不是一个危险的信号,但他自己似乎并不自知。

正当周作人沉湎于"凡人的悲哀"时,他从报纸上得知,胡适因为坚持他的人权自由论,得罪了国民党政府当局,受到排挤,不由得对这位五四时期的老友产生深刻的同情。尽管在清党问题上,他对胡适有过极为尖锐的批评,但他仍不避前嫌,给胡适寄去了一封信。在信中说:"'这个年头儿'还是小心点好,拉伯雷说得对,'我自己已经够热了,不想再被烤'。我想劝兄以后别说闲话,而且离开上海。最好的办法是到北平来","在冷静寂寞中产生出丰富的工作","我总觉得兄的工作在于教书做书,也即是对于国家,对于后世的义务"。① 周作人的诚恳相劝,使胡适大为感动,他迅速回信说:"至于爱说闲话,爱管闲事,你批评得十分对。受病之源在于一个'热'字……我对于名利,自信毫无沾恋。但有时总有点看不过,忍不住。王仲任所谓'心愦涌,笔手扰',最足写此心境。"这里所说都是肺腑之言,同样坦诚而真挚。胡适最后对周作人来信中"交浅言深"一语表示"有点感触":"生平对君家昆弟,只有最诚意的敬爱,种种疏隔和人事变迁,此意始终不减分毫。相去虽远,相期至深。此次来书情意殷厚,果符平日的愿望,欢喜之至,至于悲酸。"②这"欢喜"与"悲酸"都极感人,极动人:胡适与周作人,作为中国的两位自由主义知识分子代表人物,既不回避、掩饰彼此人生选择与政治选择上的分歧,或公开论战,或私下相劝;同时又充分尊重对方的选择,保持自我选择的独立性。

理解周作人,并时时以自己诚挚的友情温暖着周作人枯寂的心的,还有郁达夫。周作人与郁达夫的交往,开始于1923年2月周氏兄弟举行的一次家宴上;郁达夫曾对友人这样谈到他对周氏兄弟的第一印象:"周作人温文尔雅的,看来很有学问,真正像一个读书人的样子。鲁迅为人很好,有什么说什么,也喜欢喝点黄酒。看来我们从前的误会,真正是多余,可惜沫若同仿吾不能到北京来玩玩。"③周作人对郁达夫也是一见如故,曾写文章公开表

---

① 收《知堂书信》,华夏出版社1994年9月第1版,第129页。
② 收《胡适书信集》(上),北京大学出版社1996年9月第1版,第489~490页。
③ 陈翔鹤:《郁达夫回忆琐记》,收王自立、陈子善编:《郁达夫研究资料》(上),天津人民出版社1982年版,第108页。

示:"如郁达夫先生……我是十分尊重他,觉得他是中国新文学界惟一的作者。"①后来周作人写的《沉沦》评论文章就表现了对郁达夫其人其文相当深刻的理解。郁达夫因此大为感动,在《达夫代表作》扉页上郑重写道:"此书是献给周作人先生的,因为他是对我的幼稚的作品表示好意的中国第一个批评家。"此时,周作人与郁达夫也许是由于处境、心境的相似,关系更为密切,虽天隔南北,却鸿雁不断,互通心曲。1928年6月,郁达夫致书周作人:"说到没落,彼此都是一样,我也不曾浮起过,所以没也没不到地狱底里。"1931年7月信中又这样倾诉内心的矛盾:"欲谋解脱,原非不可能,但是责任之感,只不能使我断然下此决心,不得已只能归之前定之命运而已。……近年消沉更甚,苦痛更深,不知者还以为我恋爱成功,不想做事情也,真真是千古未有的嘲弄。"尽管郁达夫倾吐的是恋爱之苦,周作人却是不能不想得更多更广的。

二、若子之死

周作人将会永远记着这一天:1929年11月20日,他的爱女若子离他而去。——在这个世界上,她仅仅生活了十五年。

这对于处于精神的困境中的周作人,几乎是致命的一击。

周作人后来在《若子的死》这篇短文中写下了那最悲惨的记忆——

> 十六日若子自学校归,晚呕吐腹痛,自知是盲肠,而医生误诊为胃病,次日复诊始认为盲肠炎,十八日送往德国医院割治,已并发腹膜炎,遂以不起。用手术后痛苦少已,而热度不减,十九日午后益觉烦躁,至晚忽啼曰:"我要死了",继以昏吃,注射樟脑油,旋清醒如常,送呼兄姊弟妹名,悉为招来,惟兄丰一留学东京不得相见,其友人亦有至者,若子一一招呼,惟痛恨医生不置。常以两腕力抱母颈低语曰,"姆妈,我不要死"。然而终于死了。吁!可伤已。

---

① 周作人:《论并非文人相轻》,载1926年4月10日《京报副刊》。

周作人又这样叙述自己的追念——

睹物思人,人情所难免,况临终时神志清明,一切言动,历在心头,偶一念及,如触肿疡,有时深觉不可思议,如此景情,不堪回首,诚不知当时之何以能担负过去也。①

在周作人的日记里,我们也看到了这样的记载——

十二月四日,下午因心情忧郁,女子学院临时告假。
十二月十九日,夜,想起一月前若子尚在人间及临终事,不禁泫然。
十二月二十二日,在家,终日怅怅无所之。

直到1930年1月5日,周作人在致胡适信中还这样说:"去冬十一月次女若子病故,心情恶劣,至今未能安心读书,自思对于死生别无甚迷执,惟亲子之情未能恝然,内人尤不能忘情,亦属无如何也。"

虽然周作人自称是唯物主义者,但他仍然为若子设祭棚,请僧人放焰口,诵经;遗体移放西直门外广通寺内后,又托僧人诵经。而且每年祭日都有诵经活动,从不中断。——既是抚慰若子的"在天之灵",更是抚慰自己的痛苦得不能自制的心灵。即使这样,仍然不能平息周作人内心的痛苦。12月1日(若子逝世后十二天)及2日,周作人连续两天在《世界日报》上大登广告,将若子之死归罪于山本忠孝大夫误诊。明知在法律上不能给山本大夫治罪,却要利用广告将其搞臭,这样的迁怒与报复心理和行为似乎已失常态。

伤悼幼女之亡,本人之常情;但周作人表现如此特别,似应别有一层意义在。在周作人的人生哲学里,人的生命据有特殊重要的地位。他一再地严厉谴责中国国民具有嗜杀性,既不尊重他人的生命,又不善于追求与实现自身的生命价值,这是常使他痛心疾首的。人的生命的丧失,特别是亲爱

---

① 周作人:《雨天的书·若子的死》,第25页。

者、年幼者的早夭,更是他所绝对不能容忍。似乎很少动情的周作人却常为此而作出最强烈的感情反应,原因即在于此。读者该记得,为四弟椿寿的早逝,周作人曾怎样地呼天抢地,痛不欲生。① 现在人生祭台上奉献的是自己的亲女儿,周作人如此反常,倒是合乎他自身的思想与情感逻辑的。读者将由此而对这位自称"少情热"的"爱智者"的内心世界有了更深的理解吧。

年幼者的生命的陡然流逝,是更容易使年长的幸存者感到自身生命的短促的。于是,周作人突然意识到自己已"人过中年"了。1930年3月,周作人作《中年》一文,时正四十三岁。文章说:"本来人生是一贯的,其中却分几个段落,如童年、少年、中年、老年,各有意义,都不容空过。譬如少年时代是浪漫的,中年是理智的时代,到了老年差不多可以说是待死堂的生活吧。"② 对于周作人,此时自觉意识到已进入"中年"的人生阶段,就意味着必须在人生选择与心理上,作出相应的自觉的调整。周作人宣布,要"顺其自然",从青年的浪漫时代,转向中年的理智的时代;从此,要脱离"市街战斗或示威运动的队伍",以"得体地活着"为人生目标与归宿,"用经验与理性去观察人情与物理"。——这里,周作人实际上已经为自己的后半生勾勒出一个总的轮廓。在文章结尾处,周作人说:"我这些意思,恐怕都很有老朽的气味,这也是没有法的事情。年纪一年年地增多,有如走路一站站地过去,所见既多,对于从前的意见自然多少要加以修改,这是得呢失呢,我不能说。"③

这是真的:得呢失呢,谁能够说清楚?

三、《骆驼草》

1930年5月12日,一份印得十分精致的小型周刊送到读者面前——这是周作人主持下的《骆驼草》。据《骆驼草》实际编辑者之一冯至回忆,刊物是由废名提议,和他共同筹办的。但实际上在废名背后起决定作用的是周

---

① 在此之前,还有幼妹端姑的去世,周作人由于年龄太小,未作出直接反应,但晚年在《知堂回想录》中忆及此事时,仍十分动情。

②③ 周作人:《看云集·中年》,第56~58页。

作人,《骆驼草》的出版是有着更为久远的背景的。早在 1924 年初,周作人即与他的好友张凤举、徐祖正筹办"纯文艺的杂志",取名为《骆驼》,①但因种种原因,迟至 1926 年 6 月才出版了一期;但周、张、徐诸人及朋友圈里的人仍戏称"驼群同人",时有聚会。② 刘半农还写过《骆驼颂》一诗刊登在《语丝》第 118 期上,诗云:"祝颂你保持着你雍容的气度,忍受一切人们的侮辱与诅咒;祝颂你永远的慢拖慢拖地向前走,背上永远担负很重的担子。"周作人等以"骆驼"自居,实际上是在提倡一种雍容、坚忍的文化精神。周作人后来在一篇文章里说:"现今盛行的各色新运动,大都充满着轻躁、浮薄与虚假,这正是坚忍相反的病,也只有相反的坚忍的一味苦药才能医得他好。"这浮躁之气大概是五四新文化运动以来就有的痼疾,而在 30 年代初的幻灭时期,当人们进行着艰难的选择,一时找不到出路,无头苍蝇般四处乱撞、碰壁时,浮躁气更是有增无减。周作人的"驼群"们恰于此时重理旧议,创办《骆驼草》,大概也有在浮躁的文坛上吹进一股坚忍的清风的意思吧。对于周作人个人,似乎标志着他短暂的困惑与犹豫已经结束:他要开始自己的"伟大的捕风"了。

　　这回的阵容也是可观的:老"驼群"周作人、徐祖正之外,还增添了新力量:俞平伯、废名、冯至、梁遇春等;其中俞平伯、废名与周作人私人关系尤为密切。俞平伯是因为新诗问题的讨论早在 1922 年就认识的,③以后周作人在燕京大学中文系担任教授,俞平伯也在那里任讲师,有过一段愉快的合作。废名最早与周作人通信是在 1921 年 11 月,1922 年废名考入北大预科,两年后升入本科,直到 1929 年毕业,一直是周作人的学生。俞平伯、废名以及梁遇春都是《语丝》的主要撰稿人,师生间又有了深厚的文字之交。清党以后,周作人蛰居苦雨斋时,如前所述,经常造访的,钱玄同之外,就是俞平伯;不久废名也因食住无着而搬进了八道湾,与周作人朝夕共处。他们之间

---

　　①　1924 年 3 月 14 日周作人日记:"交骆驼稿与凤举",这是最早的文字记录。周作人所交稿应是蔼理斯《论左拉》译文。1924 年 6 月 15 日日记:"五时至公园水榭,由骆驼社公宴,共二十五人,十时返",次日《晨报副刊》报道了此事,并称"骆驼社的基干是周作人、张凤举、徐祖正三君"。
　　②　1925 年 11 月 1 日周作人日记:"上午驼群同人来聚会共十二人⋯⋯为若子补作生日(因去年未举行)。"
　　③　1922 年俞平伯在《诗》创刊号上发表《诗的进化还原论》,周作人写了《诗的效用》一文提出不同意见。

第七章 苦雨斋里的老人——在北平（三）
(1927.11—1937.7)

很快就成了忘年交，周作人也终于有了自己的"弟子"。① 他们师生之间这一时期的书信往来，后来集有《周作人书信》一书。这样，以周作人所住八道湾苦雨斋为中心，逐渐形成了一个文艺圈子；《骆驼草》即是他们的主要阵地。

由于周作人在20年代的广泛影响，《骆驼草》的出版，自然是引人注目的。仿佛有意要让人失望，《发刊词》开口就说："我们开张这个刊物，倒也没有什么新的旗鼓可以整得起来，反正一响都是有闲之暇，多少做点事儿"；接着又宣言"不谈国事"，"不为无益之事"，"文艺方面，思想方面，或而至于讲闲话，玩骨董，都是料不到的，笑骂由你笑骂，好文章我自为之，不好亦知其丑，如斯而已，如斯而已"。这里首先表现了一种强烈的自由主义的独立倾向。这正是这一时期周作人的"中心思想"。他曾在一篇文章里谈到，"现在的趋势似乎是不归墨，则归列，无论谁是革命谁是不革命，总之是正宗与专制姘合的办法，与神圣裁判官一鼻孔出气的，但是这总是与文明相远。"②而他恰恰要在"不是革命，就是反革命"的二元对立之外（在周作人看来，这种二元对立背后透出极浓的专制气，是从根本上反文明的）寻找一种新的自由与独立。而"不谈国事"、"不为无益之事"之类宣言，完全是对现实的怀疑与否定，是对五四新文化运动启蒙主义的怀疑与否定，再进一步，则是对五四时代的理想与信仰的怀疑与否定。——所有这一切，在今天的驼群们看来，统属"无谓之求"与"无益之事"。周作人并不讳言这一点，他在这一时期所写的文章中，不断地申说他对五四时代的反省。在五四时期的译作《空大鼓·序》里，他说："单纯的信仰在个人或是幸福，但我觉得明净的观照更是兴趣。人生社会真是太复杂了，如实地观察过去，虽然是身入地府，毕生无有出路，也似乎比一心念着安养乐邦以至得度更有一点意思。"在为五四时期的论文集《艺术与生活》所写的序里，周作人更明白地表示，"我本来是无信仰的，不过，以前还凭了少年的意气，有时候要高谈阔论地讲话，亦无非是自骗自罢了。这几年来却有了进步，知道自己的真相，由信仰而归于怀疑，这是我的'转变方向'了。"这种怀疑的无信仰主义成了后期周作人的另一个

---

① 1934年8月周作人访日期间，接见日本记者井上红梅时，谈及自己"在文坛上露头角的得意门生"，首先举出的就是俞平伯、废名，还有一位是周作人在燕京大学教书时的学生冰心。

② 周作人：《永日集·关于妖术》，第109页。

中心思想;他在以后所写的文章里,有过更明确的表述:"不佞盖是少信的人,在现今信仰的时代有点不大抓得住时代,未免不很合式"①,"我不是非宗教者,但实是一个无宗教者……(我很难)做某一家的忠实的信徒。对于一切东西,凡是我所能懂的,无论何种主义理想信仰以至迷信,我都想也大抵能领取其若干部分,但难以全部接受,因为总有其一部分与我的私见相左"②。对任何一家思想体系都持怀疑态度,与兼收并蓄,汲取各家之长,这两者看似矛盾,实则统一,构成了周作人后期思想上一个基本特点,在以后还有进一步的发展,《骆驼草》时期不过是初显端倪而已。就在 1930 年 9 月,周作人收到曹聚仁的一封信。在信中,曹聚仁表示:"我自以为是先生的信从者。……在消极的意义,有些近于虚无主义,在积极的意义,有些近于新自由主义",并且说自己"怀疑而且否定一切,无所崇信,也无一些热忱"等等。③ 曹聚仁尽管与周作人尚是初交,但他却相当准确地抓住了周作人思想的本质与特色,他这里所说的怀疑主义的虚无主义与新自由主义,就可以看作是对 30 年代周作人思想的基本概括。

在周作人宣布"转变方向"以后,紧接着就说:"我并不倚老卖老地消极,我还是很虚心地想多知道一点事情,无论这是关于生活或艺术以至微末到如'河水鬼'这类东西。我现在没有什么要宣传,我只要听要知道。"④周作人作为样板的,就是发表于《骆驼草》创刊号上的《水里的东西》。这是一篇有关民俗学的散文,讲的是家乡传说中的"河水鬼"的故事——

> 河水鬼的样子也很有点爱娇。普通的鬼保存它死时的形状,比如虎伤鬼之一定大声喊阿唷,被杀者之必用一只手提了它自己的六斤四两的头之类,惟独河水鬼则不然,无论老的小的村的俊的,一掉到水里就都变成一个样子,据说是身体矮小,很像是一个小孩子,平常三五成群,在岸上柳树下"顿铜钱",正如街头的野孩子一样,一被惊动便跳下

---

① 周作人:《秉烛后谈·自己所能做的》,第 5 页。
② 周作人:《苦茶随笔·重刊袁中郎集·序》,第 62 页。
③ 信载《鲁迅研究资料》第 10 期。
④ 周作人:《艺术与生活》自序二,文收《知堂序跋》,第 23~24 页。

第七章 苦雨斋里的老人——在北平(三)
(1927.11—1937.7)

水去,有如一群青蛙,只有这个不同,青蛙跳时"不东"的有水响,有波纹,它们没有。为什么老年的河水鬼也喜欢摊钱之戏呢?这个,乡下懂事的长辈没有说明给我听过,我也没有本领自己去找到说明。①

这里的文字,真像是水浸润过似的,明净之下又蕴含着温厚的情趣。周作人曾评森鸥外与夏目漱石的文章"清淡而腴润"②,如用以自评,是再合适不过的。通常是狰狞的鬼,到了周作人的笔下,为什么却只会引出"温熙的微笑"呢?且看周作人如何"篇末显其旨":"人家要怀疑,即使如何有闲,何至于谈到河水鬼去呢?是的,河水鬼大可不谈,但是河水鬼的信仰以及有这信仰的人却是值得注意的。我们平常只会梦想,所见的或是天堂,或是地狱,但总不大愿意来望一望这凡俗的人世,看这上边有些什么人,是怎么想。社会人类学与民俗学是这一角落的明灯……我愿意使河水鬼来做个先锋,引起大家对于这方面的调查与研究之兴趣。"③原来周作人谈鬼是为了说人,他笔下的鬼趣实则更是人情:平凡,普通,没有任何光环,也就没有任何外在掩饰与束缚,因而也是更自然的人,才是周作人关注的中心——周作人仍然继续着五四开始的人的研究;但已不带任何启蒙的目的与动机,带有更强烈的个人兴趣的色彩,任意写来,别有一番轻快与洒脱。

再看他的《草木虫鱼之三·两株树》里的文字——

> 我承认白杨种在墟墓间的确很好看,然而种在斋前又何尝不好,它那瑟瑟的响声第一有意思。我在前面的院子里种了一棵,每逢夏秋有客来斋夜话的时候,忽闻淅沥声,多疑是雨下,推户出现,这是别种树所没有的佳处。

这里,一变传统白杨意象里的悲凉之气,却充溢着寒斋夜话亲切而闲适的雅趣。

还有也是发表在《骆驼草》上的《村里的戏班子》——

---

①③ 周作人:《看云集·水里的东西》,第38~39页。
② 周作人:《谈龙集·森鸥外博士》,第24页。

破锣又侉侉地开始敲打起来,加上了斗鼓的格答格答的声响,仿佛表示要有重要的事件出现了。忽然从后台唱起"呀"的一声,一位穿黄袍,手拿象鼻刀的人站在台口,台下起了喊声,似乎以小孩的呼笑为多:

　　"弯老,猪头多少钱一斤?……"

　　"阿九阿九,桥头吊酒……"

　　我认识这是桥头卖猪肉的阿九。他拿了象鼻刀在台上摆出好些架势,把眼睛轮来轮去的,可是在小孩们看了似乎很是好玩,呼号得更起劲了,其中夹着一两个大人的声音道:

　　"阿九,多卖点力气。"

　　一个穿白袍的撅着一枝两头枪奔出来,和阿九遇见就打,大家知道这是打更的长明,不过谁也和他不打招呼。①

　　尽管已是中年人对童年生活的盼顾,却无半点沧桑之感,干枯的心田已为儿童与村民的无邪与天真灌满,于是有了难得的忘情的笑声溢出纸面……

　　读这个时期的散文,可以感到,周作人精神的痛苦已经得到了一定程度的抚慰,他开始平静下来。② 因此,他在将这些散文搜集成册时,引用了王维的诗句:"行到水穷处,坐看云起时",并以《看云集》命名。周作人于1931年1月30日梦中得一诗云:"偃息禅堂中,沐浴禅堂外,动止虽有殊,心闲故无碍。"周作人又说:"做诗使心发热,写散文稍为保养精神之道。"③这正可以与"心闲故无碍"互为补充:也许正因为是心闲,周作人的散文也达到了无碍,即废名所说"不隔"的境界。周作人晚年重读《看云集》里的文章,仍认为颇佳,垂老而自夸,似乎有些可笑,但也不是没有道理的。

---

　　① 周作人:《看云集・村里的戏班子》,第150页。

　　② 值得注意的是,这一时期周作人的生活方式也彻底"闲适"化了。阿英曾根据《周作人书信》提供的线索,作了这样的描述:"读古书,看花,生病,问病……闲游、闲卧、闲适、约人闲谈,写楹联,买书,考古,印古色古香的信封信笺,刻印章,说印泥,说梦,宴会,延僧诵经,搜集邮票,刻木板书,坐萧萧南窗下……"(阿英:《周作人书信》)

　　③ 周作人:《致废名书》(1931年2月3日),收《知堂书信》,第212、215页。

第七章　苦雨斋里的老人——在北平(三)
(1927.11—1937.7)

1931年初,周作人在写给一个朋友的信中,说:"弟近来颇觉得韬晦之佳"①,一语道破了他的内心。但他的苦衷似乎并不能为世人所理解。《骆驼草》1930年5月问世,6月份就有左翼作家在《新晨报副刊》上发表文章,讥讽《骆驼草》撰稿人都是"落伍"者。以后又有人点名宣布周作人"命定地趋于死亡的没落"。据说这些文章曾引起聚集在周作人家里的驼群的极大愤怒。俞平伯后来写有《又是没落》一文登在《骆驼草》上,在反唇相讥以后,慨然宣布:"作家喜欢被人赞,没有例外,可是若把创作的重心完全放在读者身上,而把刹那间自己的实感丢开,这很不妥。我这么

周作人(1931年)

想,并世上有几个人了解我,就很不少了。有一个人了解我,也就够了。甚至于戏台里喝倒彩也没甚要紧。创作欲是自足的,无求于外,虽然愈扩大则愈有趣。"周作人对于这些来自左翼青年的攻击没有作答,大概是因为他的弟子已经代言了吧。但由此而产生的阴影却一直没有消散……②

---

①　周作人《致汪馥泉书》(1931年2月11日),收《知堂书信》,第260页。周作人在1929年2月7日写给江绍原的信中也有类似的说法:"我觉得现在各事无可批评,有理说不清,我们只可'闭户读书',做一点学艺上的工作,此不佞民国十八年的新觉悟也。我觉得现在世界上是反动时代的起头,低文化的各国多趋于专制,中国恐亦难免,且封建思想更深且重,所以社会现象亦更不佳,既无反抗之志与力,遂想稍取隐逸态度为宜",文收《知堂书信》,第159页。

②　1930年12月20日夜,周作人给俞平伯的信中,谈到他做过两个梦,多少反映了他内心深处的压抑感:"十九年十二月某日梦,大约七八岁,不知因何事不惬意而大哭,大人都不理,因思如哭得更厉害当必有人理我,乃益大声哭,则惊醒矣","十二月十九日梦,行路见一丐裸体而长一尾如狗,随行强乞,甚厌之,叱之不去,乃呼警察而无应者,有尾之丐则大声为代叫警察,不觉大狼狈而醒。"(周作人信收《周作人书信》,第185~186页。)

四、《中国新文学的源流》

1932年2月至4月,周作人应沈兼士之约,在辅仁大学先后作了八次学术讲演,经记录整理后,汇成《中国新文学的源流》一书。据周作人说:"我本不是研究中国文学史的,这只是临时随便说的闲话";而自己的文学史观也没有什么神秘,不过"是从说书来的","他们说三国什么时候,必定首先喝道:且说天下大势,合久必分,分久必合。我觉得这是一句很精的格言。我从这上边建设起我的议论来,说没有根基也是没有根基,若说是有,那也就很有根基的了"。① 作为"合久必分,分久必合"的历史观的具体化,在周作人看来,"中国文学在过去所走的并不是一条直路,而是像一道弯曲的河流,从甲处流到乙处,又从乙处流到甲处,遇到一次反抗,其方向即起一次转变"。但又始终是"两种对立的力量"——"诗言志"的"言志派"与"文以载道"的"载道派"互相"起伏","过去是如此,将来也总如此"。从这样的文学史观出发,周作人认为,明末的公安、竟陵派为代表的新文学运动,经过了清代的反动,由对这反动的反动,又产生了五四新文化运动;因此,"胡适之的'八不主义',也即是复活了明末公安派的'独抒性灵,不拘格套'和'信腕信口,皆成律度'的主张,只不过又加多了西洋的科学哲学各方面的思想"。② 五四新文化运动与明末公安、竟陵派文学运动,"在根本方向上,则仍无多大差异处","好像是一条湮没在沙土下的河水,多少年后又在下流被掘了出来;这是一条古河,却又是新的","这风致是属于中国文学的,是那样的旧而又这样的新"。③ 所谓"阳光底下无新事",周作人显然是在努力寻找新与旧之间的契合点。这表明了周作人对五四新文化运动的认识与把握上一个重要转折:如果说,直到1922年,周作人还认为,五四的主要精神是"重新估定价值",强调五四在外国文学的新系统参照下,对于传统文学的反叛,力图在新与旧之间划清界限。那么,现在,周作人则把他的主要兴趣、注意力集中于

---

① 周作人:《中国新文学的源流·小引》,岳麓书社1989年6月第1版,第2页。
② 周作人:《中国新文学的源流》,第56页。
③ 周作人:《永日集·〈杂拌儿〉跋》,第74~76页。

第七章 苦雨斋里的老人——在北平（三）
(1927.11—1937.7)

寻找五四的历史渊源，力图在新与旧之间发现某种历史联系，从而为新文学的存在与发展寻求历史的根据，他之所以重新断定五四新文学"与其说是文学革命的还不如说是文艺复兴的产物"，①原因也在于此。周作人实际上也是在寻根。这里所表现的首先是一种时代思潮向传统方面的倾斜，即使是与周作人处于对立面的左翼文坛，在 30 年代展开的"文艺大众化"问题的讨论，也是注重于"旧形式的采用"的。② 同时，也表现了周作人对于自我的一种更深刻的把握。其实早在几年前，周作人已经有了这样的反省："我恐怕我的头脑不是现代的，不知是儒家气呢还是古典气太重了一点，压根儿与现代的浓郁的空气有点不合，老实说我多看瑟亚词侣的画也生厌倦，诚恐难免有落伍之虑，但是这也没有什么关系，大约像我这样的本来也只有 18 世纪人才略有相像，只是没有那样乐观，因为究竟生在达尔文、弗来则之后，哲人的思想从空中落到地上，变为凡人了。"③这里，周作人对于自己的思想与世界现代思潮，中国古代传统文化，西方十八十九世纪思潮之间的关系，作了相当准确、清醒的分析；有了这样的自觉认识，他之转向传统中去寻根，是自然的，也是必然的。

有人说"源流论"是"富有思古之幽情"的周作人与明末文学革命运动的一种"旷世相感"。④ 这话有一定道理：周作人在文学上提出的历史循环首先是来自现实的循环感受。早在 1928 年，周作人就指出："现在中国情形又似乎正是明末的样子"⑤，他甚至说，"我恐怕也是明末什么社里的一个人。"⑥周作人首先获得的是"明末人"的自我感觉；他对明末公安文学运动的兴趣，首先是对"明末人"即明末知识分子的神往。其实，这种神交在童年时期即已开始，使当时的少年周作人钦羡不已的绍兴地方前贤王谑庵、张宗子，都是明末知识界的代表人物，也是这一时期周作人一再提及的。在周作人看来，明末那一代知识分子最可贵之处就在于他们在"反抗正统"中获得了思

---

① 周作人：《泽泻集·〈陶庵梦忆〉序》，第 12 页。
② 参看鲁迅：《且介亭杂文·论"旧形式的采用"》，收《鲁迅全集》第 6 卷，第 22 页。
③ 周作人：《谈虎集·后记》，第 372 页。
④ 中书君（钱钟书）：《评周作人的〈中国新文学的源流〉》，载《新月》4 卷第 4 期，1932 年 11 月 1 日出版。
⑤ 周作人：《永日集·〈燕知草〉跋》，第 79 页。
⑥ 周作人：《永日集·历史》，第 137 页。

想与文学中的"自由天地"。① 他们重视个性的发展,并且敢于在文学上自由地表现自己的个性,这就使得他们的人格与文学都具有一种个性的魅力。使周作人心向往之的,还有这一代人生活与性格中的情趣,这既是雅趣,照周作人说来就是"自然、大方的风度"②,并不要禁忌什么字句,或者装出乡绅的架子;又是俗趣:周作人说,明代这些知识分子都是"都会诗人","所注意的是人事而非天然",③所谓"人事",即是在明代日趋发展起来的新兴市民世俗生活,由此而形成了不同于传统的市民趣味。周作人也谈到这一代人的"隐逸"和他们性格、文章中的"隐逸气"。周作人说,是明末社会的动乱与黑暗,使得"手拿不动竹竿的文人只好避难到艺术世界里去";④因此,明末知识分子的"隐逸"从根本上说是被动的,正因为如此,"明朝的名士的文艺诚然是多有隐遁的色彩,但根本上却是反抗的,有些人终于做了忠臣,如王谑庵到复马士英的时候便有'会稽乃报仇雪耻之乡,非藏垢纳污之地'的话,大多数的真正文人的反礼教的态度也很显然"。⑤他们性格与文章中的"隐逸气",就具有了两重性:一方面是一种闲适、温厚的风致,仿佛"在树阴下闲坐",⑥又仿佛"朦胧暮色之中,一切生物无生物都消失在里面,都觉得互相亲近,互相和解"。⑦ 但另一方面闲适里却内含有"一种愤懑"与"哀思",这或者可以说是"亡国之音",更是"乱世之音",是"怨以怒"的。⑧ 周作人终于发现自己与自己这一代知识分子和明末中国知识分子之间存在着极其深刻的精神联系;一些类似的精神现象的反复出现,确实发人深省。周作人的发现,对于中国知识分子精神历程的探讨,无疑具有重要的历史的价值。

  作为一个真正的文学家(尽管此时周作人早已宣布"文学店"的关门),周作人在考察明末文学运动与五四新文学运动的内在联系时,在提醒人们注意二者在文学观念上的相通的同时,对于"文体"给予了特殊的注意与强调,这是颇能显示他的眼光的卓异之处的。周作人十分欣赏公安运动的大

---

① 周作人:《苦茶随笔·重刊〈袁中郎集〉序》,第 59 页。
②④⑤ 周作人:《永日集·〈燕知草〉跋》,第 78~79 页。
③ 周作人:《泽泻集·〈陶庵梦忆〉序》,第 11 页。
⑥ 周作人:《谈龙集·〈竹林的故事〉序》,第 33 页。
⑦ 周作人:《永日集·〈桃园〉跋》,第 72 页。
⑧ 周作人:《苦茶随笔·重刊〈袁中郎集〉序》,第 61 页。

第七章 苦雨斋里的老人——在北平（三）
(1927.11—1937.7)

将袁中郎关于文体演变的一段话，曾一再引述："夫法因于敝而成于过者也：矫六朝骈丽钉饤之习者以流丽胜，钉饤者固流丽之因也，然其过在轻纤，盛唐诸人以阔大矫之；已阔矣，又因阔而生莽，是故续盛唐者以情实矫之；已实矣，又因实而生俚，是故续中唐者以奇僻矫之。"①在周作人看来，晚明的文学发展也经历了"公安派的流丽"，"继以竟陵派的奇僻"，"张宗子辈之融和二者以成更为完美的文章"这样几个阶段。② 而五四以来新文学（特别是现代散文）发展的历史也正与此暗合：先是胡适、陈独秀一派"清新明白"，"好像西瓜之有口皆甜"的文字，继而是"流丽清脆"的冰心、徐志摩体，最后发展为废名、俞平伯"涩如青果"的一派。③ 周作人并不满足历史发展轨迹的一般性描述，他深入地研究了一定的文体及其功能与语言形式变化之间的关系。他发现，"纯粹口语体的文章，在受过新式中学教育的学生手里写得很是细腻流丽"，适合于说理、叙事文体（如说理性散文、小说、戏剧）的发展；而在"不专说理叙事而以抒情分子为主"的文体（如"美文"即小品文）里，则不满足于"细腻流丽"，"必须有涩味与简单味，这才耐读"，"纯粹口语体"显然已不能适应要求，而必须引起语言内部成分与结构的相应变化，"以口语为基本，再加上欧化语，古文，方言等分子，杂糅调和，适宜地或吝啬地安排起来"，以"造成有雅致的俗语文来"。④ 这样，周作人就从中国新文学创作实践经验的总结上，发展了他在1923年间所提出的"把古文请进国语文学里来"⑤的思想，使得他的关于"理想的国语"的设想——"以现代语为主，采纳古代的以及外国的分子，使他丰富，柔软"，能够"适切地表现现代人的情思"，"具有论理之精密与艺术之美"，得到进一步完善。周作人这一时期还在《骆驼草》上发表了一篇颇引起争议的文章《论八股文》，他提醒人们在新文学的文体建设上应充分注意汉字的特点："汉字这东西与天下的一切文字不同，连日本朝鲜在内：它有所谓六书，所以有象形会意，有偏旁；有所谓四

---

① （明）袁中郎《瓶花斋集》卷六・叙，收周作人：《看云集・〈枣〉和〈桥〉的序》，岳麓书社1988年9月第1版，第112页。
② 周作人：《看云集・〈枣〉和〈桥〉的序》，第112页。
③ 周作人：《看云集・志摩纪念》，第68~69页。
④ 周作人：《永日集・〈燕知草〉跋》，第78页。
⑤ 参见本书第六章十四节的有关介绍。

声,所以有平仄。从这里,必然地生出好些文章上的把戏",周作人把它概括为游戏性、装饰性与音乐性。他指出,由汉字的上述特点,引出了许多文字的游戏,如对联、诗钟、灯谜等等,"再上去,再如律诗,骈文,已由文字的游戏而进入正宗的文学。自韩退之文起八代之衰,化骈为散之后,骈文似乎已交末运,然而不然:八股文生于宋,至明而少长,至清而大成,实行散文的骈文化,结果造成一种比六朝的骈文还要圆熟的散文诗,真令人有观止之叹"。周作人认为,八股文内含着的几千年专制养成的"服从与模仿根性"是必须根本反对的,但其骈散结合的形式却应该认真研究。① 以后周作人又曾进一步提倡"混合散文的朴实与骈文的华美"的文章,② 为传统古文与现代白话文的渗透,开辟了一条新的途径。周作人这一时期关于文体、语言形式的上述思考、探索,与他的关于"中国新文学的源流"的探寻,是有着共同的思路的:即是企图从文学观念、作家内在气质、审美意识以及文学语言这样一些文学的更深层次上寻找五四新文学与传统的内在联系,使五四新文学真正在本民族的土壤上扎下根来。从表面上看,似乎对五四时期提出的命题有所背离,但实际却是在承认、吸收原命题的合理性前提下(例如承认现代文学语言必须以白话文为基础),对其有所补充(强调要同时吸收文言文的有用部分)与发展。既要坚持、保留,又要背离、补充、发展,作为一个理论原则是清楚而明确的;但在具体实践中却布满了陷阱、歧路,需要谨慎行事,偶有失误也是在所难免。作为后来者应体谅前驱者的种种苦衷,简单化的批判、否定固然痛快,却不能解决任何问题:对周作人的上述探索恐亦应作如是观——自然,这也是题外话。

  细心的读者不难注意到,周作人在总结五四以来的文体建设的历史经验时,特别重视废名与俞平伯的试验。他在给废名的《枣》和《桥》作的序里,就特意点明:"废名君的著作在现代中国小说界有他独特的价值者,其第一的原因是其文章之美","从近来文体的变迁上着眼看去,更觉得有意义"。而如前所述,废名、俞平伯(尤其是废名)与周作人之间是存在着深刻的精神与文学的联系的。这一时期周作人几乎为废名、俞平伯的每一本著作都写

---

① 周作人:《看云集·论八股文》,第81页。
② 周作人:《苦竹杂记·后记》,第217页。

第七章　苦雨斋里的老人——在北平（三）
（1927.11—1937.7）

有"序"，废名也写有《周作人散文钞序》、《所藏苦雨斋尺牍跋》、俞平伯《古槐梦遇小引》，以及《知堂先生》、《关于派别》等文章。这些序跋文章，既是周作人师生之间创作上的互相切磋，又可以看作是对一种文学创作潮流、风格的自觉提倡。这是明末散文小品的"复兴"，①"以科学常识为本，加上明净的感情与清澈的智理，调和成功的一种人生观"②，同时追求"文词、气味的雅致"③，"文体之简洁或奇僻、生辣"④，或"渐近自然"⑤。正是在这样的自觉的理论提倡与实践中，周作人和他的弟子俞平伯、废名等在30年代逐渐形成了一个有着独特个性的流派，这是标志着作为散文艺术家的周作人的真正成熟的，因此它必然为评论家们所注目。1933年阿英在他的《俞平伯》一文中指出："周作人的小品文，在中国新文学运动中，是形成了一个很有权威的流派。这流派的形成，不是由于作品形式上的冲淡和平的一致性，而是思想上的一个倾向"，"在新旧两势力对立到尖锐的时候，就是正式冲突的时候，有一些人，不得不退而追寻另一条安全的路"，这正是"周作人一派的小品文获得存在的基本的道理"。阿英着意强调社会的原因，而忽略文体本身的一致性，这自然是表现了左翼批评家的一种偏颇。但阿英对社会历史政治因素的重视，也使他的某些观察别具一种眼力。例如他对周作人与俞平伯的不同处的观察就是如此："周作人与俞平伯的小品，虽是对黑暗之力的逃避，但（对周作人）这逃避是不得已的，不是他所甘心的，所以在他的文字中，无论怎样，还处处可以找到他对黑暗的现实的各种各样的抗议的心情"，"周作人的倾向，更是说明奋斗的无力，俞平伯的倾向，则是根本不要奋斗"。阿英对俞平伯的否定可能有些偏颇，但他对周作人的分析却是知人知文之论。周作人自己就做过类似的比较，他曾谈到与俞平伯的一次谈话："讲到现在中国情形之危险……平伯听了微笑对我说，他觉得我对于中国有些事情似乎比他还要热心，虽然年纪比他大，这个理由他想大约是因为我对于有些派从前有点认识，有过期待。他这话说得很好，仔细想想也说得很对。自辛丑

---

① 周作人：《泽泻集·〈陶庵梦忆〉序》，第12页。
②③ 周作人：《杂拌儿之二序》，文收《知堂序跋》，第319~320页。
④ 周作人：《看云集·〈枣〉和〈桥〉序》，第112页。
⑤ 废名：《知堂先生》，收《二十今人志》（改题为《周作人》），良友图书公司1935年初版本，第64页。

以来在外游荡,我所见所知的人上下左右总计起来,大约也颇不少。因知道而期待,而责备,这是一条路线。但是,也可因知道而不期待,而不责备,这是别一条路线。我走的却是那第一路,不肯消极,不肯逃避现实,不肯心死。"①发生在周作人与俞平伯以及废名之间的学生比先生消极得更彻底的现象,是具有典型意义的:周作人这一代人,作为历史的开创者,他们自然比继承者的一代,具有更强的历史的责任感,这种责任感甚至成为这一代人的一个标志。即使如周作人者一再努力从中挣脱出来,却事实上做不到。这就是说,周作人要陷入出世与入世这一中国知识分子古老的,几乎永恒的矛盾中,就几乎是不可避免的。这一矛盾贯串于周作人30年代生活的始终,在以后几年里,还有进一步的发展,这里就不说了吧。

可以说的,倒是这类出世与入世的矛盾对于周作人创作的影响。

这里有一个"写猫"的故事,讲起来是颇有趣味的。1932年11月15日周作人在给俞平伯信中,首次透露:"此外还想写一篇关于猫的小文,搁在心上已久,尚未能下笔,实因还未想熟(有如煮熟也)。"半个月后(1932年12月1日)在致俞平伯信中,又报告"难产"消息:"虽胸中尚有一'猫',盖非至1933年未必下笔矣。"然而到了1933年2月25日,还是写给俞平伯的信中,周作人仍然报告:"一年前所说的猫亦尚任其在屋上乱叫,不克捉到纸上来也",原因是虽"颇有志于写小文,乃有暇而无闲,终未能就","世事愈恶,愈写不进文中去(或反面走往闲适一路),于今颇觉得旧诗人作中少见乱离之迹亦是难也"。实际上,在前一天(2月24日)周作人给俞平伯的信中已经发出"寄寓燕山,大有釜底游魂之慨,但天下何处非釜乎"的感慨了。不能忘怀于艰难的时事,周作人自然写不出关于猫的闲适小品。这只"猫"竟是如此之难产,孕育五年之久,终于出世时,虽然行文多有曲折,但矛盾所向已是十分清晰:"欧洲的巫术案,中国的文字狱思想狱,都是我所怕却也就常还想(既然想了自然又怕)的东西,往往互相牵引连带着,这几乎成了我精神上的压迫之一",②这就远非闲适,很有几分锋芒了——周作人毕竟无法逃避现实,更无法在现实的黑暗面前完全闭上眼睛。

---

① 周作人:《苦茶随笔·后记》,第207页。
② 周作人:《秉烛谈·赋得猫》,第150页。

五、五十自寿诗

1933年的周作人是在平静的书斋生活中度过的。唯一引起心底波澜的大概是李大钊的公祭与遗著出版波折吧。早在1932年8月,周作人就曾就李大钊家属因境况窘困要求出售李大钊遗书事,写信给胡适。1933年4月又致书曹聚仁,称"守常殁后,其从侄即为搜辑遗稿,阅二三年略有成就,惟出版为难,终未能出世。近来滦东失陷,乐亭早为伪军所占,守常夫人避难来北平,又提此事,再三思维,拟以奉询先生,未知群众图书公司可以刊印否?"后反复讨论,几经周折,李大钊遗书终未出版。同年1月,北平人民在中国共产党地下党领导与支持下,在北平宣外下斜街浙寺为李大钊举行公祭。周作人也参加了公祭,并给李家送去花圈一个,奠仪十元。五四以后李大钊走了与自己不同的道路,他始终坚持"主义",并为此献身,但他终不免身后萧条,面对这一事实,周作人不禁感慨万端。公祭的意义不过如此;公祭者自有其政治目的,周作人对此自是了然,但仍一一认真去做,既是告慰死者英灵,更是自己聊尽人事而已。

一年之后,周作人五十寿辰,还不免有一番感慨。大约在两年前,曾有"吾家予同"称周作人"尚保持五四前后的风度",周作人在给俞平伯的信中称为"大误",并说"自审近来思想益消沉耳,岂尚有'五四'时浮躁凌厉之气乎"。而此刻,周作人回顾自己五十年人生历程,特别是五四以后由"浮躁凌厉"到"消沉"的变化,百感交集,而又化为一笑,遂"打油"二首。后来友人林语堂索诗,随意抄予,不料林语堂将手迹影印,披露于1934年4月5日出版的《人间世》创刊号,冠以"五秩自寿诗"的标题,并配以周作人巨幅照片。同期还发表了沈尹默、刘半农、林语堂《和岂明先生五秩自寿诗原韵》。经林语堂这一番精心渲染,周作人的五十自寿诗果然轰动一时,竟至满城争诵。其诗云:

前世出家今在家,不将袍子换袈裟。
街头终日听谈鬼,窗下通年学画蛇。

老去无端玩骨董,闲来随分种胡麻。
旁人若问其中意,且到寒斋吃苦茶。

其二云:

半是儒家半释家,光头更不著袈裟。
中年意趣窗前草,外道生涯洞里蛇。
徒羡低头咬大蒜,未妨拍桌拾芝麻。
谈狐说鬼寻常事,只欠工夫吃讲茶。

这里,所表现的依然是出家(出世)与在家(入世)的矛盾;这一矛盾本是属于周作人这一类自由主义知识分子的,他们在五四后抛弃了对于"主义"的信仰与追求,却不能忘怀历史与现实,于是,闲适之中竟有着说不尽的苦味。

正是这诙谐、闲适背后的苦味触到了一代人的心,因此,纷纷和诗抒怀,是难得的心的对话,灵魂的交流……

钱玄同率先和诗云:"但乐无家不出家,不皈佛教没袈裟。腐心桐选诛邪鬼,切齿纲伦打毒蛇。读史敢言无舜禹,谈音尚欲析遮麻。寒霄凛冽怀三友,蜜橘酥糖普洱茶。"钱诗后附说明云:"也是自嘲",并另有一信:"火气太大,不像诗而像标语,真要叫人齿冷。"钱玄同显然保留了一些五四时期的战斗锋芒,回顾"腐心桐选诛邪鬼,切齿纲伦打毒蛇"这当年所向披靡的战斗业绩,再返顾今日"老去无端玩骨董,闲来随分种胡麻"的无聊,是不能不"自嘲"的。

林语堂的《和京兆布衣八道湾居士岂明老五秩诗原韵》是与周作人的原诗同时发表的:"京兆绍兴同是家,布衣袖阔代袈裟。只恋什刹海中蟹,胡说八道湾里蛇。织就语丝文似锦,吟成苦雨意如麻。别来但喜君无恙,徒恨未能与话茶。"——林语堂的笔调显然更为轻松、洒脱。但正因苦味不足,便少了某些底蕴:同为闲适,林、周之相异处,大概就在于此吧。

胡适早在1930年就有诗赠周作人:"几枝无用笔,半打有心人,毕竟天

第七章　苦雨斋里的老人——在北平(三)
(1927.11—1937.7)

难补,滔滔四十春。"现在在读了周作人的《五十自寿诗》后,也寄来了他写的两首。其一《和苦茶先生打油诗》:"先生在家像出家,虽然弗着裟袈裟。能从骨董寻人味,不惯拳头打死蛇。吃肉应防嚼朋友,打油莫待种芝麻。想来爱惜绍兴酒,邀客高斋吃苦茶。"其二《再和苦茶先生,聊自嘲也》:"老夫不出家,也不着袈裟。人间专打鬼,臂上爱蟠蛇,不敢充油默,都缘怕肉麻。能干大碗酒,不品小盅茶。"胡适并在信中自注云:"昨夜写吾兄文雅,今诗写一个流氓的俗气。"①——胡适与周作人不同的追求、个性、风格,跃然纸上。

蔡元培这回也诗兴大发,从外地寄来了三首和诗,周作人一直珍藏着,并于几十年后发表于《知堂回想录》中。其三为《新年,用周知堂老人自寿韵》:"新年儿女便当家,不让沙弥袈了裟(吾乡小孩子留发一圈而剃其中边者,谓之沙弥。)鬼脸遮颜徒吓狗,龙灯画足似添蛇。六公轮掷思赢豆(吾乡小孩子选炒蚕豆六枚,于一面去壳少许,谓之黄,其完好一面谓之黑,二人以上轮掷之,黄多者赢,亦仍以豆为筹码),教语蝉联号绩麻(以成语首字与其他末字相同者联句,如甲说'大学之道',乙接说'道不远人',丙接说'人之初'等,谓之绩麻),乐事追怀非苦语,容吾一样吃甜茶(吾乡有'吃甜茶讲苦话'之语)。"周作人还特别注意到"署名则是蔡元培,并不用什么别号,此于游戏之中自有谨厚之气"。② 蔡元培的和诗显示了他的豁达与风趣,与他性格中著名的坚毅相辅相成。蔡元培于此时此地重忆童年时故乡的新年景物、风俗,自然从一个侧面反映了他内心的苦闷,对于现实政治的厌倦;同时,也包含了他对周作人内心世界相当深刻的理解。因此,完全可以理解,在众多的和诗中,蔡元培的这一组引起了周作人异乎寻常的强烈反应;直到三十年后,还无限感慨地说:"他此时已年近古稀,而记叙新年儿戏情形,细加注释,犹有童心;我的年纪要差二十岁光景,却还没有记得那样清楚,读之但有怅惘,即在极小的地方,前辈亦自不可及也。"③

显然,周作人《五十自寿诗》引发出来的,是中国一代自由主义知识分子对于自我内心的一次审视:有无可奈何中的自嘲,有故作闲适下的悲哀,不堪回首的叹息,拼命向前的挣扎等等。

---

① 胡适 1934 年 1 月 18 日《致周作人书》,文收《胡适书信集》(中),第 606 页。
②③ 周作人:《知堂回想录·一六六,北大感旧录(十一)》,第 524 页。

然而,这一代人复杂的内心世界却不是更为急进的年轻一代所能理解的。

胡适在给周作人信中曾抄录了广西寄来的署名"巴人"所写《和周作人先生五十自寿诗原韵》五首,其一"刺彼辈自捧或互捧也":"几个无聊的作家,洋服也妄充袈裟。大家拍马吹牛屁,直教兔龟笑蟹蛇","饱食谈狐兼说鬼,'群居终日'品烟茶";其二"刺从旧诗阵营打出来的所谓新诗人复作旧诗也":"失意东家捧西家,脱了洋服穿袈裟。自愧新诗终类狗,旧诗再作更画蛇";其三"刺周作人冒充儒释丑态也":"充了儒家充释家,乌纱未脱穿袈裟。既然非驴更非马,画虎不成又画蛇。"此外还有"刺疑古玄同也"、"刺刘半农博士也",语多讥讽粗俗。最后则以"误尽苍生欲谁责"一问,而以"清淡娓娓一杯茶"作结。① 这位"巴人"的"和诗"写得颇为勉强,但却是活画出了在当时一些热血青年眼里的周作人及其友人的形象的。

于是这种批评与不满很快就见于报端。4月14日《申报·自由谈》发表埜容(即廖沫沙)《人间何世?》一文,首先发难,并亦和诗一首,有"不赶热场孤仙鹤,自甘凉血冷如蛇。选将笑话供人笑,怕惹麻烦爱肉麻"等语。继而又发表胡风《"过去的幽灵"》,尖锐地指责"当年为诗的解放而斗争过的《小河》的作者,现在在这里'谈狐说鬼'",并质问道:"周先生现在自己所谈的鬼,听人家谈的鬼,是不是当年他翻译(爱罗先珂《过去的幽灵》)的时候,叫我们防备的幽灵呢?昔日热烈地叫人防备,现在却促膝而谈之,不晓得是鬼们昔日虽然可恶而现在却可爱起来了呢,还是因为昔日虽然像现在的批评家似的'浮躁',而现在的八道湾居士却功满圆成,就是对于小鬼也一视同仁了?"左翼青年们尖锐地看到了周作人内心"古老的幽灵"的复活,但他们又把这种复活现象简单化了。在他们看来,周作人谈狐说鬼即是逃避现实,而逃避现实即是背叛五四传统,这些似乎无须论证的逻辑推理,固然十分明确,却也过于直线化了。

但周作人又告诉友人,有一位先生读了诗后,不禁凄然泪下:他大概是读出了内中的"苦味"。接着,曹聚仁在《申报·自由谈》上发表文章,为周作人辩护。他一方面指出,周作人"十余年内思想的变迁,正是从孔融到陶渊明

---

① 引自胡适1934年5月14日致周作人书,文收《胡适书信集》(中),第618页。

第七章 苦雨斋里的老人——在北平（三）
(1927.11—1937.7)

二百年间思想变迁的缩影"，同时又强调周作人"备历世变,甘于韬藏,以隐士生活自全,盖势所不得不然"，他提醒世人注意：周作人虽"谈狐说鬼"却并未"厌世冷观"，"炎炎之火仍在冷灰底下燃烧着"呢。林语堂也起而辩解（自然还含有某些"自辩"的意思），在《申报·自由谈》上发表《周作人诗读法》，认为周作人自寿诗系"寄沉痛于幽闲"，"长歌沮溺乃世间热血人,明人早有此语"；他接着发挥说："后之论史者,每谓清谈亡国,不啻为逆阉洗煞,陋矣,且亦冤矣！"

这是发生在 30 年代的中国自由主义知识分子与左翼青年的一场思想的交锋。① 他们各说各的,表现了彼此之间十分深刻的隔膜,并从此结成深仇大恨：左翼青年之不容周作人们自不消说,周作人直到晚年提起当年批评他的胡风仍咬牙切齿。② 这种彼此不能谅解是可悲的。真正理解了的,却是鲁迅。正当一方忙于指责,一方忙于辩解时,鲁迅在写给曹聚仁的私人信件中,发表了如下意见："周作人自寿诗,诚有讽世之意,然此种微辞,已为今之青年所不憭,群公相和,则多近于肉麻,于是火上添油,遽成众矢之的,而不作此等攻击文字,此外近日亦无可言。此亦'古已有之',文人美女,必负亡国之责,近似亦有人觉国之将亡,已在卸责于清流或舆论矣。"③那么,鲁迅对林语堂的意见,也是基本首肯的。可惜鲁迅未将他的意见发表——自"兄弟失和"后,鲁迅就避免公开议论周作人,同时也是不愿意给攻击者以口实。虽然我们无法确认周作人在何时看到鲁迅有关书信,从而得知鲁迅在私人信件中表示的这些意见；但人们仍然饶有兴味地注意到,周作人在晚年所写的《知堂回想录》中,着意地写上这样一笔："对于我那不成东西的两首歪诗,他却能公平地予以独自的判断,特别是在我们'失和'十年之后,批评态度还

---

① 以后围绕对周作人的评价,这类争论还在继续,先后发表的重要文章有许杰《周作人论》,苏雪林《周作人先生研究》,废名《知堂先生》等。或以为周作人"是一个穿上新的衣裳的士大夫"，对他的中庸主义、历史循环论提出了尖锐批评（许杰），或以"渐近自然"形容周作人,对他"心情与行事都有一个中庸之妙"，"对于自己"以及"自己外的一切都是这样的宽容""推崇备至"（废名），或强调"如其说周作人先生是个文学家,不如说他是思想家。十年以来他给予青年的影响之大和胡适之、陈独秀不相上下"（苏雪林）。

② 在《知堂回想录》中,周作人提起胡风,仍称其为"专门'挑剔风潮,兴风作浪'"，而此时胡风已被关在狱中。

③ 1934 年 4 月 30 日鲁迅《致曹聚仁书》。5 月 16 日《致杨霁云书》也有类似意见,不复引录,收《鲁迅全集》第 12 卷,第 397~398 页。

是一贯……鲁迅平日主张'以眼还眼,以牙还牙',不会对任何人有什么情面,所以他这种态度是十分难得也是很可佩服的。"①

周作人这一"觉悟"晚了三十多年。在 1934 年,他是不会说这样的话的——也还不完全是因为不知道鲁迅的意见吧?

六、东京之行

1934 年夏,周作人因为学校休假同夫人往东京闲住了两个月,这是周作人第三次来到日本。与前两次不同,周作人现在已是一位著名的学者、作家;他的作品陆续介绍到日本,在日本知识界与国民心中,周作人是被视为中国思想界文化界的一位重要代表人物的。而这时,中日关系正日趋紧张。周作人在这样的背景下来到日本,自然是引人注目的。但周作人本人,却似乎并未顾及这些背景;他来东京,只抱着纯粹个人目的,径直说,他是来访旧的。周作人一直说,他把东京当作第二故乡,他对东京的感情远胜于他曾经长久居住过的杭州、南京与北京。他还说:"我的东京的怀念差不多即是对于日本的一切观察的基本,因为除了东京之外,我不知道日本的生活。文学美术中最感兴趣的也是东京前身的江户时代之一部分。"②而且,还得补充一句:周作人所怀念、追寻的东京,是大地震前的旧东京,即周作人 20 世纪初曾在那里生活过六年的东京。因此,这回他来到东京,头天晚上暂住在神田芳千阁旅馆,第二天就急急忙忙搬到本乡菊坂町去了。他后来解释说,来到东京,"看了大震灾后伟大的复兴,一面很是佩服,但是一面却特地去找地震时没有被毁的地区,在本乡菊坂町的旅馆寄寓,因为我觉得到日本去住洋房吃面包不是我的本意。这一件小事可以知道我们的情绪是如何倾于守旧"③。

作为一个文化名人,周作人来访东京,自然有不少礼仪性宴会与拜见,活动日程排得很紧。但我们仍在周作人日记中,看到了这样的记载:"饭后在银座散步至日本桥……"(7.15);"晚同耀辰至大学前散步买旧书一二册,九时

---

① 周作人:《知堂回想录·一三五,在病院中》,第 405 页。
② 周作人:《瓜豆集·怀东京》,第 62 页。
③ 周作人:《药堂杂文·留学的回忆》,第 97 页。

第七章 苦雨斋里的老人——在北平（三）
(1927.11—1937.7)

回寓所"(8.19)；"晚同信子、耀辰至本乡三丁目一转,买旧书一册"(8.22)。我们可以想见,这时候周作人一定有如释重负之感,晚上穿了和服木屐,像一个普通男子,和自己的爱妻密友一起,混杂在匆匆而行的人群中,感受着旧东京特有的温馨、古朴而亲切的"气味",那又是何等的惬意呢。当周作人一行重新踏上当年走过的旧路,定是别有一番感慨的。当他走过那一间间熟悉的书店,书摊,一定在重温当年一个穷大学生揣着最后一点储蓄,一文一文地计算着选购图书的苦趣吧。当他在旧书店里终于又"买旧书一二册"时,一定又回味起当年也是在散步时,从一间卑陋的小书架上无意中购得文泉子《如梦记》时的喜悦吧。当他到本乡三丁目"一转",一定会止不住怦然心跳,不远处的二丁目的伏见馆,那位馆主人的妹妹乾荣子,或许还在为客人端送茶水,一双赤足,轻盈地自然地在屋里走来走去呢①……实际上,一年以前,1933年4月10日,周作人还曾梦见乾荣子,在梦中,乾荣子"问陋字如何写,未有一竖否",周作人答"君写字必精进,何不为书一纸,即'色纸'可耳",乾荣子答曰"うん"。那是何等的情意切切呀……那么此次重游,他们是否有过重逢呢？周作人什么也没有说,我们只能如此揣度而已。从日本归来后的第二年,周作人写了篇读永井荷风随笔的《东京散策记》的笔记,并且声明,他是怀着"一点儿故旧之谊"去读的。那么,当周作人录下荷风的下列文字时,应是想到一年前的东京之游的——

> 但是我所喜欢曳屐走到的东京市中的废址,大抵单是平凡的景色,如令我个人感到兴趣……两旁的房屋都很低,路也随便弯来弯去,洋油漆的招牌以及仿洋式的玻璃门等一家都没有,除却有时飘着冰店的旗子以外小胡同的眺望没有一点什么色彩,住家就只是那些裁缝店烤白薯店粗点心店灯笼店等,营着从前的职业勉强度日的人家。我在新开路的住家门口常看见堂皇地挂着什么商会什么事务所的木牌,莫名其妙地总对于新时代的这种企业引起不安之念,又对于那些主谋者的人

---

① 周作人夫人信子在晚年与周作人争吵中,时常提及周作人这次"东京之行"时的"外遇",似乎周作人与乾荣子曾有过一次相遇——但也只是揣度,并无实据。但1937年5月24日晨,1940年10月6日周作人都曾梦见乾荣子,却是真的。

物很感到危险。倒是在这样贫穷的小胡同里营着从前的职业穷苦度日的老人们,我见了在同情与悲哀之上还不禁起尊敬之念……

往小胡同去罢,走横街去罢。这样我喜欢走的,格拉格拉拖着晴天屐走去的里街……①

那么,周作人有没有同时想到自己所居住八道湾胡同的四合院呢?……

周作人在东京住下不久,就有明治文学谈话会的工作人员来访。周作人多次说过,他留学日本时正是明治末期,他所知道并且喜欢的,也还只是明治时代的日本,对于明治文学大抵特别感到一种亲切与怀念。② 在某种意义上,他此次来东京访旧,主要是追怀与寻访明治文学。但明治时代毕竟已经过去,青年周作人所景仰的巨匠夏目漱石、森鸥外等都先后谢世,现存的两三位相见也非容易。与谢野宽先生此时正在海滨避暑,就未能前去拜访;一年后,忽然接到先生谢世的讣告,周作人后悔不已,遂成终生遗憾。但明治时代最后一位大家,"自明治以至昭和,一直为文坛的重镇"③的岛崎藤村先生却是见着的,算得上周作人此次东京之行的最重要的收获吧。周作人最初听见藤村先生的名字,还是在东京求学的时代。这大约是明治四十年丁未,长篇小说《春》开始在东京《朝日新闻》上登载,其时藤村先生还只是三十六岁;这次相见,已是六十六岁的老人了。两人先是在8月4日日本中国文学会的宴会上第一次相见;8月20日,藤村先生又在麻木区六本木的大和田约请小饮,在座的有徐祖正、辻哲郎、有岛生马等五人。藤村带了一本岩波文库中冈仓觉三著《茶之书》送周作人,还客气地说,是一本旧的,很对不住;周作人倒是比新的更觉得喜欢。饭后,主人要来了几把折扇,叫大家挥毫做个纪念。藤村先生写的是短歌一首,是西行法师所作,大意是:"夏天的夜,有如苦竹,竹细节密,不久之间,随即天明",署款藤字。周作人却只简单地署名,并未写字。后来,周作人说,藤村给他的印象,仿佛一位老哲人,文

---

① 转引自周作人:《苦茶随笔·东京散策记》,第39~40页。
② 周作人:《苦茶随笔·与谢野先生纪念》,第106页。
③ 周作人:《立春以前·明治文学之追忆》,第74页。

第七章 苦雨斋里的老人——在北平（三）
(1927.11—1937.7)

章与智慧远出我们之上，见面时只是致敬，并未多谈，但直感得这是和我们同在一条线上的。周作人还说，藤村先生的诗和小说以前也曾读过好些，近年来最喜欢的还是他的随笔，几回起意要翻译，却终于不曾下笔，生怕译不好反把原文弄坏了。原文的妙处在哪里呢？据周作人说，在岛崎藤村的随笔里，"富有思想的分子，而这又有空间与时间的博大性"；①"不能看出有什么超俗的地方，却是那么和平敦厚，又清澈明净，脱离庸俗而不显出新异"②，十分难得，也是极高的境界，这是极得东方文化之神韵的。这恐怕正是岛崎藤村如此使周作人入迷的原因。周作人在接见记者井上红梅时，不无遗憾地谈到"中国不欢迎纯粹日本趣味的东西倒欢迎外国化的日本"，以为这"或许是因为直到现在为止，没有精通日本语的人，不了解吧"，他是一定想到了岛崎藤村的，就在这次接见中，他明确地表示"于现今日本作家的作品中，岛崎藤村的文章我是佩服的"③……

周作人这次还见到了武者小路实笃，可谓是老友重逢。两人并且同往新村支部作一次恳切的谈话。谈话内容已不可知，想必总要回顾当年为空想社会主义的新村理想的献身精神吧。老年人对于自己青少年时代幼稚行为的回忆，总是宽容、温和的，并往往从中发现某些诗意……

周作人在日本与郭沫若意外地相见，给这次带着浓厚怀旧色调的东京之行，多少增加了一点戏剧性。无论人生态度，政治选择，文艺观点，以至个性，郭沫若与周作人都截然不同，甚至可以说是处于两个极端。虽然，1922年周作人在筹办北京大学日本文学系时，曾有过邀请刚从日本医科大学毕业的郭沫若来系任教的计划，但在20年代，周作人与郭沫若就有过多次文字之争。郭沫若关于"国内人士只注意媒婆，而不注意处子"的著名"牢骚"④，就是针对周作人的。由此引发出创造社与文学研究会的论争。以后郭沫若

---

① 周作人：《药堂杂文·岛崎藤村先生》，文收《周作人散文精编》上册，第380～382页。
② 周作文：《立春以前·明治文学之追忆》，第74页。
③ 在这次谈话中周作人首次谈到自己"在文坛上露头角的得意门生"有俞平伯、废名及冰心等。周作人还接见了《读卖新闻》记者，认为"现代中国文学较有成绩者似是评论，也未可知"，"其次，便是小说"，"作诗须取何种新形式，这是中国现代文学之谜"。
④ 1920年10月10日出版的《学灯》双十节增刊依次发表了周作人翻译的波兰小说《世界的霉》，鲁迅的创作《头发的故事》，与郭沫若的创作《棠棣之花》，引起了郭沫若的不满，他在给《学灯》编者李石岑的信中就说了以上这番话。

又点名批评周作人重译的《法国的俳谐诗》是"纯粹的直译,死译,那只好摒诸文坛之外"[1],还著文表示不同意周作人在《自己的园地·序》里所提出的批评观。[2] 鲁迅曾说他不喜欢创造社人的"创造脸"、"创造气";[3]周作人对郭沫若动不动就要将人"摒诸文坛之外"的宣判式的"批评",也不会有好印象。但他也许是招架不住那不容分说砍来的板斧,对郭沫若的批判从不公开对答,尽管他的朋友钱玄同、郑振铎为此愤愤不平,一再怂恿他反击。他们之间的文字之争其实是并无争的。这次周作人到了东京,郭沫若也正避居于此,"二堂"——知堂与鼎堂终于有了见面的机会。据周作人7月30日日记:"郭沫若君同其四女来访耀辰,共谈良久而去。"这一次虽是两人第一次见面,但郭沫若主要是来访问徐耀辰的,算不得正式会见。因此,郭沫若1934年8月6日日记里,又有如下记载:"午前徐耀辰来信,说岂明先生欲一见,问我几时可回市川,以十号前后回去的消息答复了他",那么,持主动态度的自然是周作人。有趣的是,郭沫若在日记中透露的他对周作人此行的心理反应:"岂明此时小寓江户,江户文士礼遇甚殷,报上时有燕会招待之记事。岂明先生的生活觉得很可羡慕。岂明先生是黄帝子孙,我也是黄帝子孙。岂明夫人是天孙人种,我的夫人也是天孙人种。岂明先生的交游是骚人墨客,我的朋友却是刑士宪兵。"尽管处于流亡中,郭沫若依然这般争强好胜,并毫不隐讳,其个性鲜明如此。据周作人日记:"8月14日,乘车去市川须和田二七七访郭沫若君,下午回寓已四时。"8月17日又记:"上午耀辰往文求堂访田中君,郭沫若君亦来,同往千驮木田丁田中宅,即旧森氏观潮楼也。"那么,他们几乎是有两个半天即一整天的相聚的。此事自然颇具新闻性,因此,报纸曾大登"二堂相见晤语"的消息,很是热闹了一阵。据陶亢德《知堂与鼎堂》(文载《古今》第20、21期)一文中回忆,其时郭沫若与《宇宙风》编辑部林语堂、陶亢德正因稿件处理发生冲突,陶在报刊上见到二堂会见的消息,即去信周作人问其对郭沫若的印象。周作人在回信中说:"鼎堂

---

[1] 郭沫若:《批判意门湖译本及其他》,载《创造季刊》第1卷第2期,1922年9月。
[2] 郭沫若:《批评——欣赏——检察》,收《文艺论集》,人民文学出版社1979年9月版,第271～277页。
[3] 鲁迅:《伪自由书·前记》,《鲁迅全集》第5卷,第3页。

相见大可谈,惟下笔时便难免稍过,当作个人癖性看,亦可不必太计较。故鄙人私见以为互讦恐不合宜,虑多为小人们所窃笑也。"据陶亢德回忆,"为了知堂一言",林、陶原已准备好的反驳文章未发表,后来郭沫若也来信"痛言国事之亟,大家不应再作意气之争",一场笔墨官司就此避免:这也可算是"二堂相见"以至周作人东京之行的一个小插曲吧。

周作人于1934年8月28日启程回国,结束了东京之行。

七、风雨故人来

周作人9月2日抵京,9月4日,即往访刘半农夫人——刘半农已先于7月14日(周作人正在去日本的途中)因在西北调查方言染回归热病遽然而逝。周作人是在东京从朋友处得知此消息的,当时只觉得出乎意料,除了惘然若失而外,别无什么话可说。但当宾客散尽,深夜独处时,周作人是会感到有许多话要对这位亡友说的。周作人当会记得,就在发表五十自寿诗的那一期《人间世》上,同时发表了刘半农《双凤凰砖斋小品文》,在《题记》中,半农还写有"昔苦雨斋老人得一凤凰砖,甚自喜,即以此名其斋。今余所得砖乃有双凤凰,半农他事或不如岂明,此则信之矣"等语,谈笑中有掩不住的真情。就在不久前,他们还写诗相和,并发表于7月1日出版的《论语》44期上。半农《自题画像》云:"名师执笔美人参,画出冬烘两鬓斑。桐眼注明劳碌命,评头未许穴窬钻。诗文讽世终何补,磊块横胸且自宽。蓝布大衫偏窃喜,笑看猴子沐而冠。"周作人和诗云:"宝相庄严许拜参,面皮光滑鬓毛斑。眼斜好显娥眉细,头大难将狗洞钻。脚下鱼鳞方步稳,壶中芝豆老怀宽。布衫恰是新章服,抵得前朝一品冠。"[①]原诗与和诗不但于刘半农神形毕肖,嬉笑之间正显出彼此的情深意笃。却不料竟成最后的戏语,人生如此不可捉摸,周作人又有何话可说。9月14日,北京大学举行追悼会,周作人致词中,只讲了两点:"其一是半农的真。他不装假,肯说话,不投机,不怕骂,一方面却是天真烂漫,对什么人都无恶意。其二是半农的杂学。他的专门是语音

---

① 十七年前周作人与刘半农第一次见面时,刘半农脚着灰蓝细花缎帮鞋,玄同戏称为"鱼皮鞋",故有"脚下鱼鳞"之语。

学,但他的兴趣很广博,文学美术他都喜欢,作诗,写字,照相,搜书,讲文法,讲音乐。有人或者嫌他杂,我觉得这正是好处,方面广,理解多,于处世和治学都有用,不过在思想统一的时代,自然有点不合式。"① 9月份,周作人又写打油诗二首,其一曰:"昔时笔祸同蒙难,菜厂幽居亦可怜。算到今日逢百日,寒泉一盏荐君前。"②这是追念1927年10月避难生涯的。一直到11月30日,刘半农逝世四个多月,周作人终于写出《半农纪念》一文。文章说:"半农和我是十多年的老朋友,这回半农的死,对于我是一个老友的丧失,我所感到的也是朋友的哀愁,这很难得用笔墨记录下来。朋友们的交情可以深厚,而这种悲哀总是淡泊而平定的,与夫妇子女间沉挚激越者不同,然而这两者却是同样的难以文字表示得恰好。"③——周作人"淡泊而平定"的悲哀下又藏着什么呢?……

周作人已经不是第一次这样悼念故人的离去了:三年前徐志摩突然坠机而亡时,周作人也曾写文章对这位过从并不密切,甚至曾以笔墨相讥的故人表示悼惜,因为他"和蔼真率,令人觉得可亲近","就是有些小毛病小缺点也好像脸上某处的一颗小黑痣,也是造成好感的一小部分,只令人微笑点头,并没有嫌憎之感"。④ 还有一些"淡泊而平定"的悲哀,是用文字也表达不清的,例如一年前刚刚举行过公祭的大钊先生,他也是那般的温和与真诚……

那是整整一代人的"真"。你可以说他们活得太苦,但他们认真、真率、真诚,甚至天真,他们的活法就特具一种魅力。惟其真,一切一目了然,彼此相处,可以用不着提防,一点儿也不累。周作人所珍惜的,正是这一点;然而这样的真的故人,去一个就少一个,尽管明知这是自然法则,但每当念及"又少一个了……"总不免怅惘之后,又感到说不出的寂寞……

是的,寂寞。刻骨铭心的寂寞。尽管此时周作人已经有了新的朋友:不仅有以他为中心的那个小圈子,而且还有以后被称为"京派"的大圈子。在1934年、1935年周作人日记中经常见到这样的记载:午往丰泽园赴《大公报·文艺副刊》之招宴,到者:杨金甫、俞平伯、朱自清、闻一多、梁实秋、余上沅、郑振铎、沈从文等。(1934年9月22日),这里有老朋友,也有新朋友,都是周作人所尊重的,彼此也确有许多共同语言。就以梁实秋而言,他与周作

---

①②③ 周作人:《苦茶随笔·半农纪念》,第98、99、101页。
④ 周作人:《看云集·志摩纪念》,第69页。

第七章　苦雨斋里的老人——在北平（三）
（1927.11—1937.7）

人之间,20年代虽曾有过关于"丑的字句"的论争（朱自清在30年代时谈到这场论争时说："梁实秋氏主张有些诗不能入诗,周启明氏不以为然,引起一场有趣的争辩"）,后来梁实秋批判五四文学"浪漫的趋势",周作人也是对象之一;但在"丑的字句"论争之后,周作人即应梁实秋之邀,到清华文学社作了《日本的小诗》的著名讲演,梁实秋对五四浪漫主义的批评,周作人也是折服,并引起了共鸣的。此时,他们在北京大学同一个系,过往更密,梁实秋主编《自由评论》,周作人即为重要撰稿人,很有影响的《谈日本文化书》就是写给梁实秋的。从后来梁实秋说周作人"他的生活思想沾染了深厚的日本色彩——日本人之比较温和和高雅的一面",说明他对周作人是有相当的理解的。然而,在周作人的自我感觉中,他始终是苦雨斋里孤独的老人。梁实秋似乎也觉察到了这一点,他就曾这样描写他眼中的苦雨斋和它的主人——

> 八道湾在西城,是名副其实的一条弯曲的小巷。进门去,一个冷冷落落的院子,多半个院子积存着雨水,我想这就是"苦雨斋"命名的由来了。临街的一排房子算是客厅,地上铺着凉席,陈设简陋。……上房是一明两暗,明间像是书库,横列着一人多高的几只书架,中西书籍杂陈,但很整洁。右面一个暗间房门虚掩,不知作什么的。左面一间显然是他的书房,有一块小小的镜框,题着"苦雨斋"三字,是沈尹默先生的手笔,一张庞大的柚木书桌,上面有笔筒砚台之类,清清爽爽,一尘不染。此外便是简简单单的几把椅子了。照例有一碗清茶献客,茶具是日本式的,带盖的小小茶盅,小小的茶壶有一只藤子编的提梁,小巧而淡雅。永远是清茶,淡淡的青绿色,七分满。房子是顶普通的北平式的小房子,可是四白落地,几净窗明。就是在这个地方,他翻阅《金枝》,吟咏俳句,写他的冷隽的杂文小品。①

洁净,淡雅,冷落之中你会感到主人的淡泊与寂寞;"冷隽"的不仅是苦雨斋老人的文章,更是他的心境。周作人后来写过一篇题为《结缘豆》的文

---

① 梁实秋:《忆岂明老人》,载《传记文学》,1967年11卷3期。

章,这样描述他的"寂寞感"——

> 大约是从佛教进来以后,中国人很看重缘,有时候还至于说得很有点神秘,几乎近于命数。……
>
> 为什么这样的要结缘的呢?我想,这或者由于不安于孤寂的缘故吧。富贵子嗣是大众的愿望,不过这都有地方可以去求,如财神送子娘娘等处,然而此外还有一种苦痛却无法解除,即是上文所说的人生的孤寂。孔子曾说过,鸟兽不可与同群,吾非斯人之徒而谁与。人是喜群的,但他往往在人群中感到不可堪的寂寞,有如在庙会时挤在潮水般的人丛里,特别像是一片树叶,与一切绝缘而孤立着……我们的确彼此太缺少缘分,假如可能实有多结之必要……①

这是怎样地令人绝望的命中注定的"缺少缘分",这又是怎样可怖的"人群中"的"寂寞"……

周作人却仍要苦苦地挣扎。

他说:"我现在去念佛拈豆,这自然是可以不必了,姑且以小文章代之耳。我写文章,平常自己怀疑,这是为什么的:为公乎?为私乎?"现在终于醒悟:"结点缘罢了。"②这几乎又回到了五四时期"以文学沟通人的心灵"的观点上了;不知周作人在重提文学"结缘论"时,有没有想到当年曾经引起他强烈共鸣的有岛武郎的那句名言:"我因为寂寞,所以创作……""我因为欲爱,所以创作……""我因为欲得爱,所以创作……"

对于周作人,读书,而且是读杂书,也是摆脱寂寞、结缘之一法。30年代,朱光潜先生写有《陶渊明》一文,说陶渊明"他的清风亮节在当时虽无同调,过去有同调的人们正复不少,使他自慰'吾道不孤'。他好读书,就是这个缘故";正是读书,使陶渊明"打破了现在的界限而游心于千载,发见许多可'尚友'的古人",他的精神生活因此获得了新的超越与自由。③ 这也正是周作人所追求的读书境界与人生境界,这两者对于周作人是合而为一的。

---

①② 周作人:《瓜豆集·结缘豆》,第180~182页。
③ 文收《朱光潜全集》第3卷,安徽教育出版社1987年8月第1版,第258页。

第七章　苦雨斋里的老人——在北平(三)
(1927.11—1937.7)

尽管此时周作人已经躲进苦雨斋里,但他并不甘心于仅仅"咀嚼身边的小小的悲欢,而且就看这小悲欢为全世界"。① 他仍然追求着一个阔大的精神世界,向往着思想的自由驰骋,这是周作人高于他的"过于珍惜他有限的'哀愁'",因而不免露出"有意低徊,顾影自怜之态"②的学生的地方:周作人仍不失为大家风度。现实中既然与一切绝缘,周作人就只能像当年陶渊明那样,"历览千载书,时时见遗烈",在与"遗烈"结缘、对话中,使自己寂寞的内心得到慰藉,精神也得到升华。读书的过程,就是一个物我的回响交流的过程,一方面用自己的胸襟与眼光去发现古人,另一方面,又通过这种发现进一步肯定自己,扩大、丰富自己,建立起支撑自我的精神柱石。朱光潜先生说这有如佛家所说的"千灯相照",这自然是对佛教有着深刻理解的周作人所追慕的。翻开这一时期周作人所写的《夜读抄》、《苦茶随笔》、《苦竹杂记》、《瓜豆集》、《风雨谈》,差不多净是读古书的笔记,这很容易给人以"文抄公"与"复古"的印象,这其实包含着可悲的误解。周作人

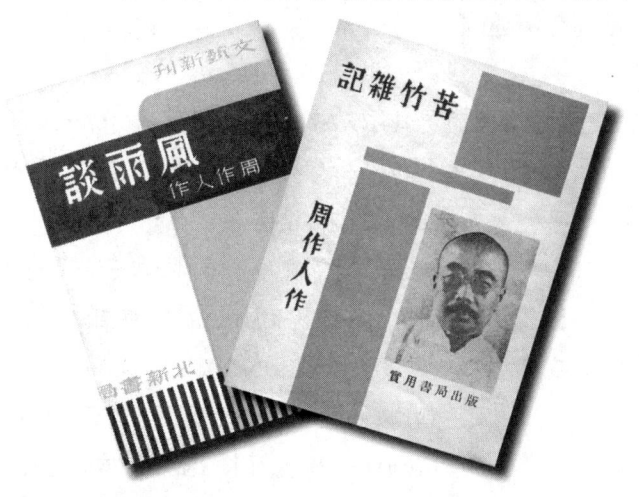

自己就辩解说,他所作的是"披沙拣金"的工作,自有自己的标准:"因此,我看书时遇见正学的思想正宗的文章都望望然去之,真真连一眼都不瞟","我的标准是那样的宽而且窄,窄时网不进去,宽时又漏出去了,结果很难抓住看了中意,也就是可以抄的书。不问古今中外,我只喜欢兼具健全的物理与深厚的人情之思想,混合散文的朴实与骈文的华美之文章,理想固难达到,少少具体者也就不肯轻易放过"。③ 周作人这一代人既已经过五四的洗礼,

---

①② 鲁迅:《且介亭杂文二集·〈中国新文学大系〉小说二集·序》,《鲁迅全集》第6卷,第242、244页。

③　周作人:《苦竹杂记·后记》,第217页。

进入了世界文化的大系统,他们就绝不可能再原封不动地回复到封建文化封闭体系中。他所谓"人情物理"标准,实际上就是西方文化启迪下形成的"人道主义的理智精神",以此去重新审视、映照中国传统文化,必然是一种名副其实的再度别择与发现。也就是说,周作人从浩如烟海的古书中重新发掘出来的古人,必然是"那样的旧而又这样的新"的,①而且也是与周作人的个性有着某种相通的。唯其如此,作为现代知识分子的周作人才有可能与之结缘;周作人也就通过这种努力,将自我与历史联系起来,也就是在历史存在中找到自我存在的根据与理由。

周作人在《风雨谈·小引》里,曾经引用《诗经·郑风》中"风雨"三章及栖霞郝氏《诗问》中所载王瑞玉夫人的解说,来描述他深夜读书的"意境",这是别有情趣的。

"风雨凄凄,鸡鸣喈喈。既见君子,云胡不夷"——凄凄,寒凉也。喈喈,声和也。……寒雨荒鸡,无聊甚矣,此时得见君子,云何而忧不平。故人未必冒雨来,设辞尔。

"风雨潇潇,鸡鸣胶胶。既见君子,云胡不瘳"——潇潇,暴疾也。胶胶,声杂也。……暴雨如注,群鸡乱鸣,此时积忧成病,见君子则病愈。

"风雨如晦,鸡鸣不已,既见君子,云胡不喜"——晦,昏也。已,止也。……雨甚而晦,鸡鸣而长,苦寂甚矣,故人来喜当何如。②

"风雨凄凄",以至"如晦","无聊甚矣",以至"积忧成病",写尽了读书前与择书过程中,未见"故人"时的苦境。一旦打开书册,"风雨故人来","既见君子,云胡不喜"!——周作人说:"不佞故人不多,又各忙碌,相见的时候颇少,但是书册上的故人则又殊不少,此随时可晤对也。不谈今天天气哈哈哈,可谈的物事随处多有,所差的是要花本钱买书而已。翻开书画,得听一夕的话,已大可喜,若再写下来,自然更妙。虽然做文章赔本稍为有点

---

① 周作人:《永日集·〈杂拌儿〉跋》,第74页。
② 周作人:《风雨谈·小引》,第1~2页。

第七章 苦雨斋里的老人——在北平（三）
(1927.11—1937.7)

好笑，但不失为消遣之一法。"①

起于"寂寞"之感，止于"与故人晤对"之乐：此苦雨斋老人夜读之趣也。

那么，经常造访苦雨斋，风雨之夕翩翩而至的"故人"，都是些什么人呢？

周作人说，对他影响最大的思想家，首推汉末的王充，他应该是苦雨斋常客中的长者了。周作人最钦佩王充"疾虚妄"的精神。自号"知堂"，固然源出于孔夫子"知之为知之，不知为不知，是知也"的"圣教"，但究其"神"，还是王充的"疾虚妄"。

周氏兄弟都很景仰魏晋南北朝人的风采。但苦雨斋的座上客，却不是愤世嫉俗的阮籍、嵇康，而是态度蔼然、中和的陶渊明、颜之推。同是陶渊明，周氏兄弟的观察也不尽相同。在鲁迅眼里，陶渊明不仅飘逸，而且有时"摩登"，更有"金刚怒目"，"陶潜正因为并非'浑身'是静穆，所以他伟大"。②鲁迅这话是针对朱光潜的；朱光潜在30年代曾撰文，说陶渊明浑身"静穆"，"超一切忧喜"，也"泯化一切忧喜"。③ 周作人与之结缘的陶渊明，既不同于"鲁"，也不同于"朱"，他是一切顺乎"人情之常，出于自然"的。④ 周作人特别注意陶渊明在与子女关系中表现出来的人情味，以为这是最为难得的。周作人又把《颜氏家训》的作者颜之推列为陶渊明之后的第二人："陶公无论矣，颜君或居其次，然而第三人却难找得出了"⑤；周作人所倾心的，也是颜之推的"理性通达"，说他的思想"比有些道学家要宽大得多，或者这就是所谓杂也未可知。但总之是不窄，就是人情味之所在"。⑥

周作人亲近明末清初的知识分子，这是众所周知的，一本《中国新文学的源流》早已将他们结缘。但看来周作人真正欣赏的，未必是三袁，——正如废名所说，周作人"没有那些文采，兴酣笔落的情形我想是没有的，而此都是公安及其他古今才士的特色"；⑦倒是李贽、傅山，还有他的同乡王季重与张岱，周作人更会感到亲切。他不隐讳赞赏李贽是因为他是晚明文坛上的

---

① 周作人：《风雨谈·小引》，第1~2页。
② 鲁迅：《且介亭杂文二集·"题未定"草（七）》，《鲁迅全集》第6卷，第430页。
③ 朱光潜：《说"曲终人不见，江上数峰青"》，收《朱光潜全集》第8卷，第396页。
④ 周作人：《夜读抄·鬼的生长》，岳麓书社1988年9月第1版，第105、109、163页。
⑤⑥ 周作人：《夜读抄·颜氏家训》，第109、105页。
⑦ 废名：《关于派别》，载1935年4月20日《人间世》26期。

所谓"旁门","我的偏见以为思想与文艺上的旁门往往要比正统更有意思"①;周作人因此给李贽"我亦人也"的自觉意识,男女问题上的平等观以很高评价,引述友人的评语以为"在中国 16 世纪的后半纪,这种见解的确是了不得的"。② 周作人心目中的傅山(青主)也类似颜之推:"思想宽博,于儒道佛三者都能通达,故无偏执处。"傅青主的"真率"、"明达",反对"奴俗",这也是周作人所独能共鸣的。③ 至于王季重与张岱,已是童年时的老友,就不必多说了。

周作人说他最佩服的三位前人,王充、李贽之外,就是俞理初;而俞理初是清朝人。蔡元培先生在《中国伦理学史》中,说清朝思想界中有三个大人物,即黄梨洲、戴东原、俞理初,周作人则认为,"清朝三贤我亦都敬重,若问其次序,则我不能不先俞而后黄、戴矣。"④他还说:"俞君的价值固自存在,在近代中国思想中盖莫能与之比肩矣。"⑤最使周作人佩服得五体投地的是俞理初下列言论,他郑重抄录于《关于俞理初》一文中:"一与之齐终身不改,男子亦不当再娶","后世女子不肯再受聘者谓之贞女,乃贤者未思之过。未同衾而同穴,则又何必亲迎,何必庙见,何必为酒食以召乡党僚友,直无男女之分","夫买妾而妻不妒,是恝也,恝则家道坏矣"。这都是惊世骇俗之言,周作人则以为"见识乃极明远","能尊重人权,对于两性问题常有超越前人的公论",⑥其"平等的两性观",实为中国的第一人。⑦周作人并因此而感慨系之:"我们生于 20 世纪的中华民国,得自由接受性心理的知识,才能稍稍有所理解,而人既无多,话亦难说,妇人问题的究极仍属于危险思想,为老头子与其儿子们所不悦……俞君生嘉道时而能直言如此,不得不说是智勇之士。"⑧想来周作人在"妇女问题的究极仍属危险思想"的 20 世纪 30 年代,能够得到生活于 18 世纪的俞理初这样的忘年交,在苦雨斋与之畅谈妇女与小儿,当是极为愉快的事。而使周作人尤为满意的是,俞理初虽思想锋利,"义正而词亦严,却又情理湛足,如以绮语作譬喻,正可云懔若冰霜而复艳如桃

---

① 周作人:《风雨谈·〈梅花草堂笔谈〉等》,第 137 页。
②⑤ 周作人:《秉烛谈·〈妇人之笑〉》,收《知堂书话》下册,第 168 页。
③ 周作人:《风雨谈·关于傅青主》,第 4~6 页。
④⑦⑧ 周作人:《秉烛谈·关于俞理初》,第 3~5 页。
⑥ 周作人:《秉烛后谈·俞理初的诙谐》,收《知堂书话》下册,第 801 页。

第七章　苦雨斋里的老人——在北平（三）
(1927.11—1937.7)

李也"。① 与这样的"故人"作一夕之谈，在情、理、文上都能得到最大的满足，真是最高的享受了。

何况具有类似风格的"伟大的常人"不只俞理初一人，周作人在清代群贤中，还发现了"思想清楚通达"、"大而入细"、"奇不乖绝"的蒋子潇，②学术思想类似颜之推，"切实而宽博"的郝懿行，③"清朗通达"，"不夹杂道士气"的刘青园等等，④他们往往与俞理初邀约而来，常作竟日之谈。除此之外，人与文均有小疵的郑板桥言论虽"近于夸张"，却也有"透彻"之处，李笠翁之文虽"未免甜熟，却颇能畅达，又间出新意奇语，人不能及"，⑤也是可以谈谈的……

于是，周作人冷落的苦雨斋经常"高朋满座"了，时有朗朗笑声飞出窗外，惊破满院的寂静；更多的则是会心的微笑。每当宾客散尽，周作人就连忙把这会心之处，连同微笑，一齐记录在纸上……不隔几天，《大公报·文艺副刊》、《水星》、《人间世》、《青年界》、《论语》……大大小小的报纸杂志上，就出现了署名知堂、岂明、难知、不知……的千字文或数千字的读书笔记体的精妙的散文。细心的研究者一一拜读之后，很容易就发现了一个规律：周作人的"故人"无不生活在中国社会王纲解纽、思想相对解放的历史时代。人们由此而把握了周作人及其同代人与中国思想文化学术传统的历史联系，也更深入地认识了周作人其人与其文。郁达夫在1935年编选《中国新文学大系·散文二集》时，周氏兄弟的散文就占了大半篇幅；郁达夫并且评论说，周作人近年的散文"一变而为枯涩苍老，炉火纯青，归入古雅遒劲的一途了"——周作人确有知音，他可以知足了吧。

但周作人仍然叫唤"寂寞"。这不仅因为郁达夫这样的知音太少，把这一时期写作读书笔记体散文的周作人斥为"文抄公"的"批评"，一直没有断过，而且从根本上周作人是时时怀疑这一切的。他早就说过——

---

① 周作人：《秉烛谈·关于俞理初》，第3~5页。
② 周作人：《苦竹杂记·蒋子潇〈游艺录〉》，第127页。
③ 周作人：《风雨谈·〈记海错〉》，第24页。
④ 周作人：《苦竹杂记·刘青园〈常谈〉》，第35、36页。
⑤ 周作人：《瓜豆集·谈养鸟》，第184页。

  我觉得人之互相理解是至难——即使不是不可能的事,而表现自己之真实的感情思想也是同样地难。我们说话作文,听别人的话,读别人的文,以为互相理解了,这是一个聊以自娱的如意的好梦,好到连自己觉到了的时候也还不肯立即承认,知道是梦了却还想在梦境中多流连一刻……①

  就是平常谈话,也常觉得自己有些话是虚空的,不与心情切实相应,说出时便即知道,感到一种恶心的寂寞,好像是嘴里尝到了肥皂……②

  于是,尽管闭门读书自娱,偷得一点风雨故人来的乐趣,周作人却永远也不能排遣自己内心的孤独与寂苦。③

八、"杂糅中见调和"

  而且,周作人也不能安心地闭门读书。
  这些年,周作人养成了一个习惯,几乎每年(也有半年多的时候)都要编一本书;而他在后记中,回顾一年(或半年)的写作时,总不免要发生这样的感慨——

  我很惭愧老是那么热心,积极,又是在已经略略知道之后,难道相信天下真有"奇迹"吗?实实是大错而特错也。以后应当努力,用心写文章,莫管人家鸟事,且谈草木虫鱼,要紧要紧。④

  这一年过去了,没有能够消极一点,这是我所觉得很可悲的。我何

---

① 周作人:《雨天的书·沉默》,第124页。
② 周作人:《雨天的书·济南道中之三》,第148页。
③ 1937年5月24日周作人在寂苦中又梦见了乾荣子:梦中他们"一室共语,欲乘间说明心事终未果,怅然而醒"。
④ 周作人:《苦茶随笔·后记》(1935年6月1日),第208页。

第七章 苦雨斋里的老人——在北平(三)
(1927.11—1937.7)

时才真能专谈风月讲趣味,如许多热心的朋友所期待者乎。我恐怕这不大容易。自己之不满意只好且搁起不说,但因此而将能使期待的朋友长此失望,则真是万分地对不起他。①

这三十篇小文重阅一过,自己不禁叹息道,太积极了!圣像破坏与中庸夹在一起,不知是怎么一回事。有好些性急的朋友以为我早该谈风月了,等之久久,心想:要谈了吧,要谈风月了吧?……其实我自己也未尝不想谈,不料总是不够消极,在风吹月照之中还是要呵佛骂祖,这正是我的毛病,我也无可如何。②

周作人说的是老实话。翻翻这一时期周作人的著作,"专谈风月讲趣味"的并不多,倒有不少是触及时事,至少也是有关"圣像破坏"的。不知道周作人是否仍像西山养病时期那样,一看报就不免焦躁起来,但报纸是确实每天都要读的,总要技痒而发表点议论,这已经是五四那一代人的习惯,积习也就难改。比如说吧,周作人从日本回国不久,即在给曹聚仁信中大谈国事:"榆关事起,平津骚然,照例逃难如仪","中国大难恐未有已,上下虚矫之气太甚","即军备也是大刀队胜于空军,打拳可敌坦克车",报刊则充斥"国粹的狂信与八股的言论","此刻现在何处可找理性哉"。③ 周作人不禁又想起《独立评论》上刊登的一篇署名"子固"与胡适论战的文章,竟然大谈"忠孝仁爱信义和平是维系并且引导我们民族更向上的固有文化",周作人忍不住也写了一篇《"西洋也有臭虫"》参加论战,指出:"青年们高唱发扬国中固有文化,原即是老新党所说过的'中学为体'。子固先生又质问欧洲可有过一个文化系统过去没有类似小脚太监等等的东西,则岂不又是'西洋也有臭虫'的老调么?"④这位五四的老战士,对于复古派的老调重弹仍然保持着高度的警惕性。这一年年底,周作人从报上看到一条希特勒政府派出军警捉

---

① 周作人:《苦竹杂记·后记》(1935 年 11 月 13 日),第 217 页。
② 周作人:《瓜豆集·题记》(1936 年 11 月 1 日),第 2~3 页。
③ 致曹聚仁,信收《周作人集外文》下集,第 397~398 页。
④ 《周作人集外文》下集,第 388 页。

同性恋爱者,由此及彼,又忍不住著文,先是抨击希特勒"烧性书"、"驱逐犹太人"、"冲锋队清党",继而笔锋一转:"不过中国又何尝有批评德国的资格,我们说这些闲话岂非不自量乎?"①1935 年 5 月,周作人看到报上大肆宣传"妇女参战",又忍不住于一阵热闹之中冷冷插上一句:"女军人与殉难的忠臣一样,我想都是亡国时期的装饰,有如若干花圈。"②就连读古书、杂书,也不免要想到现实。1935 年 7 月,周作人无意中得到叶松石所著《煮药漫钞》,书中提及中国第一个驻日公使何如璋以一介书生去弄政事军务,中法战争时,不免一败涂地;思路一转又想到现实:"我觉得现在的病却是在于武人谈文,文人讲武。武人高唱读经固无异于用《孝经》退贼,文人喜纸上谈兵,而脑袋瓜儿里只有南渡一策,岂不更为何子峨所笑乎。"③这年 9 月,周作人又作《关于活埋》一文,旁征博引,纵谈中、英、日各国殉葬习俗,虽有惨不忍睹之处,但终与"活埋"有别;文章结尾处,才点出 1935 年 9 月 19 日《大公报》上所载唐山某村发现"男尸一具,倒埋土中"的消息。"中外东西地乱找一阵","想不到在现代中华民国河北省的治下找着了那样难得的活埋的实例":终于显出批判现实的本意。1936 年年初,胡适与周作人还有过一次关于人生哲学与态度的通信讨论。周作人去信劝胡适凡事不可太热心,"汔可小休",胡适回信却说自己本是"好事者","我相信'多事总比少事好,有为总比无为好'","这种信仰已成一种宗教——个人的宗教",不想、亦不可能改变。反过来又说周作人:"吾兄自己也是有心人,时时发'谆谆之言',但胸襟平和,无紧张之气象,故读者但觉其淡远,不觉其为'谆谆之言'。"④胡适算是理解周作人的。⑤

周作人对自己的剖析却比胡适严峻。1936 年 9 月,周作人写了一篇《自

---

① 周作人:《苦茶随笔·关于捉同性恋爱》,第 161~163 页。
② 周作人:《苦茶随笔·关于孟母》,第 128 页。
③ 周作人:《苦竹杂记·〈煮药漫钞〉》,岳麓书社 1987 年 7 月第 1 版,第 31 页。
④ 《胡适书信集》(中),北京大学出版社 1996 年 9 月第 1 版,第 680~681 页。
⑤ 周作人与胡适后来在《独立评论》241 号(1937 年 7 月 4 日出版)上还有过一场《关于看不懂》的争论;梁实秋以"一位读者"的名义写信批评卞之琳的现代派诗、何其芳的散文"没有人能懂","走入了魔道";胡适在编者后记中表示赞同,并说:"现在做这种叫人看不懂的诗文的人,都只是因为表现的能力太差。"周作人即著文反驳,指出,"文章的晦涩"是一种艺术的风格,"创作时觉得非如此不能充分表现出他们的思想和情调"。

第七章　苦雨斋里的老人——在北平(三)
(1927.11—1937.7)

己的文章》,这样谈到自己作文也是为人处世的矛盾——

> 平淡,这是我所最缺少的,虽然也原是我的理想。……中国是我的本国,是我歌于斯哭于斯的地方,可眼见得那么不成样子,大事且莫谈,只一出去就看见女人的扎缚的小脚,又如此刻在写字耳边就满是后面人家所收广播的怪声的报告与旧戏,真不禁令人怒从心上起也。在这种情形里平淡的文情哪里会出来,手底下永远是没有,只在心目中尚存在耳……

> 又或有人改换名目称之曰闲适……热心社会改革的朋友痛恨闲适,以为这是布耳乔亚的快乐,差不多就是饱暖懒惰而已。然而不然。闲适是一种很难得的态度……惟其无奈何所以也就不必多自扰扰,只以婉而趣的态度对付之,此所谓闲适也即是大幽默也。但此等难事惟有贤达能做得到,若是凡人就是平常烦恼也难处理,岂敢望这样的大解放乎。……不佞安得混冒,自己查看文章,即流连光景且不易得,文章底下的焦躁总要露出头来,然则闲适亦只是我的一理想而已……①

周作人这里所说的焦躁,不是属于周作人一人的,可以说是 20 世纪中国知识分子与中国作家最为典型的心态,以致整个 20 世纪中国文学、文化都不免有股焦躁气。周作人要想超越,达到闲适的更高层次——闲适绝非逃避现实,而是更深刻、清醒地把握现实,而又以婉而趣的态度对待之,那自然是不容易的。

然而,周作人的思考毕竟是更为深广的。他意识到,他所面临的闲适的理想追求与焦躁的现实实现之间的矛盾,换一个角度看,正是中国知识分子传统的出世与入世的矛盾。他于是把自己思考与探索的触角伸向中国传统文化结构内部,试图从传统文化各成分之间的关系中去寻找出路。于是,他不再满足于与古人个别地交友,而对传统文化进行整体的反思。而周作人

---

① 周作人:《瓜豆集·自己的文章》,第 174~177 页。

的反思有一个基本前提,即"我不是非宗教者,但实是一个无宗教者。……对于一切东西,凡是我们能懂的,无论何种主义理想信仰以致迷信,我都想也大抵能领取其若干部分,但难以全部接受,因为总有其中一部分与我的私见相左"。① 作为一个独立的自由主义知识分子,周作人即使在学术上也力图保持自己的独立的批判态度,周作人反对信仰任何思想体系,也绝不试图构制自己的思想体系。因为在他看来,任何思想,如果一旦构成似乎能解释万物一切的封闭式体系,而且被人所拘守,就必然变成宗教,具有了某种神的品格。这与周作人思想独立与自由的思想是绝不相容的。周作人绝不希望自己成为专门信奉某一思想的信徒或教徒,而希望成为一个"爱智者",对于人类一切智慧创造物"尚有些兴趣,想要知道他的一点情形"的杂家。②

　　以这样的独立态度来观照中国传统文化,首先要打破的就是儒家传统的正宗、独尊地位,如实地把它看作是中国传统文化各种流派中的"一家",尽管它在中国历史上长期起着支配作用。周作人同时宣布,尽管自己的基本思想是儒家的,但绝"不是儒教徒",而"可以算是孔子的朋友"。他作为一个"朋友",把《论语》的白文重读一遍,得出了如下结论:"我觉得在《论语》里孔子压根儿只是个哲人,不是全知全能的教主,虽然后世的儒教徒要奉他做祖师,我总以为他不是耶稣而是苏格拉底之流亚。《论语》二十篇所说多是做人处世的道理……可以供后人的取法,却不能定作天经地义的教条,更没有什么政治哲学的精义,可以治国平天下……《论语》仍可一读,足供常识完具的青年之参考,至于以为圣书则可不必,太阳底下本无圣书。"③周作人对儒家的这种态度,不仅是对传统儒学经典、神学地位的强大挑战与反叛,在这方面,他是直接继承了五四精神的;他同时又总结了五四以及五四以来批孔的经验教训,表现了更为清醒、冷静,也更为科学的理性精神。这样,周作人也就有了可能,把儒学与中国思想文化史上的其他学派——主要是法家与道家置于平等的地位(而不是"以谁为主"的地位)来讨论它们之间的关系(注重关系的考察,本身也是一种全新的眼光),而且有了极富创造性的发

---

① 周作人:《苦茶随笔·重刊〈袁中郎集〉序》,第62页。
② 周作人:《夜读抄·后记》,第199页。
③ 周作人:《苦茶随笔·〈论语〉小记》,第14页。

第七章 苦雨斋里的老人——在北平(三)
(1927.11—1937.7)

现。周作人明确地指出,"传统儒教徒把佛老并称曰二氏,排斥为异端,这是很可笑的"。在周作人看来,"道儒法三家原只是一气化三清,是一个人可能有的三样态度,略有消极积极之分,却不是绝对对立的门户"。① 他具体分析说,"假如我们不负治国的责任,对于国事也非全不关心,那么,这时的态度容易是儒家的,发些合理的半高调,虽然大抵不违背物理人情,却是难以实行,至多也是律己有余而治人不足";"略为消极一点,觉得国事无可为,人生多忧患,便退一步愿以不才得终天年,入于道家,如《论语》所说的隐逸是也";"又或积极起来,挺身出来办事,那么那一套书房里的高尚的中庸理论也须得放下,要求有实效,一定非严格的法制不可,那就入于法家了"。② 在另一篇题为《论语小记》的文章里,周作人把外国的隐逸与中国的隐逸作了一个十分精辟的比较与区分,他说:"外国的隐逸是宗教的……他们独居沙漠中,绝食苦祷,或牛皮裹身,或革带鞭背,但其目的在于救济灵魂,得遂永生",而"中国的隐逸却是社会或政治的,他有一肚子理想,却看得社会浑浊无可实施,便只安分去做农工,不再来多管"。因此,在《论语》里,隐逸之士桀溺等人见了"那知其不可为而为之的人(指孔子),却是所谓惺惺惜惺惺,好汉惜好汉,想了方法要留住他"。③ 所谓"道不同不相与谋"的说法,是后来儒教徒"想要统制思想定于一尊",尊儒而排道法强加进去的。事实上,儒家与道家以至法家之间是存在着根本相通之处的。周作人说,"说到底,二者还是一个源流,因为都知道不可,不过一个还要为,一个不想为罢了"。道家为"苟全性命于乱世",不得不退遁于世,自然有说不出的苦味,儒家就是在"知其不可为而为之"、拼命向前的时候,也掩藏不住浓重的悲凉气。④ 这表明,在中国传统中,"出世"与"入世"之间并无严格界限,而且互相渗透,互为补充。这样,周作人所面临的"出世"不肯甘心、心所不愿,"入世"则无能为力、心有所惧的矛盾,找到了一个中庸的解决法:以入世的精神出世,以出世的精神入世,既出世又非出世,既入世也非入世,这种将出世的隐者与入世的儒者调和于一身,儒、道互补的中庸之道,对于周作人无疑是一种抚慰剂,起着类似宗教的心理平衡的作用,它是既有效又无效的——不是么?

---

①② 周作人:《秉烛谈·谈儒家》,第151页。
③④ 周作人:《苦茶随笔·论语小记》,第18页。

周作人在儒家的入世与道家的出世之间寻求微妙的平衡,由激烈冲突达到相对的调和静穆,是显示了周作人后期思想以至文风的特点的;后来周作人自己把它概括为"于杂糅中见调和"。作为一个20世纪的"爱智者",周作人在拒绝成为任何一个学派的信徒的同时,又宣布要以最大的宽容的态度对待一切学派,各个学说,兼收而并蓄。他的观照范围当然不会局限于中国一隅,而是包含了一切人类智慧的创造。30年代初,周作人在一篇为纪念北大三十二周年所写的文章里,曾提出不能"根据英美一两国现状"讨论"西方文化"与"东方文化",他特意提醒人们注意对"称为文明之源"的希腊文化,与中国关系密切的印度与阿拉伯文化,以及"有小希腊之称","与中国文化关系更仿佛罗马"时的日本文化的研究。① 他的这一注重于中国传统文化与外来文化多元性的眼光与胸怀,是最能表现他的"爱智者"特色的。在对中外多元文化作具体考察时,又引人注目地由注重相异点的比较转向共同点、契合处的追求,这与他对中国传统文化由否定性向肯定性的评价倾向的转变是互相联系的:契合点的寻求,正是从世界文化、人类文化的高度对中国传统文化中的积极因素的一个发掘。于是,他发现:"古代希腊人尊崇中庸之德,其相反之恶则曰过。中时常存,过则将革,无论神或人均受此律的管束,这与中国的意思很有点相像"②;日本文化中本有许多中国文化成分,日本的俳谐大师松尾芭蕉、兼好都是"汇合儒释,或再加一点庄老"③;与傅山、颜之推多少有相似之处,他们思想通达,"因通达故似多矛盾",难以彻底,易于中庸,恰是常人所能效法之处。④ 即使"西哲如蔼理斯等的思想实在与李、俞诸君还是一鼻孔出着气的"⑤。他的调和"纵欲"与"禁欲"的思想,原就是极浓的中庸气。周作人从希腊文化、日本文化,以及英国文化中都发现了"中庸之德",这与其说是对中国传统文化的再发现与肯定,不如说是对他自我个性的再发现与肯定。他的着眼点是在外来文化、传统思想与自我思想个性的契合,这才是他的思想的真正支撑点、出发点与归宿。这样,周作

---

① 周作人:《苦竹杂记·北大的支路》,第212~213页。
② 周作人:《秉烛谈·〈朴丽子〉》,第40页。
③ 周作人:《风雨谈·老年》,第14页。
④ 周作人:《秉烛后谈·关于酒诫》,第57页。
⑤ 周作人:《药堂杂文·读书的经验》,北京新民印书馆1944年1月第1版,第36页。

人终于在 30 年代,形成了一个以自我为中心的"杂糅中见调和"的思想统一体。他以蔼理斯调节"纵欲"与"禁欲"的思想,儒家的"仁"、"恕"、"礼"、"中庸",①希腊文化的"中庸之德"②为基础,糅合了佛教"莫令余人得恼"的恕道精神③。道家的"通达",日本文化中的"人情之美",构成了新的思想体系,其主要特点是以"得体地活着"为中心,在顺乎物理人情的自然发展与自我节制中求得平衡的中庸主义。为了在"混乱"中能截断众流,站立得住,又吸取了儒家的"智"、"勇",佛教的"勇猛精进",④法家的实效精神,⑤这样,周作人的中庸主义就具有了外柔内刚的特色,这恰是很能显示周作人"温雅中有铁"的个性特征的。虽然是苦,但此时周作人是充分地把握了自己,并且近于通达的境界,也许我们可以说,周作人思想在 30 年代趋向成熟了。

九、"蔼理斯的时代"及其他

我们已经说到了周作人这类知识分子 30 年代在左右夹击中挣扎的苦况。对于周作人,"五十自寿诗"的论争是一个转折点。在此之前,周作人与国民党右翼势力的矛盾似乎更深,他与左翼阵营早已存严重分歧,并时有摩擦。"革命文学"论争中,周作人也发表过一些"不入时"的言论,引起一些小麻烦,还曾波及《骆驼草》,但那时左派们的主要攻击目标还是鲁迅,周作人也就免于成为众矢之的,但基本上仍保持盟友的关系。自"五十自寿诗"论争后,彼此间的论战就日趋白热化,不仅左翼视周作人为"敌"(或"准敌"),周作人也逐渐把他的主要批判锋芒转向左翼。

于是,又有了"蔼理斯的时代"的论争。

论争是由胡风引起的。他在 1935 年 1 月 1 日出版的《文学》4 卷 1 号上发表《林语堂论》中,针对周作人关于蔼理斯将叛徒与隐士统一于一身的观点,指出:"蔼理斯的时代已经过去了。末世的我们已经发现不出来逃避于

---

① 周作人:《风雨谈·〈逸语〉与〈论语〉》、《苦茶随笔·关于孟母》等文。
② 周作人:《秉烛谈·〈朴丽子〉》,第 40 页。
③ 周作人:《风雨谈·读戒律》,第 142 页。
④⑤ 周作人:《秉烛谈·谈儒家》,第 151~152 页。

现实主义而又对现实有积极作用的道路。就现在的周作人氏说罢,要叫'伧父竖子'的我们在他里面找出在真正意义上的'叛徒'来,就是一个天大的难题",言外之意是作为"隐士"的周作人不可能再扮演"叛徒"的角色,于是,也就失去了他的历史积极作用。周作人遂写了《蔼理斯的时代》一文,重新引录了曾经给他的人生选择以很大影响的蔼理斯的那段名言,①并且说,"蔼理斯只看见夜变成晨光,晨光变成夜,世事长此转变,不是轮回,却也不见得就是天国近了,不过他还是要跑他的路,到末了将火把交给接替他的人,归于虚无而无怨尤,这样,他与那有信仰的明明是隔教的,其将挨骂也是活该。"②这无异于宣布在历史的变动中持顺其自然态度的自我与胡风这类有信仰的左翼分子之间隔而不通,绝无共同语言。胡风又针锋相对地写了《蔼理斯的时代及其他》一文,指出:周作人"对于想攀住过去的和想攫向他们所想象的未来"都一视同仁地寄予"同情",以为"对于二者都不能有什么架打",这种明净的对人生社会的观照态度虽然很美,但可惜的是它骨子里和历史的命定论并不是两种东西,虽然是公平地对于两方面都没有架打,但实际上却是"对于已成的强者有利的",这颇有点类似当年陈独秀说周作人"向强者献媚"的指责,尽管语气要缓和一些。无论如何,这确实是两种历史观——历史的发展是新陈代谢的斗争的结果,还是自然替代的顺程?以及两种人生选择——介入的,斗争的,还是观照,旁观的?也就是这一时期朱光潜先生所说的,"演戏"还是"看戏"?应该说,论争的双方都是一下子就抓住了要害的。

周作人仍然抓住信仰做文章。他在给一个朋友的信中说:"不佞不幸为少信的人,对于信教者只是敬而远之,况吃教者耶?"③他其实早在五四以后,就认定"专制的狂信"是"东方文化里最大的毒害",④而此时他则断定左翼运动是建筑在"狂信"基础上的,他称之为"新礼教",警告人们"狂信是不可靠的,刚脱了旧的专断,便会走进新的专断"。⑤ 由反"狂信",自然也就要反

---

① 参看本书第六章第九节。
② 周作人:《苦茶随笔·蔼理斯的时代》,第169页。
③ 周作人:《苦竹杂记·后记》,第215~216页。
④ 周作人:《雨天的书·济南道中之三》,第149页。
⑤ 周作人:《苦茶随笔·长之文学论文集跋》,第69~70页。

"载道",反"遵命"。他认为,真正的文学正面临着"左右夹攻,更有难以招架之势"。无论是"想他鼓吹纲常名教",还是"恨他不宣传阶级专政",都是要求文学成为"传道"的工具①,"以文学作政治的手段","无论新派旧派,都是一类"②。他在一篇文章里,尖锐地揭示了一个事实:"有些本来能够写小说戏曲的,当初不要名利可以自由说话,后来把握住了一种主义,文艺的理论与政策弄得头头是道了,创作便永远再也写不出来,这是常见的事实,也是一个很可怕的教训";他于是说了一句很俏皮,也很尖锐的话,"把灵魂卖给魔鬼的,据说成了没有影子的人,把灵魂献给上帝的,反正也相差无几。"③周作人据此而十分严肃地表示赞同吴稚晖提出的反对"洋八股"与"党八股"的任务。周作人的发明创造在于,他明确地揭示:"洋八股即是策论。"④如果八股文这类土八股的特点是"自己没有思想",只知"服从与模仿";策论则是"舞文弄墨,颠倒黑白",文字则"甜熟,浅薄,伶俐,苛刻","只图入试官之目,或中看官之意",实则"空洞无物",⑤"做八股使人庸腐,做策论则使人谬妄","胡说八道之后继以误国殃民"。⑥ 周作人特意指出:"洋八股的害处并不在他的无聊瞎说,乃是在于这会变成公论"⑦。这又是与周作人的反"思想杀人"、"宗教杀人"的观点联系在一起的。对此,周作人有过一番议论:"若以思想杀人的文字狱,则罪在离经叛道,非圣无法,一般人觉得仿佛都被反对在内,皆欲得而甘心,是不但暴君欲杀,暴民亦附议者也。若犯匹夫之怒而被杀,后世犹有怜之者,为大众所杀则终了矣。虽或后来有二三好事者欲为平反,而他们自己也正为大众所疾视,不独无力且亦甚危事也。其一是政治的杀人,理非易见;其一是宗教的杀人,某种教旨如占势力,则此钦案决不能动,千百年如一日,信仰之力亦大矣哉。"⑧如果不抱成见地客观地看,应该承认,周作人上述反对"新八股"的思想是五四反八股精神的继承与发展。而作为一个自由主义知识分子,周作人对于"思想杀人"、"宗教杀人"的观

---

① 周作人:《苦茶随笔·儿童的故事序》,第79页。
② 周作人:《苦竹杂记·后记》,第215页。
③ 周作人:《苦茶随笔·〈蛙〉的教训》,第196页。
④⑤ 周作人:《知堂书话·〈东莱左氏博议〉》,第784~787页。
⑥⑦ 周作人:《风雨谈·论策论》,第48页。
⑧ 周作人:《秉烛后谈·谈文字狱》,第144页。

察,自有其特殊深刻之处。1936年10月,周作人又与他的弟子俞平伯、废名,及清华大学学生林庚合作,编辑《世界日报·明珠》副刊。据周作人说,他们编《明珠》是"深感新的启蒙运动之必要"①,称为"启蒙运动",自然就有发扬五四启蒙精神的意思,而又谓之"新",其矛头是指向"新八股"的。周作人发表在《明珠》上的《谈斧政》里就明白宣布:"不论新旧中外的哪一路的思想,总须带点八股调唱戏腔才有人要听,像听话匣子一般,可是我就不会如此。"②在《明珠》上具有最鲜明的反新八股色彩的文章,都是周作人写的。其一为《遵命文学》,周作人认为,新老八股文都是"遵命文学",就是"只说应该说的话",其"害处之在己者是做惯了之后头脑就麻痹了,再不会想自己的意思,写自己的文章,害处之在人者是压迫异己,使人家的思想文章不得自由表现","无论古今新旧,遵命之害一矣"。因此,他大声疾呼:"科举之文诗为害已久,今岂可使其复兴。"③在发表于《明珠》63期的《谈韩文》里,周作人更大挖祖坟,以韩愈为"统制思想"与"新八股"的"祖师","其势力至今尚弥漫于全国上下也"。他认为,韩愈的文章尽管是唐宋八大家中"顶呱呱叫的",影响极大,为害也极大,"其极不行处,盖即此是文字的游戏,如说急口令似的,如唱戏似的,只图声调好听,全不管意思说的如何,古文与八股这里正相通,因此为世人所喜爱,亦即其最不堪的地方也"。④ 应该说,周作人的这些意见都是切中时弊的。

但在30年代,各派势力严重对立,大有拼个你死我活的劲头,周作人的这些意见自然是正深受新八股之害的左翼青年听不进去的。倒是鲁迅,在私下里对他的三弟周建人的谈话中,说了这样一番话:周作人的许多意见,"有许多地方,革命青年也大可采用,有些人把他一笔抹煞,也是不应该的"⑤。但鲁迅没有把他的这一看法公开发表,即使发表了,左翼青年也未必会听,反过来把鲁迅也批一通也说不定。在30年代初的革命文

---

① 周作人:《药堂杂文·怀废名》,第117页。
② 周作人:《谈斧政》,收《周作人集外文》下集,第463页。
③ 周作人:《遵命文学》,收《周作人集外文》下集,第455~456页。
④ 周作人:《秉烛谈·谈韩文》,第155~156页。
⑤ 周建人:《致周作人书》(1936年12月25日),信载《鲁迅研究资料》第12辑,天津人民出版社1983年5月出版,第82页。

第七章　苦雨斋里的老人——在北平(三)
(1927.11—1937.7)

学论争中,不是已经把鲁迅与周作人连在一起,说"和他的兄弟"如何如何吗?

就是鲁迅与周作人之间,在公开场合,也是时有或明或暗的思想交锋的。这种交锋是 30 年代的时代风尚,也是那个时代典型的文化现象。周作人曾一再发表文章"反打架",认为即使是笔战,也会"现出自己的丑态来,如不是卑怯下劣,至少有一副野蛮神气"。① 鲁迅则认为,"作文'藏之名山'的时代一去,而有一个'坛',便不免有斗争,甚至于谩骂,诬陷的",而"文坛决不因此混乱,倒是反而越加清楚,越加分明起来了"。② 有趣的是,不论反对"打架"的周作人,还是以为"打架"不可免的鲁迅,都没有停止过和别人"打架",而且彼此打起架来,也都是颇为认真、起劲的。

当然,也有不打架的时候及地方。周氏兄弟在 1923 年 8 月大打出手(那已不是笔战,而是动真格的了)之后,其实是有过相当长时间的彼此密切配合的。大的如女师大事件,如《语丝》且不说,文字上的互为声援也不少。例如 1925 年年底,女师大师生与章士钊斗争正激的时候,有人在国家主义派办的《国魂》旬刊上发表文章,说章士钊固然不好,反对章士钊的"学匪"们也应该打倒。周作人立即发表《国魂学匪观》一文,指出该文作者"假装超然,实在的意思及行动还是暗地偏袒一方的"。周作人的文章引起了鲁迅的共鸣,他又写了《学界三魂》一文,发挥了周作人的思想,指出,动辄指别人为"学匪",正是"摆官腔,打官话","似乎还走着旧的道路"。1927 年 10 月,鲁迅还写过一篇《扣丝杂感》,一开头便声明:"以下这些话,是因为见了《语丝》的《随感录(二八)》而写的";《随感录(二八)》正是周作人(署名启明,这个笔名鲁迅自然十分熟悉)写的。周作人在文章中揭露,《语丝》141 期登载了一篇《吴公如何》,指斥吴稚晖提议"清党",残杀异己;自此以后,《语丝》在南方都被扣留。鲁迅的《扣丝有感》不仅用自己的亲身经历的《语丝》被扣的事实证实了周作人的指责,而且对扣《语丝》的检查人员以至读者的心理作了极为透辟的分析,并且赞扬《语丝》"每有不肯凑趣的坏脾气",则其"有时失踪"是不可免的。这对于正在极其困难的情况下继续主持《语丝》编辑事

---

① 周作人:《苦茶随笔·关于写文章》,第 176 页。
② 鲁迅:《准风月谈·"中国文坛的悲观"》,《鲁迅全集》第 5 卷,第 247 页。

务的周作人,自然是一个很大的支持。① 鲁迅在给章川岛的私人信件中,谈到《语丝》被禁,周作人避难时,对周作人继续留在北京的安危也极为关心。信中说:"今天乔峰得启明信,则似已回家。……他之在北,自不如来南之安全……"②欲言又止,自有一番情意与苦衷在。

但到了30年代,他们之间的这种默契,虽然事实上仍然存在——他们在许多问题上的看法仍然惊人的相似③,但那种自觉的配合,却基本不复存在。当然,他们彼此都仍避免公开交锋,少有指名道姓的抨击,更多的是私下谈论偶尔流露的不满。例如1932年鲁迅北上探望母亲的病,与许广平通信时谈及周作人就有"启明颇昏,不知外事"的评语④。周作人在与江绍原的信中,谈及鲁迅《两地书》出版时,也明显表示不以为然:"即如'鲁'公之高升为普罗首领,近又闻将刊行情书集,则几乎丧失理性矣"⑤。后来,他在《周作人书信·序言》中说,收入自己的书信"原不是情书,不会有什么好看的",正是暗含讥意。类似这样的笔锋一转之间稍有触及之处,在鲁迅、周作人的文章中都还可以找到一些。例如,鲁迅在《"京派"和"海派"》中所说,"这回却有了真正老京派的题签,所以的确是正统的衣钵","有些新出的刊物,真正老京派打头,真正小海派煞尾了"。⑥ "老京派"似是指周作人。写于1934年8月的《从孩子的照相说起》一文,一开头就说:"因为长久没有小孩子,曾有人说,这是我做人不好的报应,要绝种的。房东太太讨厌我的时候,就不准她的孩子到我这里玩,叫作'给他冷清冷清,冷清得他要死'!"⑦ "房东太太"即是周作人的夫人羽太信子。她当年说这话,鲁迅与朱安夫人都很受刺激,朱安夫人后来谈过,⑧鲁迅现在旧事重提,虽是顺便涉及,但也说明创伤之难以愈合。而周作人1936年7月写的《老人的胡闹》,很多人都以为是针对鲁

---

① 鲁迅在给章廷谦的信中说:"《语丝》中所讲的话,有好些是别的刊物所不肯说,不敢说,不能说的,倘其停刊,亦殊可惜,我已寄稿数次。"(1927年8月17日信)
② 鲁迅《致川岛书》(1927年11月7日),收《鲁迅全集》第11卷,第591页。
③ 参看本章第十节有关周作人、鲁迅对"气节论"的批判。
④ 鲁迅《致许广平》(1932年11月20日),收《鲁迅全集》第12卷,第122页。
⑤ 周作人1933年3月4日《致江绍原书》,收《知堂书信》,第168页。
⑥ 鲁迅:《且介亭杂文二集·"京派"和"海派"》,收《鲁迅全集》第6卷,第303页。
⑦ 鲁迅:《且介亭杂文·从孩子的照相说起》,收《鲁迅全集》第6卷,第80页。
⑧ 俞芳:《周建人是怎样离开八道湾的》,载《鲁迅研究动态》1987年第8期。

第七章　苦雨斋里的老人——在北平(三)
(1927.11—1937.7)

迅的,文章说:老人"往往名位既尊,患得患失,遇有新兴古势力的意见,不问新旧左右,辄靡然从之,此病正在私欲深,世味浓,贪恋前途之故也",又云,"老人的胡闹并不一定在守旧,实在都是在维新。盖老不安分重在投机趋时,不管所拥戴的是新旧左右,若只因其新兴有势力而拥戴之,则等是投机趋时,一样的可笑",①用语是够刻薄的了。这可能是针对鲁迅《趋时和复古》一文的,鲁迅在那里说到刘半农逝世后,被一些人"封为复古的先贤","用他的神主来打'趋时'的人们"。周作人因此大怒,专门写有"漫云一死恩仇报,海上微闻有哭声"的打油诗,《老人的胡闹》里的尖刻恐怕正由此而来。也有另一种情况:显然是对一种社会典型或现象进行剖析,敏感的读者却能从中感觉到其中似乎内含着对乃兄(或乃弟)的批判。例如,鲁迅讲"现代隐士""徘徊于有无生灭之间的文人,对于人生,既惮扰攘,又怕离去,懒于求生,又不乐死,实有太板,寂绝又太空,疲倦得要休息,而休息又太凄凉,所以又必须有一种抚慰"。② 这些分析虽是泛论,但对于周作人,却也是切中要害的,比一些左翼青年对周作人的批判更要有力得多。周作人发表在《明珠》上的《遵命文学》是批评左翼文艺思潮的,但显然也针对着鲁迅。③

周氏兄弟在30年代的主要交锋,恐怕还是1934年、1935年间关于"论语派"的论争。从表面上看,公开与鲁迅论战的是林语堂,但熟悉文坛情况的人都知道,"论语派"的真正灵魂,正是周作人。林语堂与周作人早在《语丝》时期关系就十分密切;林语堂后来回忆说,他之不属于胡适集团,而接近"语丝派",是"因为喜欢语丝之放逸,乃天性使然"。④ 在周作人因《闲话的闲话之闲话》一文与现代评论派发生笔战时,林语堂曾连续三次致书周作人,表示声援。后来关于《语丝》文体及"费厄泼赖"精神的讨论,更把他们的名字连在一起。30年代,林语堂由主张"实行彻底的精神之欧化",转向提倡中国传统的闲适小品,以明公安派袁中郎为楷模;但林语堂结识袁中郎,全

---

① 周作人:《瓜豆集·老人的胡闹》,第199页。
② 鲁迅:《且介亭杂文·"题未定"草(七)》,《鲁迅全集》第6卷,第426页。
③ 类似的文章还有不少,如《长之文学论文集·跋》谈及"救救孩子";《答南京阳君书》谈"呐喊";《关于写文章》谈及"小摆设";《关于命运》谈及"读庄子文选";《科学小品》谈到"苍蝇";《谈养鸟》谈及"玩物丧志"等等。
④ 林语堂:《八十自叙》、《记周氏弟兄》。

靠周作人的介绍,他本人是把周作人视为今日之公安派的。至于林语堂鼓吹"以自我为中心,以闲适为笔调"的"性灵"文学,"半文半白"的"语录体",其理论基础也是周作人奠定的。鲁迅对此自是了然于心。因此,当他尖锐地批判"性灵文学"的实质是"在风沙扑面,狼虎成群的时候","靠着低诉或微吟,将粗犷的人心,磨得渐渐的平滑"时,①他当然明白,这同时是针对着周作人及其文学的,由此产生的沉重感,是可以感觉得到的。但鲁迅毕竟避免了公开点名批评周作人,这其间的一番苦心,也相当感人。

但鲁迅最后一次公开谈到周作人,却是以一个史学家的眼光,公正而客观地肯定了周作人对于新文学的历史贡献:当著名的斯诺夫人以中国现代文学研究者的身份问他:"你认为中国最优秀的杂文作家有哪些"时,鲁迅列出的名单中居第一位的就是周作人。② 可惜周作人至死也不知道鲁迅的这一最后评价,否则,他将作何感想呢?

不久,鲁迅即撒手而去。周建人给周作人信中,转达了鲁迅在生命的最后日子里,关于周作人的一些谈话,也算是"遗言"吧——

> 有一天说看到一日本记者(?)登一篇他的谈话,内有"我的兄弟是猪"一语,其实并没有说这话,不知记者如何记错的云云。③ 又说到关于救国宣言这一类的事情,谓连钱玄同、顾颉刚一班人都具名,而找不到你的名字,他的意见,以为遇到此等重大题目时,亦不可过于退后云云。④ 有一回说及你曾送×××之子赴日本之事,⑤他谓此时别人并不肯管,而你却要掩护他,可见是有同情的。但有些作者,批评过于苛刻,责难过甚,反使人陷于消极,他亦极不赞成此种过甚的责难云。又谓你的意见,比之于俞平伯等甚高明(他好像又引你讲文天祥(?)一段文章

---

① 鲁迅:《南腔北调集·小品文的危机》,收《鲁迅全集》第 4 卷,第 575 页。
② 《鲁迅同斯诺谈话整理稿》(安危整理、翻译),载《新文学史料》1987 年第 3 期。
③ 此事至今仍未查到出处。
④ 1936 年 1 月 27 日北平文化界 104 位教授发表《平津文化界对时局的意见书》,鲁迅所说"救国宣言"即指此事。人们不难注意到,鲁迅对周作人的劝告是有分寸的,即所谓"不可过于退后"。其实,鲁迅对于"宣言"之类也并不感兴趣,在这一点上他是理解周作人的冷淡的;但他又以为事关"救国"此等重大题目完全没有态度亦有不妥,故才有此委婉的劝告。
⑤ ×××之子即李大钊之子李葆华。

第七章　苦雨斋里的老人——在北平(三)
(1927.11—1937.7)

为例)。① 有许多地方,革命青年也大可采用,有些人把他一笔抹煞,也是不应该的云云。但对于你前次趁(赴)日本有一次对日本作家关于他的谈话则不以为然。② 总起来说,他离开北平以后,他对于你并没有什么坏的批评,偶然谈起,便说明几句。③

周建人后来又回忆,鲁迅在病危热度很高的时候,还在看周作人的著作。④

当周作人得知这一切时,他该有何反应呢?周作人没有说,我们当不可多作揣测。但在鲁迅逝世当天,接待《大晚报》记者采访时,周作人是发表了如下谈话的——

关于家兄最近在上海的情形,我是不大清楚的。因为我们平常没有事是很少通信的。虽然他在上海患着肺病,可是前些天,他曾来过一封信,说是现在已经好了,大家都放下心去。不料今天早晨接到舍弟建人的电报,才知道已经逝世。

说到他的思想方面,最起初可以说是受了尼采的影响很深,就是树立个人主义,希望超人的实现。可是最近又有点转到虚无主义上去了。因此,他对一切事,仿佛都很悲观,比如我们看他的《阿Q正传》,里面对于各种人物的描写,固是深刻极了,可是他对于中国人的前途,却看得一点希望都没有,实在说起来,他在观察事物上,是非常透彻的,所以描写起来,也就格外深刻。

在文学方面,他对于旧的东西,很用过一番功夫……有人批评他说:他的长处是在整理这一方面,我以为这话是不错的。

他的个性不但很强,而且多疑,旁人说一句话,他总要想一想这话

---

① 指周作人在《岳飞与秦桧》、《关于英雄崇拜》两篇文章里发表的意见;本书下一节将有详尽分析,可参考。
② 此事至今未查明出处。
③ 原信载《鲁迅研究资料》第12期,第82~83页。
④ 周建人:《鲁迅先生对于科学》,收1937年7月出版的《鲁迅研究》一书,上海生活出版社出版。

对于他是不是有不利的地方……

以后,周作人又写了《关于鲁迅》、《关于鲁迅之二》,在这些回忆文章中,第一次透露署名"会稽周作人"的《会稽郡故书杂集》及署名"周逴"的《怀旧》都是鲁迅所编纂或著述。周作人以为,这表现了鲁迅一贯的"不求闻达"的精神:"他做事全不为名誉,只是由于自己的爱好。这是求学问,弄艺术的最高的态度",并且是"认得鲁迅的人平常所不大能够知道的"。

周作人对于写鲁迅的文章态度是节制的,尽管约稿很多,他仅写了两篇,并且说:"一个人的平淡无奇的事实本是传记中的最好的资料,但唯一的条件是要大家把他当作'人'去看,不是当着'神'——即是偶像或傀儡,这才有点用处"①。如是,"鲁迅是'人'不是'神'"这一命题的发明权当属于周作人。

但周作人对鲁迅的评价,特别是他说鲁迅思想消极,倾向虚无主义,引起了左翼青年的愤怒。一位年轻人从武昌寄去一张明信片,警告他说:"鲁迅先生的学问,先生是不会完全懂得的,此事可不劳费神,且留待别些年轻人去做"。② 还有人在报上发表文章,指责周作人"想把鲁迅先生精神所影响的青年拉到他精致的苦茶庵里去",并且宣布"在血的时代里,青年们也没有品苦茶的趣味了"。③ 但鲁迅夫人许广平却亲自写信向周作人表示敬意:"生离了北京,许多北平昔日崇敬的师长都难得亲承教训。有的先生,有时从发表文章上,一样的好似得着当面的教益,即如先生,就是这样时常给生教益的一位"。④ 鲁迅另一位亲密的朋友与学生、当时是上海中共负责人之一的冯雪峰,当年也曾听过周作人的课的,在鲁迅逝世以后也对周建人说,他看过周作人的《谈龙集》等文章,认为周作人是中国第一流的文学家,鲁迅去世后,他的学识文章,没有人能相比。冯雪峰还认为,要让周作人接触进步力

---

① 周作人:《瓜豆集·关于鲁迅之二》,第 164 页。
② 见周作人:《瓜豆集·关于鲁迅书后》,第 162 页。
③ 小平:《鲁迅先生死后的敌人——周作人的态度真正令人奇怪》,文收《鲁迅先生纪念集》,收《1913—1983 年鲁迅研究学术论著资料汇编》(2),中国文联出版公司 1986 年 8 月第 1 版,第 307 页。
④ 此信写于 1936 年 12 月 7 日,信复印件发表于 1987 年 5 月《明报》第 17 期。

量,并且表示,他自己有意去接近周作人,希望周建人能作媒介。周建人因此写了一封信给周作人,劝他南下上海。

周作人当然不会作出积极反应。他对别人说,他怕鲁迅的"党徒"会对他不利,所以绝不能南下。①

也许周作人因此而错过了一次历史提供的机会?——恐怕也难说。

十、"日本店"的开张与关门

鲁迅逝世以后,许广平翻出了鲁迅未发表的一篇文稿《势所必至,理有固然》,这是针对周作人《弃文就武》一文写的;这就引起了人们对周作人写于1934年12月的这篇文章的注意。周作人的文章表现了在中日关系日趋紧张,战争一触即发的情况下一种十分矛盾的心境:一方面深感"文人"之无用,"明季的情形已经够像了,何必多扮一个几社复社人去凑热闹",另一面,对战争前途却又没有信心。周作人以自己进过水师学堂的经验,深知海军的重要,"据我妄想,假如两国相争,到那一国的海军歼灭了,敌舰可以来靠岸的时候,似乎该是讲和了吧?"而"中日甲午以来,至于甲戌这四十年间便一直只保有讲和状态的海军","现今要开始战争,如是可能,那是否近于奇迹?"②中国的前途何在? 中国知识分子应作何选择? 这些问题再一次提到包括周作人在内的知识分子面前。鲁迅说:"这可分明地显出了'为文学而文学'者后来一定要走的道路来。"在中日战争迫在眉睫的形势下,周作人究竟要走向哪里呢?

应该说,中日的交战,把视日本为第二故乡,又与日本有着亲戚之谊的周作人,置于相当困难的境地。尽管如此,1931年九一八事变之后,周作人仍在应北京大学学生会之邀所作《关于征兵》的讲演里,站在民族主义立场上,力主"修武备","用强力来对付"日本的侵略,并要求追究"无抵抗"而"失地"的责任,态度相当激昂。1933年3月4日写给俞平伯的信中,他也对国民党政府将华北拱手让与日本,表示微讽之意:"《世界日报》载北大将迁

---

① 见郑振铎:《蛰居散记·惜周作人》,福建人民出版社1982年12月版,第101页。
② 周作人:《苦茶随笔·弃文就武》,第120、121页。

汴,闻之欣然。吾侪教书匠亦居然得到列于古物之次而南渡,此非大可喜事乎。不但此也,照此推论下去,大抵幽燕沦陷已属定命,而华夷之界当在河——不,非当也,乃是决定的必在河哉,古人所谓天堑者当指此耳。"①在同年10月所写的《颜氏学记》里,周作人仍在严厉谴责"现时日本之外则不惜与世界为敌,欲吞噬亚东,内则敢于破坏国法,欲用暴烈手段建立法西斯政权"。但当周作人1934年年底写《弃文就武》时,他似乎冷静下来,开始考虑一个在他看来是更为实际的问题:中国"武备"究竟如何? 具不具备与日本开战的条件? 而他对此是持悲观态度的。据郑振铎回忆,他离开北平前,和周作人一次谈话中,周作人对他说:和日本作战是不可能的,人家有海军。没有打,人家已经登岸来了。我们的门户是洞开的,如何能够抵抗人家?②这几乎是重复了《弃文就武》里的分析。正是从这样的"军事失败主义"的估计出发,周作人认为,有必要对中日关系及其出路,从另一个角度,即非军事的角度,进行别一番考察,作出另一种选择。——而当时周作人所能做的,只有文化的考察与选择。

周作人的"日本店"就是在这样的背景下开张的。1935年1月,周作人先写《关于日本语》一文,发了一番感慨:甲午战争以来,四十年中日间"总还不能引起知己知彼的决心"。这实际上是试探性地造点舆论。以同年5月发表《日本管窥》为开端,周作人就引人注目地开始了对日本文化与民族性的研究。他重引了在1920年所写的一篇文章中的一段话:"中国并不曾有真的亲日派,因为中国人还没有人理解日本国民的真的光荣",并作了这样的发挥:所谓亲日应是"爱日本者,也可以说是日本之友","只因相知遂生情意";周作人显然以理解日本国民及文化的"亲日派"自居,这在"亲日即亲敌"的当时是极引人注目的。周作人同时又说,"中国对于日本文化的理解有很好的'因',很远就种下了。可是'缘'却不好,这多少年来政治上的冲突,成了文化接触的极大障碍",于是他要求人们抛却"政治上的冲突",专谈"文化接触"。③ 在另一篇文章里,周作人还提出:"一个民族的代表可以有两种,一是

---

① 信收《知堂书信》,华夏出版社1994年9月第1版,第204页。
② 郑振铎:《蛰居散记·惜周作人》,第100页。
③ 周作人:《风雨谈·日本管窥之三》,第179、180、182页。

第七章 苦雨斋里的老人——在北平(三)
(1927.11—1937.7)

政治军事方面的所谓英雄,一是文艺学术方面的贤哲",他认为"我们只能分别观之,不当轻易根据其一以抹杀其二",既不能因喜爱日本文明而回护其丑恶面,也不能"因为憎恶暴力的关系"而"以为日本无文化",并且说,"假若要找出这民族的代表来问问他们的悲欢苦乐,则还该到小胡同大杂院去找"。①——这些话都说得很有道理,在当时大多数国民为仇日情绪所支配的情形下,能这样继续保持清醒的理性态度,同样殊为不易。②但他接着劝告人们:把日本军国主义的"英雄""搁在一旁",而专去体味与同情"同为人类为东洋人的悲哀",③这就显得过分的理智、冷静,过分的天真了。周作人似乎忘记了日本军国主义的"英雄"已经兵临城下,把他们武士道的刺刀架在中国人民脖子上这一血淋淋的现实。因此,当侵略与被侵略的政治、军事、经济冲突成为中日关系中的主要事实时,周作人要以纯文化的观点去考察中日关系,从逻辑起点上就走向了迷误。——尽管他考察的动机可能是真诚的,得出的结论,如上所说,也有局部的合理性。

周作人按照他的文化决定论的逻辑,又得出了如下结论:"中国与日本现在是立于敌国的地位,但如离开现时的关系,而论永久的性质,则两者都是生来就和西洋的运命及境遇迥异的东洋人也。"④问题是:"现时的侵略与被侵略的关系"能"离开"吗?周作人在仔细思量"现在日本'非常时'的行动"(周作人甚至避免用"侵略"这个词!)以后,仍然明确地指出,"日本与中国毕竟同是亚细亚人,兴衰祸福目前虽是不同,究竟的命运还是一致。"⑤周作人如此顽强地坚持中日文化的共通性,自然是基于他对中日文化的长期考察与研究,并且是从人类文化的角度出发的,但他仍然犯了一个"忘记了现实"的错误:他甚至试图不与日本军国主义"英雄"所鼓吹的"东亚共荣

---

① 周作人:《瓜豆集·谈日本文化书(其二)》,第57、59页。
② 鲁迅在同时期所写的《从孩子照相说起》里,以更加明确的语言指出,即使是日本这样的"仇敌",对于他的中国所无的真正优点,"我们也应该向他学习"。鲁迅同时又特地声明,"我相信自己的主张,决不是受了帝国主义者的指使,要诱中国人做奴才;而满口爱国,满身国粹,也于实际上的做奴才并无妨碍"。周氏兄弟在非理性的"爱国主义"情绪笼罩下,都保持了清醒的理性精神,这是值得重视的。
③ 周作人:《瓜豆集·谈日本文化书(其二)》,第59页。
④ 周作人:《瓜豆集·怀东京》,第70页。
⑤ 周作人:《苦竹杂记·日本的衣食住》,第165页。

圈"、"中日同文同种"论划清界限,而且也不顾及自己十多年前说过的多少具有现实感的话:"中日共存的理论是对的,不过他的前提是先要中国有排日的决心与毅力;没有这个的共存就是合并"①,"日本天天大叫'日支共荣共存',其实即是侵略的代名词"②。

  周作人当然也有他的矛盾与困惑。尽管他仍然醉心于日本的人情美与爱洁净,但他事实上并不能否认日本侵略军在中国所作所为的丑恶与肮脏。于是,他以一个天真的学者的口吻问道:"日本人尽有他的好处,对于中国却总不拿什么出来,所有只是恶意,而且又是出乎情理的离奇。这是为什么呢?"③他仍然只准备从文化上去寻找原因,他于是得出了这样的结论:日本文化"以中国及西洋文化为根本","这种文化的债务在当时虽很是欣慰,后来也会渐渐觉得是一种压迫,特别是自己站得起了,而债主已是落魄的时候","无意识地感着屈辱,想乱暴地反抗一下",这就出现了目前"反中国文化"与"反西洋文化"的"反动局面"。④ 另一面则是日本民族中的"宗教信仰",即所谓"神道教信徒"的非理性的狂热与迷乱。⑤ 不可否认,作为全民卷入侵略战争的日本民族文化心理分析,周作人的见解也不无道理;特别他能够努力地理解一个敌对国的民族文化心理,这也不失为一种难能可贵的理智。但当他试图以此来说明中日冲突的缘由,就成了为日本军国主义"英雄"开脱了,尽管他未必自觉于此。甚至我们可以说,周作人在"管窥"日本文化时,主观上是试图超越政治的,十年前,他在写《排日平议》时,早就宣布过,"我希望学问艺术的研究是应该超越政治的",但是,日本军国主义侵略中国这一最严峻的政治现实却又是周作人根本回避不了的。结果是,他主观上越想脱离、超越政治,他的以唯文化至上主义为特征的"日本店"在客观上、事实上,却是与日本军国主义的肮脏的政治战车越加紧密地联系在一起,成为他最后与日本军方合作的理论根据。这对周作人这类自由主义知识分子的超越政治论是一个不可解的矛盾,是最大的悲剧,也是历史的大

---

  ① 周作人:《排日——日本是中国的仇敌》,载1926年3月16日《京报副刊》,收《周作人集外文》下集,第43页。
  ② 周作人:《谈虎集·排日平议》,第309页。
  ③④⑤ 周作人:《知堂乙酉文编·日本管窥之四》,第134、135~136、141页。

第七章 苦雨斋里的老人——在北平（三）
(1927.11—1937.7)

嘲弄。

当周作人进一步讨论"战"与"和"的问题，他要热衷于为秦桧翻案，就是必然的了。1935年3月，周作人在《岳飞与秦桧》一文中首先提出了这个问题，以后又在《关于英雄崇拜》与《再谈油炸鬼》等文中作了进一步的讨论。周作人引录朱熹《语类》卷三十一及王侃《衡言》卷一的观点，说明"南宋之恢复无望殆系事实"，"当日之势岌乎，不能不和，战则不但不能抵黄龙府，并偏安之局亦不可得"；①且秦桧另有大志，即已看出"虏人有厌兵志"，故力主和，以在"和"中图自强，"后当逆夷之乱，一扫而复中原"②。周作人进而批判他所说的中国国民性的弱点："中国往往大家都知道非和不可，等到和了，大家从避难回来，却热烈地崇拜主战者，称岳飞而骂秦桧，称翁同龢、刘永福而痛骂李鸿章，皆是也。"周作人的结论是："和比战难。战败仍不失为民族英雄，和成则是万世罪人，故主和实在更需要有政治的定见与道德的毅力也。"③周作人在这里又遇到了前述矛盾：作为一个纯学理问题，周作人的观点至少可以作为"一家之言"，我们确实不能不加区别、分析地否定主和论，不能认为在任何情况下，主战都比主和好，对秦桧的历史评价也是可以讨论的。但是，作为一个现实政治问题，周作人的主和论是建筑在中国必败论基础上的，它成为周作人最终与日本军方合作的最重要的动力。周作人早在1935年7月6日致梁实秋私人信件中即已明确提出了"和日和共"的主张；那么，上述"政治的定见与道德的毅力"云云，既是给自己打气，也是在试探与制造舆论吧?

周作人对于所谓当时在报纸上喧嚣一时的"气节论"的批评，是曾经得到鲁迅支持的。早在1933年10月所写的《颜氏学记》里，周作人就谈到，"（颜子推）严重地责备偏重气节而轻于事功的陋习，我觉得别有意义"；他认为不能抽象地无原则地肯定气节，要看事功，即实际的行为与效果。在1935年所写的《关于英雄崇拜》里，他对风行一时的史可法、文天祥气节崇拜提出异议："我们对于他应当表示钦敬，但是这个我们不必去学他，也不能算是我

---

① 周作人：《苦茶随笔·关于英雄崇拜》，第192页。
② 周作人：《苦茶随笔·岳飞与秦桧》，第183页。
③ 周作人：《苦茶随笔·关于英雄崇拜》，第192页。

们的模范","第一,我们要有气节,须得平时使用才好,若是必以亡国时为期,那未免牺牲得太大了","第二,这种死于国家社会别无益处";他的结论是:"徒有气节而无事功,有时亦足以误国殃民,不可不知也。"①鲁迅在这一时期也发表过类似的意见②,在与《救亡时报》记者陆诒的谈话中即提醒人们"所谓民族解放战争,在战略的运用上讲,有岳飞、文天祥式的,也有最正确的,最现代的"。周作人、鲁迅对于无原则吹捧气节的批判,是针对当时一些人只口头上高喊"气节"、"民气",而不注重抗战的实际准备的倾向的,那是一种唯道德论的新国粹主义和"左"倾空谈掩盖下的消极抗战论。他们的批判不仅切中时弊,而且是深刻的。

后来周作人又进一步大肆鼓吹"隐忍哲学"。他不仅在1934年8月访日期间,把杜牧"忍过事堪喜"一句烧在特地购制的小花瓶里,而且专门写了《杜牧之句》一文,旁征博引,既有儒家的"小不忍则乱大谋",又有道家的"安莫安于忍辱",如此等等,无非是一个意思:为了"大谋",可以不顾气节而忍辱负重。抽象地说,这也似乎言之成理;但放到1934年至1937年中国现实政治及中日现实关系的背景下看,又使人不能不怀疑,周作人是在用这类似是而非的理论,努力地说服自己,也努力地说服别人,说穿了,就是既自欺,又欺人。——莫非他对自己几年后的投敌已经有所自觉或预感?

到1937年上半年,华北形势日益紧张,北京城的陷落已是早晚的事;"走"与"不走",成了北京学界议论的中心。周作人在这年6月写了一篇《桑下谈·序》。他先说"儒家入道者则应运顺化:却反多流连景光之情耳",又引用"乐行不如苦住"的佛经语,表示要将"苦茶庵"改为"苦住庵",并且重申:"不佞乃是少信者,既无耶和华的天国,也没有阿弥陀佛的净土……那么只好住了下来;别无乐行的大志愿。"他对中国现有政治势力都持不相信态度,既不愿南下随国民党,也不肯北上跟共产党走,于是只有住下来,"反正在中国旅行也是很辛苦的,何必更去多寻苦吃呢"。文章重引了"忍过事堪喜"的杜牧句,并说"我不是尊奉他作格言,我是赏识他的境界"。——苦雨、苦茶,现又苦住,又内含"忍"后之"喜":周作人大概真的是预感着什么了。

---

① 周作人:《苦茶随笔·关于英雄崇拜》,第192页。
② 鲁迅:《且介亭杂文二集·"寻开心"》,收《鲁迅全集》第6卷,第271页。

第七章　苦雨斋里的老人——在北平(三)
(1927.11—1937.7)

不到一个星期,1937年6月16日,周作人写完了《日本管窥之四》,最后说:"日本文化可谈,而日本国民性终于是谜似的不可懂,则许多切实的问题便无可谈,文化亦只清谈而已",并声明,"就此结束管窥,正是十分适宜",开张没有几年的"日本店"终于关了门。

这时距离日本侵略军炮轰卢沟桥,只有二十多天了。

第八章 走向深渊

——在北平(四)

(1937.7—1945.12)

一、又一个"苏武"?

1937年7月7日,这一天终于来临。既在意料之中,甚至在期待中,又出人意外。中国人民震惊了,也奋起了。周作人却沉默着。

1937年7月29日,北平陷落——仍然听不见周作人的声音。

1937年8月9日,北平沦陷前后学术文化界人士纷纷南下,北平大学与清华大学也宣布南迁;这一天,刚从南京回到北平的北京大学文学院院长胡适及教授叶公超、梁实秋等一起撤离北平。但南下队伍中始终未见周作人。

关心周作人的朋友们,关心中国文化前途的有识之士,为得不到周作人的消息忧心如焚。

刚刚从日本逃回中国的郭沫若写了《国难声中怀知堂》,发表在8月30日出版的《逸经·宇宙风·西风非常时期联合旬刊》上——

> 古人说,"闻鼙鼓之声则思将帅之臣",现在在国难严重,飞机大炮的轰击之中,世间的系念虽然也就多是某某司令,某某抗敌将军,某某民族英雄,然而我自回国以来所时时怀念着的,却是北平苦雨斋中我们的知堂。
>
> 近年来能够在文化界树一风格,撑得起来,对于国际友人可以分庭

第八章 走向深渊——在北平(四)
(1937.7—1945.12)

抗礼,替我们民族争得几分人格的人,并没有好几个。而我们的知堂是这没有好几个中的特出一头地者,虽然年青一代的人不见得尽能了解。

"如可赎兮,人百其身",知堂如真的可以飞到南边来,比如就像我这样的人,为了掉换他,就死上几千百个都是不算一回事的。

日本人信仰知堂的比较多,假使得到他飞回南边来,我想,再用不着他发表什么言论,那行为对于横暴的日本军部,对于失掉人性的自由而举国为军备狂奔的日本人,怕已就是无上的镇静剂吧⋯⋯

在郭沫若所特有的夸饰的语言中,仍然可以感到一种真诚的,急切的,也许是过于天真的期待——这是处于突然降临的灾难中,有些不知所措的,迫切需要新的精神领袖的中国知识分子的期待。尽管周作人渴望做一个平凡的人,他早已声明,自动放弃了对于时代、历史、社会的责任;然而,由于周作人作为五四开创者之一的历史(这个历史将一再成为他的沉重包袱)和中国第一流的作家的地位,以及他与日本文化的特殊关系,就使得中国各种力量(包括郭沫若所代表的中国天真幼稚,缺乏独立自主性的知识分子)以及国外的(特别是日本)的各种力量,总是不肯忘记周作人。特别是在这中日正式交战的历史关键时刻,更是将周作人视为中国知识分子的代表,从各自不同的立场,对他寄予不同的期待(所谓期待,另一个意义就是利用),这是周作人不可摆脱的宿命之一。鲁迅在生前就曾为这个不堪承受的代表重任,弄得痛苦不堪;现在鲁迅逝世后,这重担似乎又历史地落到了周作人的身上。周作人这才明白:他的大哥曾为他挡住了多少痛苦与烦恼。在这个意义上可以说,周作人一直是在鲁迅的庇护下得到了相对的宁静与自由,无论在他们兄弟失和之前与之后都是如此。现在,大树已倒,周作人只能独立地面对宿命了。在这历史的大动荡中,周作人本打算躲在他的"苦住庵"(或者别的什么斋)里做一个普通顺民的;但就因为他是"周作人",历史就不允许他如此轻易地做出这样简单的选择,而必然地要把严峻得无以复加的选择置于他的面前⋯⋯

此刻,全体知识分子,全国人民,以至世界舆论,都这样注视着周作人:他将向何处去?

11月1日出版的《宇宙风》以"知堂在北平"的醒目标题,公布了周作人8月6日、20日与9月20日写给编辑陶亢德的信:"旬日不通讯,时势已大变矣。舍间人多,又实无地可避,故只苦住,幸得无事,可以告慰。此后如何办法尚未能定……回南留北皆有困难,只好且看将来情形再说耳。"最使人注意的自然是下面这句话,"有同事将南行,曾嘱其向王教长蒋校长代为同人致一言,请勿视留北诸人为李陵,却当作苏武看为宜。此意亦可以奉告别位关心我们的人,至于有人如何怀疑或误解,殊不能知,亦无从一一解释也。"

天真的人们看到这个保证,大大地松了一口气,并且非常感动。仿佛中国文人中再增加一位苏武,中国就有了希望——可怜的"阿Q精神胜利法"!

但谨慎的人们仍然从周作人欲言又止的迟疑中,感到了某种危机。他们仍然拭目以待。

看来《宇宙风》编辑陶亢德还将郭沫若的文章寄给了周作人,因此,周作人在8月25日写给陶亢德的信中又有"鼎堂先生文得读,且感且愧,但不敢不勉耳"等语。这时的周作人自然也是感到了郭沫若文章所代表的舆论的期待的压力的。

也是给陶亢德的信中又透露出:周作人正"在无聊中写小文消遣","拟继续翻译希腊神话,却尚不知能否换得若干钱米耳。南方无处可归,北大至今不闻有正式办法,教授留平者尚有三十许名,正在翘首以待校长之命令也。"接着又传来消息:滞留在北平的北大教授郑天挺、陈雪屏、邱椿等人,又于11月17日乘河北轮南下。11月29日北大留平教授在著名史学家孟心史先生家集会时,只剩下孟、马(幼渔)、冯(汉叔)、周(作人)四人了。据说北大已承认该四人为"留平教授",每月寄津贴费五十元;并且以后校长蒋梦麟还从南方驰电北京,委托周作人等保管北大校产①云云。

不管怎样,周作人算是留在沦陷中的北平,并且苦住下来了。

----

① 周作人等确也作了保护校产的努力。据周作人回忆,1938年春,日本宪兵队想要北大第二院做本部,下令三天内搬家。留守事务员找到了周作人与冯汉叔,经研究,由周作人起草了一封公函,交伪华北临时政府议政委员长兼教育总署督办汤尔和,后由于汤尔和的"挡驾",才将北大第二院(理学院)的仪器设备保留了下来。参见周作人:《知堂回想录·一五九,北大感旧录(五)》。

第八章 走向深渊——在北平(四)
(1937.7—1945.12)

在这大变动、大混乱中,周作人究竟在干什么呢?

他确实在闭门读书。周作人在9月所写的《俞理初的诙谐》一文里透露:"近来无事可为,重阅所收的清朝笔记,这一个月中间差不多检查了二十几种共四百余卷……"周作人如此地苦读,恐怕不仅是为了排解苦住的寂寞无聊,而是要到书中去寻找他在现实中得不到的东西。周作人未必相信"书中自有黄金屋"、"颜如玉"之说,但书中自有他之所追求,却是信之不疑的。不过,真正读下来,他又不免有些失望。他说,二十几种共四百余卷中,"结果才签出二百三十条,大约平均两卷里取一条的比例。但是更使我觉得奇异的是,笔记的好材料,即是说根据我的常识与趣味的二重标准认为中选的,多不出于有名的文人学士的著述之中,却都在那些悃愊无华的学究们的书里……为什么呢?中国文人学士大抵各有他们的道统,或严肃的道学派或风流的才子派,虽自有其系统,而缺少温柔敦厚或淡泊宁静之趣,这在笔记文学中都是必要的"。① 在这国难鼎沸声中,在北平各大专校屡遭日军搜查骚扰,教员学生受侦讯迫害,被迫停课,抓捕、拷打的消息随处可闻的情况下,周作人却一如既往地继续追求"温柔敦厚或淡泊宁静之趣",是不能不令人惊异的。

当然,这只是向往与追求而已。现实生活中的周作人是很难淡泊宁静的。这一时期,他也写过《谈搔痒》这类闲适文章,却未能继续写下去。他曾写信给废名——周作人自己曾说,"他实在是知道我的意思之一人"——吐露心曲:"旧日友人各自上漂流之途,回想《明珠》时代,深有今昔之感。自知如能将此种怅惘除去,可以近道,但一面也不无珍惜之意,觉得有此怅惘,故对于人间世未能恝置,此虽亦是一种苦,目下却尚不忍即舍去也。"② 那么,周作人还是"不忍即舍去"人间世的,——其实,他也是舍不去的。那一天,偶食几粒炒栗,周作人突然想起郝懿行《晒书堂笔录》转述陆游《老学庵笔记》里的一段记载:"故都李和炒栗名闻四方,他人百计效之,终不可及。绍兴中陈福公及钱止阁出使虏庭,至燕山忽有两人持炒栗各十裹来献,三节人亦人

---

① 周作人:《知堂书话·俞理初的诙谐》,第801页。
② 周作人:《药堂杂文·怀废名》,北平新民印书馆1944年1月第1版,第117页。

得一裹,自赞曰李和儿也,挥涕而去。"①"挥涕而去"这四字竟引起了周作人的强烈共鸣,也许也是感受到了那永远拂不去的亡国的沉痛与思乡的情切吧。周作人终于写下了一首诗:"燕山柳色太凄迷,话到家园一泪垂。长向行人供炒栗,伤心最是李和儿。"伤心的自然不只李和儿一人而已。

但作理智的考虑,周作人却另有一番打算。据说,也就在这个冬季,有一次在与钱玄同、马幼渔的闲谈中,周作人突然提起"出山"之类的话,钱、马都默默无言,也就没有再说下去。事后马幼渔又去访周作人,想劝劝他,见面即骂已附逆的徐祖正,周作人也装傻附和着骂,马幼渔自然不好再说什么,过了几天又去,开口就问:"前次你要出山,决定了什么时候没有?"周作人说:"现在还谈不到,日军还没有退出红楼呢!"(当时北大住有日本军队)②此事虽搁置下来,但周作人显然已经在酝酿"出山"了。

于是,就有了1938年2月9日出席"更生中国文化建设座谈会"的"事件"。"座谈会"是由大阪每日新闻社出面召开的,却有着日本军方的背景。出席座谈的,竟有日本陆军特务部的代表,以及伪华北临时政府议政委员长兼教育总署督办汤尔和,新民会副会长张燕卿等"要员"。周作人在会上没有发表什么特别言论,只是自称自己"长期从事于东洋文学及日本文学系的工作",致力于"研究日本"云云。但出席会议本身即表示了与日本军方合作的姿态。《每日新闻》刊载会议消息时,也毫不含糊地将其与伪政权的建立联系起来:"中日两国的文化提携这问题,于'中华民国临时政府'的机构之扩充及其活泼的推动上,是具有促进的作用的。"4月底上海出版的《文摘·战时旬刊》19期,全文译载了大阪《每日新闻》所发的消息,并转发了照片:周作人长袍马褂,跻身于戎装的日本特务头子与华服、西装的汉奸文人中间。

消息传出,全国舆论大哗。唐弢先生后来追忆说,周作人投敌的消息在人们,特别是青少年中引起一种"被原来信任过的人欺骗了、侮辱了似的心

---

① 周作人:《药味集·炒栗子》,第170页。
② 叶淑惠:《周作人二三事》,载《文艺春秋》副刊1卷第1期,转引自张菊香等:《周作人出任伪职的前前后后》。

情",并因此而产生一种深刻的"痛苦"。① 在短暂的惊疑以后,全国文化界立刻响起一片愤怒的谴责、抗议声:5月5日,武汉文化界抗敌协会通电全国文化界,严厉谴责周作人"不惜葬送过去之清名,公然附和倭寇,出卖人格",并"请缘鸣鼓而攻之义,声明周作人、钱稻孙及其他参与所谓'更生中国文化建设座谈会'诸汉奸,应即驱逐我文化界之外,藉示精神制裁"。5月6日,武汉《新华日报》发表短评,指出,"周的晚节不忠实非偶然",是他"把自己的生活和现社会脱离得远远的"的必然结果。5月14日,《抗战文艺》1卷4号发表茅盾、郁达夫、老舍、冯乃超、王平陵、胡风、胡秋原、张天翼、丁玲等十八人《给周作人的一封公开信》,指出:"先生出席'更生中国文化座谈会'之举","实系背叛民族,屈膝事敌之恨事,凡我文艺界同人无一人不为先生惜,亦无一人不以此为耻"。公开信向周作人发出忠告:"民族生死关头,个人荣辱分际,有不可不详察熟虑,为先生告者","希望幡然悔悟,急速离平,间道南来,参加抗敌建国工作,则国人因先生在文艺上过去之功绩,及今后之奋发自赎,不难重予爱护。否则唯有一致声讨,公认先生为民族之大罪人,文艺界之叛逆者。一念之差,忠邪千载,幸明辨之"。据说这封公开信系楼适夷起草,而经郁达夫修改;其中忠告均为郁达夫所加,显然还为周作人留有某些余地。诗人艾青还以《忏悔吧,周作人》为题,写了一首诗,表达了年轻一代的情绪:"周作人/在祖国艰苦地战斗着的时候叛变了/(我用灼痛的心接受这消息)……/周作人/你不能想一想你所走过来的路么?"/"你曾护卫过德谟克拉西/你曾抨击过北洋军阀的政府/你曾无畏地走在思想斗争的最前面/——中国的青年/不曾忘记你的名字","忏悔吧,周作人!/不然……/中国的青年/要向你射击!……"②——在这颤抖的歌声里,充满了多少期待、失望、痛苦与愤怒。这些充满着战斗精神的热血青年,曾按照自己的理想,塑造了一个"无畏地走在思想斗争的最前面"的周作人的形象,现在周作人突然显出了他们未曾料到的另一面,就陡然产生"被出卖、被欺骗"的感觉,由此而发出的"忏悔吧,周作人"一声呐喊,是震撼人心的。也有些天真的朋友不愿意面对周作人投敌的事实,仍然热烈地为周作人辩护。朱光潜先生

---

① 唐弢:《帝城十日解》,《新文学史料》1980年第3期。
② 诗载《抗战文艺》1卷第9期。

就曾发表文章,一方面承认"以他在日本知识界的声望,日本人到了北平,决定包围他,利用他,这是他应该预料到的,到现在他还滞居北平,这种不见机实在是很可惋惜的";另一面却断然说:"附逆做汉奸,他没有那种野心,也没有那种勇气",朱光潜先生最后甚至劝告人们要用"宽厚"的态度对待周作人。[①] 朱光潜的文章是针对何其芳对周作人的谴责的;以后何其芳又写了一篇文章,明确表示,"我认为'宽厚'也应该看对什么人,对于我所憎恶的人物,我不能宽厚!"[②]

正当全中国的知识分子都在为周作人已经作出和将要作出的选择痛苦,愤怒,争执不休时,周作人本人在干什么呢?——在与儿辈们打牌中度日。这在周作人是少见的:大约在1900年春周作人在安桥与七斤公公"夜嬉马吊,夜半始寝"之后,我们在周作人日记中就几乎看不到这样的记载。这自然是反映了周作人内心极度的苦闷与无聊的。但又何尝不可以看作是一种韬晦的姿态呢?

2月20日,即在参加"更生中国文化建设座谈会"半个多月以后,周作人在一篇读书札记里这样写道:"《东山谈苑》卷七云:'倪元镇为张士信所窘辱,绝口不言,或问之,元镇曰,一说便俗',此语殊佳。……乱离之后,闭户深思,当更有感兴,如下一刀圭,岂止胜于吹打弹丝而已哉。"隔数日,又作《卖糖》一文,文章写道:朱舜水"能和语,然及其病革也,遂复乡语,则侍人不能了解","不佞读之,怆然有感,舜水所语盖是余姚话也,不佞虽是隔县当能了知,其意亦惟不佞可解。余姚亦当有夜糖与炙糕,惜舜水不曾说及,岂以说也无人懂之故欤"。朱舜水之意尚有周作人"能了知",周作人自己之"意"当有人知否?周作人不说了。恰恰这时,周作人的老友武者小路实笃在《日本评论》3月号上发表《怀周作人》一文,称周作人为"新村的兄弟",表示在"现在这个时候"自己很想去"慰问"周作人,并且"想听听周作人对于谁也不曾表白过的真心话,也想听支那的人们对于日本第一希望是什么","可以说真心话的友人在日本人里有一个岂不也好么"。武者小路其人也真,其言也诚,周作人当然不会不受感染。但他仍然回答说:"什么希望我并

[①][②] 朱光潜与何其芳的争论文章见1938年五六月出版的《工作》(成都)第5、6期。

第八章 走向深渊——在北平（四）
（1937.7—1945.12）

没有,真心话当然有而不想说,说了正是鄙陋耳。"

周作人对于舆论,也是故意的真真假假,藏头露尾。先是给关心他的友人写信,称"目下拟专弄一部神话",并希望在燕京大学"谋得一专任讲师之头衔,聊以避俗";"钱公（按即钱稻孙）前次曾以天下见让（按,钱稻孙曾任新民学院院长）,不佞不敢高攀许由,亦不敢以舜禹自居,故已谢之矣"。信中并说,天津《庸报》"曾载过不佞将做北大校长之消息,可谓有光荣矣。"另一封信在谈到出席"更生中国文化建设座谈会"事时,却又装聋作哑："大阪每日所载何事,容托人查阅来看"。① 周作人为什么要如此说呢?

尽管周作人已经不愿向世人（包括他的朋友）说真心话,朋友们却仍然真诚地关心着他。于是,1938 年 8 月,一封热情的诗信由伦敦寄往北京苦雨斋（此时已改名为苦住庵）主人,署名是胡适。诗中写道："臧晖先生昨夜做一个梦,梦见苦雨斋中吃茶的老僧,忽然放下茶盅出门去,飘然一杖天南行。天南万里岂不太辛苦?只为智者识得重与轻。梦醒我自披衣开窗坐,有谁知我此时一点相思情。"这是真正的朋友的劝说,也是智者的忠告,而且几乎是在走向深渊前的最后时刻寄来的,周作人应该懂得它的分量。9 月 21 日,周作人回诗一首："老僧假装好吃苦茶,实在的情形还是苦雨。近来屋漏地上又浸水,结果只好改名苦住。晚间拼好蒲团想睡觉,忽然接到一封远方的信。海天万里八行诗,多谢臧晖居士的问讯。我谢谢你很厚的情意,可惜我行脚却不能做到,并不是出了家特别忙,因为庵里住的好些老小。我还只能关门敲木鱼念经,出门托钵募化些米面——老僧始终是老僧,希望将来见得居士的面。"诗于 9 月寄出,10 月 8 日旧中秋日,周作人又于风雨如晦中重录,心情自然是复杂的。不过诗里所说仍是有真有假;而且这首诗因为寄往中国驻华盛顿大使馆,收信人却写的是胡适临时的别号"胡安定",因此,信没有及时送到胡适手中。1939 年年底胡适看到这首诗时,周作人已脱下老僧的袈裟,变成日本侵略军魔下的"督办"了。胡适因此题诗云："两张照片诗三首,今日开封一惘然。无人认得胡安定,扔在空箱过一年。"

周作人在脱下袈裟之前,确实也曾"出门托钵募化些米面"。早在"七

---

① 周作人致上海周黎庵函,转引自《抗战文艺》第 12 期。

七"事变后,周作人即主动与胡适主持的文化基金翻译委员会联系,每月交译稿两万字,给费二百;并开始着手《希腊神话》(阿波罗多洛斯著,原名《书库》)的翻译,计十万多字。同时翻译了哈理孙女士的希腊神话论和弗来则的十五六篇希腊研究,也约十万字左右。《希腊神话》注释未完稿,因编译会迁香港而中止。周作人又转而托燕京大学国文系主任郭绍虞觅得燕大教书职务。从1938年9月起,每周六小时,以讲师论,燕大特给报酬百元,并给一个"客座教授"的名义,周作人以此辞谢了别处的一些劝诱。3月22日,辞伪满洲大学之邀;4月至8月,再三坚辞伪北京师范学院、女子师范大学之聘,并有劝友人勿加入文化协会之举;6月12日,辞不入留日同学会,退还捐册;8月15日,辞不入东亚文化协议会;9月18日,辞不受任所谓北京大学校长兼文学院长。此外,辞谢日伪各方宴会,约稿,邀访,尚有多次。周作人似乎是下定决心躲入书斋作乱世之隐居了。

  但事情并没有如此简单。周作人自己对是否真正隐居,就颇为犹豫。这年12月,他连续写诗数首。其一云:"粥饭钟鱼非本色,劈柴挑担亦随缘。有时掷钵飞空去,东郭门头看月圆。"其二云:"禹迹寺前春草生,沈园遗迹欠分明。偶然挂杖桥头望,流水斜阳太有情。"其三云:"禅床溜下无情思,正是沉阴欲雪天。买得一条油炸鬼,惜无白粥下微盐。"①周作人将诗抄示诸好友,此时也是困居上海的沈尹默和诗中末一联云:"斜阳流水干卿事,未免人间太有情。"周作人以为"指点得很是不错":周作人对于"人世"原是"有情",岂能"隐而不问"呢?往日周作人曾作七律,末二句"高歌未必能当哭,夜色苍凉未忍眠",亦是此意。年底,周作人得李炎华信,又在日记中这样写道:"下午得李炎华信,系守常次女也。感念存殁,终日不愉。前作诗云,流水斜阳太有情。不能如有财有令誉者之摆脱,正是自讨苦吃,但亦不能改耳。"②——乱世之中,原也可以作入世的选择的。但对于早已认定在军事上中国必败,必须另作选择的周作人,入世自然不会是投入抗日救亡的反抗洪流中,在周作人看来,那是非理性的幼稚愚蠢之举。他的入世只能是"出山",即与日方合作,以达到自己的目的(?)。说漂亮点,不过是颇为时髦的

---

①② 周作人:《知堂回想录·一七七,元旦的刺客》,第572页。

"曲线救国"而已。

而这时,周作人在经济上也陷入困境,不仅在煤店、米店欠账,连女儿处也负了债。显然,单靠周作人闭门译作的收入,并不足以应付这一家人的耗费。鲁迅早就说过,"隐",也得先有"啖饭之道","假如无法啖饭,那就连'隐'也隐不成了",更何况,"隐"本身也是一种"啖饭之道"呢?①

那么,周作人下一步将如何动作呢?

二、终于"下水"

正当周作人尚在隐居与出山二者间犹豫不决时,1939年元旦突发的枪杀事件迫使周作人迅速作出抉择。据周作人自己回忆:"那天上午大约九点钟,燕大的旧学生沈启无来贺年,我刚在西屋客室中同他谈话,工役徐田来说有天津中日学院的李姓求见,我一向对于来访的无不接见,所以便叫请进来。只见一个人进来,没有看清他的面貌,只说一声'你是周先生吗?'便是一手枪。我觉得左腹有点疼痛,却并不跌倒。那时客人站了起来说道,'我是客',这人却不理他,对他也是一枪,客人应声仆地。那人从容出门,我也赶紧从北门退归内室。沈启无已经起立,也跟了进来。这时候,听见外面枪声三四响,如放鞭炮相似。原来徐田以前当过侦缉队的差使,懂得一点方法,在门背后等那人出来跟在后面,一把把他拦腰抱住,捏枪的手兜在衣袋里,一面叫人来帮他拿下那凶人的武器。其时因为是阳历新年,门房里的人很多,有近地的车夫也来闲谈。大家正在忙乱不知所措。不料刺客有一个助手,看他好久不出来,知道事情不妙,便进来协助,开枪数响,那人遂得脱逃;而帮忙的车夫却有数人受伤,张三伤重即死,小方肩背为枪弹平面所穿过。"②经日华同仁医院检查,周作人左腹中枪而未入,盖为毛衣扣所阻,沈启无弹中左肩,在医院疗养一日半出院,真正牺牲者,仅车夫老张一人。

这又是一条轰动国内外的新闻。暗杀者究竟何人,却有种种说法。周作人一口咬定,这是日本军方所为。日本军警方面则以刺客为国民党特务,

---

① 鲁迅:《且介亭杂文·隐士》,收《鲁迅全集》第6卷,第224页。
② 周作人:《知堂回想录·一七七,元旦的刺客》,第573页。

并因此传周作人至宪兵队,盘问了两小时。1946年,一位署名卢品飞的,在美国出版了《黑暗的地下》一书,自认他是行刺的凶手之一,与他合谋的是高姓、王姓两人。1961年周作人在致香港鲍耀明信中,对此说的真实性颇表怀疑。还有一说是周作人的侄子丰三(时为辅仁大学附中学生)的同学得知周作人的矛盾处境,为保全周作人的声誉而将其枪杀,丰三也因此抑郁而于1941年3月自杀。周作人被刺这段公案,可以说至今仍无确论。但它至少说明一点,当时在中国的各种政治势力都在关注着周作人的选择,并且试图通

1939年元旦遇刺后约第三天在八道湾11号寓所西厢房前

过各种手段(包括暗杀)施加自己的影响。这就是说,客观形势已不允许周作人继续敷衍延宕,连隐居亦不可能,他只能在"杀身成仁"与"出山下水"二者之间作出选择。而周作人本人,如前所述,早已有"出山"的考虑;这样的形势,只是逼迫他更快地作出酝酿已久的决定而已。事件之后,周作人曾作打油诗二首以自遣,诗云:"橙皮权当屠苏酒,赢得衰颜一霎红。我醉欲眠眠不得,儿啼妇语闹哄哄";"但思忍过事堪喜,回首冤亲一惘奖。饱吃苦茶辨余味,代言觅得杜樊川"。意思也是清楚的:既然"我醉欲眠眠不得",只有杜牧所指"忍过事堪喜"一路,周作人从刺客子弹中"辨"出的"余味",仅此而已。

第八章　走向深渊——在北平（四）
（1937.7—1945.12）

正在这时候，周作人称之为"畏友"的钱玄同遽然去世。周作人元旦被刺后，钱玄同曾派长子送来一信表示慰问，信中说到乍闻"兄忽遇狙"，"骇异之至，竟夕不宁"。钱玄同平时言谈激烈，遇事却易紧张，半月之后，突患脑溢血而离世，与受了惊骇恐不无关系。钱氏虽胆小，于民族大义、大是大非分辨却很清楚。早在1938年春，钱玄同即再一次恢复旧名"钱夏"，表示是"夏"而非"夷"，不做顺民。又改"疑古"为"逸古"或署"逸叟"，又号"忆菰翁"，或间称"德潜"，都寓有困居思旧的意思。"七七"事变北平陷落后他在给周作人的信中，也曾有"我近来忽然抒怀旧之蓄念，发思古之幽情"之说，看来钱玄同又有恢复早年日本留学时期在"复古"旗帜下坚持民族主义立场的老传统之意。他间接从北平寄语随师范大学迁居陕西城固的好友黎锦熙先生等："钱玄同决不'污伪命'"，可以想见，他大概也是如此规劝自己的老友周作人的。周作人在谈到他与钱玄同的关系时曾说："玄同平常不务苛求，有所忠告必以谅察为本，务为受者利益计算，亦不片面徒为高论，我最觉得可感，虽或未能悉用，而重违其意，恒自警惕，总期勿太使他失望也"，"他实在是我的畏友"。钱玄同逝世后，周作人几经提笔，总是沉吟一回，又复中止，直至百日，才勉成《玄同纪念》一文。文章说："今玄同往矣，恐遂无复有能规诫我者。"——他已经预感到，自己已经和将要作出的抉择，不免要"重违"老友"其意"，"太使他失望"了。

周作人在枪杀事件发生后，自不再敢出门。警区署第二天即派来了便衣住在周作人家里，既是保护，又是监视。周作人倒也安心接受，而且越来越离不开这种保护。于是，周作人顺理成章地辞去了燕大教书的职务（先是请俞平伯代课，对方不同意，才辞去）。1928年1月12日，他收下了北大任命他为图书馆馆长的聘书，说是"事实上不能不当"，寥寥七个字，就将关系民族大义，也关系个人命运的决定性的一步，交代过去了。周作人从此走向深渊，再也没有回头的余地。——周作人此时意识到这一点了吗？人们因此却常常想起白居易那著名的诗句："周公恐惧流言日，王莽谦恭下士时；假使当年身便死，一生真伪有谁知"，周作人真要死于1939年元旦那粒中左腹的子弹，他的盖棺论定也许将……但这"也许"也许是多余的吧，周作人的历史如此这般地发展到此刻的"下水"，又如此这般地发展下去，原是有它的特殊价值、意义与味道,人们又何必多作假设呢?

万事开头难,只要一"下水",以后就顺流而下了:3月28日,周作人接受了委派他为北大文学院筹备员的职务。4月28日,他往北大本部陪宴,出席宴会者都是日本宪兵队队长。5月8日,他往北大赴招考会后,又参加汤尔和主持的宴会。5月26日,又往北大办公处,应公宴,出席者均为日伪教育文化官员。7月19日,周作人与当时已被委任为伪北京大学秘书长的钱稻孙,共同讨论北大文学院教职员人事安排,8月即接任北京大学教授兼北大文学院院长之职。9月3日,周作人参加了东亚文化协议会文学部的会议,成为日本军方控制的东亚文化协会的成员……

对于周作人来说,以上这一切活动不过是应酬。连文学院院长,他也是挂名,日常事务由学院秘书代理,他只是一个星期偶然去看一次。看来日方也宁愿让周作人这么闲着,他们原也只是要"周作人"这个名字罢了。周作人的应酬,出卖名字,自然都是有偿的:周家不仅结束了靠借贷过日子的窘况,而且开始大兴土木:从1939年7月3日(就任伪北京大学文学院筹备员职三个多月以后)起翻修左右偏门,凿井,改造厕所,裱糊内屋,修造上房等等。生活也日益阔绰,设宴招饮渐成常事,并且购制起狐皮衣裘来。这自然是反映了周作人物质的以及精神的生活的某些微妙变化的。周作人也就愈加离不开侦缉队的保护。以至1939年11月,枪击事件后派来的三人调离周家时,周作人竟然依依不舍。由当初的疑惧到此刻的依恋,周作人感情的变化可谓不小。

周作人的官当得正顺,他的后台伪华北教育总署督办汤尔和突然去世,这又是一个意外的打击。汤尔和的丧礼中,周作人的积极、热心是颇为异常的:他参加治丧委员会,写祭文,送挽联,以不同身份参加各类公祭,甚至一天之内接连两次也不知倦。汤的百日祭,六十四岁阴寿,周年祭,三周年祭,周作人无一不参加。汤尔和的儿子撰写的《汤公遗事》也是周作人为之作序。正像有的研究者已经注意到的那样,"周作人对其他亡友,甚至对钱玄同那样的毕生至友,也没有这样长久的隆重的悼念"。[①] 而周作人与汤尔和

---

① 舒芜:《历史本来是清楚的》,载《鲁迅研究动态》1987年第1期。

第八章　走向深渊——在北平（四）
(1937.7—1945.12)

虽然是日本留学时的老同学,但在事变之前,向来少有来往,周作人对汤尔和也并无好评。周作人献给汤尔和的挽联尤可玩味:"一生多立经国事功,不图华鬘忽萎,回首前尘成大梦。此出只为救民苦难,岂意擅度中断,伤心轻打朕微言。"所谓"立经国事功"、"为救民苦难",也是一种自我评价:周作人在把汤尔和崇高化的同时,也把自己崇高化了。但为什么一直追求凡人化的周作人,此时却如此热衷于崇高化呢? 这里隐藏着的心理动因又是什么呢……

实在说,汤尔和逝世在日军卵翼下的华北伪政权确实是一件大事:因为他空出了教育总督这个大缺位。于是,汤尔和的后继就成为各派政治势力斗争的焦点。事实上,活动早在汤尔和病危期间,已经开始。在汤尔和卧病长达半年时间内,教育督办职务一直由教育总署署长方宗鳌代理,而时为新民学会副会长的缪斌早已垂涎于这一高位,他在日方一派力量的牵线支持下,多方活动。但据说汤尔和临终前,却明确属意于周作人。这样,周作人就被推到了这场争夺战的第一线。汤尔和病逝以后,缪斌钻营更力,颇有相当呼声。此时王揖唐已继王克敏之后任伪华北政务委员会委员长,他却属意于周作人,这当然也是出于日方另一派力量的授意。汤尔和去世后,王揖唐、原王克敏的秘书长、时为伪北大监督的瞿兑之,以及日本兴亚院华北联络部文化局调查官松井信二大佐都与周作人频繁接触。瞿兑之就是奉王揖唐之命来"劝进"的。缪、周之争以及背后的日方两派之争,引起了其他各派政治势力的关注。据现在公布的材料,当时活动于日伪上层圈子的爱国地下工作者王定南、张东荪、许宝骙以及何其巩,就曾专门议论过汤尔和的继任者问题。而此四人的关系都颇为复杂。王定南是当时中共北平地下党负责人之一。许宝骙既不是共产党员,也不是国民党员,却与两党上层领导有着密切的关系,一般人(包括周作人)都认为他与重庆方面有联系。1942年许宝骙从重庆归来,周作人还设宴为其洗尘。张东荪本属国家社会党(后改称社会民主党),与时为燕京大学校务长兼代校长美国司徒雷登又有非一般的关系。何其巩时为私立中国大学校长,他曾是冯玉祥的秘书长,和国共两党与其他派系都有联系。他们四人在不同场合的商议中,从政治斗争需要充分利用敌人内部矛盾的政治原则出发,①一致认为,"反正周作人已经当上伪北大文学院院长……一条腿已经下了水,那么我们就无妨顺水推舟,让他进一步出任伪督办,以抵制为祸最烈的缪斌,权衡利害,按'两害相权取其轻'的道理,这事是可以做而且是应该做的"。② 围绕着这一政治方案,他们也进行了积极活动,不仅通过王克敏在日伪方面进行疏通,而且由许宝骙亲自登门游说周作人。许宝骙及他所代表的王、张、何诸人的意见与活动,一方面确是个人所为,并不是出于任何一方组织的正式决定,但又确实代表了各方政治势力的利益与要求,不仅是国共两党,也包括美国一方在内。因此,当以后周作人终于出任教育督办的伪职以后,在许宝骙做东的宴会上,司徒雷登、沈兼士(辅仁大学文学院院长,秘密的国民党市委会委员,受命于国民党教育部组织的高教委员会)均在座,这自然绝非偶然。③ 周作人事实上已经成为当时十分复杂的国际、国内政治斗争棋盘上的一粒棋子,这对于以独立的自由知识分子自居的周作人,确实是一个最大的历史悲剧。而历史的嘲讽在于,周作人本人不但对于这一切幕后紧锣密鼓的紧张的政治活动毫不知情,而且在自我感觉上,一直以为自己拥有完全独立选择的自主性,以至晚年在说到此事时,仍然说:"关于督办事,既非胁迫,亦非自动(后来确有费气力去自己运动的人),当然是由日方发动,经过考虑就答应了。因为自己相信比较可靠,对于教育,可以比别个人出来,少一点反动的行为也"。④ 周作人此一番自白,从他就任督办有自己的责任这一角度说,自有其道理,但闭口不谈他的就任是各方政治势力斗争与妥协的结果,他自己早已成为政治上的一具傀儡,却只能说明他的不清醒,即鲁迅所说之"昏"。其实,这历史的责任,真的是他周作人一人就承担得了的么?周作人这一自

---

① 毛泽东早在1935年12月所写《论反对日本帝国主义的策略》中就确定了这一政治斗争的原则与策略:"我们要把敌人营垒中间的一切争斗,缺口,矛盾,统统收集起来,作为反对当前主要的人之用。"

② 许宝骙:《周作人出任华北教育总署督办伪职的经过》,文收《闲话周作人》,浙江文艺出版社1996年7月第1版,第111页。

③ 司徒雷登早就对周作人表示了特别的关心。周作人元旦被刺后第四天,司徒雷登就登门慰问。

④ 周作人:《致鲍耀明书》(1964年7月18日),收《周作人晚年书信》,真文化出版公司1997年10月第1版,第409页。

白,颇有点硬撑好汉的"破脚骨"气,而且也是做着独立梦的中国自由主义知识分子自欺欺人的表演,这是不能不令人感慨系之的。

1940年12月19日,在汪伪中央政治委员会31次会议上,正式通过了"特派周作人为华北政务委员会委员,并指定为常务委员兼教育总署督办"一案。① 第二天,北京《实报》上披露了这一消息。当天,周作人就接待了《东亚新报》与福冈、伪满洲、伪蒙疆等各报记者和伪中华通讯社记者络绎不绝的采访。周作人就任教育督办的幕后牵线人之一,日本特设文化特务机关兴亚院华北联络部文化局的调查官松井大佐,也于是日特地拜访了周作人,并对《庸报》记者发表谈话,表示"此次以平素不喜欢政治生活之当代文学界权威者周作人氏,出任巨艰,鄙人觉得非常荣幸"。25日周作人还第一次参加伪政委会宴会。1941年元旦,周作人正式接到汪精卫签署的伪南京政府委任状。4日,赴教育总署举行就职典礼,并向教署全体职员致训词等等;这场"就职"的傀儡戏至此结束,半只腿入水的周作人终于完全下水了。

从此,苦住庵主人周作人就变成了伪教育总署督办周作人,周作人从形式上完成了从学者文人到政治官僚的角色转变,实现了他"老而为吏"的夙愿与追求。② 但要真正实现相应的思维方式、心理素质……的转变,也还得有一个过程。应该说,一开始周作人还多少抱有"学校可伪,学生不伪,政府虽伪,教育不可使伪"的幻想,确也想替教育界略尽维持、保护之责,③至少使学校与当时的政治稍有脱离,这样也可多少维护一点自己的清名。这只是证明,周作人角色虽变,已俨然成为政治官僚,但思维与行为方式以至心理素质中仍不脱书生气。于是就发生了所谓"游行事件"。某日,伪新民会通知北平各校学生到天安门参加庆祝皇军占领宜昌大会,教育总署请示督办,

---

① 据南京第二历史档案馆存伪南京政府"中央政治委员会秘书厅公函",中政秘字207号,转引自张菊香等《周作人出任伪职的前前后后》。

② 参看姚锡佩《周作人出任伪职考》(载《鲁迅研究动态》1987年第1期),周作人年轻时做过的"花甲登科"的梦(本书第一章六节),如今竟以这种方式实现,这是意味深长的。

③ 据自浩成《关于周作人的二三事》(载《鲁迅研究动态》1987年3期):"1941年12月8日太平洋战争爆发后,日本当局于上午七八时即按原定计划派军队进驻燕京大学,将代校长陆志韦、张东荪、赵紫宸、邓之诚等教授聚在一起,准备解去关押……听我父亲说(于父为董鲁安,原燕京大学教授,后为晋察冀边区参议会副议长),陆志韦先生在匆忙中低声告一位懂日语、以前经常代表燕大校方与日本当局联系、办理交涉的萧先生说:'找周岂明'! 可见周作人还是起到某种缓冲甚至'保护'作用的。"

周作人以为学生总应离开政治,参加与否,无关宏旨,署中就根据这个文谕,转告市政府教育局和直辖各大学知照。次日,各校照例放假,却无一学生到会。伪新民会顾问、日军安藤少将大怒,要亲自去逮捕周作人,经日本大使馆一等参赞力劝而止。从此以后,各级学校只是有会必到,到必抢先。周作人则噤若寒蝉,不敢再去多管这类闲事了。① 经过这一次教训,周作人的书生气果然收敛了不少。久而久之,周作人也就逐渐熟练地扮演起教育督办的角色来。于是,世人很快就看到,周作人匆忙出入于各种教育会议及各类讲习班,训练班,每次到会,必致训词,而每有训示,必大谈"现在所施行的教育方针,是以亲仁善邻为主旨","更要对国民随时晓谕共产制度的绝对不适宜于中国,藉以肃正民众的思想,完成民众的心理建设","总之,藉着教育行政的力量,以圆满达到善邻友好、共同防共、经济提携的三种目的",这是教育"在当前中日两国百年大计所负的重要使命"②等等等等。周作人在一本正经地宣读如此陈腐的训词时,大概已经忘记了:自己当年是怎样热烈地主张着、鼓吹着教育的独立与自由,反对将政治教条强加于教育对象的。周作人如此起劲地自己反对着自己,这算怎么一回事呢?世人接着又在报纸上读到"华北政务委员会教育总署督办"周作人的大作了;不仅署名大有以官衔吓人的气势,题目也官样十足:《华北教育一年之回顾》。一开口即语含杀机:"各校青年学生,意志薄弱,易入歧途,本总署于此极为注意,除将训育方针八条早经颁布通饬一体遵照实行外,复于国立各院内成立学生生活指导委员会,对于学生之思想举止……(实行)监察领导。"当年周作人因为段祺瑞政府教育总长章士钊剥夺学生言论自由,实行高压而奋起反抗,如今身为教育总督的周作人竟公开宣扬要对学生实行思想管制,实有过之而无不及。自由,自由,周作人喊了几十年的自由,最终在自己拥有了权力以后,又自己扼杀了自由。这究竟又是为什么呢?后来周作人宣布,"这些应酬文章照例是不收集的",③但自己亲笔写下的历史,岂是"不收集"就能抹杀的么?

1941年4月,周作人与钱稻孙等一行人赴日本东京出席东亚文化协议

---

① 参看于力《人鬼杂居的北平市·安藤少将与周督办》。
② 见1941年11月1日《教育时报》第3期。
③ 黄裳:《老虎桥边看知堂》,文收《金陵五记》,金陵书画社1982年6月版,第31页。

第八章　走向深渊——在北平（四）
（1937.7—1945.12）

会文学部会。这是周作人第四次踏上日本本土。但今非昔比，今日之周作人是作为日本军队卵翼下的伪华北政务委员会教育总署督办及日本军方直接控制的伪东亚文化协议会会长的身份，前来参拜的。这是当年报纸的报道："4月14日，周作人一行抵东京"，"上午十时晋宫问候，询问陛下康强后，更赴大宫御所秩父官邸问候。正午出席文相官邸中桥田文相主办之午餐会。下午一时半，赴高松营御殿问候。二时半，参拜明治神宫，其次更参拜护国英灵之靖国神社，东亚永久和平之志向相同之一行均誓言真心，径往宿舍云"。① 又是"问候"，又是"参拜"，还要"誓言真心"，周作人视为生命的人的尊严，独立人格哪里去了？这令人难堪的屈辱周作人还嫌不够，竟然于4月16日伙同钱稻孙一同往汤岛第一陆军医院慰问在侵华战争中负伤的日本伤病人员，并捐赠五百元。次日，又赴横须贺海军病院慰问日本海军伤病人员，也捐赠五百元。周作人引以为豪的民族尊严、国格哪里去了？……这是多么可怕的灵魂的出卖。人们不禁要想起周作人的那句名言："把灵魂卖给魔鬼的，据说成了没有影子的人，把灵魂献给上帝的，反正也相差无几。"②周作人曾用这话嘲讽了"把灵魂献给上帝"的左翼知识分子，现在周作人自己却把灵魂卖给了魔鬼，他的明智又在何处？

1941年7月17日，北平伪中央广播电台里突然播放周作人的广播讲话。声音依然低沉和缓，却不再谈童话谜语妖精打架，而是"治安强化运动"。"治安强化"就意味着烧杀抢掠，无人区，三光政策……它在沦陷区人民中留下了最恐怖的记忆。周作人一向批判中国民族的嗜杀性，现在竟然在电台里公开鼓吹绝灭人性的杀戮，玩弄血的游戏，却口口声声说什么"治安强化运动是和平建国的基础……是使民众得以安居乐业的唯一的途径"……

1942年5月2日至10日，为庆祝"满洲帝国"十周年纪念，周作人作为汪精卫的随员，赴伪满访问，其中最具有戏剧性的场面，是"谒见"伪满国傀儡皇帝溥仪。记得胡适当年谒见溥仪时，"我称他皇上，他称我先生"，不知这一回溥、周之间是如何称呼的？还有，溥仪被逐出清宫时，周作人曾著文

---

① 见《庸报》1941年4月15日报道。
② 周作人：《苦茶随笔·〈蛙〉的教训》，第196页。

祝贺他终于成了普通的"人",希望他"补习一点功课,考入高中,大学毕业后再往外国留学",①并且坚决反对溥仪重新称帝,为此还和胡适发生过一场论争。如今溥仪又从"普通人"变成了"皇帝",实现了周作人最不能容忍的复辟。谒见时,周作人不觉得尴尬吗?用"此一时也,彼一时也"一句话,就交代得过去么?

从"满洲帝国"归来,周作人又匆匆赶往南京,去为汪精卫祝寿。汪政府各头面人物"立法院院长"陈公博、"考试院院长"江亢虎、"监察院院长"梁鸿志……亲自接见不说,汪精卫还特设家宴招待,周作人算是备受青睐与礼遇。半年后,1942年10月,汪精卫由南京飞抵北平,出席1942年度新民全会联谊会,周作人不仅亲往机场迎送,还专程前往中南海勤政殿拜望汪精卫夫人陈璧君。汪、周之间素不相识,关系为什么会如此密切?而且看来是周作人主动上门的:早在半年多以前(1942年4月)周作人曾为张次溪编《汪精卫先生庚戌蒙难实录》一书作序,大肆吹捧汪精卫"挺身犯难,忍辱负重","此皆投身饲饿虎,所舍不止生命,且及声名","盖可知其伟大,称之为菩萨行正无不可也",②又暗递秋波:惜留学东京时"未得见汪先生以至于今"云云。汪精卫心领神会,访问伪满时特选周作人为随员,并从此视为亲信。周作人向以"孤鹤"自命,在与人交往中这样主动送上门去,尚属首见。这又是为什么呢?也许是"惺惺惜惺惺",自知已与汪精卫结成了"一荣俱荣,一损俱损"的关系?也许是汤尔和逝世之后,急需另寻后台?不管出于哪一方面的考虑,周作人如此冷静地权衡利害,主动采取行动,正是说明他对官场的"权经"已经颇为熟悉了:周作人正逐渐成熟起来,不是么?

1941年11月至1942年11月一年之间,周作人又三次南下,风尘仆仆于徐州、涿县、保定、井陉、彰德、石门一带,视察各地治安强化运动开展情况。每到一处,都先去拜见当地日本宪兵队及特务机关,然后慰问陆军医院伤病"勇士",检阅地方保甲自卫团,视察工矿企业机关学校,发表各种训示……再马不停蹄地奔往另一处。回京后还要接见记者,发表"感想"。

---

① 周作人:《谈虎集·致溥仪君书》,第118页。
② 这是周作人著作中又一次出现"投身饲虎"的意象,这自然包含有"夫子自道"的意思,是自我慰藉,也是自我辩解。

第八章　走向深渊——在北平（四）
（1937.7—1945.12）

1942年4月22日保定视察归来，周作人即如此说："河北省前三次治安强化运动的成绩甚佳，第四次治运尤为努力，除使人民坚定信念认识环境，以协力大东亚战争外，并完成保甲制度，办理清乡县警备队，以期剿共自卫。至于厉行节约，筹划生产，亦在进行中。"这些"官话"（也即官方的"黑话"）背后的事实是：加紧清乡扫荡，屠戮百姓，进一步勒索人民，剥夺早已挣扎在死亡线上的妇孺老幼的最后一线生机。周作人不是宣称，他之"下水"、"跳火坑"，是为了"拯民于水深火热"之中吗？即使这真是他的初衷，那么，现在他的所作所为，如此地背道而驰，他又如何自圆其说呢？

　　1942年12月8日，为配合汪伪政府所发起的以训练青少年为中心的"新国民运动"，华北地区成立了"中华民国新民青少年团中央统监部"，王揖唐任统监，周作人任副统监，是日举行了统监部成立大会。周作人在会上作了《齐一意志，发挥力量》的训词。下午在天安门检阅青少年团训练的分列式，周作人头戴日本军帽，身穿日本军装，主持检阅式。当年周作人在《五十自寿诗》中云："前世出家今在家，不将袍子换袈裟"；如今袈裟不换却穿上了日本侵略军的戎装，两幅自画像反差如此之大，实叫人啼笑皆非。周作人年轻时原是江南水师学堂的学生，算是个预备军人，但投笔从戎报国之志未酬，阴差阳错成了个文人；如今年过半百，却在日本侵略军麾下，穿上军装，阳错阴差又当上了傀儡军人，不，傀儡副统监。历史竟会如此地捉弄人。

　　但从照片上看，周作人的态度却是严肃认真，甚至自如的。"丑角"云云，"耻辱"云云，都是旁观者的历史评价；作为当事人，未必这么想，这么看。周作人以上种种言论行动背后，他的自我感觉，内在心理究竟如何，是颇值得玩味的。批判者们喜欢说周作人是趾高气扬的，以示他的厚颜无耻；同情者、辩护者则喜欢说周作人内心充满矛盾，心情十分沉重，以说明他的一切作为都是出于被动，迫不得已。两种分析都有一定道理，描述也有相当根据，但却未必全是如此。周作人在更多的情况下，是平静的。《新民报》的一位记者曾写过一组《华北政务委员会各总署督办素描》，写到周作人时，只说他"每日起床很早，（读书写作后）上午十时就到教育总署办公"，[1]这是一个

---

[1] 载1942年4月3日《新民报》河北版。

勤勉认真的公务员、行政官吏的形象。这一形象也许更接近周作人的真实。周作人其实是按照一个"华北政务委员会教育总署督办"的要求,说按规定他必须说的话,做按规定他必须做的事,一切按例行公事办,如此而已。但可悲与可怕之处也正在这平静中。这正是说明,他终于从思维方式到情感、行为方式,以至心理素质上完成了从"文人学者"到"官僚"的角色转换,他已经彻底地官僚化了。所谓"官僚化",即是成为国家机器的一个合格的部件,而他所服膺的国家机器华北政务委员会又是一个地道的日本侵略军卵翼下的傀儡政权。这样,周作人事实上成了双重的傀儡,他的悲剧性也必然是双重的:从民族的立场,他与入侵者合作,必然逃不脱"背叛祖国"的历史罪责;即使从个人的立场,他也是异化为国家机器的部件,彻底地工具化了。周作人最为疑惧的厄运终于降临在他头上!他的上述一切言行,都是一步一步地出卖昔日的自我,走到自我一切追求的反面。周作人宣称他要"救出我自己",实际却是彻底地否定与埋葬了自己。周作人参与开创的五四传统一是爱国救亡,一是个体自由,现在周作人于这两者都彻底背离,说他"堕入深渊"即是由此而来。有人以为周作人虽有罪于民族,却换取了自我的自主与自由,这是大悖于事实的。

明白了周作人已经彻底地官僚化,就不难理解这一时期周作人生活的另一面。他在大兴土木,改建住宅以后,又收买门前公地和左邻右舍,扩充住宅。他的日常生活也日见阔绰,为家人添置狐皮衣裘,动辄数百元,上千元,并以两千余元的巨款购买全套家具。早就够得上称为"美食家"的周作人,此时于吃喝自更讲究,大摆宴席已是司空见惯。家中的奴仆也越来越多;有人据日记所记给以家仆的工钱或赏钱计算,1941年全家仆役共十三人,1942年11月就增至二十三人。① 而周作人给奴仆的赏钱也豪爽得可以:"晚,家中用人贺(孙女和子出生)喜,各给5元,共65元也"(1941.1.12);"下午付工资与节钱,又给买13号屋喜钱,共200元,统计约共800元也"(1942.9.18)。所有这一切排场与物质享受,都属官僚所必需,甚至成了必要标志,周作人并没有用超法律的手段作额外的奢求,他的生活在同僚中至

---

① 舒芜:《历史本来是清楚的》,载《鲁迅研究动态》1987年第1期。

第八章 走向深渊——在北平(四)
(1937.7—1945.12)

多也是普通水平。但惟其普通,周作人也就越视为当然,因此,也就沉溺越深。此时的周作人已渐离那"青灯一盏,清茶一杯"的清苦的文人生活,他越来越不能离开奴仆簇拥、宴席不断的生活方式,在精神、感情上也就越不能离开赐予他的这一切高官厚禄。于是,方宗鳌和在汤尔和病重期间"代理督办"的伪北京大学附属医院院长刘兆霜这些同僚受到爱国志士惩罚,在周作人那里都引起了强烈反响,可谓又惊又恨。他从切身利益上感受到自我与爱国抗日力量的对立,在行动与感情上也就越依附于日伪政权。在听到方宗鳌遇刺消息后,吓得他非要把走了已经半年的两个侦缉队员弄回来不可,就是一个明证。不错,在周作人任教育督办伪职期间,他曾多次从各方面照顾李大钊的长女星华,并帮助星华与李大钊的幼子光华从北平转往延安,他对李大钊的次女炎华及女婿侯辅庭也竭尽掩护之责。周作人与中共地下组织有过一些联系,大概也是事实。周作人也曾试图与国民党方面联系,曾多次找前面提到的国民党北平地下市委委员沈兼士"闲谈",他对许宝骙的拉拢,原因也在于以为许与重庆国民党教育界有联系。1946年国民党最高法院审问周作人时,曾有国民党地下人员张怀、董洗凡等作证,称周作人曾有掩护或联名保释被捕人员的举动,这都不会不是事实。这除了有私人感情因素外,也是出于给自己留后路的考虑。其实,在伪政权中,几乎每一个高级官员(如王揖唐、王克敏、殷同等等)都是同时脚踩日、国、共"三条船"的,这也是做官(特别是做伪官)的诀窍之一。周作人越精于此道,越说明他在官场上已经混熟了。

但比起更精于谋官之道的老官僚们,周作人毕竟初出茅庐,终难逃被愚弄、排挤的命运。1943年2月,在日本军方导演下,以王揖唐为首的华北政务委员会全班人马共署辞职呈书,周作人自也不例外。但经过紧张的幕后活动,新的政委会中,除朱深代王揖唐任委员长,苏体仁换周作人任教育督办外,别无更动,而王揖唐下任后又被选为伪国民政府委员,周作人下台后则无下文。因此,说来说去,所谓政委会改组,仅仅是周作人一人被罢了官。这使周作人极为尴尬,也大为恼怒。请看周作人下述日记:1943年2月6日:"下午,子鹤来,汪翊唐(即汪时璟)来,述朱三爷(即朱深)意,令长北大,笑谢之,手段亦仍如冉公(指王揖唐),思之不快良久";1943年2月8日:"教署事已辞,却又可稍闲矣";1943年2月10日:"上午,别所君来访,云此次事出之王胡(王揖唐),为之哑然,"又云"朱深对汪主席云:周不惯政治,坚辞。对王叔鲁(即王克敏)云:日方反对,周放任学生。合前说而三,小人反复,常用手段如是也"。无须多加一字,周作人被罢官后的失望,又悻悻然,以至自我嘲解,委屈怨恨……均已跃然纸上。直到2月17日,已是十多天以后,周作人日记中仍有:"下午甚不快,阅毛诗疏消遣,"足见周作人当官已成习惯,读书自遣反不自然了。周作人还赋诗二首以抒怀,其一曰:"当日披裘理钓丝,浮名赢得故人知,忽然悟彻无生忍,垂老街头作饼师。"其二曰:"十年戒酒还成病,斜靠蒲团自著棋。待与秋风拚一醉,思量黄叶打头时。"表面上颇有重归隐逸生涯之意,但其中的勉强不得已也是不难看出的。经深得其心的"小徒"沈启无的幕后活动——他们向陈公博运动,再由陈向汪精卫说项,周作人最后也被选任为伪国府委员,消息传来,周作人简直是喜不自禁,急忙往政委会,并特地探望朱深,后来周作人去南京就伪国府委员职,回平后也即至大佛寺朱宅投片问候,这显然有示威之意,却也把周作人谋官之情切,得意之状暴露无余。这里还有一点余文:后来朱深以黄疸病逝世,周作人不仅幸灾乐祸地在当日日记上记下,而且倒回去在被朱深免职那天(周作人以为是他一生奇耻大辱,须牢牢记住)的日记上补记一笔:"小人做坏事,想不到不得百五十日活,此段事日后思之,亦甚可笑也。"这确实是"咬牙切齿之声可闻"。这里的周作人,他的心理素质、情感均已官僚化,再没有半点书生气了。

这样,周作人老而为吏,与外国人侵者合作的历史终于塑造出了一个称为"周督办"的官僚,它与唤作"周知堂"的文人学者,既有联系、渗透,又有区别,却都是真实的"周作人"的一面。孔子曰:"学而优则仕",读书求仕这本是中国儒家知识分子的传统道路,五四以后,又有知识分子从政这一条道。应该说,这条路本身无可非议,在某种程度上,知识分子总要通过各种途径将自己的思想转换为现实,这其中就包括有从政这一路。问题是,历史的事实却总是这样:文人一为吏,知识分子一从政,总要被异化,工具化,失去个体的自主与自由,即鲁迅所说"一阔脸就变"。周作人戏剧性的角色转换,以及由此产生的悲喜剧,即是一个典型;这里所包含的普遍意义是值得深长思之的。当然,周作人的道路亦有其特殊性:他所从的政,是绑在外国人侵者的战车上的,带有更大的屈辱性、腐朽性与反动性;周作人作为一个标榜独立的自由主义知识分子,一向自诩脱离政治,却最终与现代中国最黑暗、最肮脏的政治结为一体,同命运,共存亡,这里所包含的意义也同样引起后人深思。

三、"中国的思想问题"

自然,周作人即使官僚化了,也还会有不同于他的同僚们的另一面。他风尘仆仆于官场上,俨然"周督办",但回到苦住斋,关起门来,读书,写作,却又悠悠然自觉是"周知堂"了。后来,周作人搬出他的老师章太炎为自己的这种双重身份与角色变换作辩解。他说:"我还记得三十五六年前,大家在东京从章太炎先生听讲小学;章先生常教训学生说,将来切不可以所学为谋生之具,学者必须别有职业,借以餬口,学问事业乃能独立,不至因外界的影响而动摇以至堕落。"①如此说来,周作人的为吏,是借以餬口的,闭门读书写作才是他独立的学问事业所在。——尽管"独立"云云很可怀疑,但至少在周作人的主观追求与自我感觉上,关起门来,是另一个世界,这是确然不错的。

周作人的闭门读书写作,其实也是在闭门做梦。这是这一代知识分子不可救药的习癖。周作人专门写有一篇文章,题目就叫《梦想之一》。他是这样说的:"现在又在乱世……人落在水里的时候第一是救出自己要紧,现在的中国人特别是青年最要紧的也是第一救出自己来。得救的人多起来了,随后就有救别人的可能。这是我现今仅存的一点梦想,至今还在乱写文章,也即是为此梦想所眩惑也。"②尽管周作人仍然以"救出自己来"为"第一",但他却没有忘记别人,至少没有把救自己与救别人对立起来,而试图更进一步将救自己与救国统一起来。在这一点上,与 30 年代的追求又似乎有所不同。救出自己与别人以至国家的希望何在呢?周作人反复地说:"我们最大的希望与要求是中国的统一,这应从文化上建立基础"③,"学术艺文之

---

①② 周作人:《苦口甘口·苦口甘口》,第 2、11 页。
③ 周作人:《立春以前·十堂笔谈·汉字》,第 133 页。

书,而有外交政治之用,谅当为东亚国士所许可欤"①。这是不是说,周作人对于中国的以军事为后盾的外交政治是绝望的,但却对中国的文化(包括"学术艺文")怀有某种信心,他企望能够创造以文化起外交政治军事之用的奇迹呢? 大概是这样吧。那么,这又是一个地地道道的"文化至上"梦。从表面上看,与五四时期的思想启蒙至上主义有某些相似之处;但五四那一代人(包括周作人在内)是把希望寄托于西方文化的,而现在,周作人却把目光转向了中国的传统文化。

其实,早在1936年周作人在给胡适的一封信中,就提出:要用"国语,汉字,国语文这三样东西","把诚实的自己的意思写成普通的中国文,让他可以流传自西南至东北,自西北至东南,使得中国语系统的人民可以阅读,使得中国民族的思想感情可以联络一点",以此来"强化中国民族意识",以民族语言、文字,民族意识、民族文化的一致来维护国家的统一,抵御企图瓜分或独占中国的外国势力。② 在日本侵略军占领了中国大片土地以后,身处沦陷区的周作人更是利用一切机会鼓吹这类"文化文字统一论"。他先是说:"中国民族被称为一盘散沙,自他均无异辞,但民族间自有系维存在,反不似欧洲之易于分裂,此在平日视之或无甚足取,惟乱后思之,正大可珍重","现今青年以汉字写文章者,无论地理上距离间隔如何,其感情思想却均相通,这一件小事实有很重大的意义",③并以此为根据,对五四先驱者的历史功绩作出了独特的评价。他认为,五四的先驱者们一方面顺应时代与文学发展的要求,对中国传统文学语言进行了变革,同时又维护了现代汉语言体系的相对稳定,这不仅对保证中国文化的延续有积极意义,对于促进民族思想情感的统一、国家的统一的价值,更不可低估。在周作人看来,后者更为重要,"政治上实较文学上为尤大,不可不加以承认"④。这是周作人第一次从政治上对五四新文化运动作出肯定性评价;更准确地说,他要赋予五四新文化运动本身,以及他自己所要研究的文化问题以政治意义。这对于一向以脱离

---

① 周作人:《〈白川集〉序》,载《文史》1 期,文收《周作人集外文》下集,第 640 页。
② 周作人:《国语与汉字》,载 1936 年 6 月 28 日《独立评论》207 号,文收《周作人集外文》下集,第 440 页。
③④ 周作人:《药堂杂文·汉文学的前途·附记》,第 32、33 页。

第八章　走向深渊——在北平(四)
(1937.7—1945.12)

政治相标榜的周作人不能不说是一个新的思想动向。但其间隐约流露的以文化代替政治的倾向,也给人带来某种担忧:它会引出什么样的后果呢?

周作人首先从语言文字这一民族文化的深层内核与基础入手,这眼光与方法本身就具有很大的价值。但他并未停留于此,进而对中国传统文化的核心——儒家文化作了新的审视。周作人此番重新审视是有着明确的政治目的的,即是要以儒家文化作为足以与外来文化(具体地说,就是日本文化与西洋文化),以至外来政治、经济、军事力量相抗衡的力量,说白了,就是要把儒家文化当作救出自己,别人,以至国家的救命稻草。他因而必须对儒家文化本身进行重新改造。这一改造是从两方面进行的。首先着手的是对在发展过程中由于不断吸收左、右的文化而变得日益庞杂的儒家文化,进行一番分解与剥离。周作人指出,"中国的儒家是一种化合物,根本的成分只有道家与法家,二者调和乃成为儒"①。因此,儒家文化系统本身就充满了矛盾,"他有前后两家分子掺合在一起",这就是"以孔孟为代表,禹稷为模范"的"古来的儒家思想",以及以后"表面上成了一种流行,实际反是僵化了"的儒家思想。在周作人看来,在儒家取得独尊地位,成为一种宗教之时,即是儒家文化厄运的开始。儒家文化的真正破坏、歪曲者正是后世的儒教徒。他们一面加重法家的成分,讲名教则专为强者保障权利,一面又接受佛教的影响,谈理性则走入玄学里去,这就造成了儒教的"师爷化"与"禅和子化",发展到极端,即变成了"酷儒"与"玄儒"。② 这与原来的"纯儒"不仅风马牛不相及,而且是背道而驰的。特别是具有更多的法家色彩的那一派,"起于有史以来,至秦而力量更加大,至宋而理论更加强",终于发展成鼓吹"三纲五常"的"君权时代的正宗思想",③这正导致了儒学自身的衰微。因此,周作人认为,儒家文化的根本出路,乃至汉文化的根本出路,在于将"师爷化的酷儒"与"禅和子化的玄儒"从原古的"纯儒"中剥离、分解出去,"恢复到原来状态",周作人以为这个恢复过程,"估计最少须得五十年工夫"。④实际上,周作人早在1924年提出"复兴千年前的旧文明"时,就已经包含了这样的意

---

① 周作人:《药堂语录·女人三护》,第8页。
②④ 周作人:《药堂杂文·汉文学的传统》,第1~7页。
③ 周作人:《药堂杂文·中国文学上的两种思想》,第17~23页。

思;但直到这时(1940年左右)才作出更加系统、明确的理论上的阐述,这其间已经经历了十五六年的时间。

自然,剥离与分解只是改造的第一步。周作人要使儒家文化足以与日本文化以至西方文化相抗衡,还得对他所抢救出来的原古的儒家学说加以新的阐释,即进行现代化处理。他在《中国的思想问题》及《中国文学上的两种思想》里,明确地提出,中国的以孔孟为代表的儒家学说"根本思想"有二:一是"仁","分别之为忠恕","恕"即"己所不欲勿施于人",又"己欲立而立人,己欲达而达人","忠"则更进一步"以人之所欲而施之于人","忠恕两尽,诚是为仁之极致"。周作人在这里实际上是引入了一个"为他人"的观念;他援引清学者焦循的解释,以为儒家伦理观的基本原则是"人生不过饮食男女,非饮食无以生,非男女无以生。惟我欲生,人亦欲生,我欲生生,人亦欲生生,孟子好货好色之说尽之矣。不必屏去我之所生,我之所生生,但不可忘人之所生,人之所生生",①一言以概之,即把"我"与"他人"都当作"人",大家要共同活下去,这比之五四以来周作人所奉行的"救出你自己"的原则,算是一个发展吧。② 周作人进一步认为,孟子所说"民为贵,社稷次之,君为轻"的思想,也是儒家文化的精髓所在,且具有"一切为人民为天下"的现代意义,"不但这是中国人固有的思想,一直也是中国文学的主调",也是五四以来中国新文化、新文学的基本思想。周作人把以"仁"与"民为贵"为中心的原始儒家思想,称之为"儒家人文主义",实际上是赋予儒家思想以西方现代人道主义、民主主义的思想内涵。这样,他就完成了将"儒家文化现代化"也即"现代思想儒家化"的任务。后来周作人在写给周恩来的信中对此作过一番解释,说他自己并不相信孔孟会有民主思想,所以要鼓吹儒家人本主义,不过是"托古改制","自己知道说的不是真实,但在那环境中也至少是不得已的"。③ 这自然不失为一种辩解。但周作人在《中国的思想问题》等文章里,确实是在认真地构制一种思想体系,而"复兴千年前的旧文明"的思

---

① 周作人:《药堂杂文·中国的思想问题》,第8~16页。
② 周作人还写过一篇《记杜逢辰君的事》(收《立春以前》),借纪念一位十年前病逝的学生,宣扬"为他人活着","忍受着孜孜矻矻地做下去"的人生哲学。
③ 《周作人的一封信》,载《新文学史料》1987年第2期。

第八章 走向深渊——在北平（四）
（1937.7—1945.12）

想更是酝酿了几十年的，恐怕不是用"不得已"一句话就可以把自身思想、文化发展中的这段历史交代过去的。

事实是，周作人在将中国儒家文化如此这般的改造以后，他认定，他的"儒家人本主义"不仅是中国文化固有的"中心思想"，而且可以充当大东亚文化的中心思想。他的一篇文章题目就叫"中心思想"。文章说："所谓中心思想，就是大东亚主义的思想。再进一步去研究，大东亚主义的思想的出发点，还是在儒家思想之内，即所谓儒家所提倡的'仁'的思想。"周作人如此热心地为经过他精心改造的儒家思想争取文化中心的位置，他的目的何在呢？他在一次公开讲演里，曾经谈到中国五代、辽、金、元、清等异族统治时，"政治上有所变化，在文化上却始终是整个不变，没有被打倒过"；周作人只讲了半句话，还有一层不便公开的意思是，统一的汉文化不但未被打倒，而且将入侵的异族同化了。大概正是这样的历史事实使周作人也产生了最终同化日本文化的幻想吧？周作人曾经说过，"人类文化中可以分作两部，其一勉强称曰物的文化，其二也勉强称曰人的文化"①，周作人是不是也在幻想在"物的文化"（政治，经济，军事）遭到失败的中国，仰仗着"人的文化"的优势最终将对手战而胜之呢？

周作人这时还引人注目地将他的"日本店"重新开张。1940年正值日本纪元两千六百年纪念，周作人应日本国际文化振兴会之请，写了《日本之再认识》，对他过去的日本文化研究作了一个根本性的修正。他说："如只于异中求同，而不去同中求异，只是主观的而不是客观的考察，要想了解一民族的文化，这恐怕至少是徒劳的事"，"因此我觉得大有改正的必要，应当于日本文化中忽略其东洋民族共有之同，而寻求其日本民族所独有之异，特别以中国民族所无或少有者为准"。寻求的结果，他发现，"关于信仰上日华两民族很有些差异"，"盖中国的民间信仰虽多是低级的，而并不热烈或神秘者也。日本便似不然，在他们的崇拜仪式中往往显出神凭或如柳田国男氏所云神人和融的状态"。后来，周作人又写了一篇《关于祭神迎会》，通过对中日民间祭祀的比较，强调日本的宗教情绪是"超理性"的，而"中国人是人

---

① 周作人：《风雨谈·日本管窥（三）》，岳麓书社1987年7月第1版，第185页。

间主义者",即使是迷信,"其意义大都是世间的","其所根据仍是理性"。周作人如此强调日本文化中的非理性成分,或许正是以此来解释日本上下均卷入了非理性的侵略战争的原因吧。而他所肯定的中国文化中的理性精神,其主要代表就是儒家文化。这就又回到了原来的论题上:周作人强调儒家人文主义文化中心论,确实是含有在文化上抗御,以至同化外来者的意图在内的。

但"抗御"、"同化"云云,至多也是周作人一厢情愿的梦。它的现实实现,却必然要走向反面。所谓"儒家文化中心论",真正有现实意义的是它的前提条件:承认作为东亚文化共同体的"大东亚文化"的存在。这就在实际上向日本军国主义为了侵略的需要而竭力鼓吹的"大东亚文化圈"靠拢与认同。在周作人具体地阐释儒家人文主义时,这种靠拢与认同的倾向就更加明显。例如,周作人引用《礼记》所说"饮食男女,人之大欲存焉",然后发挥说,"饮食以求个体之生存,男女以求种族之生存,这本是一切生物的本能",但人不同于其他生物,在"我自己要生存"之外,"也要让别人生存,要互相扶助,团结合作,要共济","共济即是现在说的烂熟了的共存共荣",这才是点题之笔。正是这"大东亚共存共荣"论成了周作人与日本侵略者合作的理论基础与前提。周作人在《中国的思想问题》里,反复强调,"中国人民生活的要求是很简单的,但也就很切迫,他希求生存,他的生存道德不愿损人以利己,却也不能如圣人的损己以利人",在"他感觉无望的时候",就会"铤而走险"。他说:"我曾查考中国的史书,体察中国的思想,于是归纳地感到中国最可怕的是乱,而这乱都是人民求生意志的反动,并不由于什么主义或理论之所导引,乃是因为人民欲望之被阻碍或不能满足而然。"他的结论是:"中国思想别无问题,重要的只是在防乱。而防乱则首先在防造乱,此其责盖在政治而不在教化。再用孟子的话来说,我们的力量不能使七十者衣帛食肉,黎民不饥不寒,也总竭力要使得不至于仰不足以事父母,俯不足以畜妻子,乐岁终身苦,凶年不免于死亡,不去造成乱的机会与条件。"这里强烈地表现了周作人对于社会动乱的畏惧。对于周作人,这是一个古老的忧惧,从自小对洪杨之乱、义和团之乱的直观的恐惧,到五四时期"小河"的隐忧,直到《中国的思想问题》的忧生悯乱,构成了一个永远也摆脱不了的忧患情结。这种

第八章 走向深渊——在北平（四）
(1937.7—1945.12)

忧患情结又往往与"水"的意象联结在一起。五四时期的《小河》是如此，这一时期所写的《苦茶庵打油诗·其十五》："野老生涯是种园，闲衔烟管立黄昏，豆花未落瓜生蔓，怅望山南大水云（夏中南方赤云弥漫，主有水患，称曰大水云）"亦是如此。周作人引用《诗经·王风·黍离》的诗句表白自己的内心："知我者谓我心忧，不知我者谓我何求，悠悠苍天，此何人哉"，具有历史的讽刺意味的是，"知我者"在当时的条件下，不可能是抗日的爱国志士，他们是希望在社会动乱中摧毁日伪政权的；也不会是那些只图眼前利益的日本军政府中的死硬派；倒是日本军政府中那些有远虑的明智派成了周作人的真正知己者：他们在对于潜伏的人民暴乱的危机的预感和忧虑，他们防乱的利益与要求，都与周作人产生强烈的共鸣。周作人大声疾呼："明知洪水在后面会来，却不设法为百姓留一线生机，俾得大家有生路，岂非天下之至愚乎"，是讲给他们听的，说穿了，就是献上"治安策"。周作人最终参加日伪政权，与日本军方合作，大概也是出于这样的利益要求与心理动因。他知道"己亦在人中"，并早"有沦胥及溺之感"，①他期望通过自己在政权内部的影响，在政治上采取防造乱的措施，即使不能实行使百姓安居乐业的仁政，也要改变"竭泽而渔"，"为渊驱鱼，为丛驱雀"的愚蠢做法。他的想法也许十分简单：只要社会安定，不发生动乱，自己就有救了，至少可以继续维持他在苦雨斋里闲散、舒适的生活方式。老百姓可以获得一线生机，自己也因此保持为民谋利的名誉。这于皇军的长安久治自然也是有利的：岂不是三全其美？但即使我们承认周作人主观动机的真诚，这仍只一个自欺欺人的梦。周作人不懂得，日本入侵者在中国实行竭泽而渔的非仁政，乃是由其侵略战争的本质，以及日本本土资源匮乏，不将殖民地掠夺殆尽，自身无以生存等政治、经济、军事的深刻原因所决定了的，绝非少数明智派理性的清醒所能改变。周作人更不懂得（或者假装不懂得），日本侵略者之所以要拉他这样的文人学者入阁，并非真的要他发挥作用，而是借助他在思想文化教育界的地位、影响，欺骗人民；他的文化研究也必然要纳入侵略者的轨道。无情的现实是：不管周作人主观上是否另存大志，客观情势规定了他，在日伪政权中，他

---

① 周作人：《立春以前·后记》，收《知堂序跋》第 167 页。

所能做的唯一的事情,就是充当日本侵略政策的吹鼓手与辩护士。当日本侵略军发动太平洋战争,相继占领菲律宾、缅甸等地以后,有着日本军方背景的"华北宣传同盟"主持召开"华北教育家笔上座谈",周作人发表了如下意见:"这次战争,就是出之于儒家'己饥己溺'与'民胞物与'的精神。"周作人显然是用儒家学说为日本侵略贴金,使其获得一种道德的崇高性,这可以说是迫不得已,也是必然的。连自身的独立性都丧失殆尽,儒家学说的中心地位,不过一枕黄粱美梦。

四、江南之行

尽管如此,周作人却仍然要继续做梦。因为他唯有仰赖于此,才能减少自我良心的犯罪感,获得心理与情感的某种平衡。既要欺人,更要不断地欺骗自己:周作人这类落水文人的可悲即在于此。因此,他终于被罢官一事虽引得他十分恼怒,却不足以将他震醒;而一旦得了"南京政府"国务委员这一闲职,他又忘乎所以,继续做梦了。

于是,又有了1943年4月的"江南之行"。从表面上看,这是南下就职与讲学;把它看作一次寻梦与说梦,也未尝不可。

周作人此番南下是应汪精卫之邀。在临行前,汪精卫主持下的伪国民政府中央政治委员会又正式通过,追认周作人为华北政务委员会委员,特任一级待遇,又在经济上满足了周作人的要求①:汪精卫对于周作人可说是体贴备至了。汪精卫本人写得一手好诗词,大概也有点惜才之意吧。当然,对周作人的拉拢,说不定是一种政治手段也未可知。

周作人这一次江南行,系官方正式邀请,自然少不了官场那一套迎送礼仪,拜见、座谈之类例行公事。但周作人毕竟已不是在职的教育督办,官位不再显赫,相形之下,他的文人地位似乎更引人注目。这种角色的再转换,

---

① 据张棋翔:《周作人投敌的前前后后》一文介绍:"伪国府委员为选任官……月薪二千元中储卷,中储卷每百元折合华北联合卷十八元,所以每月周作人实拿联合卷三百六十元,因而向沈启无诉说这待遇太低,于是沈借上南京开会之机,又代向陈公博说项,并经后来之伪华北委员会委员长王克敏同意,由国府下令,又特派周为华北政委会委员,特任一级待遇,在华北——北京支薪,于是由三百八十元改成二千元待遇了。"

第八章 走向深渊——在北平（四）
（1937.7—1945.12）

在周作人内心深处自会引起相当微妙的变化。他在南京和一位来访者闲谈时，特地谈到"世人多以为我是严肃的，即画像也是把我画成严肃的居多。古人有许多滑稽者，不知道他们的相貌如何，或者东方朔的像也是很严肃的吧。我觉得滑稽极好，说正经话做皇帝的不但不听，或者对自己还有损失，像滑稽者流，别人听固不好，不听也无妨"。① 可见周作人对自己在公众心目中的"像"是十分注意的。也许他不喜欢官吏的严肃，而对弄臣、清客的滑稽感到兴趣？不管怎样，这次江南行中，无论是公开的讲演，还是私下交谈，他的官话越说越少，梦话越说越多，倒也是真的。

自然，他的梦话大都含有进谏的意思。比如，他在中央大学两次讲演（题为《学问之用》与《人的文学之根源》，后者经整理，正式发表时改题为《中国文坛上的两种感想》），在南方大学讲《整个的中国文学》，都是竭力地鼓吹他的"儒家文化中心论"的。私下谈话也是如此：有一次接见来访者，周作人谈到他与胡适在苦雨斋的一次辩论："胡君以为(韩愈)非原道则佛教思想将统一中国，先生(指周作人)则谓中国根本自有其思想，即不辟佛，中国亦不会变成印度"②，这仍然是强调中国自有的统一的思想对外入者的抵拒作用的。又据《中华日报》报道，周作人在首都文化座谈会上，也曾大谈"我国思想，不论古今，不论南北，都是整个的"，"孟子所谓不饥不寒，以至民生主义，乃是一个体系，一贯的理论"。在座谈会上，周作人还特地谈到，"去年北方开防共座谈会，兄弟当时发表了一点意见，分析北方加入共党的人有两种，一种是老百姓，因无饭吃，民不聊生；另一种是知识青年，误认为是救国之道。对于民众应解决其生活，对于青年，应以事实来说服他"，这已是清客味十足了。

在南京一段紧张的演讲、座谈以后，4月10日，周作人在他的长子周丰一(时为北大理学院讲师)及学生沈启无，同僚王古鲁的陪同下，曾有苏州一游，足迹遍于灵岩山、狮子林、虎丘山等地。因重尝南味赋诗一首："多谢石家豆腐羹，得尝南味慰离情。吾乡亦有妫家菜，禹庙开时归未成。"因又闻南音高歌一曲："我是山中老比丘，偶来城市作勾留。忽闻一声擘破玉，漫对明

---

①② 纪果庵：《知堂老人南游纪事诗》，载《古今》第23期。

灯搔白头",都是乘兴而作,也可视为寻梦之作:近几年来周作人一直混迹官场,已很少有如此诗情了。同时信手写下的两首打油诗也可见周作人此刻的心境:"生小东南学放牛,水边林下任嬉游。廿年关在书房里,欲看山光不自由";"河水阴寒酒味酸,乡居况味不胜言。开门偶共邻翁话,窥见庵中黑一团"。心灵、行动的"不自由",岂止是"关在书房里"造成的呢?周作人心里自然明白。而这两首渴望自由、乡居的诗,竟是书赠给当地警察署长孙某与陈某的,这又是怎样的讽刺呢?或许周作人的渴望"自由"、"乡居"云云,也只是逢场作戏、故作风雅的官样文章?

在苏州,周作人专门拜谒了俞樾的故居春在堂与章太炎墓。据周作人后来回忆说,他曾在曲园前面的堂里徘徊良久,之后再往南去看俞先生著书的两间小屋,"那时所见这些过廊,侧门,天井种种,都恍惚是曾经见过似的"①。章太炎墓在章宅的后园里,章宅是一座洋式楼房,已被当地一官吏借住。面对着他的这两位先师,周作人会感到几分尴尬吧?他不能不想起在俞樾、章太炎之间,以及章太炎与他自己之间,在20世纪两度发生的"谢本师"事件②;而此时,自己的弟子因老师的叛国投敌又在那里第三次"谢本师"了。历史竟开了这样一个不大不小的玩笑,周作人还能再说什么呢……

说不定这种尴尬也只是我们旁观者的想当然。从苏州回到南京,周作人又游兴大发,重游原江南水师学堂旧址,今海军部。在参观中,周作人兴致勃勃地"指点某为汉文讲堂,某为洋文讲堂,仿佛置身同光之际。其汉文堂外墙开一洞,先生云,此处所以系绳,绝端则以布为扇,由役在外牵绳,则扇在室内摇摆,省电扇之用焉"。③ 也许周作人在重返母校时,竟然有了某种衣锦荣归之感?如果自我感觉真是如此的好,那倒是颇为滑稽的。周作人还游了玄武湖,那也是年轻时常去的;照例也赋诗一首:"一住金陵逾十日,笑谈铺啜破工夫。疲车羸马招摇过,为吃干丝到后湖。"玄武湖(即诗中的"后湖")之游给周作人留下的印象大概相当深,以至在他4月16日离开南京北归,夜在火车上又赋诗一首:"脱帽出城下船去,逆流投篙意何

---

① 周作人:《苦口甘口·苏州的回忆》,第113页。
② 参看本书第六章第十六节有关记载。
③ 纪果庵:《知堂老人南游纪事诗》,载《古今》第23期。

第八章 走向深渊——在北平（四）
(1937.7—1945.12)

江南水师学堂遗址

如。诗人未是忘机客,惊起湖中水活卢。"(注云:"水活卢,越中俗语,船娘云水胡卢,即鹛鸩是也。")——三年后,一位记者访问已关在南京老虎桥狱中的周作人,曾谈起周作人这次南行。周作人自然含糊其辞,这位记者却清楚地记得,"那次'荣归',在当时敌伪的报纸上宣传过一阵子,我曾经稍翻了一下,也颇领略了当时的盛况"。谈到"疲车羸马招摇过"这句诗时,这位记者说:"悬揣当时的知堂,不至没有汽车坐,这疲车羸马大抵是所谓廋词吧?"①但"逆流投篙意何如"一句却是道出了周作人内心的某种苦闷的。

不管怎么说,周作人此度江南行,是他接近闭幕前的一次公开表演,也算是有一种历史意义吧。

---

① 黄裳:《老虎桥边看知堂》,收《金陵五记》,第29页;据舒芜考证,当日周作人等游湖确因汽车无油而乘马车,黄文此推测不确。(见1986年3月27日《光明日报》上的《周作人的两条日记》)

五、"反动老作家"

周作人回到北平后,又受命为伪华北综合调查研究所副理事长。汪精卫还几次来电,促请周作人南下任南京中央大学校长,以"慰多士之霓望,树全国之典型",周作人则以"家事不克离平"婉辞,并表示"愿得在北方为政府同样效力"。正当周作人与汪伪政权之间秋波频传时,一个来自日本军方的阴影却日益逼向周作人。

周作人到处著文讲演,鼓吹"儒家文化中心论",虽然实际上并没有起任何作用,但这在一心以日本大和文化为中心的日本军国主义分子听来,毕竟是一个不和谐音。在他们眼里,做梦本身就是不忠实的表现。1943年8月,日本军部情报局指导监督下的文学报国会在东京召开第二届东亚文学者代表大会,周作人没有出席这次会议。在8月27日的分组讨论会上,日本作家片冈铁兵作了题为"中国文学之确立"的发言,首先发难。他危言耸听地声称"有一特殊之文学敌人之存在,不得不有对之展开斗争之提议",并且指明"余在此指出之敌人……即目前正在和平地区内蠢动之反动的文坛老作家","以有力的文学家资格站立于中国文坛",了解中国文坛内情的人很容易就可以看出,其矛头显然指向周作人。片冈铁兵宣布周作人的罪状是:"以极度消极的反动思想之表现与动作",对于"建设大东亚之理想""表示敌对",是"非破坏不可之妥协的偶像",并指责周作人为"古的中国超越的事大主义与第一次文学革命所获得的西洋文学精神之间的怪奇的混血儿"。片冈铁兵后来自己写给周作人的信中承认,他的发言主要是由周作人《中国的思想问题》一文引起的。他认为,周作人在文章中提出"不应阻害中国人民的欲望的主张,实即是对于为大东亚解放而斗争着的战争之消极的拒否",在他看来,"不牺牲个人之欲望而愿赢得战争"是"不可能"的,因此,他气壮如牛地责问道:"假如中国人虽赞成大东亚战争,而不愿意生存上之欲望被阻害,即中国人不分担任何苦痛,以为即协力于大东亚战争,使此种意志成为一般的意志,则在此战争上中国的立场将何如乎?""为中国人民所仰为指南之先生有此文章,其影响力为何如?"片冈铁兵所坚持的正是侵略者、

第八章　走向深渊——在北平（四）
(1937.7—1945.12)

奴役者的逻辑，要求中国人民为战争作出绝对的无条件的牺牲，接受无限制的榨取。周作人其实也并不绝对反对牺牲与榨取，只不过希望将它们限制在人民能够忍受的限度之内，不致因过度而造成动乱。尽管他们之间的分歧并不带有实质性，但片冈铁兵却如此地不能相容，毫不犹豫地宣布周作人为敌人，这岂止是片冈铁兵个人的顽固张狂，他所表达的正是这场罪恶战争的发动者，最反动而最疯狂的日本军国主义势力的真正意志。在这样的意志下面，周作人的"儒家思想中心论"之遭到毁灭性打击，乃是必然的。另一方面，当片冈铁兵指责周作人奉行"古的中国超越的事大主义"倒是击中了周作人的"儒家文化中心论"的要害，周作人理论中蕴含着的中国士大夫传统的民族自大情绪，是会刺激并引起日本敏感的知识分子的反感的，更何况片冈铁兵这类同样也被民族自大狂热熏得昏头昏脑的日本军国主义分子。但从旁观者看来，身处被奴役、受屈辱的地位，却拼命炫耀自己精神文化上的"高人一等"，这与未庄上的阿Q横竖都是"老子天下第一"又有什么区别呢？

片冈铁兵的发言刊载在日文版《文学救国》第三期上，周作人最初没有看到杂志，自然也不知情。直到几个月以后，《中华周报》副刊上发表胡兰成《周作人与路易士》，点明了这件事，周作人这才借来杂志，读完文章，了解了有关情况，立即起而反击。周作人首先敏感到在片冈铁兵背后，似乎有人在搬弄是非，否则并不认识汉字的片冈铁兵何以知道自己的文章呢？还有，片冈铁兵发言中说自己"嗤笑青年的理想"，又是什么意思呢？周作人立即想起了2月初出版的《文笔》周刊上，有一篇署名"童陀"的文章，含沙射影地大谈"办杂志抓一两个老作家便吃著不尽了"，"把应给青年作家的稿费给老作家送去，岂不大妙"等等。片冈铁兵演说中的"反动老作家"是否就源于此呢？"童陀"就是沈启无，这是周作人知道的。于是又想起这位弟子近日的种种不正常的表现来。在《周作人书信》中沈启无与俞平伯、废名同为主要收信人，周作人也曾为沈启无所编《近代散文钞》作序，关系颇为密切。北平沦陷后，沈启无更奔走于周作人左右，周作人出任伪督办，罢官后又重任伪国府委员及华北政委会委员，沈启无曾四处活动，是出了大力的。但周作人上任后，由于种种人事纠葛，仅任命其为北大文学院国文系主任兼北大图书馆主任,未能满足他想当教署秘书长或北大文学院院长的愿望。以后,沈启无又想一人主编《艺文杂志》与《文学集刊》两个刊物,为此与他人发生冲突,向周作人求援,周作人没有支持他,并在当日日记中写道:"启无来至十时才去,哓哓论刊物事。……虚浮之事无益徒有损,惨言之亦不能了解也",大概当面对于这位不安于位的弟子也有所批评。不料沈启无却从此怀恨在心,化名"童陀"写文章挑拨说:"《艺文杂志》代表老作家,《文学集刊》代表青年作家"即是一个信号。周作人又想起,这年夏天,日本文学报国会派林房雄作文化使节来北京,自己以林房雄系左翼作家转向者,冷漠待之,沈启无却与之打得火热。把以上蛛丝马迹串联起来,周作人断定,片冈铁兵的发言来源于林房雄;而林房雄的一些说法却来自沈启无。作出这样的判断后,周作人自然是怒不可遏。但他仍然冷静地分析了形势,决定先除"内奸",从沈启无身上(这正是对方力量最为薄弱之处)开刀。于是,当机立断,在报上公开发表声明,将沈启无逐出教门,其文曰:"沈扬即沈启无系鄙人旧日受业弟子相从有年近来言动不逊肆行攻击应即声明破门断绝一切公私关系",①这篇开除学生的"破门声明",与当年的"谢本师",都同样极富戏剧性,显示了周作人性格的一面。声明之后,接着一再作文揭露。在《关于老作家》一文中,周作人毫不客气地断定:别的学生在毕业以后再有来信,"成为朋友关系,不能再说是师徒了。沈扬则可以算是例外。他所弄的国文学一直没有出于我的圈子之外……还在用了师父的手法与家伙做那些粗活,当然只好仍认为老木工的徒弟。依照日本学界的惯例,不假作谦虚地说一句话,我乃是沈扬的恩师。别的可以不必多说,总之这回我遇见沈扬对于恩师如此举动,不免有点少见多怪,但是事实已如此,没有什么办法,只好不敢再认为门徒罢了。我自己自然不能没有错处,第一是知人不明,第二不该是个老作家,虽我只可承认老,并不曾承认自己是所谓作家"。② 这一番话,摆出恩师的威势,给叛变的小徒施以千斤重压,使其毫无声辩的余地。《文坛之分化》一文,则在痛快淋漓地揭露之后,笔头一转:"平时我最模糊,不喜欢多事,这回却觉得

---

① 周作人:《破门声明》,收《周作人集外文》下集,第594页。
② 周作人:《关于老作家》,《周作人集外文》下集,第599页。

不能再不计较,虽然这事听了使人寒心,以教书为业的尤感到不安"①,又显出忠厚长者迫不得已的苦衷,不仅博得了读者的同情,沈启无也无再置一词的可能。周作人在这里使出了绍兴师爷的老辣笔法,区区沈启无哪有招架之力。②

一纸声明,两篇文章,轻而易举地收拾了小徒之后,周作人又转过来集中精力对付日本方面了。

周作人深知片冈铁兵其人系转向之文人,与之纠缠不清。因此,一开始就采取撇开片冈铁兵的策略,直接写信给他的上司日本文学报国会的事务局长久米正雄,"特请费心转告",要求片冈铁兵"以男子汉的态度率直的答复":"谁演说是否由于某乙之示意,又所谓老作家是否即是鄙人",要求明确,又用的是激将法,迫使片冈铁兵不能不回答。然后,再进一步:"如若所谓反动老作家确是鄙人,则鄙人当洁身引退,不再参加中国之文学协会,对于贵会之交际亦当表示谨慎。"周作人审时度势,料定在战争全局上已开始取守势的日本军方此时尚需要自己这块牌子,因此敢以洁身引退相威胁,但又限于中国文学协会这类闲职,以留有余地。结尾又强调"发言者虽为片冈氏,惟其责任则应由贵会负责之也",以防文学报国会推卸不管,最后一句"如至四月中旬不得任何示复,即认为已经默认",简直近乎"最后通牒"了。周作人并且不等久米局长回答,就将此信公诸报端,借助于舆论的压力。果然,周作人的《一封信》3月27日在《中华日报》上一发表,立即成为轰动一时的新闻,震动了日伪政权的各个方面。4月11日《新中国》报发表社论《所望于批评者》,说:"周先生在中国文坛素负重望,其言行笃实,尤为人所敬重。对于中日文化沟通工作,亦曾尽极大贡献。今若因此误会而萌发消极引退之念,不仅为中国文坛之一大损失,且亦势必影响中日文化沟通工作之前途",所强调的正是周作人在中日文化界的影响:周作人有恃无恐者恰在于此。社论又说:"亲善合作的实现,必以互相尊重的精神为基础,即指正与批评,亦必以善意为之,否则即易发生误会,而误会不仅为亲善国交所不许,

---

① 周作人:《文坛之公化》,收《周作人集外文》下集,第604页。
② 后来,沈启无在《民国日报》上发表《一封信》,声明片冈铁兵的演说与己无关。周作人又立刻致书《民国日报》编者,以《一封信的后文》为题发表,再以沈启无署名童陀的文章为证。

抑且为两国国民感情沟通的最大障碍",这里对于日本军方统治者显有微词;考虑到国际国内形势已向不利于日本侵略者方面发展,此时此地发出这样的牢骚与不满,是不足为奇的,在这个意义上,周作人发动反击,可谓此其时矣。作家陶晶孙也在《新申报》上发表《关于大东亚文学者》一文,要求"失言者把他的失言及早取消",以为声援,足见周作人此举自有群众基础,日本军方也忽视不得。最后,连日文版的《大陆新报》也在4月19日发表《文化直言》一文,埋怨片冈铁兵"在国际公开会议上,他竟发表如此过激言论,至为不负责任;同时文学报国会竟许可其如此行为,也足见其对华文化理解的程度"。文章称片冈铁兵的发言为"仅一知半解之徒的浅薄行为",表示"殊堪痛惜","深感遗憾",这代表了日本统治集团中较有远见的一派的意见,也正是周作人所期待的。

在这样的舆论压力下,文学报国会于4月2日给周作人一封电报,说片冈答复请稍待——他们未敢忘记周作人规定的"4月中旬"的最后期限。到4月末,片冈铁兵才给周作人写来一封长信,承认他发言中所指责的"反动老作家"确指周作人,并详细言明所以主张要"扫荡"的理由。来信中虽也有"对于日本人之文章感受性,幸勿予以过低的估价可也"等软中有硬的话,但毕竟是按周作人的要求给予了明确答复,并且为自己的"偏激之词"而"深表歉意"。日本著名作家武者小路实笃、长与善郎也先后给周作人写信,承认片冈铁兵的"失言",并称他为"东亚文坛之权威",希望仍然给与合作,云云。武者小路实笃甚至说:"吾等两人都是外柔内刚,而世人总是过分地看轻我们,因此,有时为了证明自己之真价,有必要这样做",对周作人的反击表示理解与同情。于此,周作人算是基本上取得了胜利。以周作人当时的身份、处境,取得这样的胜利,确属不易。这可以说是非周作人所不能为——别的投敌者均无此主客观条件。这使人想起了30年代的学者温源宁对周作人的观察:周作人"有一种超然不群的气度——是冷酷呢,还是有礼貌的轻视?——把人放在适当的距离之外,津津然以旁观者态度去看他们。他在应对仪节上的那份谦和,正是拦阻人跟他过分亲热的一道屏障";"周先生还有一面我们仍不可忘记。他身体里有多量的铁。那毛刷式的胡子下的两片紧咬着的嘴唇,便暗示着果断。他不大高兴管闲事,可是一旦高了兴,谁拦

第八章 走向深渊——在北平（四）
(1937.7—1945.12)

了他的路谁该倒霉","周先生在这一点上,正像一艘铁甲舰:他有铁的温雅"。① 现在,周作人在事敌的情况下,却仍然保持,并再一次显示出他的"温雅中有铁"的个性,这本身也是相当个性化的。

但换一个角度,从批判的审视眼光看,人们不禁又要想起鲁迅笔下的"现代隐士":"泰山崩,黄河溢,隐士们目无见,耳无闻,但苟有议及自己们或他的一伙的,则虽千里之外,半句之微,他便耳聪目明,奋袂而起,好像事件之大,远胜于宇宙之灭亡者……"② 林语堂在《记周氏兄弟》一文里,回忆说,1943年在西安遇见从北平逃出的沈兼士,沈对他谈起"我们的青年给日本人关在北大沙滩大楼,夜半挨打哭号之声惨不忍闻,而作人竟装痴作聋,视若无视……"把这"装痴作聋"的周作人与"扫荡反动老作家"事件中"奋袂而起"的周作人放在一起,特别是联想到以后周作人一再抬出"扫荡反动老作家事件",以此相炫耀,为自己辩解,人们还能再说什么呢?

在"扫荡反动老作家"事件中,周作人还写过一篇《遇狼的故事》,回忆了当年与一位青年交往的事:自己曾指导他研究民俗学,他也写过一篇《大黑狼的故事》,"不久他忽然左倾了,还要劝我附和他的文学论,这个我始终不懂,只好敬谢不敏。他却寻上门来闹,这一回把外面南窗的玻璃打碎。亡友钱玄同后来嘲笑说,你这回被大黑狼咬了吧"。周作人此时重提这故事自然是有感而发:眼下不正也被自己用鲜血喂养大的"狼"(周作人不屑称之为"狼",说"实在只是狗罢了")咬了一口吗? 一种被欺骗、利用、出卖的感觉,突然攫住了周作人,使他既愤怒,又痛苦。而且,这样的利用、出卖都发生于青年学生辈,尤使周作人觉得难以容忍。周作人没有像鲁迅那样把全部希望寄托在青年身上,周作人远要冷静客观,但他那一代人都受了进化论的影响,即使如周作人也不能完全摆脱为下一代牺牲的道德观。正如周作人自己在这篇《遇狼的故事》里所说:"这里有一堵矮墙,有人想瞧瞧墙外的景致,对我说,劳驾你肩上让我站一下,我谅解他的欲望,假如脱下皮鞋的话,让他一站也无什么不可的,但是,若是连鞋要踏到头顶上去,那可是受不了,只得'蒙御免'了。"现在,岂止踏到头顶,简直要置之死地,周作人喊冤不迭,不能

---

① 温源宁:《周作人——铁与温雅》,载《逸经》第17期。
② 鲁迅:《且介亭杂文二集·隐士》,收《鲁迅全集》第6卷,第224页。

不有如吞苦果之感,何况这苦果又是自己种下的呢,所谓"引狼入室,自然也是我的责任"。周作人想起去年冬天作的一首诗,虽然并非因此而发,确又很能表达此刻的心情。诗云——

  山居亦是多佳趣,山色苍茫山月高。
  掩卷闭门无一事,支颐独自听狼嗥。

这山色夜色般浓重的寂苦,正是周作人奋起打狼时,内心深处的真实心境。

  无论如何,他是苦的——尽管世人与后人以及历史未必能够谅解他的苦。

六、"道义事功化"

  在敲打了"狼"(不,"狗")及其主子,勉强算是胜利以后,周作人突然发现自己无事可做了。

  半年后,北京大学发生了学生殴打日本教师的事,日方要求整顿北大,伪华北政务委员会委员长王克敏自兼北大校长,原任北大校长的钱稻孙调任文学院长,这就将原任文学院长的周作人挤掉了。后来虽又由华北政务委员会聘请他为咨询会议委员,也仅在经济上有所补偿。此时,周作人虽仍保有一大堆头衔,诸如华北综合调查研究所副理事长,东亚文化协会评议会会长,日中文化协会华北分会理事长,华北《新报》理事及报导协会理事等等,但都是闲职。周作人自己也明白,在日本军方心目中,他已经没有多少使用价值了。其实侵略者自身日子也不长了,这一点周作人看得更清楚,他已经预感到:一切快要结束了。

  在这种情况下,周作人在想什么、干什么呢?

  他突然地关心起"现代中国的心理建设"来,并提出了"伦理的自然化"与"道义的事功化"的口号。据他的解释,"前者是根据现代人类的知识调整

第八章 走向深渊——在北平（四）
(1937.7—1945.12)

中国固有的思想，后者是实践自己所有的理想适应中国现在的需要。"① 因此，周作人在《中国的思想问题》等文章里，竭力将儒家学说现代化，强调儒家思想的核心是重视人的本性的求生意志的儒家人本主义，这都是"伦理的自然化"，在这一方面他可以说是在继续 30 年代已经开始的"复兴"传统的工作，二者之间存在着一种连续性。另一方面周作人此时说儒家总从大禹说起，以禹稷为正宗儒家思想的"模范"，所看重的正是禹将"道义事功化"的实践性。而周作人竭力反对将儒学玄学化的"玄儒"，视之为儒之大厄，其原因也在于"玄儒"只空谈儒学学理而不实行。这样，周作人所要完成的，正是将儒家学说意识形态化的任务，使它重新成为治国平天下，支配与左右社会政治行动的思想体系，这与周作人自己在 30 年代将儒家学说凡人化、纯学理化的努力正是相反。周作人在强调"道义事功化"的同时，也就必然地要充分地肯定知识分子关心"国家治乱之源，生民根本之计"的传统道路，②即恢复"经世济民"的士大夫传统，并且提倡所谓"牺牲一己以利他人"③的传统道德观；而所有这一切，都是 30 年代周作人所自觉抛弃，并全力批判、否定的。而文化（含文学）与政治关系为核心的文化（含文学）观念的变化，更是惊人。请读以下论述：

> 文化工作者固不必看轻政治，却也无须太看重，只应把自己的事业看作与政治一样重要，或者如必要即认为也是一种政治工作亦可。④

> 古人云，文以载道，向来也把文学看得很重，假如这道字当作人生之路解释，那么也并不错。⑤

> 文人们又以为文艺是完全独立自由的，一切可以随个人意志自由发展，这在某一时期也是对的，也会有益，但是在现今中国还不能不加

---

① 周作人：《苦口甘口·我的杂学》，第 95 页。
② 周作人：《苦口甘口·自序》，第 1 页。
③ 周作人：《立春以前·记杜逢辰君的事》，收《周作人散文精编》，第 386 页。
④⑤ 周作人：《文学杂谈》，载 1944 年 6 月 15 日《求是月刊》1 卷第 4 期，文收《周作人集外文》下集，第 609 页。

制限,凡国民均应以国家民族为前提,文人也在其内。①

如果不加说明,谁能够想到,发表以上高论的,竟是曾经对文艺的独立与自由作过不懈努力的周作人呢?这样,对他在30年代提出的"载道"、"言志"消长说,作出实质性的修改,就几乎是不可避免的——

> 从前,我偶讲中国文学的变迁,说这里有言志载道两派,互为消长,后来觉得志与道的区分不易明显划定,遂加以说明云,载自己的道亦是言志,言他人之志即是载道。现在想起来,还不如直截了当地以诚与不诚分别,更为明了。②

只要"诚"即主观上虔诚,"载道"就是"言志","言志"也即"载道",再进一步"志与道"便无可分了。这固然直截了当,而且明了已极,却把自己提出的命题本身取消了。

我们已经说过,处于历史过渡时期的知识分子,总是要随着时代的前进,不断地修正与否定自我,今是而昨非的现象是经常发生的。然而,在周作人这里却只有戏剧性的转折,并无真正的今"是"而昨"非",也就是说,对于今天讲的上述那一番大道理,周作人并不真的相信其是,对于昨日所坚持过的一切,周作人也并不真认为其非,只是今天情势所需,就应该如此这般地表白一番,作出一种今是而昨非的模样。也就是说,此时周作人已不再追求文化、学术的真理,而只是讲求政治的需要;注重的已不是学术、文化的实际,而是政治的姿态。一句话,他是以一个政治官僚的思维方式、逻辑(不只是身份)去说话,写文章的。如果看不清这一点,还要老老实实地用文人学者的思维逻辑去分析他,要求他,和他纠缠不清,那么,我们就真的成了鲁迅所说的活该被愚弄的"笨牛"了。鲁迅曾感叹,中国文人多无特操,多为"做

---

① 周作人:《文学杂谈》,载1944年6月15日《求是月刊》1卷第4期,文收《周作人集外文》下集,第609页。
② 周作人:《药堂杂文·汉文学的前途》,第29页。

第八章 走向深渊——在北平（四）
(1937.7—1945.12)

戏的虚无党"。① 原因概由于中国少有纯粹的学者文人，而多是打着学者文人招牌的政客，连周作人这样的曾为争取知识分子独立、自由作出过杰出贡献的知识分子，最后也不免走上政客这一路……

那么，究竟是怎样的情势，出于怎样的需要与心理动因，周作人才作出了这样的根本转变的姿态呢？

请注意下列并非不重要的事实：周作人一直到1940年12月即就任伪督办的前夕，还在文章中批评纪晓岚等写文章"希望有功于世道，坐此落入恶趣，成为宣传之书"。② 但周作人在上任之后，就停止了这类批评。在1942年11月为傅芸子《白川集》所写序里第一次提出"学术艺文之书而有外交政治之用"的理想，腔调开始发生变化。在同月所著《中国的思想问题》里，第一次明确提出要恢复以"禹稷为模范"的儒家思想，但也并未具体说明。1943年7月所作《汉文学的前途》里即稍有发挥，直到1944年2月所作《梦想之一》里才明确提出"伦理自然化"与"道义事功化"的口号，而这一命题的进一步展开，则是在这年7月写《我的杂学》二十节以后的事了。就在写《梦想之一》前几天，周作人还写了一篇《风雨后谈·序》，谈到自己近来的文章"似甚闲适"，而"闲适原来是忧郁的东西"，笔头一转，却谈起"明末的王思任"来，说他的文章"及至末期，不谑不笑骂，只是平凡的叹息，此时已是明朝的末日也即是谑庵的末日近来了"。周作人是否也已经预感到日本侵略者的末日也即是自己的末日"近来"了呢？对于大局也许还没有如此悲观，因为他紧接着又说了"天下太平"这类的话。但对于自己"老而为吏"的历史快要结束，周作人心里还是有数的。于是，如何评价这段历史的问题，至少在潜意识里，也会想到提出的。周作人对于自己做过的事，说过的话，是从来不知后悔的。与鲁迅闹翻，出任伪督办，都是如此；在这一点上，确实是保持了浙东地方性格中的"硬气"的。因此，他非但没有如一般投敌者那样，痛哭流涕地大叫"上当、受骗"呀，"被迫下水"呀等等，反而一再表白，自己"出山"并非为敌所迫，有着完全的自主："子曰：譬如为山，未成一篑，止，吾止

---

① 鲁迅：《华盖集续编·马上支日记》，收《鲁迅全集》第3卷，第328页。
② 周作人：《药堂语录·右台仙馆笔记》，收《知堂书话》(下)，第630页。

也。譬如平地,虽覆一篑,进,吾往也","其止其往,皆在我而不在人也"。①尽管周作人自身民族意识已经淡化,但作为中国知识分子,周作人却又不能不承受中国源远流长的爱国主义、民族主义传统的强大心理压力。按照这一传统,周作人与敌人合作的历史只能是屈辱的、不光荣的罪恶的堆砌,周作人在心灵深处越是拒绝这一历史评价,越是不能摆脱它所造成的阴影,越是需要用另一种评价来与之抗衡,以取得心理的某种补偿或平衡。这另一种评价在当时的历史条件下,只能由自己来做,但直接的自我辩解又是周作人所不愿为的。就在这样复杂、微妙,连周作人自己也未必明确意识到的心理背景下,他终于求助于"伦理的自然化"与"道义的事功化"这类传统的道德观念、评价标准,以此来解释、说明、评价自己的一切作为,周作人于是又塑造出了一个新的"自我"形象——

> 鄙人本非文士,与文坛中人全属隔教,平常所欲窥知者,乃在于国家治乱之源,生民根本之计……②

> 我对于中国前途向来感觉一种忧惧,近年自然更甚,不但因为己亦在人中,有沦胥及溺之感,也觉得个人捐弃其心力以至身命,为众生谋利益至少也有为之有所计议,乃是中国传统的道德,凡智识阶级均应以此为准则。……以前杂文中道德的色彩,我至今完全的是认,觉得这样是好的,以后还当尽年寿向这方面努力。③

> 我于文集自序中屡次……对于在自己文章中所有道德的或政治的意义很是不满,于是说过了也仍不能改……自己历来所写的文章里面所有的就只是这一点东西,假如把这些思想抽了去,剩下的便只有空虚的文字与词句,毫无价值了。我一直不相信自己能写成好文章,如或偶

---

① 周作人:《一蒉轩笔记·序》,载1943年6月20日《华北作家月报》6期,收《周作人集外文》下集,第573、574页。
② 周作人:《苦口甘口·自序》,收《知堂序跋》,第147~148页。
③ 周作人:《立春以前·后记》,收《知堂序跋》,第167页。

第八章　走向深渊——在北平(四)
(1937.7—1945.12)

有可取，那么所可取者也当在于思想而不是文章，总之我是不会做所谓纯文学的……①

我写文章的态度，第一，完全不算是文学家，第二，写文章是有所为的。这样，便与当初写《自己的园地》时的意见很有不同了，因为那时说我们自己的园地是文艺，又说，弄文艺如种蔷薇园丁，花固然美，亦未尝于人无益。现在的希望却是在有益于人，而花未尝不美。这恐怕是文人习气之留遗迹未可知。②

我的反礼教思想是集合中外新旧思想而成的东西……在我是最贵重的贡献了。至于闲适的小品我未尝不写，却不是我主要的工作。③

拙文貌似闲适，往往误人，惟一二旧友知其苦味，废名昔日文中曾约略说及，近见日本友人议论拙文，谓有时读之颇感苦闷，鄙人甚感其言。④

闲适可以分作两种。一是安乐时的闲适……一是忧患时的闲适……这里边有的是出于黍离之感，有的也还不是，但总之是在一个不很好的境地，特别洚水在后面，对于目前光景自然深致流连……其对象反正也是自己的国与民及其运命，这和痛哭流涕的表示不同，至其心情原无二致……⑤

总之，这是一个关心国家、民族、人民命运，有着极强的社会责任感，不惜为政治、道德而牺牲艺术的知识分子的形象。这既是传统的中国知识分子形象，又是五四以后左翼知识分子的形象。过去，周作人惟恐与之划不清

---

① 周作人：《苦口甘口·自序》，收《知堂序跋》，第147~148页。
② 周作人：《立春以前·文坛之外》，第169页。
③ 周作人：《过去的工作·两个鬼的文章》，第78页。
④ 周作人：《药味集·序》，收《知堂序跋》，第123~124页。
⑤ 周作人：《立春以前·文载道文抄序》，收《知堂序跋》，第461~463页。

界限,现在,却又惟恐不能与他们"合而为一"。这又是怎么一回事呢?莫非真的"此一时也,彼一时也"?!

不管怎样,现在已经有了三个"周作人":一是"伪官吏"的"周督办",一是"寻梦者"的苦住庵庵主;这都是实有的周作人。还有一个是周作人自己主观塑造的,"为国为民"的"殉道者"。不要问谁更真实,每一个"周作人"所显示的"意义"(社会、历史、心理……乃至美学)的内涵,也许更有价值。

七、无生老母的信息

周作人为了强化为国为民的殉道者形象,一再强调他的散文中闲适里的苦味——撇开周作人是否真的忧国忧民不说,这苦味却是真的。

我们不妨变换一个角度,考察一下这一时期周作人及其散文中的苦味。

1937年6月3日,北平沦陷前夕,周作人在《桑下谈·序》中暗示他将在北平苦住时,又表示他对"宿有久暂"的"桑下"——杭州、南京、北平各地的"怀恋",所谓"故乡犹故国然,爱而莫能助,责望之意转为咏叹,则等于诔词矣,此意甚可哀也"。从此,此种怀旧之情,既苦涩、凄清,又带着温馨的甜味,几乎时时、处处伴随着周作人,成为在整个沦陷时期周作人内心深处永远摆脱不掉的蛊惑。现实中活得愈苦,愈累,就愈要美化,并且离不开过去。周作人早就说过:"即是昨夜的事情也要比今日有趣:这并不一定由于什么保守,实在是因为这些过去才经得起我们慢慢地抚摩赏玩,就是要加减一两笔也不要紧……"①

在周作人正式"下水"之前,在家多闲,只翻看旧书。所谓旧书,并非仅指线装书,还有当年购来的新书,安放在架上,一年年地过去,一算已是二三十年,自然都成了旧书,正如人也变成老年一样。这种在书架上放旧了的书,往往比买来的更有意义,因为它已有了一段历史,而且由书的历史还会回想起人的历史。因此,写起"旧书回想记",就格外有意思。比如说吧,这年(1940年)春天,周作人购得一本鲍林的《玛伽耳人的诗》,一看,此书出版

---

① 周作人:《泽泻集·〈陶庵梦忆〉序》,第11页。

第八章　走向深渊——在北平（四）
(1937.7—1945.12)

于1830年,已是110年前了,为英国介绍匈牙利文学最早的一本书;于是,就联想起自己1906年到东京以后,所买的第一本旧书,也是匈牙利(当时译为"匈加利")作家育珂摩耳的小说《髑髅所说》,以后又陆续翻译了育珂摩耳的《匈奴奇士录》、《黄蔷薇》,惟以未能译出另一位杰出的匈牙利作家密克萨德的小说为恨。中隔三十年,忽又得鲍林之书,莫非与匈牙利文学真的有缘？于是,又欣欣然从书架取下育珂摩耳与密克萨德旧小说,拂去尘土,摩挲披阅,该是何等快事？育珂摩耳的几本,都是贾洛耳特书店出版的,不知道为什么印得那么讲究,瓦弍曼似的纸,金顶,布装,朴素优美而且结实,可惜民国初年在浙东水乡放了几年,有些都长过霉,书面仿佛是白云风的样子了,惟育珂摩耳的短篇集一册,依然完好如初,仿佛遭劫难而独存,怎不令人感慨系之呢。再想起书作者系匈牙利人,大家都是把它看作是黄种人,在民族主义时代,怎能不对之感兴趣呢。现在想起来这匈牙利的黄白问题颇是暧昧,也不值得怎么注意,不过从前总有过这么一回事,有如因腹泻而抽了几口鸦片,腹疾早愈而烟枪也已放下,但记忆上这口烟味也还会少少存留的,而那烟味虽说苦,回味起来,也是甜丝丝的呢。——普通的一两本书,就能够引起人这么多回忆、遐想,自是别有趣味的。周作人于是一本本地翻下去,读着,想着,又写着;[1]有时候却不写,不想,甚至也不读,只是翻过去。周作人说,这叫"过瘾","有如抽纸烟的人,手嘴闲空,便似无聊,但在不佞则是只图遮眼也"。[2]

旧书翻累了,也有停下来闭目养神的时候。既是养神,那就什么也不想。但有时一些仿佛忘却了的事(而且大半是童年、故人的事)会突然一现,又悠然飘去,仿佛浮云似的。偶尔摘取一两片,记录下来,就成了随笔似的东西……

……那一天(1939年10月17日),禹迹寺就是这么突然浮现的。讲起故乡的"禹迹",通常想到的应是禹陵。那神庙里大禹神像,高可二三丈,可谓伟观。而这禹迹寺与禹却是若有关系若无关系的。仅仅是事隔九百年后,清乾隆年间,一位清凉道人到寺里去,留下了曾见有禹神像,"仅尺余耳"

---

[1] 周作人后写有"旧书回想记"二十八则,收《书房一角》。
[2] 周作人:《书房一角·旧书回想记·引言》,收《知堂序跋》,第130页。

的记载。周作人家老屋在覆盆桥,距寺才一箭之遥,那一带是熟悉的,可是也只见"古禹迹寺"一额,尺余的大禹像竟从未得见,至今想到还觉怅怅。但周作人仍以为禹如应有像,终当以尺余者为法,因为他与常人相近,禹陵大庙中那高可二三丈的已经是"神"了。周作人最后的思绪又转向了"禹迹寺前春草生……流水斜阳太有情"那首诗:这"太有情","或者也正是禹的遗迹乎?"文章到此,戛然而止。周作人在"后记"中说:"两年不写文章,手生荆棘矣,写到这里,觉得文章未尽,但再写下去又将成蛇足,所以就此停住。""再写下去",必要写到"现在",自然是"就此停住"的好。

《禹迹寺》之后,回忆的风筝仿佛断线了,直到第二年(1940年)6月,又飘来一只《上坟船》。"船"上所"载"全是关于绍兴清明上坟的种种风俗,从祭祀的仪式到上坟酒的菜肴,都一一刻意细细写出,最后却发出如此感叹:"近来久不还乡里,未知如何,惟此类风俗大抵根底甚深,即使一时中绝,令人有萧索凄凉之感,不久也能复兴,正如清末上坟与崇祯时风俗多近似处,盖非偶然也。""复兴"云云,也不过是一渺茫的期望而已。

后来,周作人把这两篇连同《关于范爱农》、《玄同纪念》、《记蔡孑民先生的事》等几篇怀念故人的文章,以及《关于朱舜水》、《关于陶筠厂》、《关于杨大瓢》等写大、小同乡的文章,合为一集,取名为《药味集》,称之为"写意之作"。"今以药味为题,不自讳言其苦,若云有利于病,盖未必然"。那么,要"写"之"意"即在于此了。

……这年8月,《上坟船》驶来又离去两个月后,中秋的夜晚,在周作人的情绪记忆里,突然浮现出"好多年前"的一次奇异的感觉与感受——

>(我)对于自然还是畏过于爱,自己不敢相信已能克服了自然,所以有些文明人的享乐是于我颇少缘分的。……

>好多年前夜间,从东城回家来,路上望见在昏黑的天上,挂着一钩深黄的残月,看去很是凄惨,我想我们现代都市人尚且如此感觉,古时原始生活的人当更如何?住在岩窟之下,遇见这种情景,听着豺狼嗥叫,夜鸟飞鸣,大约没有什么好的心情——不,即使无这些禽兽骚扰,单

是那月亮的威吓也就够了。它简直是一个妖怪,别的种种异物喜欢在白夜出现,这也只是风云之余,不过跑龙套罢了。①

周作人作为"现代都市人",努力体味"原始人"的感觉,以自然为凄惨、可畏,他究竟在追怀什么呢?

……就在这一年(1940年)日记的末页上,周作人突然记下了他梦见乾荣子的奇异情景,据说这已是第三次入梦,因此作《乾荣子纪念》的短文。这是潜藏在周作人心灵深处的爱的暗流,它萌发于丙午丁未年间(1906年夏至1907年春),时周作人在二十二三岁之间。仿佛沉睡了十六七个年头,于1923年的三四月间,那时周作人三十九岁,又突然借着春风吹起一池涟漪,却又潜沉下去;在1933年、1937年两度梦中造访之后,此刻,在周作人已经五十六岁时在梦中又掀起波澜……如此地深沉,这般地持久,却始终默默,来无影,去无踪……不要问为什么她在此刻突然造访,更不必猜测种种,这多余,也徒劳。但周作人为何要在日记里留下痕迹?它本应不为他人知晓的。……

从1941年1月周督办走马上任以后,整日奔逐于官场酒楼,再没有做梦,也没有闲暇怀旧,日子似乎过得更顺畅,算得真正的世俗化了。待到他再作《桑下小谈·序》(1943年3月8日),重申"桑下未必限于故乡,由此推广正亦无边,惟乡里自当为起点耳",要到故乡、故土、故人、故园,以及一切成为历史的陈迹里重寻诗情时,他已被官场排挤出来了。而且首先怀想的就是他的弟子废名,这是很自然的。如周作人自己所说,废名"实在是知道我的意思之一人"。废名曾撰联语见赠:"微言欣其知之为诲,道心悯于人不胜天",当年是以为"深得我心"的;此刻追想起来,却像是谶语似的。莫非自称"悟道"的废名,已经预见到以后的以人力抗天命的种种……周作人只能说:"现在想起来,不但有今昔之感,亦觉得至可怀念也。"②

接着的江南行,依然为"荣归"的俗气所包围,却也有掩不住的乡愁。特别是车抵苏州站,看见月台上车厢里的人物声色,便又仿佛已入故乡境内,

---

① 周作人:《药堂语录·中秋的月亮》,收《周作人散文精编》上编,第141页。
② 周作人:《药堂杂文·怀废名》,第120页。

虽然实在还有五六百里的距离。周作人不免又想起唐人杜荀鹤写送友游吴越的诗来："去越从吴过,吴疆与越连。……夜市桥边火,春风寺外船","君到姑苏见,人家尽枕河,古宫闲地少,水港小桥多",眼见这小船、石桥,这两岸枕河的人家,早已恍如身在故乡了。就连小街上那爿糕店,也是北方几番寻觅而不得的。如今匆匆走过,不及细看柜台上蒸笼里放的是什么糕点,自然更不能买了来尝,但仅只这样看一眼走过了,就够快活的了,甚至已经饱了。周作人说:"若欲求多有文化的空气与环境者,大约无过苏州了吧",①这些年他失去的,却又在苏州无意中拾得的,大概就是这原生形态的古老而淳朴的文化吧。所谓乡愁,岂是眷念故乡之情所能包容得了的?

但他终于重又接近了"故乡"时,他却遭到了人子之大不幸——他的八十七岁的老母遽然逝世了。周作人在日记里这样写到了母亲的死——

四月二十二日,晴。上午六时同信子往看母亲,情形不佳,十一时回家。下午二时后又往看母亲,渐近弥留,至五时半遂永眠矣。十八日见面时,重复云,这回永别了。不图竟至于此,哀哉。惟今日病状安谧,神识清明,安静入灭,差可慰耳。九时回来。

二十三日晴。上午九时后往西三条。下午七时大殓,致祭,九时回家。

二十四日晴。上午八时至西三条,九时灵柩出发,由官门口出西四牌楼,进大平仓,至嘉兴寺停灵,十一时到。下午接三,七时半顷回家,丰一暂留,因晚间放焰口也。②

五月二日,上午九时至嘉兴寺诵经设奠领帖,来者亦颇不少,当有约四五百人……六时顷,雨始渐止,计下雨终日。③

---

① 周作人:《苦口甘口·苏州的回忆》,第114页。
② 转引自周作人:《知堂回想录·一八一,先母事略》,第597~598页。
③ 灵柩一直停放于嘉兴寺,至第二年(1944年)6月19日下葬于西郊板井村之墓地。

第八章 走向深渊——在北平（四）
(1937.7—1945.12)

丧礼是隆重的，周作人自始至终表现得哀痛而又有节制。在发表于5月15日出版的《同声》3卷3号上的《先母事略》里，他这样回忆母亲："先母性弘毅有定识，待人宽厚，见有急难，恒不惜自损以济人"，"关心时世安危，时与儿辈谈论，深以不能再见太平为恨"。① 寥寥数语却颇得要领。周作人在私下独思时，还会追念什么，他自己没有说，我们也不便多作揣测。熟识他们母子关系的俞芳告诉我们，周作人的母亲是把她的爱同样给她的三个儿子的；却为自己身体不好，未能亲自喂养周作人，不得不将带领的责任交给祖母，而感到深深的遗憾。老人经常对俞芳称赞周作人从小性格和顺，对人谦和，遇事好商量。不断提及的事实是：老大进三味书屋时，是给他买了一张有抽屉的书桌的，老二读书时，因为家用紧，只从家里搬去一张没有抽屉的方桌，一经解释，他就欣然接受了。后来老二也去南京读书，家里却连原来给老大的八元钱也难筹措了，老二理解家里的难处，拿了点路费，也高高兴兴地上路了。老人每讲及此，总流露出某种抱歉的意思。偶尔也谈到周作人的弱点，如性格较软弱，比较自私，云云。鲁迅离开北平后，老人的生活费用一直是鲁迅负责，但周作人也并不像外界传说那样根本不照料老人，他本人因为工作忙，虽较少来看望，夫人信子却隔了一段时间总要前来问候，有时也带些日本点心给老人吃，这是可以以周作人的日记为证的。有一件事，老人总是说起的：自己来北平后，患了肾炎，医生让大量吃西瓜，果然见效，可是秋冬季节，没有西瓜怎么办，还是信子想出了煎熬西瓜膏保存的方法，使老人一年四季都能吃到西瓜汁，肾炎治好了，老人是满意的。鲁迅逝世消息传来，老人悲痛地对周作人说："老二，以后我全要靠你了。"周作人只说："我苦哉，我苦哉……"这表态自然很不妥，老人却只怪他不会说话，母亲对于子女总是宽容的。从1938年1月开始，周作人开始承担老人的生活费，每月五十元。原也不算太少，但以后物价飞涨却再也没有增加。至于寡嫂，周作人是从来不照顾的，以致后来有被迫出卖鲁迅藏书的事，周作人还乘机想扣下一部分他看上的书……老人每年过生日那一天，周作人总叫饭馆办一桌酒席送去，由老人找几个合适的人同吃，又叫儿子丰一照一张相，以作

---

① 周作人：《先母行述》，收《周作人集外文》下集，第571~572页。

纪念。1942年12月26日,是老人八十六岁生日,丰一照例去照了相,不料竟成最后的遗照①……这些事,周作人当然都会记得很清楚。老人的离去,使这一切都成了让人不断回味的历史的陈迹……

随后发生的"反动老作家"事件,包括"遇狼的故事",使周作人越发感到孤独与孤独的难耐。有时他甚至觉得读书(即使是读旧书)也无以排遣内心的寂寞,"大有越读越懊恼之慨","圣贤教训之无用无力,这是无可如何的事","在浊世中","不知怎的很替圣贤感觉得很寂寞似的","知识"也"总是有些苦味"。② 于是,他越发像既无缘于未来,又被现实抛弃的老人,沉浸在对昨日的回顾中……

……这年(1944年)夏秋之间北京的雨下得不多,周作人本不必苦雨,却又怀念起故乡雨中之乐来:"秋季长雨的时候,睡在一间小楼上或是书房内,整夜的听雨声不绝,固然是一种喧嚣,却也可以说是一种萧寂,或者感觉好玩也无不可……""下雨时,(船)照样地可以行驶,不过篷窗不能推开,坐船的人看不到山水村庄的景色,或者未免气闷,但是闭窗坐听急雨打篷,如周濂溪所说,也未始不是有趣味的事。再说舟子,他无论遇见如何的雨和雪,总只是一蓑一笠,站在后艄摇他的橹,这不要说什么诗情画意,却是看去总毫不难看,只觉得辛劳质朴,没有车夫那种拖泥带水之感";"雨中步行"也不觉困难,"因为是石板路的缘故,既不积水,亦不泥泞",夏天"大雨如注,石板上一片流水,很高的钉鞋齿踏在上边,有如低板桥一般,倒也颇有意思……"③

……这年(1944年)5月,北京大刮其风,空中呼呼有声,古人云:春风狂似虎,或者也把风声说在内,听了自然觉得不愉快,周作人却又怀念起古诗"白杨多悲风,萧萧愁杀人"里的声音,这在北京所听的风声中要算是最好的。他记得,刚搬来八道湾时,在前院的绿门外边,西边种了一棵柏树,东边种了一棵白杨,或者严格地说是青杨,如今十足过了二十五个年头,柏树才只拱把,白杨却已长得合抱了,前者是常青树,冬天看了也好看,后者每年落

---

① 参看俞芳:《谈谈周作人》,载《鲁迅研究动态》1988年第6期。
② 周作人:《苦口甘口·灯下读书论》,第31、32、34页。
③ 周作人:《立春以前·雨的感想》,收《周作人散文精编》,第156、157、158页。

第八章 走向深渊——在北平（四）
（1937.7—1945.12）

叶,到得春季长出千万的碧绿大叶,整天的在摇动着……周作人又由此而想起故去的老友:"戊寅(1938年)以前老友饼斋常来寒斋夜谈,听见墙外瑟瑟之声,辄惊问曰,下雨了吧。但不等回答,立即省悟,又为白杨所骗了。戊寅春初饼斋下世,以后不复有深夜谈天的事,但白杨的风声还是照旧可听,从窗里望见一大片的绿叶也觉得很好看。"①故人已离去,风声仍可闻,这是怎样的令人惆怅呢……

长久地沉溺于怀旧的情绪里,是很容易通往宗教的王国的,在乱世中尤其如此。周作人对于佛教从来就有亲切之感,他从1936年起在北大开设了"六朝散文"课,深感"六朝之散文著作与佛经很有一种因缘,交互的作用,值得有人来加以疏通证明,于汉文学的前途也有绝大的关系",②遂决定新增"佛典文学"课,课程纲要也已拟定,除注重译经的文体价值外,也还有"印度古圣贤对于人生特别是近于入世法的一种广大厚重的态度,根本与儒家相通而更为彻底,这大概因为它有那中国所缺少的宗教性"的意思。③ 另一面周作人对于道教却一直持坚决的拒斥态度。但从在北平苦住下来以后,他就一再地表现出对佛、道的理解,与对佛、道境界的向往。他在一篇偶记里说:"不佞自居于儒,但亦多近外道。我喜释氏之忍与悲,足补儒家之缺,释似经过大患难来的人,所见者深,儒则犹未也"④,那么,在大患难中,佛教的"忍"与"悲"当是更有价值。周作人又说:"尝思忍者忍己,故是坚忍而非残忍;悲者悲他,故是哀怜而非感伤"⑤,自是有一种力量在的。以后,周作人也还一再地宣扬佛经中"把女人当作人类来看"的"慈悲精神"⑥和小乘的"志在自度"的坚忍与大乘之"度尽众生自己才入涅槃"的"有情"⑦,以为这都是极可追怀的人生境界。周作人也曾想:"难道在中国儒与法竟不能用,惟黄老之术乃可耶。不佞虽曾思索,终未能明白也。"⑧他还介绍过"仿佛是杨朱的安乐派,出于道家而与方士相反,若极其自然之致,到得陶公《神释》所云

---

① 周作人:《知堂乙酉文编·风的话》,第76页。
②③ 周作人:《知堂回想录·二○六,拾遗(午)》,第712~713页。
④⑤ 转引自周作人:《过去的工作·凡人的信仰》,上海书店影印本,第46~47页。
⑥ 周作人:《药堂语录·女人三护》,收《周作人散文精编》,第250页。
⑦ 周作人:《立春以前·大乘的启蒙书》,第105页。
⑧ 周作人:《书房一角·看书余记·读小柴桑喃喃录》,收《知堂书话》(下册),第752页。

纵浪大化中,不喜亦不惧,应尽便须尽,无复独多虑的境地,那也就与儒家合一,是最和平中正的态度了"。① 对于他一向深恶痛绝的道教,周作人也表示了宽容与理解。他在谈到道教"经典"《太上感应篇》时,明确表示"此文的中心思想,本是长生,盖是道士的正宗,并不十分错"。他说:"鄙人素无求仙的兴趣,但从人情上说,见人拜北斗,求延年,此正可谅解。"②在周作人看来,道教的本义——对于生命乐趣的执着追求,以及相信生命之存在,年寿之长短,决定于自身,并非决定于天命,都是人的本性真诚而自然的表现,具有一种真挚的人情味,这在任意摧毁人的生命的战乱中,是显得特别可贵的。这里,其实也是包含了对于宗教信仰的一种极其深刻的理解的:宗教的意义并不在它的教义是否符合现代科学对于世界的说明,而在于它所内含着的心理与人情。它在本质上是人的本能欲求、愿望以及人对于终极目标的追求的一种曲折表现,它在心理上给处于困惑中的人以满足与补偿、调节,从而促进人的身心健全发展的特殊功能,是不可随意否定、抹煞的。从五四时期对文学与宗教关系的发现,③五四以后提出"以科学的一神教代替传统的多神教"的设想,④到这一时期对中国传统宗教的宽容与理解,构成了周作人思想发展的一条重要线索,不可忽视。周作人怀着深深的同情与理解,重新审视了明清两代广泛流传于北方民间的,大量从道教中汲取了营养的红阳教。他说他的目的"不独凭吊殉教的祖师们之悲运,亦想稍稍了解信仰的民众之心情"。据说,红阳教有八字真言曰:真空家乡,无生父母。它的教义无非是说无生老母是人类的始祖,东土人民都是她的儿女,只因失乡迷路,流落在外,现在如能接收她的书信或答应她的呼唤,便可回转家乡,到老母身边去。在传经卷里就是如此唱的:"无生母,龙华会,久等儿孙。叫声儿,叫声女,满眼垂泪。有双亲,叫破口,谁肯应承";"无生老母当阳坐,驾定一只大法船,单渡失乡儿和女,赴命归根早还源"。周作人说,这样的呼唤是具有极大的情感与心理的内聚力的。可以想见,"一般劳苦的男妇,眼看着挣扎到头没

---

① 周作人:《药味集·老老恒言》,收《知堂书话》(下册),第643页。
② 周作人:《药堂语录·太上感应篇》,收《知堂书话》(下册),第596页。
③ 周作人:《圣书与中国文学》,及参见本书第五章有关论述。
④ 周作人:《雨天的书·山中杂信之六》,以及本书第六章有关介绍。

第八章 走向深渊——在北平（四）
（1937.7—1945.12）

有出路……忽然听见这么一种福音,这是多么大的一种安慰。……怎不令人感到兴奋感激,仿佛得到安心立命的地方"。周作人进一步分析说,"大概人类根本的信仰是母神崇拜……客观地说,母性的神秘是永远的,在主观的一面人们对于母亲的爱总有一种追慕,虽然是非意识的也常以早离母怀为遗恨,隐约有回去的愿望随时表现","不但有些宗教的根源都从此发生,就是文学哲学上的秘密宗教思想,以神或一或美为根,人从这里分出来,却又斩求回去,也可以说即是归乡或云还元"。① 周作人的分析自然是十分精辟的。表现了他对于人性,人的心理、情感的微妙幽深部分,特别是经历了二次世界大战的大战乱之后的人的心理动荡与追求的一种精微的把握与理解。但当他着意于探讨"无生老母的信息",即从民间宗教信仰中探讨中国国民心理,却无意中也向世人透露了他自己内心隐藏的"信息"。周作人不也是在人世的苦海中挣扎,而且同样没有出路?他原本是站在一旁"看戏"的,这场战争风暴却无情地把他推至"台"上,扮演了一个历史的"丑角"（尽管他竭力想获得扮演"正角"的自我感觉,但他自己也明白,他注定要扮演的真实角色只能是"丑角"）,所谓"入官入道两蹉跎",②力不从心的表演使他经常感到身心的疲累,倦怠,而且时时丧魂落魄,即常有失根、流落之感。他是何等地渴望着"归根返乡还元",卸去一切外在的重负,还原一个自然的,也是自由的自我。啊,"无生母,在家乡,想起婴儿泪汪汪。传书寄信还家罢,休在苦海只顾贪。……"

但周作人有没有想到:这一切都已经太晚了呢?

是的,太晚了。就在周作人写出这篇《无生老母的信息》后,不到两个月,日中战争就结束了。中国胜利了,日本战败了。在意识到这一切时,周作人想到了什么? 这一日,他在"雨中"奔走,是怀着怎样的心情呢?

周作人仍然什么也没有说。他在 8 月 17 日出席了伪政委会的"最后的晚餐"之后,无所事事,于 8 月 26 日又提笔,写了《曲庵的尺牍》一文,在此之前,已经写有《饼斋的尺牍》与《实庵的尺牍》,③这是第三篇。大概写文章也

---

① 周作人:《知堂乙酉文编·无生老母的信息》,第 29、33、34 页。
② 周作人:《知堂杂诗抄·苦茶庵打油诗补遗·其十五》,第 16 页。
③ "曲庵"即刘半农,"饼斋"系钱玄同,"实庵"为陈独秀。

是山穷水尽,无材料可写,只得抄抄亡友的来信卖钱了,其经济与精神的窘迫如此,是可叹的。惟在回忆中,仍追念当年的战斗文章"嬉笑怒骂,多弄诙谐,即使有时失之肤浅,也总没有病态与尸气","拿来与对方比较,显然看出不同来,那种跳踉欲噬的态度,不但证明旧文人的品格堕落,也可想见其前途短促,盖惟以日暮途穷,乃倒行而逆施也"。五四时期确实是周作人一生中最辉煌的瞬间,他大概只能永远以此自炫了。谈到当年旧文人的"倒行而逆施"时,周作人大概不曾联想到此刻的自己,否则也不会这么写。他的自我感觉总是偏于良好,因此也不免麻木。

几天以后,又写了一篇《凡人的信仰》。几乎在任何情况下,周作人都能写作,这是他的特别勤勉处,也是一种特殊本领。也许是经济压力所致?那就有些可悲了。接着又是《道义的事功化》、《两个鬼的文章》,都是给自己画像,仿佛生怕历史留下的将是另一副模样。说的也还是"伦理之自然化,道义之事功化"、"绅士鬼与流氓鬼"的那一套,似乎不必再作引述。颇可玩味的是,在《两个鬼的文章》里引人注目地正面提到"鲁迅"的名字(自1923年"兄弟失和"以来第一次),并且宣布自己与鲁迅及陈独秀、钱玄同诸人,是同一"方向"的。①《凡人的信仰》一文则把自己这些年拼命宣扬的"儒家人文主义"与"社会主义"联系在一起,据说"仁政的名称如觉得陈旧,那么这可以说中国的思想当是社会主义的"。② 他大概已经忘记,并且要人们和他一起忘记,他当年是怎样鼓吹要以"儒家人本主义"为"大东亚主义"的"中心思想",以"抵抗共产主义"的了。请注意:此刻的周作人又是在按政客的思想、行为逻辑说话、做文章了。当然,还有行动。给傅斯年(后来成了国民党派驻北平学界的第一个接收大员)写信,即是一步"棋"。据说,周作人还托请北京大学语言学教授赵荫棠到解放区找到原燕京大学国文系教授、时为晋察冀边区参议会副议长的董鲁安,表示有去解放区的意愿(董后来请示成仿吾议长,成当即拒绝)。③ 这其实也是一步"棋",更可能仅是一种姿态。从10月19日起,周作人重返北京大学国文学院国文系讲坛,上佛教文学(也有人说还开了"国文研究法"一门课),俨然一副学者模样。周作人原来也是精

---

①② 周作人:《过去的工作》,第45、78页。
③ 于浩成:《关于周作人的二三事》,载《鲁迅研究动态》1987年第3期。

第八章 走向深渊——在北平（四）
(1937.7—1945.12)

于"狡兔三窟"这一套的。自然，用周作人自己的说法，这都是出于求生的本能，可悲也可悯。周作人也自知这些都是徒劳，他是时时在等待着"那一天"的。在难挨的等待中，偶尔也作小文。12月2日那一天，就写了篇《石板路》，是回忆故乡的路与桥的。文章末了写到桥边的灯，所谓"冥冥风雨宵，孤灯一杠揭……夜间归人稀，隔林自明灭"；夜行人自携灯笼走着，"忽见前面低空有一点微光，预告这里有一座石桥了……"①

周作人的日记写到12月5日。12月6日，国民党军统局局长戴笠受国民党政府军事委员会北平行营主任李宗仁之命，以伪华北财务总署督办汪时璟的名义，设宴诱捕以伪临时政府行政委员会委员长王克敏为首的敌伪高级官员。周作人未赴宴，遂派军警于当晚包围八道湾十一号。当枪口对准周作人要他就范时，他只站起来嘟囔着说："我是读书人，用不着这样子"，就跟着军警走了。

据周作人后来说，来执行逮捕任务的军警在抄家时偷走了一块刻着"圣清宗室盛昱"六字的田黄石章和摩伐陀(Movado)牌的一只钢表，一总才值七八百元，这大约就是周宅最值钱的东西了。周作人最珍爱的那块凤凰砖和永明砖却因为不起眼而留下了。

周作人被带走了，八道湾十一号的大门紧紧地关上了。"大幕"终于落下。

---

① 周作人：《过去的工作·石板路》，第17页。

第九章　老虎桥边

——在北平、南京

（1945.12.6—1949.1.26）

一、入狱与审判

周作人被捕后，先关在北平炮局胡同的陆军监狱。周作人晚年回忆说："在北京的炮局是归中统的特务管理的，诸事要严格一点，各人编一个号码，晚上要分房按号点呼，年过六十的予以优待，聚居东西大监，特许用火炉取暖，但煤须自己购备，吃饭六人一桌，本来有菜两钵，亦特予倍给。"① 据说，狱中规定每月允许接见家人一次，送钱一次；钱送得多的，有高达二十万的，周作人最少，每次仅五千元。不管消息准确与否，周作人在狱中的生活相对清贫，却大抵是事实。

在炮局胡同关了将近半年，1946 年 5 月 26 日，周作人等十四人被飞机解往南京受审。《申报》曾有"巨奸王荫泰等十四人，昨由平解京审理，古城观者如堵，呼骂声不绝"的报道："群奸今晨五时被检查血压时，方知解京受审，乃慌忙写下'遗书'，招致家人，语多劝家人勿忧，而有恋恋不舍之意。……周作人光头衣着最为陈旧……上车前记者逐一问感想……周作人说：'我始终等待被捕，无感想。'周瘦得多了，态度仍很'冷淡'……上机前逐一衡量体重……书生周作人最轻，52 公斤。每人许携物 15 公斤，

---

① 周作人：《知堂回想录·一八二，监狱生活》，第 600~601 页。

第九章 老虎桥边——在北平、南京
(1945.12.6—1949.1.26)

大多为衣被书籍及针线,周携其自著之《谈龙集》……"这里给囚中的周作人留下了一幅小影:他仍然是"冷漠",拒人于外的。不过,据说他在飞机上曾将旧作一首抄示于人(也许是应对方之请吧),这是1942年所作:"年年乞巧徒成拙,乌鹊填桥事大难。犹是世尊悲悯意,不如市井闹盂兰。"这算不算他对自己在日伪时期的种种作为的一个历史的反思、总结呢?可能也是入狱这一段时间他思考得最多的问题吧?还有说他在押解途中还写有诗两首,其一曰:"羼提未足檀施薄,日

实用书局1972年出版的《谈龙集》封面

暮途穷究可哀。誓愿不随形寿尽,但凭一苇渡江来。"其二曰:"东望浙江白日斜,故园虽好已无家。贪痴灭尽余嗔在,卖却黄牛入若耶。"既自叹"日暮途穷",又感慨"故园虽好已无家",这凄凉、怅惘自是周作人的;但却联想起千年多前"一苇渡江"的达摩,是不是也决心"面壁十年"呢?那么,周作人仍然是于消极中有积极的。但这毕竟是"诗",谁能说清此时此境中周作人的真实思想与心理呢?

周作人解押到南京后半个多月,南京高等法院检察官即对周作人提出起诉,列举周作人主要罪状如下:"其任伪职期间,聘用日人为教授,遵照其政府侵略计划实施奴化教育,推行伪令,编修伪教科书,作利敌之文化政策,成立青少年团,以学生为组织训练对象,泯灭青年拥护中央抗战国策,启发其亲日思想,造成敌伪基要干部。又如协助敌人调查研究华北资源,便利其开掘矿产,搜集物资,以供其军需。他如促进沟通中日文化及发行有利敌伪宣传报纸,前者为借文字宣传达其与敌伪亲善之目的,遂行近卫三原则之计划,后者希图淆惑人心,沮丧士气,削弱同盟国家作战力量"等等。周作人也受命写出

"自白书",进行自我辩解:"初拟卖文为主,嗣因环境恶劣,于28年①1月1日在家遇刺,幸未致命,从此大受威胁……以汤尔和再三怂恿,始出任伪北京大学教授兼该伪校文学院院长,以为学校可伪学生不伪,政府虽伪,教育不可使伪,参加伪组织之动机完全在于维持教育,抵抗奴化……"云云。

根据起诉书,南京高等法院于1946年7月19日,对周作人进行第一次审理。对这次公审,第二天《申报》上刊登有中央社的如下报道——

> [中央社南京十九日电]周逆作人十九日晨十时,在首都高院受审,历时二旬钟,以证据尚待调查,庭谕定八月九日再审。周逆昔日小有文名,今日旁听席上,特多男女青年。审讯前段,被告答复从逆前之经历,颇以二十年北大文科教授之任自傲。述其附逆动机;狡称:旨在"维持教育,抵抗奴化"。庭长当斥以身为人师,岂可失节。周逆答辩谓:"头二等的教育家都走了,像我这样三四等的人,不出来勉为其难,不致让五六等的坏人,愈弄愈糟。"并称,二十六年秋,留平不去,系因年迈,奉北大校长蒋梦麟之嘱为"留平四教授"之一,照料北大者,惟对其二十八年之任华北政务委员会常委兼教育总署督办,以及东亚文化协议会会长,华北综合研究所副理事长,伪新民会委员,伪华北新报社理事等职,则期期艾艾,对答之间颇感尴尬,但仍东拉西扯,以二十八年元旦之被刺,"中国中心思想问题"论战,以及胜利后朱校长家骅之华北观感等,作为渠有利抗战之证据,庭上当谕以证据颇确凿有力,当谕以为便收集,特宽限三星期再行公审,周逆乃于汗流浃背下狼狈还押。

在审判中周作人的自我辩解是意料中的。记者说"周逆昔日小有文名,今日旁听席上,特多男女青年",事实上,关心这次审判的,绝不只旁听席上这些男女青年。由于周作人在中国现代思想文化史上的特殊影响,他的个人选择就不再属于个人,总要引起社会的关注,当作一种社会文化现象予以讨论;这正是周作人自己深以为不幸的。在周作人事敌之后,即有何其芳、

---

① 28年:指民国二十八年,即1939年。

第九章 老虎桥边——在北平、南京
(1945.12.6—1949.1.26)

冯雪峰等人作过理论的探讨。如何其芳从"今天的文学家,必须把自己的文学事业和人民群众的解放事业结合起来"的理论前提出发,认为周作人所追求的"表现个人的情思,这些在过去似乎都是颇有诗意的,在现在,则实在是应该批判的陈腐事物了"。何其芳同时提出了一个颇有意思的"现象":周作人的主张"颇为适合某些小资产阶级的知识分子","是不是还会有人一方面从理智上能够批判他,一方面在感情上还感到有些被牵引呢"?何其芳对"周作人现象"的观察评价,大体上是代表了《在延安文艺座谈会上的讲话》以后成为主流派的文艺思潮的。① 冯雪峰却强调了周作人对五四传统的"背叛",认为周作人"以'五四'新文化运动的老将的身份","终于走到了他们的尽头,结果非常自然地漂聚到'皇军'和'日本文化'之下,仿佛是一条注定的路"。② 在周作人被捕受审前后,对周作人的历史评价就成为一时的热门话题。郑振铎的《惜周作人》可能比较能够代表五四那一代及为五四培养起来的一代人对周作人的看法与情感。他一方面谴责周作人"必败论使他太不相信中国的前途";另一方面则对周作人的附逆表示了更多的"痛惜"之意,甚至说,"在抗战的整整十四个年头里,中国文艺界最大的损失是周作人附逆",以为周作人不同于郑孝胥之流,"他确在新文学上尽过很大的力量","他始终是代表着中国文坛上的另一派。假如我们说,'五四'以来的中国文学有什么成就,无疑的,我们应该说,鲁迅先生和他是两个颠扑不破的巨石重镇;没有了他们,新文学史上便要黯然失光"。③ 这些话都很有分量,不仅表现了对被评价者也许是过于热切的期待,以致失望,评价者自身对于新文学事业的热情,坦诚,也同样动人。同在文学研究会与周作人有过"战友"之谊的沈雁冰(茅盾)的批评就比较尖锐,但他对周作人的理解也是深刻的。例如他说:"周作人一向是个人主义者,他解释中国历史是唐以后便走上了衰败的路,他看不起也不相信新生的人民的力量,因此,在他心中和'优秀有为'的日本民族'亲善'而'筑立东亚的新秩序'不是什么可以'惭愧'的事

---

① 何其芳:《两条不同的道路——略谈鲁迅和周作人思想发展上的分歧点》,收《何其芳文集》第4卷,人民文学出版社1983年9月版,第37页。
② 冯雪峰:《谈士节兼论周作人》,收《雪峰文集(3)·乡风与市风》,人民文学出版社1983年11月版,第66页。
③ 郑振铎:《蛰居散记》,第99~101页。

情。他所引为'惭愧'的,恐怕倒是今天他顶着汉奸帽子,对簿公堂而又怕死,不得不违反'本心'胡说一顿:做汉奸其实也是'曲线救国'云云。"①

也有为周作人说话的。他的学生废名甚至在自己写的连载小说《莫须有先生坐飞机以后》里,特意加上了一段话,坚持"知堂老简直是第一个爱国的人",他解释说:"知堂老一生最不屑为的是一个'俗'字,他不跟我们一起逃了,他真有高士洗耳的精神,他要躲入他的理智的深山","他只注重事功(这或者是他的错误!)故他不喜欢说天下后世,倒是求有益于国家民族"。他的辩护与前述周作人的自我辩解惊人地相似,周作人也算是有了一个知己。他的另一位高足俞平伯在致胡适信中说:"夫国家纲纪不可以不明,士民气节不可以不重,而人才亦不可不惜",并表示了种种担心:"以六旬之高年身幽缧绁,恐不能支,其可虑一也。名为显宦,实犹书生,声气罕通,交游寡援,将来宣判未必有利,其可虑二也。左翼作家久嫉苦茶,今日更当有词可藉,而诸文士亦以知堂之名高而降敌也,复群起而攻之,虽人情之常态,而受者难堪,其可虑三也,在昔日为北平教育界挡箭之牌,而今日翻成清议集矢之的,窃私心痛".②俞平伯最后请求胡适出面为周作人说项。据说胡适当时表示:"案子正在审理,照美国习惯是不能说什么的。"以后法院调查中,以胡适为校长的北京大学仍出函证明北大复校后查点校产及书籍,尚无损失,且有增加,原北京大学校长蒋梦麟(时为行政院秘书)也出函证明,华北沦陷时,确派周作人等保管北京大学校产(周作人晚年因此对蒋梦麟有很高评价)。沈兼士、俞平伯等十五位大学教授,也联名发出《为周作人案呈国民政府首都高等法院文》,引述了片冈铁兵对周作人的攻击,以"证明周氏在伪组织中言行有于敌寇不利","有维护文教消极抵抗之实绩",并称"周作人学术文章久为世所推服,若依据实绩,减其罪戾,俾使炳烛之余光,完其未竟之著译,于除奸惩伪中兼寓为国惜才,使存善美之微意,则于清理实为两尽"。郑振铎那篇文章也谈到"我们总想保全他。即在他被捕以后,我们几个朋友谈起,还想用一个特别的办法,囚禁着他,却使他工作着,从事于翻译

---

① 茅盾:《周作人的"知惭愧"》,载《萌芽》1卷3期,1946年9月15日出版。
② 俞平伯1945年10月28日致胡适书,信收《胡适来往书信选》(下),中华书局1979年5月版,第71~73页。

第九章 老虎桥边——在北平、南京
（1945.12.6—1949.1.26）

希腊文学什么的"；这就是出于"爱惜"之意，其心可谓善，其情亦可感。

但法院是不考虑这些感情因素的。北京大学及蒋梦麟的证明，以及国民党地下工作者张怀、董洗凡诸人关于周作人曾对他们有所掩护的证明，倒起了作用。首都高等法院经过三次公开审讯，于11月作出了"处有期徒刑十四年，褫夺公民权十年"的审决。周作人不服，仍以"扫荡反动老作家"一事为理由，向最高法院声请复判。最高法院于1947年12月19日，作出最终判决，驳斥了周作人的自我辩解："查声请人所著之《中国的思想问题》，考其内容，原属我国国有之中心思想。但声请人身任伪职，与敌人立于同一阵线，主张全面和平，反对抗战国策，此种论文虽难证明为贡献敌人统治我国之意见，要亦系代表在敌人压迫下伪政府所发之呼声，自不能因日本文学报国会代表片冈铁兵之反对而解免其通敌叛国之罪责。"同时又指出，"查声请人虽因意志薄弱，变节附逆，但其所担任伪职，偏重于文化方面，究无重大罪行，原审既认其曾经协助抗战及为有利人民之行为，依法减轻其刑，乃处以有期徒刑十四年，量刑未免过当"，因而重新审决：以"通谋敌国，图谋反抗本国"罪，"处有期徒刑十年，褫夺公民权十年"——由1939年3月26日接受"北京大学文学院筹备员"伪职为起端的周作人历史上最不堪回首的一页，至此以这样的最终判决为结束。历史与周作人本人都冷静地接受了这一结局，似乎也别无可说。

在最终宣判之前，著名记者黄裳曾到老虎桥模范监狱访问过周作人，并且留下了《老虎桥边看"知堂"》的报道。文章如实记下了他眼中的周作人及与周作人的谈话——

> 一会儿，我在窗外看见一位狱吏带了一个老头儿来了。这是我第一次看见周作人，不过在印象中，是早已有了一个影子的，现在看看"正身"，大抵差不多。他穿了府绸短衫裤，浅蓝袜子，青布鞋，光头，瘦削，右边庞上有老年人常有的瘢痕，寸许的短髭灰白间杂，金丝眼镜（这是他在一篇文章中提到过的"唯一"的一副金器，三十年前的老样子）。
>
> 与想象中不同的是没有了那一脸岸然的道貌，却添上了满脸的小心，颇有"审头刺汤"的汤裱褙的那种胁肩谄笑的样儿。

请他坐了下来。他搓着手,满脸不安,等候我发问。这种"会审"式的访问很糟,简直没有什么话好说,只问他这儿过得还好么?他回答还好。我问,这是第几次来南京了,他说南京是他做学生时住过的地方,以后来往路过也有好几次,最后又含糊地提起上前年的那一次南游……

后来他提到最近没有再审的消息,大约是在收集证据吧?有一位律师愿意为他辩护。他自己写过一篇自白书,两篇《答辩状》,所说的话大约都在那里了。我即发问,一向是佩服倪元璐绝口不言一说便俗的他何以在这次法庭上又说了那么许多不免于"俗"的话?这很使他有些嗫嚅了。最后他说,有许多事,在个人方面的确是不说的好,愈声明而愈糟,不过这次是国家的大法,情形便又微有不同,作为一个国民,他也不能不答辩云云。他重复声说,现在想说的只是一点。起诉书中说他"通谋敌国",而日本人也说他"反动"是"大东亚思想之敌",事实上绝对没有在两方面都是"敌"的人。除了这一点以外,其余的都可不说。

他又说文人报国的方法,也只有写写文章,不误人便好。他又说其实也可以上前线去一刀一枪的。本来是海军出身,还是武人哩。……

我问他是否还有集外文没有收集?他说没有了。我又记起了有一次偶然在《中华日报》上剪了下来的《参拜汤岛圣堂纪念》的文章。他就说这些应酬文章照例是不收集的,也还有许多在外面。我不禁又想起那张穿了军装检阅童子军的照片来,问了他,他好像觉得无所谓,马上答说,他"演戏两年",那些都是丑角的姿态云云。

最后话题转到苦雨斋的藏书,我问他是否都已封掉,他答不知。虽然可以通信,但是也不好再去问这些事了。……

未能免俗,我又要他写点东西,如近诗之类,他说近来很久不曾作

第九章 老虎桥边——在北平、南京
(1945.12.6—1949.1.26)

诗了。也难怪,在老虎桥边是很少可能有打油的"雅兴"的。他想了一会儿说有一次在监中为一位朋友题画的诗,写了下来:

墨梅画出凭人看,笔下神情费估量。

恰似乌台诗狱里,东坡风貌不寻常。

为友人题画梅　知堂

读了这诗颇使我"有感"。正如他说过的一句话,虽然是在说别人,也难免不涉及自己,这里"笔下神情费估量",正是写《自白书》时的写照吧?居然"风貌不寻常",这在我一些也看不出来,只觉得这个"老人"的愈益丑恶而已。很奇怪,这诗没有衰飒之音,而反倒颇有"火气",岂真是愈老愈要"向世味上浓一番"乎?

时间拖得太长也不大好,只好请他回去休息了。我就又向所长说希望看一下他们的狱中生活,就又由一个狱吏陪了我走进了"忠"字监。这是一个小院子,里边是孤零零的一所红砖房。其中是一间间的小房间,从门板上面的一小块铁丝网窗中可以望进去,房子极小,可是横躺竖卧的有五个人,汪时璟、刘玉书、唐仰杜这些老奸都赤了膊席地而卧,有的在一叠饼干匣上面写信。梅思平在里面的角落里看书。殷汝耕在看《聊斋》,王荫泰藏在墙角看不见。走到第四间,"知堂"刚刚回来,在里面一角里的席地上,脱下了他的小褂小心地挂在墙上,赤了膊赤了脚在席上爬,躺下去了。旁边放着一个花露水瓶子。

我又想起了刚刚的那首诗,好一个"东坡风貌不寻常"。不过这儿我没有嘲讽的意思,那情景,真已是够凄惨的了。①

谁曾料到,周作人还会有这样一副狼狈相呢?历史真是太无情了。

二、《老虎桥杂诗》及其他

黄裳在文章中说:"在老虎桥边是很少可能有打油的'雅兴'的,"这是就

---

① 黄裳:《金陵五记·老虎桥边看"知堂"》,第29~32页。

一般常理而言的;周作人说过,他虽然"在什么事情里都不成功"(在周作人看来,这一回与日本军方"合作"就是"不成功"的又一例),却又能够"把一切损害与侮辱看作浮云似的,自得其乐地活着"。① 在进行自我调节,以取得心理平衡这方面,周作人是有特殊功夫的。因此,关在老虎桥模范监狱的忠舍里,周作人开始因为不自由,因为一切生活要自理,觉得很不习惯,待到一切生活就绪以后②,最难耐的,就是不能读书与写作。周作人曾把耽读书比作烟瘾,现在周作人算是深受不能过书瘾之苦了。后来周作人吟得《读书》一首:"读书五十年,如饮掺水酒。偶得陶然趣,水味还在口。终年不快意,长令吾腹负。久久亦有得,一呻识好丑。冥想架上书,累累如瓦缶。酸甜留舌本,指顾辨良否。世有好事人,叩门乞传授。舌存不可借,对客徒搔首。"在幽默中是含着一种辛酸的。后来幸而得到龙顺宜姐弟的帮助,得到了英国劳斯所著《希腊的神与英雄与人》。希腊神话本是周作人最喜好的"杂学"之一,劳斯是著名的英国古典学者,周作人曾翻译过他译的《希腊现代小说集》写的序言《在希腊岛》。现在,周作人得到此书,自是喜不自禁,读完之后竟又技痒,在忠舍狱舍里,重操旧业,把一个饼干洋铁罐做台,上面放一片板,当作一桌子,就翻译起来。据龙顺宜回忆,经她的手还送进去希腊文学著作等不少中外书籍。周作人只要一本书在手,是什么都可以忘记的,而且雅兴大发,写起诗来。最初写的一首叫《夏日怀旧》,这是因为初来老虎桥,就赶上了中国三大热都之一的南京的酷暑,颇以炎热为忧。天热之中,回忆起四十五年前在南京读书时夏日学堂生活,不禁吟出"炎威虽可畏,风趣却堪传","夕凉坐廊下,夜雨溺门前。板榻不觉凉,油灯空自煎"这样的诗句来。而在悠悠吟诵之中,被炎热烧得分外焦躁的心绪逐渐平息下来:周作人欣然发现,原来写诗也会有心理治疗的作用,或许这也就是周作人曾经说过的"情绪的体操"吧。于是,周作人就开始有意识地借写诗释愤懑,例如,这年(1946

---

① 周作人:《知堂回想录·一三七,琐屑的因缘》,第 412 页。
② 1946 年 6 月周作人被押解至老虎桥后,周作人的儿媳张菼芳即致信龙榆生之女儿龙顺宜,希望能照顾周作人。此后龙顺宜或其弟龙真财每星期或十来天便给周作人送些肉食、饼干、糕点之类,有时手头实在拮据,时间也会隔得长一些,每年冬天由龙顺宜为周作人拆洗棉衣、棉被。以后废名曾寄给周作人百元,也由龙顺宜转交。(龙顺宜:《知堂老人在南京》,载香港《明报月刊》1985 年 3 月号)

第九章 老虎桥边——在北平、南京
(1945.12.6—1949.1.26)

年)10月,同室的汉奸、汪伪国民政府宣传部部长林柏生被处决,周作人自然大受刺激。在长夜不眠中,赋诗一首:"当世不闻原庾信,今朝又报杀陈琳。后园痛哭悲凉甚,领得偷儿一片心。"此种情绪自然是不能向他人述说的,只能尽情倾吐于诗中了。

龙顺宜姐弟送来的书,自然并不能满足周作人读书的渴求。每当此时,他常常要怀念起苦雨斋中坐拥书城,"把卷沉吟过二更"的情景。那"风雨故人来"的情趣是可望而不可即了。于是,周作人只能从记忆中把书中一位位古人请出,然后用诗一一记录下来,仿佛如坐对谈,于是内心深处的寂寞亦稍得缓解。他先写《吾家数典诗六首》,请来了从周文王、周公、周处、周濂溪先生……直至周逸斋公的"吾家"各位"祖先"。后又写《往昔三十首》,请出了他素所崇敬的王充、颜之推、李贽、王思任、徐渭、陆游,并及长沮桀溺、老子、李白……诸人,每人为之写诗一首,三言两语勾勒其主要特点之后,即唱"向往不能至,如望秋月明",或"向往不能至,留作座右铭",或"向往不能至,徒悬作楷模"……感叹唏嘘,一往情深。自然,毕竟不同于30年代,横亘其间的自己写下的历史及所造成的阴影,是回避不了也拂抹不去的。因此,在与故人相对时,周作人的感觉竟然是"冷气彻入骨,清光自难名"①;而招之即来或不招而至的故人中,也就有了"忍耻逾十载,遂尔破强吴"的范蠡②,"遥遥禹稷心,俨与菩萨俱……吁嗟七十叟,投身饲酷儒"的李贽③,以至于干脆吟唱起"菩萨有六度,忍辱良足钦。……投身饲饿虎,事奇情更真"来④。周作人大概是想从这苦苦呼唤中去获取某种历史的悲壮感吧？也许周作人下意识的心理欲求更要复杂,因此他在将这些诗汇集整理时,说这些诗都是"情动于中而形于言",又说"凡大哀极乐,难写其百一,古人尚尔,况在鄙人。深恐此事一说便俗,非惟不能,抑亦以为不可者也"。周作人后来又写有《伯牙》一诗——

---

① 周作人:《知堂杂诗抄·往昔三十首,一之一,长沮桀溺》,第25页。
② 周作人:《知堂杂诗抄·往昔三十首,一之三,范蠡》,第25页。
③ 周作人:《知堂杂诗抄·往昔三十首,四之三,李贽》,第33页。
④ 周作人:《知堂杂诗抄·往昔三十首,一之二,菩提萨埵》,第25页。

> 伯牙善鼓琴,但为知己役。钟期既逝去,琴声遂永绝。所以人琴亡,良由质已失。吾辈平凡人,还自有分别。绝技固未有,知音不可必。有怀欲倾吐,且拼面壁说。或如吴门僧,台前列顽石。即使不点头,聊可破寥寂。大声叫荒野,私语埋土穴。古人有行者,方法不一一。何必登高座,语语期击节。或有自珍意,随时付纸笔。后人如不读,亦堪自怡悦。欲出悉出己,能事斯已毕。①

那么,周作人是深深地感到了一种知音永绝、无友人可倾吐的寂寞的,所谓"哀怨虽刻骨,旁人那得知"。② 他也只有面壁独思而已。他不愿(亦不能)登高击节,只是偶"有自珍意,随时付纸笔"。而且这些随意写下的东西,即使是在后人中也是绝无知音的,那么,"后人如不读"也罢,写诗不过是"自怡悦"而已。这年月,倘能如此,也算不错了。

周作人孤坐忠舍,其欲招来的,岂止前述古人而已。他在《往昔三十首》之一《李白》中,在尽情追怀李白的神采,所谓"醉来仰天笑,飘渺思游仙。若问所喜爱,乃复在人间。人女伊可怀,曼妙比诸天(人女天女均佛书中语)";突然笔锋一转:"惟兹易朽质,柔美更可怜。双足如霜白,长惹梦魂牵。""双足如霜白"本是从李白的诗句演化而来(李白原句为"双足白如霜"),但在周作人的记忆里,它是与日本女子的赤足连在一起的。那位应声而出,主动为客人搬运行李、拿茶水的伏见馆主人的妹妹乾荣子,"赤着脚,在屋里走来走去"③,周作人念念不忘的,不正是她么?……当周作人笔下涌出"双足如霜白,长惹梦魂牵"这样的诗句时,是不是又回想起几年前在梦中的那难忘的相见呢?

于是,在《花牌楼·其三》里,周作人又回忆起那位初恋的"杨家女"来:"留得干女儿,盈盈十四五。家住清波门,随意自来去。天时入夏秋,恶疾猛如虎。婉娈杨三姑,一日归黄土……"满腔同情与爱恋,又岂是诗中所写得出的?在内心深处,对乾荣子、杨家女(也许还有郦表姐),周作人始终保持

---

① 周作人:《知堂杂诗抄·丙戌丁亥杂诗·伯牙》,第45页。
② 周作人:《知堂杂诗抄·丙戌丁亥杂诗·李长吉》,第46页。
③ 周作人:《知堂回想录·六六,最初的印象》,第197页。

第九章 老虎桥边——在北平、南京
(1945.12.6—1949.1.26)

着不变的单相思,对方始终毫不知情。她们的形象,稍有机会,即飘然而出,随即又飘然离去,它似乎淡然,又深沉、持久,莫非是一种老年人的爱么?

……又一日,周作人作《修禊》一诗,述南宋山东义民吃人腊往临安事。最后发出感慨:"哀哉两脚羊,束身就鼎鼐。犹幸制熏腊,咀嚼化正气。"后两句有如神来之笔,周作人十分满意,以为"如用别的韵语形式去写,便决不能有此力量",并说,"关于人腊的事,我以前说及了好几回,可是没有一次能这样的说得决绝明快。"在兴奋之余,却不免想到世间的种种误解:人们只知自己"平常喜欢和淡的文章思想",却不知"有时亦嗜极辛辣的,有掐臂见血的痛感"的文章。于是,周作人又写了《往昔·修禊说明》一纸,以明心迹。写完了,却又想到"惟索解人殊不易得",突然闪过一个念头:"昔日鲁迅在时最能知此意,今不知尚有何人耳"①——这突如其来的对于大哥的思念,在1923年兄弟失和后,是第一次,从不相望的"长庚"、"启明"二星终得在狱中相见,这岂不是奇迹么?

这年岁暮,周作人写下了《丙戌岁暮》,算是入狱一年的总结吧。诗云:"从前作绝句,漫云牛山体。近又写五言,似拟寒山子。自身非禅门,稗贩无一是。还自写我诗,笔画代口耳。寄远示友生,本意只如此。茫茫大狗年,涂画尽数纸。倏忽将改岁,唐劳可以已。诚知笔墨贱,不及钱刀利。岂无恩与怨,欲报无由致。行当濯手足,山中习符水。"从前作五十自寿绝句,近又在狱中写五言,境遇自然大不相同,但周作人似乎并无今昔之感。既不以彼时之显赫为荣,也不因此时之困厄而愧,"还自写我诗"。"本意"不改,即使在囚禁中,也是可以博取些许禅趣的。至于恩怨、酬报之类,只有留待他年了。

丁亥(1947年)七月,周作人迁出五人一间的忠舍,移居东独居,又得商人黄焕之出狱时留赠的折叠炕桌,书写条件算是大为改善,周作人自是更为勤奋。除读完一部段注《说文解字》,一部王筠友《说文释例》,以及《说文句读》外,诗兴更浓,连续写了丁亥暑中杂诗三十首,儿童杂事诗七十二首和集外的应酬和题画诗一百首。

---

① 周作人:《〈往昔·修禊〉说明》,文收《周作人集外文》下集,第656~657页。

还在忠舍时,周作人就曾写诗慨叹"平生有所爱,妇人与小儿",却可惜"半生事笔墨","百事无一成"。如今"却顾小儿辈,怅惘不自持",但仍存希望:"何时还得愿,补写儿童诗"①——自然,不仅是对儿童及儿童文学的怀念而已,"补写"二字就颇可玩味。后来他又偶读英国利亚的诙谐诗,觉其"妙语天成,不可方物",即"略师其意",写起"儿戏趁韵诗"来,"前后计得数十首,亦终不能成就";但周作人却无意中寻得一种形式,把他久欲"补写"的"儿童诗"写出来。据周作人介绍,这种形式的特点,如寒山所说,"分明是说话,又道我吟诗",因此,写的实际上"只是一篇关于儿童的论文的变相",却"别有一种味道"②——这自然也包括别有一种"意思"在内。周作人说,"虽是游戏所作,亦须兴会乃能成就"③;他还作了一个形象的比喻:"有如擦火柴,必须发热到某程度,才会发出火焰来。"④如果这确系经验之谈,那么,他几乎是一口气地写出了"儿童生活诗"二十四首,"儿童故事诗"二十四首,还有一批诗题"常往来于胸中",只因"自信无此笔力与勇气,故亦不敢漫然涉笔",可见他"兴会"之高,且时时处于发热状态了,这在周作人自己,即使是闲居苦雨斋时也是少有的吧。

"儿童生活诗",据周作人说,"实亦即是竹枝词,须有岁时及地方作背景"。记得周作人在日本宣布投降前夕,已是风雨飘摇之时,曾写过《关于竹枝词》一文。文中说:"七言四句,歌咏风俗人情,稍涉俳调者,乃是竹枝正宗",其中"讲本地的",则多是"对于故乡或是第二故乡的留恋,重在怀旧而非知新"。由此可知,周作人此刻"兴会空无前"地大写"儿童杂事诗",正是他写"无生老母的信息"思绪的延续。而此时自陷囹圄之中,经历人生从未有过的大挫折,"返本归根"之心自是更切了。于是,童年家乡生活中的每一个细节,不仅历历在目,而且居然有一种特殊的诱惑力,连上私塾时因调皮而频频小解也成诗了:"带得茶壶上学堂,生书未熟水精光。后园往复无停趾,底事今朝小便长"——如今回忆于此,能不微微一笑吗?至于那绚烂多

---

① 周作人:《知堂杂诗抄·童话》,第39~40页。
② 周作人:《知堂杂诗抄·儿童杂事诗·序》,第57页。
③ 周作人:《知堂杂诗抄·儿童杂事诗·丙编附记》,第82页。
④ 周作人:《知堂杂诗抄·儿童诗与补遗》,第83页。

第九章　老虎桥边——在北平、南京
（1945.12.6—1949.1.26）

彩的节日生活就不用说了，单是念那题目："新年"、"上元"、"立夏"、"端午"、"中元"、"中秋"……就似乎溢彩流光，香气扑鼻，足使流涎三尺了。至于诗的题材，更是俯拾皆是：仅就一个"夏日"，就可以写"夏日食物一"、"食物二"……还有"蚊烟"、"夏日急雨"等等。比如"蚊烟"就颇有地方特色："水乡多蚊，白昼点长条之蚊虫药，黄昏则于铜火炉中燃茅草蚕豆壳或路路通（即杉树子，状如栗房而多孔，焚之微有香气），发烟以祛之。小儿喜司其事，以长绳系于炉之提梁，挈之巡行各室"，是谓"薄暮蚊雷震耳聋，火攻不用用烟攻。脚炉提起团团走，烧着清香路路通"——啊，那提起脚炉在蚊阵中且叫且笑且走的，不就是"自己"吗？……周作人于是欣然提笔记下，连同那一点温馨的感觉。周作人仿佛重又寻到了自己，也由此更明白了自己。近年来"丑角"似的表演，不过是噩梦一场。梦醒之后，依然要还"我"故"我"："我本出田间，颇知人间苦。语及旧风俗，情意多能喻。怀念乡村人，东望徒延伫。"①

……丁亥大暑节后，中夜闻蛙声不寐，周作人又偶作《晋惠帝》一首："满野蛙声叫咯吱，累他郑重问官私。童心自有天真处，莫道官家便是痴。"这又是一个奇异的幻觉："皇帝"与"幼儿"，"皇威"与"童痴"，这两重身份，两种气质，于"晋惠帝"，何者更真实呢？——对自己，又何尝不可以这样问一问呢？由此为开端，一发而不可收，周作人"复就记忆所及，以文史中涉及小儿诸事为材"，开始写起"儿童故事诗"来。这实际上是又一次寻觅，对失去了本性的自我的寻觅。他请来了陶渊明、李太白、杜子美、贺知章、杜牧之、陆放翁、姜白石、辛稼轩、郑板桥……一个个熟知而又陌生的故人，在他们身上寻得了鲜为人知或注目的另一面："陶公出语慈祥甚，责子诗成进一觞"（《陶渊明一》）；"杜陵野老有情痴"，"痴儿痴女不去怀"（《杜子美一、二》）；放翁笔下"孙儿娇小嗔不得，浣壁同时复画窗"（《陆放翁》）；"幼安豪气倾侪辈，却有闲情念小童"（《辛稼轩》）；"谑庵毕竟多情味，多买刀枪哄小儿"（《王季重》）；板桥"独爱锄禾日当午，手分炒豆教歌吟"（《郑板桥》）……这每一首诗，都是又惊又喜的发现：在发现了对象的同时，也发现了自我。对于周作

---

① 周作人：《知堂杂诗抄·丙戌丁亥杂诗·中元》，第51页。

人，这确实是一次童心的失而又得，人情之美、自然之趣、爱的复归。他重又获得了、把握了他视为生命的这一切，终于回到了自己的"本土"——那说不尽的人的童年；自己的"本业"——儿童以及妇女的研究；恢复了自己的"本性"——自然，闲适，自由无羁……周作人曾有诗云："倘欲返本真，应学秋虫鸣。"①那么，这首首"儿童杂事诗"，该是他的"秋虫鸣"吧？

然而，这却是只困在狱中的"秋虫"。回应他的长鸣的，是沉默的高墙。当时的中国，正处于战乱之中，又有谁会关注、倾听呢？

但好奇者仍是有的。周作人也许会听说，离老虎桥监狱后墙不远，有一所小学校；学生的朗朗书声与笑声，说不定也偶然飘过高墙。但他绝不会想到，有一个小男孩每当看见这神秘的高墙（他从老师那里知道高墙后面是"监狱"），总要停下步来，歪着大脑袋想一想："关"在这里的，是些什么"怪物"："老虎"般的凶恶，还是"小鸟"一样的可怜呢？②……这小男孩当然也不会想到，狱中会关着一位童心未失的老诗人；说不定自己驻足冥想时，这位老人正在吟诵："书房小鬼忒顽皮，扫帚拖来当马骑。额角撞墙梅子大，挥鞭依旧笑嘻嘻"③呢……

转眼就是 1948 年。这年 1 月末，周作人在他的诗稿之尾，题诗一首："寒暑多作诗，有似发疟疾。间隙现紧张，一冷复一热。转眼寒冬来，已过大寒节。这回却不算，无言对霜雪。中心有蕴藏，何能托笔舌。旧稿徒千言，一字不曾说。时日既唐捐，纸墨亦可惜。据榻读尔雅，寄心在蠓蠛。"周作人并不能，似乎也无意于长久地流连忘返于童年、故乡的回忆与吟诗、题画之中。他在这年 3 月所写的《儿童杂事诗·序》中仍然重申："我还深信道谊之须事功化。古人云，为治不在多言，但力行何如耳。我辈的论或诗，亦只是道谊之空言，于事实何补也。"周作人仍然关注于时局的变化：他通过潜入狱中的报刊研究战局，尤为注意储安平（也是一位著名的自由主义知识分子）主笔的《观察》周刊，其战争通信犀利透彻，周作人十分佩服。他通过对战局的分析作出了国民党政府已近末期的判断；1947 年 12 月底最高法院的最终判

---

① 周作人：《知堂杂诗抄·丙戌丁亥杂诗·秋虫》，第 50 页。
② 本书的作者当时正在老虎桥监狱后面的中央大学大石桥附属小学读书。
③ 周作人：《知堂杂诗抄·儿童杂事诗·甲之十，书房一》，第 61 页。

第九章 老虎桥边——在北平、南京
(1945.12.6—1949.1.26)

决,又增添了敌对情绪,他于是盼望国民党政府"赶快覆没"。这时的周作人,仿佛又远离刚刚归来的童年,又恢复了政治囚犯的身份,按政治逻辑写了一系列的文章,通过友人在《子曰》杂志上发表,以作试探。第一篇是《呐喊索引》,这是周作人在兄弟失和以后所写的第一篇关于鲁迅作品索引的文章;重提乃兄,大概是因为周作人已经看清了形势发展的趋势。以后发表的几篇《五十年前之杭州府狱》、《红楼内外》、《红楼内外之二》,大都是入狱前所写而未及发表的旧作,但也都是大谈"革命",且也有些趣味的。这大概也是迎合读者的需要吧。人们隐隐地感到,周作人的写作开始更加趋向于实利的考虑。这都似乎在预告着什么,但一时看不清,也说不清,且看"下文"吧。

1949年1月,中国人民解放军进军长江北岸,南京危在旦夕。蒋介石宣告退隐,由李宗仁出任国民政府代总统。根据国民党的绥靖区疏散条例,战争危险地区要疏散监狱,有期徒刑犯人可以担保释放。周作人就在这种情况下,于1949年1月26日被保释出狱。在出狱时,周作人自是百感交集,遂口占一首——

一千一百五十日,且作浮屠学闭关。
今日出门桥上望,菰蒲零落满溪间。①

---

① 周作人在《知堂回想录》中说,此诗题目为"拟题壁",可是实在却没有题,只是记在心里,到了2月8日才把它记了下来。

第十章　人生最后一程

——在上海、北京

(1949.1.27—1967.5.6)

一、横浜桥边

1949年1月26日,周作人走出老虎桥后,在近地的友人马骥良家住宿一夜,第二天,即由尤炳圻父子陪同,乘火车去上海。尤炳圻是周作人的友人,1935年周作人曾为他所译英格来亨著《杨柳风》写过序言,力赞其译文之"流丽"。① 周作人与尤氏父子离开南京时,正有一批国民党败兵从浦口退下来,下关一带更是混乱。这是一次名副其实的逃难。据周作人后来回忆,他们进了车站,看见有一列车辆停在那里,就拥了上去。周作人是因了尤氏父子的帮助,从车窗爬进去的,算是得到了一个座位。尤氏父子都只能站着。这车大约下午四五点钟开行,到第二天傍晚才到上海北站,足足走了二十四个小时。车上没有电灯,在这一昼夜间大家都一动不动地傻子似的坐着。周作人不曾有过逃难的经验,这两天异常紧张与窘迫的情形,可以说是经验到了一点,后来回想起竟觉得一切都变得不可思议,最可异的是全列车的人都会忘记饮食、方便,只是毫无怨言地默默承受着苦难。莫非人心都已经冻结、麻木了么?到了车站,周作人一行三人坐了三轮车,赶到北四川路横浜桥的福德里尤炳圻家里,已是暮色苍然了。尤老太太忙着张罗客人,一面忙着布置祀神的事情。周作人这才注意到,这一天正是阴历的戊子年的除夕,

---

① 周作人:《苦竹杂记·谈土拨鼠——为尤炳圻君题〈杨柳风〉译本》,第142页。

第十章 人生最后一程——在上海、北京
(1949.1.27—1967.5.6)

又不免想起往年家乡祝福夜的盛况。几年前在狱中只能写"新年拜岁换新装,白袜花鞋样样齐。小辫朝天红线扎,分明一只小荠荠"之类的打油诗,算是画饼充饥;如今竟又回到了普通人的生活圈子里,感受着节日的欢乐气氛,这不是在做梦吧?

周作人从此开始了他所戏称的一百九十八天的尤府"食客"生活。其间来访的故友新知都不少,周作人或与友人闲谈、逛街,或为求字者写诗题画,似乎又恢复了他所习惯的自由宽懈的生活方式。周作人在几年以后还写文章,津津乐道那时于战乱中偷得一时之乐的生活。据说有一天,几位友人相携而来,一位拿着什么吃食,另一位却提一把大的锡酒壶,这种酒壶只在家乡见过,而其大则是家里也少见的,它十足可以装上一升吧。这一壶酒主客三人边谈边吃,不久就光了,周作人一人就喝了足足有五六两。回想当年在狱中因酒少味薄,"不足润喉颐",因而写有"何时得畅意,独酌倾大杯"的诗句,①今日虽终得畅饮,却恍有隔世之感。又一日与友人王古鲁、尤炳圻、方纪生等同游城隍庙,途遇陶亢德也同去,在里园茶店,亦颇得饮食之趣,六时始归,顺便买竹背骨牌一副,乘兴于小楼中,玩自古传下的"打五关"的游戏。这类游戏,小时玩过;沦陷时期"出山"前,尚是举棋不定时也曾与儿辈一起玩过;现在,重操"旧业",于焦躁不安中强求镇定的心情却也有相似之处。

周作人的不安,首先出自经济的压力。其时正逢银元大涨,金圆券大贬

当时,中国经济迅速恶化,最大面值的金圆券是500万。物价更是瞬息翻新,因此,工人拿到工资后就迅速交给家属,家属也马上飞奔至米铺。

---

① 周作人:《知堂杂诗抄·丙戌丁亥杂诗·鲁酒薄》,第55页。

值,物价一日数涨,生活受到极大威胁,需要随时警惕着,没有一刻的安宁。周作人从这年4月恢复记日记,从日记中的一些片断记录中,也可见当时生活之一斑:4月10日,"托纪生买龙井半斤,四万三千元";5月17日,"买龙井四两,二百万";4月16日,"买绍兴酒一瓶约三斤,二万八千";5月20日,"又买二瓶,十二万四千";4月12日,"理发,计五万五千元";5月15日,"理发,一百万"。① 这样的几何级数的增长速度,岂是靠微薄稿费及友人接济②的周作人的收入所赶得上的?但周作人更费踌躇的,仍是今后的出路问题。当时他借住在尤家在横浜桥东首南岸,离桥只有一箭之路,这是一间朝北的小楼,窗外便是河水;周作人不常出去散步,只凭窗眺望,或远看天上白云飘忽,或下视河水涨落,不免种种思绪起伏。过去的已经过去,周作人倒也不十分去想;可虑的却是未来的生活。这时周作人写有一篇题为《北平的事情》的文章,借主客问答的形式,讨论"逃"与"不逃"的选择,结论是:按"有钱有势的逃,无钱无势的不逃"的"逃难逻辑","教员学生都不是有钱的,而且弄学问的人原不该怕苦,也不见得生活更坏,那么茫茫如丧家之狗似的乱跑也正是可以不必的事吧";接着又大谈五四的历史教训,以为"中国知识阶级的传统太不行了",③云云。大概"知识分子的历史道路"也是周作人此时思考的一个兴奋点吧。不久胡适从北平逃出,小住上海,曾约周作人往谈,只约在彼此认识的某君家吃饭,周作人知道其意在劝自己南下,但周作人却不愿再当"白俄",故几次婉辞,未与胡适相见;又请王古鲁代为致意,劝其留在国内。周作人晚年谈及此事时说:"虽未能见听,但在我却是一片诚意,聊以报其昔日寄诗之情。"④至于周作人自己,留下之后,将会怎样,却并无把握。虽然,他于共产党,有救护李大钊遗孤之功,也有不少进步朋友可为说项,但自己毕竟是反左翼出身,且有这一段历史,新政权将以何种态度对待自己,是否真会出现自己早已忧虑的对个人的压制等等,都尚未可知。因此,当周作人住在小楼上,"彻底遥闻炮声"⑤时,是既为旧时代结束而喜,又

---

①⑤ 周作人:《知堂回想录・一八三,在上海迎接解放》,第607、608页。
② 周作人的友人李小峰、王辛笛、李健吾均有赠款。
③ 周作人:《知堂集外文・四九年以后》,第24、25、29页。
④ 周作人:《知堂回想录・一六一,北大感旧录(七)》,第502页。

第十章 人生最后一程——在上海、北京
(1949.1.27—1967.5.6)

因新时代不可知而忧的。上海解放后①,解放军严明的纪律,蒋介石飞机轰炸上海时,上海市民的镇定自若,都给周作人以深刻的印象。特别是尤炳圻的内亲李健吾从北京参加第一次全国文代会归来,盛称北京之新生气象,及文艺人士之被重视,更给周作人以某种鼓舞。他在细读了朋友们赠送的新华书店出版的毛泽东、刘少奇、陈伯达诸人著作以后,萌发了给中共最高领导写信表明心迹的念头,并于是年(1949年)7月4日亲笔写了一封信给周恩来。②信一开头即是一番表白:"我写这封信给先生,很经过些踌躇,因为按照旧的说法,这有好些不妥当……有些是拍马屁,有些是丑表功,说起来都是不很好听的。可是,我经过了一番考虑之后终于决定写了。现在的时代既与从前的不同,旧时的是非不能适用。我们只要诚实地说实话,对于人民政府,也即是自己的政府,有所陈述没有什么不可以的。这与以前臣民的地位对于独裁政府的说话是迥不相同的。因为这个缘故,我决心来写这信给先生。"接着大谈自己对中国共产党的理论与实际的认识:

> 我不是研究社会科学的,不能说懂得共产主义的科学的精义,虽然普通的文献看过一点,相信从来历史都是阶级斗争的历史,历代的道德法律,是代表当时特权阶级的利益的……
> ……我由妇女问题一角入手,知道共产主义的正路,因此也相信它可以解决整个的社会问题。……我们知道共产主义的理论是对的,可是所更要知道的是事实如何。人民共见共闻的解放军的纪律是极好的,老实地说,这诚然是好,可是也正是当然的。更重要的是政治作风如何,这是一般人更关心的事情。就华北、华东的事实来说,中国共产党在实行新民主主义,这只是笼统的一句话,可是含义却是非常重大的。民国以来,揭橥过好些主义理论,一直都只是招牌与广告,不兑现的支票,到了现在居然有实行的,这在中国是破天荒的奇迹,在我向来

---

① 周作人日记中如此记载了上海解放时的情景:"5月25日,上海北四川路戒严,沪西其时已解放,近地尚有市街战云";"5月26日,下午路上已可通行,虽枪声陆续未断,如放爆竹,夜大雨"。以上日记转引自《知堂回想录·一八三,在上海迎接解放》,第608~609页。

② 张菊香等《周作人年谱》:"这封信由周作人一个学生请董必武转去,信稿抄件寄郑振铎。"

相信道义之须事功化的人，自然更不能不表示佩服。这个中国历史上新的转变，自然难以一言包括尽了，现在只就普通一般所见所闻的来说，中国共产党有批评制度，学习精神，有切实刻苦稳健的作风，俭朴实干，实事求是的态度（大都引用张治中氏的话），都是中国从来所无的新的趋向，大抵是举世皆知的。但是我觉得最有意义的乃是这一点，中国共产党的理论与实践合一，打破过去统治界的传统空气，建立农民的质朴的作风，来推行政治，它的意义与价值之大，的确不容易估计，至少与打倒封建独裁的武力相比不在其下，而且更为难能，因为这是开创的。①

以上算是这封信的第一部分，大体属于务虚范围。第二部分才开始论实："关于我的有关思想与行为。"周作人先强调：中国古人中对他影响最深的有三个人，一是东汉的王仲任，二是明代的李卓吾，三是清代的俞理初，他们都是"疾虚妄"，知悉人情物理，反对封建礼教的人……"我相信民国的道德惟应代表人民的利益，那些（以男子为中心的三纲主义）旧标准的道德，我都不相信，虽然也并不想故意地破坏他"，并"主张道义之须事功化，这也受着颜习斋的影响"，由此而归结为"我的反礼教的思想，后来行事有些与此相关，因此说是离经叛道，或是得罪名教，我可以承认，若是得罪民族，则自己相信没有这意思"。周作人接着详细叙述了自己就任伪职的经过，强调自己"考虑以后，终于接受"教育总督一职，是"因为当时华北高等教育的管理权全在总署的手里，为抵制王揖唐辈以维护学校起见，大家觉得有占领之必要"，并强调"我不相信守节失节的话，只觉得做点于人有益的事总是好的，名分上的顺逆是非不能一定"，"但是我所顾虑到的只是学校学生一方面，单为知识阶级的利益着想，未能念及更广大的人民大众，这当然是错误，我也是承认的"。最后，周作人又搬出《日本管窥之四》、《日本之再认识》与《中国的思想问题》，说明自己与日本方面是"虚与委蛇"，并有"明的暗的抗争"，不是"合作"，并以在国民党法庭上多次提出的"扫荡反动老作家"事件，说明自己是"敌人认为是他们斗争途上之障碍物，积极之妨害者，必须扫

---

① 《周作人致周恩来总理信》，作为"附录"，收《唐弢文集》第9卷，社会科学文献出版社1995年3月版，第551～553页。

第十章 人生最后一程——在上海、北京
(1949.1.27—1967.5.6)

荡摧毁之对象","表明不是合作得来的人"云云。信的结尾则说:"我的真意真相,也许望先生能够了解","本来也想写信给毛先生,因为知道他事情太忙,不便于去惊动,所以便请先生代表了。"此信洋洋洒洒数千言,其重点主旨自然在讲自己那一部分,希望通过自己的申辩、说明,求得中国共产党最高领导的谅解。这从政治策略上考虑,不失为一个有力亦有效之举,已经有了日伪时期为吏经验的周作人已不可用一纯粹书生观之。不过自古中国有政治头脑的知识分子就有"上书"的传统,周作人也只是援例而已。但在后人看来,或许此信前一部分更有价值:它基本真实地反映了周作人这类知识分子在实行新民主主义政策的建国初期对中国共产党的观察与态度。人们很容易就注意到,周作人主要是从中国共产党人所显示的品德、作风,去给予肯定性评价的;这种偏重于道德评价的价值判断,正是中国传统的评价标准与方式。但比之当时陶醉于"空前辉煌的胜利"的人们的大唱颂歌,周作人的肯定还算是有分寸的。而周作人反复强调,中国共产党将中国知识分子的传统道德理想变成了现实,正是以此作为知识分子自我与中国共产党领导的新政权认同的契合点。周作人一开始就注意到,中国共产党赖以"打破过去统治界的传统空气"的,是一种"农民的质朴作风",更不失为一种有见地的观察。在当时由于内在的矛盾尚未更多地暴露,也由于周作人自身所受中国传统"民本主义"思想的影响,只能看到其正面积极意义,而未能见其可能产生的负面意义,也是自然的;或者他有所觉察而不说,也未可知。

中国共产党的最高领导在收到周作人信后如何反应,尚不得而知。据说后来是转到了冯雪峰手里的。有人回忆说,冯雪峰看完材料后,曾很生气地说:"周作人如果有一点自知之明,是不应该写这样的东西的";但冯雪峰以后又关照有关同志,对于周作人要多做工作等等,可见这封信仍然起了作用。[①] 至少可以说,周作人这封信创造了某种气氛,使周作人终于在1949年8月14日从上海回到了北京。距离周作人被解押到南京老虎桥监狱,整整三年两个月零十九天。

---

① 王士菁:《关于周作人》,载《鲁迅研究动态》1985年第4期。

二、《亦报》随笔

周作人回北京后，先住在太仆寺街，直到 10 月 18 日下午，才在儿子周丰一的陪同下，回到了八道湾。① 他终于归来，又回到自己所熟悉的环境与氛围中，恢复了自己所习惯的生活方式。据这一时期与周作人接触过的人们回忆，他常在八道湾十一号他的前院坐西朝东的客厅里会客。据说这客厅以及前院里的房子都是他任督办时修建的，但并不豪华，室内几张沙发也是陈旧的。每次客来，他总是彬彬有礼，先寒暄几句，然后分宾主坐下，他的日本夫人端上茶来，一人一杯，每次都放在一定位置，几乎没有任何变化。如是熟朋友，周作人就坐在沙发上，从容不迫，悠然自得，无拘无束地谈起来，谈话的气氛是宁静的，他的态度也是安详的。没有客人，他就躲在苦雨斋里读书、翻译、写作。如是常客，也有在苦雨斋里接待的。他的苦雨斋，比起 30 年代梁实秋所见到的似乎是更寒伧了。一张不大的方桌靠在玻璃窗下，几把硬背椅子放在两旁，一个低矮的旧书架上放着他自己的著作，简单到不能再简单了，如此而已。苦雨斋主人的衣着也很随便，布衣布履，和街坊上的普通居民差不多。② 曾经发生过这样一个故事：一位来访者第一次到八道湾去见周作人，走到后院最后一排房子的第一间，轻轻敲了几下门以后，来开门的是一位戴着眼镜，中等身材，长圆脸，留着一字胡，身穿背心的老人，来访者推断这位可能就是周作人。但开门的老人，听说是找周作人的，连忙就说，他在后边住。来访者只得往后走，再敲门，回答说，周作人就住在这排房子的第一间；转回去再敲门，来开门的还是这位老人，不同的是他穿上了整齐的上衣。③ 当然，给来访者印象最为深刻的，仍然是他埋头译作的情景：脱下深度的近视眼镜，埋头查考细小字体的外文资料，鼻尖几乎碰到了书本，专心致志，旁若无人……只要回到书的拥抱中，手上有了一枝笔，周作人就是怡然自如，自得其乐的……

---

① 周作人在被捕后，八道湾十一号遂被查封，后来国民党宪兵队曾在这里设过连部与营部。
② 王士菁：《关于周作人》，载《鲁迅研究动态》1985 年第 4 期。
③ 叶淑穗：《周作人二三事》，载《鲁迅研究动态》1988 年第 2 期。

第十章 人生最后一程——在上海、北京
(1949.1.27—1967.5.6)

他在上海客居时,即已编译了《希腊女诗人萨波》一书,距离1911年左右周作人在《禹城日报》上发表文章介绍这位《诗经》时代的女诗人,已荏苒三十年;周作人终于了却了多年心愿,自是十分愉快。郑振铎(西谛)得知此书译出后立刻主动将其收入他主编的《文艺复兴丛书》里。周作人因此说:"古来有句话,索解人难得,若是西谛可以算是一个解人。"回北京后,周作人又开始重译英劳斯《希腊的神与英雄与人》,此书在狱中早已译出,后交正中书局,译稿毁于一场大火之中。此时重译后交上海文化生活出版社刊行,由巴金亲予校勘。此书译出后,时为出版总署副署长的叶圣陶亲自登门约请翻译希腊作品。郑振铎从中法大学图书馆借来《伊索寓言》的希腊文与法文译本,周作人又开始了《伊索寓言》的翻译。文化界的朋友显然都热心地为周作人能"就炳烛之余光,遂其未竟之著译"①,而做着种种努力,周作人自是会感受到这种情谊与期待的。

从1949年11月15日开始,周作人应友人之邀,为上海《亦报》写稿。从11月22日在《亦报》上以申寿的笔名发表《说书人》起,到1952年3月15日载完《呐喊衍义·二十九,九斤老太》,两年零五个月的时间,发表了九百零八篇文章,其间还在《大报》上发表四十三篇短文,共计九百五十一篇,平均每天一篇多,共约七十多万字。这样的工作量对年已六十六七岁的周作人自然是够大的,而且他写得极为认真,看过原稿的人都说,他在原稿上很少改动,用不着誊清,这也是少见的。据他的儿媳张菼芳回忆,他一般在清晨七时吃过早饭后便开始了一天的工作;十一时许吃午饭,稍息片刻(他没有午睡习惯)后,于下午一时许继续工作;下午五时许吃晚饭,然后工作至晚九时许就寝。因此,说周作人已经将读书、写作作为他的生存方式,实在并不只是一种形容而已。

周作人发表在《亦报》与《大报》上的文章,现在都已汇集成册,以《知堂集外文·亦报随笔》为题,由岳麓书社印行。今天的读者翻阅这本八百多页的随笔,自不难发现作者对于刚刚诞生的新政权的趋同倾向和在周作人作品中少有的明朗的色彩。不妨再深入考察一番:这位从五四起就存有"对未

---

① 引自俞平伯1946年12月28日《致胡适书》。

来的隐忧"的自由主义知识分子是从什么角度接受这个对于他来说是十分陌生的新世界的。周作人在一篇文章里,谈到"民主的道德可分为前后两期,前者是个人时代,中产阶级革命,摆脱君主贵族的压制,争取自由,却以个人为主体","后期是人民时代,也可以说新民主时代,一个人要完成自己,或者如有人说在水里救了自己,以便可以去利人……去救人的性命"。① 就周作人本人而言,由五四时期强调"个人时代",到现在主张"人民时代",这不能不说是一个很大的变化。这里所受毛泽东《新民主主义论》的影响是十分明显的。在另一篇文章里,周作人又谈到,五四时期介绍了娜拉主义,也即"个人自由主义思想",但却"只成为知识分子议论的资料",在中国社会并"没有什么反应",原因就在于它脱离违背了中国民间"顾虑家庭的安全,喜欢大团圆"的"根本"观念。他由此得出一个重要结论:"我们并不要去顺着这意思去扶助家族主义,只是知道了民间的这个根本,挖掉是不可能的,要紧的是在这根上接上新的枝干去,使它结出新的果实,这接种方法大抵很要费些研究。"②在周作人看来,五四时期所提倡,也是他终生服膺的"个人自由主义"思想之所以在中国没有引起什么反应,就是因为它脱离了中国传统文化的"根"。中华人民共和国的成立,似乎为中国知识分子中长期存在的"人民(集体)本位主义的社会平等"观念与"个人本位主义的自由主义"观念的争论,作出了历史的结论:前者由于其胜利实现,而被公认为正确,后者则由于未能转化为现实性,而理所当然地宣布为错误以致反动。对于这公认的结论,周作人尽管未必心服口服,但确也不能不面对他所追求的个人自由主义在中国没有引起什么反应这一事实,从而引起了上述反思。这就是说,周作人是从人民本位的社会平等观念与中国传统的根的内在联系上,去承认它的合理性、正确性的。他说"孔孟推尊禹稷,正为他们为人民服务"③,讲"中国人看重现世,要改善实生活,把人与人相处的关系弄好,反对残害破坏,信赖公理正义,这与新民主时代很相适合"④,都是强调"新民主"的新时

---

① 周作人:《知堂集外文・亦报随笔・6,新妇女(一)》,第 9~10 页。
② 周作人:《知堂集外文・亦报随笔・574,秋胡戏妻》,第 641 页。
③ 周作人:《知堂集外文・亦报随笔・95,经学史的教训》,第 126 页。
④ 周作人:《知堂集外文・亦报随笔・261,赞成大团圆》,第 317 页。

第十章 人生最后一程——在上海、北京
(1949.1.27—1967.5.6)

代,"为人民服务"的新观念与中国传统内在的一致。而对中国传统的认同,在周作人思想上早就有根,30年代以后更成为他的主要思想倾向。在这个意义上,周作人在新中国成立初期,对五四时代所信奉的个人自由主义的批判性反思,以及对人民本位的社会平等观的接受,都是他对传统的认同的必然结果,最新、最革命的思想与最旧、最传统的思想在他这里得到了和谐与统一。特别是当周作人具体地阐述他所理解的人民本位主义思想时,常常流露出将农村平民化,传统生活方式美化的民粹主义倾向。这时期他写了大量小品随笔,谈吃酒喝水,说穿衣戴帽,讲行路睡觉……都是将农民(平民)原始、朴实的生活方式与城市知识分子现代的、奢华的生活方式相比较,一褒一贬,态度十分鲜明。据说"城里人说请或被请吃酒,总是大规模的宴会","是一种奢侈的享乐","乡下人吃酒便只是如字的吃酒,小半斤的一碗酒像是茶似的流进嘴里去,不一忽儿就完了,不要什么过酒胚,看他的趣味是在吃茶与吃旱烟之间,说享乐也是享乐,但总之不是奢侈的"①;即使是戴帽,"吾乡的老百姓冬天戴毡帽,夏天在家光头,外出晴天用草笠,雨天箬帽,我觉得倒是合理的",不像知识阶级"不再用瓜皮帽,只好全盘西化,改戴洋帽"。② 周作人还一再表示,喝水"顶好的还是普通的冷的白开水"③,坐卧于竹席之上"比坐软椅子还舒服得多"④,坐车也是"独轮车顶安全顶好坐"⑤。在一篇题为《解领扣》的文章里,周作人先是说自己颇不习惯于扣领扣,"实在觉得束缚得不舒服",忽而笔锋一转,又说,"这也是很有它的理由的,你想中国人几千年来都穿着的斜领衣服,到了清朝才改着小袖窄领的胡服,于今才三百年,习惯怎么改变得过来,那么,颈领部分不能忍受拘束要求自由,岂不也是自然的么?"周作人明知"现在要回复斜领的服装,事实上已不可能",他念念不忘的还是那自然的,无拘束的生活方式本身。另一篇《短衣三便》也是讲衣服穿着的。周作人热烈地赞扬人民装的"便于工作,便于走路,便于访问",在他沉醉于对人民装所表现的社会平等意识的尽情歌颂时,却有

---

① 周作人:《知堂集外文·亦报随笔·56,吃酒》,第78页。
② 周作人:《知堂集外文·亦报随笔·294,戴帽子》,第355页。
③ 周作人:《知堂集外文·亦报随笔·336,冷开水》,第399页。
④ 周作人:《知堂集外文·亦报随笔·340,竹席》,第403页。
⑤ 周作人:《知堂集外文·亦报随笔·58,坐车》,第80页。

意无意地忽视了"人人一套人民装"背后多样化的自由选择的丧失。尽管这反映了当时几乎所有的知识分子共同的认识上的转变,但此话出于周作人这样的个人自由主义者之口,是更能说明根深蒂固的传统平等意识对中国知识分子影响之深刻。周作人还写了许多文章为农民的艺术,以至农民的宗教迷信辩护。他说,旧戏的"大团圆思想虽是幼稚,却是比近代怀疑的个人主义思想要好得多"①;他还认为"缺少写实味,即使在艺术上有价值,在民间不易得到欣赏",是理所当然的,"因为老百姓是最讲实事求是的"。② 他表示,"我不喜欢旧戏,但因为农民都爱看,我也就承认它是应该有的艺术,我自己尽管还是不看"③,并一再赞扬"民间艺人能力的伟大,他用简单直截的表现,胜过许多文人的冗长庸俗的教示"④。他认为即使是"旧时所谓邪教,多是民间真诚感情的表示";他因此再一次提到"无生老母的消息",以为其所表达的世人"受诸苦厄,渴欲回返母所而不可得"的感情是具有普遍性的。⑤

这类"返母归根"的人性要求与人生哲理渗透于周作人这一时期所写的表现平民作风、平民趣味的散文中,常常能把人带入形式简朴、底蕴丰厚的艺术境界。比如,一篇题为《赤脚》的随笔就是这样写的——

> 北京人相信有地风,于人体很有害,所以保护下肢最为用心。他们冬天固然是棉裤扎脚,穿"老头儿乐"的毡鞋,就是在夏天,虽是单裤也要扎脚,鞋袜穿得整整齐齐的,决不赤脚。现在是三轮车了,这种情形已经没有,从前用两轮人力车的时候,夏秋暴雨,路上积水,拉车人鞋袜被水浸透,沿着裤腿上来,大半条都湿了。他们不肯光脚,因为这样将为地风所侵,会得变成"寒腿"的。北伐那一年,广西军队来北京,有些赤脚着草鞋挑着担子,沿路的人都瞪着眼呆看,觉得非常希奇,其实中国东南、西南的居民多是这么样子的。我们现今不再断发文身,入水与

---

① 周作人:《知堂集外文·亦报随笔·261,赞成大团圆》,第 317~318 页。
② 周作人:《知堂集外文·亦报随笔·122,看年画》,第 155 页。
③ 周作人:《知堂集外文·亦报随笔·544,关于纸烟》,第 611 页。
④ 周作人:《知堂集外文·亦报随笔·732,旧戏的印象(二)》,第 808 页。
⑤ 周作人:《知堂集外文·亦报随笔·147,朱天君》,第 188 页。

第十章 人生最后一程——在上海、北京
(1949.1.27—1967.5.6)

蛟龙斗了,可是水乡的人终究与水有情分,光了脚和水土接触极是寻常,到了有地风的区域也还是这个习惯,所以多少年来,我总是冒了寒腿的危险,赤了脚过一夏天的,直到天气寒冷起来为止。平常有客来也不穿上袜子,除非来的是女客,而女客却又往往是无袜的,这可以说是一个矛盾。一个月难得有两三次出去买纸笔邮票,那时也非着袜不可,算起来一总不过穿了十次八次,这一季里至多换一两回袜就够了,在现今线袜也很贵的时候,这节省也不少。实在这只是一种枝节的托词,原因还是在于习惯,盘脚坐在炕上竹席上边,倒是很凉快的。

周作人曾写过一篇叫作《琐事难写》的文章:"我们所要知道的还是平常人的平常事,有如邻人在院子里吃晚饭,走过时招呼一下,顺便一看那些小菜,那倒是很有兴味的。人与事既是平常,其普遍性亦更大,若是写得诚恳亲切,虽然原是甲与甲家的琐事,却也即是平民生活的片段,一样的值得注意。"这一篇写的正是"着袜赤足"的"琐事",选材本身就表现了反英雄主义的平民趣味与眼光。写的事情虽小,天地却极大:空间上既有北国与南疆习俗的比较,时间上又上伸断发文身的远古时代,还有北伐战争南军直捣北方京城的历史的插入。写来似乎漫不经意,全属随心而谈,却内含着那么一点诚挚而淳厚的"水乡人与水"的情分,一丝浅豁而深致的光脚与水土接触、人与自然交融的哲理;语言俗白,纯净而有韵味,没有了三四十年代掉书袋的沉闷,也滤去了以往散文中的苦涩味,变得明朗、轻松、洒脱,却依然有余味。这类平民风的散文一面显然是对于人民本位主义时代新风的趋同,另一面,对于自小就在十字街头混迹的周作人,也许正是一种本性的复归吧?

在复归平民化的自我的同时,周作人又努力地摆脱自己身上的士大夫气。周作人曾在一篇文章里,表示了一种"脱节"之忧;他认为,知识分子倘"与中国人民和文化脱了节",就不仅是"落伍",而且颇有危险。① 这大概是能表示周作人这类自由主义知识分子在建国初期的自我危机感的。客观地说,个人自由主义既提倡贵族精神,又从西方移植而来,其与人民及传统的

---

① 周作人:《知堂集外文·亦报随笔·478,脱节》,第543页。

分离是必然的。过去,周作人从正面看这分离的意义,视之为形成现代知识分子的必要条件;而现在,新的人民共和国,被视为人民的中国,又是中国传统的合法继承者,因而,观察点与价值判断由正面转向负面,似乎也是顺理成章的。也许,周作人正是从这种"脱节"之忧出发,接受了新政权改造知识分子的要求的。他曾著文对当时盛行的"扔包袱"一说表示赞同,①并且具体指明,知识分子最大的包袱就是"士大夫的习气",据说,中国读书人"本来多自民间出来的",自从沾上士大夫气息,"自视甚高,把自己的利益看得与统治者的一致,这样就与民众脱离,形成别一阶级了"。② 这些说法自有含糊不清之处,但却在关键问题上接受了知识分子是"人民"("民众")之外的"别一阶级"的理论,这样,对知识分子确实存在的弱点的自我反省、批判,就走到了极端,变成了对知识分子自身的根本否定。应该说,周作人对所谓"别一阶级"的理论的接受,带有相当成分的赶潮流的意味,③并没有也不可能真正地化为自己的内在要求(这是周作人与同时代要求进步、革命的知识分子的不同之处)。他在内心深处仍然顽固地保守着个人自由主义的一些基本观念,因此,他又写文章强调,知识分子要"为人民服务",但又是独立的,"他不再雇给人家,甚至也不雇给人民","他不再是帮闲",既非统治者的旧"帮闲",也不是人民的新"帮闲"。④ 在另一篇文章里,他批评了所谓"一定要做到没有自己的意见,才算免除了主观的毛病"的偏激之论,强调知识分子"经过改造之后,淘洗去了许多旧习性,但他的能力与知识方面总有像面筋似的剩下来的,可以要得的东西",而周作人以为,最应保留的,即是知识分子的"个性"。⑤ 尽管周作人又加上了"自然这与个人自由主义的个性全不相同"的限制⑥,但在推崇集体主义至上的新中国成立初期,周作人如此重视个性,仍是引人注目的。这在当时,自然有本性难移、拒绝改造之嫌;但周作人大概也是幸亏本性难移,而终于未被彻底异化,还保留了大体真实而完整的自我。周作人由于有了那段任伪职的历史,长期被剥夺了公民权利,也无公职,但又受到了

---

① 周作人:《知堂集外文·亦报随笔·687,整理抽屉》,第759页。
② 周作人:《知堂集外文·亦报随笔·193,士大夫的习气》,第242页。
③ 周作人曾在《弄潮》一文里明确提出要"迎接新潮流,要迎头赶上"。
④ 周作人:《知堂集外文·亦报随笔·582,文人与鼓吹手》,第651页。
⑤⑥ 周作人:《知堂集外文·亦报随笔·686,主观和一般化》,第758页。

第十章 人生最后一程——在上海、北京
（1949.1.27—1967.5.6）

特殊保护,仅在街道受着并不严格的监督,这就使他基本上置身于新中国成立后的各项政治运动之外。当局对他的改造基本采取放任态度。

但至少在建国初期,周作人对于新政权的拥护、认同的真诚性,却是无可怀疑的。这在很大程度上,是由于当时新政权相当认真地进行了一系列的民主改革,特别是使千千万万在封建奴役制度束缚下的妇女得到了政治、经济、婚姻的独立、自由,这对终生关注与期待妇女解放的周作人自然是一个极大的鼓舞。一天,他在报上读到北京市人民法院院长关于婚姻法的报告,其中有这样一段话:"男女双方都无配偶而发生性交关系而相安无事者,我们……可以说服劝导,但不要横加干涉",报告还举了一个案例:某男利用与某女发生过性关系,对某女施加威胁与诽谤而受到法律制裁。这本是周作人一向坚持的主张,但现在被写入了政府正式报告中,在周作人看来,确乎是一件非同小可的大事。他接连写了两篇文章,称赞北京人民法院的前述判决为"名判决",并情不自禁地欢呼"男子中心的世界坍台了"。他说:"我们希望它坍台的,也有点出于意外,因为这来得真是这么快……原来只期待在书本上读到,现在却是实在出现了,的确不是昨天所预料到的。"[①]多年的梦想变成了现实,周作人的喜悦与赞同是真正发自内心的。在另一篇题为《妇女的力量》的文章里,周作人还谈道,"友人参加宣传工作,从农村回来,农民翻身后的快乐不必说,他所最佩服的还是妇女的新气象,男子反对封建,但对于夫纲一项总不无留恋,女人是完全的被压迫者,她站起来便把整个的都翻掉了,所以在反封建反帝上面是很大的一股力量",这里周作人的赞颂同样是由衷的。

但《亦报》随笔中,确也不乏勉强之作。[②] 周作人一个劲儿地诉苦,说他"文思枯窘",每每为寻觅写作材料而煞费苦心,明明无话可说(周作人与新的社会共同语言本也不多),却偏要源源不断地写,这是为什么呢?说穿了,不过为赚钱糊口而已。周作人从未分享过大锅饭的优越性,他要用文字换米粮原也无可非议。但也正因为经济目的成了周作人此时期写作的主要动

---

① 周作人:《知堂集外文,亦报随笔·309,名判决》,第372页。
② 周作人在晚年写《知堂回想录》时,只字不提《亦报》、《大报》上发表的近千篇文章,这很值得玩味。

因,并非出自内心的需要,《亦报》随笔里的不少文章,尽管不乏知识性,甚至趣味性,文字也仿佛有周氏之风,但读来总觉得缺少一点内在的神采,这样的代价,是让人心酸的。

困窘之中,周作人在朋友们的建议下,开始写起与鲁迅有关的文章来。最初写的是"鲁迅在东京"一组小文,共三十五篇;后来一发不可收,连续写了"百草园"六十一篇,"学堂生活"二十四篇,"补树书屋旧事"十五篇,汇成《鲁迅的故家》一书。接着又写了"呐喊衍义"二十九篇与"彷徨衍义"二十六篇,"朝花夕拾"十九篇,又成《鲁迅小说里的人物》一书。正如周作人自己所说,这些文章都是就鲁迅的生活与创作,"讲说一点相关的人地事物四项的故事"①,并不多加议论。但由于周作人与鲁迅的特殊关系,所写都是耳闻目睹的第一手材料,翔实而又亲切,又出之于周作人挥洒自如的文笔,这些回忆文章自然受到了读者的欢迎。另一方面,在鲁迅的一生中,早年研究资料最为缺乏,周作人的回忆,弥补了这一不足,自有其特殊的学术价值,几乎成为鲁迅生平及早期创作研究的必备参考书。但周作人自1923年七八月间与鲁迅绝交以后,无论公开文章或私人信件,几乎从不提及鲁迅;1936年鲁迅逝世后,周作人在报刊催促下,写了两篇回忆文章,就赶紧声明,其他各报刊的约稿"一律谢绝","因为我觉得多写有点近乎投机学时髦,虽然我所有的资料都是事实"②。后来,许寿裳约请他共同起草《鲁迅年谱》,周作人虽提供了一些材料,却不愿列名,并在写给许寿裳的信中表示"赞扬涂饰之词,系世俗通套,弟意以家族立场,措辞殊苦不称"。这都是人们有目共睹的事实。现在,周作人又是怀着怎样的心情去写有关鲁迅的回忆文章的呢? 这里似乎并不乏真诚的怀念之情;周作人在狱中就有过"昔日鲁迅在时最能知此意,今不知尚有何人耳"的感慨。③ 据陈迩冬回忆,他在建国初期与周作人的接触中,"也隐约可见他那兄弟之情的复活,我在他屋里看到过悬挂着鲁迅拓的汉碑。有一次,他送我出来时,指着外院的丁香树说:'这是家兄种的',

---

① 周作人:《呐喊衍义·开端》,收《鲁迅小说里的人物》,人民文学出版社1981年8月第1版,第1页。
② 周作人:《瓜豆集·关于鲁迅之二》,第164页。
③ 周作人:《〈往昔·修禊〉说明》,收《周作人集外文》下集,第657页。

第十章　人生最后一程——在上海、北京
(1949.1.27—1967.5.6)

我第一次听他称鲁迅为家兄。"① 后来,周作人自己也说,他写这些文章也算对得起鲁迅了;② 言外之意他的回忆,原是回报鲁迅知己之情的。我们自不能怀疑与否认此话确是实情,但恐怕也掩盖了另一面,即周作人之所以如此热心地写此类文章,也有他的苦衷:新中国成立后,鲁迅被尊为文学革命的主将,不仅他的作品,连同有关他的研究、资料,都因而获得了很高的价值。周作人在《鲁迅的青年时代·序言》里,就直言不讳地承认,他所掌握的鲁迅青少年时代的"过去的事实",是他"写文章的资本",他既要赚钱糊口,就必然把这些"资本"的作用发挥到最大限度。他最初将自己的日记秘而不宣,后来又尽量兜售,都出于这经济的考虑与压力。当年,周作人与鲁迅断然绝交,当然不会想到在他晚年要靠回忆鲁迅来赚钱糊口;有人可能因此而对周作人投以鄙夷的眼光,但细细想来,确也有可悲可悯之处。周作人大概也意识到这其中的尴尬的。他在写有关回忆文章时,尽量采取客观叙述的立场,很少作主观判断,尽可能避免对鲁迅的赞扬,更不允许出现溢美之词,他如此小心翼翼地掌握着分寸,可谓煞费苦心。而在他自己内心深处,仍然坚持着对鲁迅的某些批评意见,这在五六十年代给朋友的私人信件中表露得十分清楚。③ 至于"兄弟失和",他是至死也不悔的。这大概也是周作人冥顽不化之处吧。

这里需要补述的,是周作人与他的弟弟周建人的相见。周作人与周建人虽未公开失和,但彼此间也是因为家庭的纠葛,而心存芥蒂。④ 以后又走上了不同道路:周作人沦为日伪督办,周建人则追随中国共产党,成为民主建国会发起人之一。在新中国成立后,他们的见面,自然是颇富戏剧性的。周建人在临去世前,曾有过这样的回忆——

> 全国解放后不久,有一次,我在教科书编审委员会突然面对面地碰到周作人。我们都不由自主地停了脚步。
> 他苍老了,当然,我也如此。只见他颇凄凉地说:"你曾写信劝我到

---
① 陈迩冬:《二周识小》,载《鲁迅研究动态》1988 年第 1 期。
② 周作人:《知堂回想录·一四一,不辩解说(下)》,第 427 页。
③ 参看本章第四节有关部分。
④ 周建人的第一个妻子羽太芳子是周作人夫人羽太信子的妹妹,在他们分离后芳子一直与周作人一家住在一起。周作人对周建人对婚姻的处理一直持批评态度。

上海。"

"是的,我曾经这样希望过。"我回答。

"我豢养了他们,他们却这样对待我。"

我听这话,知道他还不明白,还以为他自己是八道湾的主人,而不明白,其实他早已只是一名奴隶。

这一切都太晚了,往事无法追回了。①

每次读到这段回忆,总觉得在周作人与周建人的背后,还站着鲁迅。沧桑巨变之后,走上了不同道路,有着不同结局的兄弟的会见,让人感到一种说不出的沉重与苍凉。

三、"腰斩"以后

即使靠鲁迅赚钱也不容易。1952年3月16日,发表到一半的《呐喊衍义》突然被"腰斩"了。对于这样的结局,周作人思想上应该有所准备。这年1月,中共中央发表《在城市限期开展大规模的坚决彻底的"五反"斗争》的决议。本来,"五反"运动矛头所指,是不法商人,与周作人并无关;但素来对于群众运动怀有疑惧心理的周作人,却几乎本能地警惕着运动的发展方向。他很快就注意到中国民盟总部发表的一篇文章,据周作人介绍,此文是"号召小资产阶级知识分子团结改造"的,"里边说明小资产阶级知识分子的特点,因为他们没有生产手段,只能依附于别的阶级去求生活,所以他们的依存性特别明显"。周作人立即作一小文响应,并冠以《改造》二字的醒目标题,发表在1月8日的《亦报》上,文章内容却空洞无物,只说民盟总部的文章"说得很得要领,现今小资产阶级知识分子需要改造,特别须得改正他的依存性",至于"小资产阶级知识分子"究竟"依附"于谁,就不敢言及了。其实民盟文章的意图是明显的:即将当时还只戴着"小资产阶级"帽子的知识分子与"五反"运动的斗争对象"资产阶级"连在一起。这一层意思周作人心

---

① 周建人:《鲁迅和周作人》,载《新文学史料》1983年第4期。

第十章 人生最后一程——在上海、北京
（1949.1.27—1967.5.6）

里当然明白,只是不愿(不敢? 不甘?)点明而已。于是,只得含糊其辞了。但此时周作人还想跟上潮流(至于为何如此,暂且不论),于是,又在《亦报》上连续发表文章,表示相信"人民的智慧无限","他们的见解与工作,都非一般知识分子所能及。这原因是由于他们不曾受过资产阶级教育的害,没有那些买办思想"。① 在半是自动、半是被迫(被形势所迫)地给自己戴上了"买办思想"的帽子以后,对知识分子的自我批判就开始失去了周作人一贯重视的分寸感,例如说"知识分子普通最大的缺点是自高自大,因为他有知识,这就成了他的包袱",并以知识分子与老农对比:"老农看月色,预言晴雨,何尝自夸知识,因为他并不以为自己是会看天气的。知识分子应当跟他们去学,要得在使用知识时不以为是会,那么自大的这包袱就可放下"等等②,连同用语、思维逻辑,都与当时流行的观点相一致,而此种自我批判再深入下去,大概距"书读得越多越愚蠢"论已相差不远了。此时已有"用笔来进行思想斗争"的说法。周作人也许已经感到了某种压力,又赶紧公开表白:"就我自己来说,我很愿意接受人家的批评,对于别人也愿意贡献批评,不过这须得对于那问题我真是有所了解,所以恐怕不能很多,总之谨陪末座是不敢辞的",③这几乎已是主动地引火烧身了。而且真的也开始对别人贡献"批评"了。在一篇题为《关于"梁祝"》的文章里,他就如此这般地批评起"最有名"的越剧《梁山伯与祝英台》改编本来:"总之这剧本既然是目的在于反对封建制度,主张婚姻自由,必须有些斗争性,即使事实终于失败,也要显得悲壮,自己牺牲虽是美德,这里却不可能成为主题,不但近于东方旧思想而且是消极的,庸俗的,如祝英台那一套劝说的话。""既然是……必须有……也要……不可……"不但批评观念是五六七十年代盛行于中国的庸俗社会学模式,而且批评的态度、语气,都是典型的"法官式的判决":这样的批评竟出自于知堂老人的笔下,简直令人难以置信。这不禁使人想起周作人三十年前说过的一番老话来:"批评的人以为批评是下法律的判决,正如同法官一般;这个判决一下,作品的命运便注定了。在以前主义派别支配文艺

---

① 周作人:《知堂集外文·亦报随笔·725,速成识字法》,第799页。
② 周作人:《知堂集外文·亦报随笔·743,会与不会》,第819页。
③ 周作人:《知堂集外文·亦报随笔·730,互相批评》,第805页。

界的时代,这样的事确是有过,如约翰逊、别林斯基等便是这派的贤吏。"①现在,周作人用自己的实际行动证明了:在中国,一旦处于"主义派别支配文艺界的时代",知识分子(甚至是周作人这样的自称信奉个人自由主义的知识分子)是很容易半是自动、半是被动地去充当对别人下判决的贤吏的。尽管周作人出于救出自己的本能,竭力想赶上潮流,甚至于有当贤吏的积极性;但别人(甚至不必是那个时代的积极分子,就是一个普通的旁观者)冷眼看来,他仍不免是不够格的。比如,在前述表示拥护"互相批评"的文章里,他又说了这样一番话:"这样'用笔来进行思想斗争'是很费物力的,这不像开会讨论,只是从口至耳,却是要排印在纸面上的,若是批评和答辩中间又有点儿夸夸其谈,那么对于读者岂不也是同样的对不起吗?"这就未免过分的书生气了。人们已经认定,思想斗争是关乎民族生死存亡的头等大事,周作人却要来讨论怎样避免费物力,岂不是太不知趣了吗? 在另一篇题为《小孩的浪费》的文章里,周作人甚至不小心露了马脚。他在报纸上看见一条消息:"北京某区的一个里弄小集会上,大家讨论'三反',有人就反浪费发挥,说各家庭不要给小孩每天一二百元钱花,积存起来可以捐献去买飞机大炮。"这在五十年代初中国生活中是一件很普通的事,本无议论的必要。周作人却因此而大发一通迂阔之论,说什么"只要食物清洁,吃的有限制,小孩的零用也不必绝对禁止,有时候这于他们也是需要的。若是一粥两饭,只够生存,别的全可以省下去,那么玩具便是废物,专门学者谈讲玩具的选择岂不是在奖励浪费了吗"? 周作人于此时、此刻、此种问题上,大谈的"生活之艺术",同情者看来自然是不识时务,在批评者眼里,就是有意对抗了。这样,不论周作人如何努力地改造自己,跟上形势,在1952年大反资产阶级"猖狂进攻"的中国,他的文章之被腰斩,乃是必然的。

这结局尽管在意料之中,但对于周作人的精神打击却是出乎预料的沉重。我们多次说过,写作已成为周作人的生命存在方式,而他此时只能翻阅旧书,聊以消遣,长时间的精神不振,不能工作,以至倦于写作,这在周作人是意味着生命的枯萎的。在百无聊赖之中,有时候周作人就以补破钞票混

---

① 周作人:《谈龙集·文艺批评杂话(一)》,第3页。

第十章 人生最后一程——在上海、北京
（1949.1.27—1967.5.6）

日子。这是周作人的专门手艺,早就写过文章介绍经验:"我的办法是先拿来泡在热水里,除去破纸旧糨糊和票上的灰尘,取出压平,趁半干在破口俭省地涂上糨糊,用多少皮纸性的薄纸裁细条贴上,将票面花纹拼好,这就成了。有如一件补洗过的蓝布衫,破旧不成问题,总可以穿得出人前去了。"① 如此地耐心与精心,周作人把补破钞票的生活也艺术化了,但这能够填补他内心的失落吗?

文章腰斩,还有译书合同的中断②,不仅在精神上形成巨大压力,而且,在经济上也是极大的威胁,财源枯竭对周作人可是件非同小可的事。于是,他只能变卖家具度日,几乎每月中(或月末),都亲自乘公共汽车往访徐耀辰,向老友借款救急,每回仅三十元左右,等到得一笔稿费后再赶去偿还。这位年近七十的老人,冒着寒暑,长途跋涉,为生活奔波,这番情景是够凄凉的了。

不过,缺钱用,似乎也不自今日始。经济的威胁,对于周作人一家,几乎是习惯性的。不少周作人的友人或来往者,在他们的回忆中,都要谈及周作人的哭穷,并以为是"最不能理解的"。③ 很多朋友都异口同声地谈到,周氏兄弟20年代的失和,与家庭经济开支过大有关,这是人们所熟知的。梁实秋则回忆,在1934年周作人曾有信给他,请代为出售所藏英文版图书。梁实秋也以为不可解:"读书人卖书;自有其不得已的缘故,岂明先生非富有,但以'研究教授'所得,亦尚宽裕。我想必是庵中逼仄,容不得日益增多的书卷,否则谁肯把平凤摩挲过的东西作价出卖?"④其实,梁实秋"庵中逼仄"的猜测并不准确,周作人出卖英文书,径直就是因为缺钱用。40年代,周作人在出任伪督办前,甚至窘迫到向女儿借钱,这实在是促成他最后"下水"的不可忽视的原因之一。周作人当了督办,虽也大兴土木,宽绰过一阵,但似乎并没有什么储蓄,因为日本一投降,一领不到工资,周家就开始变卖家具了。50年代开头几年,文章腰斩之前,周作人连翻译带写文,稿费收入并不少,我们

---

① 周作人:《知堂集外文·亦报随笔·649,我的手艺》,第720页。
② 本年1月8日,周作人得开明书店信,云"因为改变营业方针,将专门出青年用书,所以希罗多德的翻译用不着了"。所译希罗多德《史记》至第2卷98节遂中止。
③ 王士菁:《关于周作人》,载《鲁迅研究动态》1985年第4期。
④ 梁实秋:《忆岂明老人》,载《传记文学》1967年4卷第3期。

439

随意挑选1951年2月份作了一个统计,这月稿费收入即达310.275万元(即今天的310.257元);这样的收入在当时中国物价水平下,应该是较为宽裕的。但是,周作人仍然感到入不敷出,过着"拆东墙补西墙"的窘迫生活。由于周作人不断"上书"①,应该说,当时的文化主管部门对于周作人的生活是相当照顾的。在周扬、冯雪峰等人安排下,由人民文学出版社把周作人译稿全部买下来,每月先付二百元生活费,其余部分在书出后结算。除了这固定收入外,周作人也还时有稿费及其他收入。例如,当时在人民文学出版社工作的王士菁回忆,每次访问,谈话时间略长一些,恐怕耽误他译书时间,也给以相当报酬。这事还曾引起许广平的不满,曾当面批评:"周作人不是律师,你还给他什么谈话费呢?"②尽管如此,周作人仍叫穷不迭,以至给人一种印象:"他总是'缺钱用',像一个填不满的无底洞,从来没有满足的时候,这就令人觉得奇怪了:他的钱用到哪里去了呢?"③这个令人百思而不得其解的周作人家庭之"谜",我们还是不要猜了吧。④ 但它对于周作人精神、心情以及生活选择,甚至写作质量的影响却不可忽视。

折磨周作人的,除穷之外,还有病。周作人1950年在《亦报》上曾谈到自己"每年到秋天,总要发一种病,或者说不是病,却也无不可。这理由因为是,在我这还算是轻的,好像只是小感冒,打嚏流鼻涕,最高到眼耳咽喉都有点发炎,不至于发热,所以算不得什么病。可是也有人很严重的,发烧,喘息,身上发风饼,这病从前通称干草热或花粉热,说是闻了这些气味而发作的,现今医药上定名为变态反应,原因可能有七十几种,但还没有医治的方法。用注射试验反应,再来防治,是最科学的,不过这要很多的时间与财力,平人难以请教,比较轻微的只好随它去,反正它是节气病,大概立秋后来,到

---

① 据张菊香、张铁荣编《周作人年谱》所记,1951年2月周作人曾"上书"毛泽东,并将抄件寄周扬;4月22日,又致书周扬;1952年6月25日,再致书周扬。
②③ 王士菁:《关于周作人》,载《鲁迅研究动态》1985年第4期。
④ 周建人把原因归之于信子,据说"她并非出身富家,可是气派极阔,架子很大,挥金如土。(在北京兄弟失和前)家中有管家齐坤,还有王鹤拓及烧饭司务,东洋车夫,打杂采购的男仆数人,还有李妈、小李妈等收拾房间、洗衣、看小孩等女仆二三人。……更奇怪的是,她经常心血来潮,忽然想起要吃饺子,就把菜饭退回厨房,另包饺子。被褥用了一两年,还是新的,却不要了。赏给男女佣人,自己全部换过。这种花样,层出不穷。"(周建人:《鲁迅与周作人》,《新文学史料》1983年第4期)

第十章 人生最后一程——在上海、北京
（1949.1.27—1967.5.6）

秋分后准备走了,听得风吹在纸窗飒飒的响时,这种感冒也就自然中止了"①。这类"不是病"的"病",有时反而更麻烦:发作起来,往往接连三四日只顾擦鼻涕,一篇文章也写不出,并且给人受折磨的感觉,特别容易影响情绪。再就是肩背痛也是这类磨人的小病。周作人日记中一再出现因此而不能译作的记载。1955年有一段时间,周作人因身体健康状况不佳不得不将译作暂停,作全日休息。但周作人藏书的大部分(约两万余册)已于1950年充公,在以周作人之子丰一的名义所留的图书中,可供他吟味的不过是《阅微草堂笔记》等寥寥数种。这样,周作人竟至于无事可做。这对他来说,是比什么都严重的惩罚。

每天上街买物,取钱,寄信,看病……日复一日,月复一月,就这样平稳而单调地打发着日子。这不禁又让人想起当年爱罗先珂在这院子里发出的"沙漠式的寂寞呀"的呼喊,以及周氏兄弟内心的回应:"是的,沙漠在这里。没有花,没有诗,没有光,没有热。没有艺术,而且没有趣味,而且至于没有好奇心。沉重的沙……"②周作人一生追求"生活的艺术",现在,却落入了这刻板无味的生活套式里,不是太可悲了吗?

而且,周作人失去了安宁。往日,不论外面的社会如何烦嚣,关起门来,又自成一个宁静、温煦的世界。而如今,八道湾十一号已不为周作人一家独占,搬进许多户人家。周作人一觉醒来,成了地地道道的北京市民社会的普通一员。他年轻时候,多次呼吁要到普通市民的大杂院里去寻找中国文化的真趣味,而现在年老时,真正落入市民社会圈子里,他感受不到想象中的那般诗意,包围着他的,竟是无休止的、鸡零狗碎的纠纷与争闹。而且"祸起萧墙",周作人家庭内部也颇不宁静,整日"酱"在家庭琐事的纠缠、摩擦之中,既无理可说,又无法对外人说,这是怎样的苦境。正是这类家庭的内耗,使得周作人陷于焦躁、烦恼中不能自拔,造成身心的极度疲劳。他于是频频地想到了"死"。其实,周作人的厌世情绪早在1951年年末生日时已有流露。他想起父亲早于三十七岁时去世,祖父也活了六十八个年头,却于生日前半年即已离去。如今自己居然熬过了六十八岁生日,这究竟是幸还是不

---
① 周作人:《知堂集外文·亦报随笔·390,不是病》,第454页。
② 鲁迅:《热风·为"俄国歌剧团"》,收《鲁迅全集》第1卷,第382页。

幸？于是，他一面充满"寿则多辱"的怨气，希望死而速朽，另一面却仍存为人与为工作之心，愿忍辱负重而作人生之最后拼搏。因此，尽管被剥夺了政治权利①，但仍然终日伏案，译书不止，并取得了可观的成绩。

1952年5月1日—5月14日译出《乌克兰民间故事》，并作详细注释。

1952年5月22日—5月31日译出《俄罗斯民间故事》，并作详细注释。

1952年6月15日—8月20日译出希腊悲剧《安德洛玛刻》，并作详细注释。

1952年9月4日—9月11日抄写并校阅俄科罗连珂《玛尔卡的梦》旧译稿（1953年1月27日重新校阅、修订）。

1952年9月23日—10月8日改译波兰显克微支《炭画》译稿。

1953年1月希腊悲剧《伊翁》译文脱稿。

1953年4月11日—6月30日完成希腊悲剧《海伦》译稿。

1953年7月24日—1956年1月3日整理、编选《明清笑话集》。

1953年11月翻译希腊悲剧《希波吕托斯》脱稿。

1954年1月8日—2月25日译出希腊喜剧《财神》。

1954年4月14日—17日增订所译《日本狂言选》，较1926年9月《狂言十番》新增14篇。

1955年5月1日—5月29日整理希腊悲剧《赫卡柏》译稿。

1955年8月1日—10月12日译出日本式亭三马著《浮世澡堂》。

1955年11月18日—12月21日译出希腊悲剧《赫剌克勒斯的儿女》，并作详细注释。

想到如此浩繁的翻译精品，竟出于终日为穷、病、闹所困的周作人之手，人们还能再说什么呢？

四、"出土文物"

1956年，周作人的命运突然间似乎出现了一个转机。这年7月1日俞

---

① 1953年12月19日北京市法院判决即日起褫夺周作人政治权利。

第十章 人生最后一程——在上海、北京
(1949.1.27—1967.5.6)

平伯突然来访,传达楼适夷意向,问愿否游览江浙,周作人当即嘱代答应,表示希望重返故里。楼适夷时为人民文学出版社负责人。周作人本无公职,自然无上级领导;但因他与人民文学出版社订有按月预支稿费的合同,大概人民文学出版社就有了兼管周作人的任务。楼适夷的"意向",显然表明周作人已被列为统战对象了。其实,在楼适夷1952年就任人民出版社负责人时,胡乔木就曾特地召他谈话,说要重视周作人的工作,给他一定的关心,甚至说现在虽不方便,将来他的作品,也是可以适当出版的。① 但以后一连串的运动——"三反","五反",对《红楼梦研究》的批判,以及对胡风的批判、斗争……周作人未被株连已属万幸,给以"重视与关心"云云,自是时机尚未成熟了。待到1956年1月,中共中央召开了关于知识分子问题的会议,周恩来作报告,指出"我国的知识界的面貌在过去三年来已经发生了根本的变化"云云。此后,一大批前些年被打入冷宫的知识分子名人纷纷挖掘出来,使其重见天日。其规模、声势虽不及二十年后(1976年)的拨乱反正,但被挖掘者似乎都可同视为"出土文物"。周作人即是在这样的背景下受到青睐的。按说,此时被挖掘者提出的各种要求都应尽量予以满足,但周作人要回绍兴看看,却使挖掘者颇感为难。周作人想重返故里,本在情理之中,这些年无生老母的声声呼唤早使他魂飞梦牵,无时不思返回本土;但周作人毕竟是著名的大汉奸,此番归去,会不会出现麻烦,安全与影响都有问题。有关领导不能不多所踌躇,经反复研究磋商,最后决定去西安。② 同行者有钱稻孙与王古鲁,他们都是日伪政府的教育官员,因此,此行的统战性质是十分明确的,周作人等大概对此也是心中有数的吧。有趣的是,周作人尚未出门,一些敏感的记者即已从周作人被邀出游这事实本身,觉出了周作人这个"出土文物"价值的变化,再加上这年正逢鲁迅逝世二十周年,周作人身上那块"鲁迅二弟"的招牌,即具有某种新闻价值。于是,纷纷前来约稿,一时间车马罕至的八道湾十一号前竟又是门庭若市了。周作人也很识趣,或者说懂得这机会的可贵,一一应允,来者不拒。于是,1956年10月19日鲁迅逝

---

① 楼适夷:《我所知道的周作人》,载《鲁迅研究动态》1987年1月号。
② 出游的事是楼适夷提出的,但很快就转由周扬、阳翰笙、阿英等主持的全国文联负责,自此以后至1964年文艺整风前周作人一直由文联联系。此次出游也是由文联组织的。

世二十周年纪念日的前后,全国许多报纸杂志都发表了署名"周启明"、"周遐寿"的周作人回忆鲁迅的文章,单就 1956 年 8 月至 12 月,即有《人民日报》、《中国青年报》、《工人日报》、《文汇报》、《新华日报》、《陕西日报》、《读书月报》、《民间文学》、《新港》、《文艺学习》等报刊一共发表了十九篇文章。这一轰而上,自是热闹非凡,虽说不上洛阳纸贵,但周作人再次借光于鲁迅,出了一阵风头却是真的。这其间的滋味究竟如何,周作人想来心里是有数的。他在日记里就小心地谈到这类文章的"不好写":即是奉命而写,自不能使约稿者与读者失望,符合潮流之外,还必得要有新意,有点知识性与趣味性,但又不可与现实贴得过紧,以免影射之嫌。周作人一生反对赋得体的文章,现在终于也尝到写此类文章的苦况了。中国知识分子被冷落的滋味(如前几年之周作人)固不好受,但这样的殊遇荣宠,也是颇为尴尬的。不过,周作人对应付此类尴尬事已颇有经验,他依然是平静而自然地接受了这一切,既没有受宠若惊,似乎也不觉得有什么别扭。

　　对于周作人晚年生活有重大影响的,是发生在这年 9 月 7 日、8 日的访问。来访者是周作人的老友曹聚仁,他们从 1925 年第一次通信①以来,相识已有三十多年。在现存的 1930 年 9 月 19 日写给周作人的一封信中,曹聚仁曾表示"自以为是先生的信从者",在而后写的一篇文章中,曹聚仁也谈到"在当年,正是语丝社表现他们的自由主义的表征。我呢,也十分醉心这种独来独往的精神,做过他们的喽啰,呐喊过几阵的"。周作人五十自寿诗发表后,遭到胡风等尖锐批判时,曹聚仁也曾为周作人辩护。因此,在一定意义上,曹聚仁可以算是周作人的知己者。这一次,一直在香港从事报业活动的曹聚仁抓住北上出席鲁迅逝世 20 周年纪念活动的机会,访问了周作人,成了新中国成立后,八道湾苦雨斋最早的海外来客之一,这对于他们双方及他们之间的友谊,都别具一番意义。曹聚仁后来回忆,"那时,老人年已七十二,年老体弱,医生吩咐,见客只能谈三五分钟,他却特别高兴,留我谈了一点多钟。"②曹聚仁在《与周启明先生》书中详尽地谈到了他们这次长谈的内容:"我们那天又谈到了鲁迅的作品,鲁迅自己推荐了《孔乙己》,因为那一篇

---

① 1925 年 11 月 2 日周作人日记:"得曹聚仁君函。"
② 陈思(曹聚仁):《一本书的传奇——一个新闻记者的独白》,载《大华》1 卷第 4 期。

第十章 人生最后一程——在上海、北京
(1949.1.27—1967.5.6)

小说写得从容不迫","我那天说到自己的爱好,我是最喜欢《在酒楼上》的","你也同意我的说法,你说,这是最富鲁迅气氛的小说";"那天,我们谈到了文学家不世袭的话,也说到小托尔斯泰、赫胥黎和小仲马,儿子的路,总不一定和父一辈的相同的,海婴并不成为文学家,倒是鲁迅遗嘱的实践者,做空头文学家,本来没有什么意义的"。也是在这次谈话中,周作人将其诗稿抄送曹聚仁,并经曹聚仁之手,将其中一部分以《苦茶庵杂诗抄(上、下)》为题,发表于香港《热风》77期(1956年11月出版)。从此打开了周作人和香港与海外联系的通道,这对周作人晚年的生活自有一种特殊的意义。

在曹聚仁来访两个星期以后,9月23日,周作人与王古鲁、钱稻孙在文联工作人员佟韦的陪同下,离开北京前往西安,先后游览了鼓楼、慈恩寺、大雁塔、碑林、华清池、半坡村遗址、霍去病墓等名胜古迹,参观了陕西省博物馆、国棉四厂、新西和印染厂和桃溪堡村。在西安期间还观看了越剧《晴雯》,出席了西安市文联、陕西作协举办的宴会,于10月12日返回北京,历时半个多月。周作人后来写了一篇《西安的古迹》,发表在《陕西日报》上。文章谈到慈恩寺的大雁塔"那'塔势如涌出'的大建筑物经历了一千二百多年的岁月,巍然直立着,看了叫人不自觉地感到兴奋";谈到了"东郊半坡村的新石器晚期遗址","这石器时代据说距今只有五千年,那末可能在唐虞时代千年以前。平常听说史前的事情,往往是几万年前,现在就近得很多了,所以不禁发生了些亲切之感"。据同行的佟韦回忆,周作人在参观工农业生产建设时,兴致也很高,一再说:"自己很少出门,到外边看看,大开眼界,耳目一新,精神也好了起来","工业的发展实在可观,这是我没有想过的,也是第一次看见的"。在西安的桃溪堡村,周作人一边走一边与农民交谈,打听生产、生活情况,并且说:"听说人面桃花的故事就发生在这里,如今这里生产好了,百姓安居乐业,是我未曾料想的。"在西安,正逢国庆节。周作人一行登上西安人民大厦楼顶,眺望披上节日盛装的西安市和街上敲锣打鼓的人群,不禁感慨万千。周作人指着天上的云彩说:"天地之间的一切的事物都是在变化着的,那天上的云也在不停地变化着,今天的中国,也确实变了。"①

---

① 佟韦:《我认识的周作人》,载《鲁迅研究动态》1988年第1期。

佟韦的回忆大抵是真实的；周作人自1945年入狱后大多时间都过着与世隔绝的生活，这是第一次接触书斋以外的世界，自然是会有沧桑巨变之感的。在西安期间，周作人应当地《陕西日报》之邀，写了一篇回忆鲁迅的文章，题目叫《鲁迅的笑》，以为不注意鲁迅的畅怀大笑，不会真正理解鲁迅。这其实也是表达了他自己的心情的。读者不是也因此看见了一个真诚地笑着的周作人吗？

回到北京后不久，周作人又参观了官厅水库，并出席了鲁迅逝世二十周年纪念大会。这是周作人在新中国成立以后，第一次在群众性公开集会中露面，在新华社作了公开报道后，自然引起了全国以至全世界关心周作人及中国新文化事业的人们的注意与强烈兴趣：这是否意味着周作人从此又公开地回到文化界来了呢？

周作人这一时期甚至开始有了外事活动。8月20日，他与钱稻孙一起在北京饭店会见了日本来访者谷川彻三。在10月份又会见了应邀参加鲁迅逝世二十周年纪念活动的日本老作家长与善郎、宇野浩二、里见弴。楼适夷回忆说，长与善郎"他们到京后就提出要会见周作人，并要求不要陪人，不用翻译。我们都同意了。会见以后，文联要我去看看周作人，同他随便谈谈。他大概了解我的来意，主动谈了与日本作家谈话的内容。对方主要关心他在国内的生活状态。他表示生活比较安定，工作也很顺利。不久前文联还专门派人陪他去西安参观，他对祖国建设事业的发展，表示非常满意。后来又谈日本作家表示对蒋介石有好感，因为日本失败后没有要求赔款，又怀疑我们对日本友好，是否意图赤化日本。周作人对此都作了一些适当的合乎分寸的说明，后来我向文联照样作了汇报"[1]。周作人在与日本作家会见时，说话既"合乎分寸"，会见后又主动向楼适夷汇报，已是够小心的了；但楼适夷在二十多年后回忆此事时，仍表示"他到底说了什么，我是有怀疑的，因为后来我在日本的报刊上，看见过这几位作家访华后的观感，是对我们表示恶意的。如认为尊重鲁迅，也是一种虚伪的政治手段等等。这里边有没有与周作人谈话的影响，就不能说了"[2]。从楼适夷的这番回忆中，我们大概就不

---

[1][2] 楼适夷：《我所知道的周作人》，载《鲁迅研究动态》1988年第1期。

第十章 人生最后一程——在上海、北京
(1949.1.27—1967.5.6)

难了解周作人当时的实际处境了吧?

但周作人仍然抓住了历史给他提供的这个机会。在鲁迅逝世二十周年纪念的热潮过去以后,他继续地给全国各地报刊写稿,从 1956 年 11 月至 1959 年 12 月,周作人一共写了约九十篇散文,陆续以长年、十堂、启明等笔名发表在《羊城晚报》、《新民晚报》、《文汇报》、《人民日报》、《工人日报》等报刊上;连同 1956 年 8 月至 10 月所写鲁迅回忆文章,共一百多篇,是继《亦报》随笔之后第二个写作高潮。这些散文曾编有《木片集》,交由天津百花出版社出版,已做三校,却因形势变化而未能问世。现均收入岳麓书社 1988 年印行的《知堂集外文·四九年以后》(陈子善编)中。周作人在《木片集·小引》中说:"所写的文章大抵是就我所知道的,或是记得的,记这一点下来,至于所不能熟悉的则不敢去触动它,仍旧是守以不知为不知的教训。"周作人经过这几年的风波(即使不是亲历,也有耳闻与目睹),大概已经失去了新中国成立初期曾有过的赶上潮流的热情与自信,也不再提改造。他知道自己已经改造不了,即使改造了别人也不会相信,倒不如还本来面目,我行我素:不熟悉的,例如国家政治之类,即不去触及它,此为"以不知为不知";熟悉的,并且有兴趣的,不妨勉力写去,此为"知之为知之"。这大概就是《木片集》与《亦报随笔》的主要区别所在吧。因此,《木片集》中最精彩耐读的,还是周作人所拿手的描写民俗风物的短文,如《蒲公英》、《爱竹》、《种花与种菜》、《梅兰竹菊》、《不倒翁》、《羊肝饼》、《牙刷的起源》、《南北点心》、《古怪的植物名》等等,都是写得十分精粹的文字。其中有几篇通过对某一食物、植物的考证,或作中外文化比较,或谈中外文化交流,都以小见大,集知识与趣味为一炉,此类题材、文字,似乎非周作人莫属。就说《羊肝饼》这一篇吧,劈头一句话就很抓人:"有一件东西,是本国出产的,被运往外国,经过四五百年之久,又运了回来,却换了别一个面貌了,这在一切东西都是如此,但在吃食有偏好关系的物事,尤其显著",这才款款道出"有名茶点'羊羹'"的大名。然后,说明"羊羹"本是中国土产,对其制法、原名作了一番考证,又说如何由日本僧人带回日本。在将来龙去脉交代清楚后,才真正进入文章着力点,写了以下两段文字——

在日本文化上有一种特色,便是"简单",在一样东西上精益求精地干下来,在吃食上也有此风,于是便有一家专做羊肝饼(羊羹)的店,正如做昆布(海带)的也有专门店一样。结果是"羊羹"大大的有名,有纯粹豆沙的,这是正宗,也有加栗子的或用柿子做的,那是旁门,不足重了。现在说起日本茶食,总第一要提出"羊羹",不知它的祖宗是在中国,不过一时无可查考罢了。

近时在中国市场上,又查着羊肝饼的子孙,仍旧叫作"羊羹",可是已经面目全非。——因为它已加入西洋点心的队伍里去了。它脱去了"简单"的特别衣服,换上了时髦装束,做成"奶油"、"香草"各种果品的种类。我希望它至少还保留一种,有小豆的清香的纯豆沙的羊羹,熬得久一点,可以经久不变,却不可复得了。倒是做冰棍(上海叫棒冰)的在各式花样之中,有一种小豆的,用豆沙做成,很有点羊肝饼的意思,觉得是颇可吃得,何不利用它去制成一种可口的吃食呢。

读者这才明白,所谈确实不只"羊羹"一物而已,"这一切东西都是如此的",而且还能从字里行间品出作者的一点怅惘之情。这类既晓畅又含蓄的文字,确实已经到了炉火纯青的地步。这不同时也表现着周作人的某种人生境界吗?还有一篇文章,说到"对于炮仗这件物事,在感情上我有过好些的变迁。最初小时候觉得高兴,因为它表示热闹的新年就要来了,虽然听了声响可怕,不敢走近旁边去。中年感觉它吵得讨厌,又去与迷信结合了想,对于辟邪与求福的民间的愿望表示反对……近来不好说老,但总之意见上有了改变,又觉得喜欢炮仗了,不但因为这声音很是阳气,有明朗的感觉,也觉得驱邪降福之思想并不坏",因为"这是一切原始宗教的目的",反映了"生命之保全与其发展"的本能要求。① 这里的理解与宽容,大概确实是老年人的境界吧。

但完全的与世无争于周作人似乎也不可能。对于一些心里不以为然的事情、高论,周作人仍忍不住要说上几句,或者这就是所谓本性难移吧。比

---

① 周作人:《知堂集外文·四九年以后·爆竹》,第154、155页。

如中共提出双百方针,提倡"百花齐放",有人"却又嚷嚷有毒草不许放",周作人即著文反驳,强调"凡是花都应放,不论毒草与否,不能以这个资格剥夺他的权利"①,这是典型的自由主义论调,与他在《自己的园地》的立场毫无变化;周作人在1956年坚持此论,是冒了几分风险的。在私下的言论就更为放肆。例如周作人于1958年5月20日给曹聚仁的信中,就上海鲁迅墓前的塑像发表了一番议论:"死后随人摆布,说是纪念其实有些实是戏弄,我从照片看见上海的坟头所设塑像,那实在可以算是最大的侮弄,高坐在椅上的人岂非即是头戴纸冠之形象乎?假使陈西滢辈画这样的一张像,作为讽刺,也很适当了。"这一段话公开发表后,竟引起了轩然大波,至今仍有人因此而不能原谅周作人。其实,死后被利用的预感,一直像恶魔一样纠缠着鲁迅,使他不得安宁。他早就说过:"待到伟大的人物成为化石,人们都称他伟人时,他已经变了傀儡了。"②正有见于此,鲁迅才给后人留下遗言,谆谆嘱咐"忘记我"③。周作人不过重复了鲁迅自己也早已认识、预见的真理与事实而已。当然,以周作人的身份(在一些人看来,周作人既已是十恶不赦的汉奸,他的一切言行自是出自反动的动机),以周作人与鲁迅间曾经发生过矛盾(有些人至今仍将纯属私人的兄弟失和看作是周作人的弥天大罪),由周作人来说这番话,会引起风波,是可以想见的。周作人大概也会预料到这一点,但却偏要说,这也是一种师爷脾气吧。在这一方面,周作人与鲁迅又是极其相似的。

五、"寿则多辱"

周作人在新中国成立后,第二次写作高潮,到五七、五八年达到顶点:发表文章分别为四十八篇与三十三篇,到1959年就陡然降至三篇,这自然是不祥的预兆。果然,到了1960年《文艺报》第2期就发表了署名夏羽的文章,题目是《周作人有无产阶级思想吗?》,文章虽是批评李何林《五四时代新文

---

① 周作人:《谈毒草》,载1957年4月25日《人民日报》,收《知堂集外文·四九年以后》,第174页。
② 鲁迅:《华盖集续编·无花的蔷薇》,收《鲁迅全集》第3卷,第256页。
③ 鲁迅:《且介亭杂文·死》,《鲁迅全集》第6卷,第612页。

学所受无产阶级思想影响》、《左联成立前后十年的新文学》二文中对周作人的评价,似乎与周作人本人无关;但却也给周作人下了一系列的断语:"周作人所著《人的文学》一文,主要是提倡资产阶级人道主义文学,和无产阶级毫不相干","周作人前期作品在思想内容上无甚可取,后期作品更是极端反动"等等。以上任何一个断语在当时的中国都足以剥夺周作人的发言权。于是,周作人只能再度沉默。苦雨斋重又出现门前车马稀的冷落与凄清。

周作人本人也许并无如许多的感慨,他最觉不能忍受的,还是他再度失去了自由写作的权利。周作人早在1957年春就患高血压,疾病并没有使他停笔,现在却由于政治上的冷落,文章发不出去,不但被迫辍笔,经济上也顿感困窘。这时正是中国三年困难时期,物资供应的紧张,更对周作人一家的生活形成威胁。他于是四处告急求援。他先写信给康生,说生活困难,人民文学出版社每月预支稿费二百元不敷家用;康生当即将此信批交周扬办,周扬与有关部门商量,决定从1960年1月起,预支稿费每月增至四百元,由出版社增发,这已属特殊照顾,周作人虽仍觉不足但不好要求太多,写信答应。① 以后他又不断地向文联负责照顾他生活的佟韦等诉说困难。据说他夫妻年老多病,需购药品与营养品,支出不少。其子周丰一,因在北京图书馆错划为右派,工资降低,直到摘了帽子仍未恢复,其全家生活都要靠周作人补贴。他一人负责三代人的生活费,自然十分吃力。此外,困难时期食品供应自是一大问题,如他们夫妻只吃大米,而1962年每人每月仅供应一斤大米,也只得向文联求助。文联负责人阿英等曾为之大伤脑筋,初拟办一个照顾知识分子的副食品乙级补助证,但考虑到周作人的身份似不合适,最后决定由文联总务科代为买些主副食品,逢年过节也赠送一些副食品,聊解无米油之忧。国内这些援助仍不能满足,周作人于是频频向香港友人曹聚仁、鲍耀明等写信,后来编有《周、曹通信集》,其中"乙编"即是"求援请助",略摘数则,以见一斑:"汇下港币四百元,至为欣慰。副食品难得,须求黑市,鸡蛋

---

① 周作人后来在给曹聚仁的信中详细讲了此事:"政府对于弟是够优厚的了,六〇年冬天因了友人的指示,曾向中央一委员诉说,于是人民文学社派人来说,每月需用若干。事实上同顾颉刚一样,需要五百一月,但是不好要得太多,所以只说四百。以后就照数付给……因为负担太重太多,所以支出太巨,每月要不足百元以上,这是我拮据之实情,论理是不应该的。"(《周、曹通信集·甲二五》)

第十章 人生最后一程——在上海、北京
(1949.1.27—1967.5.6)

九十个六十三元,鸡二只三十四元,肉三斤二十一元,均人民币,虽暂得享用,则穷困如昔";"本月中未知能有款寄到否?来信说有林君寄出油糖,迄未收到,此本是人家惠施之物,为此寻问似乎可笑";"得书逾月,拙稿出版否?收到版税,乞并一总汇下,近有涸辄,不无小补也";"老实不客气地和你谈,能寄我若干钱……国内现无文字外快可得,如无港汇,则及早举债也";"无日不盼港汇,真是望眼欲穿,不得已再催";"托购糯米,意在新年包粽子用,竹叶难得,内人卧病,请予撤销。另乞寄砂糖一、二公斤";"承月寄猪油二次,深属过分。下月起,食油又将减少,亦或不给,糖亦将减少,得此补充,甚为丰富矣";"购寄食物,鲸鱼沙丁鱼都是好的";"港币寄出,外甥女膳费有着了"……如此哀哀求助,如周作人自己所说,真是乞食为生了。这大概是周作人一生中最暗淡的一页吧?于是,他只得将年轻时苦心搜寻、珍藏的古钱、古砖一一贱价售出。从1961年年底开始,甚至把一直秘不示人的《日记》也拿出来卖了。他在给鲁迅博物馆的信中写道,如果卖不出去,他将"托钵于市矣"。

如果说贫困本是中国知识分子的命运,似还算不得周作人一人的不幸,他尚可以不断向人哭穷;那么,家庭内部,特别是夫妻间关系的不和谐,对于周作人就是更加难以排解的更大不幸。周作人去世后,其子周丰一将老人1960年—1966年间日记借与鲍耀明先生。鲍先生将他与周作人的来往通信及有关的周作人日记,合编为《周作人晚年书信》一书,由香港真文化出版公司于1997年出版。读者与研究者也因此了解了周作人晚年处境、心境的鲜为人知的这一面。人们仅在1960年7月1日转录的部分日记中,就发现了如下记载——

七月一日……拟工作因不快而止,似病又发作也。

七月三日……今日又不快,未工作。

七月十三日……今日译书始得三纸,问题今日得和解。

七月三十一日……又复不快,宿业殆无已时。回顾一生,受损害侮辱,徒为人做牺牲,恐至死才能结束也。

在以后的日记里,仍不断有"不快"的记录。每次争吵,必要伤害感情,日积月累,怨恨日深:"拟工作又以不快而止,似宿疾又发也"(1960年8月14日日记),"虽有不快,仍得六纸,盖所谓死物狂也"(1960年9月13日日记),"上午大不快,似狂易发,请江太太来劝,殆无效"(1960年11月15日日记),"晚又不快,近日几乎无一日安静愉快过日者,如遭遇恶魔然"(1961年3月30日日记),"又复发作,甚感不快,深以无法摆脱为苦恼,工作不能,阅书亦苦不入"(1961年4月2日日记),"又复不快,每日如是,如噩梦昏呓,不堪入耳"(1961年4月3日日记),"又复不快,所谓不知活言者也"(1961年4月14日日记),"终日不快,如遇鬼祟,一似故意寻衅者然,殆非云冤孽不可也"(1961年6月4日日记),"下午无端易作,大为不快,惟有归之因缘运命而已,殆非死莫救也"(1961年8月20日日记),"上午又复易作,但在自己不知警惕,亦咎由自取耳,以后当勉作聋哑,或为死人,则尤善耳"(1961年9月26日日记)①……

这样的无休止的使双方都痛苦不堪的争闹,必然加速导致最后的结局。1962年3月23日,信子突唤胃痛,注射仍未见效,终夜呕吐。3月29日,又患左足痛,夜不能安睡。4月3日,信子精神不佳,血压只有80毫标柱/50毫米汞柱。4月6日,五时半以救护车送信子往医院去。当晚,周作人"灯下独坐,送往医院的人们尚未回来,不免寂寞之感,五十余年的情感,尚未为恶詈所消灭,念之不觉可怜可叹,时正八时也,书此志感"。② 4月7日,自是难挨的一日,女儿与媳妇轮流去医院看顾,周作人坐家中,未去。4月8日,"下午得医院电话云信子于一时死去",③周作人这才与女静子、子丰一、孙女美和前往医院一看。当晚,在给香港友人鲍耀明的信中说:"内人不幸于4月8日下午病故于北大医院,享年七十五,平素信佛教,尤崇拜观音。今适于佛成道日死去,或者可以稍得安慰欤。"当夜,"睡不甚安"。④ 4月9日,全家一起至医院送信子到东郊火葬场。4月10日,殡仪馆送骨灰匣来,遂有一切了

---

① 以上所引周作人日记,均转引自鲍耀明《周作人晚年书信》,第3、4、6、8、12、18、47、48、51、64、90、97页。

②③ 周作人:1961年4月6日、8日日记,转引自《周作人晚年书信》第168、169页。

④ 转引自《周作人晚年书信》第169、296页。

第十章 人生最后一程——在上海、北京
(1949.1.27—1967.5.6)

结之感。

周作人对他晚年日记中频频出现的"不快",在一切皆成过去以后,曾有过一个明确的说明,揭示了他在恋爱与家庭生活中的难言之隐。但由于这段日记未经正式公布,我们的叙述只能阙如。要说的是,当一切由于信子的病逝而结束,痛定思痛,周作人又想起信子生前的种种好处,而产生无限追怀之情。于是,1963 年 4 月 8 日,周作人在日记里又深情地写道:"今日为信子周年忌辰,忆戊申(1908 年)年初次见到信子,亦是 4 月 8 日也。"同日相识,又同日相别,历史就是这样兜了一个大圈子,周作人是不能不感慨系之的。

处于这样的别人难以理解的痛苦中,唯一使周作人感到欣慰的,仍是他的写作。在日夜兼程地赶译《枕草子》的同时,他又开始了《知堂回想录》的写作。从 1960 年 12 月 10 日写《缘起》,至 1962 年 11 月 30 日作《后记》,整整两年时间,周作人大概都沉湎于"回想"之中。这本是曹聚仁的建议,周作人欣然应允,以为尽管"一身之外什么都没有",一身之内的事情却是可以写写的。但真正动起笔来,却颇费踌躇。一向以"知之为知之,不知为不知"相标榜的知堂老人,突然发现"自知着实不是一件容易的事"。对自己这曲折的一生,该做什么样的自我评价,该用什么态度去谈论"以往"呢?作"自叙传"吗?写"忏悔录"吗?周作人都不愿意,以为那是"诗与真实"的"混合",而自己只愿"依据事实,不加有一点虚构和华饰"(他因此批评过鲁迅的《朝花夕拾》)。但真的"凡事实即一律都写"吗?周作人又自知做不到,他承认"过去有许多事情,在道德法律上虽然别无问题,然而日后想到,总觉得不很愉快,如有吃到肥皂的感觉,这些便在排除之列"。但有一点周作人是确实做到的:对于自己写下的历史的每一页,他都没有半点忏悔之意。他也同时拒绝了将自我崇高化、英雄化的蛊惑,只是像一个"走了许多路程"的"旅人"(人们很容易想起他那篇《寻路的人》),平静地,甚至有几分淡然地,讲着自己的故事,一些"平凡的事情和道理"。① ——他终于把评价留给了历史与后人,保存了一个完整的智者的自我形象。

---

① 以上引文见《知堂回想录·拾遗·小引》、《知堂回想录·后记》、《知堂回想录·后序》,第 638、641、719、723、724、725 页。

六、"忘却斜阳"

信子去世之后,周作人在给朋友的信中说:"虽然稍觉寂寞,惟老僧似的枯寂生活或于我也适宜。拟俟稍静定后可以多做点翻译工作也。"①在信子逝世一个多月以后,周作人心情稍有平复,即开始着手翻译希腊作家路吉阿诺斯的《对话集》。据周作人介绍,路吉阿诺斯(Lukianos)生于公元2世纪初,做了许多对话体的文章,但他不是学柏拉图去讲哲学,却模仿生在公元前3世纪的犬儒墨涅波斯做了来讽刺社会,这是他的最大特色。周作人过去曾翻译过他的《冥土旅行》和《论居丧》。译《对话录》可以说是周作人多年的夙愿。周作人曾有诗云:"万紫千红都是许,繁枝密叶已交加。老僧已是沾泥絮,炳烛还看未摘花",表现了他老而风流的豪情;如今他虽不再"炳烛还看未摘花",却仍愿以炳烛的微光,担负这浩繁的翻译工作,确可谓壮心不已。但周作人说,尽管"似乎未免太不自量了,不过耐心地干下去,做到哪里是哪里,写成功了一篇,重复看一遍,未始不是晚年所不易得的快乐"。② 他在翻译过程中,也确实不断享受着这难得的快乐。1963年5月13日,他在给友人信中报告说:"近来正在翻译路吉阿诺斯,才得五篇,此人著作夙所喜爱,前曾以英文特译数篇,今得从原文译出,尤为惬意。"5月30日信中又如此说:"目下正在搞路吉阿诺斯的对话,虑非老拙所能担当,亦姑且试试耳。"从字里行间透露出的,是一种宁静中的喜悦,周作人内心世界显出了少有的亮色。

1964年3月6日,周作人"饮酒一盏,醺然径醉,胆大气粗,辄得八句,亦是打油",是谓"八十自寿诗",诗云——

> 可笑老翁垂八十,行为端的似童痴。
> 剧怜独脚思山父,幻作青毡羡野狸。
> 对话有时装鬼脸,谐谈犹喜撒胡荽。

---

① 转引自《书林》1981年6期思衡:《周作人的晚年》。
② 周作人:《知堂回想录·一八九,我的工作(六)》,第637页。

第十章 人生最后一程——在上海、北京
(1949.1.27—1967.5.6)

低头只顾贪游戏,忘却斜阳上土堆。①

后来,周作人又作长篇说明——

此诗系仿陆放翁《书适》诗而作,首二句即袭用其语。山父与狸均为日本民俗学中事物。山父乃山魈之属,一目独足,能知人意。有箍桶匠冬日在屋外工作,忽见山父站在面前,大惊,心想这得非山父耶。山父即知之,曰你想这莫非山父吗?又想能知心中事这就糟了。山父亦即知道了,照样说了出来,其人窘甚不知所措,又此时手中所持箍桶的竹片因手滑脱,正打在山父的脸上,山父乃大骇曰,心里没有想却会干出来,人这东西真是危险,如在此地说不定要吃怎样的亏,赶快地逃回山中去了。老狸能幻化屋宇,广容八席,色甚青新,或有食淡巴菰者遗烟蒂其上,乃忽喷喷作声遽尔消灭,云此乃其肾囊伸张所幻化也。近译希腊路吉阿诺斯对话中多讽刺诙谐之作,甚有趣味,出语不端谨,古时称撒园荽,因俗信播芫荽时须口作猥亵语,种始繁衍云。

前作所谓自寿诗,甚招来各方抨击,自讨苦吃,今已多吃了一万天的茶饭,经验较多,岂敢再蹈覆辙乎?偶因酒醉,胆大气粗,胡诌一首,但不发表好了,录示二三友人,聊作纪念。末联亦是实话,玩耍过日,不知老之将至,无暇汲汲顾影也。

周作人以八十垂垂老翁,表现出如许纯真的"童痴"状态,是令人惊叹的。"童痴",既是行为、心态,也是一种人生境界。周作人童年时代享尽儿童所应有的说不尽的乐趣。南京求学时期,为他打开走向世界大门的,是阿拉伯神话故事《一千零一夜》,他由此知道,中国之外的世界也依然充满了儿童天地里的神奇与美妙。留学东瀛,他又由文化人类学懂得了儿童世界与人类生命的原生状态的内在的相通。回到绍兴,开始人生的独立旅程,他首

---

① 周作人:《知堂杂诗抄》,第106页。

先着手的是《小儿争斗的研究》。五四时期，周作人是时代"儿童热"的倡导者与推动者，他不仅致力于"儿童的发现"，确立了"尊重儿童独立个性"的人道主义原则，而且召唤着"中国文化的童年"、"人性的童年"的复归，以此作为重建中国民族文化，改造国民性的利器。五四以后，他在强调"救出我自己"时，也依然以儿童的"游戏"态度为人生、艺术的极致。在一篇文章里，他竟然怀着钦羡的心情，描写着"满三岁的小侄儿小波波"玩耍的情景，并且说："他这样的玩，不但是得了游戏的三味，而且也到了艺术的化境。这种忘我地造作或享受之悦乐，几乎具有宗教的高上意义。……我们走过了童年，赶不着艺术的人，不容易得到这个心境，但是虽不能至，心向往之，既不求法，亦不求知，那么努力学玩，正是我们惟一的道了。"①以后，周作人无论被时代的浪潮推到什么境地，都时刻不忘"努力学玩"这"惟一的道"。30年代他蛰居苦雨斋，闭门读书，经常造访的无论古人或今人，大都有赤子之心，游戏态度，这是他择友的基本标准。40年代，即使他身陷日伪官场之中，迷路、心也迷时，他仍然听到"无生老母"在呼唤他迷途知返，回到童年的纯真状态。以至后来，他在囹圄中仍不忘写"儿童杂事诗"，借助童年的回忆来洗净心灵的污垢。在新中国成立后，他以如此巨大的热情从事翻译，他的选择——无论是介绍希腊、日本远古时期的文化(《希腊女诗人萨波》、《希腊的神与英雄》、《伊索寓言》、《希腊神话故事》、《希腊悲剧与喜剧》、《古事记》、《枕草子》)，还是介绍民间文学艺术(《乌克兰民间故事》、《俄罗斯民间故事》、《日本狂言选》、《浮世澡堂》、《浮世理发店》)等等，无不出于自己个人兴趣——童趣与谐趣，出于游戏态度。在一定意义上，可以说，由于现实生活中周作人不能获得任意表现他自己的自由，就只能借助于翻译，驰骋于远古、童年、民间这一大片净土，曲折地实现自我的追求，在现实的混乱、压抑、屈辱中，保持着心灵的宁静与自由。现在，他能够充满自信地说："可笑老翁垂八十，行为端的似童痴"，"低头只顾贪游戏，忘却斜阳上土堆"，八十"老翁"与"童痴"的神奇转化、融合，以及对于时、空、生、死的忘却与超越，表明他终于达到了一生所追求的人生与艺术境界。而正如他自己早已说过的那

---

① 周作人：《〈陀螺〉序》，收《知堂序跋》，第233页。

第十章 人生最后一程——在上海、北京
(1949.1.27—1967.5.6)

样,"这种忘我地造作与享乐之悦乐,几乎具有宗教的高上意义。"

此时,周作人的意念、心境,几乎处于一种澄净、空明状态,突然表现出对于大自然美的敏锐感觉。如雨的细雪,雪后的日出,蝉鸣,虫吟,都牵动着他的情怀。于是再一次文思喷涌,写出了一篇又一篇小品随笔,这是1949年以来,周作人第三次创作高潮。连周作人自己都有些感到意外,他为自己的文章渐有随笔的意味,并加入滑稽趣味而感到惊喜,同时意识到此种境界在国内已是无人领悟。当时,大陆文坛上阶级斗争的弦越绷越紧,周作人的散文小品集《木片集》三校样稿已出,却无端毁版,他只得把文章寄往香港。于是,我们在香港《新晚报》等报刊上,陆续读到了署名"启明"、"知堂"的《水乡怀旧》、《麟凤龟龙》、《书房里的游戏》、《猫打架》、《鸟声》、《吃茶》、《现今的龙》等等。内容多少有点怀旧的意味,但无悲凉、感伤的气息,却有了更多的幽默感。如《鸟声》是"旧题重作"。1925年所写的那一篇里,"我所听见的鸟鸣只有檐头麻雀的啾唧,以及槐树上每天早来的啄木的干笑——这似乎都不能报春,麻雀的太琐碎了,而啄木也不免多一点干枯气味",似有于"琐碎与干枯"中渴求春气的意思。而1964年,也即近四十年后,八十岁的周作人却这样写道:"院子里的麻雀当然已是昔年啾唧做声的几十世孙了,除了前几年因麻雀被归入四害,受了好几天的围剿,中断了一两年之外,仍旧来去庭树间,唱那细碎的歌,这据学者们考究,大约是传达给朋友们说话,每天早晨在枕上听着(因为它们来得颇早,大约在五点左右便已来了),倒也颇有意思的。"同样是麻雀"细碎的歌",却于闲卧中听出了和朋友絮谈的声音,自有几分温馨与亲切的感觉;而在麻雀命运的戏谑化叙述里,却又分明可以感到老人对于人间物事的嘲弄、调侃之意。至于《鬼念佛》、《猫打架》这类文章,不用读原文,仅从题目里也能品出那隐含着智慧的谐趣。读着这个时期周作人的散文随笔,不禁要想起周作人一再引述的希腊神话研究学者哈理孙女士的自传《学子生活之回忆》里的一段话——

老年是,请你相信我,一件好而愉快的事情。这是真的,你被轻轻地挤下了戏台,但那时你却可以在前排得到一个很好的座位去做看客。而且假如你已经好好地演过了你的戏,那么你也就很愿意坐下来看看

了。一切生活都变成没有以前那么紧张,却更柔软更温暖了。你可以得到种种舒服的,身体上的小小自由。……你老了的时候生活并没有停住,他只发生一种很妙的变化罢了。你仍旧爱着,不过你的爱不是那烧得鲜红的火炉似的,却是一个秋天太阳的柔美的光辉。你还不妨仍旧恋爱下去,还为了那些愚蠢的原因,如声音的一种调子,凝视的眼睛的一种光亮,不过你恋得那么温和就是了……①

在周作人八十前后作②小品随笔里,那诙谐幽默之中正是浸透着对于人间万事万物,对于生命的老年人的温和的爱,流泻着秋天太阳的柔美的光辉……

正是周作人在为人类作最后的奉献时,人们重又注意到这位对中国新文化的发展作过重要贡献,而又走过曲折道路的作家。当周作人从香港友人的来信得知海外对他的种种评价时,他是感动的,他在回信中说:"知海外报刊时常提及鄙人,不论是称赞或骂,都很可感,因为这比默杀好得多"③,并且表示"港地有涉及鄙人的文章,如刊在中立报纸上而其倘有理解……则愿意一读"④。于是,在与朋友通信中,也不免谈到了自己的历史。曾经有人回忆,在从狱中出来以后,周作人即回避谈论自己的以往,即使有时谈到也表现得"若无其事,甚至有点麻木不仁的",据说,"有一次,他谈到了1927年奉系军阀张作霖杀害了李大钊同志,谈到他如何掩护大钊同志的子女,保存大钊同志遗文的事,他也并不激动,好像叙述和自己并无多大关系的往事。有一次,他偶尔谈到自己'落水'事,也是轻轻地说了一句:'糟了',并无惋惜,也并无自责,好像谈的是别人的事情一样。"⑤现在,周作人既写了《知堂回想录》,自然对"兄弟失和"、"出任伪职"这类敏感问题也不再沉默;但涉及时,也只是说:"关于督办事,既非胁迫,亦非自动(后来确有费气力去自己运动的人),当然是由日方发动,经过考虑就答应了。"⑥他始终以平静的态度对待自己的历史,并无惋惜,也并无自责,与中国历史上的投敌变节者,晚年忏悔

---

① 周作人:《夜读抄·希腊神话一》,第67~68页。
② 周作人晚年刻有"八十后作"的闲章。
③④ 《周作人晚年书信》,第407、409页。
⑤ 王士菁:《关于周作人》,载《鲁迅研究动态》1985年第4期。
⑥ 《周作人晚年书信》,第459页。

不迭的态度截然不同。在私人通信中,有时谈到历史与当代人物,偶尔也有几句评论。在这方面,周作人是相当固执己见的。例如,他始终坚持对鲁迅的某些批评意见即是如此。① 而他对郭沫若等"名人"表示"不大能够佩服",也是出自他的自由主义与个性主义的立场。② 这都可以说是本性难移,至死不改。但他也有宽容的地方,如在谈到当年的论敌陈西滢时,他表示"陈西滢亦是颇有才气的人,惟以乡谊之故,乃以'正人君子'自命,参加'女师大'一役,妄费许多才气,亦深可惜矣"。③ 也许对胡适的态度最能说明周作人的待人原则;他在给友人的信中说道:"(胡适)自然也有他的该被骂的地方,惟如为了投机而骂之,那就可鄙了。我与适之本是泛泛之交(寻常朋友),当初不曾热烈地捧他,随后也不曾随队地骂他,别人看来,或者以为是,或以为非,都可请便,在我不过觉得交道应当如此罢了。"④那么,周作人是至老对人对事也是坚持自我独立判断的。在知识分子纷纷异化,失去了自我的60年代,经过了种种曲折之后,周作人把"自我"仍然保留得如此完整。

七、最后岁月

但这种宁静、温和中的喜悦,仅只维持了一两年。1965年3月15日,周作人终于将路吉阿诺斯的《对话集》全都译出,共约计四十七万言。——在这大功告成的喜悦后面又预伏下了什么呢?

4月8日,又是信子的三周年忌。思前念后,由已死想尚生,周作人终于写下一段自白:"余今年一月已整八十,若以旧式计算,则八十有三矣。自己也不知活得这样长久。过去因翻译路吉阿诺斯《对话集》,此为五十年来的心愿,常恐身先朝露,有不及完成之惧。今幸已竣工,无复忧虑。既已放心,

---

① 周作人多次谈到"鲁迅写文态度有时严肃、紧张,有时戏剧性的,所说不免有小说化处,即是失实"(《知堂书信·致曹聚仁信之九》,第292页)。"他好立异唱高,故意地与别的拗一调"(《周作人晚年书信》,第519页)。他还表示,从"(林语堂)说鲁迅文人成分多,又说非给青年崇拜不可,亦似不敬,却也是实在的"(《周作人晚年书信》,第186页)。

② 周作人在一封信中谈到郭沫若时,这样说:"个人对他并无恶感,只看见《创造十年》(?)上那么攻击鲁迅,随后鲁迅死后就高呼'大哉鲁迅'。这与歌颂斯大林说'你是铁,你是钢',同样的令人不大能够佩服他。"(《周作人晚年书信》,第428页)

③④ 《周作人晚年书信》,第466、487页。

便亦怠惰,对于世味渐有厌倦之意。殆即所谓倦勤欤?狗肉虽然好吃(厌字本从犬肉),久食亦无滋味。陶公有言:聊乘化以归尽,此其时矣!自写遗嘱已有数次,大要只是意在速朽,所谓人死销声匿迹,最是理想也。"①

4月26日,周作人果然重立遗嘱,以为"定本"。其全文如下——

> 余今年已整八十岁,死无遗恨,姑留一言,以为今后治事之指针尔。死后即付火葬,或循例留骨灰,亦随便埋却。人死声销迹灭,最是理想。余一生文字无足称道,惟暮年所译希腊对话,是五十年来的心愿,识者当自知之。②

周作人早在青少年时代还在南京读书时,即有人生无常之感,此时人生之愿已达,顿生厌世之意,亦是自然。周作人自称唯物论者,以"疾虚妄"自命,积八十年人生经验,深知死后被利用之苦(其兄鲁迅即是前车之鉴),渴望人死即"声销迹灭",亦是自然。剩下的唯一愿望是期待后来的论者能够充分认识他最后留下的《对话集》的价值。但他恰对此没有信心。因此,在写完遗言后加上一笔"但"书:"但是阿波马多洛斯的神话译本高阁十余年,尚未能出版,③则亦是幻想罢了"④。

此时周作人对于自己的五十年的心愿最后能否实现,已不抱任何幻想,这心境已是够悲凉的了。但历史很快就要证明:即使做了这样的最坏的思想准备,周作人——不,中国的整整几代知识分子,仍然过于天真善良。他们哪里想到,就在周作人立下遗言,企望善死善终时,将周作人,以至整个知识分子,整个民族扫荡已尽的罗网已经撒下。

周作人早就应该有所觉察了。1964年8月,周作人的《知堂回想录》几经周折,终于在香港《新晚报》上开始连载,但不到两个月,即又遭到"腰斩",

---

①② 转引自《周作人晚年书信》,第460、465页。

③ 阿波马多洛斯著《希腊神话》(原名《书库》),周作人原于1937年即为文化基金编译委员会译过,后该会迁至香港,注释尚未译全,原稿已佚亡。从1950年7月起只得从头译起,以一年工夫本文同注各10万字以上,于1951年6月13日脱稿。译完后,因出版总署于1951年将翻译事交开明书店,译稿也交开明书店。后开明书店改为青年出版社,此译本也无下文。

④ 转引自《周作人晚年书信》,第465页。

第十章　人生最后一程——在上海、北京
(1949.1.27—1967.5.6)

编辑部并受到上级训斥:"这个时候还去大登周作人的作品,这是为什么?"①这显然是一个信号。周作人对此事的反应是:"至于为什么,则外人不得而知了"——他是佯作不知,还是不愿意知?

1966年3月,周作人因有感于邢台地震,又继之狂风不止,人们惊惧不已,用辘轳体作谐诗一首:"春风狂似虎,似虎不吃人;吃人亦无法,无法管风神"②——这几乎已是不祥的谶语。

接着,他又开始玩骨牌过五关之戏,不则僵卧在床——周作人的精神防线,彻底地垮了。

4月19日,周作人翻译《平家物语》第六卷脱稿——周作人的"工作"最后地结束了。

5月17日,夜发现尿中有血,至6月25日医院确诊为前列腺肿瘤。

7月2日,他开始阅读《鲁迅全集》中的杂文——是因为无书可读,还是出于对鲁迅的怀念?据周建人回忆,鲁迅病危之时,也是在读周作人著作的。

7月9日,他的日记里突然出现"闻蝉鸣"三个字③——他仍然挣扎着,紧紧抓住大自然的生机,顽强追求着生命的趣味与欢乐。

7月12日,傍晚北京地区突降大雷雨。周作人一生酷爱"雨"的意象,在他的笔下,写过"只是蜘蛛似的一缕缕地洒下来","细得望去都看不见"的,使人"既气闷"又闲适的冬天的雨④,写过想象中的"大漠之上,大雨之下……悠然进行"的雨中豪情⑤……但从未见过如此的狂雨,并夹带着地震似的闷雷——莫非这真是一种预兆?

现实的种种征兆确实不妙:7月10日,《集邮》停刊;7月20日,《北京晚报》停刊……周作人都一一小心而慎重地记在日记里。他显然预感着政治的暴风雨就要来临了。

7月31日,他在日记里写下了极为沉重的一页:"此一个月不做一事,而辛

---

① 罗孚:《〈知堂回想录〉琐忆》,载《鲁迅研究动态》1988年第1期。
②③　转引自《周作人晚年书信》,第525、536页。
④　周作人:《雨天的书·自序》,岳麓书社1987年7月第1版,第1页。
⑤　周作人:《雨天的书·苦雨》,第5页。

苦实甚往日,惟忧贫心劳,无一刻舒畅,可谓毕生最苦之境矣。"周作人原指望在世事全部交代清楚以后,可以平静而安宁地离开这个世界,并从此销声匿迹;却不料在生命的最后一刻,还要再遭一次磨难——莫非这真的是在劫难逃?

周作人于急难之中,突然想起了章士钊,他是毛泽东的座上客,能否求助于他呢? 于是匆匆写了一信。却又在当日日记中写道:"此亦溺人之藁而已,希望亦甚微,姑且一试耳。"①一星期后,章士钊派了他的秘书王益和前来致意,并未说什么实质性问题,却允再次来访,周作人于是"随时期计其到来,作种种妄想……"②——恰恰是四十年前,章士钊是"三·一八"惨案元凶之一,周作人曾与他作了针锋相对的斗争;而现在,周作人却如此急切地把他当作"救命稻草"——历史开了怎样一个残酷的玩笑。

8月4日,收购旧物的小贩前来报告:因搞运动停止收购中外书籍。

8月12日,定期给周作人看病的苏大夫在量完血压后又告知:从此暂时停止定时来诊……仿佛大难临头,一切都乱了套了。

8月18日,周作人把自己的《往昔三十首》重录一遍,订为一册,寄给生平最可信赖的学生俞平伯,借此表达最后的嘱托。

8月20日,"上午阅《毛主席语录》,此书不能买到,今日从吉仲③借来"④——周作人这位五四新文化的开拓者之一,这位形形色色的现代迷信的死敌,这位学贯中西的大学者,现在竟然与中学生一起争读"小红书",这是多么辛辣的嘲弄与象征——无论对周作人,还是历史自身。

8月21日,周作人再一次写信给章士钊的秘书:"且看答复如何。"⑤

8月22日,周作人收到了他的老友徐耀辰,他的学生俞平伯的来信。

8月23日夜,周作人按照几十年形成的习惯,在灯下写日记:"晴。二十二度。上午阅毛泽东论文艺,下午吉宜为寄耀辰信又件,内春信等三册。"

他当然不会想到,这将成为他的"绝笔":从1898年2月18日开始,记了整整六十八年的日记,现在写完了最后一页。

第二天,一群红卫兵冲进来,宣布对他进行"无产阶级专政"。开始是院

---

①②④⑤ 转引自《周作人晚年书信》,第 536~538 页。
③ 吉仲为周作人之孙。

第十章 人生最后一程——在上海、北京
（1949.1.27—1967.5.6）

内的红卫兵,后来又串联外面的红卫兵,一连好几次,全家被洗劫一空,连住的榻榻米也被砸成许多窟窿。抄家之外,就是批斗。周作人年老病弱已是不堪一击,于是就长时间地罚跪,并把他撵到狭窄、潮湿的洗澡间、厨房,每餐只以苞米面粥充饥。周作人所担心的"小河"的泛滥,终于发生了。他是东南水乡的人民,本就十分知道"水"的厉害,曾一再发出警告。但眼前这场有组织有领导的决堤,使全体知识分子,全民族都陷入灭顶之灾,却是他所不曾料及的。而此时的周作人,已无任何反抗的能力,惟有默默忍受罢了。

在周作人被抄家以后,几位鲁迅博物馆的工作人员专门去看望了他,并且留下了惨烈的记忆——

> 当我们走进他被关的小棚子里时,眼前呈现的一切确实是惨不忍睹。昔日衣帽整齐的周作人,今日却睡在搭在地上的木板上,脸色苍白,身穿一件黑布衣,衣服上钉着一个白色的布条,上面写着他的名字。此时,他似睡非睡,痛苦地呻吟着,看上去已无力站起来了,而且几个恶狠狠的红卫兵却拿着皮带用力地抽打他,叫他起来。看到这种情景,我们还能说什么呢? 只好赶快离开……①

面对着这样的非理性的疯狂,终生追求理性精神的周作人自然无话可说。他只是一再地要家属设法弄安眠药来,以便尽快了结此生。

1967年5月6日下午4时,苦难结束了。除了家人,没有人向他告别。他真的"销声灭迹"了——周作人大概不会想到,会以这样的方式来实现他的遗嘱吧?

而且人们很快又提起了他。他的著作《知堂回想录》、《周、曹通信集》、《周作人晚年手札一百封》、《儿童杂事诗》在香港陆续出版。近年来,大陆又出版了《知堂书话》、《知堂序跋集》、《知堂杂诗抄》、《知堂集外文·亦报随笔》、《知堂集外文·四九年以后》。他的译作《平家物语》、《枕草子》等也陆续出版。

但他的《对话集》及其他一些译作至今仍被封存在不知什么地方。周作

---

① 叶淑穗:《周作人二三事》,载《鲁迅研究动态》1988年第2期。

人曾说:"余一生文字无足称道,惟暮年所译希腊对话,是五十年来的心愿。识者当自知之。"——但"识者"又在哪里呢?①

周作人的寂寞命运终于不可改变。

写毕于1989年3月7日(农历己巳年正月三十日)晨,正值作者五十寿辰。
1999年1月10日—24日重新校订

---

① 《对话集》后以《卢奇安对话集》为名,由人民出版社于1991年出版。

参考书(篇)目

1. 周作人全部著作(包括周作人日记)
2. 鲁迅全集(人民文学出版社 1981 年版)
3. 周作人年谱(张菊香、张铁荣编)(南开大学出版社 1985 年版)
4. 周作人研究资料(上、下)(张菊香、张铁荣编)(天津人民出版社 1986 年版)
5. 鲁迅故家的败落(周建人口述,周晔编写)(湖南人民出版社 1984 年版)
6. 鲁迅笔下的绍兴风情(裘士雄、黄中海、张观达著)(浙江教育出版社 1985 年版)
7. 周作人评析(李景彬著,陕西人民出版社 1986 年版)
8. 鲁迅和周作人(周建人)(载《新文学史料》1983 年 4 期)
9. 关于周作人的一点史料——他与李大钊的一家(贾芝)(载《新文学史料》1983 年 4 期)
10. 周作人出任伪职考(姚锡佩)(载《鲁迅研究动态》1987 年 1 期)
11. 历史本来是清楚的——关于周作人出任华北教育督办伪职的问题(舒芜)(载《鲁迅研究动态》1987 年 1 期)
12. 周作人出任华北教育督办伪职的经过(许宝骙)(载《鲁迅研究动态》1987 年 1 期)
13. 我所知道的周作人(楼适夷)(载《鲁迅研究动态》1987 年 1 期)
14. 关于周作人的二三事(于浩成)(载《鲁迅研究动态》1987 年 3 期)
15. 二周识小(陈迩冬)(载《鲁迅研究动态》1988 年 1 期)
16. 我认识的周作人(佟韦)(载《鲁迅研究动态》1988 年 1 期)
17. 《知堂回想录》琐忆(罗孚)(载《鲁迅研究动态》1988 年 1 期)

18. 周建人是怎样离开八道湾的(俞芳)(载《鲁迅研究动态》1987 年 8 期)

19. 我所知道的芳子(俞芳)(载《鲁迅研究动态》1987 年 7 期)

20. 东有启明,西有长庚——鲁迅与周作人失和前后(陈漱渝)(载《鲁迅研究动态》1985 年 5 期)

21. 关于周作人(王士菁)(载《鲁迅研究动态》1985 年 4 期)

22. 周作人失足以后(倪墨炎)(载《小说界》1988 年 6 期)

23. 老虎桥边看"知堂"(黄裳)(收《金陵五记》,金陵书画社 1982 年版)

24. 周作人二三事(叶淑穗)(载《鲁迅研究动态》1988 年 2 期)

25. 周作人出任伪职的前前后后(张菊香、张铁荣)(收《周作人研究资料》)

26. 知堂老人在南京(龙顺宜)(收《周作人研究资料》)

27. 忆岂明老人(梁实秋)(收《周作人研究资料》)

28. 周作人论(陶明志编)(北新书局 1934 年版)

29. 周作人著作及研究资料(第一辑)(第二辑)(香港九龙实用书局)

30. 胡适来往书信选(上)(中)(下)(北京中华书局 1979 年版)

31. 《鲁迅研究资料》(北京鲁迅博物馆鲁迅研究室编,天津人民出版社出版)

32. 周作人投敌的前前后后(张琦翔)(载 1982 年 5 月《文化史料丛刊》3 辑)

33. 北京苦住庵记——日本战争时代的周作人(木山英雄著)(日本筑摩书房,1978 年版)

34. 周作人——思想和文章(木山英雄作,孙莲贵译,收《周作人研究资料》)

35. 我之周作人研究(木山英雄)(载《鲁迅研究动态》1987 年 1 期)

36. 正冈子规和鲁迅、周作人(木山英雄作,张欣译)(译文手稿,未发表)

37. 与陈独秀分手前的周作人——以 1922 年在非基督教运动中的冲突为中心(尾崎文昭)(载 1983 年 10 月《日本中国学会报》第 35 集)

38. 周作人概观(舒芜)(湖南人民出版社 1986 年版)

39. 周作人年谱长编(钱理群)(手稿,未出版)

40. 周作人论(钱理群)(上海人民出版社,1992 年版)